上海出版资金项目
Shanghai Publishing Funds

拉丁美洲和加勒比研究智库丛书

刘 捷 主编

THE CAMBRIDGE ECONOMIC HISTORY OF LATIN AMERICA

(Volume I)

剑桥拉美经济史

(上卷)

殖民时期与短暂的19世纪

维克多·布尔默－托马斯
(Victor Bulmer-Thomas，英国皇家国际事务研究所)

约翰·H. 科茨沃思
(John H.Coatsworth，哈佛大学)

罗伯托·科尔特斯·孔德
(Roberto Cortés Conde，圣安德烈斯大学)

编

岳云霞 译

上海译文出版社

This is a Simplified Chinese Edition of the following title published by Cambridge University Press:
The Cambridge Economic History of Latin America (Volume 1)
978-0-521-81289-4

First published in 2006
This Simplified Chinese Edition for the People's Republic of China (excluding Hong Kong, Macau and Taiwan) is published by arrangement with the Press Syndicate of the University of Cambridge, Cambridge, United Kingdom.

本书获得教育部国别和区域研究培育基地
——西南科技大学拉丁美洲和加勒比研究中心出版资助

本书由上海文化发展基金会图书出版专项基金资助出版

图书在版编目(CIP)数据

剑桥拉美经济史. 上卷 / (英) 维克多·布尔默-托马斯(Victor Bulmer-Thomas)等编; 岳云霞译. —上海: 上海译文出版社, 2022.12
(拉丁美洲和加勒比研究智库丛书)
书名原文: The Cambridge Economic History of Latin America (Volume 1)
ISBN 978-7-5327-9052-4

Ⅰ.①剑… Ⅱ.①维… ②岳… Ⅲ.①经济史-拉丁美洲 Ⅳ.①F173.09

中国版本图书馆 CIP 数据核字(2022)第 226889 号

剑桥拉美经济史(上卷): 殖民时期与短暂的 19 世纪
[英] 维克多·布尔默-托马斯等 编 岳云霞 译
责任编辑/管舒宁 装帧设计/胡 枫 刘星湄

上海译文出版社有限公司出版、发行
网址: www.yiwen.com.cn
201101 上海市闵行区号景路 159 弄 B 座
启东市人民印刷有限公司印刷

开本 720×1000 1/16 印张 35.5 插页 2 字数 465,000
2022 年 12 月第 1 版 2022 年 12 月第 1 次印刷
印数: 0,001—3,000 册

ISBN 978-7-5327-9052-4/F·236
定价: 198.00 元

《剑桥拉美经济史》（两卷本）——中文版序

张森根

由英国维克多·布尔默-托马斯、美国约翰·H. 科茨沃思和阿根廷罗伯托·科尔特斯·孔德三位学者联袂主编的《剑桥拉美经济史》中文版，是继多卷本《剑桥拉丁美洲史》中文版推出后又一部面向中国读者的剑桥拉美研究重要作品。作为一个常年笔耕在中国拉美研究领域的老人，笔者感到异常高兴，不揣谫陋，借此机会发表些感言与读者分享。

《剑桥拉美经济史》分上下两卷，约合中文100余万字。上卷（共13章）：殖民时期与短暂的19世纪；下卷（共14章）：漫长的20世纪。两卷书稿大体以1850年为分界线，未以1820年代，也就是由殖民地向独立的转变作为经济阶段的划分，因为殖民时期的经济和制度在新独立国家中持续发挥了重要影响。独立之后最初的30年间（1820年代—1850年代），所有拉美经济体都饱受经济和政治失败之苦。直至1850年后，由于大量资本和移民进入，19世纪末出现铁路后拉美多数自然资源（都地处内陆）才具有经济可开采性，由此得益于自然资源为基础的出口繁荣，造成少数国家恢复至殖民时期的人均GDP水平，故以1850年为划分标准。

究而言之，19世纪中期之后，世界市场的发展（特别是贸易条件的有利变化和海运成本的大幅下降）、政治的稳定、制度的现代化以及其他直接投资领域的大规模资本进入，才使得整个地区转向了经济增长。结果是，拉美加入经济全球化进程，该地区才开始实现史无前例的经济可持续增长。进入19世纪中晚期，现代经济可持续增长所需的制度现代化也初现雏形。但是，增长起步阶段正是收入和财富不平等增加的时期，而这种区域性的不平等是纵贯漫长20世纪的总体特征。作者在下卷收尾时指出，尽管1990年代后半期起拉美宏观经济增长明显改善，但贫困和收入不平等依然故我。传统的看法是，随着经济增长及所谓的“滴漏效应”，“蛋糕做大了”，贫困和不平等问题会渐渐改善，而作者的结论却是：“增长到底是减少还是增加不平等，从20世纪下半叶开始一直有争论，至今仍在讨论。”作者揭示，这将是21世纪拉美经济面临的时代课题，这个地区的国家必须做出历史抉择。

众所周知，经济史是指经济领域的发展史和经济状态的变迁史。一方面，它是指人类以往从事经济活动过程的总称，是独立于人的意识之外的客观进程；另一方面，它也指经济史学家通过文字以及符号等对上述经济活动发展规律的描述解释，以再现人类社会经济历史和经济现象。它由此融合经济学和历史学两大类别的学问，以有利于引导未来人类社会的顺利发展。我有幸浏览了两位译者的初稿，掩卷思索，觉得本书在上述两个方面都做得不错，值得肯定。

首先，它不同于通常由个人或两三位作者署名的经济史著作，而是一部集大成的团体性学术成品。来自美国、英国、欧洲和拉丁美洲国家20多位专家及有关权威学术机构同仁同声相应，同气相求，奋战几年后就把此成果推向了公众。在三位主编的推动下，他们通过三次学术讨论会对草稿进行了修订和补充。三次专门会议是：2001年9月，在华盛顿特区召开的拉丁美洲研究协会大会，2002年2月在伦敦大学拉丁美洲研究中心（现在的美洲研究中心，ISA）的会议和2002年7月在布宜诺斯艾利斯召开的国际经济史学会主席大会。通过多次讨论和相互切磋，他们对本书的主题和重要观点达成了共识，因此虽然由各人分头执笔，却是汇成了一部由27篇论文（27章）构成的学术成果，其纸质版上、下两卷于2006年同时出版，2008年推出电子版。全书由于主题明确，执笔者通力合作，旁征博引，首尾相应，浑然一体，俨然是一部拉丁美洲通识的基础读物和入门书。

撰稿人都是拉美经济史研究的行家，他们掌握新制度经济学与发展经济学、人类文明史与计量史学、环境科学与全球生态史以及包括世界体系论和依附论在内的种种交叉学科的渊博知识，但又不囿于这些学说的理论界限与束缚，都能博采众议，独立自主地阐述对拉美经济史的看法，下笔千言，斐然成章。来自英美国家的学者和来自拉丁美洲国家的众多学者各自心织笔耕，求同存异，致使文章焕然一新。

全书的成功立足于视野开拓，紧扣现代化和经济全球化主题。每一章都把拉美经济史作为全球经济史的组成部分来阐述，把欧洲、非洲、亚洲和北美洲的背景交代得明明白白，各方与拉美交往的影响及后果俱收并蓄。以世界的眼光看拉美，有利于拉美找出自身不发达与贫困落后的根源，挖掘现代化和经济全球化进程中的成就及种种弊端。细心的读者会发现，与北美、亚洲“四小龙”和中国相比，拉美在现代化的进程中明显落伍了，从1850年代起，它们步履维艰，走走停停，跟不上世界前进的步伐。有的国家甚至牛气冲天地要与现代化规律逆向而行，偏离了正确的方向，使本国人民由富变穷。在迈向未来社会的进程中，面向现代化与经济全球化才是真正的世界眼光，与地区和国别的特殊性及差异性相比，世界发展规律的普遍性与同一性是第一位的。如果看不透世界的变化，不把世界各国现代化进程中的普遍规律当一回事，总想另起炉灶，虽然口口声声要走符合自身需要的发展道路，但至今还没有找到成功之路，教训是深刻的。

其次，全书结构严实，章节安排鳞次栉比，层次分明。本书上卷以欧洲扩张的全球史为开篇，依次阐述非洲和美洲交往、前哥伦布时期美洲的环境、劳动制度、政治和经济组织、农业、矿业、前现代制造业、商业垄断与对外贸易，以及从土地保有权、货币、税收和金融等方面层层推进，书尾部分就拉美独立的经济影响，做出了令人信服的结论。本书下卷则由四个部分组成，第一部分交代1940年以前拉美的全球化、外国资本流量、外部环境和拉美的新经济模式；第二部分从现代化的视角入手，依次阐述制度框架、财政和货币制度、出口导向型工业化及基础设施的发展；第三部分分析要素禀赋，包括经济增长与环境变化、劳工和移民教育与社会进步；第四部分论证部门发展与公平、农业结构、绩效和政策、工业化的政治经济，最后落笔在21世纪拉美经济面临的时代课题——贫困与不平等问题上。

本书史实充分，论证严密。作者披阅并掌握了大量的历史参考文献，对史料进行由粗入细、由此及彼的梳理，从而使结论建立在较为扎实可靠的史料之上。最突出的是对统计数字的考证与选用上，推本溯源，十分谨慎。比如，白人到来之前美洲印第安人口数量问题有各种各样的统计数字，从 800 万、2 560 万、7 000 万、9 000 万到 1 亿 1 000 多万。由于学术背景迥异，不同领域学者运用的估算方法多达十多种，数字差大。但经过反复考核，本书上卷第五章的作者采纳威廉·德尼凡（William Denevan）的数字，得出的结论是，1492 年时美洲的土著人口约为 5 390. 4 万人，其中北美占总数的 7. 0%，墨西哥占 31. 9%，中美洲占 10. 4%，加勒比占 5. 6%，安第斯占 29. 1%，亚马孙占 10. 5%，智利和阿根廷占 3. 5%，巴拉圭、乌拉圭和巴西南部占 2. 0%。我们也许永远无法知晓当时的确切数字，但本书估算的数字迄今也许是较为接近史实的数字。

众所周知，在经济史实证分析中，要使用大量有效的数据与图表，然而历史数据来之不易。一些历史事实往往淹没在历史尘埃里，被历史的河流冲洗，当然也会通过各种各样的文本留存下来。钩稽这些文本与数据的可信度并进行相互比较，就是经济史研究的长项。本书借助于商业史、财政金融史和人口史方面的知识与经验，努力在数据中分辨出哪些是干货、哪些是含有一些水分，尽力做到数据真实可靠，对拉美经济发展历程进行质性与量化解读，实现了对该地区横向与纵向的可比性，并因而提出了对拉美经济发展及所谓“落后”问题的新解读。

顺便提一下，本书正文以外的图表、参考文献和索引均值得浏览。作者指出，在研究贫困、不平等和收入分配方面，信息匮乏是通病，只有到 20 世纪下半叶才开始有此类数据，其中智利、阿根廷、哥伦比亚和墨西哥等四国较为可信。而详尽的研究文献述评，对读者领悟正文能起到重要的辅导作用。书末的索引是查考史实的指示灯，如上卷有关墨西哥（包括中部美洲）的索引列举了 80 多项，从古人类研究、混血人口、劳役摊派制、独立战争，到制糖业、灌溉农业，无所不包，仿佛是墨西哥研究的导航工具。

第三，本书对拉美自然生态的透析十分到位。一般来说，经济史著作对研究对象所处的地理环境、山脉河流、气候、生物资源及自然灾害等均有必要的阐述，而本书则站在全球生态史和环境经济史的高度关注拉美生态系统的变迁、生物多样性、森林的丧失和二氧化碳排放量的增加、热带大草原植被的变化、草原地带的农业环境与可持续发展、可再生资源的现状和发展趋势等等，上天下地，包罗万象，学术含量丰富，因此具有长远价值。多样化的生态系统不仅造成西班牙和葡萄牙不同的征服史和贸易史，而且对独立后拉美各国的经济发展途径和穷富程度也起到了关键作用。

作者以拉美土地用途为例，分析不同时期的社会、文化、政治、人口和经济特征如何对它起到了影响作用。土地利用的种类和强度又控制着自然生态系统被改变的程度，进而通过商业、资本和技术流动、意识形态交流、军事和权力关系与其他国家相互作用，又影响着人类社会。随着工业化和全球化的发展，人类对环境的影响在强度和范围方面都发生了变化。在工业时代之前，大多数人类活动只有局部影响，偶尔也有区域影响。渐渐地，人类活动痕迹的规模越来越大，今天我们要处理的是真正意义上的全球影响，比如臭氧层变薄、大气中二氧化碳增加和全球变暖。人类活动对环境影响的规模扩大是普遍关注的问题。因此研讨经济史和环境史时，必须高度注意地理、人口、文化三者紧密相连，不能轻易分开。也只有这样的经济史才能为现实服务。

第四，来自多国的专家潜心吸收不同学术领域的研究成果，推敲新材料，发表新观点。举例如下：

(1) 作者认为，拉丁美洲的工业化是由一个内生的经济发展进程开始的，其根源在于所谓的出口经济的增长。故而实际上并不存在所谓的“进口替代工业化”。大规模机械化工业的发展可以追溯到1890年代。早在1930年之前，拉丁美洲就存在着大量的工业。随着1890—1930年出口导向型增长中的大规模制造业的发展，拉美经历了一个快速的工业增长过程，它比结构主义理论早了60年。这些出口经济体随后在1930年至1980年间戏剧性地转变为“进口替代”经济体。就支持拉丁美洲工业发展的政策——包括在所谓的“出口导向型增长”和“进口替代工业化”时期就政府政策、机械化技术的采用、企业规模或工业的内向型性质而言，1930年以前和以后两个时期之间没有明确的界限。工业发展的动力来自对外贸易的扩大，这一工业发展过程是出口部门增长的一个结果，1890年代，工业增长的速度迅速加快。大约在1914年，该地区较大的国家——尤其是巴西、墨西哥、智利和阿根廷——拥有规模可观的制造业，生产各种各样的非耐用消费品。而劳尔·普雷维什（Raúl Prebisch）和联合国拉丁美洲经济委员会（ECLA）的经济学家1950年代的研究本身，并没有促使政府采取旨在保护和补贴制造业的政策。进口替代工业化的最终结果，正如文献所描述的那样：产业受到高度保护、效率低下。政府越来越多地干预对工业的支持，因为这样做符合实业家、行业工会和政府官员的自身利益。从1890年到1930年，拉丁美洲的工业发展就像从1930年到1980年一样。这是拉丁美洲工业发展的特殊性质的结果，而不是经过深思熟虑的计划或战略的产物。

（2）作者对拉美农业结构的分析和拉美传统农业向现代农业的转变，有许多独到的见解。

拉美可以分为四个主要的生态区：低地热带、山区、温带和沙漠地区。每一个生态区都展现出各具特色的气候、土壤、植被和生态特征。每个地区都表现出独特的农业潜力和不同程度的脆弱性。但在漫长的20世纪中，特别是在它的后半叶，使用最少技术的粗放型农业（依赖灌溉、排水、梯田和施肥），通过集约化和现代科技来增加产量，实现了以土地和劳动力为基础的传统农业向使用更多资本和知识的农业转变的历史。比如，控制水土流失的一项非常有前途的新技术是免耕农业（也称为直接播种），在过去10年里，免耕农业在阿根廷、巴拉圭、巴西南部和中部迅速蔓延。这包括使用特殊的机械将种子直接种植到前一茬作物的茬上，而无需耕作。现在，阿根廷、巴拉圭、巴西南部和中部50%以上的耕地都在使用它。这些发展提高了生产力，农业越来越依赖技术和资本，而不是土地和劳动力。

作者鲜明地指出，现代拉美农业既是工业产品（如化肥、机械和农用化学品）的用户，又是工业企业的原料来源（如纤维、生食品和工业用油）。现代农业也是服务（如银行、运输和研究）的消费者。没有首先发展强大的现代农业基础，就没有拉美经济今日之发展。

根据普雷维什对贸易条件的分析，如今由一个新的更加城市化的领导阶层领导的拉丁美洲，放弃了出口导向型的发展模式，转而支持进口替代工业化。虽然这种新模式在其早期阶段被证明是成功的，但它也不可持续，最终在1980年代被放弃。

(3) 对土改问题的阐述，以推行多年的结果为依据，分析入情入理。

由于大庄园制的广泛存在，分割大地产的土地改革已被视为一个社会公平问题。在漫长的20世纪，大多数拉美国家都进行了某种形式的土地改革。在许多国家，典型的大庄园（劳动力丰富而资本贫乏）、种植园（有丰富的劳动力和土地，而且比大庄园资本雄厚，效率更高），还有资本化程度更高的大地产（它在劳动力短缺的地区普遍存在，比如阿根廷或墨西哥的北部，但大量采用现代化农机）均发生了明显变化。人们希望，土改将通过增加生产和资本积累，帮助刺激经济发展，然后可以投资于工业和服务业活动。然而，在实践中，土地改革并不一定会带来生产力的提高。

本书下卷第12章分析了拉美五个国家的土改。墨西哥、玻利维亚和古巴的土地改革是一场社会革命的旗帜，但从长期效果看并没有达到预定的目标。1971年阿尔瓦拉多将军实行的土改确实摧毁了长期统治秘鲁的地主精英的权力，但也瓦解了一些效率很高的庄园，取而代之的是效率较低的合作社。安第斯谷地区依赖贫瘠土地为生的大量小农仍然存在。这也是形成1980年代“光辉道路”起义的原因之一。智利的土改是由自由选举的民主政府发起的，1965年起，从弗雷政府的有限征用、阿连德政府的全面征用，到皮诺切特独裁统治下的土改紧缩阶段，大起大落，对农业现代化作用有限。此外，委内瑞拉、巴西和阿根廷等国虽然也颁布土地改革法，但对土地所有权几乎没有影响。其中巴西和委内瑞拉的土改法基本上是殖民计划，让没有土地的农民在边境获得土地。阿根廷因为没有数量众多的无地农民，所以它从来没有实行过真正的土改。

各国的土地改革从政治上深刻地打击了以农村为基础的权力集团。随着拉丁美洲从一个农村人口占多数的地区过渡到一个城市人口占多数的地区，土地分配和土地保有权问题的重要性已经降低。传统的大庄园制的重要性已经大大降低。与此同时，在许多农村地区也发生了一场悄无声息的革命。传统的大庄园已经消失，取而代之的是资本充足的现代化农业生产组织，它们可以获得规模经济的效益。大多数拉美国家已适应城市部门的利益，土地所有权已经失去了它的重要性，公司租用土地的可能性和拥有土地的可能性能起到同样的作用。

本书作者在阐述经济增长与收入不平等、贫困之间的关系和贸易条件、保护主义、汇率政策之间的关系以及对依附论的批评方面均有精彩的文字，值得细读。不言而喻，本书也存在粗疏之处，如下卷第2章提到拉美经历四次全球化浪潮，显然是谬误。全书对拉美卷入经济全球化的时间段，说法也不一致。限于篇幅，本文不宜展开详述。

本书中文版的推出从策划、立项到出书前后不到10年，比中文版《剑桥拉美史》出齐前后经历22年要快多了。这也说明中国拉美研究事业的健步成长。我记得岳云霞约于2012年向我提出能否找到哪家单位出资把《剑桥拉美经济史》译成中文出书。我于2015年联系了教育部西南科技大学拉美研究中心负责人刘捷教授，希望他与岳云霞合译这部名著。刘教授很快就接受我的建议，2016年入手立项，翌年通过上海译文出版社购买了中文版权。

本书是一部很深奥的专业书，刘、岳二位译者遇到的难点很多。由于原文作者分别来自英语世界和西班牙语世界，各自擅长的专业又不相同，对历史细节的判断与术语的运用上存在差异，需要他们精心分辨才能精确表达原意。此书还有不少内容涉及殖民前与殖民时期，除了英语、西语外，还混杂有法语和多种土著语言。二位译者大量查阅资料进行斧削，有时还向国外同行发信求教。有些陌生的专有名词，他们需要做出音译和意译的统一，以适合国内读者的习惯。好在二位译者都是拉美研究领域的行家，具有严谨刻苦的治学精神，又精通外语翻译业务，读者可以放心地阅读他们的译品。

新世纪以来，中国人对拉美的了解越来越加深，其中翻译作品起了重要作用。贺麟先生曾说："翻译为创造之始，创造为翻译之成，外来思想的翻译对于激发中华文化的创新能力也是有价值的。”据说我国介绍拉美文艺方面的译著就有一千余种，但引进拉美历史人文方面的名著数量很有限。我盼望有越来越多的拉美历史人文名著能介绍到中国来。名著出名译。傅雷先生说：“理想的译文仿佛是原作者的中文写作。”钱锺书先生说：“好的译作仿佛是原著的投胎转世。”随着我国地区与国家研究事业的蓬勃发展，我相信这一天迟早会降临！

2021 年 10 月 25 日于北京市拂林园寓所

目 录

前 言

《剑桥拉美经济史》起初只是同事间聊天，后来成为编者间对话，但是，若非诸多学者和机构通力合作，闲聊谈资根本无以转为知识实体。编者谨向本书的诸位杰出贡献者致谢，感谢诸位辛勤撰稿，不远万里前来讨论，还欣然而快速地回应了我们的审稿、核校和校译请求！

两卷书中的章节多是论文原稿经一至三次会议修改而成。有两次会议提交和讨论了初稿，即2001年9月的拉美研究协会华盛顿大会与2002年2月伦敦大学拉美研究中心（现美洲研究中心）主任詹姆斯·邓克利（James Dunkerley）组织的会议。第三次会议则讨论了修改稿和部分增补初稿，即2002年7月罗伯托·科尔特斯·孔德主席在布宜诺斯艾利斯组织的国际经济史学会（International Economic History Association，IEHA）大会主席会议。

在威廉与佛洛拉·休利特基金会（The William and Flora Hewlett Foundation）的慷慨援助下，本项目方得以成书。感谢基金会的大力支持，特别要感谢戴维·洛里（David Lorey）的不懈努力！过去十年间，由于他的远见卓识、辛勤付出以及身为墨西哥史学家的杰出贡献，休利特基金会的美拉关系项目成为西半球学术机构和知识网络重建的主要贡献者。哈佛大学戴维·洛克 vii
菲勒拉美研究中心无偿管理了休利特基金会提供的项目经费，感谢中心的帮助！

还要感谢剑桥大学出版社弗兰克·史密斯（Frank Smith）的鼓励与耐心以及匿名评审专家们提出的有益评论与建议！感谢哈佛大学丹尼尔·古铁雷斯（Daniel Gutierrez）的辛勤劳动与专业编辑支持！

在两卷书稿的准备过程中，编者得知恩里克·坦德特尔（Enrique Tandeter）于2004年4月24日因胰腺癌去世，终年59岁。仅在恩里克去世7个月后，其夫人——更年轻的历史学家多拉·施瓦茨斯坦（Dora Schwarzstein）亦因癌症去世。恩里克是一位具有超凡严谨和智慧的学者，他的研究对我们了解殖民时期的安第斯社会与经济史贡献巨大。所有认识恩里克和多拉的人都还记得他们的温和典雅、他们面对流亡与灾难的勇气、他们对自己和学生所设立的诚实敬业的高标准，以及他们对天才子女——利娅（Leah）和弗雷德里科
viii （Frederico）所获成绩的欣喜。

简 介

过去二十年间，新研究改变了拉美经济史。20世纪50和60年代，通常是在其与联合国拉美和加勒比经济委员会（United Nations Economic Commission for Latin America and the Caribbean, ECLAC）[1]的合作研究中，结构主义和依附学派历史学家们的前沿工作产生了大量的新经济数据，其中包括对不少国家国民生产总值（GDP）历史规模（部分是当前规模）的首次估算。统计机构和中央银行一般由ECLAC毕业生所创建或任职，它们承担了进一步的工作。还有两股力量激发了对经济历史数据的探求，一类是接受过英美传统实证研究和法国年鉴学派（Annales School）方法培训的历史学家，另一类则是曾接受英美教育的非传统发展经济学家。20世纪70年代，一批主要在美国受训且通常与新经济史学（New Economic History）相关的历史学家和经济学家成为新的推动力量。而后，竞争性经济战略——社会主义、进口替代和自由贸易兴衰更替，专制军政权在拉美多数地区崛起，这又激发了对方法和范式的辩论。

伴随1982年的经济金融危机和整个地区此后出现的民主转型，拉美经济历史发生了决定性的转折。对竞争性经济战略的辩论式微。随着民主巩固和冷战
结束，意识形态纷争逐渐消退或减弱。正如社会科学的整体情况一样，经济史 1
专业化所处的环境要求提高数据质量，提升论据的复杂度和一致性。这些变化对拉美知识界的影响就包括经济史研究的显著进步，其标志是出现了一系列总论性著作和文集，还涌现了一批具有原创性且通常有所突破的专题研究。

两卷书稿的目标是用现有专业知识分析拉美经济发展。书中的拉美包含从南美洲“南锥体”直至美国南部边境之间所有的西半球区域。在立项之初，三位编者做出了两项决定。不可避免地，这些决定在部分读者看来至少是武断和

可能莽撞的。第一项决定是为了纳入以数据和分析对全地区进行研究的比较性主题章节，抛开国家和区域边界，而史学研究传统上以此划界。书中文章聚焦主要趋势和发展，证实了经济史当中比较研究的效力。当然，其代价是特例和小型经济体的出现频率低于以地理分界的案例研究。

第二项决定是大体以1850年为界分割两卷书稿，这违背了常规的分期方法。这种分割的逻辑在于经济性与制度性先于政治性。19世纪20年代，由殖民向独立的转变恰巧与经济阶段划分一致，但是殖民时期的经济和制度传统在新独立国家中持续发挥了重要影响。直至1850年后，由于大量资本和移民进入，拉美加入经济全球化进程，该地区才实现了史无前例的经济可持续增长。19世纪中晚期，现代经济可持续增长所需的制度现代化也初现雏形。最后，增长起步阶段正是收入和财富不平等增加的时期，而这种不平等是纵贯20世纪的区域性特征。

殖民时期与短暂的19世纪

在前哥伦布时期，尽管仍然有着一些食品供应压力（第1章），中部美洲（Mesoamerica）和安第斯地区（Andes）还是有效地大规模整合了区内市场和
2 生产设施。通过在新世界（New World）采用技术、组织和文化上与原住民社会截然不同的规则，欧洲对美洲的征服和殖民改变了原住民经济。当数百万非洲人被迫移民至美洲热带及周边区域时，这一独特发展的影响就被放大了。第1卷分析了欧洲扩张的经济决定因素及其交互影响（第2章），评估了奴隶贸易对非洲的影响，并研究了接触美洲对非洲社会产生的冲击（第3章）。

在土地使用和劳工组织方面，欧洲政府和殖民者引入了巨大的变化。即便在原住民社会仍在地方层面保留一定自主权的地区，由于引入“旧世界”（Old World）的作物和牲畜、殖民地税收、劳工草案以及新的区域性和国际市场准入，也已是人物皆非了（第4章和第6章）。而“旧世界”病菌传染之前的未

① 1973年加勒比加入之前，ECLAC简写为ECLA（西班牙语为CEPAL）。

接触人群后，引发了灾难性的人口下降，这使欧洲对经济生活的重组产生了放大效应。

在矿业产出、财政账户和贸易统计等西班牙殖民经济的关键部门，从征服后不久就有了定量数据，但对GDP却仅为数不多的粗略估计。这些估计加之其他部门的零星数据和丰富的定性信息，显示了三类范式。

首先，劳动生产率与外贸高度相关。在殖民后期，阿根廷和古巴等人均GDP最高的殖民地也正是贸易与GDP之比最高的地区。巴西可能是该项规则的例外，但对殖民时期巴西经济的统计远不如西班牙美洲丰富。其次，美洲大陆殖民地的原住民人口集居于高原峡谷和高原地区，其出口与GDP之比偏低，原因是其出口主要限于贵金属或宝石，此类商品能够长途运输至海上而获利。而这类大陆殖民地还承担了最繁重的税负。再次，随着时间的推移，西班牙和葡萄牙的“新世界”殖民经济体趋于停滞。欧洲殖民者通常将熟知的技术和组织应用于新发现的可供出口的自然资源部门，如矿藏和沿海产糖地。一旦完成了技术推广，停滞即开始。新产品或富矿被发掘时，抑或政府发起战争、增税 3
（他们很少减税）或出台新规章之时，经济就会波动。西班牙和葡萄牙的殖民经济缺乏活力，而这种活力正是18世纪英属北美殖民地的典型特征。

然而，停滞的经济体并不是静止不动。在伊比利亚统治的三个世纪中，殖民下的拉美经历了重大变化和转变。要素禀赋和经济组织都能解释殖民经济的停滞。与西北欧及英属北美不同，拉美多数自然资源都地处内陆，直至19世纪末出现铁路后才具有经济可开采性。征服和驯化原住民并且进口非洲奴隶的行径创造出一个社会，这当中的绝大多数群体都在法律上和社会性上被标注为下等人。西班牙和葡萄牙的税制和规章提高了创业成本和风险，锁住了人力和资本，且扭曲了市场信号导致无法最大化收入，这往往会抑制多数生产经营活动（第7章）。然而，正如上卷的部分章节所示，相关经济主体并不缺乏企业家精神或工作意愿，也乐意为将来收益而有所牺牲（第8—11章）。

殖民国家之间的分裂（第12章）加大了经济困难。独立之后最初的30年间（19世纪20—50年代），所有拉美经济体都饱受经济和政治失败之苦（第13

章）。部分国家陷入了长期的政治混乱和动荡中（如阿根廷、哥伦比亚和墨西哥）。国际战争与封锁加剧了几乎所有国家的政治不稳定性。随着子弹再次横飞，每次尝试性的复苏都落空了。至19世纪中期时，主要得益于自然资源为基础的出口繁荣（如智利的铜和秘鲁的鸟粪），少数国家努力恢复至殖民时期的人均GDP水平。然而，直至19世纪中期之后，世界市场的发展（特别是贸易条件的有利变化和海运成本的大幅下降）、政治稳定、制度现代化以及铁路建
4 设和其他直接投资领域的大规模资本进入，才使得整个地区转向了经济增长。

第一部分
经济背景

第 1 章　欧洲扩张海外的全球经济史

帕特里克·卡尔·奥布莱恩（Patrick Karl O’Brien）

1. 导　言

在哥伦布宣称伊斯帕尼奥拉岛（Hispaniola）属于西班牙天主教双王（Reis Catholicas）之前，在达·伽马（da Gama）前往卡利卡特（Calicut）的血腥航程绕过好望角之前，有关欧洲在海外扩张的元叙事就已经出现了。迄今为止，最古老、最丰富和最持久的元叙事主要关注欧洲冲动的历史与本质，解释其何以与其他大陆的领土、资产和人口发生交易及进行殖民。另一类最近出现的政治经济学叙事（本章将对其进行总结与重构）影响较为有限，且尚未形成定论。此类叙事试图评估欧洲各国以及西欧整体在强化与亚洲、非洲、美洲和大洋洲的接触中所产生的宏观经济成本与收益。这一强化过程由来已久，但时断时续，主要限于欧洲大陆以外的地区、人口和区域性经济体，实际从 1415 年葡萄牙人征服休达（Ceuta）时就已开始，贯穿大约四个世纪的重商主义时期，一直持续至“帝国盛世期”（1783—1825）。在世界历史的转折关头（在地缘政治上标志着从重商主义向自由国际经济秩序转折），海外扩张最猛烈的欧洲五强（葡萄牙、西班牙、荷兰、法国和英国）已经丢掉了在美洲的前殖民地与贸易站，但仍在延续和推进其在南亚、东南亚、澳大利亚和非洲的领地，直至“二战”后的去殖民时期才终止。 7

本章将首先回顾一部史学著作中（基于对国家档案的研究，采用经济学理论和比较方法）三种截然不同的立场。该书由经济史学家和其他历史学家撰写而成，目标是分析洲际贸易和殖民之间的关系，并且研究西欧漫长而超前的工业化进程。笔者认为，这种以地域为界限、以欧洲为中心的史学研究范式现已“陈腐”，只有将整个分析重新定位于新近重建的全球经济史研究的讨论中，才能全面而有效地解答我们的宏大问题。

在“解构”（Deconstruction）实验后，就1415年至1825年间西欧与世界其他经济体之间的关联而言，本章将重点转向诠释和重构，并在可能的情况下量化其经济重要性。在西欧演变与整合成为技术先进的市场经济体过程中，海外扩张发挥的重要性方面，本章为相关的研究、猜想和似乎言之有物的推测提供指导。

2. 欧洲中心主义历史、成本—收益隐喻及反事实推论

成本和收益是广为人知的概念，源自经济学理论，意在试图避开扩张背后所有的动机，回避欧洲在同其他大陆数世纪的互动中所获得的地缘、文化和社会收益，以及其获得的心理、性与精神满足。

从最初的海洋探索进程开始，成本就以私人或国家投资形式出现，用以建立、保护和发展与海外社会及殖民驻地之间的贸易。几个世纪以来，投资不断积累，并及时跨越海路和陆路，将经常性和持续增长的进出口、劳动力、资本及有用的知识流动注入世界经济之中。而在1492年重新发现美洲之前的一千多年中，世界经济始终是关联甚少
8 的。16世纪，当西欧海洋经济体越来越多地涉入美洲，并不可避免地接触非洲和亚洲之时，世界经济的关联就成倍增加且大幅加深了。因此，跨大西洋重联以及建立与印度、东南亚、日本和中国之间经常性贸易往来都代表着全球历史的重大转折，因其标志着世界贸易开始加速增长。这会（最初缓慢地）推动洲际贸易的扩大与深化，而当蒸汽动力船和火车广泛使用之后，迅速发展成为商品、资本、劳动力和技术的世界市场日益紧密的一体化。

在海洋贸易、商人、国际金融、港口、船舶、航运、海军、重商主义法规等领域，在欧洲、非洲、亚洲和美洲之间争夺殖民扩张和商业利益的国家间竞争领域，尽管欧洲拥有全部学术资料，却无法就欧洲发展中上述领域的重要意义形成定论。这些资料经常提及洲际贸易与都市工农业之间的关联，却鲜少对其进行分析，更是从未对其进行量化。类似的，关于欧洲工业、农业和服务业的经济史出版物关注了生产、区位、组织、企业家、劳动力和技术，却极少研究这些要素同海外贸易扩张之间的关系。另外，已出版文献中存在着不平衡问题。较之于国内生产史，海洋贸易的国别史更易研究，也

读之更令人兴奋。成篇累牍的洲际贸易出版物更易获得，这夸大了其在欧洲经济史中的重要性。

自“宗教改革运动”（Reformation）以来，欧洲史研究主要关注洲际竞争，这进一步加深了上述“夸大”。即便是在经济史上，诸如暴力、掠夺、殖民和重商主义竞争等地缘政治主题（从伊曼纽尔·沃勒斯坦<Immanuel Wallerstein>和费尔南·布罗代尔<Fernand Braudel>到卡尔·马克思<Karl Marx>和亚当·斯密<Adam Smith>等权威作家的经典著作中，都有力地体现了这一点）继续主导着欧洲海外扩张的历史编纂，并在世界各地激进知识分子对欧洲殖民扩张的分析中产生了强烈反响。历史研究出现三种不同立场或不同方案，就是为了解构、限定和抵消其所认定的过于简单化的剥削叙事，代之以一个更加连贯、平衡和有效的替代方案。就出版数量而言，排名第一的是一份长期且不断增长的文献目录，其中收录了欧洲国家和地方档案馆的历史学家的著作和文章。他们的研究仍然基于这样的假设：就重商主义时代欧洲商贸和殖民的经济意义进行 9
总结，很可能要进一步采取空间分解，拆解出诸多微观案例研究，用以关注西欧特定海洋城市、区域、工业部门和本土农业参与海洋贸易的情况。这种“兰克”（Rankean）范式的史学研究有着地理限定和时序界定，通常会削弱所有的综合研究尝试，但不影响大胆（或鲁莽！）的尝试。然而，迄今为止，由砖块制造到建筑形成还未出现明显进展。

也许，摆脱历史细枝末节压制的唯一出路要在出版物中寻找。这些出版物应至少试图分析进出口、资本外流、利润和利息回报以及知识流入对各国经济（葡萄牙、西班牙、荷兰、法国和英国等参与海外殖民扩张活动最积极的国家）长期发展的宏观经济影响。在重商主义不断演变的规则和法规框架下，欧洲国家制定了贸易条款和条件，包含都市纳税人承担的征服和贸易保护的估算成本。每当宏观经济调查考虑这类贸易条款和条件时，它们就更接近于一种理论上可以接受的分析，即海外扩张可能如何与国家经济的长期增长相关。不幸的是，事实证明，我们不可能构建任一欧洲主要帝国经济体具有追溯力的宏观经济平衡表。或许这并不令人惊讶，因为从经济学引入的模型（关联增长与贸易）需要严格的分类、反事实的推理和一系列的数据（19 世纪晚期之前的数据事实上无法获得的），用来推断用于殖民和海外贸易的投资很可能对国民经济增长速度所产生影响的规模和方向。

即便经济史学家（正如他们必须做的那般）把国际贸易理论和计量经济学中启发

式而非操作性的要求放在一边，专注于“合理猜想”，那些希望认真研究这一重大问题的史学家仍要满足苛刻的条件。例如，为了继续研究贸易与增长关联的理论词汇以及不甚明晰的模型，学者们需要构建历史年表，以热那亚上将航行至美洲或达·伽马的
10 帆船队从里斯本到卡利卡特之前的几十年开篇，有效记录欧洲农业、矿山、制造业和贸易在此期间取得的实际增长。

简言之，在所有宣称第一阶段欧洲探索、重商主义和洲际贸易具有经济意义的判断之后，鲜受关注的反事实问题是：在1348—1350年黑死病的紧要关头与1415年葡萄牙开始探索非洲西海岸之间，欧洲地区的经济体以何种轨迹相互关联。由于中世纪史学家掌握的资料太少，他们很难处理此类明确质疑。然而，少数史学家指出，在生产可能性边界的缓冲带，他们所研究的欧洲本土农业、工业和贸易似乎注定会遭遇收益递减或停滞。他们很清楚，在大瘟疫（Great Plague）可怕的冲击之后不久，但远在美洲被重新发现之前，欧洲经济就已恢复增长。然而，粗览中世纪史即能提出的反事实问题是，生产率缓慢增长之下，关系工业革命的技术突破可能和条件在何种意义上（和在多大程度上）可能依赖伊比利亚人、荷兰人、法国人和英国人在美洲、亚洲和非洲推行的商业和殖民主义政策？

这类解释促成的第三种现代研究观点指出，把欧洲贸易和殖民的国家历史并论，可能会获得一些见解。采用比较方法至少重新发现了两种明显的对比，关系将欧洲资源用于海外扩张的成本和效益评估。

例如，比较研究显示，在重商主义时期，成功转为工业市场经济体的多个国家和地区（德意志邦国、奥地利、丹麦、波希米亚、挪威和瑞典）几乎没有把资本、人力、创业人才和武装力量用于殖民和洲际贸易。更重要的是，比较方法显示，欧洲五强国有经济（或多或少仍致力于欧洲帝国计划）投资的社会回报存在明显的时空差异。葡萄牙、西班牙、法国、荷兰和英国的现代经济史总结认为，从海洋贸易、海上前哨和海外
11 殖民地的投资中获得的长期宏观经济收益，“最终”“不成比例地”累积到两个新教大国——主要是英国，但也包括荷兰。伊比利亚人在研究与开发、征服与殖民方面进行了最初和持续的投资，与美洲、非洲和亚洲之间建立了定期且安全的贸易模式，而英国和荷兰作为这些投资的后来者和搭便车者，参与了殖民扩张项目。这种观点清晰地检视了帝国子午线的结束，当荷兰处于“财富的尴尬”时，英国的第一次工业革命行进过半时，葡萄牙和西班牙经济仍在努力从资本、技能、人力和机构的损毁与折价中恢

复，因国内革命、内战和拿破仑入侵法国，其美洲殖民地的财产与投资几乎损失殆尽。之前的几个世纪中，尤其是《乌得勒支和约》（Treaty of Utrecht）（1713 年）签署至法国大革命的爆发（1789 年）期间，重商主义式微，伊比利亚人（和法国人）从洲际贸易和殖民中获得的收益已变得有限，而高度集中于荷兰和英国商人及投资者手中的收益似乎不那么明显。

不过，想来有趣的是，在西班牙和葡萄牙的长期经济增长中，殖民扩张产生的“外生动力”疲软。要知道，西欧国别经济比较史通常认为内生因素（如自然禀赋、区位、气候和其他地理优势，以及当地机构、文化有生产和传播有用知识的制度）比对外贸易的作用更大。

然而，在比较 16、17 和 18 世纪的伊比利亚与其他西欧国家时，西葡两国经济史学家倾向于着重分析负面影响，强调如何压缩了机构发展、削弱了国内生产的前后向联系以及产生了制约经济增长的负外部性，但两国在三个世纪的对非洲、亚洲和美洲的殖民和贸易中获得了物质收益。例如（早在西葡两国经济深受与拿破仑法兰西帝国冲突及南美洲殖民地独立起义冲击之前），因其殖民扩张中的公私合营关系，两国从殖民地财产、税收和法律服务中获得了高份额收益，还从其对经营在拉贸易的私人、商号和 12
企业所拥有的垄断、许可和特权进行君主授权中获益。国家收入的此类意外增加似乎大多被用于资助在欧洲大陆为追求王朝野心、领土征服和反改革而进行的战争。重商主义法规旨在维持西葡两国企业在亚洲、非洲和美洲的贸易，能够保护私人和公共利益不受荷兰、英国和法国掠夺者、竞争对手和入侵者的侵害，因此两国为推行重商主义法规不可避免地进行了分配。然而，如今看来，这种分配是不充分和无效的。此外，国内的政府建筑往往比基础设施更宏大、更豪华、更教会化。马德里和里斯本的帝国城市建筑令人印象深刻，但其规模扩张超出了范围，现代城市史学家认为其在推动创新、技能形成、创业、工业投资和科学的发展方面并不是代表性“城市”，而安特卫普、阿姆斯特丹、巴黎和伦敦早前的辉煌成就正是源于此。

财政收入需求极强地制约了欧洲国家及其政策的形成。伊比利亚人的殖民地为西班牙和葡萄牙宗主国提供了非同寻常且广受艳羡的硬通货流，这一可估测的流入被用于偿还皇家债务和分配官职，更重要的是用于追求王朝战略野心，而在追求更长期广泛的国民经济利益方面的意图是有限的。受限于其时代所特有的政治和地缘条件，他们将源自殖民和贸易的大量资源用于强化传统社会结构。他们以保守的观点和追求租金而非利润的倾向来资助贵族。在经营国家资产和遗产及管理对非洲、亚洲和美洲贸易方面，统治葡萄牙和西班牙的伊比利亚王族（阿维兹<Aviz>、布拉甘萨<Braganza>、哈布斯堡<Hapsburg>和波旁<Bourbon>）难以代表有效管理者。

相比其敌对邻国西班牙，葡萄牙体量更小，地缘政治更加脆弱，通过贸易移民和资本流动保持海洋贸易和殖民势必对其（在宏观经济方面）更为重要。15 世纪中叶时，西班牙已经是一个体量要大得多，且城市化和复杂度都要更高的经济体。然而，这两个南欧国家都没有经历过进口替代工业化发展和出口导向型增长带来的贸易规模化和多
13 样化，而就荷兰和英国（甚至法国）与其他大陆的联系所进行的研究中，均对此有详细阐述。由于若干原因，作为出口和原材料进口市场，伊比利亚半岛却并未因此而形成熟练工业劳动力明显更快和更广泛的积累。在雇用和供养绝大多数人口方面，本土农业持续发挥作用，不易转型并释放劳动力，其基本原因是（在化肥、机械化灌溉和长途营销网络出现之前）提升“地中海式”农业体系的劳动生产率受到生态约束。西班牙以其自有的企业家才能实现了抱负，它通过商贸企业在大西洋与东部海域开展贸易，依托来自美洲矿业和种植园投资的利润汇回而富足，更重要的或许是因来自国家任命官员和授予特权的获利而奢靡。来自社会底层的一些（或许占比相当小）伊比利亚人更具企业家精神，他们移民海外，在西班牙和葡萄牙的海外领地施展才华和商业智慧。

对宗主国经济而言，不幸的是，由于开采殖民地诱人的矿物财富源，西班牙和葡萄牙的生产结构和贸易模式出现了可预见的变化。白银和黄金都不是实用的金属，既不能用于建筑，也不能转化为工具、家居用品或武器。在不被用作货币（或票据信用基础）的情况下，它们被巧妙地制成教堂、修道院、修女院、皇宫和贵族府邸的装饰品。

当被用作高能货币时，金银的流入注定会提升都市（或殖民者）对货物和服务的整体需求，这要将资源从出口品的生产中转出，而葡萄牙和西班牙的工业和服务业部门面临着总量约束。“过剩”的金银既不能从国内生产商那里得到足够弹性的回应，被用于为宗主国这些“非生产性”政治和地缘政治支出提供资金，又不能用来交换来自竞争对手荷兰、法国和英国经济的进口商品和服务。从美洲流入的黄金使得可贸易品和非贸易品的国内与殖民需求上升，引发了西葡两大宗主国的结构性逆转，其原因是商品和服务可贸易品的国内生产短缺推高了价格通胀，这进一步溢出，吸引了来自欧
14 洲其他地区的进口进入。

如今，伊比利亚经济史学家视其现代早期经济史为国家经济的失败，其原因在于公私部门都认识到，他们从海外贸易和殖民收益中仅得到“令人失望的比例”。失败（反映为当时规划者<Arbitrista>和反对者之间的辩论）之所以出现，原因是君主们和大臣们变得过于专注无利可图的战略和宗教目标，却从未设法排除来自葡萄牙和西班牙帝国海外的竞争者和掠夺者，也从未保护本国工业、造船、航运、金融和其他商业服务免于外国进口竞争。他们很少补充说明，重商主义根本上代表的隐含反事实是，若假以时日，适当保护本国产业免于外国竞争，并辅之以其他政府支持措施，西葡两国的政治和经济就能拥有足够的权力和经济潜力，能够成长为更高效、更大规模和更一体化的帝国经济体。他们的另一项假设是，葡萄牙和西班牙统治者们任命了历代经济顾问和大臣，其倡导的排外和保留政策是有可操作性的。然而，宗教改革运动之后大约三个世纪内，所有欧洲国家都狂妄地宣称拥有对其领土、资产和名义臣民的绝对主权，但其所处的国际秩序深受王朝竞争和宗教战争加剧影响，他们对本土政治、经济和社会的管理能力都很弱，对散布世界各大洋和海域的殖民地与贸易网络的管理就更不必说了。

来自海外扩张的收入与利润流入帮助其维持了中央集权、强大的君主制和国家独立，但葡萄牙需为其他大国提供的海军和军事支持付费。例如赫赫有名的葡英联盟，其代价是允许英国商人和英国制造商进入葡萄牙本土和殖民地市场。考虑到葡萄牙的国土面积、地缘政治地位、西班牙的敌意以及荷兰的持续攻击，葡萄牙从海外贸易、沿海上殖民地、巴西黄金开采和运输贸易投资中获得的潜在收益均由葡英两国共享（1580—1640年间，葡萄牙与卡斯蒂利亚王国<Castile>合作了60年，之后又与英国合作）。

与葡萄牙相比，西班牙的国民经济规模更大，资源禀赋更佳，实力也更强，但哈布斯堡王朝和波旁王朝都未能动用足够的海军力量，阻止外国商业与本国经济或海外殖民地形成多边竞争。西班牙曾推出各类重商主义战略，旨在集中海外扩张收益，但都 15
很难在一个散布于欧洲、亚洲和美洲的帝国内实施。因其痴迷反宗教改革，长期热衷于同法国争夺欧洲控制权，西班牙最终落败（以《比利牛斯和约》<Peace of the Pyrenees，1659年>的签署而告终）且丧失了加勒比领土，只能断断续续地遏制由其法国、荷兰和英国敌人牵头的“阴谋”，而这些敌对力量妄图控制流出和流入南美的走私商品，并供应西班牙本土和殖民地市场。

本篇解构性的前言可概括为：就欧洲海外扩张与西方崛起之间的重要关联而言，三类持续不断的历史研究均陷入僵局。长期以来，传统历史研究始终关注这一问题，但不是倾向于夸张的特设断言，就是陷入从欧洲各国家档案馆获得的详细资料的泥潭之中。欧洲国家档案馆拥有大量可获取资料，涉及相互竞争的各个帝国间的海外贸易。同时，对于可观测的关联，经济理论要求进行严格的分类和量化。这一要求无法得到满足，原因不仅仅是贸易和生产的可获统计数据存在严重不平衡，还因为已有数据无法实现成本加总，而各个时期在非洲、亚洲和美洲开展商贸与殖民所增加的国民经济成本和外部性，也无法进行汇总。可叹的是，经济理论提供的不过是有用的词汇和一种复杂感，而这种复杂感涉及对这个重大问题做出任何近乎“科学”且可接受的回答。

另外，比较史学对比了参与洲际贸易的国家、区域和城市经济体，只是展现了各类本土政治、制度、文化、地理和其他条件如何从持续的海外扩张承诺中产生有利（英国和荷兰）、不甚有利（法国）和可能不利（伊比利亚）的结果。最终，欧洲殖民和商业比较史学奋力得出了一个观点（尽管是主要观点），即从海洋贸易和殖民扩张中能够获取宏观经济收益，其规模和范围取决于此类活动与参与该项危险和掠夺性活动
16 的本土经济之间的联系矩阵。

3. 世界经济中的西欧（1415—1825）

新一代的经济史学家随后即认识到，就欧洲与其他大陆的长期接触而言，环环相扣、貌似合理且令人难忘的元叙事不可能由欧洲国家、区域或沿海城市档案中所包含的材料构成。

他们认识到，欧洲的殖民扩张遍及全球，导致了参与最积极的五个大国之间长达三个多世纪的战争、竞争和合作。除非把西欧经济整体的联系——各国相互之间以及同其他大陆、亚洲、非洲和美洲之间的联系——作为适当的地理框架加以分析，否则就不可能对结果作出合理的叙述。这一方法论上有效的对策不易实施，主要是因为宗教改革后欧洲与世界其他地区的历史记录庞杂，文献记载了竞争而又相互分离的帝国、民族国家和区域经济。

幸运的是，近几十年来，将现代欧洲早期经济史“重置”于可贵的探究传统中已具有可行性和启发性。在将世界经济置于整体框架之下，这种探究关注接触史、联系史和物质进步的差异化路径。希罗多德（Herodotus）被公认开创了这种近期复兴的史学传统，此项传统将罗马和基督教的人种志（Ethnography）形式传承至启蒙时代。彼时

（在探索之旅两个多世纪之后），从亚洲、非洲和美洲舶来的商品和知识大量增加，使得系统性分析欧洲与世界其他地区之间的经济联系和比较成为可能。孟德斯鸠、伏尔泰、休谟、杜尔哥、魁奈、罗伯逊、米勒和被遗忘的哥廷根学派学者的见解被重提，与亚当·斯密的名著《国富论》相提并论，而后者标志着古典经济思想的起步，为现代全球经济史的关注指明了方向。

可叹的是，在19和20世纪很长一段时间里，除了马尔萨斯、马克思、韦伯以及德国历史学派学者的尝试之外，对长期经济增长进行历史研究的参数在地理上和时间上 17
仍限于欧洲国家、区域和乡村经济。此外，在古典政治经济学的小插曲之后，配置、分配和短期波动问题开始主导新古典主义经济学的议程，而多数经济史学家很少在其确有专业知识的时空界限之外写作或研究。

这种情况目前正在改变。毫无疑问，近几十年来，图书流动的“全球化”日益增加，使得欧洲经济史被重置于“世界经济”之中——及时回归传统，并书写诠释亚洲、非洲、美洲和欧洲四大洲各个国家、地区和社群的不同物质进步水平。然而，卡尔·马克思和马克斯·韦伯这两位相对以欧洲为中心的德国人建立了研究范式，构建了全球经济史的现代学说。这两位权威人物都对印度、中国、美国和俄罗斯经济的发展保持着浓厚的兴趣（公认为对欧洲的平衡），但韦伯对东方宗教、哲学、城市和国家的研究比马克思和恩格斯的所有研究都要严肃得多。作为世界史，马克思主义传统上关注的是研究物质进步的潜力，具体表现为在世界各地观测到的独特的“生产方式”。直到近期，学者们才在“离经叛道”的马克思主义范式中“重新重视”国际进程、国家间竞争和殖民剥削，将其视为全球不平衡发展模式的内在特征。其竞争者——韦伯研究范式也可以分为两大研究方向：一是霸权主义信仰体系的比较，旨在促进或限制个人和群体在经济领域的行为；二是对政治、法律和制度框架的实证分析，在此类框架下，历史上的经济活动在世界各地开展。

生产方式通常依据基本特征分类，也按商品与服务生产和分配的不同体系分类，这在历史上是世界经济若干区域所共有的。在古典马克思主义思想中，唯一能够产生持续物质进步的模式是“资本主义”，它建立在雇佣劳动和资本积累的基础上。马克思发现，前资本主义生产方式向资本主义生产方式的第一次转变发生在西欧。此后，全球 18
史学家（在主流马克思主义传统下研究）在考虑其对立面之前，解答了他的问题，即这种转变何时因何而发生：非洲、亚洲和印第安美洲盛行何种前资本主义生产方式？不知何故，相比其他大洲，这些地区延迟或停滞了向资本主义的类似转变。

我们可以从复杂的马克思主义学术体系中归纳出两类普遍性的答案，并将在这里作为简化的标题加以提及。首先，这一传统体系表明，资本主义脱胎于“宜人的封建主义母体”——欧洲独有的生产模式，马克思主义史学家尚未发现此种模式在世界其他地区占据主导地位或持续存在，不过日本可能是一个重要的例外。非进步性的生产模式（如欧洲古典文明时期以及非洲、亚洲和前哥伦布时期的美洲盛行的生产组织框架）拖延或在更一般的情况下（在随处可见的“亚洲”生产模式下）禁锢了潜在有利的转变，而这种转变正出现在西欧资本主义的摇篮。

在过去的25年中，一种替代的或附加的“马克思主义”范式在马克思的著作中被重新发现，并由世界体系历史社会学学派（World Systems School of Historical Sociology）加以阐述。该学派的中心假设是，西欧最早出现了资本主义（或商业社会）的转型，并最终成长为成功的工业市场经济体，原因是在法国革命和工业革命爆发之前，通过洲际贸易和对亚洲、非洲和美洲资源的殖民，欧洲人及时收获了关键性成果。世界体系学派当前出版的各类更为细致的诠释多认为，欧洲的经济收益远不止资源转移，还包括一系列政治、制度和文化正面回馈与衍生物，这些收益与1492年后从世界各地（特别是美洲）流入欧洲港口的商品流日益增多相关。

毫不意外，世界体系学派对欧洲出口向亚洲、非洲和美洲的市场扩张所作的阐述一直存有争议，尤其是其强调贸易和从其他大陆转运回欧洲的进口（包含生产知识）
19 极为重要，更是备受质疑。经典马克思主义学者坚持正统文本，对比了进步性与非进步性的生产模式。在此过程中，他们与主流经济史学家保持一致，后者始终认为，欧洲历史轨迹的独特性和特征是早期向商业社会、晚近向工业社会转型的基础。另外，对此争议而言，传统观点中没有占据主导的标签性观点（概念），而从传统经济体系转向另一种最终更加进步的体系究竟是连贯的还是非连贯的，这类无定论的讨论似乎也并不重要。核心问题是确定（和衡量）内生力量与外生力量对促进世界经济某部分（欧洲）经济增长的重要性，并限制亚洲、非洲和南美洲大陆的类似势头。

回顾过往，马克思主义学派的虚拟文库关注亚洲生产模式以及欧洲之外封建主义特定形式的存在或缺失。现在看来，这种关注更多是理论性的，而非历史性的。另外（也许是因其在冷战期间受到了排斥），在构建现代话语的参数和词汇方面，经典马克思主义学派比其竞争者——韦伯学派受到的影响小。韦伯学派关注制度约束，这一约束条件几个世纪以来都在阻止非欧洲经济体追随欧洲轨迹，使得 19 和 20 世纪的西欧生活标准与其他地区截然不同。马克思曾专论亚洲社会，这些评论如今多被视作其特定时代欧洲中心论的典型推测。此外，他似乎将其几代追随者领入一条死胡同，寻找所谓无处不在、一成不变的亚洲生产模式。

马克斯·韦伯的博学看起来更令人印象深刻。他的研究方法、问题和主题都预见了近几十年来全球经济史构筑进程中研究的议程。韦伯分析长期问题，研究了古典文明和两种东方文明，并运用比较的方法来理解资本主义何以出现在西方而不是东方。正如他所做的那样，通过阅读涵盖千年的年表，韦伯认识到，印度和中国的经济表现出了早期令人印象深刻的科学技术早熟。他赞赏阿拉伯人和亚洲人，认为其早在 16 和 17 [20] 世纪欧洲船只和商人开始定期航入和环绕印度洋与中国海之前，就已经为进行国内和海外贸易建立了复杂的制度和有效的机构。

然而，就发现和探索美洲对欧洲发展（由亚当·斯密和世界体系历史社会学学派先后提出）的经济重要性而言，韦伯就不是那么令人印象深刻了。他并未将洲际贸易和殖民的收益夸大至超出内生力量的作用，而后者在 1492 年前的几个世纪中都促进了欧洲经济的增长。韦伯也同意马克思的观点，认为资本的积累以及奴隶经封建社会成为自由市场劳动力的演变是西欧实质性进步主要的决定因素。

此外，他仍然过于学术化，不愿受诱惑做鲜明的二元对比。马克思学派的题外之意是将此对比归为欧洲中心论，而这类对比也影响了韦伯一些不太挑剔的追随者们在历史社会学和之后的经济史学方面的著述。然而，一些学者关注合理而可行的元叙事的构建，希望用此描述长期实质性的进步。韦伯为这些学者阐述了与现代故事产生共鸣的主题，此类故事述说了过去一千年来西方的经济成功和东方的相对落后。韦伯（和现代“韦伯学派”——参见第 2.1 节参考文献）追随孟德斯鸠和其他启蒙运动以来的思想家，认为欧洲与世界其他地区在制度、意识形态和法律框架上的明显差别已存在“数个”世纪之久，而宗教信仰、文化环境、家庭生活、体制机构和政治体系之间的显著差异推动形成了经济增长的不同路径，最终在世界经济中产生了富国和穷国之间的鸿沟。

20 世纪后期，当代经济史学家提出，应该及时在全球背景下重新配置那时还绝对卓越的西方社会科技和经济成就。他们发现可以了解、保留、重述或拒绝经典导师们的权威观点，因其能看到过去一千年涵盖非西方农业、工业、城镇、商业网络、通讯、贸易、科技、文化、商业组织、税收、国家制度和政府政策等的所有图书馆书籍和文章，这些文献由史学家撰写——许多作者来自摆脱帝国统治不久的大学。此外，他们还发
21 现，来自北美、欧洲、澳大利亚和日本大学的区域专家进行了大量综合历史研究，并与西方进行了沟通，而这些研究的精细程度令人印象深刻。“二战”后不久，在殖民地独立运动时期，新一代经济史学家借机——大量知识（关于欧洲和北美的长期知识）累积创造的机遇——重新逐一联系各区域和国别间割裂的经济增长史，以此构筑物质进步的“全球史”，并再度考虑欧洲海外扩张可能带来的东西方经济发展成就（参见第2.2节参考文献）。

为了理解扩张所处的全球经济史，当前最有用的研究可能是将经济理论和测量方法用于分析各大洲的长期物质进步。作为一类学派，此种研究毫不掩饰其对国民核算分析框架的依赖，还涉及世界各地平均收入、实际工资和生产率差异的分类、定位和量化。这种方法起源于凯恩斯宏观经济学和相关统计项目，后者旨在构筑更广泛的指标体系，用于量化各地不同时期的经济水平和增长率。对欧洲而言，类似的“政治算术”可以追溯到17世纪晚期，大萧条时期则是出现了相关实证研究方法，用来测度各国和世界经济整体的增长与波动。然而，也就是在过去50年中，在联合国及其附属机构（特别是世界银行）的主持下，衡量全球经济的持续性机制性工作才逐渐成熟。

在过去的半个世纪中，一群孜孜不倦的历史统计学家作出了一项努力，即把现有的令人印象深刻的数据基础向后延伸，以便比较和跟踪各国贫富的最新发展。多数学者（参见第2.3节参考文献）将西蒙·库兹涅茨（Simon Kuznets）的开创性工作视为典范。库兹涅茨本人及历史统计学家们的著作极大地丰富了我们可以用来进行洲际比
22 较的经济事实和合理推测，尤其是对欧洲、北美、大洋洲和日本的比较。新近研究关注印度、中国、东南亚、南美洲和非洲等几大（主要是海上）区域的实际工资、消费标准、健康、死亡率以及人口和劳动力的土地生产率与劳动生产率，此类研究的崛起扩大了可供全球史学家使用的数据库。对于欧洲之外的经济体而言，这些史学家希望对其在工业革命之前几个世纪中的要素生产率和生活水平进行系统比较。

尽管情况有所改善，但数据不足仍是严重的制约因素。史学家们不清楚欧洲与“其他”地区生产率和生活标准的明显差异是何时出现的。然而，他们大多认为，应该有一份公认的年表，用于分析为什么经济效率和社会福利的洲际差异在18世纪末开始显现，而到1900年时已是不争的事实。

保罗·贝洛赫（Paul Bairoch）推测，到1913年时，东西方之间的人均收入差距大概已经达到了8∶1。如果这一推测大体正确的话，那么就可以做一些简单的逆向推断——基于国民经济核算得到的线索——恰如麦迪逊（Maddison）所做的精确估量。麦迪逊的估测显示，19世纪期间，西欧、北美和大洋洲的平均收入年均增长1%。如果同期亚洲的人均收入大致不变或下降，则算术反向外推的结果表明，在18世纪上半叶以前，欧洲人和亚洲人的生活水平不可能存在很大差距。如果同期亚洲的人均收入从较高水平下降到仅能维持生计的水平，那么这种差距可能会在更晚的时候出现。

同时，可靠的经济数据（甚至是某个公认的代表性观测样本，该观测值由欧洲游客和早期现代世界其他地区游客所记录）几乎不存在。现有量化线索肯定不足以支持一项严肃的历史研究计划，该计划旨在解释西欧、北美和大洋洲国家经济的长期成功和失败（上升和相对下降）。由于数据缺失，马克思主义和韦伯学派的三大假设持续标注了（或者说是影响了）全球物质进步的历史。第一，在1815年之前的几个世纪里， 23
欧洲相对于亚洲的技术和经济优势（这种优势是在19到20世纪期间出现后明显存在）是逐渐发展起来的。第二（这也是韦伯的中心观点），自中世纪以来，欧洲的政治、法律、文化和制度遗产继续为经济活动的开展提供了异常有利的条件，促进了斯密型增长（Smithian Growth），带来了技术进步。第三，许多历史地理学家认为，与欧洲不同，亚洲人口在更恶劣的环境中生存与工作，而这一巨大的生态事实限制并经常性地阻碍了亚洲和南美的长期经济发展，在非洲则更是如此。

19世纪以来，这三大假设盛行，常见于多数社会科学经典著作之中，在近几十年全球出版的社会学出版物（通常无所不在）中也依然存在。这就是为什么从史学和历史社会学强大的韦伯主义传统中解脱出来的唯一途径，就是阐明欧洲与其他经济体在长期发展历程中的差异，特别是测度此种差异。但在数据缺失的情况下（可能反映长期差异——从而能够为更深入的探究建立相关的时段与参数），基于东方、南美和非洲经济体在工业革命之前（及之后！）运作和演变的历史，试图构建可行的元叙事的学者们进行了更多的定性研究，并继而在其基础上进行推论。例如，琼斯（Jones）、罗森伯格（Rosenberg）、兰德斯（Landes）、奥尔德克罗夫特（Aldcroft）和麦克法兰（Macfarlane）（追随马克思和韦伯的脚步，甚或可追溯至孟德斯鸠的“韦伯式”写作传统）坚持认为，欧洲的竞争性民族经济在几个世纪之前就已经走上了长期增长前景可能更好的历史轨迹，并在重新发现美洲之后的几个世纪里继续沿此轨迹发展。他们强调，以西欧为一方，以亚洲、非洲和美洲南部为另一方，在1825年之前的至少4个世纪里，双方产权制度、政治宪法、制度安排、法律框架、文化调适和宗教信仰一贯不同，而此种差异还嵌入了双方的经济活动之中。一些粗暴的韦伯主义者倾向于认为长期斯密型增长在欧洲（确切说是欧洲西北部的一些国家）有效运作存在“先决条件”，
24 却假定其他地区的经济中不存在此类“先决条件”。在他们看来，就商品、资本、土地、劳动力和有用的知识而言，其他地区的政治、社会、家庭、文化及其他消极的制度和信仰限制或阻碍了竞争市场的出现与运作。

他们的批评者（见第2.2节和2.3节）似乎更广泛地研读了大量涉及南亚、东亚和东南亚以及奥斯曼帝国的经济史著述，引用了一些多是针对中国、日本和印度特定海洋地区的数据样本（主要涉及预期寿命、城市化水平、商品贸易平衡、单位公顷产量及热能消耗水平），至少是证明了一项假设，即早在法国大革命爆发之前，欧洲经济就已经为其多数人口提供了明显优越的生活水平。当然，在这种“大陆”层面的汇总和比较水平上，由于“亚洲”比早期现代欧洲占有世界可耕地、资源、收入和人口的份额大得多，因此，比较全球经济史选取代表性数据就必然是有问题的。

在提供统计学上可靠的生产力与生活水平的比较上，我们现在和将来可能都还有很长的路要走，但当前关于非西方农业、工业、贸易、信贷体系、商业企业、运输网络以及商品和生产要素市场的研究仍在不断积累，很可能削弱韦伯式的简单论断，即认为只有欧洲远早于其他大陆，提前形成了斯密型增长过程所需的政治、制度、法律、文化和宗教框架。对于严肃的历史学家来说，这一论断是值得怀疑的。正如马歇尔·霍奇森（Marshal Hodgson）在几十年前所观察到的那样：“所有试图在西方引用前现代开创性特征的尝试，都会被精细的历史分析证明是失败的。”布罗代尔、乔杜里（Chaudhuri）、古迪（Goody）、弗兰克（Frank）、黄（Wong）、波默兰兹（Pomeranz）、戈德斯通（Goldstone）、麦克尼尔（McNeill）以及其他更多接触东方证据的全球史学家们可能都会认同上述观点（见第2.2节）。布罗代尔对欧洲和亚洲在近代早期所取得的市场和发展类型进行了详细比较，推断说，“在我们看来，全球人口稠密地区所面对的数量需求是相当接近的”。但他继而说道，“欧洲与世界其他地区之间存在着历史学上的不平等。欧洲发明了历史学家，并很好地利用了他们。它自己的历史得到了很好的
25 诠释，可以作为证据，也可以作为主张。非欧洲地区的历史还在书写中。而在恢复知识

和解释的平衡之前，历史学家将不愿意割断世界历史的戈尔迪之结（Gordian knot）① ”。

布罗代尔早在二十多年前就写下了这些话。“如果”历史知识的天平现在已经转而反对“欧洲（西方）在过去的一千年里是发展和现代化的主要推动者”这一经典概念（引自戴维·兰德斯<David Landes>）②，如果早期现代欧亚大陆发达地区（肯尼斯·波默兰兹<Kenneth Pomeranz>创造的那个令人回味的时期）的代表是“一个惊人般相似的世界”③，而不是一个韦伯式的世界经济（欧洲历史的特殊性和特点正在产生政治、制度和文化先决条件，用以形成和整合商品、生产要素及有用知识的有效市场），我们现在该如何为解释西方的崛起重建一个更可信的元叙事？除了自然禀赋（尤其是煤炭）外，在当前拒绝韦伯解释的替代性元叙事中，拉美史学家对另一核心章节将产生真正的兴趣，因为该章坚持欧洲海外扩张的巨大（对一些学者来说是最重要的）意义。

詹姆斯·布劳特（James Blaut）的宏论在其极具可读性的论著《世界殖民者模式》（*The Colonizers Model of the World*）中很好地得出了结论。他指出，“在 1492 年以前，亚洲、非洲和欧洲都在进步。由于欧洲人在美洲获得财富和权力，全球性的广泛体系在此后不久就开始瓦解。美洲以及后来在亚洲和非洲的殖民地所积累的财富与权力大量流动，这是推动欧洲迅速转变为资本主义社会的一个基本力量”④。

大体说来，支持这一观点的其他作者都没有提出如此清晰或明确的观点。不过，布劳特概括了历史社会学的世界体系学派以及众多经济学家、人类学家、地理学家、历史学家以及亚当·斯密的其他嫡系知识后裔的观点，而最后一类学者高度重视欧洲商业与海外殖民化。

目前全球经济史的主流元叙事成功地破坏了或严格限定了韦伯关于西方崛起的假说，弱化了自然禀赋差异，还忽略了欧亚大陆各地的科技知识积累差异。该类元叙事认 26
为，当“核心”经济体（葡萄牙、西班牙、荷兰、法国和英国）将大陆间贸易条件转为对其有利时，西欧的经济进步（以及南美洲、亚洲、非洲和东欧的偶然迟缓）就开

① Fernand Braudel, *Civilization and Capitalism 15th - 18th Century*, vol. 2 (London, 1984), 134.

② David Landes, *The Wealth and Poverty of Nations* (London, 1998), xxi.

③ Kenneth Pomeranz, *The Great Divergence. Europe, China and the Making of the Modern World* (Princeton, NJ, 2000), 28.

④ James Blaut, *The Colonizers Model of the World* (New York, 1993), 152.

始了，并且延续了若干世纪（1415—1825）。欧洲人利用强势的（海军）力量和更有效的政治、商业和军事组织，从其他大陆征用资源和知识，使东欧的弱小政体沦为其经济依附者。在将美洲人纳入全球经济后，他们重组并推高了洲际贸易，还在外围推行（或促进）劳动力控制方法（如奴隶制、亚纳科纳制、劳役偿债制和佃农制），压低自美洲、非洲和亚洲（以及东欧）购买或“征用”的进口商品价格，使其与维持生计的工资成本相近。

对于这些有据可查的争论（也可在马克思青年时期的著作中找到），当时的欧洲国王、政治家及其顾问并不感到惊讶。一方是富裕的沿海城市、具有生产性财政基础的经济发达地区，另一方则是商业企业、远洋贸易、海上前哨和殖民属地，二者之间的联系始终深刻影响了欧洲掠夺性的君主、贵族、商人精英及拥护权力与利益结合的重商主义知识分子群体。

4. 定义与测度欧洲从海洋商业和殖民活动中获得的收益

现代经济史学家现在认识到，旨在解释西方崛起的元叙事如今应该在全球背景下重新设定，但他们并不准备接受事实上精妙、现代而复杂的马克思主义故事。就表面而言，后者的主要依据是西方对其他大陆人口和资源的“剥削”。这些史学家执着于阐释
27 各种联系与机制，并在可能的情况下，持续测度洲际贸易和海外殖民化对西欧长期发展的经济意义。

对海外扩张（1415—1825）成果的解释太多地集中在收益层面，却几乎忽略了成本。为此，有必要指出，欧洲人在远洋贸易成为其海洋和国家经济的一项常规与重要活动之前，就已经付出了“相当大的”（可惜无法量化）支出（在船舶、港口、仓库、运输、士兵、水手、武器、契约劳工、奴隶以及商业、金融和分销网络的形成上）。在贸易基础设施上的投资有着相当大的机会成本，在损失无所不在的前两个世纪中更是如此。它们一定是看起来非常冒险，所以得到了大量税收补贴，享受了国家保护，还因过度竞争和宗教改革后地缘政治与重商主义经济秩序下特有的掠夺性暴力而增加。

此外，有假设认定“回报”必然“可观”且获取了暴利，而这只有在历史学家发现有可能重建每年从世界其他地区流入西欧的利润、利息、租金、特许权使用费、缴

费、税收和其他收入流时才能得到验证。16世纪期间，西欧与美洲和其他大陆建立直接的定期远洋贸易后，此类收入流随着远洋贸易的上升而增加。马克思曾写下著名宣言，谴责西方对其他大陆的洗劫、掠夺和剥削，此后，经济史学家们就开始持续关注欧洲企业和帝国主义的海外“货币回报”的潜在规模与重要性。通过商人、托运人、经纪人、银行家、股东、合伙人和公司的当代账目以及荷兰东印度公司等著名公司的记录，我们能估算出殖民与贸易某项具体投资所得到的利润规模和利润率。总之，1825年之前几个世纪所公布的大量证据是特殊而值得商榷的，无法计入现代国家官僚体系为记录“来自世界其他地区的国际收支收入”而艰难构建的那种估算。

然而，在没有数据的情况下（必然如此），全球史学家的一些宏观经济看法得到了 28
持续认同。大多数人都同意，在1825年以前的大约三个世纪里，组织贸易的利润越来越多地流向了西欧人。欧洲人（而不是阿拉伯人、非洲人、印度人、中国人与其他私营商人或政府代理人）创建并管理着跨大西洋贸易。此外，欧洲人还从夺取亚洲版图内的海上贸易中获利，他们在达·伽马进攻卡利卡特后慢慢接管了亚洲的贸易。作为中间人，葡萄牙人以及之后的荷兰人和英国人胜出，在亚洲农产品和艺术品运往欧洲市场的最后阶段，实现了融资和转运过程的欧洲化，从而逐渐打败了来自其他大陆的竞争对手。此外，欧洲商人和船只还（同样逐步地）增加了其在亚洲内部、非洲内部和亚非贸易中的存在。

印度、中国、东南亚、中东和非洲的历史学家一贯认为，欧洲人的暴力、竞争和商业企业的侵入不足以也未必会促进亚非海上贸易，因为早在葡萄牙、西班牙、荷兰、法国、丹麦和英国的船只开始在非洲海岸、阿拉伯海、印度洋和中国领海航行之前，亚非海上贸易已进行多个世纪，并在其后持续了很久。他们坚持认为，把东方发现之旅表述为某种巨变或世界贸易增长的必要条件，甚或是“全球化”的开始，抑或是国家和地方经济融入海上贸易的经济一体化，这些都属于欧洲中心论。欧洲装备精良的船只和商人艰难地强行进入亚非贸易网络，而亚非贸易网络早在他们到达之前就已经开始运作。贸易在自然优势和比较优势的基础上继续向前发展——由已运行数世纪之久的贸易机构和设施支撑。此外，欧洲和（公司形式的）美洲与“东方”之间的贸易水平继续随着亚洲内部的生产、生产力和消费周期变化而变动，尤其是与亚洲两大经济体（中国和印度帝国）的人口、经济增长与波动联动。

因此，欧洲人进入美洲沿海地区以及印度洋、中国、阿拉伯和其他亚洲海域的港

口，预示着欧洲人对亚洲进口货物、非洲奴隶以及美洲初级产品和矿物的购买量与运
29 输量激增。简而言之，16世纪见证了四大洲之间货物、服务和知识交易量的突变，这必须部分归因于运输、交易和保护成本的大幅（而非急剧）下降，因为东西方和南北之间越来越多的商品交易通过海路而不是陆路运输。不论货物的重量和体积如何，其水路运输总是比较便宜的。通过水运，商品通常能更快、更安全地到达目的港，不仅免受窃贼劫掠和军队干扰，还避开了贪婪统治者的收费、税收和关税。自罗马帝国以来，这些税费在欧亚大陆和非洲陆路运输中司空见惯。随着时间推移，欧洲人利用其造船、航海技术、商业组织的公司形式竞争优势，尤其是其装备精良的船只优势，在不断增长的东西方贸易中“侵占”了更大份额，并通过其对美洲的殖民和对全球海洋贸易基础设施的投资，促进与保持着这一份额。

亚洲历史学家一定认为，欧洲的航海技术、海洋勘探、商业企业及其暴力和掠夺连接了美洲与亚洲、非洲和中东。但他们也会指出，在此前几个世纪里，欧洲人并不具备明显的自然或比较优势，使其能在与亚洲的贸易中获利。出口（或来自美洲的再出口）将欧洲从与东方的长期贸易平衡问题中解救出来。通过剥削不自由的美洲印第安人和非洲奴隶劳工，欧洲人（几乎立即）“征用”了白银，（而后）占有了初级产品和矿物，最终提供了增加对亚洲贸易金额和收益所需的主要出口。具有讽刺意味的是，哥伦布向西航行是为了寻求降低对东方贸易的运输和交易成本。这位热那亚航海家的发现是一个巨大的意外收获，这些自然资源与被奴役的非洲人不仅提供了在欧洲消费的食品、原料和矿物，最重要的是，能“大幅”改善对亚洲农产品、工艺品和有用知识的贸易条件，增加从全球贸易的运输、分配和融资中获得的利润。

欧洲帝国主义与美洲、非洲和亚洲的商业企业将世界贸易的增长率提升至更高和
30 更稳定的水平，可被视作（净投资、技术革新和生产多样化的）“增长点”。对核心沿海城市、地区和国家经济（特别是荷兰和英国）而言，当其向工业化市场经济演变时，该“增长点”对其生产力的领先和持续进步具有重要意义。

上述说法貌似合理可信。其重要性得到了肯定，但其范围和规模仍难以量度。历史学家们尚无法估算发现之旅后世界贸易的跃升，也无法核算任一国家经济所获得的利益流量，更毋庸说整个西欧了。怀疑论者并不倾向于接受詹姆斯·布劳特的言论或伊曼纽尔·沃勒斯坦更为谨慎的论点，即欧洲在近代早期与美洲、非洲、中东以及东南亚和东亚日益增长的经济联系，可以“重新”归纳为欧洲早期向工业市场经济过渡背

后的“一种基本力量”。他们仍坚持认为，在西欧核心或宗主国经济体中，来自海外联系的利润和外部性与洲际贸易占国民收入的比率成正比。

欧洲历史学家或许会同意，欧洲投资者、商人和其他参与远洋贸易与殖民的中间人的持续参与表明，他们可能从海外活动中获得了“超常”利润。但费尔南·布罗代尔进一步将商人转变为促进欧洲发展的关键代理人，根据对 16、17 和 18 世纪期间在热那亚、威尼斯、塞维利亚、里斯本、安特卫普、阿姆斯特丹、波尔多、伦敦以及其他多个沿海小城市经营的商人和金融精英的研究，他提出了几个极具影响力的假设。布罗代尔的观念在沃勒斯坦、阿里吉（Arrighi）和弗兰克的著作中得到了阐述，并得到了研究城市史和商业史的一代历史学家们的支持。在其著作中，在欧洲海滨城市从事远洋贸易的资本主义“新贵”精英被描述为有着先进理念和节俭精神的人，他们将其通常是“不义之财”（“英雄的回报”）的很大一部分用于创建国家、扩建基础设施、制定新制度以及进行创新和产业多样化所需的市场整合。他们认为，由于净资本形成占国民收入的比率在整个近代早期持续走低，在西欧缓慢而摇摆的区域性生产力水平和 31
生活水平跃升中，这些“先进”代理人的“增量”投资和创业举措很可能起到了“关键”或“重要”的作用。

此项假说仍处于探索之中。但是，对夸大欧洲海上扩张的意义持怀疑态度的立场却是站得住脚的，原因很简单，因为保罗·贝洛赫为 18 世纪末构建的统计数字（远洋贸易总额、进出口额占其估算的欧洲 GDP 的比率）太小，不足以支撑殖民和洲际贸易作为西欧向现代工业化领先和持续过渡“发动机”的“有力主张”。例如，在美国独立战争后的十年复苏和繁荣时期，西欧与美洲、亚洲和非洲的贸易总额（出口加进口）不可能超出“核心”地区 GDP 总和的 10%。假设存在一个比例限额，布罗代尔的“大掠夺者”、沃勒斯坦的“特权行为者”或阿里吉的“霸权资本家”获得的“利润、租金和利息”相当于该比例的一半，而且他们趋于将半数收益再投资于资本、制度和网络的形成，使其有利于提升海滨城市内部生产率的增长率，并能随后扩散至内陆城市。通过这种形式化的计算，可以得出一个量化的推测，即到 18 世纪末（美洲与水路和跨洋贸易网络相连约三个世纪后），在欧洲国内资本形成总额中，来自亚洲、非洲和美洲的贸易和殖民收益流入量融资或推动的部分不超过四分之一。

然而，也有可能建立模型并收集证据，表明生产力增长率的增长来自国民经济的“领先部门”，这些部门以各种方式与海滨城市的帝国主义和洲际贸易的扩张联系在一起。大成果可以来自小起点的累积。然而，世界体系理论所支持的关于洲际联系元叙事的统计学基础，并未（或许也不可能）得到严格设定的模型和量化证据的支持，不足
32 以证明其不只是具有口头说服力的历史。

最后（回归韦伯式叙述的应有之义）：在任何长期发展过程中，“外生”和“内生”的力量与投入都是紧密关联的，我们只是为了进行理论推测，才会将其分割。例如，贸易带来的“实质性收益”当然“助益”了英国经济的转型，但“东道国”对海外机遇的反应特性与弹性取决于时机、王室竞争对手所面临的地缘政治环境、王国的自然禀赋，以及政治、法律和制度框架的演变，而早在推行一系列海防举措与内战后的海外再度扩张之前，这些因素就已经嵌入了国内经济。

遗憾的是，比较经济史或宏观经济测量得出的启示有限，而以此为准的独到方法却使叙事脱离了以统计为基础的概括。当时的重商主义者对 GDP、净资本形成或国际收支一无所知。但他们认识到，海外扩张带来的商品贸易收益以出超（包括金银）形式出现，从亚洲、非洲和美洲进入欧洲港口的进口品种类越来越多，具备了“令人满意的特质”以及知识、反馈和前向联系，这对海滨城市和内地的增长与多样化十分重要，对国家和王室的收入也同等重要，而这恰是国家和王室希望听到的——即海外掠夺和贸易能产生回报，还能促进国家的形成。

例如，重商主义者认识到，进口食品（如玉米、马铃薯、大米、豆类、辣椒和西红柿）补充了欧洲人的膳食，增加了维持人口增长和城市化所需的总热量供应。但对总消费而言，相较于 1873 年至 1914 年间西欧从美洲和俄国进口的谷物和牲畜数量大增，这些“基础”食品的流入对相对价格结构、农村工资或农业劳动力释放所产生的影响完全不同。此前，在 19 世纪 40 年代爱尔兰、比利时和德国的惨烈饥荒之前的几十年里，美洲的玉米和马铃薯等作物（后者的传播尤为缓慢）带动了人口增长，推高了
33 依存负担，并将劳动力留在了农村。此外，它们更早，也或许更快传入了清帝国，支持了中国人口的大量增加，并对欧亚贸易产生了积极的影响。

“热带杂项食品”（糖、咖啡、茶、巧克力、香料及烟草）等其他进口食品与欧洲农业的竞争有限，也几乎未能增加欧洲人口的热量和有机能量供应。它们起初作为富人的“奢侈品”进入了食物链，而后逐渐向社会下移，成为“体面”食品，增加了中间阶层的膳食种类。热带杂项食品促使部分人群为改变有限的消费模式而更勤奋地工作。茶和咖啡取代了啤酒和葡萄酒，改善了当地劳动力的体质与生产力。热带食品的加

工、储存和销售扩大了海滨城市的工业基础。作为转口商品，这些商品途经塞维利亚、加的斯、里斯本、安特卫普、阿姆斯特丹、伦敦和其他城市，强化了欧洲内部贸易和专业化的原有模式，助力南欧和西欧经济体从斯堪的纳维亚、俄罗斯和其他有波罗的海通道的地区采购谷物、木材、铁、蜡、麻、亚麻、沥青与其他海军物资。作为缺乏需求弹性的奢侈品和半奢侈品，进口的糖、饮料和烟草为财政拮据的国家提供了税收，确保其海军和军力支出的预算承诺，此类支出是为了保护欧洲的贸易和海外殖民投资，也是奢侈的战事和反宗教改革所必需的。

直到19世纪后期，从亚洲、非洲和美洲进口的原材料总额仍然“很小”。这些进口品包括用于制造家具的硬木，用于欧洲纺织成品的染料（靛蓝、树胶、栎皮黄和胭脂树果实红）和草药，如奎宁、*curvée*、山核桃、菝葜和一系列新的清肠剂和泻药等，它们也改善了便秘欧洲人的健康。

1500年以后，几乎没有科学知识、机械或工业技术从其他大陆扩散到欧洲。从亚洲、非洲和美洲转运过来的“变革性”知识和制成品有瓷器、丝绸、棉纺织品等，其他产品则很少。这三类亚洲制成品刺激了人们的模仿和勤劳行为，并维持了进口替代进程。在美洲被重新发现之前的数世纪中，生丝生产、天然纤维（包括棉花）纺纱和丝织布在欧洲地中海地区已非常成熟，但在近代早期，欧洲人一直在模仿东亚丝绸生产的设计与技术。在瓷器领域，中国人小心翼翼地保护着工艺机密。虽然葡萄牙人早在 34
1520年就将高岭土样品运到欧洲，但直到1708年，在萨克森选帝侯（Elector of Saxony）治下的梅森（Meissen），一位创新者才生产出可被接受的中国瓷器仿制品。

棉纺织生产（意大利和德国自中世纪以来就已设立）也耗时颇久，才成为成熟的欧洲工业。真正刺激这一发展的因素出现在17世纪末，是对印度生产的相对廉价、时尚和精美的棉布数量大增的直接反应，而这些棉布由英国和荷兰东印度公司运往伦敦、阿姆斯特丹、哥本哈根和其他港口。此后，在进口禁令、关税和议会规章的有利框架下，兰开夏郡（Lancashire）悠久的亚麻工业才发展成为机械化的棉纺织业。在亚洲和中东地区建立了数世纪之久的棉纺织生产，作为进口替代的典型，扩散到了欧洲。这是一个重要的全球性产业从东向西迁移的典范案例。在1775年前，印度制造的棉布始终主导着世界生产和市场。彼时，来自（欧洲殖民者在美洲建立的）奴隶种植园的长短纤维进口提供了廉价的原材料，加速了孟加拉和印度次大陆其他地区手工业生产的衰退，从而成为历史联系（通过贸易、殖民化和暴力运作）中的另一大组成，使世界制造业越来越多地从亚洲转移向欧洲。

最初移入兰开夏郡的棉纺织业发展成为第一个完全机械化的蒸汽动力工业产业，向欧洲的投资者、企业家、工程师和熟练工人展示了如何通过应用无生命的能源和机械解决生产问题，并在短时间内实现产量和生产率的超常增长。在18世纪90年代之前的20年或是20多年里，但毫无疑问的是在90年代之后，英国的棉纺织业成为时代奇迹。其技术、组织模式和营销策略相当迅速地扩散到其他纺织品（亚麻布、羊毛布和
35 丝绸）的生产中去，并且作为“机械化”的典范逐步被运用于一般制造业中。对当时的欧洲人来说，棉花无疑代表了未来产业。

然而，历史学家是否有必要夸大其宏观经济意义，或拔高其英国或亚洲血统？早在1841年，当棉纺织生产占英国GDP的6%左右时，蒸汽动力机械和工厂组织模式明显成功所带来的“示范效应”才开始向其他行业扩散。此外，棉纺织生产的机械化不应该作为整个欧洲工业化的象征。它在英国迅速成熟，成为主要产业，但在欧洲大陆的工业产值中所占比重仍然很小。大多数其他制造业的发展轨迹都只与棉纺织业的机械化领先发展相关。即便是在英国，大多数工业部门（采矿、冶金、造船、工程、运输等）的情况肯定也是如此。尽管棉纺织生产在欧洲的引进和最初传播应在亚洲和美洲的重商主义贸易框架下，但随后的创新和应用是将蒸汽动力机械用于其他纤维及其布制品的纺织和加工，这并未参照亚洲先例。针对纺织业的后期发展及其他多数产业的发展，欧洲历史学家仍然强调本土机制和欧洲网络，认为其推动产生了蒸汽动力和机械化生产形式之后的可靠而有用的知识。这些机制是在历史上特定的城市、制度、文化和政治条件下逐渐形成的，可以说是“真正”欧洲的代表——尽管与亚洲的创新和早期的伊斯兰科学有历史联系。

最后，还有美洲（和非洲）的金银，开启并维持了欧洲的海外扩张。冯·格拉恩（Von Glahn）、弗兰·热拉尔德斯（Flynn Geraldez）和其他学者都确信，有必要扩大和加深“欧洲中心主义”史学家的认知，他们启发我们将注意力重新转向从新大陆进口的声名狼藉但又最具价值的东西上，也就是金银。作为普遍可以接受的购买力形式，贵金属是具有内在价值和（据说是）稳定价值的持久储备资产——支持和推动各类纸质信用的逐步演变，长期以来对国家运作、国民经济发展以及国内外贸易都有着非常重
36 要的意义。

由于伊比利亚人在非洲、秘鲁、墨西哥、玻利维亚和巴西进行了殖民与采矿活动，

世界市场上出现了周期性而大规模的实质性贵金属流动，首先是黄金，而后是白银，接着又是黄金。即便对统计的误差范围存在争议，但事实证明已很难衡量已开采的吨数，也几乎不可能将在南美洲提炼并出口到大西洋彼岸的金条与欧洲自有库存联系起来，因后者还不断积累着来自萨克森、波希米亚、匈牙利、蒂罗尔和图林根的矿山产量。尽管运往欧洲的多数美洲金属都留在了欧洲，但仍有多达40%的金属可能被再出口到了亚洲，还有一部分不为人知的（但并不重要）新世界产量经阿卡普尔科流入马尼拉，而后从菲律宾的西班牙殖民地进入部分东亚和东南亚经济体，但主要是流入了中国。

非洲和美洲的白银和黄金流入量有着周期性波动，却在不断扩大，这促进了西欧经济增长，但即便是确认此种促进机制也并非易事。就金银流入的宏观经济影响而言，欧洲经济史学家一直试图对其进行量化，但迄今依然未能实现。史学争议实际上是反复出现的，但很少能像冯·兰克（Von Ranke）希望的那样，通过研究来解决。例如，进口的白银和黄金显然为当地制造家庭装饰品和器皿、个人和教会装饰用珠宝以及贵族家具装饰提供了更便宜的柔韧材料。但美洲的金银很难替代欧洲对铁、铜、铅、锡、锌和其他实用金属的供应。

除了“财富”对欧洲投资以及（相当有限的）自愿移民进入新世界的诱惑和激励外，就其对欧洲经济增长影响的论述一直限于历史学传统框架内，主要是分析金银的货币属性及其通货膨胀效应。而后，有研究分析了金银对国家形成和国家间竞争的财政影响，还在西方基督教东、南部边境迎击伊斯兰和奥斯曼帝国的军队时，分析了金银对陆军和海军军费开支的影响，由此，对近代早期全球主要商品交易的分析才扩展到了更具启发性的方向。

25年前，菲拉尔（Vilar）提出了一个相当简化的货币主义论点，这一观点后来又得到进一步发展，并得到一些统计证据支持。菲拉尔认为，在16—17世纪，进口的美洲白银（以及后来的巴西黄金）缓解了欧洲在金属货币供应上的现实约束以及更为严 37
重的潜在约束，而后者主要用于资助欧洲与其他地区间的陆上贸易，还用于扩大欧洲与近东和远东间的海上贸易。进口金银最初来自非洲，但绝大部分来自美洲，这不仅为欧洲经济体提供了铸币用的金银，还极大地补充了金融中介和机构扩大与传播纸币、汇票和各种纸质工具所需的贵金属储备基础。因此，伊比利亚人从新大陆征收白银和黄金，促进了本地、区域、国家、欧洲和洲际市场的延伸与融合，促使欧洲扩大了中世纪以来就在进行的斯密型增长。中世纪式的金融中介体系原本抑制了金融能力，而美洲财富则引入了弹性。伴随金银进口及其带动的信贷扩张，实际利率下降，增长、专业化、投资和创业精神显现。

此外，美洲的金银还被用来消除货物贸易赤字。在过去几个世纪中，此项赤字限制了欧洲地区间的海上贸易与专业化。到了16世纪中叶，波兰、俄罗斯、普鲁士、斯堪的纳维亚和其他一些生产国拥有海岸线，或能通过河流进入波罗的海，他们出口具有战略重要性和经济不可或缺性的原材料。通过美洲金银的再出口，南欧、西欧和中欧的城镇和产业部门可以比较容易地采购到这些原材料。随着时间的推移，这些地区（西欧经济一体化和城市化的地区）越来越多地进行木材、铁条、亚麻、大麻、焦油、沥青、毛皮、蜡、鱼和谷物的交易，不仅交换了白银，还换得热带杂项食品和其他奢侈品，后者皆来自欧洲商人与东方的多边贸易，以及进口自美洲的金银、食品和原料向亚洲的转口。

在大约250年的时间里，就扩大与平衡对亚洲贸易这一古老问题上，重新发现美洲的白银和黄金实际上提供了主要的解决办法。在建立定期远洋贸易之前的几个世纪里，亚洲对欧洲出口商品的需求一直缺乏弹性，而欧洲对亚洲热带杂项食品和高质量制成
38 品的需求则具有收入和价格弹性。从16世纪中叶开始，欧洲商人和跨国公司规避了东西方商品贸易平衡中潜在的赤字约束，从而通过建立、组织和保护通往非洲和亚洲的重组海运商业网络，就能不断创造机遇。他们通过向亚洲人出售航运、保护和金融服务来实现这一目标，此类收入占比不大，却在不断增加；通过进入亚洲贷款和信贷供应，他们获得了更多收入；然而，通过将美洲的白银和黄金再出口到奥斯曼帝国、印度、东南亚、莫卧儿帝国，以及最大限度地出口到明清时期的中国，他们获取了最重要的收入。

幸运的是，在16世纪末和17世纪，中华帝国决定（在纸币实验失败后）重新调整明帝国的财政和货币体系，建立了财政和经济交易的银本位，从而扩大了白银需求。在1540年至1650年期间，世界上人口最多、商业化程度最高的帝国的双金属比例急剧向白银倾斜，这为精明的欧洲和亚洲商人提供了通过套利赚取额外利润的机会。欧洲人的套利预期而后进一步提升，原因在于17世纪晚期日本银矿收益减少，日本对中国的白银出口让位于欧洲的再出口，而后者最终来自南美银矿的开采。18世纪上半叶，中国人口增长，部分原因是新的粮食作物（来自新世界的红薯、玉米和花生）获得早期快速传播，刺激了大清帝国内部的陆上殖民和区域间贸易，这导致中国对美洲白银需求的再度上升。

因此，最近的全球经济史学术研究已经重构了西班牙美洲白银和巴西黄金对近代早期欧洲经济发展的意义。中国及其附属国（以及实施银本位的莫卧儿帝国）的内生需求推高了被征用白银的价格，从而维持了欧洲在美洲殖民地的承诺。

讨论已经出现了探索式前行，不再是对16世纪相对温和的价格通胀背后货币和非货币力量的理论关注，也不再是有关欧洲制造业工资滞后对利润和投资（仍未得到证实）长期良性影响的（无法验证的凯恩斯主义）假设。美洲贵金属在区域内贸易、市场一体化以及促进欧洲、印度和中国形成斯密型增长方面的功能特性，现在占据了辩 39
论和研究的制高点。

奥斯曼帝国、萨法维帝国、莫卧儿帝国和（尤其是）明清帝国的国家和人民进口、消费、货币化及囤积了“无用的”美洲金属，并为之付出了“真正的”商品，如丝绸、棉布、瓷器、香料、糖、茶叶、草药以及东方熟练但廉价的劳动力做出的制成品。具有讽刺意味的是，一些亚洲历史学家批评了这类明显可见的偏好。通过用“全球”视角分析美洲的主要出口产品，他们强调，如果不对照亚洲，就无法理解西欧从其跨大西洋联系中获得的收益。唉，对这一背景的启发式阐述和近期对西方历史的“重新定位”，已经催生了其他不大可信的假说。如今，冈德·弗兰克（Gunder Frank）发人深省地指称，在18世纪后的几十年间，美洲金银产量的下降形成了一种潜在的结构性条件，推动人们寻找解决紧迫性威胁的方法，规避利润丰厚的东方贸易的可能衰退。在帝国全盛期的初期阶段，创新、进取且冷漠的欧洲人想出了解决这一重商主义长期困境的三种办法：纺织生产的机械化；印度的殖民化；以及投资的重新分配，用以加速热带食品和原材料种植向美洲奴隶种植园的转移。

5. 对解构与再解构方法论的总结

当然，在1492年至1825年这几个世纪的斯密型增长中，欧洲、亚洲、非洲和美洲之间有着无数经济联系，以此为基础的学术研究并未就元叙事形成定论，也尚未结束争议。①

世界体系理论与全球生态史的重新兴起，提升了人们对欧洲海外扩张影响的认知，

① Andre Gunder Frank, *ReOrient. Global Economy in an Asian Age* (London, 1997), chap. 7.

40 帮助欧洲历史学家摆脱并修正了欧洲中心主义的传统元叙事，此类叙事解释欧洲大陆早期向工业化经济转型的来源和起源。粗暴的韦伯主义已无法立足。重提暴力和权力就是为了削弱关于欧洲比较优势领先发展的自由主义过时论述。尽管如此，关于欧洲领先转型背后的内生与外生力量对比，就其重要性展开的相关争论尚无定论。同时，尽管已有既存数据，但对贸易联系的研究以及对商品进行的逐项研究并不符合“世界‘殖民者’模式”所阐释的言论，也无法认同“重新定位”的强大说法。

已获得认同的是：在宏观经济学提供的标准国民账户框架内，不容易衡量外部联系对增长率提高的真实边际影响。然而，对进口商品的任意逐项解构都不会暴露从其他大陆流入欧洲港口的“战略性”或“不可或缺性”进口——甚至连美洲的金银也不例外。毕竟，那笔臭名昭著的“财富”中，有相当高的比例被耗费于欧洲战事——几乎不是自由主义经济理论所喜欢的那类支出。一些金银被运至东方，主要用于购买上、中阶层消费的奢侈品和热带杂项食品。剩余部分必然是促进了市场的一体化，也许这种特殊功能应该被描述为欧洲从暴力“征用”美洲的贵金属中获得的主要利益。

但是，欧洲历史学家质疑，白银和黄金是否必然代表着“不可或缺”。许多人认为不能，并将构建反事实的（但现实的）历史先例，为贬值、法定货币以及向纸质信用加速转换情景提供支持，这些情景也可能支持市场一体化和海外帝国主义。在其更具黑格尔主义（Hegelian）的表现形式中，世界体系理论对欧洲历史的了解不足，也未能认识到欧洲自身的禀赋、文化、制度、政体和经济也在促进并维持着有限的自主经济发展轨迹，而这些轨迹在分析上仍然可以与欧洲大陆与中国、非洲和美洲的交往相分离。在“发现之旅”之后的两个世纪甚至三个世纪里，根据任何一套可衡量的指标，在西欧进行的总体经济活动（GDP）的标准总量范围内，这种参与肯定是扩大了，但看起
41 来仍然太小，不足以承担全球经济史新的元叙事赋予它的分量。

早期（马克思主义）史学曾经专注于欧洲本身从封建主义向资本主义的先行过渡，而韦伯主义者则认为（并坚持）欧洲竞争性国家制度及其制度和文化体系的特殊性与优越性。现代历史研究创造的新元叙事中，欧亚世界有着惊人的相似，但其中缺少了关于自然禀赋的章节，也缺少了关于欧洲制度在生产和传播有用且可靠知识方面的特征的解释。无论是在帝国全盛期之前还是之后，对于欧洲经济“进步”（必须包括劳动生产率的提高）的发展来说，技术总是比商业重要得多，这要归功于蒸汽动力、机械和
42 更好工具的传播。诚然，这三者都与欧洲的海外扩张和殖民化有关，但关联微弱。

第 2 章　非洲与美洲殖民的联系

帕特里克·曼宁（Patrick Manning）

从 17 世纪到 19 世纪，拉美的殖民经济是在与非洲经济的互动中发展起来的，与西非和中非的联系尤为突出。虽然非洲各地都与拉美的经济史相关，但从塞内加尔到安哥拉沿岸的非洲海滨与内陆的跨大西洋互动最为明显。流入拉美地区的 1 000 万非洲奴隶是区域间关系中最醒目的因素。然而，完整的故事还包含着动植物生物群和技术的交流，以及更广泛的人口与贸易互动。要理解这种洲际交流，就必须说明非洲对美洲的影响、美洲对非洲的影响、源自两地互动的新现象，以及洲际接触的时段波动。除了记录这些流动和对抗之外，本研究还创造了比较机会，能够对 16 世纪到 19 世纪拉美和非洲的经济变化史进行一些对比。[①]

有三点需要特别强调。第一，1650 年之前，在最初的生物、经济、人口和文化交往中，非洲和拉美对彼此产生了深刻的影响。第二，1650 年至 1800 年期间，大西洋奴隶贸易引发了西非、中非和拉美部分地区的重大变化。第三，19 世纪内，尽管拉美大 43
部分地区获得独立，而大西洋奴隶贸易也已经衰落，两地之间还出现了几种新的洲际联系。

1. 西部和中部非洲各区域的发展情况

非洲与拉美的联系是在 16 世纪初突然开始的。为了给研究这些联系提供基线，本节从地形、语言、贸易和地缘政治的角度回顾了 1500 年前后西非和中非的经济地理状况。

1.1 土地与草木

西非和中非的土地从西向东分为三大地带。[2] 北部热带草原是其中面积最大、人口最多的区域。赤道森林位于刚果河（Congo River）流域的赤道两侧，较小的森林地带则沿着西非海岸从尼日利亚到几内亚比绍延伸。南部热带草原覆盖刚果（布）和刚果（金）的南半部，并延伸到邻近的安哥拉和赞比亚。此外，卢旺达、布隆迪和刚果基伍地区的高原也是一个面积小但人口密集的地区，这里有开阔的丘陵草原和定期雨季。1880 年时，这片土地的总人口大约达到了 5 000 万，几乎都在农村居住；1500 年时的人口规模也许略少些。大约 3 000 万人生活在北部热带草原，大约 800 万人生活在南部热带草原，大约 1 200 万人生活在森林地带。[3] 这些大的地带及其内部的诸多变化反映并转而影响着各地的降雨、温度、植被、动物生活，以及最重要的人类居住形式。

44 北部热带草原是一大片绿地，树木遍布河谷和湿润的土地，北界撒哈拉沙漠，南接密林。这片广阔的热带草原覆盖着肥沃的土壤，但大多数作物必须在短暂的夏季雨季种植。从塞内加尔海岸到大陆中心的乍得湖，稀树草原绵延 3 000 公里，再向红海延伸 3 000 公里。稀树草原的沙漠边缘被称为萨赫勒（Sahel，阿拉伯语意为海岸，因为撒哈拉可看作一片沙海），那里草很短，雨量也不稳定。有些年份可以耕种，有些年份可用于放牧，有些年份则要被迫放弃。

北部热带草原通常被称为苏丹草原，即阿拉伯语“黑人的土地”。苏丹草原通常分为三个部分：西部苏丹草原（塞内加尔和尼日尔河上游河谷）、中部苏丹草原（尼日尔河下游河谷和乍得湖盆地）和东部苏丹草原（尼罗河中游河谷）。尼日尔河（Niger River）流经苏丹草原西部和中部的大部分地区，它发源于几内亚的富塔贾隆山（Futa

---

① 关于拉美和非洲的经济问题相关研究，可参见：Frederick Cooper, Allen F. Isaacman, and Florencia E. Mallon, *Confronting Historical Paradigms: Peasants, Labor, and the Capitalist World System in Africa and Latin America*（Madison, WI, 1993）; Joseph C. Miller, *Way of Death: Merchant Capitalism and the Angolan Slave Trade, 1730 – 1830*（Madison, WI, 1989）。

② 有关非洲历史的主要书目包括：Roland Oliver and J. D. Fage, eds., *The Cambridge History of Africa*, 8 vols.（Cambridge, 1975 – 84）; and UNESCO, *General History of Africa*, 8 vols.（Berkeley, CA, 1981 – 93）。有关非洲的近代地理，参见 A. T. Grove, *The Changing Geography of Africa*, 2nd ed.（London, 1993）。

③ 非洲大陆其余地区大约还有 5 000 万居民。

Jallon)，向东北流至廷巴克图（Timbuktu）的沙漠边缘，而后拐了一个大弯向东南流去。尼日尔河从其弯道处流经热带草原，流向海岸，经由森林地带，最终通过迷宫般的小溪，流入贝宁湾和比夫拉湾（Bight of Biafra）。再往东，在非洲大陆的中心，沙里河（Shari River）在森林的北部边缘发源，向北缓缓流向乍得湖的内陆流域。该湖经过几百万年的沙里河洗礼，湖水又咸又浅，却仍然养育着大量鱼类。

每年夏季的雨水都会给大草原带来生机。农民们用锄头整地，种上小米和高粱。在发芽后的两个月内，小米的茎秆就达到了两米高。这些作物和其他作物给大地铺上了一层绿色的地毯。但在 9 月小米收割和 10 月雨季结束后，大草原又恢复了一年中大部分时间里的颜色，以棕色、灰色和金色为主色调。从某种意义上说，塞内加尔的农民和向东延伸的热带草原正在重复着自小米被驯化栽培以来数千年的年度循环。但雨季并不总是有规律的，有很多年雨季根本就没出现。农民们据此制定了计划，并建造了粮仓，这些圆锥形的粮仓成为草原建筑的主要特征。

这片森林从几内亚比绍到喀麦隆的西非海岸一带掠过，最宽处仅 100 公里；到中部非洲时，其宽度扩大到近 1 000 公里；而后，森林从大西洋向东延伸 2 000 多公里，一直到基伍和乌干达的海湾地区。奥戈韦河（Ogowe River）流经赤道森林西部，它在加蓬 45
汇入大西洋。刚果河及其支流流经赤道森林的绝大部分：北部的乌班吉河、东部的卢亚巴河和洛马米河。刚果河在森林中呈半圆形流过，在汇入大海之前，先进入南部热带草原。伴随赤道南北的降雨，刚果河的水位以复杂的模式上升和下降。林区每年有两个雨季，春末雨量大，夏末雨量小。在赤道以南的森林，春雨从 10 月开始，夏雨则从 2 月开始。尽管热带雨林枝叶繁茂，但底层土壤贫瘠，养分薄弱。要想靠这片土地谋生，农民就要有计划、有干劲。

森林各地区的作物差异很大。在最西部地区，从几内亚比绍到科特迪瓦，主要作物是水稻。这里不是源自亚洲的水稻，而是原产于西非的水稻，主要是在雨季生长。再往东，从科特迪瓦到喀麦隆的沿海地区，主要作物是山药。继续向东，刚果和奥戈韦盆地的森林居民主要以大蕉和香蕉为生。森林地区的农民还种植各种其他作物，并饲养包括家禽、山羊和绵羊在内的小型家畜。

刚果河口位于南部热带草原，这是一片广阔的草原，发起于赤道森林的南部边缘，在南纬 5 度左右延伸到现代纳米比亚的纳米布沙漠（Namib Desert），并向东延伸到大湖地带。在草原的西部，开赛河（Kasai River）和宽果河（Kwango River）流经下刚果。在草原的东部，卢阿普拉河（Luapula River）向北流过热带草原，并流向上刚果。在南界的安哥拉，宽扎河（Kwanza River）在高原向西流向大西洋。该草原上种植小米的民族还按照类似东非的模式放牧牛群。

1.2 语 言

在与拉美接触的非洲人中，几乎所有人都讲尼日尔-刚果语。① 这个语系是非洲四
46 大语系中最大的语系，在非洲大陆的西部、中部和南部占主导地位。现有语言分布模式表明，早在一万年前，尼日尔-刚果语就已经在西非广泛流传，并随着农业和其他技术的发展而进一步传播。

由于奴隶贸易，尼日尔-刚果语系的各主要亚群都在美洲留下了巨大的印记。非洲人的家园从西北到东南排列如下：

- 大西洋语支（Atlantic languages），以现代塞内加尔、几内亚比绍、几内亚、塞拉利昂和利比里亚等国家为中心。
- 曼德语支（Mande languages），主要在现代马里使用，也在周边国家使用。
- 古尔语或沃尔塔语支（Gur or Voltaic languages），主要在布基纳法索使用，也在周边国家使用。
- 阿达马瓦-乌班吉语支（Adamawa-Ubangi languages），在尼日利亚、喀麦隆、乍得和中非共和国的内陆地区使用。
- 克瓦语（Kwa languages），从科特迪瓦到尼日利亚的沿海一带使用。
- 贝努埃-刚果语（Benue-Congo languages），在尼日利亚东南部、喀麦隆以及从那里向东到印度洋、向南到非洲大陆南端地区使用。

这些语系反映了与历史相关的社群，因此在语言、居住地和主要粮食作物之间存在某种关联。大西洋语支和曼德语支的人都种植水稻。高粱和小米在大西洋语支、曼德语支、古尔语支和阿达马瓦-乌班吉语支等所有热带草原语系地区都有种植。薯类是讲克瓦语和贝努埃-刚果语的人的主要食物，但讲贝努埃-刚果语的人现在已经迁移到一片广阔的居住地。在西非，语言模式中折射出许多迁徙现象。例如，讲大西洋语支富拉

① Joseph Greenberg, *The Languages of Africa* (Bloomington, IN, 1963); John Bendor-Samuel, ed., *The Niger-Congo Languages: A Classification and Description of Africa's Largest Language Family* (Lanham, MD, 1989).

尼语的养牛人是从塞内加尔的故乡逐渐向东迁移，占据了沙漠边缘的最佳养牛区，最东部可达到喀麦隆。

然而，最壮观的迁徙是讲班图语的人的迁徙，他们大约在 5 000 年前从现在的尼日利亚东南部开始迁徙，并逐渐占领了该大陆东部和南部的大部分地区。这一广为人知的“班图人迁徙”（Bantu Migrations）进程，常被误解为一种相对连贯的近代现象。但语言学和考古学工作的积累表明，语言同质性的整体模式产生于一系列不同的迁 47
徙和逐渐群集的模式，而此系列活动散布于不同时期。地方差异则源自生态差异，以及移民和外来者与当地居民的不同互动与融合模式。因此，结果是非洲大陆南部三分之一的地区在语言和文化上相当统一，而非洲大陆北半部的文化差异则要大得多。①

在非洲的其他主要语系中，只有非洲-亚洲语系的某些亚群与美洲有重要联系：最值得注意的是，这些语言包括摩洛哥和西撒哈拉的阿拉伯语使用者和苏丹中部的豪萨语使用者。②

1.3　政　治

西非和中非的政治机构通常结构复杂，却很分散。截至 1500 年，西非和中非的大多数人都有了国家，但多数国家很小。大国不时出现，其中少数国家机构延续了数个世纪。在塞内加尔的沃洛夫语区（西非热带草原），沃洛夫王国在 16 世纪中叶分裂成多个国家。13 世纪在尼日尔河谷上游建立的马里王国存续了三个世纪。在马里下游的松海，15—16 世纪期间曾有一个庞大的帝国，但它随着 1591 年摩洛哥人的入侵而崩溃。布基纳法索的摩西王国虽然规模较小，但从马里时代到 20 世纪一直都维持着存在。在今天的尼日利亚北部，豪萨人建立的几个国家——各国都以一个有围墙的商业城市为

---

① Jan Vansina, *Paths in the Rainforests* (Madison, WI, 1990); Christopher Ehret, *An African Classical Age* (Charlottesville, VA, 1998).

② 非洲-亚洲语的主要亚群包括：乍得湖流域的乍得语，其中，豪萨语是最广泛使用的语言；撒哈拉和北非的柏柏尔语；非洲之角和东北部的库希特语；以及闪族语言。闪族语言虽然集中在西南亚地区，但在非洲包括两个主要的语族——地中海沿岸、西撒哈拉和苏丹中部与东部地区讲阿拉伯语的人，埃塞俄比亚和厄立特里亚讲阿姆哈拉语和提格里尼亚语的人。除了尼日尔-刚果语外，非洲其他主要语系有科伊桑语（在非洲西南部使用）、尼罗-撒哈拉语（在尼罗河谷中上游地区、尼罗河和乍得湖之间的热带草原和沙漠地区使用）以及非洲-亚洲语。

48 中心——与较大的博尔诺王国一道，始终维持着稳定的存在，不过，博尔诺王国的中心已从乍得湖的东岸迁到了西岸。①

在西非的沿海和森林地区，君主制传统稳固发展，不过地区各国多为小国，仅有两国例外。在现代尼日利亚讲约鲁巴语的人群中，伊菲（Ife）曾经矗立着一个重要的王国，该国以其艺术成就和政教统治著称。到1500年时，伊菲的王国已经衰落，但贝宁王国却在邻近的江户语区成长起来。虽然贝宁的奥巴（Oba）必须由伊菲的奥尼（Oni）官方确认②，但彼时的贝宁已成为主要的地区性强国，其影响力遍布西部几百英里。③

赤道森林从喀麦隆和加蓬海岸向东延伸，讲班图语的农民和渔民居住此地，曾经建立了多个小型的政治实体。著名历史学家简·范西纳（Jan Vansina）利用在班图语历史语言研究中收集到的材料，重建了这些民族长期而复杂的政治变化传统，基于年龄分级、父系、母系或精神联系原则，发展了村级组织。④

在南部热带草原——主要在现代刚果和安哥拉——建立了规模较大的政治实体。15世纪80年代，当葡萄牙人发现刚果王国（Kingdom of Kongo）时，它是一个大王国，首都在姆班扎·孔戈（Mbanza Kongo），下设多个省份。当时，在开赛河上的库巴人、孔戈北部的泰欧人以及上刚果盆地铜和盐产区附近的卢巴人和隆达人中，相对较新的王国正在成长。规模更大的是现代津巴布韦地区的肖纳人建立的姆韦尼·马塔帕王国（又名莫诺姆塔帕王国，Mwenemutapa），它有用石头进行大规模建筑的传统，还拥有与印度洋贸易网络相连的金矿开采业。⑤

当人们开始在大西洋沿岸以奴隶和自由身份迁徙时，按种族、民族、地区、州或地方来识别非洲人就成了一个有些复杂的问题。"几内亚"一词——来自柏柏尔语，指
49 撒哈拉以南的西非——后来被广泛用于整个非洲西海岸及其民族。18世纪时，"塞内加

---

① Boubacar Barry, *Senegambia and the Atlantic Slave Trade* (Cambridge, 1988); Paul E. Lovejoy, *Transformations in Slavery: A History of Slavery in Africa* (Cambridge, 1983).

② 译者注：Oba 和 Oni 均为当地君主。

③ Frank Willett, *Ife in the History of West African Sculpture* (London, 1967); A. F. C. Ryder, *Benin and the Europeans: 1485 - 1897* (New York, 1969).

④ Vansina, *Paths*.

⑤ 1500年时存在的其他大型国家与拉美的关系不大。这些国家包括布隆迪、布尼奥罗和大湖地区的其他国家；埃塞俄比亚王国；以及尼罗河中游的丰吉国。

尔”一词指来自塞内加尔讲沃洛夫语的人；同一地区还有“纳尔德人”（Nard，意为讲阿拉伯语的摩尔人）、“普拉尔人”（Pular，意为讲富尔德语的人）和“班巴拉人”。后一类人泛指尼日尔河谷的曼德语族人，但也可以更狭义地指自称班巴拉的曼德族人，或更广义地指现代几内亚和塞拉利昂的其他曼德语族人群。在黄金海岸登船的奴隶通常被称为“科罗曼提人”（Coromantee），以海岸的名字命名，而他们中的许多人都出生在内地，来自完全不同的群体。从非洲中部地区掳来的奴隶通常被称为“刚果人”（Kongo），无视在这个巨大的区域内他们被抓来的地方。研究非洲或美洲档案的学者通常可以总结出经验法则，但需要强调的是，分配给非洲个人和群体的身份可能大不相同，这取决于他们的原籍地、途经地和目的地。

非洲地区的地理名称随着时间的推移以及记录名称者的语言和视角而改变。今天的多哥和贝宁海岸地区被葡萄牙人称为“米纳海岸”（Costa da Mina），因为它在埃尔米纳（Elmina）要塞的下风处；在17世纪末，它曾是奴隶出口的主要地区，被称为“奴隶海岸”（Slave Coast），而后在19世纪又被称为“贝宁湾”（Bight of Benin）。

1.4　国内经济

在1500年前后，西非和中非的国内经济主要依赖整个旧大陆（特别是其热带地区）广为人知的技术和组织模式。① 虽然由于生态和文化的选择，当地体系千差万别，
但可供选择的范围是广泛共享的。北部热带草原主要种植高粱和小米，南部热带草原 50
上只种植小米。人们用铁锄耕作田地；在四个月内完成种植、除草和收割；收割的庄稼存放在粮仓中（通常是高架的）。稻米是尼日尔河谷上游和邻近沿海地区的主要作物，在西非其他地区也有间歇性种植。非洲原产的山药是克瓦语区和贝努埃-刚果语区的森林与草原湿地的主要作物；山药长在土堆里，经反复除草后，被收割并储存在架子上。在赤道森林中，山药早已被大蕉所取代，大蕉是在公元后早期几个世纪从东南亚传来的。香蕉和大蕉已经遍布非洲大陆，事实证明，大蕉在赤道森林中特别受宠，因为它们

① 由于对非洲地区1500年时的观察结果并不均衡，分析人员往往只能将1500年的零碎证据与后来的观察结果的反向预测联系起来。就1500年至1700年之间的农业变化，采用这种证据引发的争议案例可参见：Jouke S. Wigboldus, “Trade and Agriculture in Coastal Benin c. 1470 – 1660. An Examination of Manning’s Early-Growth Thesis,” *A. A. G. Bijdragen* 28（1986）：299 – 393；Patrick Manning, *Slavery, Colonialism, and Economic Growth in Dahomey, 1640 – 1960*（Cambridge, 1982）。

不仅有着更高的产量，还可以在山药无法生长的田地里种植。包括非洲花生在内的各种豆类广泛生长。

西非农场种植着一些树木作物：潮湿地区的油棕榈和较干燥地区的乳木果油树，均可提炼食用油；非洲蝗豆、腰果、开心果和柑橘树。西非的棉花和丝棉树（木棉）以及中非的酒椰树出产纤维。该地区种植的其他水果、蔬菜和调味品还包括多个品种的辣椒。

畜牧业是大多数农场有机组成之一，但也有专门的畜牧业。绵羊、山羊和牛很早就被驯化了，不过牛的养殖仅限于舌蝇栖息区及其带来的昏睡病区域之外的相对干燥地区。专业牧民在沙漠地区和附近饲养骆驼，在热带草原的最佳放牧区饲养牛。驴子是西非大草原上广泛使用的牲畜。马——虽然数量相对较少——却很重要，且颇具声望。由于马在西非的繁殖能力相当差，所以经常要从北非进口。到 1500 年时，骑兵队已经成为北部大草原军队的必要组成，而在舌蝇区深处的贝宁奥巴，也保留了许多马匹，以备展示之用。

渔业是一项全职或兼职（若可能的话）的活动，渔业技术包含着复杂而极具想象力的捕鱼方式。渔民在海洋中使用小船、鱼线和渔网；在河流和湖泊中使用鱼线、渔网、陷阱、围堰和毒药，他们还会在水路沿岸挖沟，将鱼困入其中，而后在其长大成熟
51 后捕捞。此外，南部热带草原有养蜂的传统，一度曾出口大量的蜂蜡。

非洲的国内经济依赖多种制造业。最基础的是铁的开采与冶炼。铁矿在非洲普遍存在，但产量普遍不高，所以非洲社会的铁器使用量从来都不大。但非洲铁匠的技术水平很高，他们制造的铁器质量很高。南部热带草原的铜矿产生了当地大规模的铜货贸易和其他地区的小规模贸易。几内亚的班布克（Bambuk）地区、塞内加尔的布尔地区和加纳南部的许多地区都开采黄金；金匠们在这里制作饰品。金属工人也制作黄铜制品，创造了闻名但久已失传的尼日利亚和贝宁蜡雕，以及加纳的装饰用黄金砝码。白银在非洲相对稀缺，直到 19 世纪才有少量白银输入了非洲。①

其他制造活动包括木艺制作——整个西非和中非都有优秀的木雕传统，清晰地显现了此种技能。建筑包括搭建土坯、木材、石头和茅草建筑物。纺织业也得到了广泛的

① Eugenia W. Herbert, *Red Gold of Africa: Copper in Precolonial History and Culture* (Madison, WI, 1984).

发展，西非棉纺织业以独特的手工织机为基础，中非则以拉菲草织物为基础。纺织业自然伴随着染色，尤其是靛蓝织染。陶器和编织物代表着另外两种家庭手工业，而制革和制盐业亦是如此。

非洲经济的社会组织并不依赖于高度的专业化。农业、畜牧业和制造业的职责按年龄与性别分类，但具体分工存在地区差异：中非地区的农活多由女性承担，而在西非多数地区，男性则承担了多数田地工作。铁器、陶器和纺织品制造业的手工艺者通常也从事农业工作。然而，在讲曼德语和大西洋语的人中，出现了专业铁匠和其他类似工种。

奴隶制和依附制度遍及整个非洲，与战争和饥荒密切相关。但是，奴隶制度的广泛存在并不意味着许多非洲人被奴役。约翰·桑顿（John Thornton）认为，15世纪的非洲拥有众多奴隶且随时待售，这一观点广泛流传，但经不起仔细推敲。只有当存在创 52
造奴隶的理由和维持奴隶的权力时，奴隶人口才会变得庞大。16世纪的桑海帝国（Songhay）拥有数千奴隶以供皇宫专享，19世纪的达荷美王国（Dahomey）控制了数千奴隶来生产专供出口的棕榈油。但除此之外，非洲鲜少集中国家权力或创建奴隶产品市场，没有大量奴隶人口存在的基础。16世纪，全非洲每年出售约5 000名奴隶用于跨大西洋出口，而在18世纪末，该地区每年出售的奴隶超过75 000人。这些数字有力地表明，在此期间，奴役率上升了十倍以上，而且上升的原因更多是对外部需求的反应，而不是出现了国内奴役倾向。①

非洲经济史的争议之一是是否存在土地或劳动力短缺。有人认为，奴隶输出表明劳动力过剩，因此，土地一定是短缺的。也有人认为，劳动力是短缺的，因此，土地是充足的。诚然，一般来说，氏系宗族控制着土地，个人可以获得土地使用权，但无法获取宗族首领让渡的土地。但是，不能从这种共性条件引申出非洲人没有土地所有权概念的结论。实际上，只要土地变得有价值，土地市场就会出现。此外，在实施伊斯兰法的西非地区，土地所有权、继承权和出售权都有适用的惯例法规。②

---

① John Thornton, *Africa and Africans in the Making of the Atlantic World, 1400 – 1600* (Cambridge, 1992).

② Henry A. Gemery and Jan S. Hogendorn, "The Atlantic Slave Trade: A Tentative Economic Model," *Journal of AfricanHistory* 15, 2 (1974): 233 – 46; PatrickManning, *Slavery and African Life* (Cambridge, 1990).

1.5 人　口

过去几个世纪以来所作的各种估算认为，1500 年时，非洲大陆约有 1 亿人口。与官方数据相比，这一估值更具一致性，它表明，西非和中非当时的人口达到了 5 000 万—6 000 万——与同期美洲的人口大致相当。① 西非和中非比西欧、南亚或东亚人口
53 稀少，但比美洲或欧亚大陆其他地区的人口要密集。此外，我们完全有理由相信，该地区的人口在前几个世纪一直增长缓慢：语言分布表明，近代没有大规模的迁徙；现有农业和其他技术资料表明，近代也没有任何大的技术进步。②

西非和中非多数地区在 1500 年时已经确立了货币化经济。尼日尔河谷上游地区使用两种货币——黄金和贝币（Cowrie Shells）。黄金在该地区的班布克和布雷（Bure）矿场生产，还在更远的黄金海岸的阿坎（Akan）地区生产。黄金以金粉而非硬币的形式流通，并按重量和容量进行交换。在尼日尔河谷上游地区，贝币在小规模交易中流通。贝币的贝壳主要产自南印度沿海的马尔代夫群岛，这种贝壳在印度洋的许多地区被用作货币。它们沿红海到开罗，再经地中海到摩洛哥，而后穿越沙漠到马里，最终到达西非。在非洲其他地区，斯瓦希里海岸用银币和金币作货币，安哥拉海岸用当地的"恩兹姆布"（Nzimbu）贝壳作货币，其他地区则用布、铜条、铜叉、铜线充当货币。③

定期的远程贸易交换黄金、牛羊、盐、马和奴隶，连接着尼日尔河谷与北非。在北部热带草原上，密集的贸易网络运送着可乐果、皮革制品、纺织品、鱼类和谷物等商品；尼日尔河本身就是这类贸易的重要轴心。在中非，铜贸易网络横跨内陆。刚果河及其支流撑起了鱼类和其他产品的贸易。据推测，尽管缺少当时的记载，但非洲在 1500 年时就有了地方市场体系。其中之一就是沿西非海岸建立的一个跨四个日历日的连锁市场网络。

近代早期对非洲经济的解释往往是在大陆性的概括和地方性的描述之间交替进行，

---

① A. M. Carr-Saunders, *World Population* (New York, 1934).

② 鲜有记录记载 16 世纪的非洲人寿命预期。路易丝·玛丽·迪奥普-马埃斯（Louise Marie Diop-Maes）借助一系列证据指出，早期非洲人口要多得多。参见 Diop-Maes, *Afrique Noire: Démographie, sol, et histoire* (Paris, 1996)。

③ Jan Hogendorn and Marion Johnson, *The Shell Money of the Slave Trade* (Cambridge, 1986).

并侧重于非洲与外部（伊斯兰或欧洲）影响的联系，而不是非洲地区之间的联系。① 54
在长期内，非洲地区内部的联系是显而易见的，这表现在语言的分布以及铁器、香蕉和物质文化的许多其他方面。但是，短期大规模的贸易大篷车或道路建设并不十分明显。地区间定期交流的范例包括尼日尔河的河流贸易、从贝宁向西远至现代加纳的沃尔特河（Volta River）的潟湖贸易以及刚果河沿岸的渔业贸易和移民。

2. 早期联系：1450—1650

在1450年至1650年期间，大西洋不再是一道屏障，而成为联系以往孤立陆地的一条流动纽带。早期的大西洋世界与同一时代的印度洋世界有很大的不同。在印度洋地区，过去两千年的联系形成了一套交易系统。葡萄牙人的到来改变了这一体系，但并未使之发生彻底变革。在大西洋地区，挂着众多欧洲国旗的船只创造了一套全新的互动和联系模式。在第一阶段，欧洲航海家与大西洋岛屿和非洲建立了联系；到1492年，葡萄牙有大量的非洲劳力，其中大部分是奴隶，而一个让刚果王国皈依基督教的计划也正在酝酿之中。在第二阶段——哥伦布航海之后——东大西洋地区对美洲产生了整体影响。②

葡萄牙与大西洋岛屿的贸易侧重采集业和农业。与非洲大陆之间的贸易尽可能集中在黄金以及务农劳动力和胡椒等奢侈品上。1481年，对黄金的探求促使葡萄牙人在黄金海岸修建了埃尔米纳城堡（Elmina Castle），结果是黄金大量流入葡萄牙国库，且利润丰厚。对劳动力的探寻促使葡萄牙人在塞内加尔、上几内亚、贝宁和刚果等地抓捕和购买奴隶。贝宁王国满足于同葡萄牙之间的胡椒贸易，在1530年之前已设法退出了奴隶出口贸易。刚果国王停止出售奴隶的努力却未获成功，葡萄牙种植园主在圣多美
岛建立了一批赚钱的糖园。葡萄牙商人还在寻找其他可做的交易。他们发现西非的贝 55
壳贸易，在1517年开始从马尔代夫向西非海岸运送贝壳。葡萄牙语中贝币单位的术语涉及4 000种贝壳，这些都被引入从尼日尔到黄金海岸的西非海岸的语言中。

---

① 例外参见 Ralph Austen, *African Economic History* (London, 1987), and Anthony G. Hopkins, *An Economic History of West Africa* (London, 1973)。

② 关于早期大西洋世界的精妙描述可参见：Thornton, *Africa and Africans*, 13 - 42。

同时，秘鲁和墨西哥发现了巨大的银矿，并将白银运往西班牙。到1571年，马尼拉大帆船开始将白银运往菲律宾，再从菲律宾迅速转至中国。中国对白银的需求使银价居高不下。葡萄牙冒险家在非洲寻找银矿，但最终徒劳无功。非洲与白银繁荣的关系是间接的：葡萄牙商人用白银购买印度的纺织品，然后到非洲购买在银矿做工匠的奴隶。因此，到16世纪末，三大洋和五大洲连接起来——主要是通过白银的流动——形成了一个单一体系。①

非洲奴隶贸易最初的目的地集中在大西洋岛屿和伊比利亚半岛，而不是美洲。随着地中海盛行的相互袭击和奴隶制的延伸，在1570年左右之前，大量非洲人前往大西洋东部目的地，此后美洲的殖民体系扩张，带动了更大的奴隶运输需求。② 跨大西洋的奴隶运输首先到达西班牙加勒比地区，而后是墨西哥，到16世纪中叶时，到达秘鲁和巴西。此时，穿越大西洋的奴隶大多来自西非。鲍泽（Bowser）③ 关于秘鲁的卓越作品表明，这个时代到达秘鲁的奴隶有一半以上来自塞内冈比亚和几内亚比绍，约10%来自西非东岸，约三分之一来自安哥拉。阿吉雷·贝尔特兰（Aguirre Beltrán）对墨西哥回报率较低的描述则显示出相反的情况，即来自安哥拉的奴隶比例较大。在新到的奴隶中，男性的数量比女性多，但早期女性的比例比以后几个世
56 纪要大。④

在美洲出生的非洲裔人口逐步增加。非洲人内部联姻，生育了人数最多的第二代奴隶和有色自由人。然而，从一开始，穆拉托（Mulatto）儿童就是由非洲女性和伊比利亚男性生育。经过20多年的奴隶进口，成年穆拉托女性有可能与伊比利亚男性结合，生下夸尔特隆（Cuarterón）孩子；再过20年，这些孩子就可以生育了。穆拉托人和夸尔特隆人的社会分层就此形成，晚些时候也在旧大陆的各个居住区发展起来。穆拉托女性和夸尔特隆女性在与有色人种或白人建立家庭时，面临着替代选择（如果不一定

---

① Dennis O. Flynn and Artúro Giráldez, "Born with a 'Silver Spoon': The Origin of World Trade in 1571," *Journal of World History* 6 (1995): 201 - 22.

② Manuel Lobo Cabrera, *La esclavitud en las Canarias orientales en el siglo XVI: Negros, moros y moriscos* (Gran Canaria, 1982).

③ 弗雷德里克·鲍泽（Frederick Bowser, 1938—1996），美国斯坦福大学拉美历史学教授。

④ Frederick P. Bowser, *The African Slave in Colonial Peru, 1524 - 1650* (Stanford, CA, 1974); Aguirre Beltrán's figures are reported in Colin A. Palmer, *Slaves of the White God: Blacks in Mexico, 1570 - 1650* (Cambridge, MA, 1976).

表 2.1　奴隶出口的年度数量和总量：1450—1650

	奴隶数量估值，1450	奴隶数量估值，1650	奴隶总量估值，1450—1650
西非			
至撒哈拉	2 800	4 900	875 000
至大西洋地区和欧洲	880	100	168 000
至西班牙美洲	0	2 300	123 000
至巴西	0	1 200	70 000
至非西语加勒比	0	600	23 000
西非合计	3 680	9 100	1 259 000
中非			
至大西洋地区和欧洲	0	400	124 000
至西班牙美洲	0	1 300	90 000
至巴西	0	2 400	180 000
至非西语加勒比	0	0	0
中非合计	0	4 100	393 600

来源：Philip D. Curtin, *The Atlantic Slave Trade: A Census* (Madison, WI, 1969); Ivana Elbl, "The Volume of the Early Atlantic Slave Trade, 1450 - 1521," *Journal of African History* 38 (1997): 31 - 75; Ralph A. Austen, "The Trans-Saharan Slave Trade: A Tentative Census," in Henry A. Gemery and Jan S. Hogendorn, eds., *The Uncommon Market: Essays in the Economic History of the Atlantic Slave Trade* (New York, 1979), 23 - 76。

是选择的话)。因此，在半个世纪内，一个由三类不同种族组成的社会就可能演变出一套国际化的、等级森严的社会秩序。

等级制度的关键因素之一是性机会的范围。在殖民社会中，女性长期处于短缺状态；每种肤色的女性都是如此，但混血女性的数量缺口最小，因为她们都是在当地出生 57
的，与有色人种的男性数量相当。但由于白人男性垄断了与白人女性的接触，并凭借其社会权力获得了结交穆拉托和黑人女性的机会，所以混血男性，尤其是黑人男性很可能不生育。这个过程说明，为何从非洲源源不断地输入奴隶，却不足以使美洲的黑人人口保持与白人和混血人口一样的快速增长。非洲的混血人口增长速度也要慢得多。非洲的混血人口绝大多数是自由的，往往专门从事贸易，而美洲的混血人口则包括大量的奴隶，往往专门从事手工业工作。①

① 我（指本章作者帕特里克·曼宁——译注）的一篇未发表论文对 18 世纪路易斯安那州进行了研究，上述思考在其中得到进一步阐述。

菲利普·柯廷（Philip Curtin）估计，16世纪有12.5万奴隶被运到美洲，17世纪上半叶又有36万奴隶被运到美洲，奴隶数量累计达到了50万。到1650年，约有10万多非洲裔人口居住在美洲，占总人口的2%。但是，他们是墨西哥城和利马两大城市的主要人口，在韦拉克鲁斯、卡亚俄和卡塔赫纳等港口城市以及整个加勒比地区，他们可能也是主要人口。即便是在人口稀少的巴西，非洲人可能也占总人口的2%以上。①

在疾病方面，非洲人也许和欧洲人一样，是造成美洲人口死亡的传染源的宿主。使美洲人口崩溃的主要疾病在非洲和欧洲都有。热带低地的疾病（特别是疟疾）在非洲比在欧洲更致命，并随着移民在美洲传播。然而，天花可能是另一种情况。似乎很难确定天花是否在15世纪之前就已到达了西非；但天花疫情和围绕着天花防疫而建立的宗教崇拜在后来几个世纪中都很常见。天花可能是在传播到美洲的同时也到达了非洲。概括来讲，非洲人的道德观念有可能在15—16世纪随着对外接触的增加而上升。

58 根据1650年时的利马和墨西哥城的欧洲人与非洲人后裔推算，到16世纪中叶时，迁移至美洲的非洲人和欧洲人的数量大致相等。大多数欧洲人流向农村高原地区，而大多数非洲人则流向加勒比低地。在殖民早期，处于奴隶地位的非洲人承担了构建新的殖民秩序的大部分工作。② 在农业、畜牧业、采矿、金属加工、纺织生产、编织、木材加工、建筑和船只装卸等业务领域，非洲工人的技能对建设殖民经济至关重要。

非洲食品到达加勒比和巴西，特别是作为航海供应物资出现。虽然小米和高粱似乎在美洲无足轻重，但非洲农民种植的山药、芋头和其他块茎植物却传到了美洲。大蕉、香蕉、油棕、拉菲亚棕榈、椰棕等树木作物亦是如此。这时，美洲对非洲的影响可能要小一些。美洲作物迅速传入非洲，但一两个世纪后才产生重大影响。

3. 奴隶贸易时期：1650—1820

荷兰人与西班牙人和葡萄牙人的战争，以及葡萄牙人对西班牙的反抗，从军事上

---

① Curtin, *Atlantic Slave Trade*. See also Paul E. Lovejoy, “The Volume of the Atlantic Slave Trade: A Synthesis,” *Journal of African History* 23 (1982): 473 - 501.

② Bowser, *The African Slave*; Palmer, *Slaves of the White God*.

显现了大西洋世界的变化。食糖贸易的稳步上升，在商业上显现了同样的变化。奴隶贸易的进一步扩大，则提供了人口指标随着时间而出现的变化。当时，西班牙奴隶的交易从葡萄牙人转到荷兰人手中，而后又转到英国人手中，而对西班牙人的奴隶贸易，特别是对其内陆地区的奴隶贸易在总量中的比例越来越小。随着制糖业的兴起，奴隶的遣送地集中到加勒比和巴西沿海地区。

荷兰人以伯南布哥（Pernambuco）舰队为基地，于 1637 年从葡萄牙人手中夺取了埃尔米纳城堡，并开始发展对黄金和奴隶贸易的控制。荷兰人从葡萄牙人手中夺取安哥拉的企图受挫，但在附近的卢安戈开启了稳定的奴隶贸易。在 1654 年被赶出伯南布哥后，荷兰殖民者搬到加勒比地区，承担了经纪人角色，而不再是种植者：1662 年到 1713 年期间，他们控制了阿西恩托（Asiento），并为不断扩张的新英国和法国殖民地提 59
供奴隶。17 世纪末，英国、法国和丹麦的贸易公司跟随荷兰人，在非洲海岸要塞建立了堡垒和后勤基地。除了加勒比地区对奴隶的需求不断增长外，巴西市场也在不断扩大。巴伊亚的制糖商组织了前往黄金海岸和贝宁湾的航行，用巴伊亚的烟草换取奴隶。17 世纪 80 年代，米纳斯吉拉斯州发现了金矿，创造了对来自西非和安哥拉奴隶的需求。①

随着奴隶购买者在西非海岸集结，贝宁湾各族群之间的战争开始扩大，在现代贝宁和多哥讲格贝语（Gbe）的人群中尤为突出。不断壮大的军队携带着用奴隶出口换得的火器。随着贸易和战争大幅扩张，到 17 世纪末时，该地区的奴隶出口量增加到每年 60
15 000 人（这意味着每年有 2%至 3%的人口被戴上镣铐驱逐出境），并在 1690 年至 1730 年的 40 年里一直保持这一水平。在贝宁湾以西，黄金海岸经历了一场类似的但破坏性较小的变革。17 世纪末，随着火器和战争的扩张，分散的定居点取代了众多小城镇及其制造中心。邓克伊拉王国（Denkyera）扩张并控制了邻国的控制，开始在沿海地区贩卖奴隶。到 1700 年时，阿桑特（Asante）组织的防御联盟推翻了邓克伊拉王国，在黄金海岸的大部分地区建立了帝国霸权。②

---

① Johannes Menne Postma, *The Dutch in the Atlantic Slave Trade, 1600－1815* (Cambridge, 1990); A. J. R. Russell-Wood, *A World on the Move: The Portuguese in Africa, Asia, and America, 1415－1808* (New York, 1993); C. R. Boxer, *The Portuguese Seaborne Empire* (New York, 1969); Boxer, *The Dutch in Brazil, 1624－1654* (New York, 1957); Colin Palmer, *Human Cargoes: The British Slave Trade to Spanish America, 1700－1739* (Urbana, IL, 1981).

② Robin Law, *The Slave Coast of West Africa, 1550－1750* (London, 1991); Manning, *Dahomey*; Ray A. Kea, *Settlements, Trade, and Polities in the Seventeenth-Century Gold Coast* (Baltimore, 1982).

表2.2　奴隶出口的年度数量和总量：1650—1820

	奴隶数量估值，1650	奴隶数量估值，1820	奴隶总量估值，1650—1820
西非			
至撒哈拉	4 900	7 400	1 105 000
至大西洋地区和欧洲	100		600
至西班牙美洲	2 300	10 000	794 000
至巴西	1 200	3 800	623 000
至非西语加勒比	600	7 000	3 152 000
西非合计	9 100	28 200	5 674 000
中非			
至大西洋地区和欧洲	400		5 100
至西班牙美洲	1 300	10 000	77 500
至巴西	2 400	30 000	3 135 700
至非西语加勒比	0	7 000	942 000
中非合计	4 100	47 000	4 160 300

来源：David Eltis, *Economic Growth and the Ending of the Transatlantic Slave Trade*（New York, 1987）；Paul E. Lovejoy, "The Volume of the Atlantic Slave Trade: A Synthesis," *Journal of AfricanHistory* 23（1982）：473－501；PatrickManning, *Slavery and African Life*（Cambridge, 1990）。

在上述两地及整个非洲海岸，奴隶价格在1690年至1720年的30年间上涨了4倍。价格上涨的幅度至少可从三方面进行衡量：英国商人购买奴隶的主要成本在英国装载的商品总额中的占比；以贝币计价的当地奴隶价格；以及黄金流的变化。在最后一种情况下，黄金海岸除了长期出口黄金外，从16世纪就开始进口奴隶。葡萄牙人和当地商人将奴隶从贝宁王国带到黄金海岸，其中部分奴隶在那里做矿工。但是，到17世纪末，奴隶的价格非常高，黄金海岸的商人开始出口奴隶，并接受巴西黄金付款。因此，流入该地区的黄金比流出的多。奴隶贸易的扩大造成了非洲受影响地区人口的减少和新型不平等的发展。

在黄金海岸，1730年的奴隶出口量已上升到每年7 000人。由于阿桑特牢牢控制了沿海地区，所以出口的奴隶大多来自内陆腹地。在贝宁湾，达荷美王国在18世纪20年代开始大肆扩张，征服了阿德拉和萨维，并朝着阿桑特的控制地发展。然而，作为更大的内陆帝国，奥约帝国（Oyo）在几次战役中遣骑兵驱散了达荷美的部队，迫使其在

1734年到1818年间不断进贡。结果是，达荷美与当地的敌人各自为政，整个18世纪战火不断，该地区不断遭到破坏。 61

到18世纪30年代，每年平均有4.5万奴隶从越来越多的非洲港口被送往大西洋彼岸。尽管经过40年的战争和驱逐，贝宁湾已精疲力竭，但仍以每年约1万奴隶的出口量领先所有其他地区。该地区的奴隶流向巴西、法国领地、荷兰殖民地和二级市场，还落入英国人手中，而英国人将其安置在加勒比地区，并将一部分奴隶卖给西班牙人。贝宁湾的人口迅速减少，但黄金海岸、塞内冈比亚和比夫拉湾的人口也开始减少。

对大西洋奴隶贸易量的估计，以及估计奴隶贸易对非洲人口影响的相关分析，都涉及诸多间接分析，既需要建模，还需要计数。因此，该项人口估计与16世纪及之前美洲人口的估计一样，都遇到了方法上的共同挑战。此项分析中的各个领域都可能从更多的比较和交叉核对中彼此获益。①

从非洲输出的男性是女性数量的两倍，这种模式产生了若干影响。首先，这导致成年男性严重不足，使女性不得不从事新的工作，并使留在非洲的男性有更多的女性可供选择。其次，捕奴机制的拓展意味着许多留在非洲的女性（和一些男性）都沦为奴隶。18世纪，以女性为基础的奴隶制在西非和中非沿海地区的大部分地区蔓延。第三，不断扩大的女性奴役制度导致女性在非洲市场上的价格上涨；男性在欧洲市场上的价格更高。因此，很少有内陆地区的女性来到美洲。在沿海地区俘获的女性可能被卖给欧洲商人，但在内陆地区俘虏的女性则在当地市场出售。从内地长途跋涉到沿海地区出售的几乎都是男性，而在沿海地区，男女奴隶都可能被卖给欧洲人。因此，美洲的非洲女性一般来自沿海民族——包括沃洛夫、苏苏、阿德拉、约鲁巴、伊博和刚果。男性则可能来自沿海或内地。1730年到1850年期间，在整个西非和中非地区，成年男 62
女性别比平均约80∶100。②

由于黄金海岸和贝宁湾的价格较高，而且出现了奴隶短缺的情况，英国和法国商

① Patrick Manning, "The Impact of Slave Trade Exports on the Population of West and Central Africa, 1700 - 1850," in Serge Daget, ed., *De la traite à l'esclavage*, 2 vols. (Paris, 1988), vol. 2, 111 - 34; Manning, *Slavery and African Life*; David Eltis and others, *The Trans-Atlantic Slave Trade: A Database on CD - ROM* (Cambridge, 1999).

② Manning, *Slavery and African Life*.

人将目光投向了比夫拉湾。在18世纪初，卡拉巴尔港和邦尼港每年输送5 000个奴隶，到18世纪50年代，年输送量为10 000人。其中，大部分奴隶来自这些港口人口稠密的邻接腹地，且讲伊博语。比夫拉湾征集和运送奴隶的制度是独特的，它取决于这个高度商业化但政治上分散地区的具体情况。大多数奴隶不是在军事行动或大规模突袭中被抓获的，而是在个人绑架和将个人交给法院和宗教神职人员的过程中被抓获的，这是在那里进行诉讼的代价。阿罗人——一个控制着著名的阿罗楚库神谕（Arochukwu）的部族——既是宗教领袖，又是奴隶贸易网的主管。他们抓获或购买的个人被带到卡拉巴尔、邦尼或该地区的较小港口，卖给那里的经纪人，而后再卖给欧洲买家。这种奴役制度直到18世纪后期仍在继续发展，部分年份中，每年有20 000多人被送到大西洋彼岸。这导致该地区的人口急剧下降。18世纪90年代，英国在比夫拉湾购买奴隶的数量下降，1807年后几乎停止，这缓解了该地区的人口压力。但其他购买者开始取代英国人，奴隶出口继续以每年约12 000人的速度进行，使人口进一步下降，直到19世纪30年代末，与英国签订的条约才终止了从比夫拉湾出口奴隶。①

在18世纪初，塞内冈比亚地区也参与了迅速增长的奴隶出口，尽管出口率较低。这里的奴隶主要由法国商人购买，并被带到加勒比殖民地和新近扩大的路易斯安那殖民地。虽然这些奴隶大多被贴上了“塞内加尔人”的标签——这意味着他们是来自沿海地区讲沃洛夫语的人，但被称为“班巴拉人”的少数族群奴隶越来越多——这意味着他们是新近扩张的塞古国（Segu）捕获的奴隶。这个国家由马马里·库利巴利
63 （Mamari Coulibaly）建立，他率领一群秉承强盗行径的战士，以突袭建国。在塞古国领地被俘虏的奴隶被送往沿海地区，或送往撒哈拉和北非出售。因此，从18世纪初到1750年，苏丹西部的人口可能有所减少。1750年时，该地区的奴隶出口量才有所下降。②

上几内亚海岸——从现代几内亚比绍到象牙海岸——是早期向葡萄牙商人出售奴

① David Eltis and David Richardson, “West Africa and the Transatlantic Slave Trade: New Evidence of Long-Run Trends,” in Eltis and Richardson, eds., *Routes to Slavery* (London, 1997), 16-35; Douglas B. Chambers, “‘My Own Nation’: Igbo Exiles in the Diaspora,” in *Routes to Slavery*, 72-97.

② Richard Roberts, *Warriors, Merchants, and Slaves: The State and the Economy in the Middle Niger Valley, 1700-1914* (Stanford, CA, 1987); Barry, *Senegambia*; Philip D. Curtin, *Economic Change in Precolonial Africa: Senegambia in the Era of Slave Trade* (Madison, WI, 1975).

隶的地区之一。那里的奴隶出口在 17 世纪和 18 世纪中叶下降到一个较低的水平，但在 18 世纪晚期猛增到每年 15 000 人以上，随后下降到一个能够使人口增长跟上奴隶损失的水平。

在中部非洲的卢安戈和安哥拉地区，奴隶出口量很大，且整个 18 世纪都在增长。来自广阔内陆地区的奴隶会被运到这些沿海出口节点中的任一地点。大多数从卢安戈海岸出口的奴隶来自刚果河流域，从马莱博湖（Malebo Pool，今布拉柴维尔附近）的通航起点走陆路，在维利王国（Vili Kingdom）的卢安戈港（今黑角附近）上船。大多数从葡萄牙殖民地安哥拉运来的奴隶都是在罗安达上船的，他们来自现代安哥拉的各个地区。在 18 世纪，这些沿海地区平均每年约有 1.5 万奴隶出口，这足以使卢安戈地区的人口大幅减少，也使安哥拉的人口减少，尽管幅度略小，但仍然出现了显著下降。①

与被运往美洲的奴隶数量同样重要的是其年龄和性别分布。奴隶主要是年轻的成年人，被运往美洲的男性人数大约是女性的两倍。贩奴船上的儿童数量很少，到达美洲的儿童数量更少，这表明儿童在运输途中的死亡率很高，且被虏获的儿童很少。由于从非洲抓走的男性多于女性，留在非洲的成年人口中，男性远远少于女性。然而，由于被带走的男性人数太多，留在非洲的女性无法维持人口规模。在非洲受影响最严重的地 64
区，人口数量每年下降 2%或者更多；在这些地区，成年男性人口可能不超过成年女性人口的 50%。②

非洲人用他们出售的奴隶来换取各种各样的货物，在沿海许多地区还用现金换奴隶。“现金”包括一些银币和金币，但通常指其他货币。就贝宁湾而言，18 世纪期间，贝币占到了进口商品总额的 20%至 35%。结果是货币供应量大幅增加，贝币也从沿海扩展到内陆的尼日尔河谷上游。③ 贝宁湾早年就从葡萄牙人那里购买了黄铜手镯，其进口量随着 18 世纪奴隶出口的兴起进一步扩大。安哥拉和刚果进口的布匹大部分被用作货币，而不是用于服饰。铜、铁条、铁丝，甚至是杜松子酒瓶都被用作货币。所有这些货

① 葡萄牙人还从罗安达南部的本格拉出口奴隶。关于罗安达奴隶贸易的独特模式的重要分析，可参见米勒的《死亡之路》。关于卢安戈海岸和腹地的情况，可参见 Phyllis Martin, *The External Trade of the Loango Coast* (London, 1972), and Robert Harms, *River of Wealth, River of Sorrow: The Central Zaire Basin in the Era of the Slave Trade and Ivory Trade, 1500 - 1891* (New Haven, CT, 1981)。

② Manning, *Slavery and African Life.*

③ Hogendorn and Johnson, *Shell Money*; Manning, *Dahomey.*

币除了有作为货币的价值外，还具有奢侈品的价值。贝壳被广泛用作个人饰品，就像金银一样，虽然被广泛用作珠宝，但仍保持着作为货币的价值。

菲利普·柯廷和阿尔弗雷德·克罗斯比（Alfred Crosby）都曾推测，玉米和木薯的传播可能增加了粮食产量，足以抵消奴隶贸易造成的人口损失。① 然而，他们的推测并未获得证实，尤其是与其他作物的迁移相比，他们的推测似乎难以置信。北欧直到18世纪末才种植马铃薯，但中国北方种植玉米的时间似乎更早。玉米和木薯在非洲的影响取决于新作物在非洲农民中传播的速度，以及农民是否事实上提高了产量。似乎更容易证明的是，玉米和木薯被奴隶贸易密集地区的农民所采纳——贝宁湾的玉米和安哥拉的木薯——因为它们在储存方面比竞争性作物更有优势。也就是说，它们可以为流动人口提供食物。此外，到19世纪时，北部热带草原的农民种植了花生，菠萝则
65 被传到了潮湿地区，西红柿和辣椒被带到非洲的许多地区。随着食物流动，烹饪技术的交流也随后跟进。非洲风格的炖菜出现在美洲沿海地区，而原料包括从美洲传到非洲的花生和玉米等食品。

总而言之，1650年之后，西非和中非的奴隶出口上升到人类移民前所未有的水平。如表2.1和2.2所示，1450年至1650年期间，外运的非洲奴隶约160万人，1650年至1820年期间上升到近1 000万人。② 这种奴隶贸易中横跨撒哈拉的部分在绝对数量上有所增加，但相对比例却从1450年至1650年占总数的一半下降到1650年至1820年略高于总数的10%。在1450年至1650年期间，西非和中非的移民与欧洲移民大致相当；而1650年至1820年期间，前者远多于后者。③ 非洲强迫性移民的规模巨大，其结果是，

---

① Curtin, *Atlantic Slave Trade*; Alfred W. Crosby, Jr., *The Columbian Exchange: Biological and Cultural Consequences of 1492* (Westport, CT, 1972).

② 菲利普·柯廷1969年的测算估计整个大西洋奴隶贸易中到达目的地的跨大西洋奴隶人数不到1 000万，在其后的测算中增加了约150万。该项估算在后来的分析中增加了约150万。表2.1和2.2中是对抵达目的地国人数的估计：在这些数字中必须加上转运人员的死亡数。在1450—1650年期间横渡大西洋的航行中，后者估计约占总人数的20%，在1650—1820年的航行中，约占总人数的15%。与此相关的非洲人口损失包括：将奴隶输出到撒哈拉对岸以及随后转运的损失以及撒哈拉以南非洲境内奴役造成的死亡。参见Curtin, *Atlantic Slave Trade*; Lovejoy, "Volume of the Atlantic Slave Trade"。

③ 此外，1820年之后，又有180万奴隶到达美洲，其中大部分来自中非。戴维·艾尔提斯（David Eltis）指出，到1840年，欧洲裔的人口超过了非洲裔的人口，尽管移民到美洲的非洲人比欧洲人多得多。参见：David Eltis, "Free and Coerced Transatlantic Migrations: Some Comparisons," *American Historical Review* 88 (1983): 251 - 80. Nicholas Canny, ed., *Europeans on the Move: Studies on European Migration, 1500 - 1800* (London, 1994).

18世纪初至19世纪中叶期间，西非和中非人口一直在下降。在这一时期，非洲劳动力对于加勒比地区以及巴西殖民和早期的巴西帝国尤为重要。

4. 工业化世界：1820—1850

19世纪之初，大西洋世界又掀起了另一股巨大的变革浪潮。海地革命、更广泛的反奴隶制运动以及其他争取社会平等和地方自治的运动改变了经济关系的形态。拉美国家获得了政治独立，并试图实行独立的经济政策。1807年至19世纪50年代，跨大西洋奴隶贸易被逐步废除。（奴隶解放比废除远洋奴隶贸易推进得慢：奴隶解放是分阶段 66 进行的，从1777年在北美佛蒙特州废除奴隶制开始，直到20世纪30年代非洲一些地区才废除奴隶制）。在非洲北部从几内亚到喀麦隆的大草原上，一系列由穆斯林领导的革命建立了强大的国家——最重要的是1804年建在尼日利亚北部的索科托哈里发国。这些神权国家的战争导致了俘虏及其出售规模的扩大，从而将一些战士及其争端带到了美洲。1830年奥约帝国的崩溃——索科托哈里发国扩张的结果——导致约鲁巴人之间接连不断的内战。这又使许多战俘被卖到国外，约鲁巴语言和文化散布到了整个大西洋地区。

在英国商业和金融的支持下，国际贸易的长期繁荣使美洲和非洲一些地区的奴隶制大幅扩张。古巴糖业和巴西咖啡业的扩张主要依靠新近从安哥拉和贝宁湾输入的非洲奴隶。在非洲，奴隶劳动者和自由农民生产花生、棕榈油、棕榈仁、咖啡和棉花用于出口，还有纺织品、皮革制品和谷物用于国内消费。19世纪后期，另一种美洲作物——可可在黄金海岸的田地里开始了惊人的扩张，随后在尼日利亚和科特迪瓦也有所拓展。

在前西班牙殖民地，奴隶在民族主义和人权的复杂联系中获得解放。奴隶进口已经结束（委内瑞拉和得克萨斯除外）；1829年，墨西哥的奴隶获得解放（美国殖民者进口到得克萨斯的奴隶除外）；1854年，秘鲁和委内瑞拉的奴隶在一系列分步措施下获得解放。英属加勒比地区和法国领地分别于1808年和1830年左右停止奴隶进口，西班牙加勒比和巴西的奴隶进口却一直持续到1850年以后。

跨大西洋奴隶出口从18世纪末的平均每年75 000人下降到19世纪初的平均每年55 000人。19世纪初，塞内冈比亚的奴隶出口量降至每年2 000人，黄金海岸的出口量则更低。上几内亚海岸的出口量平均每年为 4 000 人。贝宁湾、比夫拉湾和卢安戈的出口量平均每年各为 10 000 人。尽管人口数量持续下降，但奴隶的出口量也比前几年有
67 所减少。据可靠估计，1820 年后抵达美洲的非洲奴隶总数接近 180 万人。①

随着大西洋沿岸需求的下降以及规避英国反奴隶舰队的成本增加，非洲海岸的奴隶价格降低。在那些退出大西洋奴隶贸易的地区，奴隶价格下降，但出现了新的奴隶制。随着价格的降低，非洲购买者可以购买更多奴隶。当时，奴隶既有男性，也有女性，新的奴隶制度——更像美国的种植园奴隶制——出现了。18 世纪以女性为基础、以家庭为中心的奴隶制在 19 世纪变成了以阶级为基础的奴隶庄园体系。奴隶如今为市场生产谷物、纺织品、染料和其他商品，并为主人提供个人服务。② 主人现在既是地主，也是人力资本的所有者。

然而，安哥拉的旧制度在 19 世纪依然存续并扩大了影响。从安哥拉出口到里约和古巴的奴隶，在 19 世纪上半叶增加到平均每年近 20 000 人。直到 1850 年后，该地区人口的流失才结束，彼时才有可能将奴隶劳动转向扩大在西非已有的商业农场。此外，1850 年之前，莫桑比克的奴隶出口量也上升到平均每年 10 000 多人。③

5. 非洲的增长、转型和停滞

因融入大西洋经济发展，非洲和拉美的经济发展经验形成了一种反向关系。相关数据虽然不够精确，但显示了这两大地区间的经济联系与差异。美洲印第安人人口的灾难性下降持续了一个半世纪以上；18 世纪，由于本地人口增加和移民进入，人口才从低规模开始增长。需要强调的是，美洲人口的崩溃导致了对劳动力的需求，并最终导
68 致了非洲的人口下降。与此同时，大西洋两岸的海外贸易价值都在增长，偶尔也会发生快速变化，如 16 世纪末美洲白银贸易的开放和 18 世纪初非洲奴隶价格的急剧上升。将人口和出口额结合起来，就可以估算出人均出口额。图 2.1 显示，拉美的人均出口额在 18 世纪初达到顶峰，主要是因为人口下降到极低水平。同样，非洲的人均出口额在 18

① Eltis, *Economic Growth*, 249.

② Lovejoy, *Transformations in Slavery*; Manning, *Slavery and African Life.*

③ Jan Vansina, *Kingdoms of the Savanna* (Madison, WI, 1966); Manning, *Slavery and African Life.*

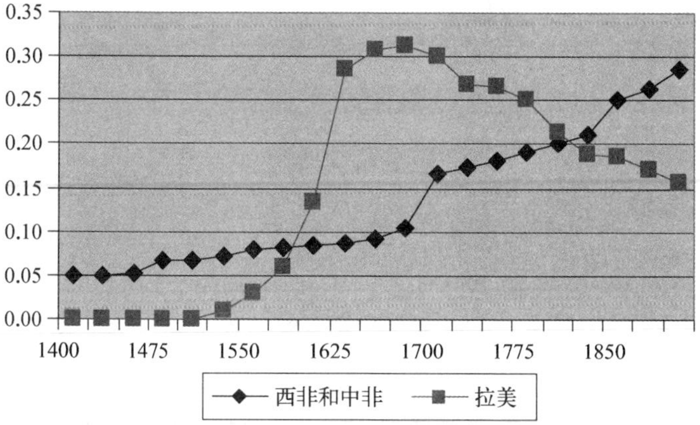

图 2.1　以 1800 年英镑汇率核算的人均出口额

注：图 2.1 是一种探索式的表述，并没有依据详细的原始数据。出口额被假定为地区当时出口的离岸价：主要是来自拉美的银和糖，以及来自非洲的奴隶。出口额除以地区人口得到图中所示的人均出口额，以 1800 年的英镑汇率核算。对此处描述的变量进行经验性核算的尝试很有意义。

世纪随着人口下降和奴隶价格上涨而上升。

如图 2.2 所示，两大地区的 GDP 呈现出更明显的反向变化趋势。GDP 主要包括供当地消费的产出，但也包括占比越来越大的出口。随着人口的减少，拉美的 GDP 在一个多世纪里持续下降，直到 18 世纪才开始上升。非洲的 GDP 则在 18 世纪初之后以较慢的速度下降了一个世纪，随后又开始增长。这些比较有助于突出地区间的相互影响。

随着 19 世纪的发展，非洲和拉美的经济都在增长，特别是以其国际贸易量来衡量，更是如此。虽然两大地区之间的贸易逐渐被切断，但它们通过欧洲商人参与的世界贸易却大大增加。汽船的发展使贸易集中在北大西洋的港口，使南大西洋对岸港口的 69
直接联系减少了。白银最终在非洲成为重要的钱币，这种转变是在中国对白银的需求下降后，在对英国的贸易中实现的。对拉美而言，19 世纪进入了一个新殖民依赖和外围工业化转型的时代；对非洲而言，19 世纪则是殖民统治和欧洲列强的直接掠夺。

总的来说，拉美人口和产出的波动远远大于非洲，但二者的变化有很大一部分可以通过其相互联系来进行解释。非洲的社会结构在每个世纪都发生转变，用以应对奴隶贸易的变化。在美洲，非洲裔人口在 1650 年约占总人口的 2%，到 1820 年时已扩大

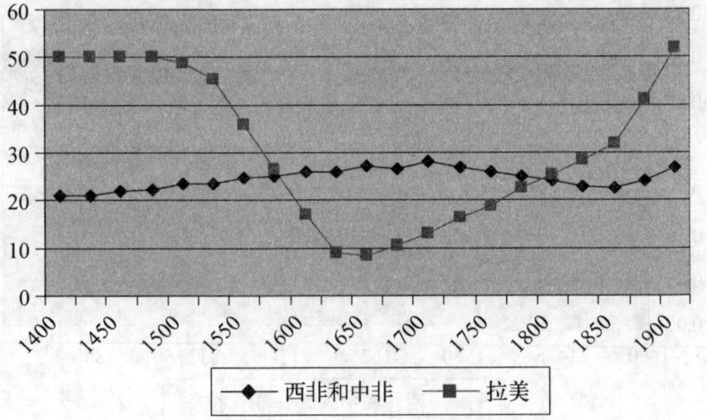

图 2.2　以 1800 年英镑汇率核算的 GDP

注：图 2.2 是一种探索式的表述，并没有依据详细的原始数据。假定用于国内消费的产出是非洲和拉美固定的人均产出。如图 2.1 所示，出口被假定为该地区出口的离岸价。GDP 取两个地区各自的国内消费和出口值之和，并以 1800 年英镑汇率进行核算，单位为百万。与图 2.1 一样，不妨尝试对此处描述的变量进行经验性核算。

到 15%以上。① 此后，随着非洲人移民的停止和欧洲人向美洲移民的大量增加，到
70 1960 年时，美洲的非洲裔人口几乎下降到 10%。

直到 19 世纪 90 年代，仍有小船从拉各斯港（这时是英国殖民地的首都）出发，将纺织品、一桶桶棕榈油和可乐果运往萨尔瓦多，供巴伊亚的约鲁巴后裔所用。然而，总的来说，对非洲实行殖民统治，导致连接南大西洋两岸三个多世纪的密切贸易和移民联系几乎完全停止。在 20 世纪 60 年代非洲国家独立后，两大地区的贸易和移民联系
71 才开始再度扩大。

① 我（指本章作者帕特里克·曼宁——译注）认为这些估计值是最低值；详细分析可能显示拉美人口中的非裔比例更高。

第3章　前哥伦布时期的经济状况

丽贝卡·斯托里　伦道夫·J. 威德默
（Rebecca Storey and Randolph J. Widmer）

拉美位于新世界，幅员广阔，地理多样化。在地形特征上，拉美高耸而陡峭的山脉——中美洲的马德雷山脉（Sierras Madres）和南美洲的安第斯山脉（Andes）——连接着狭窄的太平洋沿海平原。山脉绵延至大西洋和墨西哥湾，其东麓是宽广、排水良好、地势低洼的盆地。还有广阔的干旱高原平原，如墨西哥和南美的高原与秘鲁、玻利维亚和智利的普那高原（Punas）。也有大量的热带岛屿（潮湿和干旱的岛屿，取决于季风和山脉）从南美洲向北延伸，形成了以巴哈马为界的加勒比海群岛。一些大型岛屿——特别是古巴岛和伊斯帕尼奥拉岛——构成了岛链的西北臂。拉美的一大突出特点是，它有一条极长的南北轴线，东西走向的大陆地区几乎没有几处不被南北延伸的山脉隔断。这条南北主轴横跨多纬度，使动、植物很难自然地由东向西迁移。通常，纬度相同地区的气候相似。但在拉美，同一纬度被海拔梯度分割开来，这带来了令人难以置信的多样化生态系统，以及适应环境体系混搭形成的多样化文明。[1]一些更广泛、更大规模的政治机制利用了不同环境和气候体系的并存，将其纳入复杂的经济体系。在 73
其他情况下，这种极端的剖析导致孤立的经济体系，其政治体系无法扩展到本土经济的边界之外。

前哥伦布时期的拉美经济史相关数据存在极大的性质和质量差异。这是因为除玛雅人外，大多数原住民社会都没有文字，即便是史前玛雅人也仅将文字用于政治和宗谱目的，而不是经济目的。了解原住民经济的大部分历史资料来自欧洲人接触时的殖民记录。有些资料非常出色，比如伯纳德·萨阿贡（Bernard Sahagún）的十三卷著述，被称为《佛罗伦萨阿兹特克法典》(*Florentine Codex for the Aztecs*)。但在大多数情况下，这些资料并不完整、不充分，或者在许多地区根本不存在。因此，我们对拉美前哥伦布时期经济的大部分知识都是来自考古资料和来自人类学的跨文化比较人种学模型。这是一种常见的技术，可以使我们对史前经济体系有合理的认识。②

欧洲与拉美接触时，发现其经济存在显著差异性。有些与欧洲同期的经济相似。有些（特别是在南锥体地区）是依赖自然野生植物和动物的采集经济。还有一些族群则是简单的农业经济，辅以狩猎、捕鱼和家畜饲养。然而，拉美有着不同于欧洲及旧世界的两大经济特征。首先，金属从未被广泛用于工具，而是主要用于珠宝。第二，虽然驯化了多种动物，却没有适用于牵引的动物；因此，靠动物体力牵引的轮式车辆和犁从未获得发展。后者具有重要的经济影响，因其限制了将驮畜用于运输和农业集约化这类额外能力的运用。尤其稀缺的是一类动物，它们能够消化人类无法吸收的高纤维素类植物的纤维。这种动物不与人类争夺食物能量，因而提供了一种无需费力的能量来
74 源。这种生态学上的缺陷产生经济限制，使其无法搬运资源，也无法实现通用运输。这也是设计完善的道路系统罕见的原因之一。唯一可用的驮畜是骆马，但仅可在南美洲高海拔地区使用。一般来说，设计最精密和施工最复杂的道路系统就建在驯养骆马的地区。然而，拉美的前哥伦布文化确实发展了远距离贸易，通过水运集中商品，还发展了复杂的灌溉和梯田农业系统，这些都可与旧世界的许多国家相媲美。

前哥伦布时期的拉美的经济发展速度变化很大。在许多地区，数千年来没有经济变化；在其他地区，经济变化很快。在与欧洲人接触的前夕，拉美存在着各种类型的经济体系，从普遍的采集经济到具有专门生产模式的农业集约体系。这些不同的历史源自人口和粮食供应的差异。由于生长季节短、缺水或土壤和地形不适宜，拉美并不是所有地区都具备推行农业的合适环境，能够种植被驯化栽培的粮食作物。上述环境差异的最终结果是，一些社群发展成为人口众多的复杂政体，其经济相对发达，而另一些社群则发展受限，或者根本没有发展。图 3.1 描述了前哥伦布时期的总体时间框架，利用

① 当然，这种关于大陆地理轴线和文化发展速度的影响的论点是由贾里德·戴蒙德（Jared Diamond）在《枪炮、病菌和钢铁》（纽约，1997 年）中提出和发展的。美洲地区向农业过渡较晚，技术发展较慢，从根本上讲，可能是由于环境障碍造成的。

② 这种方法在欧洲长期应用，被用来了解法国的上古生物狩猎经济，也被用来了解欧洲普遍的觅食模式。例如，William J. Sollas, *Ancient Hunters and Their Modern Representatives* (New York, 1924), and *J. D. G. Clark's Prehistoric Europe: The Economic Basis* (London, 1952)。

政治社会复杂度不同层级的游群（Band）、酋邦（Chidfdom）和国家（State），展现了经济发展的相对水平。① 从图中可以看出，并不是所有地区都形成了具备国家特色且基于专业化生产模式的复杂经济体系。事实上，只有少数社群——如阿兹特克、玛雅和印加——具有上述特征。

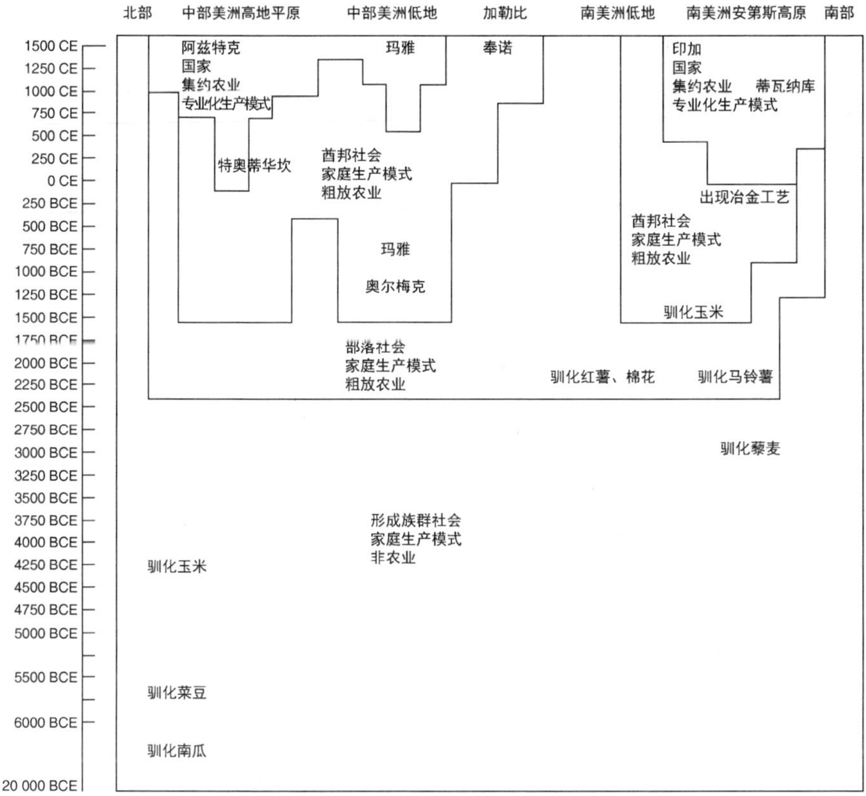

图 3.1　前哥伦布时期拉美的经济发展轨迹

注：显示各阶段不同层级社群和经济体系的变化和差异。

来源：伦道夫·威德默绘制。

此类推测很有趣：如果没有欧洲人的干预，原住民经济会如何发展。崎岖不平的地形、对石器技术的依赖，以及缺乏用于牵引的动物，始终是经济发展桎梏。另一类严重

① 上述层级及其理论重要性主要是由埃尔曼·瑟维斯（Elman Service）在《国家与文明的起源》（纽约，1975 年）中提出的。虽然在人类学内部对这些术语的使用有一些争论，但为了简单起见，本章使用这些术语来区分不同的复杂组织。

限制原住民系统扩张和发展的因素是缺乏作为食物的牲畜。新大陆未能驯化相当于绵
75 羊、山羊、牛或猪类的动物。用作食物的只有鸭子、火鸡、狗、骆马和豚鼠等。没有出
现能够长期储存的食物——如葡萄酒、油和啤酒。诸如玉米酒（Chicha）、龙舌兰酒（Pulque）之类的酒精饮料难以储存。更重要的是，没有相当于橄榄油的高能量可储存食物，此类食物不仅提供食用脂肪，还是烹饪和取暖的燃料。

本章将比较中部美洲、中美洲和南美洲在前哥伦布时期出现的各种经济机制，重
76 点是最发达和一体化程度最高的社群，如阿兹特克、印加和玛雅。不过，本章也会讨论一些规模较小、知名度不高的社会群体，它们明显不同于那些众所周知的大规模群体。

1. 生　产

1.1　土地利用和农业

在前哥伦布时期的拉美，自治公社和文明远多于当时的欧洲。这些公社的经济多以“家庭生产模式”为特征。① 这种规模的经济是自给自足的。每个家庭都建造、生产和采集生存所需的一切，在经济上并不需要其他家庭——后者从事同样的经济活动。一般而言，此种模式存在性别分工，男性从事狩猎、捕鱼、石器生产和战争。女性通常从事编织、食品加工和烹饪、燃料和水的采集以及陶器生产。通常，男女都参与农业和房屋建设。

然而，有些经济任务需要付出外部劳动，超出了单一核心家庭的工作能力。两个成年劳动力通常难以完成捕鱼、清田整地、作物收割和建造房屋等工作。外部劳动力一般是从生活在同一公社的近亲中寻找，如姑姑、叔叔和表兄弟姐妹。多数情况下，这种扩展大家庭共同拥有农田，能够安排超出小家庭的劳动。这就形成了被称为“世系”的社会经济单位，其成员身份通过父亲或母亲的血缘关系来追溯。这类经济也可以说是以合作和亲属为基础的。

然而，最初的土地使用是为了维持生计和其他资源的提取，开始时是一般化的采食行为调整，即引入天然植物产品，并通过狩猎野生动物获取动物蛋白，用作植物膳食

① 马歇尔·萨林斯（Marshall Sahlins）用这个词来形容仅由家庭和亲属组织的社群中存在的非资本主义经济关系。*Stone Age Economics*（Chicago，1972）.

基础的补充。① 在水产丰富的沿海水域地区，捕鱼作为植物采集和陆上狩猎的补充。小 77
群家庭族群占据了一片大致确定的广阔区域，每年还根据可获取的野生资源数量进行有计划的迁徙。这种流动采食策略只是在南锥体地区持续到了 20 世纪，该地区主要猎食大羊驼（Guanaco）和小羊驼（Vicuña）。在智利和秘鲁沿海一带，鱼类实际上是生存的基础，因为洋流的上涌产生了丰富的鱼类供应，可供储存，因而便于定居。5 000 至 3 000 年前，拉美第一个定居公社就是以这种资源为基础发展起来的。

在采集野生植物的过程中，拉美部分地区选择的品种具有理想特性，如较大的种子或在储存中能够保持活力。对这些理想特性的持续培育选择带来更广泛且更可靠的食物供应，并将食物转向了范围更窄的植物资源。这限制了采食族群的迁徙，延长了本地族群在任一地区（特别是有理想植物的地区）停留的时间。这些转基因食品似乎是拉美首创的，最终促使多种植物品种被驯化栽培，随后被刻意种植。它们逐渐被纳入饮食中，最终成为主食。此时，在更多的地方出现了永久性的住宅和村庄生活，还出现了完全的农业经济。

关于拉美史前农业和土地使用的讨论将分为两种模式，即热带模式和高原模式。在许多地方，早期较为简单的系统被更为集约和生产力更高的系统替代，其中就包括了耕地与梯田。

1.2 热带农业

拉美最早的农业证据来自热带地区。在巴拿马的阿瓜杜尔塞居住点（Aguadulce Shelter），在公元前 5800 年至前 3500 年的沉积物中发现了石磨工具，这些工具的工作表面有箭根（Maranta arundinacea）、山药（Dioscorea sp.）、玉米（Zea mays）和木薯（Manihot esculenta）的痕迹。在墨西哥塔巴斯科（Tabasco）沿海的圣安德烈斯遗址中发现了 7 100 年前的玉米花粉。最早的玉米果穗是在墨西哥瓦哈卡州的吉拉纳蒂兹
（Guila Naquitz）洞穴中发现的，其年代约为公元前 4250 年。木薯也是在圣安德烈斯发 78
现的，其年代约为公元前 4600 年，但无法确认它是否为驯化栽培品种。因为通过 DNA

① 人类进入西半球的时间仍有争议。保守的估计是，人类在 1 万到 2 万年前进入了拉美。参见 D. J. Meltzer et al., "On the Pleistocene Antiquity of Monte Verde, Southern Chile," *American Antiquity* 62 (1997): 659 - 63。

分析，木薯已被确定为是由亚马孙盆地南部边界的一个野生亚种（M. esculenta flabellifolia）驯化而来，它在墨西哥湾沿岸的存在表明，在这一早期，其引入是某种形式的扩散或交换。南瓜（Cucurbita pepo）可追溯至公元前8000年，是拉美最古老的驯化栽培植物，也是从吉拉纳蒂兹洞穴中发现的。对普通菜豆（Phaseolus vulgaris）的驯化栽培则可追溯至公元前5500年左右。

在低地，南美洲热带的木薯、红薯（Ipomea batata）、蛋黄果（Lucuma obovata，一种类似柿子的黄铜色果实）、印加豆（Inga feuillei，一种豆科植物）、豆类（Phaseolus vulgaris）、番石榴（Psidium guajava）和棉花（Gossypium barbadense）都是在4 000年前被驯化栽培。在秘鲁中部海岸苏佩谷的卡拉尔（Caral）早期遗址，所有这些物种都被发现与灌溉农业相关。虽然在墨西哥很早就发现了起源于南美洲的驯化栽培植物——木薯，但直到公元前1500年之后才在南美洲发现了墨西哥驯化栽培植物——玉米。

一套利用低地热带地区季节性干湿气候机制的农业体系逐渐形成了。这种广泛的农业体系有多种术语名称，其中包括轮作（Swidden）。森林被砍伐后形成花园，经过几年的照料后，再让其回归森林。只要土地充裕，人口密度低，这是一个非常高产的系统。在中部美洲和中美洲的低洼地区，使用轮作农业生产的主要作物是玉米，还有少量种植在所谓“刀耕火种的玉米地（Milpas）”里的豆类和瓜类。农作物通常被种植在台田（Raised Beds）里，也就是垄种田（Camellones）或山丘田（Montones）。这些矮脊的目的是防止水土流失，便于在旱季保持水分，以及在一定程度上增加土壤肥力，为此，要在堆垄堤时加入杂草和其他植被。

在中美洲的热带低地，沼泽地的开垦是在伯利兹北部的普尔特劳瑟斯湿地（Pulltrouser Swamp）实践的。人们从这里的浅滩沼泽中挖出土壤，建造永久性农田，
79 用于种植玉米。这样挖出的较深沼泽还有额外益处，可以用来养殖水生动物。在考古遗址发掘的双刃除草工具最早可追溯至公元前1200年。然而，这类工具在公元元年前后更为常见，这表明当时出现了更集约的土地利用。

中部美洲的潮湿低地还种植棉花和可可。它们都是重要贸易品，也都被用作货币。然而，它们都相当古老，可可的种植至少可以追溯到公元前200年，棉花的种植则更早。最初，棉花和可可是在当地种植和使用的。后来，它们进入信用交易系统中。直到公元前1000年后，它们才从家庭的、信用的经济转入市场经济。二者均为重要贡品。

在亚马孙和奥里诺科盆地，主要用轮作模式来驯化栽培木薯，后来的补充作物或替代作物是玉米和甘薯。在南美洲低地，唯一被驯化的动物是番鸭（Cairina moschata）。在南美洲河流流域的低洼洪泛区，垄种田被用来为农田提供充分排水，因为洪水恰恰对应着农业所需的湿润雨季。

随着轮作农业体系的发展，人们从奥里诺科河三角洲迁移到了加勒比地区。这种迁移使得木薯成为主要作物。在古巴岛和伊斯帕尼奥拉岛形成了一种被称为“科诺科”（Conuco）的独特的根茎作物农业体系，还有一些加勒比岛屿也小规模地采用此种体系。科诺科体系是在已开垦的田地里建造规则排列的土丘，每个土丘高约 3 英尺，直径约 9 英尺。与轮作体系不同的是，科诺科农业是一种更持久的耕作方法，因其减缓了水土流失，更易控制杂草，还改良了排水系统。

在亚马孙盆地西部的热带草原上，出现了一种独特的农林改造模式。在玻利维亚季节性淹没的热带草原上，人们建造了长长的、曲折的人工土墙。这些围墙的面积为 10—80 公顷，周围是直径 10—30 米、深达 2 米的人工池塘。它们建有连接森林岛的堤道。这些曲折的围墙显然起到了永久性鱼堰的作用，而人工池塘则是洪水季节捕获鱼类的储存设施。这些设施在西班牙人到达该地区时就已存在。目前尚不可知的是，这些 80
鱼类资源的开发究竟是排斥了农作物，还是提供了根茎类作物所缺乏的蛋白质。

沿着秘鲁光秃秃没有树木的沙漠山谷，发展出一种不同的农业文明体系。早在公元前 2000 年，这里就出现了永久性的灌溉田地。根茎类作物是主要的热量来源，但豆类、南瓜、丝瓜、番石榴和巴喀豆也有种植。南美洲太平洋沿岸也发展了可追溯到公元元年的沉降田，即所谓的“mahamaes”，用以挖掘低洼的地下水。从富饶的沿海水域捕获富含蛋白质和脂肪的鱼类，它们补充了农业生产。棉花是这个食物生产体系的重要组成部分，因为它提供了制作渔网的纤维。如果没有这种制网技术，是不可能在沿海水域捕鱼的。棉花有可能是沙漠谷地最初的农业作物，因为那里建有大型的永久性定居点，有丰富的鱼类遗迹，但没有食用植物。

1.3　高地农业

中部美洲的高原也采用了轮作的米尔帕（Milpa）耕种法，并建有垄、沟系统。高地农业系统依靠降雨提供水分。然而，有些地区的降水量不足或不可预测，因而发展了灌溉系统。最早也是最简单的形式是罐灌，就是在田间打井，下挖至地下水位，用此来灌溉米尔帕内的植物群。从公元前500年开始，墨西哥盆地还发展了引洪灌溉，运用灌溉渠和简单的水坝。引洪灌溉为田地提供了更稳定的水量，还有益于在生长季节提前播种，从而使玉米能在霜冻来临之前成熟。永久性或长期性的蓄水设施尚未发展起来。

梯田是拉美高原地区常见的农业做法，因为高原地区的大部分土地都有中度到陡峭的斜坡，如果用于农业，会极易受侵蚀。梯田是通过建造一系列与斜坡平行的石墙或泥墙而形成的，这些墙可以防止土壤流失，其后是土壤深厚的田地。仙人掌（Opuntia sp.）和龙舌兰（Agave sp.）生长在梯田的垄脊上。这些植物可以稳定梯田的墙体，还
81 是宝贵的粮食与燃料作物。虽然很难确定梯田出现的年代，但它很可能是公元元年在中部美洲发展起来的。

前哥伦布时期后期，在墨西哥南部盆地的查尔科湖畔，发展出一种独特的排水农业模式，称为“奇南帕”（Chinampa）。奇南帕被错误地称为“漂浮的花园”，但实际上，它们是通过挖掘运河，使沼泽的湖岸边缘充分排水，形成生产农作物所需的农田。在这些田地上，能够利用苗床和移栽，在连续的地块使用中，每年可种植多达3种作物。从湖床中挖出富含藻类的土壤和腐烂的水生植物，可以补充到田地中，保持了较高的土壤肥力。这种模式还提高了农田的海拔，从而降低了洪灾风险。这不仅产生了产量极高的新可耕地，还产生了运输用的运河网。在前哥伦布时期，以玉米为主要作物的奇南帕创造了拉美最高的粮食产量。很难确定这种农业系统是何时出现的，但定居点数据显示，其产生年代似乎不早于公元前1350年左右。

南美洲高原使用了大量驯化栽培的植物性食物，其中包括15种根茎类作物、3种豆科植物、3种谷物和十几种水果。这些被统称为“科迪勒拉复合体”（Cordilleran Complex）。其中有两种作物成为当地最重要的主食。其一是藜麦（Chenopodium Quinoa），这是一种适应寒冷、干燥气候的谷物，公元前3000年就已在安第斯高地种植。另一类更重要的驯化栽培植物是马铃薯（Solanum Tuberosum），当前已知品种已超过了200种。马铃薯驯化栽培的确切日期不详，但据认为大约在公元前2000年。这种栽培物成为一种极其宝贵的食物来源，因其能够在安第斯海拔极高的地区生长良好，生长季节非常短，能适应昼夜温度变化剧烈（通常一年有300天的霜冻）和低湿度环境。大约2 600年前，南美洲高原地区开发出一种巧妙的马铃薯加工方法。此种加工方法最终被当地人称为“初纽”（Chuño），也就是我们熟知的冻干马铃薯。当完全干燥后，马铃薯可以储存4年之久。

在安第斯中南部地区，特别是在玻利维亚的的的喀喀湖盆地，台田“垄种田”系统得到了推广。当地湖水是盐碱化的，所以垄种田系统还有一个额外的优势，就是可以 82
减轻盐碱化。垄种田的外观与奇南帕非常相似，但后者是由湖泥堆积而成，而垄种田是由排水渠形成的。藻类在山脊之间的低洼沟渠中生长，成为肥田作物。这些藻类如今被用作牛饲料，而在前哥伦布时期，它们很可能是骆马饲料。在的的喀喀湖盆地，人们开发出了一种更为巧妙的种植方法来种植马铃薯。这种方法被称为“乔查”（Qocha）农业，就是要利用的的喀喀盆地的洼地、低洼处和浅湖。这些浅水区起到了散热作用，白天吸收热量，夜间将热量辐射出去，以抵御霜冻。

玉米是特别重要的作物，在海拔 2 500 米以下的地区得到了广泛种植。玉米与高海拔适应性作物不同，在安第斯地区很难种植，需要使用梯田和灌溉。然而，它对宗教仪式非常重要，而且可以储存 4 年之久。玉米是印加帝国的首选作物，是帝国的粮食。田地是印加帝国的财产，印加人开发了令人难以置信的精妙梯田和灌溉系统，可与世界上任何一个国家媲美。印加帝国各地都建有巨大的玉米粮仓，用于储存玉米种子，以便随时随地满足国家需要。玉米粒被用来供养士兵，制作在国家仪式和祭祀中食用的玉米酒，还用来养活从事国家工程项目的徭役。

有两种家养动物对南美洲高原经济具有重要意义。一种是南美骆驼（骆马和羊驼）；另一种是豚鼠。骆马和羊驼是服装纤维、皮革和肉类的宝贵来源。它们的肉被冷冻干燥成一种叫“查尔基”（Charki）的肉干。骆马还充当驮畜，其粪便是安第斯地区缺少林木的高山地区的重要燃料来源。骆马和羊驼很好地适应了高原，其另一大优势是利用了不能用于农业的放牧地，因此不会直接与人类争夺食物或领地。骆马似乎在公元前 1000 年就被驯化了，豚鼠几乎是作为家庭宠物饲养的，以家庭食物残渣为食。虽然驯化的具体年代不详，但为了防止其逃跑，在房屋上加装门槛时，它们就已被用作食物。

各类不同的乡土环境及其特有的生态与生长条件相互毗连，这往往会成为一种激 83
励因素，将表现为独立聚集点的地方经济融入更大的政治实体之中。这些地方差异主要与温度、湿度和海拔相关。南美洲高原的政治经济史可被视作一系列艰难的尝试，也就是努力通过所谓的“垂直化”进程来整合不同的区域性聚集点。纬度差异及其不同的光照周期、温度和其他地形特征——如河流水量的相似度——对领土及其当地经济融入更大的政治实体也很重要。在中部美洲，随着时间的推移，越来越大的政体纳入了更为多样的土地和生产系统。

1.4 经济专业化

在前哥伦布时期，直到定居的村落生活在公元前1600年前后出现在中美洲，公元前2400年前后出现在南美洲，拉美的经济专业化才发展起来。这时，家庭集群可能承担了一些超出单一家庭劳动能力的经济活动。虽然制陶瓷很容易由单个家庭承担，但部分地区为了节省燃料，由多个家庭同时烧制陶器可能更有效。此外，许多家庭并不靠近某些必要资源。石头（用于制作磨制和切割工具的石块）和盐就是两个例子。已发现一些家庭有大量与生产这些物品有关的碎片，其数量超出了家庭的个别需求。另一方面，产量似乎没有超出当地社群的需要。部分家庭的生产超出其使用量，但其也参与了家庭生产模式所特有的各类经济活动。

通过交换获得外部材料来生产名贵物品，这就发展了另一种经济专业化。手工艺人用这些外部材料生产象征权贵声望、典礼和政治的用具，其中一些用具也用于交换。与世袭统治首领——在政治体系中被称为酋长——关系密切的权贵亲属往往是工匠。这些人靠酋长从其公社成员那里征集的剩余食物维生。瓦哈卡州的圣何塞·莫戈特遗
84 址发掘出海贝和羽毛的作坊区。奥尔梅克人巨大的玄武岩雕像和在公共祭祀区的作坊雕刻的其他纪念性石雕，进一步证明了中部美洲早期手工艺的专业化。在洪都拉斯的科潘遗址，在一个地位很高的权贵住宅中，发掘出一个专门的宝石作坊，此处用玉和海贝等外来材料制作祭祀用具，这进一步表明，在这些最初的复杂社群中，手工艺制作往往是一种上层活动。

在中部美洲的特奥蒂华坎（墨西哥城以北），在公元200年后的某个时候，首次出现了市场交换的经济专业化。这里发现了与公共建筑相关的黑曜石作坊，表明国家对石器生产的控制。这种模式受到了质疑，但显而易见的是，不管黑曜石工具是否在那里生产，其使用量都超过了一般家用需求。在遗址S3W1室里发现了陶窑和生产两种陶器的废料——窑坑和陶罐——用于生产城市使用的多种陶器，这表明存在为了市场交易而进行的专业化生产。除了陶器外，这里还生产石头和贝壳制的各种服装首饰。据推测，这些物品用于在市场上换取所需的资源，而这些资源是该地区缺乏的，因为看不到这里有任何食物生产的迹象。S3W1室居民没有从事家庭生产模式，而是依靠市场交换来满足物质需求。

特奥蒂华坎展现了从家庭生产模式向专业化生产模式的转变。在这座城市的早期

历史中，陶俑是由单个家庭手工制作的。后来，这种生产转向了可能由国家控制的专业作坊。这方面的证据是在大型公共建筑附近发现的模具，以及陶俑制作者性别的变化，后者可从与性别相关的指纹模式中看出。在家庭生产模式下，妇女将制作俑作为一般家庭活动的一部分。随着城市经济向专业化市场经济转变，男性接管了雕像生产，并使用模具来加快生产速度——这是家庭生产所不需要的技术。

专业化市场生产不断发展，到了阿兹特克时代，手工艺人界限清晰且数量相当多，甚至有了类似行会的专业身份。西班牙文献中提到了许多手工艺人，包括珠宝匠、黑曜 85
石工具匠、羽毛匠、皮匠、造纸匠、陶匠、炭匠和木雕匠。这方面的证据不仅来自西班牙编年史家，还来自墨西哥城阿兹特克神庙——大神庙（Templo Mayor）的献礼藏匿处发现的令人难以置信的权贵用具和艺术品。尽管贡品对阿兹特克人越来越重要，但市场仍然是经济的核心。

在南美洲，经济专业化发展的历史轨迹与中美洲相似。随着酋邦社群的出现，许多手工艺品出现，并在此后愈发常见。精细的刺绣纺织品生产是南美洲手工艺专业化的标志，出现在了太平洋沿岸公元前1600年的干旱沙漠谷地墓葬中。这些纺织品的生产是劳动密集型的，显然是被用作社会地位的标志，表明其主要用于信誉经济。陶器显然也是作为手工艺品而精心制作的，莫奇卡（Mochica）的壮观的肖像器就是一个典型的例子。这些器皿需要特殊的制作技术和高超的艺术技巧来装饰，这表明只有专家才参与其中，而不是一般的家庭生产。在秘鲁海岸的一些大型城市中心发现了陶器制品商店，这表明在公元1000年时，可能已经出现了与国家相关的市场经济。这也解释了为什么在家庭陈设中会发现大量的特制陶器。加工菊花贝（Spondylus Shell）和外来矿物的专业宝石生产也是一门重要的手艺，在酋长或重要人物的信誉经济中占有一席之地。我们对此项工艺生产的了解大多来自墓地，尤其是在秘鲁干燥的沿海山谷，那里的保存情况非常出色。

明显有别的是，冶金术在南美洲发展得很早，而且是一种非常重要的手工业活动；而在中部美洲，冶金术直到很晚才出现，而且从来未能广泛发展。金、银、铜（通常一起使用在合金中，称为图帕伽<Tumbaga>）的使用可以追溯到公元前500年，金属是从矿石中熔炼提取的。金属被加工成实用的铜制家庭用品——如鱼钩、镊子、纺锤和针，以及首饰和个人装饰品——如耳钉、项链和胸饰，头部和面部装饰品，通常用金、银或图帕伽制成。铜或铜合金的实用物品是用模具制作的，而许多比较复杂的金银制

86 品则是用失蜡法（Lost Wax）制作的。这些器物是实用性的，但在功能上也是社会技术性的，表明家庭的地位，而不仅仅具有功能性。酋邦和国家都有此种生产。

印加王国的经济制度是建立在再分配的集中化原则基础上的。依据法规，所有的土地、土地产出和劳动产出都属于国家。这些资源在印加中央政权的再分配过程中被征收和分配。印加生产的大部分产品用于礼仪目的、为国家官僚机构和军队提供资金，并供个人家庭使用。这些产品的分配有特定的比例。总体思路是，中央集权的印加帝国将提供其居民一切所需之物——物质的和精神的，但对此实践中如何实现还存在一些争议。例如，即使所有的土地都归国家所有，但很明显，并非所有生产的资源都是社会性的。马铃薯的生产通常不受国家控制，因此仍属于个体家庭经济。虽然印加帝国对生产和资源的控制可能没有国家意识形态所显示的那般绝对，特别是对地方/家庭资源的控制方面，但是，考古学证据提供了压倒性的证据，显示中央政权有权建设和维护设施以及调遣人员。

事实上，由于印加经济是国有经济，所以手工艺人尤受关注。例如，布是印加经济中最有价值的商品。对印加人来说，布既有象征意义，也有经济价值。从印加领土特选一群年轻女性，即“马马库纳女工”（Mamakuna），她们隐居在被称为“阿库亚·瓦西”（Aqlla Wasi）的大院子里，纺纱织布以供祭祀和印加国王使用。她们还酿造玉米酒，为祭司和祭祀准备食品和烹饪食物。羊毛、棉花和玉米都来自国家的土地。国家还控制布匹的生产，为军队提供服装，并提供象征士兵等级和地位的首饰。服饰风格还与地位和性别有关，国家用布来强制划分社会结构。冶金业也由印加帝国控制。印加统治者拥有所有的大型矿场及其产出。虽然较小的矿山由当地社群拥有，但最终产品仍会作为供奉献给印加国王。因此，所有的金属制品都属于印加帝国，由印加统治者亲自分配。实际上，印加国王控制了所有手工艺人及其产品。此外，有明确证据表明，若国家
87 需要，手工艺人就要进行迁移。

2. 交换与消费

虽然许多前哥伦布时期的拉美公社都有家庭生产模式，但再分配和交换是所有这些公社的特点。再分配是指地位高的精英集中剩余粮食供己所用。这种集中起来的剩余粮食——超过个人家庭所需的农作物——在食品短缺时可以返还。在较小的公社里，

正式的再分配制度是没有必要的，非正式的交换足以消除农业和资源的不平等。互惠的经济交换也可以用来建立或维持家庭之间或群体之间的联盟。有时，会交换类似的商品——如两个功能相同的陶器。有时，则会交换珠宝或衣服。无论在哪种情况下，这种交换都不是纯粹的经济交换，还具有社会政治功能。当权贵交换时，这种交换的形式更为复杂。

当政体扩大至跨越不同的环境和资源区时，经济体系就发展起来，能为政体提供所有可供分配的必要资源。这就涉及市场发展以及与其他一体化程度较低的小社群之间的朝贡关系。市场通常出现在复杂国家，这些国家的面积太大，人口太多，无法建立在家庭生产模式的剩余经济基础上。并非社群中的每一个人都必须或能够完成各项经济任务，因为经济资源的分布比较不均匀，单个家庭不可能直接获得这些资源。因此，我们看到，为获得生产所必须的基础原料，各类交易市场发展起来，经济学家随之也有了发展。由冲突和战争而产生的朝贡制度也存在于政治复杂的大社群中。朝贡将各种经济资源和商品带入了政治体系，而这些资源和商品是根据被征服政体的环境和地质情况而具体确定和相配的。

2.1　贸　易

此处的“贸易”仅指一种有限的交换形式——即从一个社群的本地范围之外采购和分配物资或商品。我们对前哥伦布时期的了解主要来自考古学和民族史资料，而物资是贸易的最好证据，因此可被视为是了解过去社会组织的一个窗口。例如，区分究竟货物 88
是功利性的，还是一个群体成功适应环境所必需的，或只对精英和礼仪才是有价值的。

虽然远距离采购物品是旧石器时代晚期以来人类群体的一个特征，但直到有足够的人口、稳定的内部地位分化和专业化以及中央领导的社会出现后，定期进口商品才进入考古学记录。通常情况下，精英们会通过从远方获取和控制有价值的异域商品来区分自己，并利用这些商品来操控群体内部的政治、社会和经济关系。异国物品之所以能发挥这种作用，是因为“传统社会的成员并不以中立术语来解释地理距离。相反，他们对与距离有关的现象赋予了一系列象征性的意义，一般将其视为内在的优劣、危险或对本社群的超常利益”。① 远距离的物品可以通过精英间的交换获得，并主要通过

① Mary W. Helms, *Craft and the Kingly Ideal: Art, Trade, and Power* (Austin, TX, 1993), 3.

各种形式的馈赠分发给他人。

虽然实用物品可以而且事实已经在地区间流通，但转运成本决定了只有信誉和高价物品（如海贝、翡翠、可可和黄金）才会经常性地远程运输。这些物品的价值来自其稀缺性，和/或其生产中以及将其制作成物品时所需的劳动或技能，但其转化成的信誉和力量应加在其使用价值之上。这些物品能巩固在地方等级制度中的地位，也促进了规模相似的政体之间的联盟。从规模较大、较复杂的社群到规模较小的社群，精英间的交流有助于建立主客关系，并使各政体参与到更大的互动范围中。因此，这种贸易中投入了相当多的资源和精力，也许超过了现代经济术语所认为的“合理”投入。

公元前1世纪期间，在中部美洲和南美洲都可以找到早期可能存在精英间远距离贸易的例子。墨西哥湾南部海岸的奥尔梅克人从通常几百公里外的来源获得铁镜、黑
89 曜石和玉石，可能还有其他更易腐烂的贵重物品。瓦哈卡谷的一个遗址出产的磁铁矿小平镜——可能只有精英阶层才会佩带——不仅被卖到墨西哥湾沿岸，而且还被卖到北方。反之，瓦哈卡谷又从墨西哥湾沿岸获得珍珠状淡水贝壳，并通过不同的交换路线获得太平洋海贝。这种昂贵的原材料随后被当地人加工成装饰品。瓦哈卡谷可能也从墨西哥湾沿岸收到了陶瓷、龟壳鼓、黄貂鱼刺、鲨鱼牙和海螺壳喇叭，也在自己的陶器和雕塑中使用了奥尔梅克图案。在中美洲许多地方广泛发现受奥尔梅克影响的器物，反映了精英阶层之间广泛的贵重物品交换，以及更为复杂的海湾沿岸社会对异国材料的强烈需求。

同样，南美社群间交易的对象是黑曜石和贝壳，但也有铜和金制品，以及在早期政体之间流通的精美纺织品。在秘鲁布兰卡山脉（Cordillera Blanca）地区的查文德万塔尔遗迹（Chavín de Huántar）的祭礼——早期地平线风格——在广泛采用图案和标志性人物方面，与奥尔梅克文化相似。它似乎还促进了远距离贸易，满足了精英阶层的需求以及在神庙陈设、殡葬用品和祭祀方面的需求。例如，查文德万塔尔以南470公里处的黑曜石在许多发现祭礼的地区都可以买到。精英们的陪葬品有海贝、方钠石珠、石英珠、绿松石珠和金片等物品。晚些时候，在公元前1世纪时，秘鲁莫克瓜谷地（Moquegua）相对孤立的小型酋邦在其独特的精英“靴”墓中，有来自帕拉卡斯-纳斯卡（Paracas-Nasca）南岸和高地的陶器与纺织品。因此，在美洲许多地方都发现了前哥伦布时期远距离贸易的物证。

西班牙征服前的民族史资料揭示了信誉物品远距离贸易的活力。独立于印加的酋

邦在哥伦比亚、委内瑞拉、厄瓜多尔海岸和大亚马孙地区蓬勃发展。较大或最重要的酋邦有明确界定的贸易网络。例如，武里蒂卡（Buriticá，位于哥伦比亚的考卡-帕蒂亚<Cauca -Patía>洼地）的贸易联系延伸到整个南美洲北部和中美洲。黄金、祖母绿、鱼、盐、纺织品和奴隶在不同的方向进行交易。事实上，西班牙人对酋长参与贸易感到惊讶。通过不同政体之间在祭祀访问、结盟或联姻时进行的一系列礼物交换，货物可以进行长途跋涉。例如，菊花贝（刺太平洋牡蛎）是在从加利福尼亚到厄瓜多尔间的中等深度的水域中发现的。这些非常有名的贝壳被遥远的尤卡坦半岛的玛雅人和秘鲁南部 90
的纳斯卡人及其后继者用作装饰品，距离产地有 1 000 多英里。

除了贵重物品的交换外，在环境不同的地区之间，特别是在地理距离不太远的地方，还存在着更多实用性物品的贸易，如食品、原材料和开展基本活动所需的工具。研究者们普遍认为，这种贸易在前哥伦布时期的世界中随着时间的推移而增加。中部美洲和南美洲的一个重要特征是环境的多样性，从丛林到沿海沙漠，从干旱高原到高山地区。在一些地区（特别是安第斯地区），这种巨大的差异性在几百公里内就能出现。因此，在安第斯研究中，对垂直性或区域互补性的兴趣由来已久，即许多社群试图进入安第斯山脉东麓和西麓的不同生产区域，以确保稳定和充足的生计供应。

研究表明，该地区对这种互补性的关注久已展开。安第斯地区对高海拔地区的利用无疑是受到垂直性的环境刺激，因为在其他任何地方，人类都没有如此密集地利用海拔 2 800 米以上的土地。此种环境饱受严寒（因其在热带纬度，光照不是问题），这限制了可以成功养殖的作物和动物。然而，寒冷却使冷冻干燥技术得到发展，使南美骆马、羊驼肉干和冻干马铃薯得以储存和方便运输。这些产品与来自低海拔地区和沿海地区的民族交换，换取重要产品，如玉米、古柯、海鱼、鸟粪、棉花、水果和蔬菜。各生态区拥有不同的矿产资源和其他自然资源。虽然大多数生态区肯定可以自给自足，但营养和饮食的多样性因区域互补而大大增强，而各种石头和矿石资源的可用性也是如此。对于高原地区来说，能够获得来自低海拔地区的产品可能是至关重要的，因为那里的寒冷可能会使食物资源枯竭，或使生产力更经常地出现波动。

安第斯问题研究者们感兴趣和争论的一个领域是区域互补性的性质。较早的模式（首先由约翰 · V. 穆拉<John V. Murra>提出）认为，高原群体通过直接移居和控制本土以外的土地和资源来解决生态区划造成的经济限制，从而在不同地区建立了一个由民族飞地组成的“群岛”。另一种模式由玛丽亚 · 罗斯特沃罗夫斯基（María

91 Rostworowski）首创，它基于政治上独立的群体之间的交流证据。罗斯特沃罗夫斯基认为，这种交流是适应“垂直性”的主要机制。这些交换可能采取的形式是易货贸易、市场交换，或者是基于亲属和非亲属的交易联盟。问题其实并不在于哪种模式是正确的，因为移居和群体间交换从16世纪就已存在，而在更早的时代也有考古发现。也就是说，政体可以在某些时间和区位通过移居，在其他时间和区位通过交换，或者在任何特定时间通过两者的混合来处理区域互补的需要。

研究兴趣的领域之一是种族飞地和移居的可能时深（Time Depth）。高地的的的喀喀湖盆地可能是公元前1000年向低海拔地区迁移的起源地，在秘鲁南部的莫克瓜地区发现了陶器、纺织品和居住类型的高原模式。然而，戈尔茨坦（Goldstein）对瓦拉卡内（Huaracane）遗址的研究表明，可能存在一个独立的群体，主要是与沿海和高地进行信誉交易。①最早关于移居的明确个例可能可以追溯到蒂瓦纳库（Tiwanaku）时代，而的的喀喀湖盆地遗址显然是大约在公元200年至1000年之间一个扩张性国家的中心。莫克瓜地区的奥莫遗址（始于公元550—600年）似乎是由蒂瓦纳库的移居者定居的，并且一直与当地居民分开。类似的遗址在整个安第斯中南部地区都有发现，似乎表明殖民者直接控制了主要玉米产区。然而，斯塔尼什（Stanish）在讨论莫克瓜流域的一个小山谷中的后蒂瓦纳库时期时，认为该地区的交换模式之间有很多转换。② 当地区政治混乱时，就出现了直接移居。在政治稳定时期，更有规律的交换关系会使区域互补性有效地发挥作用。至于安第斯其他地区是否如此，只能通过未来的研究来回答。

在中部美洲和南美洲，不同的环境区通常被划分为“寒带”（Tierra Fría）、“温带”（Tierra Templada）和“热带”（Tierra Caliente）。每个区域都有自己的产品。中部美洲不同于安第斯地区，因其山区海拔较低，其寒冷地带没有后者那般严寒。因此，玉米在
92 各区都可以种植。但主要地区间的距离相当远，所以各地的粮食产品可能比安第斯地区更加自给自足。各区之间的联系主要出现在昂贵资源、信誉物品和外来物资的远距离贸易中。在三大区域内，由于微观地理环境的多样性，交流得到了发展。墨西哥谷地（前哥伦布时期大国的中心地带）就是一个很好的例子。在一片干旱高地内，存在着海

① Paul S. Goldstein, “Exotic Goods and Everyday Chiefs: Long-Distance Exchange and Indigenous Sociopolitical Development in the South Central Andes,” *Latin American Antiquity* 11 (2000): 335 - 62.

② Charles Stanish, *Ancient Andean Political Economy* (Austin, TX, 1992).

拔差异，而降雨量的差异受海拔影响，由南向北递减；此外，还存在霜冻敏感性、土壤的深度和重要矿物等方面的差异。各社群很可能无法满足当地所有需求，但不远处的另一个社群可能会弥补一些不足，而其他社区也可能会弥补另一些社群的不足。其结果是促进了早期的交流和社群专业化，因为这是获得日常生活必需品和地区繁荣的最实际的方法。各社群积极地生产其特定生态区域所擅长的物品，并可能通过市场与其他社群进行交换。这就形成了更大的区域系统，成为密集人口从事集约化生产的跳板，能够支持墨西哥谷地发展出复杂的社会政治社群。

这种高密度的人口普遍存在于高原地区，但显然也是热带地区的特征。例如，墨西哥和上中美的玛雅低地，在古玛雅文明高峰期（约公元250—1000年）有几百万的密集人口，而今天这个地区的人口密度要小得多。虽然玛雅低地似乎更显同质性，但它也有微观地理差异，如适合制作切割工具的石头、盐、陶土，以及用于集约农业生产的土壤质量。对燧石（用于切割工具）和陶器的研究表明，靠近原材料的人存在着社群专业化，产品在一个确定的地区内广泛交换。这个地区是否存在市场还未被广泛接受，但至少存在着易货贸易。一些有用的商品——如黑曜石、精美陶器和盐——来自较远的地方，很可能构成远距离信誉交换的一部分。从玛雅低地的一个小社群——赛伦（Ceren）的角度，我们可以看到像这样一些有价值的实用物品是如何在群体内分配的。赛伦的每家每户都必须获得黑曜石工具、1/5的陶器、盐和一把玉斧（用于木工），另外还有赤铁矿筒和用于祭祀的海贝。佩森·希茨（Payson Sheets）认为，家庭在权贵中 *93*
心附近的市场上用某种剩余的物品来交换这些物品。① 家庭也有可能通过其他形式与权贵交换获得这些物品。

由于社会政治更加复杂，在中央集权国家的支持下，不同环境区域之间的远距离和地方交流变得更加制度化和正规化。中央集权国家在公元前1000年主导了中部美洲，并一直持续到欧洲人进入。贸易规模也急剧增加，特别是在前西班牙时期的后期更是如此。然而，前文所讨论的制度化程度较低的交换模式也在这一时期各地区继续存在，并且十分重要。阿兹特克帝国和印加帝国是美洲最复杂的政体，在西班牙征服时，这两大帝国仍在发展和扩张。这两大帝国提供了强有力的案例，证明了在前哥伦布时期末

---

① Payson Sheets, "Provisioning the Ceren Household: The Vertical Economy, Village Economy, and Household Economy in the Southeastern Maya Periphery," *Ancient Mesoamerica* 11 (2000): 217 - 30.

的贸易重要性和多样性。

阿兹特克人之间的长途贸易是由一个被称为“波切特卡”（Pochteca）的世袭行会经营的，这表明此项活动有着正规的结构。商人有不同的等级，从有钱有势的商人到在小市场上经营的小贩。有证据表明，个人会从小贩开始，而后向更高的等级和财富发展。外部人可以进入最低的等级，但这个职业主要是世袭的，填补了高于平民的地位，但没有贵族的所有特权。不过，行会是相当强大的实体，有自己的领袖、法律和惩罚措施，还掌管着市场。阿兹特克帝国的中心——墨西哥谷地的12座城市和其他城市一样，都有波切特卡行会。

商人不是唯一在市场上进行贸易的个体，但他们经手的货物数量最多，并负责昂贵货物的长途贸易。他们为权贵阶层进口奢华商品，供应墨西哥谷地工匠使用的珍贵原料（如羽毛、祖母绿、琥珀和兽皮），换取昂贵的出口商品，包括黑曜石器具、金饰、棉披风和湖产品等。一些商人享有难得的特权，可以到阿兹特克帝国的边界之外旅
94 行和交易。最强大的行会居住在特诺奇蒂特兰和特拉特洛尔科，这两大城市是阿兹特克政治和经济权力的中心，在帝国之外的中立贸易港口享有贸易特权。关于国家对贸易的控制程度，在资料中存在一些争议，各种观点都有含糊不清的支持证据。一些研究者认为，长途贸易受到了严密管控，而另一些研究者则认为，商人们虽然在帝国之外的贸易中受到一些限制，却能自由地运作。许多波切特卡行会在帝国内部和各级市场上运作，他们并不只限于长途贸易。

四方帝国（Tawantinsuyu）也就是印加帝国，是一个真正的领土奇迹，所辖近100万平方公里，以首都库斯科为中心，分为四个行政区域。印加帝国有80个省，其中包括被征服人口的领土。由于管辖诸多不同的被征服政体和民族，帝国内部的社会政治组织和经济特征有着巨大差异。大多数研究者认为，印加的政治经济一体化程度很高，因此，尽管各地的条件和经济战略各不相同，但国家能够有效地资助优先的机构与活动。长距离的货物运输显然是这种经济的一部分，对于政治关系和礼仪习俗也很重要。印加帝国推行广泛的正式“礼品”互赠。贵重物品是地方权贵上缴的供奉，如贝珠、未加工的菊花贝和各种金属制品。作为回报，国家向地方领主赠送布匹、黄金、贝珠、铜斧和古柯等物品。这些“礼品”从我们的角度看，其实可被视作政治服务的报酬或贡品。国家也会给帝国各地的神庙提供有价值的商品作为“祭品”。所有这些商品都是由国家积累、运输、储存并按需支付，这种制度发展成为一种高度发达的、密集的权贵

间的交换形式。

印加帝国促进了不同生态区之间的商品交换，巩固和扩大了上文讨论的区域互补性组织。在某些地区，特别是安第斯南部地区，通过移居者直接控制各地区及其不同的产品是有记载的。高原—沿海地区之间的互动继续进行，利用与当地群体的易货贸易和移居的发展，用低地农产品和海产品交换高地产品。有证据表明，帝国的一些地方有类似于阿兹特克的波切特卡行会。印加帝国有多种战略，基本上是根据环境和民族传 95
统制定的。然而，通过管理贸易、易货交易和礼品互赠，大部分货物在帝国各地流动。就此而言，印加帝国与阿兹特克帝国中商人和市场占主导地位的情况形成了鲜明对比。

2.2　运　输

与贸易问题密切相关的是运输问题，因为运输货物的成本决定了可能的贸易范围和数量，从而决定了一个地区在经济上的互动程度。在这方面，南美洲和中部美洲之间的对比是相当明显的。在南美洲，经济一体化和贸易是在比中部美洲更广阔的领土上进行的。

由于没有牵引动物和有轮运输工具，前哥伦布时期的中部美洲仅限于陆上的步行交通。因此，道路大多是各类步行小径，强调直接性，有急转弯和坡度。限制因素是一天内可以行走的距离，以及一个人使用驮架和滚轮可以承受的负荷量。中部美洲的经济特征一直被这样一个事实影响着，即大宗商品（如主食）无法从远距离运送中获利。因此，城市必须从附近的腹地获取补给，只有相当轻便的贵重物品（如黑曜石、羽毛、可可）才会有长距离运输。

在阿兹特克时代，有了专业的搬运工或脚夫（Tlamemes），这是一种世袭性的低等职业。法律明确规定了能够接受这一职业训练的儿童。他们住在城镇，供过往的商人租用，商人会雇其将一担货物（约 50 磅，但可能因距离、地形和目的地不同而不同）运到下一个城镇，而后其他的脚夫会接过货物进行另一天的旅行。因此，长途运输由搬运工的接力组成。这种模式的例外情况包括为军队运送补给品的搬运工，以及前往帝国以外的波切特卡行会旅行。在例外情形下，同样的搬运工会全程陪同商人。由于脚夫必须得到报酬，可能携带了他们在旅途中所吃的大部分东西（至少两天），而且可能需要休息，这种运输方式的效率有限是显而易见的。不过，在西班牙征服时，由于需求扩大和阿兹特克征服所带来的流离失所者的加入，这成为一个不断扩大的职业。职业搬运 96

工地位存在的时深不详，但大概可以追溯到像特奥蒂华坎这样的早期城市，不过，此种职业的组织可能没有扩展到那么大的领土范围。

在水运可行的地方，如墨西哥谷的湖泊和墨西哥湾沿岸，独木舟运输效率更高。独木舟运送的货物是人类搬运工的40倍。正是通过独木舟运输，特诺奇蒂特兰才比早期的政体更有可能从更广阔的腹地运来粮食，并将整个墨西哥谷联合成一个相互联系的经济区域。墨西哥谷地中早期的城市特奥蒂华坎几乎达到了同样的规模，但离湖泊没有那么近，这表明运输成本可能是一个非常大的负担。独木舟也可以沿海岸运输更多的大件物品，使低地产品的交换比其他方式更有可能。然而，中部美洲的大部分贸易都受到人类运输的限制。

安第斯地区则有骆马作为交通工具。千百年来，骆马大篷车运送农产品和货物一直很重要。安第斯社群的区域互补性是由于他们有能力用大篷车运送大宗货物，从而可以在离其核心有一定距离的地方建立垂直的移居群岛。沿着湖泊和海岸用木筏进行水运，也使货物的运输效率提高。该地区食品和其他重要货物的运输距离比中美洲远得多。

大篷车的重要性带来更多投资，用于建设道路，而不是修建对中美洲更重要的那种人行道。印加帝国的道路系统部分建立在原有的旧系统上，是前现代社会最好的道路之一。其移动范围超过25 000公里，建有峡谷上的吊桥、排水渠、防止畜群进入相邻田地的路墙、驿站和堤道。主要公路连接四个省，还与许多其他道路相连接。驿站（Way Stations 或 Tampu）之间间隔约一天的步行距离。法律规定，这些驿站只能供国家人员和公务使用，由此，可对沿路的骆马车队进行管理，从而实现国家对货物流动与贸易的控制。

2.3 劳　动

任何经济体系的重要资源之一都是人民的劳动。在上述关于农业、手工业专业化
97 和贸易的讨论中，都隐含着为养活个人及其家属而付出的个体劳动。这里讨论的劳动是在等级社会中为增加生产和完成公共工程而动员的剩余劳动。贵族和精英们号召普通人劳动，不仅是为了维系贵族家庭，还要建造公共建筑、道路、桥梁、灌溉系统等。同样，在前哥伦布时期末期，我们才有明确的证据表明这种劳动的种类和责任。虽然一部分劳动义务与贡赋密切相关，但如果把所有剩余劳动都视作被强行榨取的，那就错

了。它也可以被认为是一种“贡奉”（如对神灵或对领主）。虽然从个人的努力和负担来看，礼物和贡赋义务之间的区别最终可能不会有太大差异，但在人民、贵族和国家之间的社会关系认知中，它可能是很重要的。我们并不总是能够确定阿兹特克和印加各种劳动义务的确切性质，但在这两种制度中似乎都存在着预期的馈赠和强行榨取的因素。

在印加帝国，对剩余劳动的控制是广泛的，且可以分为几种类型。事实上，有研究者认为，印加经济的关键是国家对劳动力的控制。印加帝国动员了大量的劳动力来修建道路、仓库、建筑和定居点。最古老的义务劳动或剩余劳动形式可能是米达制（Mita），即由个人轮流提供的劳动。这种劳动者为印加国王、宗教活动和当地领主工作。米达制的劳动力还为公共工程当劳力，并充当军人。妇女除了在田间劳动外，还为国家织造纺织品。一些劳动任务（如在军队或采矿中服务）可能需要几个月的服役。然而，米达制的劳动是以互惠为前提的，当劳动者从事这些工作时，国家为其提供饮食和支持（包括国家提供的歌曲和音乐）。这种劳动很可能是印加之前的安第斯传统，主要是为了支持领主和宗教。

更长期的劳动控制形式涉及被称为外来工（Mitmaqkuna）和亚纳（Yana）的人。前者是外来移居者，他们带着货物、家庭和首领从一个地区搬到另一个地区，主要受雇于农业目的，但也有其他任务，如维持驻地等。外来工保持着他们的文化特性和与家乡公社的联系，因此很容易与周围的人区分开来。这种迁移是国家下令进行的，可能会迫 98
使人们长途跋涉。亚纳则是完全脱离其公社的劳动者，只为国家工作，当农民、手工艺人和首领。亚纳的最好范例是马马库纳女工——妇女从年轻时就被带到隐居的院落中劳动。

阿兹特克帝国的土地和劳动紧密相连。土地——公有和私有——一般由贵族控制。公有土地被分配给平民，以换取兵役、徭役、日常劳动和贵族家庭的食物。有证据表明，这些平民和贵族的关系被认为是互惠的。然而，在贵族的私人土地上，平民家庭应成为领主土地上的农业劳力、磨玉米的厨房劳力、纺织业的纺纱和织布劳力，这些都是阿兹特克帝国的重要贡品。此外，一些公社被指定为特诺奇蒂特兰提供劳力和货物，并直接通过帝国官僚机构来完成这些活动。随着时间的推移，帝国制度能够增加直接服从于它的平民的数量，使其成为贡品，并征用其劳动和产品。这是通过夺取公有土地和将个人与公社降为臣民来实现的。因此，就像印加帝国的制度一样，劳动义务的等级从对等关系变为更多强行榨取。在各种形式的剩余劳动上投入了多少时间尚不清楚，但对于一些平民家庭而言，负担可能相当沉重。阿兹特克人和印加人一样，控制大量剩余劳动力是其扩张的重要策略。

2.4 贡　品

在许多前哥伦布社会，剩余劳动被用来生产商品，并由精英或国家官员按指定数量收取。也就是说，公社和家庭每年都要欠下许多各种商品。这种税收是公共财政的重要基础。虽然它经常被称为“贡品”，但实际上只有当涉及强行榨取的因素时，才是贡品，而通常是因为该群体已经被征服了。在中部美洲和南美洲部分地区，贡品在国家财政中的重要性大概有一定的时深，但只有最后的帝国才有详细资料。看来，阿兹特克帝
99 国和印加帝国都是通过加强对劳动力的控制来扩张的。

所有研究者都认为，印加帝国控制了大量的物品，包括主食和奢侈品。这些物品是在国有土地、矿山、采石场、专业作坊等处耗费劳动的成果。帝国建立了一套庞大的仓库系统来存放上述物品，而这些仓库恰是印加居住地的著名考古特征。例如，在科恰班巴谷地，山坡上约有 2 400 座圆形的厚壁建筑，是用来储存国家种植园的玉米的。为了记录货物和食物，印加的管理者们使用了奇普（Khipu），这是一个由绳索组成的系统（即使在今天也没有被完全理解）。众所周知，奇普使用十进制系统，记录数学计算的结果。然而，根据西班牙编年史学家的说法，奇普以及保存和解释奇普的管理人员能够保持精确的账目。因此，国家可以记录向其支付的贡品，然后用收益来资助军队进行征服活动，以扩大帝国及其属国，并用于公共工程建设项目、奖励国有土地上的劳动者，以及向臣属领主赠送礼物。

当领土被征服时，印加国王索取了所有的土地、牲畜、贵重物品和妇女，然后将土地和牲畜重新分配给国家与宗教机构，还有一小部分显然是作为公共财产回到公社，用于分配给各个家庭。一个男人可以从地方管理者那里得到妻子、土地使用权和一些牲畜，却成为属民（Hatun Runa），作为在国家和宗教土地上的劳动或参与战事和公共工程的偿付。当然，有时米达制要求属民离开其公社参加建设或战争。帝国似乎要求有明确的生产定额，并对这一制度进行微观管理，以确保为国家目的而在仓库中储备足够的产品；地方生产可能不太受管制。

阿兹特克制度有许多相似之处，但也有一些重要的不同之处。在这里，军事征服

和扩张的作用就像对印加帝国一样重要。像印加国王一样，每获得一块领土，阿兹特克国王就会获得臣民和贡品。在1519年之前征服的38个省份中，每个省份的进贡义务都有记载。帝国首都收到的贡品数量是惊人的。一个省离帝国中心的远近和可利用的产品一般都反映在征收的贡品上。示例如下：

> 库埃纳瓦卡（Cuernavaca）（一个邻近省份）每年向其领主送去12 800件设计各异的披风，1 600条腰布，1 600件妇女外衣，8件风格各异的武士服装，32 000捆纸，8 000只碗及4箱玉米和豆子……位于今墨西哥湾沿岸的托赫特佩克每年都 100
> 会提供以下贡品：装饰披风9 600件，妇女外衣1 600件，武士服及盾牌1件，金盾1件，羽标1件，金头饰1件，金珠2串，大玉3件，玉石7串，唇塞40个，橡皮球16 000个，绿咬鹃羽毛80撮，青黄羽毛4束，羽毛24 000小束，液体琥珀100罐，可可300车。①

其中一些贡品，特别是奢侈品或高价原材料，往往必须由纳贡省进口，可能是通过与商人的贸易获取。例如，即使是不种植棉花的地区，棉花也是一种常见的贡品。棉花可能是在市场上购买的，而后由妇女做成衣物，再被送至领主或皇家征收者手中。同时，一个省的某些产品是其他省所需要的，但并未要求作为贡品，如托查潘（Tochpan）的情况，可可和蜂蜜不属于其贡品，但绿松石（他们必须进口）却属于贡品。

帝国各省平民的负担可能相当沉重。例如，莫雷洛斯省有四级贡品：最低是向当地领主进贡，然后由领主向当地城邦进贡，城邦向省会进贡，省会向帝都进贡。所有的劳力和物资都是由平民家庭提供的，而贵族则负责保证贡物的征收。我们不清楚对每户家庭的具体期望值是多少，甚至也不清楚生产一件棉衣需要多少劳动力。根据现代织工的生产效率和类似技术，生产一条毯子可能需要一到四周的时间，具体要取决于其大小。莫雷洛斯省一位当地领主提供的证据可以表明，仅仅是最低的两个贡品级别，四户人家（实际上是妇女）可能每年就要制作22条棉布毯，除此之外，还有其他的贡品

① Frances F. Berdan, *The Emperor's Mirror: Understanding Cultures through Primary Sources* (Tucson, AZ, 1998), 36.

义务。

与印加的情况一样，收到的贡品对国家财政至关重要，由行政人员仔细保管和记录在国家仓库中。贡品中的主食和贵重物品被用来支持帝国官僚机构、军队和军事行动以及王宫。贡品还用于向商人、工匠和官员提供礼物和委任，并为城市居民提供食
101 物，以备不时之需。阿兹特克制度的一个重要方面是，个人可以从贡品中得到奢侈品作为报酬或奖赏，也可以在市场上用其中一部分换取生活用品。

2.5　市场与货币

两千年来，市场一直存在于中部美洲的许多地方，但在前哥伦布时期的南美洲，市场可能比较有限。在阿兹特克时期，市场显然对各级定居点的经济至关重要，而且市场有明确的等级制度。重要的城镇有时每天都有市场，提供各种基本的和奢侈的用品。然而，即使是普通家庭也可以在每个聚居地的地方市场上交换他们的盈余，通常每五天举行一次。这些家庭的产品可能是贵族以及其他平民感兴趣的物品。相邻的村庄会有不同的日期，所以市场专人可以流通到所有的村庄。大城镇会定期举行重要的集市日，商品的种类更多，区域流通更广。当然，最大的市场是在特诺奇蒂特兰帝国首都的特拉特洛尔科。征服者贝尔纳尔·迪亚斯·德尔·卡斯蒂略（Bernal Díaz del Castillo）对前哥伦布市场的描述是最好的：

> 当我们到达大广场时，我们被熙熙攘攘的人群和他们展示的商品数量所震惊，被一切的效率和管理所震惊。陪同我们的首领向我们展示了每一种商品是如何分开的，并标明了它的位置。让我们从金、银、宝石、羽毛、布匹、刺绣品的商人开始，还有出售男奴和女奴的……然后，有卖家纺衣服、棉花和线的商人，也有卖可可的商人，这样就可以看到新西班牙的各种商品，就像我的家乡梅迪纳德尔坎波（Medina del Campo）在市场开市时的做法一样……我很想知道我为什么要浪费这些文字来讲述那个大广场出售的东西，因为我将永远无法完成对一切细节的描述。①

---

① Bernal Díaz del Castillo, *The Bernal Díaz Chronicles*, translated by Albert Idell (New York, 1956), 156 - 7.

使用市场的经济需要加之要求定期到市场的条例，使市场成为中心。在市场外进行交易是非法的。带到市场的货物有一部分是抵偿给统治者的。因此，市场是各级政府的重要资源。

与安第斯地区一样，中部美洲的人民不使用现代意义上的货币。他们有等值的货币，以使交换更容易和更有规律，并使交易“平衡”。这些“货币”不同于钱，因为它 102
们也是消耗品——例如可可豆、棉袍或棉织品（Quachtli），以及装满金粉的羽毛笔。这些商品具有标准化的价格，许多物品的价格都是以可可豆或棉织品为单位的——例如，奴隶（8 到 40 个棉织品）和羽毛（20 个棉织品换 20 束）——棉织品的价值取决于质量，具体值 65、80 或 100 个可可豆。市场交易是以物易物，按数量而非重量计算，并可能涉及使用其中一种货币来平衡被交换货物的价值。当然，人们也可以饮用或穿戴这些货币。

主商人也是集市的主要管理者，至少在最大的集市上如此，他们负责执行公平的价格，并对投诉进行裁决。虽然波切特卡行会有责任为帝国带来奢侈品，但很明显，他们向统治者或贵族支付了一些实物税，但仍有很多东西要在市场上出售。阿兹特克经济的关键之处在于，奢侈品可以在市场上换取生活用品和其他基本必需品。用于进贡的物品往往要在市场上购买，而那些作为进贡款收到的物品则可以在市场上换取其他物品。市场把劳动、生产、贸易和贡品联系在一起。

市场和货币在印加帝国中的作用更具争议。当然，在印加帝国没有通用货币；财富是以商品的数量来衡量的。在帝国的许多地方，似乎没有广泛的市场交换，甚至没有市场的实际存在。以易货贸易方式交换当地商品——例如，沿海谷地的专业渔民和农民之间的交换——可能已经进行了几千年。来自高原的骆马大篷车通过易货贸易与沿海地区的人民进行交易也已经持续了相当长的时间。然而，市场只存在于某些地区（主要是在帝国的边疆地区），并作为帝国允许的多样性的一部分发挥作用。另外，有研究者认为，某些盛产物品作为一种特殊用途的货币，一般只用于内部交换，而且只用于某些类型的交换。其中，细布和古柯是最重要的两种物品。国家控制着很大一部分的生产和分配，但物品接受者可以自行搬运贵重物品。然而，只有古柯可以换取其他商品。印加的经济制度似乎与阿兹特克的经济制度存在本质差异，主要区别在于一个国家的市场非常突出，而另一个国家的市场相对不重要。 103

3. 结　论

由于中部美洲和南美洲的经济差异性，因此，除了笼统地描述经济体系的特点外，无法对其进行概括。多数人在多数情况下都依靠当地范围内的互惠交换，辅之以定期获得远距离货物，特别是实用物品。随着精英的兴起，稀有和贵重物品的交换变得更加突出。在欧洲人征服前夕的新世界，尤其是在加勒比、亚马孙、南美洲北部和中美洲大部分地区，这类交换仍然非常普遍。

阿兹特克和印加经济的许多特征在其各自地理区域的早期社群中都能找到。在前哥伦布时期，几个复杂社群兴起和消亡，特别是蒂瓦纳库、莫切、古玛雅城邦和特奥蒂华坎。这种复杂的政体一旦出现，世界各地的历史都会记录下新的、有活力文明的连续衰落和复苏的周期。复杂社会的衰落和崩溃的原因往往是个谜。经济上的失败常常被牵扯进来，特别是无力适当地支持人口，也无法创造必要的财富来维持国家机构的繁荣时，更是如此。对于这些前哥伦布文明中的许多文明来说，气候变化最近已经成为崩溃的流行解释：变暖、冷却、干旱或火山爆发的影响给已经被人类密集使用的生态环境许多压力，使其达到最大生产力。人口、资源和开发的微妙平衡周期性地受到干扰，超出了这些社群的技术应对能力，它们因此而崩溃。然而，以前似乎没有出现过类似阿兹特克和印加系统的规模与复杂性。因此，西班牙人遇到的是处于发展高峰期的经济体，而这些体系实际上还在扩张。人们只能猜测，这些是否也注定要遭受生态灾难。

很难对前哥伦布时期的拉美经济和社会与世界其他地区进行对比。最近有两次相关尝试。安古斯·麦迪逊（Angus Maddison）对比了过去 2 000 年世界范围内的经济和人口增长情况，发现在公元前 1500 年之前，拉美的人口增长非常缓慢，人均 GDP 达到
104 400 美元的生计水平。① 这与当时其他各大洲的情况大致相当。麦迪逊认为，直到征服之后，拉美才有了经济增长。麦迪逊没有充分讨论他的估计所依据的假设，但他显然认为前哥伦布时期的所有经济都停滞在尽可能低的人均生存水平上。他很可能低估了更复杂社群的人口和经济影响，并发现很难将其生活水平转化为当代货币。问题的关键是，在欧洲或亚洲中世纪的个人在经济上如何等同于蒂瓦纳库、特奥蒂华坎、阿兹特克

① Angus Maddison, *The World Economy: A Millennial Perspective* (Paris, 2001), 28 and Appendix B.

和印加的个人，而麦迪逊的尝试确实没有对能够回答这个疑问的等价物做出更多的扩展。这是一个未来有用的研究课题。

比较这些不同的经济制度和社会的另一种方法是，以骨架上可能的健康指标作为生活水平的代理指标。这是由“历史的脊梁”（Backbone of History Project）项目完成的。该项目比较了新大陆的62处遗址，从古代的采食者到20世纪初的历史人群。根据发病的病理病变的流行程度构建了一个健康指数，并根据指数值对遗址进行了排名。中部美洲样本一致低于平均水平，属于最低水平，说明这些人群的疾病负担很重，来自复杂的等级社会的人群尤其如此。另一方面，南美洲人口的情况普遍较好，特别是采集公社和沿海环境及一些早期高原地区的人口。同样，更复杂的公社和更依赖农业的公社在健康指数上得分较低。然而，来自厄瓜多尔的一个被征服后的美洲原住民样本和三个欧裔美洲人样本并没有显示出健康和营养的严重恶化，而是显示出普遍没有慢性病史的指征。虽然欧洲殖民者的状况可能会比原住民更好，因为他们通常处于新等级制度的顶端，但殖民者往往也受到流行病的严重影响。殖民者的样本并没有更高的预期寿命，但确实现实生活中发病率较低。这个项目的初步证据表明，中部美洲社会经常受到健康不良和慢性病的困扰，而南美样本的负担普遍较轻。这里的关键可能是南美人的饮食习惯，可以从沿海、沿河和山地资源中获取更多的蛋白质，再加之更有效的运输。

征服者强加给中部美洲和南美洲大部分地区原住民的东西，与其早已习惯的东西
并没有太大区别。他们理解贡税、徭役、中央仓库和中央管理的经济。特别是阿兹特克 105
人，他们也了解市场交换和货币。事实上，如果没有强有力的政治控制和新疾病传入所
造成的人口崩溃的干扰，原住民应该有可能进入并在对其开放的全球经济中茁壮成长。
事实上，欧洲人新的粮食资源和技术可以缓解中部美洲的慢性病，使该政权本来就很
活跃的市场经济得以蓬勃发展。印加的经济比较集中，一开始可能会让控制变得更容
易，但本土人口因疾病而流失，无疑让生产难以维持。拉美的殖民史深受欧洲人到来时
的前哥伦布经济的影响，也深受欧洲人如何利用或滥用他们所控制的资源的影响。 106

第二部分
自然资源与要素禀赋

第4章　土地使用与环境变化

埃莉诺·G. K. 梅尔维尔（Elinor G. K. Melville）

西班牙人和葡萄牙人来到新大陆，是为了繁衍他们的社会与人文地理风貌。如哥伦布在1493年第二次航行到加勒比海时，用17艘船带来了1 500人，在埃斯帕尼奥拉（Española）定居。他还带来了种子种植小麦，以及蔬菜、果树和葡萄藤，饲养马、牛、绵羊、山羊和猪。在随后的几十年里，当西班牙人的足迹遍布加勒比各岛并进入大陆时，他们带去其随行物种——阿尔弗雷德·克罗斯比称之为“生物旅行箱”（Portmanteau Biota）。就算其目的仅是纯粹的军事行动，征服者们也至少带着马匹和战犬旅行；当他们定居下来时，他们尽一切努力种植植物和饲养动物，这些植物和动物是地道（地中海）饮食所必需的：做面包用的小麦，榨油和酿酒用的橄榄和葡萄，肉、牛奶和奶酪的来源羊和牛，做保暖的衣物用的羊毛，做马鞍和袋子用的皮革等等。他们还种植甘蔗，希望生产糖类出口到欧洲。葡萄牙人起初打算从事贸易，后来定居下来，随后而来的就是糖、奴隶、牛、马，以及在南美洲东部沿海地区的“恩热纽”（Engenhos，有工厂的甘蔗种植园）。在开发维持这些动植物特有生态系统的过程中，西班牙人和葡萄牙人不仅改变了土地的使用方式并由此改变了地貌，而且改变了自然环境本身。克罗斯比认为，入侵者是成功的，其生物种群在此茁壮成长，改变了原住民世界。

在考虑1492年后土地使用变化的影响时，必须考虑到第三方入侵者：非洲人。人们通常不会把非洲人看作是“入侵者”，但从生物学意义上讲，他们确实如此。关于他们除了其作为种植园奴隶外，对美洲土地利用和环境的影响的著述极其稀少；但在诸如朱迪斯·A. 卡尼（Judith A. Carney）的《黑米：在美洲种植起源于非洲的水稻》之 109

类的研究中，很清楚地表明，尽管其迁徙是被迫的，尽管其随行物种数量减少，但非洲人带来了发展和维持农业生态系统所需的知识，能够确保成功迁徙非洲作物，如秋葵、山药、鸽豆、豇豆和水稻，药用植物如腊肠树和蓖麻，甚至还有如珠鸡之类的鸟类。最重要的是，非洲人还带来了牲畜管理的知识。另一类非洲植物咖啡，显然是后来在殖民时期由植物学会的成员传入的——但非洲奴隶在巴西的咖啡种植园工作。基于卡尼对非洲奴隶在发展水稻种植方面所发挥作用的证明，不难相信，在咖啡种植园的发展过程中，他们也用到了种植此种植物所需的知识。

然而，伊比利亚人感兴趣的远不止是在其殖民地安居乐业，过着乡村生活：其目标是致富。几个世纪以来，美洲殖民地的居民们不断寻找可以在国际市场上出售的产品。随着时间和地点的变化，他们出口当地产品，如染料木、橡胶、靛蓝、胭脂虫红和可可；开采银、铅、汞和金；大量生产异国热带产品，如糖和咖啡。最后，在殖民时代结束时，他们转而大量出口羊毛、皮毛和干肉——这些都是他们带到美洲的同类产品。

本章初步尝试澄清三个过程的相互影响：异域人及其随行物种对美洲的入侵；入侵导致的当地环境改变；以及专门围绕出口生产而组织的新经济秩序的形成。在 21 世纪初，出口生产与环境变化之间的联系似乎已经很明显，其中，对拉美环境的当代理解是，为了生产出口作物和原材料而过度开发。事实上，人们很容易将该地区的环境历史
110 折叠成为宗主国利益或海外市场而进行掠夺的故事：假定殖民生产从一开始就由宗主国或其代理人控制；进而推测，拉美的环境是由欧洲的需求与欲望塑造。但是，过去四分之一世纪以来对殖民政治经济的详细研究使人们质疑，殖民经济的运作总是及处处都是为了欧洲利益，抑或在美洲居住的欧洲人总是和处处将其利益集中于欧洲——也即欧洲是“家”。事实上，此类研究表明，虽然欧洲人的商业关系很可能包含与欧洲的贸易，但其世界的重心却在美洲。美洲是其财富产生的地方，也是其家人——通常是当地人口——所在的地方。美洲是他们的家。

我们对殖民/宗主国关系的解读已经发生了变化，总的来说，我们已经接受了这样的观点，即尽管美洲地区在政治上受其宗主国的支配，但其经济自主程度往往令人吃惊。例如，西班牙帝国的历史学家提出，殖民地的内部市场推动了美洲丰富的区域经济的发展，而到 16 世纪末时，西班牙实际已经失去了对美洲经济的控制。事实上，殖民地商人拥有力量，能够控制多数庞大地区的政治经济，这促使历史学家将帝国（如果不是波旁帝国的话，也是哈布斯堡帝国）概念定义为有着马德里、墨西哥城和利马等

多个中心城市的王国。巴西和西非的历史学家也开始将南大西洋视为一个由葡巴商人和葡非商人控制的贸易地区，而不是里斯本控制的前哨。这种想法的必然结果是，拉美的环境是按美洲人的要求形成的。

1. 美洲世界

1492 年后演变的世界是美洲世界；很简单，它们不可能在其他地方发展。伊比利亚人、非洲人与其随行物种来到美洲；这些外来人类和外来物种适应新环境（广义来讲，包括物理世界和社会世界）的过程发生在美洲。最重要的是，殖民政权的形成既涉及原住民，也涉及入侵者的建设。原住民社会、文化和自然环境提供了舞台，西班牙 111
人、葡萄牙人、非洲人和各阶层人士充当了帝国总督、商人、种植园主、奴隶或佃户。西班牙人入侵中部美洲，并由此入侵秘鲁，而葡萄牙人则像帽贝一样附着在南美洲的大西洋海岸，这一事实对各群体引发的土地使用变化至关重要，同样也关乎其建立的殖民制度以及其进入的远距离贸易体系。

西班牙人和葡萄牙人给美洲的异国土地和社会带来了明显不同的征服史和贸易史，二者的目的和期望完全不同，这反映为他们对待新土地和新人民的方式。虽然他们带来的物种基本相同，但西班牙人和葡萄牙人确定了明显不同的殖民项目重点。显然，对待外来民族的不同态度、不同的要求以及不同的随行物种，对截然不同的殖民地发展起到了重要作用。但是，西班牙人和葡萄牙人所入侵的原住民社会和自然环境是不可能完全不同的。我们认为，所有这些因素都推动了西班牙人和葡萄牙人在美洲发展出截然不同的世界。

西班牙人进入了中美洲和安第斯的帝国中心地区，这些地区的特点是人口稠密、政体集中、政治经济复杂，而且城市中心成为当地市场体系、远距离贸易和帝国贡品流动的纽带。中央集权帝国体系的存在意味着西班牙人能够继续其帝国管理者生涯，而这种身份自其从摩尔人手中重新抢回伊比利亚半岛时，就已经开始了——附加好处是，不必为实施帝国治理体系而有所花费。此处存在数以百万计的农户、市场和朝贡体系，这表明，在公认的盈余生产与分配体系下，西班牙人能够发展自己的经济体系。因此，帝国和农民生产者的存在有助于解释为何西班牙人在阿兹特克和印加帝国（后文将讨论）崩溃后迅速成为霸主，以及为何征服者在抵达后短期内就能创造大量财富。但是， 112

帝国和农民生产者的存在并不能完全解释政治经济的成功发展，此种发展最终建立在地中海典型农牧业物种的基础上。

要理解地中海物种成功地传入美洲，并在此基础上发展出新的经济秩序，关键在于这一事实，即阿兹特克帝国和印加帝国——以及其后的西班牙帝国的总督中心——都位于温带高地。西班牙人的定居愿望及其对牲畜管理的兴趣——最重要的是，牲畜作为财富手段，并在16世纪的西班牙世界成为贵重物品——说明西班牙人很可能尝试发展了依靠地中海物种的新生产体系。但事实上，他们入侵了能够真正维系这些温带物种的地区，这表明其随行物种生存并茁壮成长起来。这些物种的成功生存表明，西班牙的美洲殖民地从一开始就远不止是外来帝国的行政前哨：它们是定居者的王国。

葡萄牙人在南美洲东海岸没有发现中央集权国家，因而并未牵涉到那些自动产生盈余用于贡品和贸易的社群。因此，他们的主要利益来自非洲海岸和印度，而当其船只顺季风前往印度、在绕南大西洋游荡之时，他们与美洲原住民社会之间的早期接触仅限于短暂的染料木、水和食物的交换。当葡萄牙人开始在南美洲的热带沿海低地定居时，他们已经在非洲西海岸的岛屿上开发了甘蔗种植园。因此，他们将种植园的生产系统转移到大西洋彼岸，并将糖作为其早期定居点的主要产品，这丝毫不令人惊奇——当他们清楚地认识到与原住民交换当地资源的价值有限之后，就更是如此了。然而，将糖迁移到这片新土地的要素——也是种植园盈利的关键——是他们在沿海低地建立了早期的糖料作物种植园，那里的温度和湿度条件确保这种热带作物能够存活下来。

因此，在美洲的定居有着相当大的运气成分。西班牙和葡萄牙定居点的位置在某种程度上是由《托尔德西利亚斯条约》（Treaty of Tordesillas）确定的；他们带到美洲
113 的具体作物和家养动物是由文化条件和贸易利益决定的。但纯属巧合的是，这些地区的土壤、气候和水土条件适于关键物种的迁移，而此类物种对西班牙人和葡萄牙人的计划来说，是至关重要的。运气并不是一个常见的学术讨论话题，因此，伊比利亚定居点的成功通常被归结为欧洲人有能力驱离原住民，而后者留下的土地恰好适合其主要经济物种生长。直到近代之前，历史学家们一直忽视了对这些完全陌生的环境的殖民过程中涉及的问题。事实上，关于入侵物种和欧洲人入侵的某些假设已经排除了对这些问题的仔细研究：例如，我们已经习惯于听到物种入侵，我们假设入侵物种在某种程度上是自然成功的，或者是因为它们有竞争优势（通常未作定义——甚至生物学家也未作定义），又或者是因为它们与成功的人类相关；我们从未质疑欧洲生物群的适应

性，因为欧洲人的统治地位本身从未受到质疑。事实上，欧洲人的物种成功地适应了美洲的环境，并在这些物种的基础上发展了大多利润丰富的殖民经济，这扩大了欧洲人自动成功的神话。

然而，适合随行物种生存的环境侥幸存在，并不能完全解释伊比利亚人经济体系的巨大成功。让一株植物长在异国的土壤，或让一头母羊产下幼仔，这远不能发展出一套生产体系，能够确保在国内市场或出口贸易中大获盈利。作物生产和牲畜管理是一种复杂的技能，需要掌握一系列的知识：如气候、土壤、植被和水文系统，以及各类动植物的需求及其对不同环境的适应性。大规模、广泛的作物生产和牲畜管理带来了更多的规模问题：如何种植大量植物而不至于耗尽未来作物的土壤肥力；如何收割和/或加工、储存作物使其免受霉变或其他虫害损失；如何照顾大量动物，如何控制其行动，如何在不破坏未来畜群的前提下投喂饲料与饮水；如何控制其寿命——也就是了解何时宰杀哪些动物；如何加工其毛、奶和皮，等等。

土地只有被使用者了解才是有用的，在对美洲的入侵中，环境对入侵者来说是陌生的，而其随行物种——以及确保其繁殖的专门生态系统——对原住民农户而言，是陌生的。那么，我们必须假设存在一个入侵者和被入侵者都在积累知识的时期。为了理 114
解西班牙人和葡萄牙人是如何成功地入侵了美洲，并建立了营利性的政治经济体系，我们就要考虑其定居土地的特性，还要考虑其使用的各类劳动力，以及这些劳工带给土地的知识存在哪些长短板。

1.1　原住民世界

原住民世界是植物的地盘。早在欧洲人到来数千年之前，原住民已经开始驯化栽培大量的植物，如玉米、木薯、马铃薯、苋菜、藜麦、豆类、南瓜、辣椒、西红柿、鳄梨和可可等，并发展起复杂而高效的农业生态系统，来种植这些植物。原住民农户并不完全依赖驯化植物，他们与欧洲和非洲的同代人一样，将驯化植物的种植与“野生”植物的管理结合起来，生产其所需的一切食品和生产原料，以及染料、药品、油漆、住房材料等。因此，在殖民世界的形成中，原住民农户带来了对其自然环境和各种植物的深入知识。然而，与入侵者的家园相比，土著世界中，被驯化的动物相对较少；在这片广袤的土地上，唯一被驯化的大型畜牧类动物就是在安第斯地区，那里的骆马群为纺织业提供了细密温暖的皮毛，还提供了运输工具和肉类。因此，原住民农户几乎没有或根本没有形成驯养牲畜的管理知识。

欧亚动物（它们在此成功地适应了当地条件）似乎比植物更容易被这个世界所接受，这或许是因为植物在土著土地使用系统中占主导地位。玉米、马铃薯或木薯等植物产品的食用证实了美洲食客的身份，就像小麦、橄榄油和葡萄酒的食用证实了地中海民族的身份一样，因此，放弃宝贵的土地来种植小麦等欧亚谷物遇到相当大的阻力。不
115 过，我们不应该过分夸大本土农户对欧亚植物的排斥。可能正确的是，在大多数地方，引进的植物品种并未取代传统食物而成为基础主食；我们甚至可以说，土著世界并没有真正需要新的植物品种。然而，好奇心、兴趣和获利的可能性——也确实——吸引人们种植新的植物品种，而在西班牙人形成现成市场的地方，更是如此。

由于驯化的群居动物稀少，欧亚驯化动物被引入这个世界是令人震惊的。在看到骑马的人和由人类控制的大型角兽群后，原住民开始适应新物种，将其纳入自己的生活与贸易体系中。事实上，最引人瞩目的是，当欧亚物种扩展到美洲时，许多土著将新动物物种引入其生计是如此之迅速。然而，新动物并不能适应所有地区，也不会在第一次接触时就适应。这些动物毕竟是温带动物：它们在安第斯地区和中部美洲的高原以及北美洲和南美洲的高纬度地区繁衍生息。但是，它们向炎热潮湿低地的迁移并不十分成功。在新热带森林的广大地区，我们今天能看到的欧亚放牧牲畜很少，但是随着从印度等其他热带地区进口牛种，这种情况正在改变。

在放牧牲畜适应的地方，以及在其构成地区开发主要因素的地方，它们在当地生态系统中的存在带来了植被和土壤的变化。放牧和践踏引起本地植被的变化。在最好的情形下，这些变化充其量只是本地植物群落结构的重整。在最差情形下，放牧和践踏——以及为刺激草生长而进行的过度燃烧——可能会导致环境退化，如土地侵蚀或增加干旱，并损害相关的动植物物种。无论变化程度如何，在做出选择和规划土地使用的地方，外来动物物种改变了物理和社会风貌。例如，水土流失可能使农业生产枯竭，而羊毛或奶酪等新产品的生产则开辟了新的市场。

加勒比地区为我们提供了证据，证明欧洲人、非洲人及其“生物旅行箱”的到来，
116 使美洲的自然环境发生了最深刻的变化。加勒比群岛地貌最深远的变化可能来自 17—18 世纪甘蔗种植园的扩张，但一些惊人的环境变化早已出现。从 1492 年哥伦布到达古巴到 1519 年科尔特斯离开古巴、前往新大陆期间，古巴和埃斯帕尼奥拉的原住民人口下降——其原因是疾病和过度开发的致命组合；在加勒比历史的不祥预演进行时，西

班牙人已经转而袭击邻近的岛屿和沿海大陆，以获得种植作物所需的奴隶——并赚钱。就在这 27 年期间，引进的动物物种数量急剧增加，影响了土地使用和地理风貌。大量的猪群食用根茎类作物，破坏了阿拉瓦克（Arawak）社群的生计基础。它们还吃掉了西班牙人的种植园，这让西班牙地主非常恼火。1508 年，西班牙人获准猎杀野生动物。然而，外来动物数量增加的影响并不限于农田，还改变了岛屿的植被：自由奔跑的牛群和猪群将外来植物与本地植物的种子都吃进肚子——而后将其排入现成的堆肥中，使之远播——到 1519 年时，“正常”的岛屿植被变成了外来与本地植物物种不稳定的新杂交品种。在一些地方，外来物种（如柑橘）主导了岛上植物的杂交，当耶稣会士何塞·德阿科斯塔（José de Acosta）在本世纪晚些时候写到埃斯帕尼奥拉时，他描述的山坡上满是柠檬和橘子林。哥伦布在 1492 年看到的世界已经发生了变化。

人们会认为，加勒比是西班牙人征服的试验场，也是其随行物种的试验场。不仅猪和牛的数量激增，马的数量也在以略小的幅度激增，但加勒比岛屿并不是西班牙人的随行物种所向往的温带土地，而绵羊和小麦——16 世纪西班牙经济的关键要素——并不适应这里的水土。然而，当西班牙人开始入侵大陆时，他们发现温带高地适合其物种，而帝国则是发展殖民政权的理想之地。在下一节中，我们追随西班牙人登陆，并研究畜牧业管理引入当地农业生产地区如何影响太平洋高地西班牙世界的形成。而后，我们转而讨论葡萄牙人将制糖业引入其原住民人口被“清空”的土地，并讨论使用非 117
洲奴隶劳动如何影响南大西洋葡萄牙世界的形成。

1.2　太平洋高地的西班牙世界

西班牙在墨西哥和秘鲁的总督辖区中心，因农牧业变种的迅速发展而引人注目。尽管中美洲中部高地和安第斯地区的人口密度很大，而且西班牙人来到这里后，大片土地被用于农业，但这里恰恰发展出了最广泛的具有美洲特色的农牧业系统。农牧业，顾名思义，是一种将种植植物与管理放牧牲畜相结合的土地利用方式，在欧亚大陆和北非已经存在了几千年。但如前所述，在西班牙人及其驯养的放牧牲畜到来之前，农牧业只存在于美洲的安第斯地区。因此，1492 年后美洲农牧业变种的发展是一个土地改革与合成过程，外来和本土植物物种、外来牲畜以及欧洲和当地的土地管理制度相结合，形成新的土地使用制度。安第斯地区发展了一套子系统（或一系列子系统，取决于适用的动物种类），在此当中，外来放牧牲畜、外来牧场管理制度与土著农牧业结合起来。

到16世纪的最后25年，欧亚放牧牲畜已经适应了温带地区，在中部高原地区，外来食草动物物种适应美洲生态系统引发的植被变化已完成，而适于饲养驯化放牧牲畜的劳动组织也已到位。在村庄范围内自己的土地上，农民们发展了各种形式的农牧单位，在使用传统工具和农业技术的同时，饲养数量和种类各不相同的引进动物，并结合使用了此类动物特有的管理制度。在村庄边界——当时多数已经缩小——之外，其他农牧业生产系统也发展起来。其中，最著名的是所谓的大地产或大庄园。

庄园的两种基本形式——混合庄园、谷物庄园与牲畜庄园——反映了不同的发展进程和不同的牲畜管理和生产形式。混合庄园填补了因土著农户人口崩溃而导致的粮
118 食生产的空白。他们利用欧亚动物和土著劳动力来生产土著作物（如大宗玉米）与欧洲作物（如小麦和大麦）。在混合庄园和小型混合农场（新西班牙的拉沃雷斯<Labores>，安第斯的查克拉斯<Chacras>）中，公牛、母马和骡子都被用来做农活，如耕地、碾麦和运输。牲畜庄园，顾名思义，是专门从事牲畜生产的，但由于动物种类、植被、市场和当地社会组织的不同，它们在位置、规模和管理方式上可能会有明显差异。严格来说，美洲最著名的牧业形式根本不是牲畜管理，而是一种猎杀或扑杀野生动物的形式。在人口稀少的总督辖区边缘，草原上游荡的牛和马被围捕猎杀，用以获取皮或油脂等特定产品。在贸易路线沿线的草原上，分布着从事高度专业化牲畜饲养的农场，它们出产被称为殖民经济“卡车”的骡子。大群牛、马散布于各省，由庄园主人的侍从骑马进行放牧与看守。而羊群主要分布在总督辖区中心地带，牧羊人在此徒步工作，晚上把羊群赶到庄园的土地上，精心管理。牲畜庄园可能规模巨大。最大的庄园与总督辖区边界的野生和半野生散养动物有关，尽管总督辖区中心的牲畜庄园通常也非常大——范围达500多平方公里。但是，墨西哥北部草原、委内瑞拉的草原以及最晚的阿根廷潘帕斯草原上的大庄园都是在18世纪形成的，彼时土地价格低廉，而土地管理制度粗放。总督辖区中心和各省的大型畜牧业似乎是在16世纪末由牧民发展而成，他们为了降低羊群数量下降（可能是16世纪中期过度放牧造成牧场恶化的结果）的影响，增加了持有土地的规模。随着土地承载力的下降，就需要更多的土地来维持同样数量的牲畜，从而获得同样的利润。因此，混合谷物庄园是在土著人口减少的情况下发展起来的，而总督辖区中心的牲畜庄园则是在牲畜数量减少和本地牧场恶化的情况下发展起来的。

大庄园和农庄是西班牙殖民政权的关键结构性要素。例如，农民—村庄经济具有 119
多重结构性作用。它们的生产盈余在区域和地方市场上出售，并通过贡品制度被抽走，以维持帝国的行政管理，这与前西班牙政权时期相似。村庄的剩余产量也可以由商人/官僚“管理”，从而间接地支付官僚的工资，并创造了财富。农庄成为大庄园的劳动力库，在某些情况下，还成为大庄园产品的市场。但是，农庄是从前西班牙时期开始的，而大庄园则是杰出的“殖民”生产单位。事实上，对大多数研究征服问题的历史学家来说，16 世纪末在新西班牙和秘鲁总督辖区出现大庄园，标志着征服时代的结束和成熟的殖民政权的开始。这些大庄园被视作征服过程的一部分，在这个过程中，土地和劳动力越来越多地被殖民精英所控制，以应对西班牙人出现带来的商业化，并适应日益增长的本地和远距离贸易。然而，大庄园的成功兴起并不只是殖民精英为农业商业化而获得土地和劳动的过程；它还取决于殖民精英获取当地知识的能力，而这些知识就包括引进物种和传统物种的生产。

人们通常认为，通过在大庄园工作，原住民农村劳动者获得牲畜管理的专业知识。但事实上，早在标准的大庄园出现之前，他们就已经通过各类西班牙生产体系（如委托监护制<Encomienda>、庄园制<Estancias>、拉沃雷斯、查克拉斯等）与这些动物接触过。正如我们已注意到的，原住民在门多萨和贝拉斯科等总督（他们热衷于发展西班牙式的农民）的鼓励下，非常迅速地将这些动物纳入了自己的生产体系。这些经验使当地农民获得了一种独特的专业知识：用于结合外来动物、外来土地管理制度与传统原住民农业形式的知识和技能，兼顾土地使用和劳动力的竞争要求的知识和技能。无论原住民是否习惯于与放牧牲畜打交道，情况都如此：各类牲畜与其特有的管理方法，加之新的制造技能，意味着即使是安第斯牧民也必须要调整其做法。在家养动物是新事物的情况下，原住民即便只饲养了少量的欧亚驯化放牧牲畜，也会带来生活方方
面的变化。例如，驯化的牲畜管理需要改变劳动组织，不单是紧跟移动的四条腿资源， 120
还要向其喂食、喂水。当我们加上（通常是熟练的）宰杀动物来获取肉类，提取肥肉、牛油和猪油，鞣制皮革，挤取牛、羊奶来制作奶酪，剪羊毛及制备和编织羊毛等，上述变化就会成倍增加。当然，在欧亚驯化物种到达之前，原住民就已经开始猎杀动物，并使用其肉、皮、骨——因此，他们有加工动物产品的知识。但是狩猎动物并不生活在人类的家庭中，而家养动物却与人类一起生活，或者至少是由人类来照顾。通过将这些动物纳入其现实、社会和文化世界中，当地农民如今不得不照顾那些离开人类帮助就

无法生存的动物（如羊），或者是体型庞大的动物（如牛和马），或具有攻击性的动物（如猪）。他们还必须知道这些动物喜欢什么样的植被，以及多久喂一次水。最关键的是，他们必须建立相关系统，让牧民可以在不影响耕地的情况下获得植物和水。所有这些都需要时间，但到16世纪最后25年（可能更早），当地农民已经获得了必要的知识和技能，可以结合传统的农业形式管理家畜，总督辖区中心的农民—村庄生产系统实质就是农牧业。

可以说，在庄园工作使农民了解在商业性农业和牧业背景下的大规模牲畜管理——不同于农民家庭的小规模牧业。但墨西哥和秘鲁都有明确的证据表明，在大庄园出现之前，当地精英就已经发展了大规模的畜群和牲畜。至少在墨西哥高地，当西班牙地主开始屯集土地和大庄园出现时，大量牲畜的时代实际上已经过去了——事实上，羊群和牲畜的崩溃是垄断土地的主要诱因。牧民们面对着牧场的退化，开始强行要求独占其土地上的植被（与普通的放牧习惯相矛盾），并尽可能多地积累土地，以养活大量的牲畜，从而控制其产品市场。因此，在大庄园出现之前，农民就已经掌握了大规模的牲畜管理知识，这意味着大庄园吸收了对当地生态系统（土壤、植物、气候、水文
121 系统等）有了解的劳动力，还吸收管理各类牲畜及不同规模畜群所需的知识和技能。

我们以农牧业的发展为例，因为它显然涉及当地农民的积极参与。但是，所有引进的动植物物种都需要专门知识，以确保其不仅能够生存，还能进行商业规模的生产。例如，在秘鲁西南海岸的阿雷基帕，葡萄酒生产的发展就显示，西班牙葡萄酒生产者在寻找稳定且有知识的劳动力时所面临的问题。葡萄酒生产需要相当高的技术，以确保葡萄树存活和葡萄的含糖量达到要求，并在最佳时间采摘和正确处理，从而能够生产葡萄酒而不是醋。当地农民没有种植这种植物，也未能掌握酿制葡萄酒的知识，这一事实与他们掌握牲畜管理知识的事实一样，对殖民经济结构产生重要影响（将在下文讨论）。

1.3 南大西洋的葡萄牙世界

葡萄牙人最初定居在南美洲大西洋海岸，位于南纬1度至30度之间。他们似乎并不乐意定居下来，起初只满足于建立他们希望能够自给自足的种植园，生产他们可以用船运走的货物。虽然他们确实带来了欧亚动物，主要是牛（供种植园用的公牛）和马，但葡萄牙人并没有立即发展出一系列的农牧业系统，没有大庄园，也没有在西班牙

美洲的村庄。早在殖民之前，野牛就从沿海地区迁往内陆高地，但直到牛群被逐出沿海地区，大规模的牛群管理才在内陆高地发展起来。葡萄牙人起初的重点是种植甘蔗和制糖，以便从该地区出口。当他们能捕获或哄骗土著人在田里干活时，他们就使用当地劳动力。但当原住民逃入森林，死于传染病，或进行反击时，葡萄牙人就进口了非洲劳动力，也就是他们在非洲西海岸岛屿上发展相同生产系统所用的劳动力。

与其在非洲的生产一样，巴西糖料作物种植园以同样的方式，用同样的劳动力，生产同样的产品，因此，我们理所当然地认为，葡萄牙人带来了足够的知识，从而能够在异国他乡种植这种作物。而事实上，他们确实带来了了解如何种植甘蔗和提炼糖的 122
人。很多研究关注产糖所需的技术和知识，却从未分析巴西种植园主及其劳动力所拥有的“土地知识”对种植园经济最初发展的影响——殖民时期的种植园主们仅认识到何种土壤和水条件适合生产糖。我认为，西班牙美洲中部地区的土著农民除了熟悉当地生态系统和气候外，还增加了有关牲畜管理的经验知识，并通过管理其自有牲畜与西班牙人的牲畜，了解了外来动物与当地生态系统之间的关系。此外，我还提出，大庄园利用了农牧业农民的知识专长及其劳动，还有其土地。巴西“恩热纽”和咖啡种植园（Fazendas）的发展反映出截然不同的劳动力获取过程及了解当地知识的过程。然而，要提供证据来支持这一说法是很困难的。巴西种植园早期的文献资料很少，我们并不清楚土地知识的获取路径及其在甘蔗和咖啡种植园发展中用途。例如，我们不知道葡萄牙人是否利用了当地知识——及劳动力——来建甘蔗种植园。因为葡萄牙人最初利用的劳动力往往是常驻的农户，所以种植园主很有可能确实吸收了当地的生态系统知识，用以发展巴西沿海的糖料作物种植。一直到 18 世纪，土著奴隶还在与非洲奴隶并肩工作。但显然，尽管西班牙殖民地的当地农民将牧业纳入其生计之中，但葡萄牙殖民地的土著却未沿袭相同路径；并没有出现土著种植园的证据。因此，葡萄牙人无法利用土著人在美洲种植糖料作物的知识积累；当土著人减少时，这对该地区未来的发展产生影响。当地农民并未提供知识渊博的季节工，取而代之的是来自另一个大陆的奴隶。非洲奴隶未能成为美洲农民，更没有成为西班牙殖民地的那种农民，这就为出口生产和远距离贸易创造了不同的环境。

当葡萄牙人转而使用非洲劳动力时，巴西的生产开始依赖从非洲船运来的奴隶劳动力。他们的流动是非自愿的，且远离原籍地，这对土地使用以及殖民制度的形成和维 123
持产生了深刻影响。许多非洲奴隶带来了关于特定非洲植物的知识（特别是女奴，她们是非洲的主要农学家）和牛马等畜牧业知识。但在美洲，非洲人至少在一开始并不具备当地生态系统的知识。非洲人无疑是通过在种植园里与印第安人一起工作而获得了当地的知识，而且他们一定把这些知识传给了新来的奴隶及其子女。然而，“种植园先生”（Senhores de engheno，与西班牙裔美洲人不同，他们往往常年生活在种植园里）、农民（Lavradores）以及佃农和佃户似乎积累了当地的生态系统和气候知识，能够确保糖业生产的最初成功与盈利。我们有非常有说服力的描述，证明“种植园先生”脚踩地面，测试其紧实度是否适合种植甘蔗。

到1600年前后，一方是西班牙人、葡萄牙人和非洲人及其“生物旅行箱”，另一方则是原住民社区及其环境，双方互动，形成了三个“世界”：南大西洋的葡萄牙世界、太平洋的西班牙世界和内陆的原住民世界。从1531年起，人们倾向于将整个南美大陆纳入“拉丁美洲”一词，这掩盖了一个非常特别的事实，即在整个殖民时期，西班牙人和葡萄牙人的世界都被限制在南部大陆的边缘；原住民实际仍掌握着大陆中心。也就是说，把内陆世界看作一个孤立的避难所是不正确的，当安第斯地区和东部沿海地区的土地和人民被改变的时候，这个内陆世界仍然以某种方式保持不变。事实上，内陆地区的居民受到了欧洲人存在的深刻影响。他们与周围地区进行贸易，外来物品通过贸易路线流动，将美洲的原住民联系在一起，形成了一个交换网。他们的土地不仅受到外来动物的入侵，这些动物沿着河流等自然走廊从沿海地区向内地移动；还受到了这些动物和人类带入内陆的植物入侵。他们的人口则被疾病入侵，这些疾病来自寻找贸易和劳动力的欧洲人或逃离殖民中心疫情的原住民——在部分地区，当地人口在欧洲
124 人入侵之前就已经枯竭了。最后，这个内陆世界逐渐被西班牙人和葡萄牙人入侵，他们从温带高地和沿海低地迁出，进入不同的环境，寻找土地、劳动力和贸易品。

到1600年时，有暗示表明会出现第四个世界：即加勒比的非洲世界。非洲加勒比是一个缓慢形成的历史概念，相比于西班牙的太平洋世界和葡萄牙的南大西洋世界，加勒比成为非洲世界的情况很难说清。显然，很容易证明，在殖民时代的大部分时间里，南美大陆内部仍处于原住民的控制之下；但若要证明加勒比地区（至少最终）是属于非洲人的，就要困难得多。人们似乎更容易接受此种观点，即原住民尽管被消灭和边缘化，但最终成功地捍卫和塑造了他们的世界；但很难认同，数百万非洲人不仅仅是其主人的工具。当然，通常情况下，我们会把加勒比地区指定为北欧人的地盘；但鉴于对“拉丁美洲”这一名称的当代理解，在很大程度上是承认现代权力关系，并认同西

班牙和葡萄牙克里奥尔人①继续占主导地位，因此，我们把加勒比地区定义为非洲世界。在此，我们将不多着笔墨于此论述，但应注意的是，将加勒比地区视为新非洲的逻辑，将使巴西更像非洲的而不是葡萄牙的；事实上，非洲人塑造巴西生活的力量反映在当代巴西历史学中。

几个世纪以来，西班牙人和葡萄牙人定居在截然不同的地区，最初遇到的也是完全不同的社群，但他们在美洲的世界——他们的势力范围——在很大程度上是由这些最初的经历塑造的。尽管早期对班代兰蒂（Bandeirantes）进行了探索，但葡萄牙殖民者仍耗时颇多，才摆脱对海洋和沿海种植园农业的依赖，而向内陆迁移。西班牙人仍然主要是温带高原和温带地区的农牧业者；他们尽可能避免到潮湿的热带低地去——还对韦拉克鲁斯等炎热潮湿的地方抱怨不休。

2. 新经济秩序

在上一节中，我们建立了以温带高原和温带地区为中心的西班牙美洲世界和以热带低地为中心的葡萄牙大西洋世界之间的对立。我们认为，西班牙人和葡萄牙人的不 125
同目标和要求，以及构成其殖民项目重点的物种要求，与其入侵的制度环境相匹配，这种巧合形成了西班牙和葡萄牙殖民地从一开始就有明显差异的背景。在这些差异中，我们重点考察了西班牙人和葡萄牙人成功引进随行物种所需的专业知识，以及最重要的，发展繁荣的殖民政权所需的知识和专长。在本节中，我们将重点从殖民政权的形成转向维持。

历史学家为解释拉美殖民政权而开发的模型，随着对美洲征服性质的广泛讨论而发生了变化；因此，我们将首先研究有关征服性质的假设如何塑造西班牙殖民政权模型，并展示环境方法对这场辩论的影响。然后，我们转而讨论巴西作为外围地区的模式，使用为西班牙美洲殖民制度特设的模式，解释葡萄牙殖民地的形成和维持。

2.1　西班牙的征服与殖民政权形成

解释西班牙—美洲殖民地经济制度最持久的模式之一是二元经济模式。在这一模

① 译者注：克里奥尔人为出生在美洲的欧洲人后裔。

式下，西班牙的主导经济体系与从属的边缘化原住民生产和分配体系被区分对比：作者们假设，一方面，殖民生产单位（大庄园和种植园）大量生产贸易品，通过商业交易网络（内部市场）进行销售；另一方面，通过原住民交易体系生产和销售非贸易品。多年来，这两个系统的相互渗透程度一直倍受争议，但其等级排序几乎没有受到质疑，这反映了人们对征服的理解，即传统的农业制度被现代化政治经济的代表所控制的过程。

126 然而，在二元经济模式出现后不久，人们就发现，将殖民经济一分为二（西班牙和印第安）的概念显然给人一种殖民政权简单的假象，因为它将经济与其社会背景脱离。一个非常明显的困难是，二元经济模式忽视了越来越多的所谓“新人种”的存在：梅斯蒂索人、穆拉托人及所有其他人种，共同构成了所谓的“混血人种”（Castas），从而掩盖了他们在殖民政权的形成和结构分层中的作用。尽管存在这一困难，但二元经济模式之所以能够存活下来，正是因为其关注的是殖民经济的一大关键均衡：即被殖民的原住民与殖民者之间的关系。但是，对殖民制度的理解不再是欧洲人对土著人的简单统治，甚至不再是将一个简单的“印第安人”世界转变为复杂的欧洲殖民地。相反，趋势是原住民的复杂性得到了更多认可；殖民经济史学中的许多讨论和争论点反映，定义两大复杂性（原住民或入侵者）变化中的关系是很难的。

认识到西班牙人进入了原本就复杂的世界，而且更重要的是，他们必须生活在这些世界中，这对我们理解殖民政治经济的形成具有重要意义；有关殖民政权的模型认识到，在当地和远距离贸易系统形成的背景下，西班牙殖民政权发生着演变。在西班牙入侵和定居后，商业化程度提高；地主和商人为国际市场生产，并在国际市场上交换商品；西班牙人更多地控制着进入国际市场的机会；但是，有人认为，欧洲人之所以主导生产和贸易，是因为原住民不受市场和金钱的影响，这一长期观点已经被推翻。考古学研究表明，在美洲大陆内外，货物经陆路和海运，进行了远距离的运输。这些交流将不同的社会和截然不同的政治经济联系在一起，形成了庞大的贸易网络，而在这个网络中存在着高度一体化的精密系统，如阿兹特克帝国复杂的连锁市场系统，这意味着，当地商人在与欧洲人的贸易实践中，并不一定处于劣势。例如，阿兹特克人使用交换媒介来促进市场内和其他地方的商业活动，金匠使用“金本位”来确定特拉特洛尔科中心
127 市场的每日价格，至少有四个不同层次的市场将货物输送到帝国中心。特拉特洛尔科市场邻近特诺奇蒂特兰（阿兹特克帝国的政治中心），形成了市场等级制度的顶峰；第二级市场出现在政治上重要的大型城市，如德斯科科（Texcoco）和赫霍奇米尔科

(Xochimilco)；第三级市场在城邦；第四级市场则在村庄。这些市场的区别在于交换商品的数量和种类、买卖双方的数量以及出现的频率：例如，村庄集市举行的频率不高，主要经营当地商品，也有一些有限的外来商品；城邦集市每周举行一次（即每 5 天一次），经营数量和金额较大的贵重商品；最高级别的集市每天举行，展示帝国内外的全部商品。特拉特洛尔科的巨大集市和德斯科科、赫霍奇米尔科的集市上的商品数量和质量以帝国政府出售的贡品的名义而提高。然而，阿兹特克人鼓励各级贸易和商业，他们要求进贡不易获得的商品，从而迫使人们购买纳贡所需的商品。

无论是定居的农民，还是流动的猎人/采集者/园艺家，原住民都能迅速利用新物种、新需求、新生产方式，尤其是新市场带来的机会。殖民者和原住民很可能根据迥然有异的价值体系来界定交换地点——然而交换还是发生了，而西班牙人在这些交换中并不自动占据主导地位。事实上，西班牙人的生产、加工、制造和销售系统最初从属于原住民的生产和销售系统，后者占据主导，为有限的市场生产奇怪的异国商品。然而，在大约过了 60—80 年，西班牙人和原住民在阿兹特克帝国和印加帝国中心的相对地位确实发生了变化；到 16 世纪末，西班牙人可以在一定程度上明确宣布在美洲建立一个西班牙帝国（或多个帝国）。现在最常见问题是，这种情况是如何发生的：即西班牙人如何不仅仅是域外帝国的管理者；在已经有高度组织化和高度军事化的人口密集社会中，他们如何定居和扩张？

一般认为，欧洲人之所以能够在美洲定居并占据主导地位，其主要原因是欧亚病毒微生物的传播及其导致的原住民人口崩溃。例如，西班牙美洲殖民劳工制度的演变 128
和 16 世纪西班牙人对原住民劳工的控制日益加强，一直与困扰原住民人口的疫情关联起来。阿尔弗雷德·克罗斯比扩大了“疾病战胜论”，他认为，欧洲人随行物种扩张引发了当地生态系统的变化，为美洲的原住民提供了福音（coup-de-grace）。许多研究欧洲人入侵美洲（尤其是现在美国）的学生都遵循克罗斯比的观点，说明外来物种如何破坏了原住民世界。很少有人研究这些变化对殖民政权形成的影响。由于很少有研究关注向域外环境扩张对殖民政权发展的影响——相反，大量研究关注的是原住民世界的变化——因此，有一种倾向认为欧洲人侵者从一开始就占有优势。

然而，这并不意味着原住民经济仅仅因为新物种的出现，甚至因为新的制造和贸易体系的发展，就处于不利地位。我们也不能认为欧洲人保留了对其随行物种的控制——即使这些动物构成了新经济秩序的基础。以西班牙人为例，他们很早就失去了对大部分随行生物的独有控制：猪、驴、羊、牛、马，以及欧亚果树、花卉和蔬菜，迅速成为美洲风貌的正常日常元素，在总督辖区中心尤为如此。它们也成为原住民生产和交换系统的重要元素，西班牙人很快发现自己在与印第安生产者竞争。事实上，若要西班牙人大量生产牛羊等分散广泛的物种，唯一方法是获得尽可能多的土地所有权，并建立有利于他们而不是原住民土地所有者的劳动力招募系统。这些企图垄断土地和劳动力的过程，一般都与大庄园的出现有关；但企图垄断生产资料的人并不限于西班牙人。诚然，到16世纪末，法律规定，总督区中心的农民只能饲养一小群牲畜（多数是小牛），且只能从事小规模的家庭生产；但原住民贵族拥有非常大的羊群和牛群，并
129 在西班牙的土地保有制度中拥有大片土地的保有权，专门用于玉米等土著品种和小麦等引进品种的商业种植。

显而易见的是，西班牙人能够保留控制的唯一物种是生产商品所需的原材料，此类生产需要非常专业的知识：葡萄和甘蔗的种植以及葡萄酒和糖的生产（他们对此类物种的控制也并不明确：在殖民时代，葡萄酒更明显地处于西班牙人的控制之下；糖的控制则较少，而且有证据表明，原住民公社从事蔗糖的生产和加工，如在韦拉克鲁斯地区）。事实上，如果我们更广泛地关注知识和种族之间的关系，我们就能发现专业知识、种族与物种和/或其副产品之间的潜在关联。而且，殖民经济并不是由欧洲人对商业生产和分配形成明显的等级控制体系，而是在区域间层面所表现的种族混搭。毛纺织品、胭脂虫红和骡子的生产和销售即为典型案例。

纺织品作为商品和交换媒介，在西班牙入侵前是地方和远距离贸易的关键要素；它们也是向帝国政府支付的主要贡品。棉布是阿兹特克帝国奉献的一种重要贡品；在帝国官员的指导下，妇女编织美观华丽、精巧复杂的纺织品，其生产和销售是印加帝国政治经济的重要部门之一。当西班牙人在新西班牙接管了帝国贡品的征收工作时，上缴西班牙国王的大部分货物都是以棉纺织品形式出现的，至少在最初，这些棉纺织品以拍卖形式卖给了西班牙人，而后者似乎用这些棉纺织品来支付工人的工资。在安第斯地区，上缴西班牙国王的主要贡品是劳动力——对西班牙人开采银矿来说，就像对印加纺织品生产一样至关重要。

在整个殖民时期，原住民纺织品对西班牙帝国体系的运作仍然至关重要：罗伯特·帕奇（Robert Patch）以中部美洲和中美洲的棉花生产和纺织品制造及销售为案例，证明西班牙政府能够通过允许商人/官僚控制原材料（棉花）和成品纺织品的销售，来降

低管理成本，同时他们还创造了大量的个人财富。然而，从16世纪50年代开始，西班牙人发展了另一种平行的纺织品生产和销售系统。新西班牙的西班牙纺织生产者发展 130
了一套锁定销售（毛料作坊<Obrajes>）系统，用于大规模生产毛纺织品，并通过一个由西班牙商人和后来的克里奥尔商人控制的商业网络来运送其货物。有大量的证据表明，原住民（包括个人和整个公社）最终都从事了毛纺织业的生产；但大规模毛纺织业的加工和生产是由西班牙人首先发展起来的，在殖民时期的其余时间里，也一直掌握在其手中。锁定毛料作坊最初是在原住民学习管理绵羊和生产原毛时期发展起来的；而当原住民织工掌握了大量生产毛纺织品的知识时，西班牙人已经发展出了存在于土著市场和远距离贸易系统之外的分销系统——所谓的“内部市场”。先入为主的优势或许可以解释为什么西班牙人在毛纺织品的生产和销售上占据了商业规模的主导地位。不过，还应该注意到，毛料作坊认为有必要把工人关起来。这种做法一般被认为是由于工作太不愉快了，以至于作坊主必须使用强制劳动。其他地区也曾生产过毛纺织品，而不会把工人锁起来，如果纺织工厂主需要使用强制劳动，他们可能是用了奴隶劳工。我们认为，他们把工人锁在毛料作坊内，是因为在16世纪的新西班牙，希望保留对新工艺的控制；他们希望防止专业知识的传播。后来，当纺织工厂被用作关押罪犯的方便场所时，把工人锁在纺织工厂中的做法又找到了另一个合理化的理由。

胭脂虫红是一种红色染料，因其色泽鲜艳而稳定，在欧洲拥有现成的市场。与羊毛纺织品的不同之处在于，虽然它是由西班牙和克里奥尔商人在国内市场上销售的，却是由原住民社区生产的。原住民持续生产某种主要出口作物的最常见原因是生产过程的密集性；但这继而引出另一问题，因为西班牙人可能会再度使用奴隶劳动。似乎更有可能的是，原住民所拥有的土地、植物和昆虫知识，在其保持生产控制权中发挥了作用。但是，如果原住民生产者成功地保持了对生产的控制，那么在殖民经济中，他们又是如何和为何失去对其产品销售的控制呢？西班牙人又是如何通过国内市场和出口贸 131
易主导了胭脂虫红的销售？决定性因素似乎也是时机问题：当人们认识到胭脂虫红是出口和国内贸易的理想商品时，西班牙人已经成功地获得了足够的政治控制权，可以通过征收贡品来获得这种产品——从而有效地控制了国际贸易的渠道。

基于我们对拉美殖民时期政治经济最终由西班牙人（无论是半岛人还是克里奥尔人）控制的理解，毛纺织品的生产和分销由西班牙人主导，而胭脂虫红（虽然由原住民社区生产）则由西班牙人和克里奥尔人通过国内和出口市场进行销售，这也许并不令人感到十分惊讶。然而，当我们转向拉美最重要的商品之一的生产和销售时，这种欧洲人最终控制的纯粹模式似乎被打破了。在“族”群、专业知识和某一物种之间，骡子的养殖和销售提供了最令人感兴趣的关联：即在穆拉托人和某种动物的养殖之间，形成了殖民时期运用最广泛的商业运输形式。

骡子其实根本不是一个物种，而是人类将马和驴这两个物种杂交后产生的人工动物。骡子不能生育，也不能自我繁殖（除了极少数）；因此，每一头骡子都是人类行动的产物，需要相当的知识和专业技术。尽管两个物种的交配繁殖困难重重，但在美洲，骡子的养殖数量确实非同一般。在一个极度崎岖、可通航河流极少的地区，骡子被用来运送货物。众所周知，骡夫总是从穆拉托人和梅斯蒂索人中抽调出来的。但是，穆拉托人和梅斯蒂索人并不是单纯的脚夫，还学会了让骡子交配繁殖的技能，是养殖骡子的专家；此外，他们似乎还拥有骡队。也就是说，穆拉托人和梅斯蒂索人——其土地所有权往往受到限制——是西班牙美洲世界内部市场衔接的关键因素。

2.2　知识和机构

本节和前文各节对知识重要性的重视反映了有关殖民时期历史学中最重要的趋势
132 之一：人民曾被视作普罗大众，受西班牙人统治和控制，如今则被视为历史的推动者；更重要的是，他们日益被视作智慧人类。原住民帝国的存在意味着西班牙人能够继续其帝国管理者生涯，而这种身份自其从摩尔人手中重新抢回伊比利亚半岛时，就已经开始了；迄今为止，这种连续性仍在塑造所谓的“西班牙征服”史学。例如，西班牙殖民政权表面呈现出来的迅速发展，一直被视为其先前经验的自然结果。但近期研究表明，即使在总督辖区中心，西班牙人的控制也是来之不易的，而且在相当长的时期内并非实际控制。西班牙人利用原住民机构征收贡品和招募劳工——从而将统治建立在原住民而非纯粹的西班牙传统之上。历史学家更深入地研究了统治过程，分析何人在何地、何时控制了什么，随之形成了一套西班牙征服和殖民的模型，原住民的自动被边缘化不再是预设假设；事实上，该模型要求我们解释边缘化为何发生，以及在何处发生。

有证据表明，西班牙人在原住民机构的基础上得到发展，这使征服时期从最初的战斗延续到16世纪中后期，因为西班牙人收集了关于原住民社会结构的信息，并学会了如何利用这些结构为自己服务。而从快速征服（通常等同于与阿兹特克和印加军队的最初战斗）到更漫长和更渐进的殖民化进程的转变，使我们的注意力集中于原住民因子：他们是智慧人类，不是西班牙侵略的被动受害者。例如，上一节解释在殖民经济基于引进欧亚放牧牲畜取得成果的过程中，知识与技能发挥了重要影响，这使我们认识到，外来物种的迁移及在他乡特定生态系统的发展，需要技能和对当地条件的了解。我们假定，与这些动植物打交道的人总是西班牙人以外的人；我们认为，当地农民是聪明的农民，他们学会了如何管理新的动植物，并成功地将其加入自有土地使用系统中。我们认为，西班牙地主利用了当地劳动者的传统知识和后天知识。

但殖民社会所包含的远不止西班牙人和印第安人，当我们审视殖民世界内部时，
我们会发现，僵化的阶级和种族等级制度正在消失，留下了混合社会和流动的种族。随 133
着既不是西班牙人也不是印第安人的人口数量越来越多，他们的贡献的潜在重要性显现，并推动了研究的发展。在殖民社会中，截然不同的人群扮演着多样化的角色，而种族等级则在其形成中发挥了重要作用，随着这些角色和作用清晰显现，殖民世界已经从集聚刻板人物的神奇之地变成了纷乱繁杂的现实之地。在本节中，我们试图反映出对复杂性的接受，这也是当前历史学的基础，其重点是聚焦专门知识，用以理解西班牙殖民经济的混搭性。

2.3　方　向

巴西的早期定居点常被视为在西班牙帝国边缘地区发展起来的政权结构等价体。在欧洲人进入时，这些地区没有中央集权的国家（尤其是缺乏能够生产剩余产品和剩余劳动力的有组织的农民），这意味着这些地区的政治经济不像在帝国中心发展那般复杂。20世纪50年代，就伊比利亚美洲这种功能性/结构性模式，人类学家埃尔曼·瑟维斯较早做出了描述。瑟维斯认为，现代拉美的人口模式是伊比利亚入侵者应对土著社会和文化的多样性而形成的结果。他将拉美划分为三大区域，并展示了欧洲人在进入时如何应对这些区域的原住民社会：现代欧洲—美洲，对应于猎人和采集者定居的人口稀少区域；梅斯蒂索—美洲，对应于村庄定居人口集聚的森林低地；印第安—美洲，对应于人口稠密和高度一体化的原住民帝国。他进一步论证说，三大区域原住民人口的灭绝、同化与生存过程，最终取决于伊比利亚人所获得的准入与劳动控制能力。而控制的形式最终又取决于原住民社会的结构。同时，瑟维斯否认入侵文化对西班牙美洲
和巴西产生不同的影响，直言西班牙人和葡萄牙人之间的文化差异不足以解释现代拉 134

美的地区差异。鉴于殖民社会最终是由原住民社会——尤其是其劳动的社会组织——形态所决定的，而同为伊比利亚人的葡萄牙人与西班牙人有着相同目标与要求，早期的巴西政权绝不应当被视作西班牙模式之外的边缘地带。而“拉美”史学则把葡萄牙人在美洲的形象描绘成边缘地区的定居者（有趣的是，巴西史学并不如此描述）——与阿兹特克人和印加人的灿烂文明相比，进而与西班牙人相比，开发这些边缘地区的人本身就“欠发达”。

当地现实塑造了殖民模式的观点已被无数研究证实，不再令人惊讶。令人惊奇的是，“伊比利亚”同质文化论却经久不衰。例如，洛克哈特（Lockhart）和施瓦茨（Schwartz）在其极具影响的拉美殖民地分析中提出，作为伊比利亚人，西班牙人和葡萄牙人如果遇到类似的土著社会，还会建立起大同小异的殖民制度。但是，拉美人非正式地承认，巴西确实与西班牙美洲有很大的不同，这多少会让伊比利亚同质文化论不适。问题是差异在哪里：与葡萄牙人？与土著人？还是与非洲人？在巴西的历史上，还是在历史学上？由于美洲环境与葡萄牙人和西班牙人的目标之间巧合般的和谐相处，这个问题的答案似乎已经令人迷惑。例如，我们注意到，西班牙人的主要定居点位于温带物种繁盛的地区，而葡萄牙人则定居在炎热潮湿的沿海地区，那里是生产蔗糖的理想之地；我们认为，这些巧合使欧洲人在美洲的定居变得神秘起来——使欧洲人显得强大和无所不知，而不仅仅是幸运。在本章中，我们采取的立场是，西班牙人和葡萄牙人截然不同的历史经验反映在不同的目标和要求中；这些文化和制度上的差异与不同的土著社会制度，尤其是美洲的环境相互作用，产生了不同的殖民化进程，以及迥然有异的世界。

葡萄牙人定居点采取了功能上类似于西班牙殖民地的模式，这造成的最严重的扭
135 曲也许是将我们的注意力集中在了陆地上，而葡萄牙人首先对海洋感兴趣。葡萄牙人是海上贸易者，葡萄牙社会对海洋的定位、对印度和非洲的主要兴趣，加之其位于巴西潮湿热带海岸定居点的气候和位置，以及在大西洋沿岸发现的土著社区的社会结构，产生了一个政权，完全有别于以陆地为基础的西班牙世界。海洋和航海对葡萄牙人的重要性显而易见，他们的帝国被称为海上帝国。虽然葡萄牙人在印度洋和中国海的海上贸易活动是众所周知的，但在南大西洋，葡萄牙人主要被视为糖和奴隶生产者，然后才是海上贸易者——可能是因为他们在巴西和安哥拉的定居点向内陆延伸，最终分别形成了巴西和非洲帝国领土的一部分。不可否认，他们的船只载有奴隶和蔗糖，但除了

蔗糖和奴隶流动之外，他们的利益在多大程度上集中于南大西洋海上贸易，这只在最近才开始进入探讨。

乘着南大西洋季风，葡萄牙船只航行在一个巨大的环形区域中，将非洲和巴西的供应地与需求地联系起来。他们停留的岛屿和海岸依附在不同的大陆上，但这并不能改变葡萄牙人以及后来的葡巴人和葡非人把南大西洋当作一个内海的事实：斯图尔特·施瓦茨抓住了这个海洋世界的本质，他把巴西东北海岸的早期城镇和港口称为群岛。因此，巴西和非洲的种植园都是一个内部市场的组成部分，这个内部市场跨南大西洋海域，渐渐地延伸直至涵盖葡萄牙人控制的腹地。而航行在这些海上航线上的船只，将糖和烟草生产的副产品，如甘蔗酒（Cachaza）、糖渍烟草卷、马、牛和后来的黄金，从巴西运到非洲。他们带着由巴西酒精、烟草和（后来的）黄金支付的奴隶劳动力，以及种植园农业所需的材料（如铁）、专家（如铁匠）和出售给巴西非洲人的商品（如纺织品）返回。

巴西建立了一种新的经济秩序，取代了土著政治经济。种植园主控制了外部生产和分配系统，而随着其定居国外，一个政权就此形成，最初是典型的殖民地形式。这种定居点没有必要对土著居民进行控制（掠夺奴隶意味着缺乏对稳定劳动力的直接控制），只是慢慢成为现代意义上的外国统治殖民地。巴西种植园需要粮食和大量的牛 136
（用于牵引、产肉和皮毛），这意味着在种植园的轨道上发展了混合农业和农牧业的变种；最终在温带高原和中纬度地区发展了牧业活动（主要是放牛）。但是，如前所述，农牧业并未像其在西班牙世界那样推动当地经济发展。西班牙人和葡萄牙人带来了同样的物种，但区别在于，哪种物种是其殖民重点——因此，各物种对国内市场的相对重要性也是不同的。至少在最初，糖是巴西的王道，而牧业活动是种植园农业的附属品。然而，随着巴西定居点的发展，港口腹地越来越多地被陆路所整合。也许，巴西内陆扩张和陆路市场发展最明显的指标是养骡业的发展。到了 18 世纪，成千上万的骡子在南部草原上饲养，在巴西中部销售，并被用来运货，其行走的道路网络不断增加，衔接起国内市场。问题是，腹地发展足以引起巴西人注意，使其将重心由海洋转向内陆，这究竟发生在何时？

2.4　市　场

西班牙美洲世界的内部市场也是由海洋和陆地连接起来的。但是，南大西洋的内部市场主要是通过海路整合的，公路网是后来才发展起来的；西班牙美洲的内部市场从一开始就主要是以陆地为基础的。西班牙美洲内部市场通过海路进行的整合似乎是次要的，至少在货物运输量上是如此。然而，即使在内部市场由海路衔接的地方，西班牙美洲世界与葡萄牙美洲也有不同之处。西班牙世界既可以进入太平洋，也可以进入大西洋和加勒比海。相比之下，巴西只有一条海岸线，而南大西洋的葡萄牙人世界则必然是东向大西洋的。

尽管西班牙美洲有两个海岸，但传统上认为西班牙美洲的定位是东向大西洋，以欧洲为贸易重点；直到近代，太平洋的海上贸易才被忽视。对西班牙美洲殖民地的仔细
137 研究表明，尽管以美洲为基地的商人将货物运入加勒比海并横跨大西洋，但直到 18 世纪末，西班牙世界的主要海路都在太平洋沿岸。在新西班牙和秘鲁总督辖区以及各中间站点之间，这些航线提供了相对廉价的货物运输方式，还能将白银经阿卡普尔科运至马尼拉，并将返程丝绸和陶瓷重新分售至内陆。我们认为，西班牙的入侵和定居带来了以太平洋为中心的世界的发展，这不仅是指西班牙的定居中心沿安第斯地区及中部美洲和中美洲的温带高地建立，还指殖民世界面朝太平洋方向。

3. 北大西洋系统的兴起

不可否认的是，入侵和殖民使西半球以 1492 年以前无法想象的方式融入了全球市场；但对世界不同地区殖民现实的研究改变了我们对殖民制度的看法。我们不再毫无疑虑地认同欧洲必然是殖民生活的核心，或者欧洲人是变革的唯一推动者。事实上，还有少量关于拉美殖民地与其宗主国关系的老观点：例如，从殖民地到宗主国的货流已经被阻断，财富被投向美洲；外围变成了中心——西班牙帝国看似垄断和强大，但已被一个拥有多个宗主国的帝国集合所取代。

拉美经济史学家颠覆了传统的历史学，展现了美洲人做出的惊人准备，其目标是确保源自美洲的财富在美洲被再投资，并造福美洲人。以西班牙美洲为例，为了控制生产和所有地区的交互，西班牙王室通过法律，规定生产何物，在何处生产，何人运输货物以及将货物运至何处。在控制帝国域内各地区的生产方面，西班牙似乎相当成功——尽管它只是采取了消极方式，剥夺殖民地生产某些商品的权利。但西班牙在控
138 制商品流通方面却鲜有成功。相当一部分生产者和商人并不通过官控渠道来运输货物，

而是通过替代性的道路和市场系统来运输大量货物（据说如此）。由于后者存在于王室公布的贸易网络之外，且其运作原则并不为王室所接受，这种贸易网络被视作走私而被取缔。西班牙王室当然会因走私而损失收入，这一点相当令人担忧。但归根结底，西班牙损失的远不止是财政税收和关税的收入。

走私的发展反映了与西班牙王室和印第安理事会所设想的截然不同的殖民体系。理想是建立一个中央控制的殖民体系，能够顾及帝国内所有地区的福祉——从而为西班牙更大的荣耀和权力作出贡献。这个殖民体系的重心在西班牙，并按照西班牙的逻辑和利益运作。现实情况却完全不同。很快发展起来的是一个以美洲为重心、以太平洋而非大西洋为方向、以美洲逻辑为逻辑的殖民体系。西班牙美洲殖民地的商人们在帝国内部从一个地区到另一个地区非法运输货物；他们也把货物运到其他欧洲列强的美洲殖民地。他们建造船只，将货物（非法）往返运往美洲太平洋沿岸，并在大陆和加勒比岛屿之间运输；他们还将白银向西运经马尼拉，最终运往中国。走私提供了一个交易网络，将西班牙帝国体系内外的美洲经济联系起来。这就是说，相较于其与帝国关注点之间的关联，这个交易系统更多地关联着美洲的供求，它按照美洲人的逻辑运作，为美洲人谋取利益。对此，殖民地后期的波旁王朝统治者有了非常清晰的认识，他们推行改革，目标不只是加强中央对经济的控制，还致力于改变了美洲政治经济的方向，即从太平洋沿岸和高地转向大西洋。波旁王朝的目标无异于为西班牙重新征服美洲。洛克哈特和施瓦茨认为，新世界从太平洋到大西洋的重新定位引发了诸多事件，最终导致独立战争。我们认为，太平洋方向塑造了西班牙美洲世界融入全球市场的过程；向大西洋的重新定位对该地区在 19 世纪融入全球经济有着深远的影响；最后，这种重新定位对该地区的环境产生深远影响。 139

在大庄园和种植园种植的产品，从岩石和森林中提取的产品，以及从土著生产系统中掠夺的产品，在葡萄牙美洲的南大西洋内部市场流转，并向西班牙美洲的太平洋方向流动。对于内部市场及其在美洲殖民地增长和发展中的作用，相关研究和证明并不仅限于西班牙美洲史学——尽管此类文献中肯定更多——而且每年还有越来越多的证据揭示内部市场对葡萄牙殖民地的重要性。日益清楚的是，欧洲并不是南大西洋出口贸易的唯一终点。葡裔巴西人和葡裔非洲人将产品从南大西洋向东运往印度洋和中国海。然而，越来越清楚的是，尽管在殖民时代的大部分时间里，南大西洋对葡裔巴西人和葡裔非洲人的贸易至关重要，但在 19 世纪，其世界重心却转移到了北大西洋——

或许是因为19世纪初葡萄牙宫廷在巴西存续了几十年。

也就是说，拉美史学家和其他“外围”地区的历史学家一样，都是书写世界历史运动的一部分，反映了对殖民现实的认真思考——即以新的全球史替代帝国史。尽管我们倾向于支持埃里克·沃尔夫的论点，即18世纪末之前的国际贸易将独立的生产地区联系在一起，而外围地区作为依赖性的来源地区融入全球贸易是19世纪和20世纪的现象，但殖民/宗主国关系的旧模式仍然在某些领域影响着我们的思维。例如，我们了解到——也许表达得不是很清楚——一方面，西班牙人和葡萄牙人发起的土地使用变化与向宗主国出口的生产之间有直接关系；另一方面，出口生产导致环境退化。

正如本章开头所指出的，为出口而进行的生产往往与拉美的环境退化自动关联；人们普遍认为，由于银矿开采和糖业生产对西班牙美洲和巴西殖民政权（当然还有其宗主国）的演变产生了深远的影响，因而也必然影响这些地区的环境。白银和蔗糖无
140 疑深刻地影响了当地的环境，但其空间影响却相当有限。令人吃惊的是，巴西的糖业生产在很长一段时间内被限制在沿海低地；西班牙美洲的银业生产则被限制在矿区所在地；开采银和糖所需的木材来自有限的运输成本决定的腹地。土地利用的变化确实带来了空间上广泛的环境变化，特别是在温带地区——即引进欧亚放牧牲畜——但直到18世纪末和19世纪，羊毛、皮革和干肉大量出口时，这种环境变化才形成了该地区大规模出口的基础。相反，土地使用制度为美洲内部丰富的内部市场和远距离贸易的形成提供了保障，但只是间接影响了出口。皮料也供出口，但数量相对较少：在现有的大量牲畜中只占很小的比例，在主要商品的出口额中也只占很小的比例。

毫无疑问，西班牙人和葡萄牙人开启了美洲贸易和商业的显著变化；最重要的是，对整个地区未来的历史来说，他们将该地区纳入了一个最终覆盖全球的海洋贸易体系。但一个耐人寻味的事实是，出口贸易并不是基于其随行物种（但最初以此为基础）。糖是一个明显的例外，但甘蔗并非起源于伊比利亚半岛——甚至都不在地中海。18世纪末之前，拉美地区主要出口商品的起源是相当令人惊讶的。出口作物包括东南亚作物——糖；非洲树木作物——咖啡；美洲植物——靛蓝、胭脂虫红、可可和烟草；珍珠和贵金属，银和金，以及后来的铂金；如果按照我们对南大西洋内部市场性质的论证逻辑，还有来自另一个大陆的人类。也就是说，殖民时期广泛的环境变化（不管此种环境变化是否导致美洲环境恶化）与美洲市场而不是出口贸易有关。虽然出口生产肯定会使当地环境退化，但其影响存在空间限制——这种情况直到19世纪才有所改变。

18 世纪末出现的自由主义意识形态被单独列为拉美人—地关系转变的一个主要因素。我们还要加上 18 世纪后半叶开始的拉美经济向北大西洋的调整；我们认为，自由 141
主义意识形态的输入——以及基于这些思想的帝国政策——是环境—人类关系转变的起点；19 世纪中叶铁路的出现是一个终点，或者说是一个新的起点。铁路标志着国际关系的转变：使拉美人能够把越来越多的自然资源（如橡胶、鸟粪、糖胶）和农牧业产品（如皮毛、剑麻、咖啡）从内陆深处运到沿海地区，在国际市场上销售。他们还使外国人（之前几乎被限制在沿海地区）连同其货物、思想、政治和经济影响一起渗透到美洲大陆。从美洲流出的原材料，加之沿着铁路开辟的交通线路直接流入的外部影响，二者相结合，有助于塑造新民族国家与形成中的新世界秩序之间的关系。

大约在这一时期，各大洲都修建了铁路，这标志着全球范围内日益紧密和高效的交通体系的发展。货物和资金、人员和思想以前所未有的数量和规模在地球上流动，对本地与全球发展、本地与（最终）全球环境产生了非凡的影响。尽管铁路通常是由当地资本修建的，但在 19 世纪的国家中，它并不总是政府期待的工业发展途径。在拉美，就像在“中央”工业化试验区以外的世界其他地区一样，铁路运送的原材料往往远远超过了制成品。事实上，由于有可能进口制成品，还有来自大量出口原材料带来的利润，当地的制造业实际上被延缓了。同时，由于存在大量的原料可供利用，而原料出口地因制造业衰退而开放市场，这使工业化地区的制造业得到了强化。也就是说，随着工业化在欧洲的起步，工业化地区和源头地区之间形成了全球分工。一个又一个的前殖民地被债务锁定在全球生产体系中，失去了发展自主权，反而成为工业化地区的依附者和支持者。同时，当这些地区努力维持自身与工业化地区的发展时，它们变得越来越不发达，越来越有可能采用“不可持续的”方法来开采维持中心地区所需的原材料。 142

第5章　殖民对人口的影响

琳达·A. 纽森（Linda A. Newson）

欧洲人抵达美洲后，造成了可能是历史上最严重的人口崩溃。1492年，当地人口估计在5 000万—6 000万之间；到17世纪中叶，人口下降到500万—600万之间。随后，人口缓慢恢复。但即使在今天，原住民人口也只有前哥伦布时期的一半左右。[1]然而，并不是所有群体都同等地下降或恢复；许多群体已经灭绝，而其他群体则通过文化变革和种族混杂而发生了变化。对许多印第安人来说，生物生存是以文化变迁为代价的。

原住民人口的减少和其他社会群体的扩大是由于旧世界疾病的传入和移民的到来所造成的，移民引发了经济、社会和政治变革，从根本上改变了人口的特征与分布。根据亚历山大·冯·洪堡（Alexander von Humboldt）的说法，到19世纪初，在拉美2 100万总人口中，印第安人只占37%左右，而混血人种则占30%左右。然而，这些总体比例因土著人口减少的程度、伊比利亚和非洲移民的强度以及用于控制、“教化”和剥削土著人民的机构和企业类型而有很大的不同。这些互动过程不仅反映了殖民目标，还反
143 映出欧洲人遇到的社会性质。人口趋势是经济和社会变化的晴雨表，同时也对后者产生影响。这种关系是相互且复杂的。

1. 对原住民人口的估计

近年来，对1492年原住民人口规模的估计引起了殖民历史学上一些最激烈的辩论。目前，对西半球人口的估计从阿尔弗雷德·克鲁伯（Alfred Kroeber）估计的800万到亨利·多宾斯（Henry Dobyns）估计的9 000万到1.12亿不等。争论的核心是现有证据

不足，特别是需要采用估计方法，而这些方法不管是否有意，都受到有关原住民社会性质和殖民统治作用的意识形态立场的影响。有几位作者甚至认为，估计的差异反映了方法的不同，而不是新知识习得的不同，有些人甚至认为，确定 1492 年原住民人口规模的整个探索都是徒劳的，应该放弃。然而，如果不考虑人口规模和人口趋势，就无法真正了解前哥伦布社会或其在殖民时期经历的变化。首先，关于西班牙人和葡萄牙人在何处定居、以何种机制将原住民群体作为基督教“教化”目标与纳税人纳入帝国，以及采用何种劳动制度等方面，人口规模发挥了决定性作用。原住民人口的规模永远无法确切得知，但一个基线的确立可以让我们对随后发生的转变规模有所了解，并有助于进行比较分析。此外，正如 1992 年哥伦布五百年纪念活动所表明的那样，确定 1492 年原住民人口的规模不仅是一个学术问题，而且是一个仍然具有重要政治影响的问题。

在所有情况下，用来估计 1492 年原住民人口的现有证据都是极其零散的。有关定居和生存模式的考古证据可以为小片区域的人口估计提供一些启发，但很难从这种估计中推断出更大区域的人口数。大多数估计都是基于文献证据。从墨西哥（阿兹特克）
抄本和印加奎普斯（Quipus，即结绳文字）中可以收集到一些零碎的人口信息，但大 144
多数文献记录都始于殖民时期。第一批探险家、征服者和传教士的记载构成了关于当地人口的最早的目击记录。然而，早期的学者往往认为这些记载夸大其词，理由是他们试图刺激上级机构采取一些必要的行动——如派遣援军或更多的传教士——或发放特权——如头衔和诰命。毋庸置疑，夸大其词的情况是存在的，但在许多情况下，早期记载的有效性已被最近的学术研究所证实。

估算原住民人口的一个主要困难是，许多地区往往要间隔几十年才有系统的记录。在墨西哥中部地区，从 16 世纪 20 年代就有了这样的资料。但由于秘鲁的征服和内战更为持久，安第斯地区的资料要到 16 世纪 60 年代才有，而许多周边地区的资料甚至形成得更晚。另一个局限性是，早期资料主要是税收记录，而人口变化必须从这些记录中推断出来。教区的洗礼、结婚和埋葬记录，提供了对重要事件的直接信息，但一般都没有 16 世纪末之前的记录。税收记录带来了巨大的解释问题。在其开创性工作中，舍伯恩·库克（Sherburne Cook）和伍德罗·博拉（Woodrow Borah）② 对墨西哥中部的贡

① 1994 年，《拉丁美洲通讯》发表的一份特别报告估计，印第安人人口为 2 560 万。Latin American Special Report, “Indians: A New Factor on the Latin American Scene.”

② 本章中提到的作者，可参见后附参考文献。

品记录受到了严厉的批评，因为它对所记录的公民类别（如婚姻状态或户籍）、贡品支付者占总人口的比例以及信息可获的村庄比例等做出了假设。本文不讨论使用贡品记录的问题，而是要指出，在征服后最初几十年的关键时期里，即使确实存在记录，也难以解释。因此，对 1492 年原住民人口的估计依赖于个人对这一时期人口下降程度的判断，以及对所涉不同因素相对重要性的判断，特别是对旧大陆疾病作用的判断。

大多数学者都认为，美洲人口减少的一个重要因素是旧世界疾病的传入。由于几个世纪的隔绝，他们以前没有接触过此类疾病，不具免疫力。因此，天花、麻疹、斑疹伤寒、流感，甚至可能还有鼠疫等疾病，可能会带走任何特定地区四分之一、三分之
145 一，甚至一半的人口。早期的殖民资料中经常提到这种规模的人口下降，在对亚马孙流域、北美和冰岛非免疫人口的近期流行病研究中也有报道。在 16 世纪，社区经常受到几次流行病的袭击，每次都会带走相当一部分幸存者，因此很容易减少大部分人口。N. 戴维 · 库克（N. David Cook）证明了 1620 年之前影响秘鲁的 6 次主要流行病是如何将人口减少 72%—91% 的。类似的流行病年表也会出现在有大量西班牙人定居的其他地区。但是，即使在没有记录的地方，疾病也可能通过当地的人口链先于欧洲人传播。有很好的证据表明，16 世纪 20 年代，这种情况发生在安第斯地区，时任印加帝瓦伊纳 · 卡帕克（Huayna Capac）死于天花流行，从而引发了瓦斯卡尔（Huascar）和阿塔华尔帕（Atahualpa）① 之间的王朝战争，进一步削弱了印加人对西班牙入侵的抵抗。在其他地方，证据更多的是间接的，对于旧世界疾病是否可能传播到亚马孙流域和美洲南部等地区，仍然存在重大分歧，因为欧洲人在这些地区的探索或定居是在几十年后。然而，事实是，美洲原住民经历了一次重大的人口崩溃。这与非洲和亚洲大多数地区的殖民扩张不同，因为这些地区的原住民人口已经获得了对此类疾病的免疫，而且热带热病已经形成。在非洲和亚洲，大量死亡的是欧洲人而不是原住民。

证据不足是关于原住民人口规模争议的核心，但不同的估计也反映了研究人员对土著社会性质和殖民统治影响的看法。早期的一些估计是在进步的进化思想背景下作出的，即文明社会的优越性体现在其庞大的城市人口上。如果西班牙在 1492 年只有约

① 译者注：瓦伊纳 · 卡帕克的两个儿子。

900万人口，那么墨西哥怎么可能拥有更多的人口，还建立了规模远远超过中世纪欧洲城市的城市？怎么会由这么少的西班牙人征服了被认为比他们更大的文明？在“二战”期间，帝国主义开始被认为是道德上不可取的。随后，殖民地被视为自由贸易的障碍，而且维持殖民地的成本越来越高——特别是面对越来越多的殖民地独立运动。殖民统治越来越受到谴责，认为它摧毁了本土文明，使原住民陷入贫困和边缘化。在这种政治气候下，较大的人口估计变得可以接受，对一些人来说，甚至是可取的。 146
尽管有这些评论，来自阿根廷、智利和巴西等地的一些学者——这些地区的原住民人口相对较少，经济最根本性的变革发生在19世纪——倾向于将殖民统治的影响降到最低，因而提倡低估计。但是，分歧不仅存在于殖民统治的总体影响上，还存在于相关因素上。希望谴责殖民统治的人强调征服的残酷性，淡化流行病的作用，反之亦然。

在20世纪60年代之前，许多作者都是顺带评论旧世界流行病的影响。但是，亨利·多宾斯在估计土著人口的背景下，集中讨论了这个问题。其结论是，以前的估计，如阿尔弗雷德·克鲁伯、朱利安·斯图尔德（Julian Steward）和安杰尔·罗森布拉特（Angel Rosenblat）做出的估计都太低了，因为他们没有充分考虑到旧大陆疾病的影响。相反，他提出，原住民人口已经下降（从接触到人口最低点，对许多社会来说是在17世纪中叶到达最低点），比例为20∶1或25∶1；或者换一种说法，下降了95%至96%。根据这些人口减少的比例，他估计美洲大陆的原住民人口在9 000万至1.12亿之间。这篇具有开创性的论文激发了许多新研究，导致对旧的估计进行了修订，并对一些地区（如中美洲）做出了新估计。威廉·德尼凡（William Denevan）对1992年以前的研究进展进行了回顾，得出的结论是，学者们的综合估计表明，美洲的原住民人口约为5 400万（见表5.1）。然而，这些学者使用的资料来源、方法和假设各不相同，因此这个数字必然有很大的误差。不过，新的估计数字确实比多宾斯及由舍伯恩·库克、伍德罗·博拉和莱斯利·伯德·辛普森（Lesley Byrd Simpson）组成的“伯克利学派”估计的数字要低得多。

假设1492年的原住民人口在5 000万—6 000万之间，看来约有32%的人生活在墨西哥，约有30%的人生活在安第斯地区（包括哥伦比亚和委内瑞拉）。这些密集的人口由集约型农业生产模式供养，而且存在社会分层，首领能够以劳动和商品的形式索取贡品。墨西哥社会是高度城市化的，首都特诺奇蒂特兰拥有大约20万居民（相比之下，

表 5.1　原住民人口估计（1492 年）

地　区	人口估计数，1492 年	占　比
北美	3 790 000	7.0
墨西哥	17 174 000	31.9
中美洲	5 625 000	10.4
加勒比	3 000 000	5.6
安第斯[1]	15 696 000	29.1
亚马孙[2]	5 664 000	10.5
智利和阿根廷	1 900 000	3.5
巴拉圭、乌拉圭和巴西南部	1 055 000	2.0
合计	53 904 000	100

注 1：委内瑞拉、哥伦比亚、厄瓜多尔、秘鲁和玻利维亚的高地和海岸。

注 2：包括安第斯山脉东侧和南侧的东部低地。

来源：William M. Denevan, ed., *The Native Population of the Americas in 1492*, 2nd ed.（Madison, WI, 1992), xxix。

在 16 世纪初，伦敦的人口还不到 10 万）。加勒比地区的人口可能约为 300 万，亚马孙
147 地区约为 500 万。这些地区集中了以耕种、狩猎、捕鱼和采集为生的人口。他们没有明显的社会分层，但萨满和战争领袖们可以获得一定的地位。而在伊斯帕尼奥拉、波多黎各和古巴东部则出现了酋邦。周边地区如墨西哥北部、智利南部和阿根廷的特点是人口密度低，这与游牧群体有关，他们依靠野生食物资源生存。尽管许多作者对每个地区的人口确切数字有争议，但对其所包含的大致比例形成了较多的共识。不同社群的规模和特征将对殖民时期的人口趋势产生重大影响，但在研究这些过程之前，值得注意的是，其中许多社会正在经历重大变化。欧洲人进入了一个动态的人口格局；人口是增加、减少还是稳定，对他们之后的生存有重大影响。

2. 前哥伦布时期的人口动态

1492 年是美洲原住民人口史上的一个转折点，因为在过去的 15 000 年里，其人口
148 一直在上升。然而，这一总体趋势掩盖了人口在时间和空间上的巨大波动，许多社会在达到顶峰后就出现了人口崩溃。人们对玛雅等主要文明的了解最多，但变化也是其他

名气略小些的社会的特点。在被征服时，墨西哥帝国和印加帝国都在继续他们在15世纪60年代开始的扩张，但他们在政治上出现了过度扩张，如墨西哥帝国已经受到粮食短缺和饥荒的制约。因此，有些作者认为，即使西班牙人没有到来，他们也会崩溃。墨西哥帝国——或者更正确地说是由特诺奇蒂特兰、德斯科科和塔库巴三个城邦组成的三国联盟——并不是一个完整的帝国，而是一个通过征服和胁迫使边远群体臣服的帝国。征服的驱动力不仅在于获得异国产品和基础主食，还在于需要获得俘虏来祭祀战神（Huitzilopochtli）。据舍伯恩·库克估计，每年约有1.5万俘虏被祭祀，更多的俘虏则是在制服叛乱集团和获取俘虏的军事行动中被杀死的。虽然印加帝国经常被描绘成一个福利国家，甚至是一个社会主义帝国，它是在互惠和再分配的基础上通过和平手段建立起来的，但它的扩张涉及重大的军事战役，带来了大量的生命损失。仅在厄瓜多尔，印加的军事战役就使约10万人丧生。

一些作者认为，墨西哥和印加帝国的扩张是由于人口对资源的压力，需要获得新的土地。他们指出，有证据表明，几乎所有的垂直斜坡上都有梯田，还建造了复杂的灌溉系统和台田，这些都有助于扩大和加强生产。在安第斯地区约有60万公顷的梯田，大部分起源于前哥伦布时期，在特诺奇蒂特兰周围约有1.2万公顷的台田。然而，印加人并没有利用征服获得的土地来生产基础主食；新的土地被用来生产供政治和宗教精英消费的奢侈品，用来收买被征服的酋长的忠诚，并用来维持国家扩张所必需的宗教崇拜。虽然墨西哥人也需要奢华的物品作为贡品，但主食在进口到墨西哥谷地的物品中占有重要地位。一些作者认为，墨西哥谷地的人口压力是墨西哥人最初扩张的幕后推手，但另一些作者则认为，粮食供应问题发生在很久以后，那时，其人口规模因大量 149
移民手工艺人和劳工进入而膨胀。似乎有越来越多的证据表明，就在西班牙入侵之前，墨西哥谷地的一些地方出现了水土流失，但其他作者认为，经历的粮食短缺是分配问题，而不是供应问题。墨西哥帝国高度城市化，没有印加帝国的优势，既没有大型仓库，也没有冻干马铃薯这种高度耐藏的食物可以用来解决短缺问题。墨西哥人也没有可以用来运输大宗主食的骆马。但在特诺奇蒂特兰附近，人们有效地使用了独木舟。

不论这两个帝国是否因人口对资源的压力而形成了人口压力，两大帝国都从未开始限制人口增长。反之，两国都有鼓励人口增长的政策。印加帝国结婚年龄很低，鼓励婚前性行为，向大家庭提供更多的土地，国家甚至参与大规模的婚姻安排。大多数人在

16岁至20岁之间结婚，如果配偶死亡，再婚是常态。尽管婚姻早熟且频繁，但高死亡率和低预期寿命阻碍了人口增长。

尽管在1492年之前，新大陆没有大多数急性传染病，但这并不意味着原住民生活在一个没有疾病的环境中，也不意味着他们都是健康的。对公元前6000年左右的美洲人骨骼遗骸进行的一项重要研究表明，在史前，随着定居农业的发展，营养和健康状况普遍下降。① 人类的饮食变得不那么多样化，食物短缺更加普遍，人口集中在密集的居住区，这些都助长了不卫生的条件，促进了疾病的传播。依赖玉米的社会出现了缺铁性贫血。胃肠道和呼吸道感染是最常见的，在人口密集的地区尤为如此。一些地区可能出现斑疹伤寒和肺结核等急性传染病。仅仅依靠人力的劳动是危险和艰苦的，导致骨折和关节退化性疾病。死亡率，特别是婴儿和儿童的死亡率非常高。在西班牙入侵时，墨
150 西哥人出生时的预期寿命只有15岁至20岁左右，即使最幸运的人活到这个年龄，也最多只能再活20年。

因此，墨西哥人和印加人的特点似乎是生育率非常高，但死亡率也很高。这种高压人口制度意味着人口增长缓慢且变化很大。在某些情况下，这种平衡是有利的，而在另一些情况下，它可能会导致严重的人口减少。因此，尽管在1250年至1500年期间，墨西哥中央盆地的人口增长可能平均每年为0.5%至0.7%，但在殖民时期早期，尽管生育率很高，但在死亡率极高的情况下，人口增长无法持续。然而，正如下文所述，这些高生育率制度，特别是在墨西哥人中，可能促进了早期的人口恢复。

人口变化也是拉美其他社会的一个特点。部落社会和狩猎—采集社会受到恶劣天气条件、洪水或其他自然灾害的影响，或因过度开发土地或猎物而造成粮食供应波动。争夺资源的竞争可能会导致冲突，这种冲突也是出于复仇需要或其他意识形态的原因。无论是否有意为之，战争都会大大降低人口水平。在图皮南巴人中，男子在结婚前必须杀死一个俘虏——理论上，这一习俗意味着每一代人都必须失去四分之一的人口才能繁衍。这种做法使死亡率居高不下，推迟了婚姻，造成男女比例不平衡，降低了生育率。在殖民时期，这种做法显然不适合生存，因为一个群体在面对更高的死亡率时，需要最大限度地提高其生殖能力。

---

① Richard H. Steckel and Jerome C. Rose, eds., *The Backbone of History: Health and Nutrition in the Western Hemisphere* (Cambridge, 2002).

3. 殖民地的人口轨迹

关于1492年美洲原住民人口的争论很可能会继续下去，尽管大多数学者更感兴趣的是其在社会和环境变化中的作用，而不是数量本身。学者们普遍认为，欧洲人的接触带来了人口灾难，尽管下降的程度和所涉因素仍然是有争议的领域。然而，人们越来越认识到，人口变化的过程受到冲突和流行病以外的因素的影响。种族混杂和原住民生产系统、社会结构和意识形态的变化虽然较难量化，但在决定人口趋势方面发挥了越来越重要的作用。大多数学者都认为，原住民社会在经历人口减少和恢复的程度上有 151
很大的不同，但有三条一般轨迹可以区分。第一，加勒比和巴西沿海的原住民是最先遇到欧洲人的，他们的命运最糟糕。他们几乎在几代人的时间里就灭绝了，大部分被非洲奴隶劳动力取代。第二，在西班牙帝国的政治和经济核心地区——墨西哥、中美洲和安第斯地区的高地，原住民能够实现一定程度的恢复，但恢复的程度和时间各有不同。第三，还有其他群体，特别是低地（包括亚马孙）的群体，直到20世纪，仍持续下降，其中一些经历了一定程度的恢复。在这些广泛的地区内，人口趋势往往有明显的差异，但这三个一般轨迹为更详细地讨论殖民统治在不同地区对人口的影响提供了一个有用的框架。基本的假设是，原住民社区的规模和特点决定了西班牙和葡萄牙人在何处定居以及如何实现积累财富的矛盾目标，同时，在“教化”并使原住民皈依基督教方面也发挥了重要作用。与游牧狩猎部落或部落群体相比，习惯于缴纳贡品和被迫劳动的国家给入侵者带来了非常不同的机会和行政问题。较少人认识到的事实是，土著社会的规模、分布和特点也在决定流行病的影响方面发挥了重要作用，而且从长远来看，原住民社会通过获得对旧世界疾病的某种免疫力和适应新的殖民秩序而实现人口恢复的能力。

4. 移民和种族混居

4.1　伊比利亚移民

原住民人口变化与西班牙移民与定居的强度密切相关。这是因为伴随着西班牙人对当地土地、劳动力和生产的需求，对当地社会进行了重组，也因为他们影响了疾病传播和种族混合程度。在16世纪，有25万到30万西班牙人移民到西班牙美洲，其中可 152

能有一半是非法移民。有5万多人的目的地和性别已知（见表5.2）。移民中只有一小部分是妇女。事实上，这个比例可能更小，因为大多数非法移民——主要是士兵和跳船的水手——都是男性。然而，随着西班牙人在美洲建立了永久家庭，以及男性移民导致西班牙适婚男性短缺，鼓励更多的女性移民，男女比例不平衡的现象在世纪末得到了纠正。到1600年，在良好生活水平的促进下，自然增长比移民对白人人口增长的贡献更大。在定居的最初几年，梅斯蒂索人数量的增长减缓了人口的减少，但其作用远不及冲突和流行病。随后，梅斯蒂索人的数量持续增长。但是，由于白人是最具有内生性的种族群体，尽管只有在有足够大的婚姻池的地方如此，但数量增加的主要原因仍是种族传承。

西班牙人定居的轨迹伴随探险展开。发现墨西哥的财富后，就有许多加勒比地区的定居者放弃了这些岛屿，转而前往美洲大陆，而那些未能在此获得封地或其他特权的人，转而又被激励去秘鲁和智利探险碰运气。因此，在16世纪上半叶，各地区的移民高峰都是在最初的探索之后出现的。表5.2清楚地说明了这一点，该表基于皮特·博伊德-鲍曼（Peter Boyd-Bowman）对1493—1600年约5.6万移民目的地进行的研究。据估计，这些移民约占移民总数的20%。该表还显示，探索过程基本完成之后，移民领域立即收缩的进程，原因是新移民越来越多地集中在帝国核心地区的墨西哥和秘鲁。经济和社会发展机会有限的地区（如智利和拉普拉塔地区）以及偏远地带亦乏人问津，因为殖民者经常在此面对敌对的印第安人。因此，当巴斯克斯·德埃斯皮诺萨（Vázquez de Espinosa）在1628年编纂《西印度群岛简编与说明》（Compendio y descripción de las Indias Occidentales）时，西班牙美洲的77 400名居民中，70%以上居住在墨西哥、秘鲁和玻利维亚（上秘鲁）。在这些地区，西班牙人高度集中于主要城市，特别是总督区的首府和波托西等主要采矿中心。

16世纪末，来自西班牙的移民平均每年约4 000人，17世纪和18世纪初可能一直
153 维持在这一水平上（或许是因为驶往新世界的船只较少，移民人数可能略低）。然而，在18世纪末，移民数量又增加了。但这次的移民很少去墨西哥和秘鲁，因此，那里白人人口的增长主要源自自然增长；相反，他们把注意力集中在里约拉普拉塔、智利、委内瑞拉和古巴，原因是欧洲对其产品的需求上升，而18世纪末的行政和经济改革也促进了这些地区的经济发展。这些相对人口稀疏的地区几乎没有什么劳动力，因而也得到了非洲移民的重点关注。因此，委内瑞拉的人口几乎翻了两番，从18世纪初的22.5

万增加到1800年的89.8万，当时有20%的人被归入白人，60%以上是非洲奴隶、自由黑人或混血人种。

表5.2　西班牙移民的已知目的地（1493—1600）

	1493—1519	1520—1539	1540—1559	1560—1579	1580—1600	合计	比例
加勒比群岛	1 254	1 675	472	1 458	490	5 349	10.6
墨西哥和尤卡坦	743*	4 300	2 057	7 338	820	17 258	34.3
中美洲		604	181	954	255	1 994	4.0
铁拉菲尔梅（巴拿马）	590	958	506	928	431	3 413	6.8
新格林纳达（哥伦比亚、委内瑞拉、基多）		1 293	892	2 044	729	4 958	9.8
秘鲁	92*	1 342	3 248	3 882	3 451	12 015	23.9
拉普拉塔（包括巴拉圭）		1 088	600	733	169	2 590	5.1
智利		180	819	488	343	1 830	3.6
佛罗里达		701		239	28	968	1.9
合计	2 679	12 141	8 775	18 064	8 716	50 375	100.0
女性数量	308	845	1 480	5 013	2 472	10 118	
性别已知的移民数量	5 481	13 262	9 044	17 587	9 508	54 882	
女性比例	5.62	6.37	16.36	28.50	26.00	18.44	

注*：在美洲开始征服这些地区之前的殖民者。
来源：Peter Boyd-Bowman, *Patterns of Spanish Emigration to the New World, 1493 - 1580* (Buffalo, NY, 1973), 599 - 602。 154

殖民时期葡萄牙移民的时间顺序几乎恰与上述西班牙移民的时间顺序相反，直到18世纪，巴西的移民规模才超过16世纪的西班牙美洲。西班牙美洲的白人人口从早期开始就因自然增长而增长，而巴西殖民时期的白人人口则主要靠移民维持。在殖民初期，葡萄牙人的兴趣集中在亚洲的贸易站，很少有移民被吸引到巴西，最早的定居者多是罪犯、逃兵或沉船的幸存者。1549年，当第一任总督到达时，巴西只有大约4 000—5 000名白人移民，但其数量随着糖园的建立而增加，到1600年时大约有3万人。大多数人定居在伯南布哥、巴伊亚和里约热内卢的沿海地区。但与西班牙美洲不同的是，只有大约10%的人居住在城镇——其余人住在城市腹地的庄园里，他们在此雇用奴隶劳动。据估计，1612年巴西拥有12万奴隶，其中一半是非洲人，一半是印第安人。直到18世纪，巴西移民都以男性为主，这种情况导致了广泛的种族混合。

17世纪初，移民增长保持在相对较低的水平。1580—1640年期间，一些葡萄牙人利用西班牙和葡萄牙两国王室统一所带来的自由，在西班牙殖民地定居。在17世纪后期，葡萄牙经济状况的恶化和与亚洲贸易的下降也鼓励了移民。但在米纳斯吉拉斯州发现黄金后，才带来了空前规模的移民。在18世纪初，每年约有8 000—10 000名移民
155 离开葡萄牙，到1720年时，葡萄牙王室被迫进行了移民控制。黄金的发现不仅刺激了移民，而且导致人口向内地转移。在18世纪——为了巩固对圣卡塔琳娜（Santa Catarina）和圣佩德罗河（Riogrande de São Pedro，后来称为南里奥格兰德河<Rio Grande do Sul>）的政治控制，葡萄牙鼓励移民，特别是鼓励来自亚速尔群岛（Azores）和马德拉群岛（Madeira）的移民。在上述地区，移民建立了牧场，最初是利用家庭劳动力，而不是非洲奴隶。因此，到1802年，在南里奥格兰德州仅有2万多人的总人口中，约55%为白人，由于是家庭整体移民，混血儿很少。

据估计，在18世纪，大约有30万—50万移民来到巴西，加之自然增长率高，1822年的一次人口普查显示，白人约占总人口的35%，这一比例明显高于西班牙美洲的大部分地区。尽管18世纪人口增长迅速，但人口的分布并没有发生重大变化，仍然集中在巴伊亚、伯南布哥和里约热内卢等老殖民中心地带。不同之处在于，人口的城市化程度提高了，如巴伊亚州的萨尔瓦多市1780年的人口总数约17万，超过了当时北美大多数城市和欧洲许多城市的规模。

4.2 非洲奴隶

关于非洲奴隶进口贸易的起源、数量和时间，在第3章中已经作了充分的讨论，所以这里只作简单的评论。据菲利普·柯廷估计，截至1870年，西班牙美洲合法输入的非洲奴隶有近160万，其中约40%是在19世纪输入的，主要是输入古巴。在同一时期，有超过两倍的奴隶（约360万），被合法地输入巴西。由于走私贸易在西班牙美洲更为普遍，因此各地奴隶净流入人数要高于这些数字。因此，流入西班牙美洲的奴隶总人数可能超过300万，巴西可能超过500万或600万。许多学者认为这些数字也相对保守。对于部分地区而言，非洲移民不仅对其经济至关重要，从根本上改变了其人口的种

族构成，还改变了其总体分布，使其延伸至以往人迹罕至的地区。奴隶的反抗也催生了 156
黑奴社区。非洲移民对人口的影响很不均衡。

进口非洲奴隶是为了应对印第安劳动力的短缺，这种短缺源于前哥伦布时期缺少大量的土著人口，或在殖民时期初期土著人口减少。然而，由于非洲奴隶的进口成本很高，他们主要出现在企业能产生足够利润以支付其成本的地区。在殖民时期，这些活动包括采矿和生产用于出口的热带作物——主要是糖，其次是可可。在劳动力短缺的温带地区，直到19世纪对农产品的需求性质发生变化时，才有欧洲和非洲移民的涌入。在殖民时期，非洲奴隶主要出现在巴西东北部和加勒比地区的产糖区以及一些矿区，包括米纳斯吉拉斯州、墨西哥北部以及哥伦比亚安蒂奥基亚、波帕亚恩和乔科的金矿区。奴隶贸易后来与咖啡、棉花和烟草等其他营利性商品联系在一起。然而，即使在土著人口密集的地区，非洲奴隶也有少量雇用。在西班牙美洲，他们承担了一些在法律上被认为对印第安人来说过于艰巨的任务，如磨糖、采捕珍珠、搬运、操作手动泵以确保矿井无水。更重要的是，当雇主需要培养熟练可靠的劳动力时，就会购买奴隶。雇主认为奴隶更容易适应新的工作方法，往往更愿意雇用他们。非洲奴隶通常被雇作工匠，特别是在木工、金属加工、建筑和服装领域。此外，出于社会声望的考虑，大城市和港口富裕家庭往往会雇用非洲奴隶作家仆，而不是用印第安人。非洲奴隶的成本很高，在秘鲁沿海地区则尤为突出，因为在殖民初期，当地人口严重萎缩。因此，到1636年时，利马2.7万左右的人口总量中，非洲奴隶占50%；而在18世纪最后10年，秘鲁全国约有9万非洲奴隶。16世纪时，墨西哥城的非洲奴隶也很常见，但由于当地人口恢复较早，降低了对奴隶的需求，非洲人被日益增长的混血人口所吸纳。同时，在巴西，由于缺少大量印第安劳动力，这意味着从16世纪开始，
非洲人构成了主要的种族群体。1818年，亚历山大·冯·洪堡估计，在370万的总人口 157
中，非洲人约占54%。由于年龄和性别比失调且婴儿死亡率居高不下，上述比例是由奴隶的新增出口维持的，并不是因繁殖而保持；对雇主而言，进口新奴隶要比从出生就抚养奴隶子女的费用便宜得多。只有在殖民时期后期的米纳斯吉拉斯州的采矿区，繁殖才维持了非洲奴隶的数量。学者们认为，这是因为该地区的经济更加多样化，创造了对女性和男性劳动力的需求，而且由于奴隶进口减少，性别比例更加平衡。

4.3 种族混合

从欧洲人第一次到达时起，种族混合就成为殖民地社会的一大特点。男女比例不

平衡，以及最初西班牙人与印第安贵族妇女通婚作为实现政治控制的一种机制，都鼓励了种族混合。然而，西班牙王室希望阻止种族之间的接触，一方面是为了保护印第安人不受虐待和凌辱，另一方面则是为了明确区分种族，以确定贡品和劳动义务。因此，它奉行居住隔离政策，设想建立两个共和国——由印第安人组成的印第安共和国和由所有其他种族群体组成的西班牙人共和国。这种政策是不切实际的，因为印第安劳动力对殖民经济的运作至关重要。因此，在印第安人相对密集的地区，城镇、矿区和庄园（那里的劳动力需求量最大）的特点是种族混杂程度最高。在这里，印第安人不仅与白人接触，而且还与少量非洲人接触，这些非洲人往往受雇于西班牙家庭或担任监工，并与越来越多的没有土地的混血人种接触。混血人口也是印第安人人口稀少地区的特点，这些地区可以依靠外来劳动力建立经济上可以盈利的企业。在殖民时期早期，此类地区很少，而且主要与采矿业有关——特别是在墨西哥北部和哥伦比亚。然而，在18世纪，欧洲需求性质的变化意味着以前经济边缘地区——如委内瑞拉、智利、拉普拉塔和古巴——也吸引了白人和非洲奴隶，这些大规模的人口事实上吸纳了留在当地的少
158 量印第安人口。

随着时间的推移，混血人种的数量不断增加。在印第安人地区，梅斯蒂索人占据主导；而在劳动力短缺导致非洲奴隶进口的地方，穆拉托人占主导地位。由于印第安人和非洲人的分布在很大程度上是互补的，这两大种族之间的接触较少，桑博人(Zambos)① 也要少得多。尽管印第安人的经济和社会地位往往处于边缘地带，但他们经常寻找非印第安人的伴侣，因为与后者结婚或建立夫妻关系可能意味着其自身或后代无须再从事强制劳动与承担其他义务，从而构成了社会阶层的上移。妇女往往比男子更容易向上流动。相比于白人或印第安人，混血人种非法同居和非婚生子的比例更高。私生子的程度因时间和空间而异，但通常40%以上混血新生儿是非法的。事实上，混血人种的家庭比印第安人大，而且他们更倾向于异地结婚，这意味着随着时间的推移，混血人种的规模不断增加。这种增长也可能是由于获得了对某些疾病（如疟疾）的遗传性免疫力。虽然混血人种的生育率似乎比印第安人或非洲奴隶高，但其人口比例显著增加（尤其是18世纪）在很大程度上并不是因为其人口数量增长，而是由于印第安人通过讲西班牙语与改变衣着、外貌和生活方式而“成为”混血人种。到1810年

① 译者注：桑博人为印第安人与非洲黑人的混血后代。

时，混血人种约占墨西哥人口的22%，这一比例几乎与18世纪末秘鲁的比例相同（表5.3）。然而，这两个地区存在着明显的地区差异。在墨西哥北部的萨卡特卡斯（Zacatecas）矿区，圣路易斯波托西（San Luis Potosi）和杜兰戈（Durango）的混血人种占人口总数的35%，而在瓦哈卡和尤卡坦这两大原住民人口密集的经济边缘地区，混血人种占比仅为5%和12%。另一方面，在人口稀少的地区，混血人种占了相当大的比例，如上所述，这些地区在18世纪后期就出现了大量的伊比利亚和非洲移民。因此，在1800年，在委内瑞拉大约90万的人口中，混血人种（其中大部分是帕尔多人<Pardo>①）占45%。

16世纪，巴西的混血人种主要是马梅卢科人（Mameluco）——葡萄牙语的梅斯蒂索人，这个种群在东南部始终占主导地位。后来，随着非洲奴隶贸易、东北部糖业庄园的发展以及米纳斯吉拉斯州的金矿开采，穆拉托人开始在混血人口中占主导。1810年，自由的穆拉托人和黑人占上述地区人口总数的30%以上，其中60%—70%是穆拉托人， 159
他们是巴西增长最快的种族群体。

5. 殖民核心地区：初次接触

5.1 加勒比熔炉

殖民统治对加勒比地区的人口影响最为严重，大多数原住民群体在一代人的时间内就灭绝了。人们对伊斯帕尼奥拉岛的原住民人口数量做出各类估计，从6万到790万不等。但几乎没有争议的是，到1514年，原住民人口已降至不到3万；到1542年，只剩下不到2 000人。同样的人口趋势在加勒比地区的其他大岛，特别是波多黎各、牙买加和古巴也重复出现。虽然巴托洛梅·德拉斯·卡萨斯（Bartolomé de las Casas）对“印第安人毁灭”的激烈谴责可能夸大了人口减少的程度，但毫无疑问，“黑色传说”（Black Legend）是被西班牙的批评者利用的事实，用来诋毁该国在新世界的统治。虽然王室试图控制征服者和士兵的活动，但最初还是依靠他们来巩固其对新发现领土的主张。因此，在西班牙殖民统治的前30年里，王室、神职人员、征服者和定居者之间

① 译者注：棕色混血人种，多数有黑人血统。

表 5.3 殖民末期部分国家的种族构成

		印第安人	梅斯蒂索人	混血人种	穆拉托人	黑人/奴隶	西班牙人/白人	合 计	来 源
墨西哥*	1810	60	21.7			0.1	18.1	6 112 354	Navarro y Noriega, 1943, 30
危地马拉	1804	58	37.5				4.5	1 000 000	Pinto Soria, 1989, 131
洪都拉斯	1777	41		53.1			6	89 420	Newson, 1985, 325
委内瑞拉	1800	18		45.3		16.2	20.6	898 043	Villamarin and Villamarin, 1976, 113 - 4
哥伦比亚	1778	19.5		47.5		7.7	25.3	800 044	Villamarin and Villamarin, 1976, 84
厄瓜多尔	18 世纪末	65.2		6.7		1.2	27	426 834	Andrien, 1995, 36
秘鲁	1795	58.2	21.9			7.3	12.6	1 115 207	Fisher, 1970, 253
玻利维亚	1788	47.7	31.3		4.8	0.2	16	125 245	Larsen, 1985, 175 Cochabamba only
智利	1777—81	9.5	7		7.6	1.4	74.5	258 802	Carmagnani, 1967, 179 - 91
巴西	1798	7.8				61.2	31.1	3 250 000	Merrick and Graham, 1979, 29

注*：关于墨西哥在殖民末期的人口估计数有相当大的争议。总数很可能是一个高估的数字。

来源：Peter Boyd-Bowman, *Patterns of Spanish Emigration to the New World, 1493 - 1580*（Buffalo, NY, 1973）, 599 - 602。

为争夺对原住民与资源的控制权而展开了权力斗争。在此期间，大量政治和经济实验被推出，试图调和保护印第安人免受剥削的需要与帝国的实际需求。到 16 世纪中叶，王室才得以行使权力，但在此之前，加勒比地区的原住民人口几乎已经灭绝。

加勒比地区人口崩溃的严重性一般被归咎于西班牙征服者、士兵和定居者的贪婪活动。他们征召当地的泰诺族人——不习惯从事强制劳动——去淘金和建造城镇，他们在为其提供食物的同时，也使其疲于劳作和倍受虐待，他们压制了一切抵抗，并像猎杀动物一样猎杀逃跑的人。在殖民早期，受托管人（Encomenderos）保护印第安人免受虐待的义务在很大程度上被忽视了，王室为阻止人口下降趋势而铤而走险的立法也是如此，而人口下降已经威胁到其在美洲的继续存在。与冲突和矿区劳动有关的高死亡率因粮食短缺和饥荒而加剧。随着原住民人口下降及劳动力被逐向矿业，粮食产量下降了，但维系西班牙人和矿工供养人口的负担却增加了。到 1508 年，伊斯帕尼奥拉岛约有 1 万西班牙人。这些需求是在当地经济以生产木薯为基础的背景下提出的，而木薯生产所产生的盈余是有限的，饮食需要通过狩猎和捕鱼来补充，但当时几乎没有时间来进行此类活动。同时，由于劳动强度和高死亡率导致家庭破裂，受征服心理影响导致不育，以及“丧失生存意志”，生育水平出现下降。 161

西班牙人在伊斯帕尼奥拉岛停留了 16 年，但随着最好的金矿资源耗尽、劳动力来源减少、原住民敌意增加以及食物短缺，他们将定居地扩展到波多黎各。同样的情况在此又一次上演。而后，他们搬到牙买加，随后又搬到了古巴。由于较大岛屿上的人口遭到破坏，西班牙人开始对较小的岛屿进行突袭，特别是卢卡亚斯群岛（Lucayas Island，巴哈马）和小安的列斯群岛，但也包括特立尼达和委内瑞拉沿岸。虽然在 1500 年，王室取缔了印第安人奴隶，但三年后，允许对食人族、抵抗西班牙统治的人和在本地社会为奴的人实行奴隶制。由于一小撮加勒比群体有食人行为，原住民群体被广泛地贴上加勒比人的标签，以便为奴役他们的行为辩护。为了应对西班牙奴隶袭击，小安的列斯群岛的原住民开始袭击西班牙岛屿，而这在西班牙人看来，进一步证明了加勒比人被奴役的合理性。这些俘虏被转移到大安的列斯群岛后，他们的存活时间并不比他们所取代的泰诺人长。因此，到 1542 年废除印第安奴隶制时，西班牙人定居的岛屿及邻近岛屿的原住民几乎绝迹。

没有人质疑第一批定居者对加勒比人造成的毁灭性影响，但不太清楚的是，加勒比人是否也受到流行病的影响。直到最近，人们还认为，大安的列斯群岛第一次流行天花是在1518年才发生的，而这是在失去大部分原住民之后的事情。然而，弗朗西斯科·格拉（Francisco Guerra）最近提出，1493年哥伦布第二次航行时，流感被猪带到
162 了伊斯帕尼奥拉岛，并随着探险活动开展，传播到其他岛屿。N. 戴维·库克也确定了1518年之前造成高死亡率的几次重大疾病爆发，尽管这些疾病只是被含糊地描述为“疾病”或“发烧”，而且可能与食物短缺或不洁条件有关。

在西班牙与墨西哥帝国交锋之后，西班牙探险家和移民越来越多地绕过加勒比群岛。随后，大安的列斯群岛对西班牙的重要性来自其战略位置，以及哈瓦那、圣多明各和圣胡安等港口在西班牙贸易体系中的作用。加勒比出产一些皮革、糖、烟草及为过往船只提供的食品，但农业生产主要以自给自足为主。直到19世纪，糖和烟草的商业化生产才得到了认真推行，大量的西班牙移民和非洲奴隶才来到波多黎各和古巴。

同时，其他人口减少的加勒比岛屿被英国人、法国人和荷兰人占领或夺取，他们利用非洲奴隶劳动建立了糖园。其余的原住民群体普遍保留了他们对殖民统治的反对，并在不同程度上经历了一个民族形成的过程，即不仅重新调整了他们的政治和经济结构，还纳入了其他族裔群体，包括逃跑的非洲奴隶和欧洲俘虏。典型案例是圣文森特的加勒比黑人，他们在18世纪末被运到中美洲，如今在洪都拉斯、危地马拉和伯利兹形成了独特的社区。

5.2 巴西沿海

在许多方面，16世纪巴西沿海的人口趋势与加勒比地区原住民社会所经历的人口趋势相似，尽管所涉因素的时机和相对重要性有所不同。从亚马孙河到里约热内卢的沿海地区，人口相对密集，并由统称为图皮南巴人的图皮族群主导。这些族群由几百到几千人的多家庭村庄组成，他们以种植苦木薯和其他根茎为生，并大量捕捞鱼类、贝类和野味。威廉·德尼凡认为，巴西沿海地区拥有的原住民人口不到100万。在这个数字中，约有10万人生活在圣保罗和里约热内卢之间的沿海地区，但到1600年时可能只剩
163 下约7 000人。

与葡萄牙人的最初接触相当友好，当地人很乐意用染料木换取金属工具和武器，但在16世纪30年代，随着糖料作物种植园的建立，出现了对劳动力的需求，冲突很快就出现了。图皮南巴人不习惯从事强制劳动，但同意提供奴隶以换取金属工具和武器。在前哥伦布时期，图皮南巴人以部落间战争为特征，但殖民者对劳动力的需求加剧了

这些冲突，因为村庄间竞相捕捉奴隶出售，为了复仇和牺牲而战，这导致高死亡率和社会混乱，还致使俘虏受虐待。与西班牙美洲不同的是，直到 1570 年，巴西才试图取缔印第安奴隶，但即便如此，立法也是无效的，因为存在重大漏洞，允许在“正义战争”中抓捕印第安人，并允许原住民社区以赎金（Resgate）赎回俘虏。

对奴隶的持续需求激起了印第安人的反抗，促使葡萄牙人采取更激进的政策，包括通过军事力量和传教来征服印第安人。从 16 世纪 50 年代后期开始，特别是在总督梅姆·德萨（Mem de Sá）的领导下，开展了军事行动，目的是镇压图皮南巴人，并将其安置在阿尔代亚斯（Aldeias）①。在此过程中，抵抗军——如卡埃特人（Caeté）——被残酷镇压，数十人被俘。到 16 世纪 60 年代初，耶稣会建立了 12 个传教村或阿尔代亚斯，仅在萨尔瓦多附近的阿尔代亚斯就有 4 万名印第安人，其他的传教村则建在了圣维森特和圣埃斯皮里图。定居点聚集了 4 000—5 000 名印第安人，促进了流行病的传播，破坏了生计系统，改变了居住模式和婚姻习俗，压制了当地礼仪，并重构了日常生活。这些变化又引起了抵抗和逃亡，因此，尽管有一些新的俘虏被安置在阿尔代亚斯，但到 1580 年，萨尔瓦多周围的人口已减少到 1 万人。

除了军事战役和教会活动造成的破坏外，还有两类活动推动的流行病的影响。尽管没有 16 世纪 50 年代之前流行病的直接证据，但大多数学者认为，由于与欧洲人（包括法国人和英国人）的频繁接触，以及抛弃生病船员上岸的政策，一些病原体很可能到达巴西。然而，有关于本世纪后期流行病的生动描述，包括 1559 年的一次出血性痢疾合并肺部感染，在圣埃斯皮里图附近的一些阿尔代亚斯造成 20% 的死亡率。第一次天花流行发生在 1562—1565 年之间，据说在 3 到 4 个月内，在巴伊亚·德托多斯桑托斯 164
（Bahia de Todos Santos）附近新近建立的传教村中，有 3 万名印第安人丧生。巴西沿海地区人口太少，无法使天花成为地方病，但随着非洲奴隶贸易扩大了与非洲的接触，使得天花定期再次传入。大规模的流行病不仅造成高死亡率，而且因为加剧了种植园的劳动力短缺，提供了报复的理由，刺激了掠夺奴隶的活动。

沿海人口的减少和敌对情绪的增加，意味着掠夺奴隶者从更远的地方带来的奴隶减少。然而，在 16 世纪后期，糖业的扩张延长了奴役活动，并将其扩大到更北边和内陆地区。最终，事实证明，印第安奴隶太少，而且太难对付，无法构成劳动力的基础，

① 译者注：印第安定居点。

因此，富裕的种植园主转而进口非洲奴隶。然而，在不太繁荣的东南部，本地奴隶仍然是经济的重要支柱。如同在大安的列斯群岛一样，到 1600 年，冲突、奴隶制和流行病使巴西沿海的土著人几乎灭绝。

5.3 殖民地核心地区：西班牙—美洲大陆

中美洲高原和安第斯地区的印第安人曾经是人口众多的国家和酋邦社群，相比其他土著群体，他们能在殖民统治下更大程度地生存下来。虽然他们在 16 世纪遭受了严重的人口下滑，但在大多数情况下，殖民统治未能使其灭绝或完全摧毁其文化。相反，仍有足够的人口使其能适应和重组，从而实现一定程度的恢复。然而，在衰落和恢复的程度上存在着相当大的空间和时间差异。

如前所述，亨利·多宾斯推测，从第一次接触到人口最低点，美洲原住民人口的下降比例为 20∶1 或 25∶1，但许多学者的研究表明，部分地区的下降幅度较小或较大（见表 5.4）。看起来一致的是，中美洲高原和安第斯地区的人口下降幅度一般较低，但在其相邻的沿海地区则较高。因此，舍伯恩·库克和伍德罗·博拉估计，在 1532—1608
165 年期间，墨西哥中部的人口从 1 680 万下降到 110 万，但中部高原的人口下降比例是 13.18∶1，而沿海地区的人口则下降 26.02∶1。在安第斯地区，N. 戴维·库克和克利福德·史密斯（Clifford Smith）注意到秘鲁的人口减少有更明显的海拔差异，而厄瓜多尔也有此情况。除了这些因海拔高度不同而造成人口减少程度的显著差异外，高原地区本身也存在着重要的差异，这些差异主要反映了殖民统治带给当地社会经济和社会转型程度的不同。这不仅适用于 16 世纪的人口崩溃，也适用于所有复苏的程度和时机。

厄瓜多尔的恢复似乎最为迅速，有迹象表明，该国人口在 16 世纪 90 年代开始增加，可能由于记录情况改良和/或有来自其他地区的移民，但这种明显的恢复并不持久。墨西哥的复苏也很早，墨西哥城、普埃布拉和米却肯的主教区在 17 世纪 20 年代就出现了人口增长，而中美洲许多地方和秘鲁的原住民人口在 17 世纪末才开始恢复。同时，哥伦比亚圣菲波哥大的印第安人人口只在 18 世纪中叶出现过短暂恢复。人口趋势的这种变化在区域和地方层面也很明显，不仅反映了死亡率和出生率之间的均衡，也在某些情况下体现了人口的大规模流动。

征服以及随后对印第安人的过度使用、虐待和奴役，大大加剧了 16 世纪上半叶的人口减少。许多人在征服和征召印第安人作为辅助人员的远征中丧生，还在搬运和建

表 5.4 拉美殖民时期某些核心区域的人口减少比例

	地　区	初期人口	人口最低点	时　间	比　例	来　源
中美洲	高地	11 226 336	852 244	1532—1608	13.18 : 1	Cook and Borah, 1971
	低地	5 645 072	217 011	1532—1608	26.02 : 1	Cook and Borah, 1971
瓦哈卡	阿尔卡迪亚主要高原城市	346 900	20 800	1520—1622	16.7 : 1	Chance, 1989
危地马拉	全区	2 000 000	128 000	1520—1625	15.6 : 1	Lutz and Lovell, 1994
	托托尼卡潘	60 000—150 000	13 250	1520—1570/80	7.9 : 1	Veblen, 1977
	库丘马塔	260 000	47 000	1520—1570/80	5.5 : 1	Lovell, 1981
洪都拉斯		800 000	47 544	1520—1700	16.8 : 1	Newson, 1986
尼加拉瓜	包括尼可亚	826 248	61 106	1520—1700	13.5 : 1	Newson, 1987
哥伦比亚	通哈	232 407	24 950	1537—1755	9.3 : 1	Friede, 1965
	圣菲波哥大	120 000—160 000	25 628	1537—1778	5.5 : 1	Villamarin, 1975
厄瓜多尔	高地	838 600	164 529	1520—1600	5.1 : 1	Newson, 1995
	沿海低地	546 828—571 828	26 491	1520—1600	21.1 : 1	Newson, 1995
安第斯中部	山区	4 641 200	1 349 190	1520/5—1571	3.4 : 1	Smith, 1970
	沿海地区	7 498 298	129 281	1520/25—1571	58 : 1	Smith, 1970
上秘鲁	中南部地区	280 000	93 331	1530—1683	3 : 1	Sánchez Albornoz, 1978

设大城市的繁重劳动中失去生命。在16世纪20年代和30年代，可能有多达50万印第安人作为奴隶从中美洲出口（主要是来自尼加拉瓜），为征服秘鲁服务，当时大多数人再也没能回归。随着劳动力从生计生产中被抽离，加之远征队掠夺土著村庄的食物并侵占其土地，粮食短缺变得很普遍。随着家庭因伴侣死亡或分居而破裂、征服和流行病产生心理影响以及随之出现可怕的经济和社会状况，家庭规模缩小，生育率也因此而下降。

为建立政治秩序而进行的征服与斗争伴随着巨大的人口下降，然而，相较于游猎采集部族和部落社群，对墨西哥和印加帝国的征服是相对迅速的。瘟疫和内部政治冲
167 突削弱了当地人的抵抗力，为西班牙人的征服提供了便利，而西班牙优越的军事技术也使其事半功倍。西班牙人拥有马匹和钢剑，可以切开棉布铠甲，而本土的石制武器、弹弓和木棍对钢制铠甲几乎没有影响。马匹对击败墨西哥帝国的贡献不大，但在安第斯地区，约有三分之一的部队是骑兵，西班牙人有效地利用了印加公路来快速调遣部队、物资与信息。

有些地区能借助技术、后勤、组织和数量上的优势，乍看似乎更容易抵御统治，但这些地区恰是征服最迅速的地区。印加帝国和墨西哥帝国具有高度结构化的性质，为通过政治联盟进行控制提供了机会，一旦这些地区被征服，就有利于进行管理，并能将损失降到最低。相比之下，玛雅人缺乏一个过于庞大的帝国结构，却更难对其实现迅速征服。在安第斯地区，征服也是颇耗时日的，因为那里有更多的人效忠于印加事业；叛乱持续了40年，直到1572年图帕克·阿马鲁被处决才停止。部分源于这种长期抵抗，还因为西班牙人之间的内战，原住民被征集入伍，安第斯地区冲突的伤亡要高于墨西哥。

征服本身造成了人口的减少，但随之而来的经济和社会变化以及流行病造成的损失更大。16世纪流行病的破坏性影响已经有所描述，因此，这里的评论将仅限于讨论流行病在密集定居地区所影响的时间和空间变化。拥有大量原住民人口的地区吸引了定居者和商人，他们带来了新的传染病，而大型核心定居点的存在则促进了传染病的传播。事实上，有人认为，流行病在墨西哥盆地的影响比在安第斯地区的影响更大，因为那里有密集的本地人口，还有完善的运输体系，虽然疾病也可能沿着印加公路迅速传播，但许多城镇位于狭窄的山谷中，被山脉分隔，成为疾病传播的障碍。然而，一般来说，疾病在这些密集居住区的传入和传播频率及容易程度，意味着这里的损失最为

严重。尽管如此，仍有足够的人口使一些疾病成为地方性疾病，并使当地人口对这些疾病产生一定的免疫力。据流行病学家估计，天花的流行需要超过20万的人口，麻疹的 168
流行则需要30万到50万的人口，因为麻疹的传播速度更快。因此，对于许多高原地区来说，到了17世纪初，有证据表明，天花和麻疹等疾病主要影响儿童，从而成为地方病。虽然地方性疾病经常夺走婴儿和儿童的生命，可能会比有着高发病率的不经常性流行病杀死更多的人，但由于它们不会导致成人死亡，这意味着它们不会对生存活动或群体的繁衍构成威胁。然而，周期性地爆发天花、麻疹、斑疹伤寒等重大流行病，对人群造成了更重、更广泛的伤害。墨西哥在1659年、1692—1697年、1736—1739年、1761—1764年、1772—1773年、1779年和1797—1798年都出现过疫情。1736年至1739年期间的斑疹伤寒疫情，仅普埃布拉就造成14万人死亡。在安第斯地区，1692—1694年、1718—1720年和18世纪80年代都发生了破坏性特别强的疫情。在1780年引入疫苗接种，特别是1803年弗朗西斯科·哈维尔·德巴尔米斯医生（Francisco Javier de Balmis）推广大规模疫苗接种计划之后，天花才不再是主要杀手。

旧大陆疾病的传入不仅对当地人口的减少起了重要作用，而且特定疾病的不同发生率也常常被用来解释高原和低地之间人口减少程度的差异。对于低地人口减少程度较高，最经常的解释是热带热病的传入，特别是疟疾和黄热病，这些疾病只发生在平均温度在20摄氏度以上的热带地区。然而，在1647年至1649年期间，黄热病的首次明确爆发仅发生在加勒比和尤卡坦，而墨西哥和秘鲁的沿海人口这时早已灭绝。疟疾更有可能发生，尽管这种疾病需要一段时间才能形成，而且只有在环境条件合适，有足够大的种群让疟蚊感染并维持感染链的情况下才会发生。早期探险中经历的许多发烧现在被认为是饥饿的结果，或者是由沙蝇等昆虫而不是蚊子引起的。虽然疟疾可能导致了低地土著人口的减少，但值得注意的是，斑疹伤寒和肺鼠疫通常在干冷天气中流行，而天花却喜欢更凉爽和干燥的环境，在温度超过30摄氏度和湿度超过55%时就会失去感染力。至少在殖民时期，不存在健康高地和不健康低地之间的简单划分。 169

高地的人口趋势与西班牙人定居的密集程度、建立的企业类型及其采用的劳动制度高度相关。然而，人口趋势的差异基本上是程度上的差异，而不是实质性差异。在征服早期，文献资料中多次提到堕胎、杀婴和遗弃。但随着时间的推移，这些做法似乎已不太常见，尽管它们可能在特定的不利条件下进行。一旦建立了政治秩序，生育率和死亡率一般都保持在较高的水平。早婚多少是普遍现象；在可能的情况下，寡妇很快就会再婚。这延续了前哥伦布时期的婚姻习俗，但教会和国家也鼓励早婚，以防止不道德行为，增加劳动力，并使税收最大化。大多数妇女在十几岁时就结婚了，这比同时期的欧洲和北美结婚年龄要低得多。在任何情况下，结婚年龄似乎都不妨碍生育，因为即使在生活和工作条件不稳定的晚婚移民中，夫妻也往往在结婚前就有了孩子。殖民时期的人口趋势仍然主要受死亡率影响。

殖民时期的死亡率仍居高不下。1683 年《上秘鲁总统计》的证据表明，当时的预期寿命只有 25 岁左右，将近一半的人口在 10 岁之前死亡，可能只有 5%的人活到 60 岁以上。在正常年份，18 世纪墨西哥的婴儿死亡率可能超过了 250‰的比率。婴幼儿死亡率高意味着，尽管生育率高，但家庭规模却很小（但有一些证据表明 16 世纪后的家庭规模有所扩大）。伍德罗·博拉计算过，在 16 世纪中叶，墨西哥的家庭平均只有 3.2 人，而到 17 世纪末，平均人数已上升到 5 人。虽然有迹象表明，在 18 世纪末，本地人口在增加，但流行病和粮食危机造成了明显波动，有时会使已取得的任何复苏化为乌有。如下讨论将提出这种高生育率和高死亡率制度也可能因不同的经济和社会条件而变化的方式。

在高原地区，人口趋势的差异取决于西班牙人的定居地、建立的经济活动及其采
170 用的劳动制度。西班牙人的经济利益主要集中在当地人口密集和矿藏丰富的地区。在此之下，西班牙人把重点放在了能够生产出口热带作物（如糖、可可、棉花和染料）的地区，但为了支持城镇和矿区不断扩大的市场，他们也越来越多地涉足牧场或小麦和玉米的种植中。这些不同的活动对死亡率、生育率和移徙水平产生了不同的影响。

由于距离西班牙较近，墨西哥不仅吸引了更多移民，而且还生产出口的农作物和矿物。白银生产的主要中心在墨西哥北部，特别是在萨卡特卡斯和圣路易斯波托西地区。这些地区不仅吸引了矿主和工人，还刺激了农业企业的发展，后者为工业提供骡子、皮毛和油脂，并为工人提供食物。城镇（特别是墨西哥城食品市场的扩大）也促进了中部梅萨高原盆地的小麦生产，后来又促进了巴希奥（Bajio）和瓜达拉哈拉山谷的小麦生产。用于出口的热带作物的生产相对来说是地方性的，其重要性也在下降。糖的生产最初是在从库埃纳瓦卡到韦拉克鲁斯的地区发展起来的，但由于劳动力短缺，一些地区放弃了糖的生产，转而从事畜牧业。同样，塔巴斯科和科利马的可可生产主要掌握在当地人手中，但随着当地人口的减少，可可生产也崩溃了。

采矿业最初在安第斯地区的殖民经济中占主导地位，其程度远远超过墨西哥，部

分原因是与西班牙的距离较远，限制了大多数农产品的出口潜力。狭窄的安第斯河谷缺乏大片的可耕地，也限制了大规模的商业性农业生产，因此采矿业从阿根廷西北部获取骡和牛产品，从智利获取小麦。在秘鲁沿海地区，由于当地人口减少，普遍放弃了以灌溉为基础的集约耕作，但西班牙人拥有的土地仍然相对较少，还受到劳动力短缺、缺乏本地大市场和运输困难的限制。虽然在17、18世纪，沿海地区的土地庄园通过合并扩大了规模，并且由于非洲奴隶的进口克服了劳动力短缺而扩大了生产，但仍然仅有数百凡尼加达（Fanegadas）①。这与墨西哥中部和北部的庄园形成了鲜明的对比，在那里，庄园是以几万或几十万凡尼加达为单位的。

采矿与印第安人口减少之间的联系早已被人们所认知。采矿的性质是艰辛与危险的。淘金使低地居民付出了沉重的代价，但矿脉的开采则与更高的死亡率有关，因为它 171
需要动员更多的劳动力，从而严重破坏了当地生计和家庭生活。在波托西，工人们在地下几百英尺从事艰苦工作，光线和通风条件很差，他们经常受到危险气体的威胁。他们还需要爬上一层层结构简陋的梯子，背负沉重的矿石运到地面。在此过程中，他们从炎热潮湿的环境中走出来，进入高原干燥冰冷的气候。每年有几百人死于事故，更多的人因呼吸道感染而生病，如肺结核和肺炎。在万卡韦利卡（Huancavelica）的工人和从事银矿加工的工人经常遭遇汞中毒。尽管矿区的死亡率很高，但大多数研究人员都认为，采矿对印第安公社的破坏性影响更多来自移民和种族混合激励措施。采矿业是地方性的，即使在主要的采矿中心，直接受雇于采矿业的人数也只占总人口的一小部分。16世纪末，整个墨西哥的采矿业只雇用了9 000多名印第安和非洲奴隶。在1603年，波托西约有6万名印第安人，但只有约1.9万人直接受雇于采矿业，其余人则供应食物和从事其他辅助活动。随着劳动力被吸引到采矿业和支持采矿业的商业活动中，原住民社区的粮食生产负担加重，其人口扶养比（Dependency Ratio）极高。

另一项以工作条件恶劣而闻名的活动是纺织业，主要在墨西哥、秘鲁和厄瓜多尔进行。羊毛制造是一项辛苦、肮脏的工作，印第安人经常被锁在织布机上，或被锁在工厂里，以阻止其逃跑。工坊本身往往是谷仓式结构，光线不足，通风不良，冬季寒冷刺骨；空间狭小、室内厕所和通风不良相结合，促进了疾病的传播，使工坊成为不健康的

① 译者注：西班牙语国家使用的土地计量单位，在不同国家相当于1¼英亩到1¾英亩不等。

工作场所。虽然工坊制定了严酷的劳动制度，但死于工作相关疾病或事故的人数可能很少。另外，在基多检审区（Audiencia），许多工坊建立在印第安城镇，工人们晚上回家，以便维持粮食生产和家庭关系；与毛纺织业相关的社会失调似乎不像其他企业那
172 样严重。棉花生产可能也是如此，因为棉花生产不那么繁重，而且往往采用包出制（Putting-out System）。事实上，整个纺织生产的盈利能力取决于印第安人社区的持续性，他们承担了劳动力再生产和维持成本，使工资保持在较低水平，并使布匹能够以有竞争力的价格生产。

大多数农业活动与高死亡率无关，而且从早期开始，一些最危险的活动——如制糖和靛蓝制造——严禁使用印第安强制劳动。然而，商业性农业生产的扩大对土著社区产生了重大影响，因为它产生了对土地和劳动力的需求。在各类进程推进中，主要城镇腹地的印第安公社迅速失去了他们的土地。这些进程包括简单的没收、购买或收取贡品债务。主要的再安置计划也促进了这种情况的发生，如托莱多（Toledo）总督在16世纪70、80年代实施的计划，使150万安第斯印第安人挤在600个再安置点。1598—1605年，墨西哥推行了类似计划，在危地马拉和哥伦比亚的奇布查人（Chibcha）中，也实施了更持久和更不完整的计划。这些方案往往破坏了粮食安全和饮食多样性，因为社区失去了对分布在不同生态区土地的使用权，而且由于人口减少和移民，再分配和互惠制度被削弱。

在早期殖民时期，必须从人口减少的角度来看待失去土地的影响。人均盈余实际上可能增加了，因为较小的社群需要的土地较少，可以集中在最肥沃的土地上进行耕种，而人口扶养比则会下降，因为流行病使其最脆弱的成员死亡。然而，人口减少和土地丧失并不总是同步进行的，就生产需求而言，在考虑到人口下降而调整税赋需求方面往往有很大的滞后性。此外，人口下降不仅可能导致人均产量下降，而且还可能导致整个劳动密集型生产体系的崩溃。因此，有大量证据表明，存在着废弃的灌溉系统、梯田和台田（仅在哥伦比亚北部的圣豪尔赫盆地就有约50万公顷台田）。

也许对原住民的生存来说，更重要的是不同的农业活动产生的劳动需求差异。糖和可可生产是劳动密集型的；在高原地区，小麦和玉米的种植也需要大量的劳动力投
173 入（往往是在印第安人需要种植或收获自己的作物时）。有时有人认为，畜牧业对当地生计活动的破坏性较小，因其所需劳动力较少，而且是在前哥伦布时期未被大量使用的草原上进行的。事实上，正如墨西哥湾沿岸的情况，随着原住民人口的减少，畜牧业

往往扩展到了之前的耕地上，成为唯一经济上可行的选择。一般来说，放牧可能对原住民的生计破坏较小，但它往往剥夺了社群获得野味和其他野生食物资源的机会，并导致环境退化（见第 4 章）。

从这一讨论中可以得出结论，印第安土地的转让和劳动力从生计活动中撤出，导致了粮食短缺、饥荒和营养水平下降。然而，这些社群习惯于生产过剩粮食，而且至少在最初，人口的减少使土地变得更具可获性。此外，引进新的农作物和动物（特别是鸡和猪），使新的蛋白质来源可用。基于这些原因，包括伍德罗・博拉和约翰・休珀在内的一些作者认为，在殖民时期，营养水平并没有下降。事实上，他们认为，由于支付给强制劳动者的口粮是基于西班牙人的消费模式，营养水平可能有所改善。然而，其证据主要来自墨西哥中部和基多盆地，那里有最肥沃的农田；帝国其他地区的营养水平可能没那么好。尽管有仓库和规范的市场，但在整个殖民时期，墨西哥谷地仍定期出现饥荒和粮食短缺。

营养下降对人口的影响基本上是间接的；相对而言很少有人会饿死。相反，这种影响是通过提高对疾病的易感性（一些人认为这是最重要的影响）、增加婴儿和儿童死亡率以及可能降低生育率感受到的。赫伯特・克莱因（Herbert Klein）认为，1768 年上秘鲁丘卢马尼（Chulumani）和帕卡赫斯（Pacajes）的原住民家庭规模较大，与更好地获得土地有关，因此也与获得食物有关，这使家庭能够将孩子从婴儿时期养大。在营养水平接近需求水平的情况下，即使食物数量或质量的轻微下降也可能对死亡率产生重大影响。营养与生育率之间的直接联系始终是辩论的主题。一些人认为，营养不良可能会缩短生育年限，导致更频繁的无排卵周期，延长分娩后的闭经时间，降低性欲，并降 174
低精子数量和质量。然而，另一些人则认为，与社会对食物短缺的反应相比，这些生理和心理影响对生育率的影响相对较小，这些反应包括推迟结婚、夫妻分居以寻找食物或工作，或采用各种形式的节育措施。

营养水平和一般生活水平不仅与获得的土地有关，还与劳动需求的数量和性质有关。从委托监护制下的劳动过渡到米达制或劳役摊派制（Repartimiento）下的强制劳动，最后过渡到雇佣自由劳动制或劳役偿债制（Debt Peonage），被视为对劳动力供应减少的一种渐进反应。然而，重要的不仅是劳动力的供应，还有需求的水平。在雇主需要培养熟练的长期劳动力——如采矿业和纺织业的许多工作所需要的——且企业利润足以承担较高成本的情况下，雇佣自由劳动力的需求是最高的。在 1549 年废除委托监护制下的劳动后，出现了各种形式的强迫劳动，即所谓的劳役摊派制或米达制，它们大体以前哥伦布时期的模式为基础。这些由国家支持的强制劳动制度要求印第安公社提供一定数量的成年成员，在规定的时间内从事经批准的工作，并获得固定的工资。这些轮流劳动制度的运作是基于这样的假设，即再生产的成本将由土著公社承担。因此，支付给工人的工资很低，提供的口粮往往不足以维持生存。在有限的时间内，雇主只分配到个别工人，因此，他们没有采取任何激励措施来保存劳动力或发展其技能。因此，强制劳动者被分配到最不熟练和最艰苦的工作中，并经常受到虐待。低工资和恶劣的工作条件（尤其是在采矿业）成为主要刺激因素，促使印第安人逃避劳役摊派制或米达制，并在其公社之外寻求生计。到 1683 年，当帕拉塔（Palata）总督对上秘鲁进行人口普查时，5.9 万印第安劳役中，至少有 2/3 离开了自己的家乡，在西班牙人的城镇或庄园生活，或客居其他印第安公社。

劳动力（特别是熟练劳动力）短缺促使一些雇主通过提高工资、改善工作与生活条件来吸引自由工人，甚至在事实上免除了税赋或强制劳动。那些不属于当地公社但为西班牙雇主工作的人，在安第斯地区被称为亚纳科纳（Yanacona），在新西班牙则被
175 称为纳沃里亚（Naborías）。17 世纪初，自由工人（在波托西被称为“明加”<Minga>）的工资是强制劳动者的 5 倍，而在墨西哥矿区，其工资是强制劳动者的 8 倍左右。矛盾的是，许多在安第斯山区试图逃避矿业米达制的人，逃避手段是继续在矿业做“明加”；而在墨西哥，许多人从墨西哥中部移民到北部矿区当自由劳工。在雇主需要降低劳动力成本的地方，他们往往向工人提供边缘土地，让其种植农作物来养活自己和家人。与许多印第安公社日益恶化的条件相比，雇佣自由劳动带来了工作和生活环境的物质改善，其中可能包括医疗和信贷可获性。这些福利在危机时期极有吸引力，例如在饥荒或流行病期间，就有许多印第安人迁移到西班牙人的庄园。

有人认为，从强制劳动到自由劳动的过渡带来了生活水平的提升，这表现为死亡率的降低以及可能上升的生育率。这些变化可能是微不足道的，但在特定情况下，可能足以使人口趋势从下降转为上升。重要的是，墨西哥中部的土著人口是最早从强制劳动过渡到自由劳动的（1632 年废除了劳役摊派制），那里是最早出现人口恢复迹象的地方。同样，秘鲁、圣菲波哥大和尤卡坦在殖民时期的大部分时间里持续存在强制劳动，可能是这些地区人口延迟恢复的一个因素。然而，在 18 世纪末，当地人口的恢复往往不能持续。自由劳动使不同种族持续接触，导致无地混血人种的数量增加。同时，波旁

改革所推动的市场经济的扩张也给印第安土地带来了额外的压力。随着劳动力供给的增加和对土地需求的增长，雇主不再需要提供激励措施来吸引劳动力，因此往往会降低工资，征收或提高土地租金。随着条件恶化，18 世纪中期许多地区的土著人口增长停滞或转为下降。

并非所有寻求摆脱税赋和强制劳动负担并提高生活水平的人都在西班牙企业中寻找工作。有些人逃到了西班牙的管辖范围之外，特别是安第斯地区东部和尤卡坦内陆地区。还有更多的人搬到了其他原住民公社，在那里成为福拉斯特洛（Forastero，外乡人），虽然他们没有土地权，但事实上他们得以免于税赋和米达。印第安领导人为增强 176
其政治和经济权力基础，鼓励外乡人在其公社租赁土地。在特定情况下，外乡人似乎比生活在同一村庄的原住民享有更好的生活水平，这种差异体现在大家庭中。安·怀特曼（Ann Wightman）的研究表明，17 世纪 90 年代阿班凯（Abancay）、阿伊马莱斯（Aymares）和奇拉克斯（Chilques）的外乡人和原住民的成人—儿童比分别为 1∶0.60 和 1∶0.45。然而，外乡人很容易受到原住民领袖的剥削，而且容易受到市场变化的影响，因此在危机时期，他们的情况一般不如原住民，因为后者更容易直接获得土地。虽然墨西哥的印第安人也迁徙到其他印第安村庄，但那里的迁徙目的地更多是西班牙企业。目前还不清楚为什么会出现这种情况，但这可能与墨西哥当地庄园或采矿业存在更多就业机会有关。还有人认为，安第斯地区的印第安人希望保持对本地生活方式的认同感，并将移徙作为一种生存策略，就像他们在前哥伦布时期所做的那样。

5.4 拉美殖民外围地区

那些能为发展盈利性企业提供有限机会的地区，由于缺乏矿藏或大量劳动力来源，仅吸引了很少的欧洲定居者。在人口稀少的地区，如墨西哥北部的银矿发现地，劳动力短缺通过从其他地区输入工人来解决——在该地区，是从墨西哥中部输入自由工人和非洲奴隶。然而，在大多数情况下，狩猎部落和部族群体占据的地区很少能吸引定居者。虽然这些地区的殖民接触较少，本应缓和殖民统治对人口的影响，但总的来说，原住民社区的本性和伊比利亚人采取的控制方法意味着这些地区往往会出现更大幅度的人口下降。

尽管部族和狩猎部落的人数较少，但其被征服的过程却更为持久。对这些社群的控制不容易通过政治手段实现，因其往往缺少强有力的土著领导，在某些情况下是半

定居或游牧的。同时，由于西班牙人或葡萄牙人在经济或政治上没有必要控制这些社
177 会，这意味着投入此项任务的资源较少。在很大程度上，由于上述原因，智利南部和阿根廷的阿劳坎人（Araucanian）在殖民时期结束时仍然不受西班牙控制；直到19世纪，为新欧洲殖民开放土地的愿望才导致其被征服的重大运动。在核心地区的边缘——如巴拉圭、委内瑞拉和智利中部——庄园作为一种劳动机构持续存在，印第安人被迫向庄园主提供个人服务，或在庄园里工作，或收集马黛茶。由于远离官方监督，劳动管理是无效的。这导致了过度的劳动需求，破坏了当地的生存和社会体系，也导致西班牙人和印第安人之间持续的接触，生育了更多的梅斯蒂索人。然而，在大多数情况下，外围地区并没有通过委托监护制进行控制和剥削；他们的征服是通过长期的、低强度的战争，或通过传教来实现的，这导致了这些社会的彻底重组，并在长期内几乎完全消失。

战争是许多部落群体的特有现象，西班牙人并不是唯一未能通过军事手段吸纳群体的人；印加国王也未能成功地将其帝国扩展到东部低地，因而没有纳入奇里瓜诺（Chiriguano）或舒阿尔（Shuar）等族群。由于缺乏任何经济或政治上的激励，无法迅速击败这些部族，因此，统治是由小股士兵零碎实现的，他们杀死并奴役了少量的印第安人。虽然1542年新法取缔了印第安人奴隶，但对于智利的马普切人（Mapuche）、墨西哥北部的奇奇梅克人（Chichimeca）、委内瑞拉的加勒比人和哥伦比亚波帕杨（Popayán）的皮西奥人（Pijao）等特别敌对的族群，允许在有限的时间内奴役印第安人。这些族群迅速采用了西班牙的武器和马匹，并有效地利用了避难区进行撤退和重组，其军事能力得以提升，因此对其征服往往变得更加困难。因此，在1598年，马普切人能够击败西班牙人，迫使他们退到比奥比奥河（Bío-Bío River）以北。由于西班牙人未能投入大量兵力镇压这些敌对族群，因此对其征服贯穿了整个殖民时期的大部分时间。

旷日持久的征服对土著社会产生了毁灭性影响。尽管在任何一次战役中伤亡人数和被抓走的奴隶人数可能不多，但仍会使一个族群的人数减少到维持和繁衍所需的临
178 界值以下。在冲突地区，成年劳动力的丧失和获得资源的机会受到限制，可能会严重影响生计活动和营养水平。在马普切人中，持续不断的战争状态严重干扰了种植和收获，导致从山谷的作物生产转为在山区较边缘土地上饲养牲畜。同时，死亡和奴役使家庭破裂。那些被俘虏的人往往被单独或少量卖到城镇——马普切人在圣地亚哥或利马，奇奇梅克人在墨西哥北部的采矿中心和庄园。在那里，他们与自己的社群隔绝，无法保

持自己的文化和身份，很快就被吸收到一般的劳动力中，很多人还混入了混血人种之中。战争和奴隶制在智利持续的时间较长，但随着异族化削弱了马普切人的抵抗力，其强度越来越小。显然，还有其他因素导致人口减少，其中最重要的是流行病。但是，战争在这些边缘地区比在从前的国家和酋邦发挥了更重要的作用，因为那些社群被征服的速度更快。

在受到外国占领威胁的地区，西班牙和葡萄牙王室支持传教活动。由方济各会和耶稣会牵头的主要传教区位于安第斯山脉东侧、墨西哥北部和中美洲东部低地。虽然传教士的首要目标是宗教皈依，但他们也试图通过将印第安人聚集到核心定居点，指导其学习农业和手工艺技能，并向其介绍政治政府的形式，使其“教化”。这些过程标志着土著社会的彻底转变，虽然目的是为了帮助其生存，但在大多数情况下，这导致了人口的减少，并最终破坏了其独特的文化和伦理特征。尽管存在这种普遍性，但在传教的影响方面存在着差异——主要是时间差异，而非实质性差异。

教区最初的设立——特别是在安第斯东部地区和中美洲东部——经常遇到居住在分散定居点的印第安人的抵抗，这些印第安人往往半定居或游牧。因此，教区往往须采取强制模式建立，这一过程导致生命损失，破坏了原住民公社，加剧了部落间冲突。在墨西哥北部的部分地区，定居的农民较少抵制传教，巴拉圭的瓜拉尼人（Guaraní）和亚马孙流域的奥马瓜人（Omagua）对教区的抵制也较少，他们积极寻求耶稣会的保护，以免遭葡萄牙奴隶袭击。因此，不同地区在冲突中的伤亡人数各不相同，但与在流行病中死亡 179
的人数相比，这些伤亡微不足道。死亡率在地理上的更大差异可能来自建立教区的环境。

许多接受传教的群体实行农业轮作制，并在不同程度上以狩猎、捕鱼和采集为补充。但传教士认为，以长期农业为基础的定居生活比依赖野生食物资源的生活更文明。因此，他们试图引进新的技术、工具、作物和驯化的动物，以此来建立永久性耕作和畜牧业。金属工具的引入极大地帮助了森林的清理，新的储存技术可能在危机时期有所帮助。但大多数历史和考古证据表明，在传教士中，营养水平有所下降。教区通常建立在土壤不够肥沃、无法支持长期耕种的地区，因此作物产量很低。此外，由于狩猎和对其他野生资源的开发受到抑制，蛋白质的供应量也可能下降，因其已被逃亡动物食用。在下加利福尼亚州中央沙漠地带，猎人、渔民和采集者的传教团中，食物短缺和饥荒尤为严重，而此种情况在热带低地环境中建立的传教团中也很常见。在农业发达的地区，例如墨西哥北部的塔拉乌马拉（Tarahumara）、奥帕塔人（Opata）、恩德韦人

(Endeve）和瓜拉尼人，当地人生计的变化可能不会如此剧烈。事实上，瓜拉尼教区的营养水平足够，从而能通过降低婴儿和儿童死亡率来增加人口。

在传教士出现之前，许多受传教影响的土著社会可能受到流行病的困扰，但他们的到来为旧大陆疾病的传入建立了新渠道。然而，值得注意的是，仅有少数疾病会传到边远地区，特别是依赖啮齿动物媒介传播的疾病，如斑疹伤寒和鼠疫。由于印第安人涌入较大的定居点以及不断有新的皈依者加入，易感人群因而扩大，使流行病在此产生了更大的影响。此外，尽管有传教活动，但人口太少且太分散，急性传染病无法维系，“淡出”是很常见的。其结果是，疾病无法成为地方性流行病，因此，每隔 20 年左右，
180 各教区就会受大疫情重创，其结果是成人死亡率很高，人口几乎没有恢复的希望。在亚马孙地区，流行病的影响往往因部落间的战争而加剧，因为疾病和死亡往往被归咎于需要复仇的巫术。由于营养不良、不洁和逼仄的生活环境，婴儿、儿童和成人死亡率都很高，教区从疫情中恢复的速度很慢。舍伯恩·库克、罗伯特·杰克逊（Robert Jackson）和马蒂斯·朔伊茨（Mardith Scheutz）对上加利福尼亚、下加利福尼亚、皮梅里亚阿尔塔（Pimería Alta）和得克萨斯教区进行的研究表明，80%到 90%的人口在 10 岁之前死亡。死亡率似乎对教区内的人口趋势至关重要。埃内斯托·马埃德尔（Ernesto Maeder）对 1641—1807 年这一漫长时期瓜拉尼教区的研究显示，生育率水平相当稳定地保持在 50‰左右，但在疫情或其他危机时期，死亡率从 25‰的异常低点波动到 200‰。这种危机不仅会产生破坏性的短期影响，还会影响较长时期的人口趋势。

传教过程、营养不良和流行病导致了高死亡率。但低生育率也导致大多数教区人口未能增加——瓜拉尼教区是例外，而非常规。在传教过程中，家庭往往被拆散，生殖中断。一旦进入教区，对传教生活的消极反应——特别是对体现新文化习俗的日常活动的严格管理——有助于降低生育率。17 世纪的耶稣会士弗朗西斯科·德菲格罗阿（Francisco de Figueroa）观察到，当厄瓜多尔东部马伊纳斯省教区中的印第安人就像“野鸟被捕获或关在笼子里时，就会变得不育”。① 其原因很可能是压力引起的闭经、禁欲、堕胎和杀婴。几乎所有关于教区人口的研究都表明，成人—儿童比很低，教区基本上是通过招募新移民而不是通过自然增长来维持的。尽管传教士试图鼓励早婚，

① Francisco de Figueroa, Relación de las misiones de la Companía de Jesús en el país de los Maynas (Madrid, 1904), 23.

并强制实行一夫一妻制，这本应有助于提高生育率，但最终事与愿违。

文献中对教区是否有助于土著人民的生存存有争论。虽然赫伯特·博尔顿（Herbert Bolton）关于教区作为边境机构的经典研究没有评论其对人口的影响，但他认为教区是一种文明力量，提高了土著人口的技能，并有助于保护土著人口。也有人认为，相较于那些被迫提供劳动和税赋的人而言，教区的印第安人一般享受了更好的待 181
遇。不少教区的人口一度似乎增加了，虽然更多是通过招募而不是自然增加。但生物生存往往是以破坏其文化或种族灭绝为代价的。日常生活被改变了，教区推行的严格制度也造成了对传教士的依赖——戴维·斯威特将这一过程称为“婴儿化”——使教区人口无法管理自己的生活，难以保持自己的传统，因此，一旦传教士离开，教区就难以作为有生命力的社区生存下去。当教区世俗化后，一些印第安人回到了他们从前的公社，但大多数人成为当地庄园的工人，或漂流到城镇，在此迅速被同化入殖民社会。

并非所有外围地区的土著人民都通过奴役或传教融入殖民社会。然而，这些过程间接地影响了他们。面对传教士的到来、奴役袭击、战争或流行病，许多亚马孙群体撤退到内陆的河间地区，那里的土壤不太肥沃，野生食物资源也不太丰富。最终，正如阿茄人（Aché）、瓜哈人（Guajá）和埃塔人（Héta）等图皮—瓜拉尼族群一样，人口下降导致农业荒废。更普遍的是，人口减少降低了生计活动的劳动投入，导致食物短缺，这无法通过累积供应来冲抵，原因是人们对储存方法不够熟悉。成年人减少也对生育率产生了重大影响，会导致生殖能力立即下降。而在小规模公社中，由于婚姻池的规模有限，有时存在悬殊明显的性别比，还有着对婚姻和再婚的文化限制，上述影响可能会延长，有时甚至是无限期影响。查尔斯·韦格利（Charles Wagley）为两个图皮部落所做的研究表明，为了确保生物生存，各群体可能不得不改变其社会习俗和人口政策。这些社会特别容易受到堪称轻微的人口下降、经济及社会习俗变化的影响，因此，尽管他们与欧洲人和其他外来者的接触相对有限，但人口下降幅度却最大。

6. 人口转折点

18 世纪末和 19 世纪初是拉美人口史上的一个转折点。随着经济改革和贸易自由化 182
的初步影响开始显现，拉美本身的人口趋势也开始发生变化。农业商业化——特别是与糖和后来的咖啡有关的农业商业化——使印第安土地进一步合并，且面临着更大压力。土地转让和不断增加的无地人口（其中包括许多混血人种）形成了剩余劳动力，他们无法被商业企业吸收。许多农村社区的经济和社会条件恶化，在部分地区（如墨西哥），本地人口开始下降。19 世纪初，独立战争及随后的冲突提高了死亡率，严重破坏了当地经济，在委内瑞拉、乌拉圭和墨西哥更是如此。然而，有证据表明，人口开始增加，但与 19 世纪末相比，增长仍显缓慢，而且主要与非印第安群体有关。奴隶获得解放，其条件改善表现为自然增长率的上升，而移民较多的地区有着最明显的增长。疫苗接种可能使天花死亡率有所下降，种族混血也可能使人们对迄今致命的疾病有了一定的遗传免疫力。然而，死亡率仍然很高。直到 19 世纪很晚的时候，当时主要是在城市地区，人们才感受到了公共卫生措施的影响，并开始引进科学医学。

19 世纪初的人口增长有很大一部分是由移民形成的，而世纪后半期的移民增长率更高，原因是当时拉美的政治比较稳定，欧洲的经济状况却有所恶化，使得拉美产生了较大的移民吸引力。拉美人口的变化在一定程度上与欧洲的经济状况变化有关。新独立国家的政府急于吸引移民来发展经济，这在殖民地边缘地区尤为突出，这些地区的政治意识因波旁王朝改革而觉醒，从而出现更多定居机会。最渴望吸引定居者的地区也恰是那些对欧洲人有吸引力的地区，其部分原因是明显可见的土地可获性，但在欧洲需求不断变化的背景下，还源于其出口潜力。在殖民时期，伊比利亚人的兴趣主要集
183 中在贵金属和热带作物上，而从 18 世纪末开始，外国人的兴趣（当时包括其他欧洲人）开始关注那些能够为扩大工厂提供原材料的地区，或者能够为不断增长的城市工业人口提供食品的地区。此类商品中很多产自比较温暖的地区（特别是巴西和阿根廷），而糖和咖啡的生产也有了很大发展（最突出的是在古巴）。

除了环境巧合外，在 19 世纪初，政治动荡和经济不稳定阻碍了大规模的移民，不过，一些来自欧洲的移民在巴西、乌拉圭、阿根廷和智利的部分地区开始定居。他们经常与此地的居民发生冲突，政府试图将后者从其土地上驱离，从而使这些地区能够让欧洲人安全定居。19 世纪下半叶，随着罗卡（Roca）将军征服沙漠，上述驱离进程在阿根廷达到了顶峰，而在智利也出现了类似的平定边境计划。尽管这些计划影响深远，但在 19 世纪初，欧洲移民的数量远少于进口非洲奴隶的数量。西班牙美洲的大多数独立政府在 19 世纪中叶废除了奴隶制。巴西的奴隶制却仍在继续，在 1800 年至 1860 年期间，有 170 万非洲奴隶被用来支持糖业和咖啡业扩张。同样，古巴糖业生产的扩大也带来了 3.87 万进口奴隶。

因此，19世纪初，拉美地区的人口开始大幅增长，人口分布也发生了变化。1800年至1850年间，巴西、智利、阿根廷和乌拉圭的人口增长了一倍多，而墨西哥和南美老牌定居地的增长则缓慢得多。这些趋势和进程，在19世纪下半叶得到了加强，从而中止了伊比利亚人开创的人口模式和趋势。然而，显而易见的是，殖民化还没有结束，
许多地区尚未体验其对人口的全面影响。 184

第6章 劳动制度

约翰·M. 蒙泰罗（John M. Monteiro）

历史学家早就认识到，劳动制度的发展和变革在伊比利亚人向新世界的扩张过程中发挥了关键作用，对后殖民时代的拉美经济、社会和文化产生了长期影响。许多现代分析文献都建立在对劳动供给和殖民开采关系的特殊理解上，往往强调超经济胁迫的重要性，认为其是经济剩余从美洲大规模转移到欧洲的必要条件。然而，在过去的四分之一世纪里，对早期的依赖性、生产模式和世界体系方法的严重挑战，使人们的关注点发生了相当大的转变，揭示了一个日益多样化的问题议程与证据。全新的综合图景出现了，虽然它并未否认殖民剥削或超经济胁迫对形成劳动安排的重要性，但它揭示了复杂的区域系统，其中包含着不同的实践与制度，二者重叠并相互关联，打破了线性演进序列的传统模式——在此种模式下，早期的义务服务转向了全面的雇佣劳动市场。

在重新关注地方、区域和区域间劳动力及商品市场的过程中，当前的历史学趋势对决定劳动力招募和管理模式的因素提出了重要的新观点。原住民社会结构、政治体制和文化习俗的差异构成了一个重要的起点。在许多情况下，不仅殖民前的机构在形成独特的结果方面发挥了核心作用，而且原住民政体和社会中的征服后转型也对创业
185 选择造成了限制，并影响了殖民机构的发展。人口变化是这一全景图的重要组成，首先是相对明显的影响，来自人口结构崩溃对劳动力供应的作用，随后则是通过被迫和自愿移民模式产生的影响，后者已得到了越来越多研究关注。同时，多数现有文献认为，在阻止原住民参与殖民主义劳动力市场的程度方面，次生的抵抗和生存战略是一个关键变量。布鲁克·拉尔森（Brooke Larson）认为，这种方法可以说是

“在牢记结构限制的同时，更加关注社会机构的可能性”，它“严重质疑商业资本主义历史决定论，质疑殖民国家实质性损害了原住民经济进入矿业出口部门或殖民财政的劳动能力”。①

虽然拉尔森的评论具体提到了安第斯地区的情况，但它们反映了更广泛的重点转变，使人们对第二组问题和行为者有所了解。正如史蒂夫·斯特恩（Steve Stern）在其对世界体系方法的开创性批判中所指出的，殖民经济的动态部门产生了重要的“区域和超区域经济空间”。矿场和种植园不是简单地将殖民“飞地”附加到宗主国贸易中，而是刺激了内部农业、牧业和城市商业圈的发展，从而成为“重心”，其商业和拥有财产的精英往往与宗主国的利益直接竞争。这些新世界的企业家在形成劳动安排方面发挥了重要作用，即使不是主导作用的话。根据斯特恩的说法，他们“将一系列不同的劳动关系，包括近似的雇佣劳动、复杂的租赁、股份和债务信贷安排，以及强迫劳动征召和奴隶制，融合到一个单一的生产过程中”。②“不同的劳动关系”的确切配置在时间和空间上有很大差异，但我们从越来越多的研究中得知，工人在劳动力市场和不同部类之间的转移，往往是以一种非常流动的方式进行的。除了核心的长期工人外，几乎每个行业的雇主还大量依赖临时工、季节工和临时工，他们从远近农民社区、城市地区，甚至从奴隶种植园招募。这些混合制度在与大西洋世界关系脆弱的区域经济中也 186
得到了大规模的发展，在这些地区，16世纪和17世纪初在较发达地区已经消亡的制度安排一直延续到18世纪，在某些情况下甚至在独立后仍然存在。事实上，在西班牙和葡萄牙美洲殖民及殖民有关早期的研究中，这些殖民“外围地区”是近期最活跃的领域。

文献中第三个基本问题涉及超经济外胁迫和工资在决定劳动力供应方面的相关重要性。许多作者都强调了殖民国家在设计制度框架方面的作用，即在道德考虑和财政需要的启发下，通过了一系列精心设计的立法。卡斯蒂利亚和葡萄牙的王室政策从一开始就坚持自由（即非奴隶）工人应获得服务工资，但他们很快就注意到，无论雇主

① Brooke Larson, “Introduction,” in Brooke Larson and Olivia Harris, eds., *Ethnicity, Markets, and Migration in the Andes* (Durham, NC, 1995), 17–19.

② Steve Stern, “Feudalism, Capitalism, and the World-System in the Perspective of Latin America and the Caribbean,” in Frederick Cooper et al., eds., *Confronting Historical Paradigms* (Madison, WI, 1993), 54.

和政府认为工资水平有多高，自由的印第安人、被释放的奴隶以及后来的混血人种往往都拒绝仅仅为了工资而自愿服务。有几项研究表明，雇佣劳动往往涉及其他利益的谈判，包括银矿开采中的矿石份额，获得农业区的土地，以及获得信贷（这涉及对“劳役偿债制”的另一种解释）。尽管一些学者所说的“劳动杠杆”在不同的地方和时间段内都有所不同，但伊比利亚王室和继承它们的民族国家经常通过直接的强制手段（劳动征召令、对犯罪或叛乱的惩罚、流浪法等形式）或通过评估现金贡品或强迫消费商品等间接手段，迫使自由人进入有偿劳动市场。同时，尽管法律上对印第安奴隶制有很强的限制，但两国王室都积极推动跨大西洋的奴隶贸易，以此来满足新世界的需求，虽然非洲奴隶劳动在热带主要产品和金矿业发展得比较充分，但其对殖民地和 19 世纪劳动力市场的影响是广泛的。奴隶和雇佣劳动之间错综复杂的关系构成了当前文献中的一个重要问题，不仅是传统意义上的从奴隶到雇佣劳动的过渡，更重要的是在商品和服务生产中，重叠的、往往是模糊的劳动关系模糊了奴隶和自由的区别。

本章从最近的文献中得到启发，对劳动力招募、分配和管理的主要模式进行了广
187 泛的调查，这些模式吸引了原住民、非洲和混血人种加入从 16 世纪初到 1850 年大西洋奴隶贸易灭绝时的殖民和后殖民经济。第一部分研究了征服后经济中不同形式的原住民强制劳动。主要的重点是 16 世纪在加勒比、新西班牙和秘鲁的发展；由于篇幅限制，本章不讨论 17、18 世纪其他地区的原住民劳动模式，这些地区之所以存在本质不同，不仅是因为不同的殖民项目（例如教区、牧场和军事边界），而且还因为种族间关系的具体情况。第二部分论述了主要以奴隶劳动为基础的混合制度的发展，主要集中在葡萄牙美洲，但也与西班牙美洲不同时期的不同地区进行了跨地区比较。除了回顾种植园和矿区的招募与管理的关键方面，本节还研究了奴隶制在非计划农业中的扩张，以及非奴隶人口在城市劳动力市场的参与。本章的第三个主要部分论述了主要以雇佣劳动为基础的混合制度的发展，特别强调从 16 世纪末到殖民时期的银矿区、殖民农业庄园和城市中心。这里强调的当前文献的一个更重要的特点在于空间、民族、社会和职业流动的模式，这些模式在这一时期区域劳动体系的发展和转型中具有特殊性。结论从 1850 年的有利位置出发，勾勒出殖民主义的遗产和结构性的连续性，使劳动力的招募和控制成为新的民族国家形成过程中的一个核心问题，其标志是深远的制度改革、政治不确定性和经济变革。

1. 殖民经济中的美洲劳工制度

1.1 新世界制度的加勒比起源

西班牙向加勒比地区扩张的第一阶段引入了劳工实践和政策，在许多方面影响了欧洲人和美洲印第安人之间的关系，对随后征服密集的大陆人口产生了重要影响。许 188
多主流文献都强调，劳工制度以极高的人命代价换来的相对较低的回报率是如何促成了这一实验，即莱斯利·辛普森所称，“剥削史上最惨烈的事件之一”。① 然而，最近的重新评估虽然证实甚至完善了人口灾难的结论，但也表明加勒比地区劳工的早期历史远远超出了拉斯·卡萨斯如此戏剧性地描述的破坏性影响。在这些岛屿上，西班牙人发现，要成功地招募、分配、控制和提取土著劳动价值，需要将武力、谈判、物质激励和制度工程巧妙地结合起来。

在哥伦布第一次航行后的十年间，一些西班牙冒险家最初试图发展奴隶贸易，将一些无助的阿拉瓦克和加勒比俘虏送回伊比利亚半岛。1492 年至 1511 年间，多达 1 700 名美洲印第安人被运往西班牙，但由于若干原因，这种早期的跨大西洋贩卖未能大规模展开，预示着整个美洲原住民奴隶制的发展将面临种种障碍。最重要的是，戴着锁链的美洲印第安人的到来立即引起了人们对奴隶制的道德基础的怀疑，开启了一场旷日持久的讨论，这场讨论将耗费法学家、教会人士和王室官员几十年的时间。直到 1504 年伊莎贝拉去世前，王室一直采取坚定的立场，反对滥加奴役这些潜在的臣民和纳税人，许多早年被抓的俘虏都被释放了。到 1501 年，在尼古拉斯·德奥万多（Nicolás de Ovando）队长的带领下，一支重要的远征队开始在伊斯帕尼奥拉岛上建立一个更长久的定居点，王室开始制定指导方针，概述在殖民者中分配原住民工人的条件。天主教君主的指示对如何进行这些分配仍然含糊不清，但他们确实提供了一个关于强制雇佣劳动基本原则的初始陈述。“为了开采黄金和执行我们指令的其他工程，必须使用印第安人的服务，你们将迫使其为我们服务，并向其支付你们认为应得的工资。”② 189

1502 年抵达伊斯帕尼奥拉岛后，奥万多及其大约由 2 500 人组成的探险队发现，迫使美洲印第安人为他们工作的任务并不那么简单，因为他们遇到了几个泰诺部落有组

---

① Lesley B. Simpson, *The Encomienda in New Spain*, rev. ed. (Berkeley, CA, 1966).

② Quoted in Simpson, *The Encomienda in New Spain*, 9 - 10.

织的抵抗，酋长们拒绝向西班牙人提供补给或劳动力。在担任总督期间，奥万多推广了两种向殖民者提供工人的基本形式，这两种形式早在15世纪90年代中期就已经被采用：通过捕获和奴役反叛团体，以及通过王室封臣的劳役分配。第一种形式的招募获得了一系列王室立法的法律支持，首先将加勒比人（被视作“食人族”）排除在全面禁止奴隶制的范围之外（1503年），然后坚持正义战争的理想，将其作为惩罚公开拒绝天主教的团体的一种形式（1504年），最后接受在赎金行动中购买的个人可以作为合法的俘虏（1506年）。王室的这些措施实际上是根据印第安群岛已经出现的需求和做法进行了调整。为了满足与其一起横渡大西洋的移民们的迫切需要，奥万多下令征讨伊斯帕尼奥拉西海岸的萨拉瓜（Xaragua）和该岛东端希圭（Higüey）地区的部落。对希圭的袭击涉及一个因素，这个因素在未来几个世纪里对整个拉美边境地区的劳动力招募起到了重要作用：远征采取私人企业的形式，被称为“远征”（Entadas）或“长时间突袭”（Cabalgadas），以准军事装备的形式组织，让人想起了在“再征服”（Reconquest）期间进行袭击的民兵，并类似于在加那利群岛和巴巴里海岸搜寻俘虏的远征队。

第二种也是最重要的劳工招募和派遣形式发展成为被称为“委托监护制”的制度，它也有中世纪的先例，在这些历史新环境下被重新配置。委托监护制作为一种社会制度和劳动制度，其起源和早期发展仍然有些不清楚，因为在文献中，“劳役摊派制”和“委托监护制”这两个术语在16世纪初有些混乱。虽然拉斯·卡萨斯断言奥万多“发明了残忍和暴虐的劳役摊派制”，但奥万多实际上是将哥伦布在1496年左右首次提出的做法制度化，当时他将酋长们分配给某些西班牙定居者。这些安排的细节仍然模糊不
190 清，但最有可能的是，这种招募形式主要依靠西班牙人和原住民领袖之间的联盟，他们将工人临时输送到新移民的科诺科（Conucos，丝兰地）和探矿区。通过将这些特权下放给西班牙在新大陆的第一代定居者，王室实际上是想奖励冒险家们的努力，并让印第安人皈依基督教且通过其劳动来创造财富。然而，导致这种替代性分配模式的主要原因可能是在岛上发现的，因为随着1502年2 500名淘金客的突然入侵，西班牙对原住民资源的需求增加，原住民首领在引导工人进入殖民生产领域方面越来越不合作。西班牙人很早就认识到，酋长们的合作是获取原住民劳动力的关键，这种认识后来成为西班牙和葡萄牙美洲组织原住民劳动力的模式。

直到1505年，奥万多监督了第一次“劳役摊派制”的总动员，才第一次协同努力评估和分配岛上的人力资源。然而，在某个时点，可能是在1505年至1506年分配“劳

役摊派”的印第安人期间，殖民当局开始将这些印第安人明确地“委派”给个别西班牙人。与零星的工人在有限的时间内被指派执行特定任务的情况截然不同，“委托监护制”包含了更广泛的权利和责任，正式将印第安人群体委托给西班牙监护人。作为向王室新臣收取货币、实物或劳务贡品的特权的回报，委托监护人负责印第安人的皈依和保护。这种做法在1513—1514年罗德里戈·德阿尔布克尔克（Rodrigo de Albuquerque）主持的“劳役总摊派”（Repartimiento General）中得到了巩固。作为“伊斯帕尼奥拉岛的卡西克人和印第安人的摊派人”，阿尔布克尔克将729个委托监护权与26 289名印第安人一起分发给了申请赠与的欧洲人。每份赠与都注明了酋长的名字，并提供了一些关于有劳动义务的印第安人数量的细节，包括纳沃里亚（Naboría，即原住民仆役）和印第安服务者（Indios de Servicio）。指定劳役摊派中原住民仆役开启了另一个重要的劳动程序，就是对前殖民劳动类别进行重新配置，以适应新兴西班牙经济的需求。在早期的分配中，原住民仆役归其西班牙受益人所有，直到新的劳役摊派发生。在阿尔布克尔克，他们和其他印第安人一样，遵守同样的规定，即服务委托监护人及其继承人两代人，之后委托监护权会被归还给王室，再重新分配给另一个受益人。毋 191
庸置疑，在造成人口灾难的可怕条件下，包括1518年爆发的大规模天花疫情，很少有原住民仆役和印第安服务者在完成其最初的委托监护义务之后继续存活。

从西班牙的角度来看，委托监护制奖励严重限制了原住民劳动力的分配和流动。委托监护权是根据受益人的地位、特权和对王室的服务来分配的，这意味着一些王室官员和有声望的定居者得到的份额要比其他大多数受赠者大得多。在1514年的分配中，不到12%的委托监护权中包括了超过44%的印第安人。王室保留了一定比例的印第安劳动力，可能是为了在公共工程中提供服务：4个共有1 503名印第安人的委托监护权被分配到国王，其中包括在阿尔布克尔克分配中最大的一笔赠与，即圣多明各的967名印第安人。哥伦布家族也占有重要的份额，享有4个委托监护权的1 148名印第安人。大多数殖民者在劳动力中获得的分配要少得多，每份赠与平均约有23名印第安人，不到哥伦布家族平均分配额的1/10。

虽然有人分析说，委托监护制是奴隶制的一种机制性变形，但事实上，这种制度促进了美洲印第安人区域间奴隶贸易的增长，推动了不同形式奴役的发展。事实上，赠与的不平等分配与人口下降共同刺激了以合法和非法手段获取俘虏的掠夺企业的组织。1505年第一次摊派后，奥万多认识到这一问题，他向王室递交了一份请愿书，请求允许向小安的列斯群岛（“附近的无用岛屿”）派遣远征队，将印第安人带回，以补充伊斯帕尼奥拉已经减少的人口。这些远征队获得了“救援军”的地位，随着人口灾难在波多黎各和古巴的复制，这些岛屿上的殖民者也装备了自己的远征队。到了1515年，除了较小的岛屿，西班牙突击队员开始在中美洲和南美洲的沿海地区巡视，以补充枯竭的劳动力。仅1516年，就有8支救援军从圣胡安出发，大部分前往美洲大陆，有的还获得了数百名奴隶。然而，并不是所有的俘虏都会成为奴隶，因为教会和行政官员根据俘虏的合法性，对奴隶和终身仆役（Naborías Perpetuos）进行了区分。即使是殖民当
192 局也难以理解二者之间的区别。有一次，一位皇家法官下令给库瓦瓜岛（Cubagua）的原住民仆役打上烙印，以便识别。与奴隶的烙印在脸颊上不同，原住民仆役的烙印在手臂上。然而，有一个非常重要的区别，即原住民仆役不能被出售，这预示着在今后几个世纪里美洲各地出现的其他形式的原住民奴役。

16世纪40年代，西班牙王室采取各种措施禁止印第安人奴隶制之后，加勒比地区这种最初的美洲印第安奴隶贸易一直持续到16世纪中叶，这部分是对人道主义呼吁的回应，但也是因为重新制定了旨在向更广泛的殖民分配劳动力的政策。虽然许多奴隶贩子在这些冒险中获得了可观的利润，但西班牙人很快就发现印第安奴隶贸易是一个没有吸引力的经济命题，因为从一个疾病环境带到另一个疾病环境的奴隶的存活率被证明是灾难性的，而进口非洲奴隶的可能性显示出更大的前景。到1530年，印第安劳工——实际上是整个原住民群体——在伊斯帕尼奥拉岛已经失去了重要性。随着西班牙企业家开发了新大陆的第一批糖厂，这些糖厂蓬勃发展，直到16世纪末巴西的糖业繁荣了近两个世纪后才将其关闭，岛上劳动力的构成迅速转向非洲奴隶。虽然约有200名原住民工人在伊斯帕尼奥拉的18个最大的工厂工作，但他们的人数远不及非洲奴隶（1 870人），甚至赶不上西班牙的雇佣劳动者（427人）。古巴和波多黎各也显现出类似趋势，而在同年副总督编制的圣胡安劳动力综合名单中，印第安奴隶和仆役有所增多：该报告列出了1 998名黑人（1 656名男性）、751名美洲印第安奴隶和333名原住民仆役，其中可能还包括委托监护人员。

16世纪40年代初《新法》的公布对加勒比地区产生了苦乐参半的影响，因为西班牙人的正义对定居者过度行为的抵制取得最初胜利。但对于在此前半个世纪中死去的无数奴隶、原住民仆役和委托监护的印第安人来说，这个胜利来得太晚了。当时，在三国同盟和印加帝国的征服后，殖民开采的重点已经发生了根本性的变化，

但早期的加勒比阶段已经暴露了劳动制度和人口下降之间悲惨而明确的相关性。它还为后来的殖民活动提供了一份地图，其中一些活动取得了积极和建设性的成果，但另一些活动则产生了与拉美经济史上这一真正令人沮丧的事件相同的灾难性影响。 193

1.2　新西班牙的委托监护制、印第安奴隶和强制劳动草案

1521 年 8 月，特诺奇蒂特兰的陷落标志着西班牙在新大陆的活动进入了一个新的阶段，这将涉及控制大量人力和物质资源的斗争。从墨西哥到安第斯地区，征服者及其原住民盟友以惊人的速度推翻了帝国、城邦和酋邦，但将征服后的早期“掠夺经济”转变为旨在攫取殖民财富的系统，则是一项更为艰巨的任务。早期，征服者的军队在很大程度上借鉴了他们在加勒比地区的经验，因为委托监护权赠与和印第安奴隶贸易仍然是获取原住民劳动力的主要手段。事实上，西班牙控制阿兹特克首都后，埃尔南·科尔特斯（Hernán Cortés）立即将委托监护权分配给他最杰出的士兵，将被征服的领主及其各自的下属人口委托给个别西班牙监护人，将“最好和最重要的省份与城市”留给王室。尽管王室对出现一个过于强大和独立的征服者群体很谨慎，但认为通过向征服者下放财产权和特权，将控制大量原住民人口和征收贡品的费用转移到征服者身上很方便，甚至可能是必要的。

然而，与加勒比地区的先例不同，墨西哥谷地以及后来在印加王国中心地带的委托监护权分配的规模非常大，尽管王室立法规定了一个低得多的限度，但许多单独的分配涉及数千个受封者。同时，委托监护权的接受者也不得不调整这种制度，以适应现有的贡赋和大规模招募劳动力的结构。虽然前殖民制度的许多组成单位深受征服的暴力动荡和随后爆发的流行病的影响，但它们提供了一个基本框架，支持了西班牙对搬运工、建筑工、农工、矿工和家庭用人的需求。在比岛屿更大的程度上，大陆上的委托监护制依赖于传统土著统治者的权威，以保证贡品的支付，并引导劳动力进入欧洲经济活动。虽然这意味着许多土著公社对其资源保持一定程度的控制，但实际上，委托监护制在形式、周期和数量上任意改变了从有关社区抽取的资源。正如恩里克·弗洛雷斯卡诺（Enrique Florescano）所强调的，阿兹特克人及其盟友建立的中央集权的劳动和进贡制度经历了“深刻的质的变化”，不仅分裂成由西班牙船长为私人利益而指挥的各 194

个单位，而且改变了工作的范围和意义。[①] 委托监护制还重新定义了纳贡人口：在新西班牙，除了其他群体外，它还包括被征服的世袭贵族、商人、手艺人和寡妇等社会群体，而这些群体在阿兹特克统治下多是被豁免的。

事实上，随着商业经济的扎根，对劳动力的需求迅速扩大。在征服后的几十年里，墨西哥出现了一场激烈而混乱的争论，争议焦点是附属平民（Macehuales）的服务，涉及委托监护权、教会利益、王室官员、原住民领主和企业界。事实证明，委托监护制附属的个人服务义务不足以满足殖民的要求，部分原因是少数特权者获得的赠与分配不均，还有部分原因则是存在制度性约束，限制贡品折为劳动，但也因为酋长们及其公社对无节制地剥削属民采取了限制措施。在征服后的几年里，由于对贡品和劳动力的要求越来越繁重——这个问题因人口下降而变得日益严重——印第安人试图在法庭上对评估提出异议，并要求修改贡品名单。西班牙人则早在 16 世纪 20 年代就开始探索招募劳动力的其他形式，包括奴役印第安人和非洲人，以及要求进行劳役摊派，以增加直接受王室控制的印第安人劳动。

虽然在这一时期，印第安人持续被运到岛上，但到 16 世纪 40 年代，在美洲大陆的主要殖民地，尽管受到当时王室制裁的极大限制，但印第安奴隶制还是得到了大规模发展。内部奴隶贸易提供的劳动力资源不仅面向未获得委托监护权的定居者，还流向了委托监护人，因为后者试图扩大其对已有劳动力资源的控制。大委托监护人（如科尔特斯）拥有成群的印第安奴隶，他们与非洲人、受委托监护的印第安人、被定罪的
195 罪犯以及矿场、糖厂和纺织厂的自由雇佣工人一起工作。在新西班牙，对原住民的合法奴役基本上来自两个方面：以赎金的形式从其原住民主人处购买的印第安人，战争中的俘虏。王室立法严格规定了对战俘的奴役，试图执行正义战争的规定，并保证王室享有 1/5 的俘虏。政府在奴隶们的脸颊上打上烙印，用以区分他们究竟是从原住民主人那里赎回来的，还是在边境的惩罚性远征中被抓来的。然而，由于边境战争主要是由私人团伙与其原住民盟友共同进行，因此，抓捕和贩卖奴隶往往会产生一些可疑的情况。即使是在中美洲殖民较密集的地区，那些无望获得即时财富的失落的西班牙人，也会组织私人武装突袭农民村落，抓捕印第安人并打上烙印。恰帕斯、危地马拉、洪都拉斯，特

① Enrique Florescano, "La formación de los trabajadores en la época colonial, 1521 - 1750," in E. Florescano et al., eds., *La clase obrera en la historia de México: De la Colonia al Imperio* (Mexico City, 1980), 25, emphasis added.

别是尼加拉瓜的一些地区人口严重下降，很可能更多是源于非法的恣意奴役，而不是疾病。

随着16世纪20年代后期开始的金银采掘潮，新西班牙对印第安奴隶的实质性需求增加了。在王室，委托监护的对象不能用于出售、出租、迁移，不能用于提供某些特定服务：王室多次试图遏制某些做法，其中就包括滥用搬运工，此种行径往往与高死亡率相关。奴隶则不受此种正规限制的规范。例如，科尔特斯将劳动力从其失败的特万特佩克（Tehuantepec）企业转移到更有前途的塔斯科（Taxco）矿场，这是有可能的，因为这些工人都是奴隶。正如罗伯特·阿斯克特（Robert Haskett）在其对塔斯科矿的研究中所表明的那样，科尔特斯和其他奴隶主所获取的俘虏来源甚广，有些来自墨西哥湾沿岸，有些则来自遥远的危地马拉。然而，在研究1549年科尔特斯的矿场清单时，阿斯克特发现，在这些矿场工作的奴隶，大多数都是在墨西哥中部被出售为奴的，极少数是在“正义战争”之类的战争中被俘虏的，而德斯科科的印第安人或许是在三国联盟投降后被烙印和出售的。此外，清单中列出的印第安奴隶有一半以上是妇女，这就提出了些有趣的问题，除了关于奴隶来源的问题外，还有关于早期矿区和庄园生产组织的问题。遗憾的是，这一时期奴隶价格和市场的相关资料相对较少。在西尔维奥·萨瓦拉（Silvio Zavala）等人研究的现有奴隶交易记录中，虽然印第安人的估价通常较低，但其价格波动很大。印第安奴隶的价格相对较低，实际上反映的并不是供应充足，而是奴 196
隶主对其生产效率、（特别是）寿命的期望不高。印第安奴隶具有很大的风险，特别是在从一个疾病环境转移到另一个环境时，更是如此。除了这种负面“搬迁成本”外，包括种族出身及逃亡或叛乱的倾向等在内的其他因素也增大了风险，影响了价格。①

由王室批准并由王室机构指挥的强制性劳役，是征服后向西班牙人提供原住民劳动力的第三种战略。在1549年正式建立新西班牙的劳役摊派制之前，直接隶属于王室的公社就以劳动力服务的形式提供了大量的投入，为公共工程项目输送工队，并在特定时间内为私人利益提供印第安服务。“集体劳动草案”借鉴了西班牙人之前的分配和组织形式，将纳瓦特尔语（Nahuatl）的“瓜特基特尔制”（Coatequitl）进行了殖民改写。在阿兹特克人的统治下，瓜特基特尔制中集体劳役构成了一个复杂的轮流劳役制

① On relocation costs, also an important element in the African slave trade, see Ralph Schlomovitz, “Forced Labor: An Overview,” in Seymour Drescher and Stanley Engerman, eds., *A Historical Guide to World Slavery* (Oxford, 1998).

度，以1/20的最小的贡品数量为基础，来自各区（Tlaxilacalli）的队伍为统治集团或公共工程提供服务，在道路、建筑、水利工程或农业地块上辛勤劳作。简而言之，该制度力求最大化集体劳动能力，并将对村庄的影响最小化。西班牙政府与雇员保留了这一制度的一些基本的集体和合作特征，采用了1/20的计数方法，进行了工艺专业化的公社分工，特别是在建造大教堂、修道院乃至私人住宅方面时，更是如此。16世纪30年代，在特拉斯卡拉（Tlaxcala），人口最多的领地（Señorío）从未授予任何委托监护人，王室当局和原住民领主规定，为了换取每年8 000法内格玉米的贡品，各区将每周轮流提供800名工人，分配给西班牙人或用于公共工程建设。

特拉斯卡拉的特殊地位源自其在征服中的作用，这使得该项早期试验成为可能，但到16世纪40年代，在若干因素共同作用下，此项劳动招募和分配制度得以从其他制
197 度中脱颖而出。对于印第安奴隶制及委托监护制下与强制劳动相关的虐待行为，反对呼声引发了对劳工问题越来越多的讨论，此时，巴托洛梅·德拉斯·卡萨斯和巴斯克·德基罗珈（Vasco de Quiroga）提出了极具分量的意见，促使王室推出广泛的制度性改革。从1542年的《新法》开始，到1549年建立劳役摊派制，王室废除了印第安人奴隶制，并剥夺了委托监护人滥用其治下劳动力的权利，从而深入改革了第一代征服者所享有的特权。到16世纪50年代，新西班牙的委托监护福利实际上已降为日益减少的年金，其基础是王室监察官设定的人头税。尽管“为正义而斗争”肯定在指导西班牙政策方面发挥了重要作用，但它并不能解释王室的全部意图。委托监护人重申其权利（限定为两代人）的永久性，而非委托监护人则要求获得本地劳动力（特别是在殖民经济中不断扩大的采矿和农牧业部门）。针对来自前者的压力和来自后者日益增大的需求，《新法》都做出了反应。此外，两个关键的偶然因素也决定了这一预期改革进程的结果。首先，在1545年至1548年间，墨西哥中部的原住民成为“大瘟疫”（Huey Cocoliztli）的受害者，疫情夺去了无数人的生命，对土地、劳动力和生产产生了直接的影响，远比王室正在推动的制度性调整更引人注目。大约在同一时间，在墨西哥城北部和西北部人烟稀少的边境地区发现了大量的银矿，对日益紧张的人力资源产生了更大的需求。

大约从1550年开始，王室开始对新西班牙的贡奉和劳工制度进行重大改革。然而，奇怪的是，正如查尔斯·吉布森（Charles Gibson）所言，集权式的劳役摊派制根据委托监护人来之前建立的模式，似乎首先恢复了种族界限和劳工征召。事实上，无论是修

订贡品时间表，还是组织防洪公共工程，总督和地方官员（Corregidores）都依赖于种族领地的记忆。但是，引入劳役摊派制和其他改革也被证明有着极大破坏性。在这一关键时刻，王室通过建立对强制性劳动分配和贡品征收的直接控制，坚定地维护了其在美洲的政治存在和权威，并创造了新的可能性，得以将财富输往国库。同时，旨在保护
印第安人免受私人利益集团虐待的政策，实际上促进了殖民经济的发展。原住民公社 198
的再安置增加了西班牙人获得土地的机会，劳工草案有选择地补贴生产，贡品必须以食物和玉米形式缴纳，而不再是多种商品形式，这都迫使印第安人进入雇佣劳动市场。人口急剧下降和16世纪40年代的矿业红利进一步引发了生产资源的重置，而欧洲企业开始取代原住民公社，向西班牙城镇和矿区供应食品和纺织品。

为了取代委托监护制下的劳动义务，劳役摊派制于1549年建立，在16世纪50年代开始大规模运作。根据修订后的进贡时间表，负责劳工招募的地方官员每周将指定数量的工人提交给劳役摊派的地方主管机构（即Juez Repartidor），该机构负责将不同的工队分给各个西班牙雇主，以完成特定任务，或在特定时间提供服务。目标是为合格的矿主和农场主（西班牙农民）提供稳定劳动力，且不会对印第安公社造成太大影响。作为王室保护原住民政策的一部分，劳役摊派制要求雇主以现金工资支付工人报酬，同时限定印第安人被迫工作的时长。工人每周轮班工作，每次工作结束后按王室机构规定的标准领取工资。农业定额随季节而变化；在除草、收割和灌溉期间，社区要派出其属民的2%，其他时期则派出1%。由于人口变化和不同城镇的具体安排，实际百分比有所波动，但在1550—1575年期间相当稳定。政府在紧急情况下会增大招募规模，但即便如此，对原住民公社的直接影响可能也不大。例如，在1555年的洪水期间，总督征召了大约6 000名工人修建一个巨大的堤坝，而当时潜在的附属劳动力超过200万人。① 在城市地区，特别是墨西哥城，原住民区在满足定额方面面临更大的困难，这不仅是因为人口减少，还因为对技术工人的需求更大，特别是在大型公共工程中的需求
更多。通过租借非洲奴隶和指派被判刑的罪犯，政府弥补了部分需求，但仍然要从边远 199
地区的其他社区征募劳动力。

在新西班牙的矿区，劳役摊派草案的重要性在空间和时间上有很大的不同。一些

① These figures were derived from Charles Gibson, The Aztecs under Spanish Rule (Stanford, CA, 1964), 225.

最繁荣的银矿位于北部边境的人烟稀少地区，这些地区的原住民很难被招募为可靠的劳动力来源。同时，与秘鲁同行不同的是，新西班牙的王室机构限制了劳役摊派制服务的范围，因此萨卡特卡斯等矿场超出了密集居住区的法定地理范围。然而，即使在该地区，为了给盐矿提供工人，劳役摊派制也是必需的，因为盐矿对提炼白银所用的混汞法至关重要，但却不能像银矿那般轻易吸引自由劳动力。靠近人口密集地区的银矿，如帕丘卡（Pachuca）和塔斯科，对劳役的依赖程度超出了萨卡特卡斯。但这些地区的矿主也很早就转向以非洲奴隶和自由雇佣劳动作为其主要工人来源，这意味着劳役主要充当了补贴，这也是矿主不断向王室抱怨的重要原因之一，他们寻求获得更多优惠，以助于支付其不断上升的生产成本。毕竟，劳役的工资远低于自由劳动力市场的工资水平。最后，正如罗伯特·阿斯克特所揭示的那样，原住民公社有时成功地再度维权或豁免，这表明印第安人在塑造劳动制度方面所付出的不仅仅是汗水和鲜血。正如我们将在下文中看到的，这些因素有利于雇佣劳动与矿石分成的混合制度发展。

正如吉布森所指出的那样，只要印第安人口足够多，西班牙雇主的数量足够有限，农业劳役就能很好地发挥作用。然而，1576 年至 1581 年期间，墨西哥中部的原住民人口遭遇第二次大规模流行病的严重打击，而原住民公社满足西班牙日益增长需求的相对能力达到了一个临界点。到 16 世纪末，劳役定额大幅上升，在墨西哥谷地的一些社区，收获季两倍的劳役需求量从占属民的 2%跃升至 10%。这种非自愿劳动力供应的新中断，促使庄园主和矿主通过其他途径寻找工人。一些较大的庄园可以使用非洲奴隶——事实上，在 16 世纪最后几年，新西班牙引进的奴隶数量迅速增加——然而，尽
200 管工资率不断上升，多数雇主还是试图达成私人合同，确保其所获得的印第安和梅斯蒂索劳动力份额。与此同时，王室试图遏制 17 世纪初该制度中一些更臭名昭著的滥用行为，禁止在农业和公共工程中使用劳役，维持该制度作为矿场的供应来源。虽然王室期望顺利过渡到由西班牙雇主和原住民工人之间的私人合同管理的劳动安排，但许多早期的做法仍然存在。直到 1632 年，经过颁布多道法令，摊派劳役制终被废除，但矿区仍可使用。与整个拉美历史上发生的其他多项废除不同，1632 年的法令并没有重组劳工制度；相反，它只是巩固了自 16 世纪末以来一直在推进的调整。正如查尔斯·吉布森所言，到 17 世纪 30 年代初，墨西哥谷地通过摊派劳役制向私人雇主提供的工人数量已经降至几近为零。

1.3　安第斯商业经济中崛起的委托监护制、亚纳科纳制和米达制

被征服后，安第斯地区劳动制度的发展轨迹与新西班牙有所不同，在重置前殖民时期的社会分层和劳动招募形式方面，差异更为显著。委托监护人之间的长期内乱，16世纪60年代之前该地区王室权威的相对薄弱，再加之原住民持续控制关键性生产和分配过程，这都意味着制度变革的时机和影响将有其独特性。如同在墨西哥一样，印加帝国陷落后，王室立即分封委托监护权，赋予原住民领主（Kurakas）及其臣民权利。在早期，秘鲁的委托监护制构成了卡伦·斯帕尔丁（Karen Spalding）所称的“更加制度化的掠夺形式”，但到了16世纪40年代，结构化的商业经济开始绽放，迅速增加了对原住民劳动力的需求。1545年在波托西发现的塞雷里科（Cerro Rico）银矿对地区经济发展产生了巨大的影响，该地区不仅致力于白银生产本身，还为迅速扩大的欧洲人口提供小麦、糖、橄榄、葡萄酒和牲畜，并为开采银山的矿工大军提供充足的古柯叶。在前印加帝国北部，西班牙人设立了总督辖区首府，对原住民资源的控制比南部安第斯中心地带开展得更快。伴随专门经营欧洲产品的农村庄园迅速发展，原住民人口的下降更为明显。由于面临着与墨西哥相同的法律限制，而且委托监护权集中在相对较少的西班牙人手中，劳动力显见难以满足新生企业日益增长的需求。更重要的是，原住民首领们通过其在殖民地劳资关系中扮演的关键角色，不仅控制了劳动力招募，而且还维护着其社区的集体利益，从而对委托监护制形成了更多限制。因此，成功的委托监护人是通过维护互惠关系而不是使用武力来挖掘社区资源和劳动力。然而，也有一些委托监护人，有时与原住民首领勾结，虐待其监护的劳动力，并通过非法出租印第安人获得额外收益，尤其是劳动力稀缺的市场上，通过租借给未获得委托监护权的人群来牟利。 201

16世纪期间，人口下降对安第斯地区的劳动力供应产生了不同的影响，尽管其规模无法与新西班牙相比，但16世纪40年代和70年代的严重疫情成为名副其实的人口分水岭。正如史蒂夫·斯特恩在其对瓦曼加（Huamanga）所做研究指出的，在这一调整的关键时期，“殖民地经济继续几乎完全依赖于安第斯社会体系的货物和劳动力，并由安第斯社会行为者、关系和传统来管理和控制”。① 与区域和国际市场相联系的生产

① Steve Stern, *Peru's Indian Peoples and the Challenge of Spanish Conquest*, rev. ed.（Madison, WI, 1993）, 40.

者探索了其他劳动安排，包括非洲奴隶制和早期的雇佣劳动形式，还与个别工人或原住民首领们达成私人合同，而原住民首领们则从其社区招募工人。虽然非洲奴隶的定期流动要到16世纪末才开始，彼时阿西恩托制度才牢固确立，但早在16世纪中叶，大多数活动中，殖民企业家就已经开始进口数量有限且相对昂贵的非洲奴隶，且通常是为了实现专业化或国内职能。然而，直接控制的工人的主要来源于前殖民时期的一类分工体制的重置，即亚纳科纳。在西班牙人之前，用安·怀特曼的话说，亚纳科纳构成了“一个社会群体，其特点是特殊承袭的服务关系，以及对国家人格化形成的皇帝或
202 地方精英的从属关系”。① 征服之后，许多亚纳科纳及其家庭都依附于西班牙人，在远征中担任侍从，或在庄园和纺织工厂做工人，诸如此类。西班牙人认为亚纳科纳身份是继承的，与新西班牙的阿兹特克赎金购买的奴隶不同。亚纳科纳成为西班牙领主的家属，领主们常常将其视作个人财产，出租其服务，甚至将其出售他人。一类特殊的亚纳科纳，即“皇家亚纳科纳”（Yanaconas del Rey），仍然是王室的直接依附者，在被王室官员传唤时，要接受劳役。随着时间推移，亚纳科纳发展成为农村和城市劳动力的重要形式，但伴随印第安人为了逃避朝贡和劳役责任，迁离其社区，亚纳科纳制假定的世袭身份被淡化，该类劳工有了更通用的含义。在托莱多改革之后，这个词相当于任何不受米达制劳役限制的非社区印第安人，尽管亚纳科纳确实必须每年向王室缴纳1比索的贡品。

在16世纪40年代和50年代波托西银矿开采的第一阶段，对亚纳科纳的依赖多少是偏弱的。虽然西班牙企业家获得了采矿权，但他们并没有完全控制生产过程，特别是没能控制提炼阶段。矿主与亚纳科纳签订合同，后者后来被称为“印第安巴拉”（Indios Varas<Varas 指其开采的矿脉长度>②）。合同中通常包含要交给矿主的具体定额，这意味着矿工保留了其从山上开采矿石的可变部分。采矿工人大部分是由被称为“阿皮里”（Apiri）的非技术搬运工组成的，西班牙人主要依靠原住民首领来提供这些工人，他们根据前殖民时期的做法组织劳役。精炼过程需要大量的熟练劳动力，而西班牙人之前的技术是使用风炉将熔融的银从矿石中分离出来。事实证明，只要容易获得高品位的矿石，这项技术就很有效。多达1.5万个风炉持续活跃着，早期繁荣直到16

① Ann Wightman, *Indigenous Migration and Social Change* (Durham, NC, 1990), 17.
② 译者注：合0.8359米。

世纪50年代才显示出枯竭的迹象。正如杰弗里·科尔（Jeffrey Cole）所认为的那样，到了16世纪60年代早期，生产低迷反常地导致了劳动力短缺，其原因与其说是人口减少，不如说是工人拒绝为较低的工资和日益减少的分配份额而劳作。根据科尔的说法，1561年，约有2万名印第安人居住在波托西，但只有300人受雇于矿场。一些矿主转向了非洲奴隶，但只取得了部分成功，因为引进奴隶的成本仍然很高，而且王室限制了通
过阿西恩托制进口的奴隶数量。此外，一种普遍的看法是，非洲工人在高原地区的表现 203
很差，因为他们特别容易患呼吸道疾病，这与高原印第安人在潮湿的低地工作表现不佳有相似道理。

劳工危机是一场更大规模运动的核心，斯特恩将其定为“历史分水岭”：其结果是有效地巩固了征服，使安第斯社区从属于殖民国家。如同在墨西哥一样，王室此时的干预既是为了调解冲突，也是为了直接控制贡品的收集和劳动力分配。委托监护人对稀缺劳动力的争端日益加剧感到恐惧，他们向王室施加压力，要求获得更大的特权，试图将他们的委托监护权转变为永久赠与。原住民首领们则以不同提议对抗，他们有一次向腓力二世（Philip II）提出支付一笔可观款项，以完全废除委托监护制。托马斯·阿伯克龙比（Thomas Abercrombie）曾对上述提议作出描述。① 虽然这是原住民领袖如何寻求与王室直接谈判的一个例子，但他们还采取了更直接的对抗立场，拒绝提供所需的劳动力，与此同时，明显的反殖民抵抗运动的出现对西班牙秘鲁的生存构成了更大的威胁。在这种情况下，具有丰富殖民经验的作家，特别是胡安·波洛·德翁德加尔多（Juan Polo de Ondegardo）和胡安·德马蒂恩佐（Juan de Matienzo）起草了详细的报告和建议，努力解决劳动力问题，不仅考虑到殖民经济的需求，还考虑到安第斯地区结构和特征的弹性，这为重振停滞不前的银矿经济提供了有用的钥匙。新制度最突出的特点是扩大和集中了轮换劳动力的范围，涵盖了中长期移民。西班牙化的“米达”（Mita）让人联想到被征服前的“mit'a”——指在社区内或为印加国王进行的服务轮换，其字面意思是“轮流”，它构成了一种摊派劳役形式，主要功能是将强制性的劳役按不平等的份额分配给私人殖民企业家。虽然主要受益者是采矿业，但米达草案也在农业和城市制造业部门中配给工人，特别是在主要银矿和汞矿无法到达的地区进行劳工分配。然而，在规模、范围、功能和延续时间方面，安第斯地区的米达与新西班牙的

① Thomas Abercrombie, *Pathways of Memory and Power* (Madison, WI, 1998), 223.

摊派劳役制有很大不同。

16世纪70年代初，与弗朗西斯科·德托莱多（Francisco de Toledo）总督实施的改
204 革相结合，米达制极大地推动了矿业经济的发展，为这个正在进入繁荣阶段的行业提供了丰富而廉价的劳动力。新的混汞法允许加工低品位的矿石，并显著提高了生产效率，这就需要稳定的汞供应，还需要建设水力驱动的捣碎工场。在托莱多式米达制的早期，相当一部分强制劳动力在工场建设项目及其相关的水力工程项目中辛勤工作，其中，大多数人为“阿皮里”工种，他们作为矿石运输者，面临着恶劣的工作条件和沉重的生产定额。波托西的米达制吸引了不同地区的工人，其地理范围远远超过了新西班牙所允许的范围，大致覆盖了前殖民时期印加帝国的科利亚苏尤（Qulla Suyu）区域。每年占属民1/7的人口会被派至16个“都督区”（Capitanias）执行任务，这大致复刻了印加帝国使用的“mit’a”系统，但引入了完全不同的含义。原住民首领担任米达队长，负责将工人送到矿区，并监督工作班次的安排。到1578年，超过1.4万工人组成了劳役大队（被称为mita gruesa），他们被等分为三部分，每班（称为mita ordinaria）工作一周，休息两周。从11个都督辖区中抽调出了一支小规模队伍，在万卡韦利卡汞矿中轮流服务，每年约有2 200名印第安人被分配到这里。这些汞矿的死亡率和伤残率都很高，无论工资多高，都无法吸引足够数量的自愿移民劳工，因此比银矿更依赖强制劳动。而且不同于波托西，在完成这里的规定期限后，米达工人（Mitayos）拒绝继续工作。

在波托西的繁荣时期（约1575—1615），米达制为矿场提供了大量的资源。在最繁重和最危险的工作中，业主可以用廉价的劳动力替代自由雇佣劳动。1603年出版的名篇《波托西城镇与矿山描述》（Descripción de la Villa y Minas de Potosí）详细说明了米达工人与明加工人（自由雇佣劳工）之间的劳动分工。根据这份匿名报告，在直接参与采矿业的1.9万多名工人中，有4 000人被列为米达矿工，其中大部分是“阿皮里”搬运工，而只有600名明加工人在矿场内工作，可能大部分是做矿工。在炼油工作中，上述数字是完全颠倒的；也就是说，只有600名米达工人，却有4 000名明加工人。①
205 然而，由于个人劳工经常在不同类别间切换，这种明确区分米达工人与明加工人的做法可能存在一定误导。事实上，劳役轮作的另一大特点是增加了自由劳动力的数量，因

① 数字摘自 Jeffrey Cole, *The Potosí Mita, 1500－1700*（Stanford, CA, 1985）。

为在两班之间的休息时间（huelga），米达工人经常被雇为明加工人。在执行劳役期间，家人陪伴形式的存在，进一步增加了这种“非值勤”的米达劳动力。在整个 17 世纪，米达作为劳动力的来源稳步下降，但其作为矿业补贴的重要作用仍在发挥。虽然社区义务仍然很重，但许多原住民领主并未足额提供工人，也未支付现金替代米达工人。有时，个人雇人来替班；有时，则是没有得到配额的庄园主或矿家预付现金，确保工人在履行米达义务之外为其工作。在逃避和减免的情况下，正如恩里克·坦德特尔（Enrique Tandeter）在其对该制度的细致研究中所显示的那样，米达的性质从劳动力补贴转变为从附属社区提取的金钱租金。17 世纪和 18 世纪，王室曾在不同场合试图强制执行、改革甚至废除此项制度，而波托西米达却一直延续到了 19 世纪。但是，在托莱多总督返回欧洲之前，混合劳动制度的基本轮廓就已经确立。殖民国家指导的强制征兵在重组采矿业方面发挥了重要作用，但殖民企业家——包括米达的受益人——主要依靠私人安排来保证工人的稳定供应。

2. 非洲奴隶

2.1　新的世界需求模式

在 16 世纪期间，伴随多个因素共同推动跨大西洋贸易的扩张，非洲奴隶成为对殖民企业家越来越有吸引力的劳动力选择。美洲印第安人人口急剧减少，导致需要从其他地区进口工人，在一些显示出前景的地区尤为突出，这里的糖、烟草、可可和其他热带主要产品开始成为殖民财富来源。对邻近地区原住民强制性重新安置，不论是定为奴隶、劳役或是教区居民，都要求极大投入。在欧洲扩张的早期阶段，投入尤高，但高死亡率、土著人抵抗以及对恶劣条件的道德抵制，使得强迫原住民劳动变得越来越昂 206
贵和不可靠。事实上，在某些关键时刻，从奴隶买方的角度来看，非洲奴隶比其他可用的劳动力形式更具明显优势。例如，正如斯图尔特·施瓦茨在 16 世纪末和 17 世纪初巴西糖料作物种植园的案例中所展示的，种植园主和工厂主越来越多地转向非洲奴隶，因为与各种形式的强制劳动及本地自由劳动力相比，奴隶具有明显的比较优势。

虽然新世界的劳动力需求在很大程度上解释了非洲奴隶在美洲的起源、发展和巩固，但奴隶制的选择也源于其他考虑。毕竟，正如富兰克林·奈特（Franklin Knight）

所言，奴隶“既是交换的商品，也是潜在的劳动要素”。① 美洲买主获取非洲奴隶，主要是作为劳动投入，但奴隶也提供了一种有趣的选择，既是一种产生租金的投资，还可以作为社会差异的外在标志（尤其是在西班牙美洲的城市）。在更广泛的范围内，伊比利亚各君主积极鼓励奴隶贸易，不仅因为奴隶贸易有可能成为财政收入的来源，而且因为奴隶贸易表面上提供了一种可以接受的替代方式，能够代替已经日益引起道德愤慨的本地强制劳动形式。虽然也有微弱声音反对这种贩卖人口的不道德行为，但在18世纪，除了奴隶本身，几乎没人反对非洲奴隶，而直到19世纪末，非洲奴隶仍然是拉美各地一种重要劳动安排。

美洲的第一批非洲奴隶很可能是在1502年随奥万多的船队抵达的，但早期的这代人仅散布于矿业和农业。到加勒比的早期奴隶大多来自伊比利亚半岛，他们在此掌握了语言和职业技能，来到美洲后主要充当家仆、工匠和士兵。1518年前后，卡斯蒂利亚王室与私人奴隶贩子签订了第一份合同，此时恰爆发了灾难性的天花疫情，虽然不清楚该合同是否涉及从西非直接向加勒比地区运送奴隶，但到了16世纪20年代，圣多
207 明各和波多黎各先进的糖料作物种植园主开始主要依赖非洲奴隶，这些奴隶与人数不断下降的美洲印第安人及来自欧洲的雇佣工人一起工作。征服大陆帝国和酋邦的过程中，非洲奴隶士兵大量参与；在此之后，西班牙美洲对非洲劳动力的需求起初增长速度不大；但在16世纪最后几年，为了应对土著人口的减少及不断变化的美洲印第安人劳役形式，也为了支持西班牙在新世界的特定经济部门，西班牙美洲对非洲奴隶的需求规模和强度大大增加。在糖、葡萄酒和小麦庄园以及银矿、金矿、城市家政服务、造船业和各种专业手工业中，非洲奴隶和自由黑人发挥了重要作用。到16世纪末，在大多数西班牙美洲城市中，尽管非洲人在殖民地总人口中的占比仍然较小，但其人数已经超过欧洲人。

在殖民时期和早期国家时期，为了应对新经济部门的出现，并对替代性劳动的相对可得性和可取性做出反应，对非洲奴隶的需求在空间上和时间上发生了很大变化。在墨西哥，不同的糖业生产浪潮与非洲奴隶的进口联系在一起，出现了重要的种植区（特别是在韦拉克鲁斯）。在17世纪中叶，新西班牙的奴隶人口达到高峰，约为3.5万人（不及总督辖区总人口的2%），此后，尽管韦拉克鲁斯州科尔多瓦的种植园经济曾

① Franklin Knight, “Slavery and Lagging Capitalism in the Spanish and Portuguese American Empires, 1492 - 1713,” in B. Solow, ed., *Slavery and the Rise of the Atlantic System* (Cambridge, 1991), 65 - 6.

在18世纪出现了短暂扩张，但奴隶人口却不断下降。在秘鲁总督区，到16世纪末，非洲奴隶构成了殖民人口的重要组成部分，在靠近太平洋海岸的城市地区，以及在发展甘蔗种植园和葡萄酒庄园的沿海谷底，到17世纪中期，约有10万名奴隶。与墨西哥不同的是，在整个殖民时期，新西班牙总督辖区对奴隶的需求相对稳定，在18世纪末，仍有约9万名奴隶。南美洲北部的其他地区则对具体需求作出反应，如巴巴科斯和乔科的金矿区，或委内瑞拉的可可产区等。最后，在拉普拉塔地区，甚至在总督区建立之前，非洲奴隶就已成为城市人口的重要组成，并在糖料作物种植园、葡萄园和养牛场的早期发展中发挥了重要作用，成为委托监护劳动的替代方案（特别是在科尔多瓦和图库曼）。18世纪末，随着该地区更有活力地融入大西洋商业圈，奴隶供应的增加支撑了 208
城市劳动力市场，并为河口两岸一些较大的庄园提供了稳定的奴隶。

在西班牙加勒比地区，到16世纪最后25年，早期的奴隶进口已经减少，因为制糖业的市场已经被墨西哥和巴西的生产者抢走。在整个17世纪，非洲人的输入时断时续，他们主要是为城市和军事工作，但到了18世纪下半叶，加勒比岛屿再次果断地融入大西洋经济。在古巴、波多黎各以及圣多明各（规模略小），糖业重生并飞速发展，与之相伴，跨大西洋奴隶贸易迅速扩张，对奴隶劳动的剥削也更为密集。对企业家而言，非洲奴隶是迄今为止最好的选择。岛上的自由白人、梅斯蒂索人、克里奥尔奴隶和被解放的奴隶（Manumisos，自由人）不易转为种植园劳动力，因为奴隶大多从事城市职业，而大部分农村人口则在小地产务农。圣多明各奴隶革命成功后，糖业和随后的咖啡生产得到了更大的推动。面对日益增长的国际压力，对西班牙加勒比地区的奴隶贸易在19世纪30年代达到了顶峰，但直到19世纪60年代早期，奴隶仍在秘密运送，而种植园主开始接受非洲奴隶和自由劳动的替代方案。追随邻近制糖岛屿的模式，他们首先尝试用来自亚洲的合同工来满足需求，在19世纪中期，有多达10万名中国工人进入古巴。但是，通过从16世纪初的遥远传统中汲取灵感，他们接收了几千名玛雅印第安人，这些人因参加1847年结束的尤卡坦“种族战争”而受到惩罚，沦为奴隶。

对奴隶的最大需求来自葡萄牙美洲，巴西接收了16世纪中叶至1850年跨越大西洋运输的大部分奴隶。最近的修订估计表明，巴西奴隶贸易中被出售的非洲人多达400万，其中一半以上是在跨大西洋贸易的最后一个世纪抵达的，仅在最后30年就有超比例的奴隶（约115万）到达。东北部沿海都督区制糖业的扩张为奴隶进口提供了最初 209
的动力；17世纪末，在米纳斯吉拉斯州发现了冲积金矿，再加之19世纪咖啡种植园的发展，都形成了对奴隶劳动力的强烈需求。但奴隶购买并不限于这些部门，随着粮食生产、牧牛和城市服务等附属经济活动的出现，奴隶人数也相应增加。在殖民时期的大部分时间里，巴西买主比西班牙美洲的买主享有更大优势，因为对西班牙殖民地的奴隶供应仍然受制于阿西恩托条款。虽然葡萄牙王室对奴隶征收重税，并建立了垄断公司，以促进马拉尼昂（Maranhão）和格拉欧帕拉（Grão Pará）北部殖民地的非洲奴隶的使用，但在大多数情况下，贸易仍然向所有远航的葡萄牙臣民开放。由此产生了供应弹性，使得在整个跨大西洋贸易期间，广大买家都能买到奴隶。正如路易斯·费利佩·德阿伦卡斯特罗（Luiz Felipe de Alencastro）所言，到 17 世纪中期，（如果不是大多数的话也有）许多奴隶贸易从萨尔瓦多或里约热内卢而不是里斯本出发，这种生产区与再生产区的全面整合构成了葡萄牙在南大西洋的殖民主义。①

在其企业组织、人口特征及奴隶的时间与空间分布方面，跨大西洋奴隶贸易的结构已有精细研究，但西班牙和葡萄牙美洲境内奴隶市场的实际运作情况却鲜为人知。从 17 世纪初的耶稣会士阿隆索·德桑多瓦尔（Alonso de Sandoval）到 19 世纪的英国和法国旅行者，大量观察家详细描述了海滨仓库的肮脏条件及买家检查其欲购买的商品时的非人道做法，但对价格和交易程序的报告却多少有些简略。实际上，奴隶买卖有多种方式，在卡塔赫纳、韦拉克鲁斯、萨尔瓦多或里约热内卢公开市场上，有着对新到非洲人荒诞不经的公开拍卖；在公证处，还有着个人所有者之间的私单销售。在入境口岸购买的奴隶往往要经历第二段旅程，有时比中间通道更漫长、更艰苦，到遥远的矿区、
210 种植园或城市地区，在那里再次被卖掉。一些大型企业，如 19 世纪上半叶位于巴西的英国皇家圣约翰矿业公司（St. John d'El Rey Mining Company），派自己的代理人直接在海湾仓库购买奴隶。

在奴隶经济中，劳动力市场主要是对种植园主和矿主的利益作出反应。大奴隶主的决策依据不仅来自不断替换丧失能力、逃跑或死亡的奴隶的需要，还来自对其产品的市场状况的评估。少数工场主和矿场经营者参与了奴隶经营，但大多数人依靠商业中介，这就涉及越来越复杂的信用体系。在矿区，商人通常收现金出售奴隶，这不仅是因为现金很容易得到，还因为在边疆地区收债相对困难。在主要产品生产较稳定的地区，在土地、工艺改良、未来作物及（尤其是）奴隶上，工场主和种植园主拥有相当

① Luiz Felipe de Alencastro, O Trato dos Viventes (São Paulo, 2000).

大的股份，因此，商人更愿意赊销奴隶。此外，虽然奴隶贸易往往遵循非洲的商业和政治趋势，但美洲的买主在年龄、性别和出身方面形成了某些偏好，这往往反映在对不同族裔奴隶的不同定价上。在美洲各地，关于抗病能力、体力、生产力、技能和基因适应性等想法，奴隶主建立了特定的分类，往往与关于不同奴隶逃跑、自杀或叛乱倾向的想法相对立。在新世界实施奴隶制的前几个世纪，奴隶主们积累了观察和分类经验，但到了 19 世纪，这些看法也开始与越来越多的关于种族的科学与伪科学文献相呼应。例如，根据身体和行为特征，19 世纪里约热内卢咖啡种植者的流行指南对不同的民族血统进行分类，并将其与相对工作能力联系起来。根据伊拉·柏林（Ira Berlin）和菲利普·摩根（Philip Morgan）的说法，“理性计算和毫无根据的陈规定型观念混合，共同指导了各种奴隶制度中劳动力的建设”。①

关于奴隶市场，拉美最好的数据来自古巴和巴西，尽管最系统的价格收集和分析集中在奴隶制的最后几年，即 1850 年左右奴隶贸易消失到 19 世纪 80 年代最后废除奴隶制之间。即便如此，许多信息也未能反映真实的交易，因为这些信息是基于为遗嘱清 211
册或税务目的所作的评估，以及债务法律纠纷的裁决。这一点很重要，因为正如戴维·格兰森（David Galenson）在其对巴巴多斯奴隶拍卖的研究中所表明的那样，有效交易中，奴隶价格的构成极为复杂，是由错综复杂的情境和偶然因素组成的。然而，部分现有研究从公证登记册中记录的销售交易中筛选出价格，其中最完整的研究涵盖了 1790 年至 1880 年期间古巴三个地区约 2.3 万笔销售。虽然这是一个有意义的样本，有丰富的民族血统和性别构成信息，但贝尔加德（Bergad）、伊格雷西亚斯（Iglesias）和巴尔西亚（Barcia）提供的数据可能更多指向城市奴隶，而非种植园奴隶，因为职业信息不够详细，无法确定购买奴隶的目的地。无论如何，正如作者所称，价格系列及其分析确实“代表了古巴殖民时期奴隶市场的一般情况”，为今后对其他地区奴隶市场的研究提供了一个有益的选题。②

就巴西而言，莱尔德·贝尔加德对米纳斯吉拉斯州近 150 年的奴隶价格趋势进行了

① Ira Berlin and Philip Morgan, eds., *The Slave Economy: Independent Production by Slaves in the Americas* (London, 1991), 11.

② David Galenson, *Traders, Planters, and Slaves: Market Behavior in Early English America* (Cambridge, 1986); Laird Bergad, Fe Iglesias García, and María del Carmen Barcia, *The Cuban Slave Market*, 1790 - 1880 (Cambridge, 1995).

部分研究。他主要依靠从遗嘱财产中获得的数据，确定了三个时期，并对这三个时期的价格行为提出了不同的解释。起初，在黄金和钻石开采的繁荣与萧条周期（1715—1780）中，奴隶价格的制定基于奴隶劳动力的供应以及相对其他竞争性地区较高的运输成本；为了适应采矿需求，国际奴隶贸易重调其数量，奴隶价格随之实现了一定的稳定。事实上，在 17 世纪下半叶，每年平均约有 7 000 名非洲人被运往巴西，而到 18 世纪 40 年代，这一数字猛增到每年超过 1.7 万。在采矿业衰落之后，在 1781—1817 年期间，在剧烈的国际动荡中，奴隶价格却呈现出惊人的稳定。贝尔加德认为，这可以归因于对奴隶进口的依赖性降低，这不仅是由于黄金生产的经济衰退，也是由于奴隶人口的内部再生产。最后，第三个时期与咖啡生产的扩大有关（尽管不在贝尔加德研究的
212 地区），这与结束奴隶贸易的压力一起，推动了价格上涨，使奴隶价格在 19 世纪 20 年代翻了一番。这一分析最具有启发性的方面也许是确立了价格与利润率之间的关系，不仅表明高利润企业（例如新建钻石矿或咖啡区）对优质奴隶的出价相应较高，而且表明即使在利润较低的地区，经济部门或地区之间的竞争也会使价格上涨。奴隶市场的这一层面还有待更详细的研究，但许多证据表明，奴隶集中度和构成方面的区域与部门差异，可能与市场和价格变量及职业专业化问题有同样大的关系。

2.2 组织与管理

新大陆的奴隶制构成了一个极其多样化和复杂的社会关系体系，但在其几乎所有的变化中，工作仍然是其核心组织特征。大量文献表明，许多因素决定了不同地方和不同时期奴隶制下的特殊安排：特定作物或矿物的生产技术和组织要求、奴隶贸易的变迁、相对要素比例（特别是与土地的关系）、奴隶庄园的规模以及主人和奴隶的生命周期等等。同时，人们越来越重视奴隶制在非出口活动中的重要性和奴隶本身，这使人们对这一制度的看法有了很大的修正，因为过去是以大种植园和主奴二分法的双重形象来衡量的。综合目前的观点，戴尔·托米奇（Dale Tomich）写道：“奴隶社会……涉及两种相互关联和重叠的经济：一种是由主人组织和为主人组织的，尽管受到奴隶的质疑和制约；另一种是由奴隶组织和为奴隶组织的，尽管受到主人的质疑和制约。”①

---

① Dale Tomich, “Une Petite Guinée: Provision Ground and Plantation in Martinique, 1830 - 1848,” in I. Berlin and P. Morgan, eds., *The Slave Economy*, 68 - 9.

通过近乎垄断的暴力，借助保护其对于财产多属恣意控制的法律制度，主人享有明显的优势；但通过不屈不挠地捍卫其日常权利，奴隶日益获得越来越大的优势。事实上，无论是对巴西、加勒比，还是对旧南方的研究，有越来越多的研究承认，奴隶经济中存在多种习惯做法，能够调节工作节奏的速度、强度。追求利润最大化的主人可能会 213
对奴隶严加逼迫，特别是在产品价格有利的时期，但总是面对着奴隶的拒绝，后者拒绝进行既定条件之外的生产。由于谈判制度的空间很小，工人们挥舞着其他武器，来遏制大多数主人的过激行为：经常使用的权宜之计包括减慢工作速度和停工、旷工和逃跑。少数情况下，奴隶们会公然使用暴力，包括谋杀监工甚至主人，以及威胁进行暴动，有时会产生血腥后果。

原则上，奴隶制涉及一种互惠关系。主人可以从奴隶身上榨取劳动，但作为回报，他们应该提供食物、义务、住所和宗教指导。这些义务构成了早期现代伊比利亚法规和宗教规范的一部分，虽然没有奴隶主拒绝其奴隶的劳动，但在向奴隶提供食物和衣物方面，许多奴隶主被证明是懈怠的；尤其在跨大西洋贸易继续以有吸引力的价格提供奴隶时，就更是如此。然而，无论法律和制度框架如何有利于主人，允许其以任何方式处置财产，奴隶制也涉及一套微妙的关系，在美洲历史上在工作场所发展。随着时间的推移，理论上主仆关系所带来的严格依赖性已经发生了变化，除了口粮和天主教洗礼外，奴隶主还发现，他们分配供应地，并允许奴隶遵守其他宗教习俗。这些内容被主人视为谨慎的让步，被奴隶视为获得的权利，很少被编入正式法律，但往往是管理论述中详细建议的重要组成部分。虽然人们很容易将这些特征视为独立奴隶经济和文化的发展，但实际上它们构成了新世界奴隶制的核心要素。

16 世纪末和 17 世纪初，巴西东北部为主要以非洲奴隶制为基础的种植园综合体的全面发展提供了最初的环境。虽然种植园主和工厂主曾尝试过不同形式的印第安人强制劳动，但很快就发现，未来的任何扩张都将与大西洋彼岸稳定的奴隶供应密不可分。在各不同阶段，糖业生产都需要大量的劳动力投入，因此，获得和维持一支稳定的奴隶队伍，是种植者需要进行的主要投资之一。刻意转向非洲劳动力带来了一定的优势，特 214
别是在抵御流行病激增方面，因为流行病一再使原住民死亡，但它也带来了新的风险和成本。奴隶主面临着相当大的支出，购买奴隶所需的初始支出、不同的胁迫和维持费用，以及不可预测的更替率。同时，各种形式的抵抗构成了持续的威胁：例如，逃离种植园的情况比较频繁，这不仅妨碍生产，而且还需要补贴准军事部队，以抓捕逃跑的奴隶和镇压逃奴堡（Quilombo，黑奴社区）。

有些种植园集中了100多名奴隶，而殖民时期大多数“恩热纽”（有工厂的甘蔗种植园）只有60至80名常住奴隶。拥有大量劳动力的优势在于可以组织额外的轮班，但也有不足之处，那就是很难让所有的奴隶持续不断地工作，特别是在生产周期的空闲期。为了增加产糖量，工厂主与蔗农（Lavradores de Cana）达成协议，后者在小块地产上指挥自己的奴隶（通常10个左右），并将一半的作物让给工厂主，以获得加工另一半作物的特权。虽然一些蔗农拥有土地所有权，但其他蔗农则通过不同的合同协议从“恩热纽”那里租赁土地，并将更多的甘蔗交给工厂主。根据需要，这些规模较小的劳动队伍可以向较大的庄园租赁或借用奴隶，来扩大队伍。在“恩热纽”，大部分奴隶都是田间劳力，但劳动力也包括各种不同的职业，涉及不同程度的专业技能，包括：不熟练或半熟练的砍蔗工、驯牛工、搬运工，高度熟练的工厂工匠，或更有声望的职业，如家仆，甚至工头或监工（Feitores）。这种职业结构反映为不同的奴隶价格，并与迅速发展的种族等级制度密切相关，此项制度区分了新来的非洲人（Boçais）与“经验丰富”的拉迪诺人（Ladino）、非洲人与克里奥尔人、黑人与穆拉托人，还把奴隶与自由黑人区分开来。除了职业、种族和年龄的划分外，制糖业中的奴隶制还涉及性别分工，尽管男女比例通常高达2∶1，特别是在购买新的非洲奴隶之后的时期。男性和女性都担任田间劳力，但男性承担较重的任务，如垦荒和砍柴。女奴与男性一起砍伐甘蔗
215 和捆绑甘蔗，通常与一名男奴结伴工作。在制糖阶段，这种分工似乎也遵循着同样的逻辑，即较重和较危险的任务由男性承担，较轻的任务则由女性承担，但要求更精准。不过，男奴彻底主导了其他活动，如运输，不论是船运、牛车运输，还是挑夫。

在努力灌输和执行劳动纪律时，奴隶主采用了不同的策略，从积极的激励措施到严格的监督，再到严厉的体罚。虽然奴隶治理的理论和做法是为了提高生产力和利润率，但也必须考虑到导致奴隶以各种形式反抗的根源。正如加温·赖特（Gavin Wright）所言，“奴隶制的经济实质涉及主人在市场活动与非市场活动之间分配劳动时间的能力”。① 主人试图让奴隶尽可能地忙于工作，而在种植和收获的季节性节奏下，人力需求急剧波动，主人们面临相当大的挑战。在农业领域需求不大的时期，奴隶主将奴隶的活动转向其他集体任务，包括清理道路、建造和修复建筑物，以及在其他地产上

① Gavin Wright, *The Political Economy of the Cotton South* (New York, 1978), 6.

从事工作。

在农业和采矿业的较大单位，普遍存在两种基本组织制度：团伙与任务。团伙劳动涉及对密切监督的投资，而任务制则给予奴隶一定的自主权，只要奴隶按时完成他的定额。两种制度各有利弊，在某些情况下，两种形式可以同时或按季节出现在一个生产部门。两种制度在糖业生产联合体中都发挥了关键作用，因为奴隶主部署团伙开荒，并在生长季节为甘蔗田除草，这两项活动都涉及繁重和不愉快的工作。在甘蔗的砍伐、捆绑和运往工厂的过程中，似乎更倾向于任务制。在大庄园和甘蔗农场，砍蔗人都是结对工作，交替进行砍蔗和捆绑其每日定额，或者说“tarefa”（也即“任务”）。分配的定额显然随着时间的推移而变化：现有证据表明，在17世纪，奴隶被要求每天交出多达7手（mão，即50捆）或4 200根甘蔗。到了18世纪，规定数量略小一些，这可能是该制度取得一定稳定后进行调整的结果。定额的大小当然仍是组织劳动时间和纪律的核 216
心特征。相当于美洲其他种植园区的任务制，每日定额的大小不仅决定了工作负荷的繁重程度，还决定了奴隶们手中有多少“自由”的时间。这种额外的时间往往由种植园的其他需求来填补。但是，奴隶们也可以利用这些时间来打理自己的花园或捕鱼，随着供应地（Roças）的广泛传播，就更是如此了。一个值得注意的例子是，在18世纪末，桑塔纳种植园的反叛奴隶提出的基本要求就是减少每日定额，若此条件得到满足，他们就回去工作。

但是，这种特殊情况远非常规。毫无疑问，奴隶在奴隶制的发展中发挥了关键作用，但他们如此举措是违背奴隶主设定的条件的，也违反王室法律认可的规则。任务制固然提供了一定的自主权，但整个工作进程始终受到严格的监督。把供给地让给种植园奴隶，构成了这一更大进程的另一部分，涉及主人和奴隶之间对时间控制权的斗争。供给地种植可能在糖业经济中很早就发展起来了，因为奴隶主发现这是降低成本的有效途径，同时也是对奴隶的一种激励。一些历史学家和人类学家认为，这种做法构成了僵化的计划农业体系中的“农民突破”，奴隶作为“原农”（Proto-Peasant）开辟了独立的生产领域。虽然零散的证据确实表明，奴隶们独立地组织了粮食生产，甚至将剩余的粮食销售出去，但只要庄园主继续对奴隶的时间和土地使用权拥有最终的权力，开荒仍然是种植园的一个组成部分。然而，随着这种做法从一种随意性让步发展为一项综合权利，在减少为主人生产财富的专用有效劳动时间方面，奴隶们的斗争获得了一定的成效。

2.3　种植园外的奴隶

虽然种植园和矿场的产出主要面向外部市场，但它们也产生了对货物和服务的内
217 部需求，从而使奴隶制扩展到其他经济部门，包括农村和城市。近年来，葡萄牙美洲内部市场的发展受到了极大的关注，相应地，出现了一幅修改后的奴隶制图景。有几项研究指出，在非出口活动中普遍存在奴隶制，也显示了奴隶制的广泛传播，这意味着有很大比例的家庭拥有奴隶，尽管在许多情况下他们可能只拥有一个奴隶。到18世纪下半叶，虽然与大西洋经济相联系的商业农业继续吸引了绝大部分的奴隶进口，但拥有奴隶的模式似乎表明，种植园模式与其说是一种规则，不如说是一种例外。在主要的糖和咖啡生产区的边缘以及城市地区，大多数奴隶所体验的奴隶制是在较小的生产部门，或是在城市劳动力市场，他们在此与其他奴隶和自由人竞争工作。

伯特·巴里克曼（Bert Barickman）在研究18世纪和19世纪初巴伊亚州环巴伊亚湾区（Recôncavo）奴隶劳动力的构成时指出，尽管可以预见，在糖料作物种植区的奴隶集中度更高，但工厂主和甘蔗种植者并没有将奴隶制一元化。即使在“穷人农业”，即烟草和木薯种植业占主导地位的教区，奴隶在18世纪末和19世纪初也占总人口的三分之一之多。传统上，经济史学家已经区分了非出口部门和出口部门以及农民生产单位和以奴隶为基础的种植园，但基于遗嘱记录和人口名册的详细研究为我们提供了关于奴隶拥有和农村劳动力分配模式的启示。例如，在巴里克曼研究的案例中，人们不仅发现大多数烟草生产者（约90%）雇用了大量奴隶，而且甚至连文献中经常被称为“自给自足生产者”的小食品生产者（Roceiro）也拥有奴隶。事实上，1781年在雅瓜里皮（Jaguaripe）被列为“roceiro”的农民中，78%的人至少拥有一名奴隶。

在乍看似乎是小农农业的部门中使用奴隶，这看似矛盾，但奴隶制和农民阶层的兴起在许多方面构成了一个相互联系的过程。无论是在农业经济还是矿业经济，奴隶经济都产生了附属的粮食生产经济，有时在种植园区内交织在一起，但在其他衔接处却产生了区域专业化。巴西东北部的产糖区包括这两种战略的混合，因为奴隶们在维
218 持供应地的同时，种植园还从邻近地区购买木薯粉和其他食品，并从内地的牧场购买肉类。尽管在整个殖民时期，印第安工人也构成了劳动力的重要组成部分，但食品区和养牛区都雇用了奴隶劳动力。奴隶与非奴隶生产单位的区别在于其商业化程度，因为

即使购买一个奴隶也需要收入。在土地价值低和相对容易获得奴隶的条件下，小型农业单位在整个 18 世纪和 19 世纪初迅速扩大。为了应对有利条件，如棉花价格上涨或城市对食品的需求增加，家庭生产单位除了雇用其他类型的依附工人（包括佃户<Agregado>，指以某种方式“依附”于家庭单位的非家庭成员）外，还可以通过购买一些奴隶来增加对内部（甚至出口）市场的参与。巴西和非洲市场之间日益直接的联系也是奴隶制扩展到种植园之外的部分原因。特别是烟草，它与大西洋经济的联系与其说是向宗主国出口，不如说是作为奴隶贸易的基本商品，这有助于解释为什么即使是贫穷的烟农也能获得奴隶。

吉列尔莫·帕拉西奥斯（Guillermo Palacios）在其对伯南布哥殖民地后期小农农业的研究中，以及赫伯特·克莱因和弗朗西斯科·维达尔·卢纳（Francisco Vidal Luna）在其对咖啡种植园兴起前的圣保罗的研究中，也注意到了这种在出口农业文化边缘之外的奴隶制的广泛存在。第三个受到相当关注的地区是米纳斯吉拉斯州，那里的农业生产和农村劳动几乎没有受到历史学家的关注，他们的主要关注点是 18 世纪矿业经济的突飞猛进和衰落。罗伯托·博尔赫斯·马丁斯（Roberto Borges Martins）和阿米尔卡·马丁斯·菲利欧（Amílcar Martins Filho）在一篇引起大量争论的半月刊文章中断言，尽管矿业财富下降，但 1750 年后，特别是在 19 世纪上半叶，米纳斯吉拉斯州的奴隶人口继续稳步增长，这种增长主要与当地和区域市场的发展以及奴隶人口的自然繁殖有关。虽然马丁斯兄弟倾向于认为米纳斯吉拉斯州奴隶制在采矿后的发展是孤立的、自主的，而且最重要的是，是不被注意的——“在沉默中成长”——但罗伯特·斯莱内斯（Robert Slenes）的评论表明，米纳斯吉拉斯州仍然与大西洋经济紧密联系在一起。随着钻石和金矿的持续发展，这两个部门在 19 世纪一直雇用大量奴隶，马塔区 219
（Zona da Mata）则出现了商业性农业，首先为帕拉伊巴（Paraíba）山谷的咖啡种植园提供食品，后来（1850 年后）专门生产咖啡。道格拉斯·利比（Douglas Libby）对这幅图景进行了补充，他展示了工业化和原工业化部门的前卫的进口替代混合物是如何雇用大量奴隶劳动的。那么，从宏观经济的角度来看，米纳斯经济可以继续吸收奴隶。此外，利比还认为（马丁斯兄弟也是如此），虽然米纳斯吉拉斯州的奴隶人口由于自然繁衍的原因，并不像其他地区那样依赖奴隶贸易，但在 19 世纪上半叶，该地区仍然接受了奴隶进口的大块份额。无论如何，正如越来越多关于奴隶制的人口和经济史的研究所表明的那样，米纳斯吉拉斯州提供了一个重要的例子，说明内部市场（相对于出口市场）是如何维持奴隶制的：在1819年至1872年期间，该州的奴隶数量增加了两倍多，从16.9万增加到37万，使该地区在巴西奴隶总人口中的比例从15%增加到24%。

城市奴隶制的扩张还涉及其他奴隶持有模式和劳动安排。正如我们所看到的，非洲奴隶在16世纪就已经在西班牙美洲的城市中发挥了重要作用，而在葡萄牙美洲，尽管18世纪之前的城市化水平较低，但到17世纪中叶时，萨尔瓦多、累西腓和其他城镇已经出现了城市奴隶制的特殊模式。18世纪末，随着奴隶贸易向西班牙美洲的扩张和葡萄牙美洲城市中心的发展，奴隶主导了城市劳动力市场的某些部分，控制了小商业部门，并为越来越多的小业主创造收入。正如克里斯蒂娜·许内费尔特（Christine Hünefeldt）对19世纪上半叶利马及周边地区的研究以及玛利亚·奥迪拉·迪亚斯（Maria Odila Dias）对萨保罗的研究中所显示的，在某些情况下，对于拥有农村和城市财产的业主而言，城市奴隶是其更广泛的奴隶持有中的一部分；而在其他情况下，城市属于单身妇女或寡妇，她们获得了一个或多个奴隶，并将他们租出去，以带来或多或少的稳定收入。虽然这些主人可以为奴隶配备工具或可出售的物品，但他们让奴隶在竞争激烈的市场上找到工作或买家。作为交换，奴隶会向
220 主人交出一笔固定的款项，而保留他们自己可能赚取的任何其他收入。除了向主人支付规定的款项外，奴隶还可以为购买自由而储蓄，或将其收入用于一系列其他的社会和宗教活动。

主人和奴隶之间的具体安排是服务市场更广泛发展的一部分，而奴隶们在市场中为工资而竞争。一些主人直接将奴隶租给城市雇主，至少在里约热内卢，一些奴隶主实际上专门提供奴隶出租。但是，巴西最常见和最丰富的城市劳动力来源是出租奴隶，即使在独立后，这在几个西班牙美洲城市也很重要。熟练的奴隶可以找到稳定的工作，但大多数雇工奴隶面对的是一个不稳定且竞争激烈的市场，他们主要对临时工感兴趣。但这一制度的相对成功取决于奴隶自身的主动性，也取决于主人的自身情况。相比于主人有其他收入来源的奴隶，属于相对贫穷主人的单个奴隶通常享有更多的空间和杠杆。不同于奴隶的主动性和杠杆，该制度还有着黑暗面，尤为典型的情况下，奴隶无法找到工作或成功地兜售商品，但还得交出主人规定的每日定额。许内费尔特再现了利马一位自由安哥拉妇女的戏剧性证词，她的丈夫（奴隶）因为无法履行义务而上吊自杀。这个奴隶和他的家人经常要靠乞讨或借钱来凑齐主人所要的6个里亚尔，而同一主

人还要向她收取生活区租金。①

在某些情况下，用于出租的奴隶采取特定策略，以便对劳动力市场的不确定性确立更大的控制。看似无组织、无纪律的城市劳动力市场，越来越多地受到试图规范服务的城市官员的监督。然而，正如若昂·若泽·赖斯（João José Reis）对19世纪萨尔瓦多的劳工帮派的研究中所表明的那样，劳工帮派不仅“在街道上自由活动寻找工作”，而且还“组织自己的工作时间——劳动时间、速度甚至数量”，而当雇主为具体的任务而不是时间单位付费时，更可如此。尽管有这种个人的自由度，萨尔瓦多的城市奴隶还是以以种族为基础的坎托（Canto）组织起来。“坎托”是一个矛盾的词，既有“歌谣”的意思，也有“角落”的意思，它既指伴随任务进行时唱的劳动号子，也指每个工作小组的地域范围。坎托队长担任领导，其主要职能是在城市雇主和劳工帮派之间调解服务条件。② 221

除了种族和职业结构外，城市奴隶制还包括明确的性别分工，妇女不仅在家庭服务中担任战略角色，还主要作小贩，在街上搬运货物，或是在固定的摊位上出售。在18世纪米纳斯吉拉斯州的矿区城镇，开始时基本上是男性主导的活动——可能是由于整个人口的性别比例严重倾斜——到世纪末主要由女性控制。正如玛丽·卡拉施（Mary Karasch）在对19世纪里约热内卢的研究中所指出，由于许多家庭奴隶每天有一部分时间在街上为其主人出售食物和其他商品，家庭服务和街头叫卖之间的区别变得模糊不清。在同一时期的利马，女奴们经常推销她们主人蔬菜园里的农产品，而这些菜园又由农村地区的奴隶耕作。这种农村和城市之间的定期流动也是巴西农产品市场的一个特点，它挑战了基于农村和城市奴隶制之间僵硬对比的假设。

从理论上看，用于出租的奴隶呈现出一种异常的情况，雇佣劳力与动产奴隶（Chattel Slavery）仍然交织在一起，似乎是对立的关系。有史学家提出，这种做法构成了“工资违约”，类似于种植园供应地所认定的“农民违约”。然而，即使工资主要是由市场力量决定的，但根据定义，奴隶永远不可能渴望成为自由劳动者，当然，除非其购买了自己的自由。正如利拉·阿尔格兰蒂（Leila Algranti）所指出的，受雇奴隶在竞

① Christine Hünefeldt, *Paying the Price of Freedom: Family and Labor among Lima's Slaves, 1800–1854* (Berkeley, CA, 1994).

② João José Reis, "'The Revolution of the Ganhadores': Urban Labour, Ethnicity and the African Strike of 1857 in Bahia, Brazil," *Journal of Latin American Studies* 29 (1997): 455–93.

争性市场上谈判其劳动能力，但其首要义务是对主人的义务，主人收取固定金额，并对他们的收费拥有自由裁量权（若不是恣意裁量权的话）。尽管如此，非熟练奴隶和自由人的区别并不总是那么明显，不仅在经济方面，而且在社会方面也是如此，因为他们经常共享城市街区和住所。毕竟，尽管奴隶制的制度轮廓似乎很严密，但它也代表了某种
222 混合劳动制度。

3. 雇佣劳动及其变化

在殖民地时期，雇佣劳动在殖民地劳动力市场的配置中占据了越来越重要的地位。从最广泛的轮廓来看，劳动制度的历史似乎是朝着以雇佣劳动市场为中介的关系方向发展的，但具体的雇佣劳动形式的发展必须以某种谨慎的态度来对待。例如，阿诺德·鲍尔（Arnold Bauer）将这一运动描述为“逐渐、零散而断断续续地向更自由的劳动形式发展”。① 实际上，通过委托监护制和强制劳役的正式强制措施，从不断减少的土著人口中吸纳劳动力，被证明不足以满足殖民经济日益增长的需求，特别是在采矿、商业农业和城市贸易方面的需要。雇主们（尤其是那些没有得到本地工人配额的雇主）开始从未正式隶属于印第安人社区的族群中招募自由工人，包括新西班牙的纳沃里亚（原住民仆役）和安第斯地区的亚纳科纳和福拉斯特洛，以及不断增长的梅斯蒂索人，这些人口在18世纪开始以更快的速度扩张。同时，受贡品和劳动义务约束的印第安人也进入了自由劳动市场，因为殖民雇主在强制轮班的间隙招募他们的服务，或者在某些情况下，通过包括清算贡品义务在内的合同协议雇用印第安人，而这些义务由雇主直接支付。

自由劳动市场有多自由？在比较详细地研究这个问题之前，值得注意的是，对殖民时期和后殖民时期早期劳动力市场的研究远远落后于关于制度化的强制劳动形式的学术研究。正如莱曼·约翰逊（Lyman Johnson）所观察到的，“尽管对［西班牙美洲］殖民后期的经济发展进行了四十多年的深入探究，但只有少量的工资和实际工资研

① Arnold Bauer, “Rural Workers in Spanish America: Problems of Peonage and Oppression,” *Hispanic American Historical Review* 59, 1 (1979): 35.

究”。① 这种忽视的原因之一是名义工资往往在很长一段时间内保持不变，因为它们通
常是由殖民当局而不是市场确定的。然而，根据理查德·加纳（Richard Garner）的说
法，工资随时间变化不大的想法会给人留下错误印象，因为工资并不是一成不变的，而 223
是受劳动力供求关系的共同波动影响，而实际工资随着谷物价格的振荡而波动。② 同
时，劳动力招募往往涉及各种正式和非正式的胁迫方式，这很可能压低了工资水平。例
如，在受到强制性出售商品影响的社区，印第安农民“被迫”寻求工资，以达到通过
“商品分配”（Reparto de Mercancías）强加给他们的定额。在其他时点，特别是在殖民
地后期和民族国家早期，开明和自由的国家推出了各种“流浪法”，试图迫使“闲散”
和“游手好闲”的印第安人、梅斯蒂索人和被解放的奴隶进入劳动力市场。此外，雇
主们还试图（并经常成功地）通过合同协议、个人依附关系和信用债务关系的结合来
限制工人的流动性。最后，工人本身也试图避免完全依赖工资，他们与农民社区保持联
系，并通过谈判达成股份安排，这些安排包括在农村地区获得土地和在矿区获得矿渣。

安第斯地区和墨西哥银矿雇佣劳动的发展说明了其中的一些趋势。在波托西地区，
米达劳工提供了一支基本的低工资工人队伍，通常由矿主派发最繁重和最危险的任务。
即使因为逃避或以现金支付的形式折算，被派往矿区的米达劳工数量减少，米达也起
到了补贴的作用，降低了自由劳动力的成本。矿场依靠的是持续不断的明加工人，明加
工人是雇佣工人，他们的工资比米达劳工的固定工资要高一些，他们的福利通常包括
保留矿渣的权利，这些矿渣可以在印第安市场上出售，然后在现存的风炉中加工。早期
米达制每年提供约 1.4 万名工人，矿主在米达劳工的轮班休息期间，从其中招募矿工。
换句话说，米达工人和明加工人之间的差别基本上是偶然的，因为同一个人可以从一
种身份转换到另一种身份，就像非技术工人和技术工人间的区别可随其转换和退出不
同职能而间断一样，这取决于劳工是作为被征召者还是作为自愿雇佣劳动力。在矿业 224
经济中，虽然雇佣安排成为劳动力招募的主要形式，但雇佣劳动并没有使工人与生产
资料完全分离。米达工人被迫为工资而劳作，明加工人工资略高，却仍受剥削，使后者

① Lyman Johnson, “Slave and Free Labor in Buenos Aires, 1770 – 1815,” *International Review of Social History* 40 (1995): 410.

② Richard Garner, “Prices and Wages in Eighteenth-Century Mexico,” in Lyman Johnson and Enrique Tandeter, eds., *Essays on the Price History of Eighteenth-Century Latin America* (Albuquerque, NM, 1990), 76.

容忍剥削的唯一原因是，他们设法保留了对矿石的权利，而这些矿石都是他们用自己的时间从矿区挖出来的。在16世纪末和17世纪初的繁荣时期，很少有工人完全靠工资谋生，因为大多数矿工与其原籍社区保持着联系，这使其可以为了工资而转入和转出工作。因此，波托西的劳动力市场多少显现出不稳定性，尽管乍一看，这个拥有10多万居民的新兴城市似乎提供了稳定的自由劳动力供应。这就解释了传统的矿渣权利（被称为la corpa，或cajchea）何以存在，明加工人可以在市场上出售这些矿渣来补充其收入。正如卡洛斯·塞姆帕特·阿萨杜里安（Carlos Sempat Assadourian）所指出的，虽然矿渣在可容忍的范围内削减了企业利润，却显著地增加了个体明加工人的收入，他们的工资平均增加了约80%。在墨西哥矿区，矿石分成成为一种非正式的特权，而安第斯矿区的劳动则是一种混合形式，其中货币工资只占一部分。

由于米达制主要服务于波托西的银矿和万卡韦利卡的汞矿，其他主要矿区，特别是奥鲁罗（Oruro），几乎完全依赖于招募自由劳动力。如果没有具有竞争力的补贴，奥鲁罗的矿业企业家就面临着高额的劳动力成本，因为他们必须比波托西提供更好的工资吸引工人。正如安·祖洛夫斯基（Ann Zulawski）在对奥鲁罗殖民地劳动力的研究中所展示的，自由劳动力供应的兴起与自愿移民的模式密切相关，这不仅源于逃避劳动和贡赋义务的策略，也源于更高的工资（通常是按天而不是按任务支付，就像在波托西一样）和矿石共享关系的吸引。祖洛夫斯基认为，尽管有这些条件，但“劳动并没有完全商品化”。事实上，在她对拉帕拉塔公爵（Duke of La Palata）1683年的人口普查（该普查试图还原和重组从基多到图库曼的米达制）的分析中，她指出，大多数被归类为外乡人（Forastero，不再居住在其原籍社区的印第安人）的男性以及被列为亚纳科纳的人中，很大一部分都不具备明确的职业。这是因为“他们的工作在某种意义
225 上是临时性的”，或因为他们为不同的雇主工作，或因为他们只在劳动力需求增加的时期工作，抑或因为他们经常更换职业类别。①

在墨西哥，虽然直到18世纪，通过提供追加工人配额，劳工草案还继续在补贴矿山，但自由雇佣劳动早已经牢固确立。墨西哥北部的矿场位于土著人口稀少且经常叛乱的地区，他们提供工资，吸引来自人口更密集的中心地带的自由劳动力（尤其在印

① Ann Zulawski, *They Eat from Their Labor: Work and Social Change in Colonial Bolivia* (Pittsburgh, PA, 1995), passim.

第安奴隶制实验显见不足以解决问题之后）。在16世纪末，大部分劳动力（超过68%）由这些地区的纳沃里亚（原住民仆役）组成，而劳役摊派只贡献了总劳动力的17.7%，其余劳动力则为非洲裔奴隶（13.8%）。到了18世纪，与安第斯地区大部分矿工由印第安人组成不同，墨西哥北部矿区的劳动人口主要是梅斯蒂索人。在对萨卡特卡斯矿区的分析中，弗雷德里克·朗格（Frédérique Langue）对不同部门雇用的劳动力的种族构成进行了详细的交叉分析。根据1781年编制的一份名单，矿井中8.9%的劳动力是担任专业和监督职务的西班牙人，28.6%是印第安人，14.7%是穆拉托人，47.8%是梅斯蒂索人。然而，在其他部门，劳动力的构成却大不相同。矿石精炼厂的劳动力分布如下：14.5%为西班牙人，33%为印第安人，22.1%为穆拉托人，30.9%为梅斯蒂索人。然而，在农村的庄园里，种族构成差异也很明显：15%是西班牙人，44.5%是印第安人，20.4%是穆拉托人，只有16.1%是梅斯蒂索人。①

多里斯·拉德（Doris Ladd）在其关于1766年雷亚尔德尔蒙特（Real del Monte）矿业“罢工”的研究中，生动地描述了墨西哥北部银矿的劳动条件和结构。除了因矽肺病或矿难造成死亡与伤残的“苦工资”（Bitter Wages）外，工资制度还包括现金支付和矿石分成安排（被称为pepena或partido）。在较小的企业中，矿主提供工具，工人提供劳力，二者五五分成；大矿则涉及更复杂的矿石分成关系。各矿场和各工作岗位的工资差别很大。有些工作按日计酬，但许多工人按月取酬。在18世纪后期，日薪从2到6里亚尔不等，而月薪从8到12比索不等。然而，与安第斯地区一样，墨西哥的货币工资必须在当地惯例的宏观背景下理解，这涉及预设工资之外其他形式的报酬。通常情况下，由矿工和劳役组成的工作团队（Cuadrillas）向矿主上交一定数量的矿石（被称为“Tequío”的定额），超过定额部分由其自主保留。在新西班牙，尽管矿石分成的习俗根深蒂固，但只是在1777年以后才得到正式承认，彼时成立了一个有简要条例的矿业法庭（Mining Tribunal）。 226

到18世纪下半叶，矿业面临着一系列挑战，影响了劳动安排和条件。例如，在18世纪50年代后期，汞的供应量降至微乎其微，萨卡特卡斯失去了一半劳动人口。为了抵消包括劳动在内的生产成本的上升，矿主和王室开始采取各种措施，试图使矿业经

① Frédérique Langue, “Trabajadores y formas de trabajo en las minas zacatecanas del siglo XVIII,” *Historia Mexicana* 40，3（1991）：463－506.

济“合理化”。这包括将矿业活动集中化至大型企业，努力削减矿石分成安排，甚至试图改造旧的强制劳动制度，也就是现在用启蒙运动专业术语表达的“社会效用”。除了摊派的劳役外，“流浪汉”和罪犯也可以被编入劳动队伍。通常，不同的类型的梅斯蒂索人种，如洛沃人（Lobo）和科约特人（Coyot），都与流浪汉有关。在维护矿石分成权的斗争中，现代化原则与非资本主义关系持续存在之间的冲突是1766年雷亚尔德尔蒙特事件的根源。正如夸特莫克·韦拉斯科（Cuauhtémoc Velasco）所表明的，即便是英国公司在独立后引进的技术发展也不一定导致资本主义的生产关系。矿工们继续为固定的工资、特定任务报酬（Destajos）、日工资（Jornales）和矿石分成工作。虽然英国企业家反对这种做法，但分成作为一种吸引自由劳动力的激励形式，一直持续到了19世纪。事实上，正如埃里克·朗格（Erick Langer）所言，矿业经济中生产关系的转变直到19世纪下半叶才有效地发生，这是体制变革、出口导向发展、外国资本涌入以
227 及欧洲劳动力移民的涌入（在某些值得注意的情况下）等因素共同作用的结果。①

在农村地区，西班牙美洲商业农业的兴起也与引入雇佣劳动有关，到了18世纪，商业农业成为最重要的就业部门。无论是在大庄园还是小地产，西班牙美洲的农村劳动包含了广泛的可能性安排，这些安排产生了一系列令人印象深刻的类别描述。工人（Laboríos）、农工（Gañanes）、佃户（Inquilinos）、雇工（Agregados）和矿工（Peones）等词汇，不仅反映了不同的工作关系，还体现了时间和空间的变化。此外，不同的类别有时反映了不同地位的要求，或者反映了工人作为长期、季节性或临时性劳动者与庄园的联系程度。由于一些因素，农村工人的招聘也显示出显著的差异。正如我们所看到的，人口下降在不同地区有不同的出现时间和影响，有时可能推高了实际工资，但有时或者产生了义务劳动新战略，或者促使雇主尝试其他形式诱导工人的办法，包括支付贡品义务、口粮、信贷预付款和佃农安排。

随着原住民人口的减少和难以向庄园提供定期定额劳役，农村雇佣劳动的扩张速度更快，但在此之前，工资就已经占到了庄园开支的很大一部分。多年来，拉美的历史学家们都接受了这样的观点，即“劳役偿债制”实际上成了将日益稀缺（因而更加昂贵）的原住民劳动力捆绑在西班牙庄园的解决方案。虽然使用劳役偿债制作为维持和

① Erick Langer, “The Barriers to Proletarianization: Bolivian Mine Labour, 1826 – 1918,” *International Review of Social History* 41 (1996): 27 – 51.

压迫强制劳动的一种形式，在19世纪末20世纪初成为一种重要的权宜之计——最臭名昭著的案例是尤卡坦的剑麻（Henequén）种植园和亚马孙的橡胶开采经济——但殖民时期和19世纪初的证据充其量也是模糊不清的。向工人提供信贷并不总是一种欺骗单纯的农民使其成为奴隶的狡猾制度。相反，它是作为一种重要的策略出现的，用于在现金稀缺的经济中管理雇佣劳动。对实际庄园账目的更细致的研究表明，在许多地区和时期，拖欠工人工资最多的就是雇主。同时，从工人的角度来看，这也反映了一种避免严格依赖工资的更广泛模式。农民工，无论是临时工还是长期工，在要求提高工资之前，总是要设法谈判额外的福利和保障。 228

在描述殖民晚期秘鲁阿桑加罗省（Azángaro）的牲畜庄园的长期劳动力安置过程时，尼尔斯·雅各布森（Nils Jacobsen）显示，偿债劳役的问题超越了雇主和工人之间的关系。在17和18世纪的大部分时间里，庄园主面临着劳动力的匮乏，不得不依靠劳役配额。然而，随着强制销售商品的规定对土著公社越来越苛刻，越来越多的印第安人开始在庄园里工作以履行其义务。因此，在招募和分配工人方面，地方官员（Corregidor）发挥了重要作用，他们将债务强加给农民，否则后者就无法支付被迫购买的货物。同时，通过成为在庄园土地上有固定住所的亚纳科纳，农民可以摆脱社区义务的沉重负担。对庄园主来说，这也是一个有趣的解决方案，因为他们可以通过向亚纳科纳支付农田和牧场的用益物权来利用雇佣劳动的替代方案。虽然根据法律规定，庄园主必须支付货币工资，但在扣除了贡品、预支口粮和可能损失的牲畜后，亚纳科纳实际上只收到很少的工资。虽然名义上是自由的，但这些工人在流动方面面临越来越多的限制，被束缚在庄园里。一些庄园通过雇用“瓜塔科（Guatacos）为庄园抓捕农民，雇用布斯卡多尔（Buscador）围捕逃跑的殖民者”。“瓜塔科”是“殖民时期负责强行招募印第安农民作大庄园劳工的国家雇员”，这揭示了农民参与劳动力市场的黑暗面。①

正如赫伯特·克莱因在其关于殖民主义后期和后殖民主义早期的拉巴斯意向的研究报告中所说，私人庄园的劳动力招募涉及“市场和非市场激励措施的复杂组合”。贡品和米达义务将印第安人“赶出”其社区，进入了殖民经济，而提供私人庄园土地、代付贡品和免于矿业米达制轮换则构成“正向引力”。② 正如在西班牙美洲其他地区，

① Nils Jacobsen, *Mirages of Transition: The Peruvian Altiplano, 1780 – 1930* (Berkeley, CA, 1993), 84 – 5and 370.

② Herbert Klein, *Haciendas and Ayllus* (Stanford, CA, 1993), 14.

村落社区完好无损地生存下来一样，这些“推拉”因素随着要素比例、市场条件和国
229 家政策的变化而变化。在墨西哥（随着劳役摊派制度的衰落）和秘鲁（米达制从未对农村劳动力发挥重要作用），招聘采取了各种形式，具体取决于工人和地主之间建立的关系。多数庄园保持着一个规模较小的常住工人的核心，他们与其家庭一起，常年提供服务，以换取住处、口粮和工资，这些工资往往被其他“福利”所吸收。除了常住农民之外，许多庄园还采用了佃户，他们以获得土地为交换条件（或许包括支付租金，也或许不包括），提供规定数量的劳动服务。最后，按照农村生产的节奏，庄园依靠季节性或临时性的劳动力来完成常规或特定的工作，如收割、运输和建筑等。书面或口头合同规定了季节性和临时性劳动的条款与条件，而区分合同工和其他类别的劳动者的是各种当地的条款，如新西班牙的特拉克瓦莱（Tlaquehual）及拉普拉塔地区的孔查巴多（Conchabado）。正如赫伯特·尼克尔（Herbert Nickel）在其关于普埃布拉和特拉斯卡拉的招聘情况的研究报告中所指出的，雇主还采取了一系列非法的招聘形式，往往拒绝接受债务结算或支付应得的工资，篡改账簿，强迫已故债务人的后代工作，或与腐败的地方长官（Cacique）签订欺诈性的特拉克瓦莱合同，通过毁坏社区作物和征用土地来破坏其他生存手段，并实行商业垄断。①

到了18世纪，西班牙和葡萄牙美洲的人口增长不仅创造了更大的农业产出需求，而且增加了潜在劳动力的相对供给，影响了招聘条件。正如埃里克·范扬（Eric Van Young）所言，殖民时期末期的市场发展产生了喜忧参半的效果：生产增长，但生产力停滞不前；价格上涨导致利润增加，但工资下降；盈余增加，但由于分配不善，粮食危机持续存在。至少在墨西哥，农村工人面临着“农村无产阶级化扩大，实际工资下降，［和］土地财产日益集中”② 的局面，但这种局面因地而异。例如，在墨西哥的巴希奥
230 人口压力改变了谈判条件，因为地主没有用土地份额安排来吸引工人，而是开始收取货币租金，这意味着也需要货币工资。相比之下，在布宜诺斯艾利斯的后方地区，农民生产用地相对开放，导致了对奴隶的更大需求，不过这并不一定会导致自由劳动的高

① Herbert J. Nickel, *Relaciones de trabajo en las haciendas de Puebla y Tlaxcala (1740 - 1914)* (Mexico City, 1987), 25.

② Eric Van Young, "The Age of Paradox: Mexican Agriculture at the End of the Colonial Period, 1750 - 1810," in N. Jacobsen and H.-J. Puhle, eds., *The Economies of Mexico and Peru during the Late Colonial Period, 1760 - 1810* (Berlin, 1986), 64 - 90.

工资。虽然农民确实从事季节性和临时性的合同工，但他们这样做不一定是因为工资高，而是因为他们有某些有限的现金需求（如购买食盐等必要的进口商品），也因为与大庄园主的依赖或赞助关系。然而，无论哪种情况，农村工人往往以不规则的模式进出劳动力市场，虽然工资提供了他们收入的重要部分，但他们可以避免完全依赖自己在市场上出售劳动力的能力。

合同、不规则的就业模式和赞助关系也是城市中心雇佣劳动的特点。如同在采矿和农业领域一样，城市劳动力市场涉及一系列复杂的可能关系，因为雇主采用了正式的强制劳动（劳役摊派制、米达制、奴隶制和使用罪犯）、非正式的强制劳动（债务劳役）和雇佣劳动的混合。正如我们所看到的，雇佣劳动包括雇佣奴隶的模糊情况，不仅出现在巴西，重要的是出现在殖民后期和后殖民早期的西班牙美洲城市，最著名的是利马和布宜诺斯艾利斯。事实上，除了纺织工场外（以克雷塔罗<Querétaro>、基多和库斯科等城市为例，其强制劳动、学徒劳动和自由雇佣劳动的混合制度已有详细研究），我们记住的是 R. 道格拉斯·科普（R. Douglas Cope）对殖民中期墨西哥城的评价，“城市劳动力市场基本上是在非正式的基础上运作的”。①

妇女在城市劳动中的大量存在，特别是但绝不只是在家庭服务关系中的存在，进一步突出了城市就业市场的非正规性。根据西尔维娅·阿罗姆（Silvia Arrom）的统计，1811 年，妇女占墨西哥城劳动力的近三分之一，共有 20 500 名工人。如果人口普查中包括每天涌入首都卖食品的印第安妇女，上述数字会更高。虽然几乎所有下层妇女“在其生命中的某一时刻被雇用”，但就业以特定的方式与生活周期联系在一起，这为 231
工人们以看似不规则和非正式模式进入和退出劳动力市场的画面增加了另一个变量，不仅与殖民主义劳动力的其他领域相呼应，而且预示了未来几年的模式。②

4. 1850：变革之风

在哥伦布登陆加勒比后的前 350 年里，从最广泛的轮廓上看，拉美劳动制度的历史似乎遵循着从早期形式的奴役到受市场力量调节的自由劳动的演变路径。然而，在 19

① R. Douglas Cope, *The Limits of Racial Domination* (Madison, WI, 1994).

② Silvia Arrom, *The Women of Mexico City, 1790－1857* (Stanford, CA, 1985), 181.

世纪中叶，雇佣劳动市场和资本主义生产关系并没有主导大多数情景，尽管已经朝着这个方向采取了决定性的步骤。奴隶制在巴西和古巴仍然根深蒂固，当奴隶主意识到这一制度随着跨大西洋贸易的消亡而早早夭折时，他们争先恐后地寻求其他选择，其中契约合同、佃农和其他形式的依附关系将阻止自由劳动市场发展成熟。在拉美的其他地区，独立战争带来的混乱及其影响开始让位于采用各种自由主义观念的民族国家的形成，将农民转变为无产者的压力通常没有达到预期的结果。在独立后的环境中，抗议、抵抗和彻底的反叛采取了新的形式，而与此同时，雇主们更倾向于依靠经过时间考验的招聘策略——如“挂钩法”（Enganche Practice）——以及个人依附策略来降低劳动力成本和限制工人流动性。在殖民主义后期，作为劳资关系的一种调节物，债务机制总是很重要的，在19世纪，此类机制作为一种新的强制形式被越来越多地使用，在热带种植园农业和森林采伐业中更是出现了最极端的案例。

劳动制度的早期历史引入了其他特征，对拉美的经济、社会和人口趋势产生了长期影响。移民劳工在殖民时代发挥了关键作用，并毫不奇怪地一直到今天仍是拉美劳工体系及其他地区的核心特征。在拉美地区的主要城市和乡村，临时工与非正式劳动
232 往往与长期失业和就业不足有关，这是殖民时代也是当前的特点。在这一背景下，以个人依赖关系为中介的非正式关系持续存在，而不是严格遵守现代劳动法，构成了拉美劳动制度的另一个长期特征。最后，最重要的是，这段历史将继续以市场的无形之手来
233 书写，而不是以那些对这段历史最重要人物之行动和策略、胜利和失败来书写。

第三部分
经济组织与部门绩效

第7章 政治经济学与经济组织

约翰·H. 科茨沃思（John H. Coatsworth）

导 言

制度是长期存在的集体行为的规则、程序和模式。正式的制度体现在有权威和权力进行强制的组织中，即有能力阻碍、惩罚、制止或扭转被认为违反可接受规范的行为。非正式机构是指那些没有组织能力来强制遵守和惩罚违反者的机构。正式机构不一定强大，非正式机构也不一定薄弱。不精确或相互矛盾的规则和不严格的执行可以破坏正式的体制，正如市场上个人不受胁迫但自利的行为可以有力地加强对不成文规则的自愿遵守一样。最直接影响经济活动的一系列制度构成了一个社会的生态组织。降低经济生产活动的私人成本、鼓励使用市场、保护经济行为者的人权和财产权的机构、政策和实践，使经济增长更容易实现。而那些提高成本、增加风险、排斥或歧视的做法则使生产力的提高更难实现。

本章重点讨论西班牙和葡萄牙帝国政治经济的某些方面，这些领域有助于解释殖民统治最初的成功和后来的长期存在，以及殖民经济的长期停滞。本章指出，伊比利亚帝国之所以能够持续存在，是因为在两个前现代帝国国家的相互关系、各殖民地相对较弱的殖民者精英以及原住民和非洲后裔的分裂人口之间形成了一种粗略的平衡。这 237
种殖民平衡是通过将伊比利亚的制度转到美洲，然后进行修改以适应新世界的条件而实现的。在殖民时代，伊比利亚的法律制度、财政和监管政策以及劳动和土地保有权做法都在不断演变，用以应对众多的内、外部威胁。这些伊比利亚殖民体制体现并再现了整个伊比利亚新世界的长期政治和社会平衡，然而，在地方层面，两个帝国间的稳定往往被证明是极其脆弱的。遗憾的是，伊比利亚的体制有效维护了西班牙和葡萄牙的统治，但总的来说，这些体制往往会抑制长期的经济增长。

本章分为四个主要部分。第一部分深入探讨了伊比利亚体制倾向于阻碍生产力进步的论点。它认为，伊比利亚各殖民地生产力水平的差异可归因于利用容易获得的自然资源所取得的短期收益，其次是由于制度限制所造成的长期滞后。第二部分通过审视必须克服的主要挑战，勾勒出伊比利亚在新大陆的平衡形成与演变。这些挑战包括：创造并迅速消除慷慨的激励措施，以极其有限的能力管理外部防御，限制定居者精英，同时依靠他们来维持防御和秩序，以及在没有可靠官僚代理人的情况下行使帝国权威。第三部分分析了帝国平衡的及机制性补充对经济的影响，土地保有权和土地产权的发展，劳动和地位等级的演变，以及伊比利亚法律制度的突出特点。最后一部分对独立的制度性影响进行了解释，与随后各章所提供的解释形成了一定的对比。

与许多（也许是太多）其他关于殖民时代的讨论一样，本章讨论主要集中在西班牙美洲，对巴西的关注要少得多。这反映了西班牙的征服和殖民与葡萄牙后来在巴西沿海发展糖业和奴隶定居点之间长达一个世纪的时滞。这也反映了两个新世界帝国的相对规模和多样性。葡萄牙的巴西是由一小部分人口组成的，他们集中在一个巨大的领土上的几个小地方。西班牙美洲实际上包括了一套人口更多、范围更广、种类更多的
238 殖民领土，这使得其在比较视野下格外有趣。

1. 殖民机构如何发挥作用?

两个多世纪以来，旅行家、政治家、历史学家和经济学家都认为，西班牙和葡萄牙的殖民体制抑制了经济增长。亚历山大·冯·洪堡（Alexander von Humboldt）多次将该地区所谓的丰富自然资源和相对贫困的情况进行对比，他认为这是西班牙的不当统治造成的。① 洪堡是对的。西班牙和葡萄牙的经济组织效率低下，阻碍了经济增长。然而，数据乍看似乎并不支持这一论点。1800年，也就是殖民时代后期，古巴与巴西或秘鲁的人均GDP差距大概是三比一，并不比当时世界上最富和最穷地区之间的四比

① 可参见 Alexander von Humboldt, *Ensayo político sobre la Isla de Cuba* (Madrid, 1988; orig. publ. 1827), with its denunciation of slavery and Spanish commercial policy。

一的比例低多少。① 西班牙统治了拉美大部分地区，所以各个殖民地的制度和政策都大同小异。由于在类似的制度安排下，人均 GDP 相差如此之大，所以合乎逻辑的结论是，制度肯定没有多大关系。然而，如果仔细研究，似乎可以获得的自然资源的地理条件决定了各殖民地生产力水平的大部分变化，而制度则解释了伊比利亚殖民地经济在其自然禀赋允许的任何人均产出水平上几乎一致的停滞。在整个伊比利亚新大陆，通过短期出口导向的繁荣所取得的早期经济成功很快就被长期停滞所取代。

在基督教军阀和战士完成对伊比利亚半岛“再征服”的半个多世纪里，演变形成了向新世界输出的伊比利亚制度。来自北非的穆斯林入侵从 8 世纪初开始，到 11 世纪领土延伸达到峰值。从 1212 年基督教在纳瓦斯德托洛萨战役（Las Navas de Tolosa）中 239
的胜利，到 1492 年费尔南多和伊莎贝尔在格拉纳达的胜利，半岛上的军事战役不断重来。这种历史经验产生了一些制度——政治、社会、文化以及经济——这些制度被证明特别适于征服、占领和同化新领土的战争。伊比利亚军国主义和宗教斗争，加上海洋航行技术的进步，在世界政治中产生了重大的创新：在地理上不与帝国核心相邻的巨大帝国领土。

在中部美洲和安第斯地区，偶尔也在其他地方，西班牙和葡萄牙发现，在容忍的同时，改变一些规范当地经济实践的当地制度是很方便的。这两个殖民帝国及其继承国时不时地容忍一些非洲习俗和规范。然而，除了随着时间的推移趋于减少的地方适应性外，伊比利亚帝国的经济完全是在从西班牙和葡萄牙转移到新世界的制度、管理结构、法律规范和公共政策的框架内运作的。

西班牙和葡萄牙的征服者和美洲的定居者面临着极其多样化的环境，其中居住着完全不同的人。新来者既要努力理解他们所遇到的一切，又要同时发家致富。他们也互相斗争，还与他们试图开发的当地人，以及与他们从非洲进口的奴隶斗争。有些人是作为冒险家和移民而来，梦想着英雄事迹、巨大的财富和高贵的头衔。其他人则是以官员或牧师的身份来的，他们已经与正式的组织有了联系，有了形成职业和机会的等级与

---

① 关于 1800 年拉美主要殖民地人均 GDP 的比较可参见 John H. Coatsworth, “Economic and Institutional Trajectories in Nineteenth-Century Latin America,” in Coatsworth and Alan M. Taylor, eds., *Latin America and the World Economy Since 1800* (Cambridge, MA, 1998), 23–54. Estimates of GDP per capita for major world regions in 1820 are found in Angus Maddison, *The World Economy: Historical Statistics* (Paris, 2003), 262。

利益。很少有到来者不设法将其所知与所信与其到达后所学相适应，成功者更是无一例外。文化适应能力——而不是对固定思想和价值观的僵化坚持——有助于解释两个小小的、经常分裂的伊比利亚王国如何拥有一个由多达 5 000 万人组成的广阔地区，并能在三个多世纪中坚守大部分土地。

在新大陆建立、维护伊比利亚帝国并使之有利可图的制度，从长远来看，并没有很好地促进生产力的发展。两大帝国的辉煌主要来自西班牙和葡萄牙殖民者在开辟新
240 大陆进行跨洋贸易时从贸易中取得的静态收益。在 15 世纪和 16 世纪，在伊比利亚新大陆最繁荣的地区，人均收入可能至少与旧大陆最发达的地区相当（也可能更高）。这些收益几乎完全来自“边疆效应”，即把旧世界的技术和组织应用到新近可进行跨洋贸易和自然资源丰富的地区。在少数情况下，与征服、同化和合并相关的生产力提高持续了一两代人。偶尔，随着新矿藏的发现或新商业作物的引进，老的殖民地也会出现新的生产力进步。

然而，除了极少数例外，在欧洲企业初步扩展到新的领域之后，生产力往往停滞不前。技术创新（如 16 世纪 50 年代引进的加工低品位银矿的混汞法）很少发生，几乎从未因当地发明而发生。在交易部门，通过降低税收或放松管制政策，管理上的变化偶尔会提高市场的效率。例如，18 世纪下半叶的庞巴尔（Pombaline）和波旁（Bourbon）改革鼓励了更自由的内部贸易和新作物试验（如巴西的棉花和古巴的糖）。然而，在大多数情况下，随着种植园将生产推向离海更远的地方、优质银矿让位于低质量矿石以及新的税收和规章制度取代旧制度，生产力最初获得的增长渐渐消失了。在整个拉美殖民时期，后期生产力进步未能维持开辟新领土时的一次性收益。

2. 新世界的伊比利亚平衡

葡萄牙和西班牙成功地建立了帝国，在现代早期新的全球地图上占据了广阔空间，但它们并没有实际控制，更不用说治理它们所声称的大部分领土。伊比利亚国家投资于武装海军舰艇，但主要依靠雇佣军和定居者领导的民兵来抵御外敌和内敌。两国都没有能力界定和巡逻其大陆属地的陆地边界，更不用说保卫了。两国都不能依靠一个
241 忠诚和无私的文官机构。两者都在努力使国教为国家服务。两者都没有能力动员普通公民为国家或帝国的目标服务。在许多殖民地，包括所有为帝国国库贡献净收入的殖

民地，多数人口由伊比利亚人定义为法律上低人一等的种族以及语言上的外来民族组成。由王朝和帝国竞争挑起的国际战争造成了财政危机，以及不可避免的违约和没收，这些后果以惊人的规律出现。伊比利亚各邦的多重无能与少数移民精英的战略弱点、分裂属民的战术局限性并存。由此产生的平衡被证明是非常持久的，但对经济增长极为不利。

2.1 以可撤销合同征服

尽管其代理人征服了新大陆并对其进行殖民统治，但伊比利亚政府直到最近才发展成为相对稳定的政体，才拥有主权能力，能在国际公认的边界内激励或胁迫人们服从。1349 年，葡萄牙国王和贵族成功地推翻了最后一个伊斯兰统治者，并将其驱逐出国土，但葡萄牙王室耗时颇久，才有效地控制了国家的公共事务。在西班牙，直到费尔南多和伊莎贝尔结婚（1469 年）之后，才开始建立国家政府。夫妻二人在卡斯蒂利亚（伊莎贝尔）和阿拉贡（费尔南多）继续分别执政。1492 年后夺取的所有美洲领土以及菲律宾都只属于卡斯蒂利亚王室，即属于伊莎贝尔，而不是费尔南多。① 直到 1516 年双王之孙卡洛斯一世加冕，两个王室才合二为一。即便彼时，西班牙王国的独立管理机构仍然存在，直到 18 世纪，波旁王朝的中央集权才开始破坏或废除这些机构。

伊比利亚帝国主义在很大程度上并不依赖于西班牙和葡萄牙政府的组织能力或调动的资源。相反，在新大陆夺取广阔的领土，依靠的是以地中海（主要是意大利）模式的各种混合企业。具有航海或商业经验的人在葡萄牙和西班牙王室中结交朋友，帮助他们为探险和征服之旅争取王室的赞助。游说成功的回报通常采取协议、特许权或合同的形式，例如 1492 年 4 月伊莎贝尔与哥伦布签订的著名的协议（Capitulación）。西班牙合同授权以卡斯蒂利亚王室的名义进行拟议的探险，说明王室将提供什么（如果有的话）财政或其他物质支持，指定未来的探险家或征服者管理其占领的领土并从中获利，并明确规定王室在此次冒险中产生的一切利润中的分成。在葡萄牙和西班牙，君 242

① 实际上，西班牙的美洲领土成为卡斯蒂利亚君主的财产，但不是卡斯蒂利亚政府的财产（更不是西班牙这个实体的财产）。卡斯蒂利亚的伊莎贝尔授权并资助了哥伦布的航行，所以哥伦布“发现”的地方是属于她和她的继承人的。事实上，新大陆殖民地根本不是殖民地，而是名义上的独立王国，由卡斯蒂利亚的同一个君主统治。葡萄牙王室直到 1815 年将巴西指定为一个单独的、平等的王国，才采取类似的宪法立场，这让葡萄牙人科尔特斯感到懊恼。

主和贵族往往提供部分资金，以进行这些发现、征服和殖民化的探险。其他投资者包括拥有土地的大亨和宗教团体、富商，甚至是个人牧师和神职人员。

伊比利亚人使用私人承包商（通常是外国人）来探索和征服新领土，这是中世纪和现代早期的标准做法。政府缺乏资源和人员来完成许多公共事务，甚至是战争和收税。君主经常用雇佣兵作战，与纳税“农民”签订合同以寻找收入，将司法管理交给地方当局（庄园法院、慈善城镇），并将大多数其他活动委托给个人和团体，以换取他们能够可信地提供的任何垄断、免税或其他特权。这些做法构成了一个更大的国家形成模式的一部分，在这个模式中，就像在罗马的法律和实践中一样，一个明显独特的公共领域或治理从君主家庭中慢慢出现。

因此，君主与探险队长之间的合同故意模糊了公共和私人领域的区别。君主授权和征税，但也获利。征服者进行掠夺和获利，但同时也进行统治。从王室的角度来看，这种制度的主要优势是其效率。君主获得领土和纳税臣民，而无需承担为寻找和征服他们而部署的船只、人员和武器的全部费用。敢于冒险的冒险家及其支持者承担了远征的大部分组织和财政费用，却能为其自身与继承人带来巨大而永久的回报。通过批准与大约 70 名类似企业家及其伙伴缔结的合同（有时是追溯性的，如埃尔南·科尔特
243 斯征服墨西哥的情况），卡斯蒂利亚王室后来获得了其在美洲的大部分庞大帝国。

伊莎贝尔及其继任者们从痛苦的经历中了解到，帝国主义的合同制运作得很好，能够以很少的代价或不花钱就能完成伟大的征服，但可能造成严重危险。与哥伦布签署的合同使其成为首席执行官，还是将要发现的领土的唯一商业裁判员。他可以单独提名其他公职候选人，除了可能赚取的任何私人利润外，还将获得所有税收收入的十分之一。他的头衔包括副王、总督、船长和海洋统帅，以免人们对他的政府权力和权威产生任何怀疑。不幸的是，哥伦布对其在伊斯帕尼奥拉（今多米尼加共和国）定居殖民地的专制管理不善，引发了持续抱怨和叛乱。哥伦布的回应是绞死了一些最严厉的批评者。他把牵强的奇迹故事寄回给伊莎贝尔，并无视停止奴役当地人口的指示。最后，恼羞成怒的君主解除了他的职务——但允许其保留所积累的私人财富，以及其头衔所附带的退休金。

随着新的探险队越来越多地“发现”广袤的新大陆，哥伦布的问题一次又一次地发生。由王室授权的探险队的领导人指挥着其组建的军队和海军。无一例外，他们掌握了对被征服的领土和人民的统治权。他们将征服的战利品（包括人民、战利品、税收

和司法权力、土地和其他生产性财产）分配给追随者。他们激起了嫉妒者的抱怨和抗议，虐待美洲原住民的行为远超出西班牙好战天主教会的容忍标准，他们严惩甚至处决西班牙和原住民反对者，并经常无视王室和王室派来监督官员的指示。从征服原住民的过程中，西班牙征服者们不时抽出时间，在彼此之间进行激烈内斗。

各征服者报告一项新的领土征服后，王室立即开始约束、限制、包围，并最终取代其权威以及其家庭成员、朋友和盟友的权威。在此方向上，最重要的一步是不可避免地派遣一位皇家总督或副王。1500 年，在第二次航行建立新的殖民地七年后，伊莎贝尔派了一位皇家总督来伊斯帕尼奥拉岛代替哥伦布。在美洲大陆上，总督在征服 14 年后到达墨西哥，12 年后到达秘鲁。为了避免彻底的叛乱，王室允许被其取代的领袖们保留其私人财产以及与其新地位相应的各种特权和养老金。然而，在大多数殖民地，这并不足以防止王室和征服者之间发生多起冲突，也未能规避二者间的持续紧张关系。在 16 世纪 40 年代，安第斯地区的皮扎罗民族反抗王权，进行了一场旷日持久的内战。印加征服者的幸存兄弟贡萨洛·皮扎罗（Gonzalo Pizarro）带着一支由西班牙人和原住民组成的军队，在秘鲁夺取了政权。王室官员不得不在厄瓜多尔招募一支由定居者和原住民组成的忠诚部队（基多检审区），以夺回殖民地，但其努力成功并没有结束王室与征服者之间固有的紧张关系。 244

巴西的殖民化是在后来发生的，而且是在不同的情况下发生的，但也是在皇家干预下达到高潮。葡萄牙人最初在巴西没有发现任何利益。没有贵金属或城市可以掠夺。尽管如此，国王若昂三世（João III，1521—1557）还是关注其领土保护，他首先将巴西划分为 14 个巨大的都督辖区，并将其授予 12 个关系密切的葡萄牙贵族。这些奖励或“赠与”包含了类似于西班牙合同的条款。其中 10 个都督辖区实际上设法建立了殖民者定居点，但只有两个（圣维森特和伯南布哥）发展了可行且不断扩大的经济。在第一次赠与 14 年后，王室派遣了一名皇家总督，并取消了授予都督们的一些权力。然而，作出这一决定并不是为了对抗或避免葡萄牙定居者对王权的挑战，恰恰相反，是让王室在巴西脆弱的葡萄牙定居点被当地人的抵抗或外国人侵淹没之前，稳定和巩固这些定居点。

伊比利亚人对美洲的征服和殖民，既不完全是公共事业，也不完全是私人事业。经济游戏的规则永远不能与国家原因分开。王权授予之物，王权最终也可以收回。如果没有鼓励私人组织远征的激励措施，新大陆就不可能被征服或成为殖民地。但是，如果不能迅速发展出可信的惩罚威胁以及征用能力，伊比利亚的君主们就永远不可能在欧洲治理其广阔的美洲领土。定居者精英把持其财产太过，会对创造他们的帝国构成
245 威胁。

2.2 对外防务

伊比利亚诸国无法依靠庞大的职业军队和海军。哈布斯堡王朝从未建立一支常备军，从不强行征兵，而是尽可能地依靠雇佣军。在西班牙王位继承战争（War of the Spanish Succession，1701—1714）开始时，王朝的命运岌岌可危，西班牙步兵的总兵力也仅有13 268名士兵，并有5 097名骑兵支持。① 此时的葡萄牙军队如此落后不堪，乃至于佩德罗二世（1683—1706）几乎将其交给了从英国派来的外国军官，来助其组织形成足够战斗力。在两大帝国的殖民地，民兵与地方警察的组成都是被拉来的贫民、罪犯和流浪者等阶层，或者是个人或组织为了换取各种特权而资助的武装侍从。在1719年之前，巴西几乎没有职业武装部队，西班牙大陆殖民地直到18世纪60年代才有职业武装部队。直到18世纪末，抵御外部威胁和内部叛乱还主要依靠未被重视的海军和非正规民兵。

伊比利亚殖民地中最容易受到外部威胁的是那些看起来值得偷窃的殖民地。事实证明，加勒比的西班牙岛屿最具吸引力，也最容易被攻击。到16世纪初，西班牙的所有敌人都已了解，通过进口奴隶生产糖，即使是在最小的岛屿上，也可以获得巨大的财富和巨额收入。16世纪20年代，他们开始夺取小小的向风群岛和背风群岛（Windward and Leeward islands）。英国占领了圣基茨（1623年）、巴巴多斯（1627年）、尼维斯（1628年）、安提瓜和蒙特塞拉特（1632年）。法国人夺取了圣基茨岛的一部分（1625年）以及瓜德罗普岛和马提尼克岛（1635年）。17世纪初，荷兰人开始在偏远的圭亚那海岸定居，40年代夺取了委内瑞拉海岸的一系列岛屿。1655年牙买加落入英国人之手，17世纪70年代丹麦人占领了维尔京群岛的圣托马斯和圣约翰。这时，法国殖民者已经占领了伊斯帕尼奥拉的部分地区（今海地，1697年被西班牙正式割让）。西班牙在加勒比地区的防守直到大部分地区失守后才有所加强。到18世纪初，西班牙在岛上的领土
246 已减少到古巴、波多黎各和伊斯帕尼奥拉岛的东半部（今多米尼加共和国）。

① John Lynch, *Bourbon Spain, 1700–1808* (London, 1989), 27.

对西班牙来说，幸运的是，其潜在敌人对成本效益进行了清醒的计算，这在殖民时代的大部分时间里，保护了西班牙大陆的大部分财产免受严重攻击。墨西哥和秘鲁的总督领地以丰富的矿产资源而闻名，本会被强大的敌人夺取，但代价却高得惊人。这些矿场都位于离海边数百英里的地方。为了对其抢夺和防守，另一强国必须夺取和治理拥有大量原住民的广阔领土。幸运的是，对西班牙来说，没有一个国家有足够的兴趣去策划全面的入侵。尽管如此，在 18 世纪下半叶，西班牙确实认真努力加强了防御。到 1771 年，西班牙在美洲各地共有 42995 名在岗士兵，其中许多是刚入伍的殖民者。西班牙还着手派遣定居者，改变当地人的信仰，并在一些外围地区，如新西班牙北部（加利福尼亚、得克萨斯和新墨西哥州）和拉普拉塔地区内陆建立军事存在。

葡萄牙在国内和殖民地的防卫基础更加薄弱。在西班牙王室的领导下，葡萄牙和西班牙暂时统 （1580 1640），这使情况变得更加糟糕，因为葡萄牙成为西班牙对荷兰共和国之战中一个不甘心的搭档。1630 年，荷兰人入侵了巴西东北部的产糖地。当葡萄牙恢复独立并在 1654 年驱逐荷兰人时，领土争夺已经转移到了加勒比地区，因为那里出产更便宜的糖。有利于防御的是，17 世纪下半叶，加勒比地区的生产突飞猛进，而巴西的糖业经济停滞不前。巴西后来发现的黄金和钻石并没有激发新入侵，因为这些矿藏与墨西哥和秘鲁的银矿一样，位于遥远的内陆地区。葡萄牙与英国的联盟也有助于抵御攻击。18 世纪末，与西班牙一样，葡萄牙的改革者也开始在周边地区建立永久性存在（尽管规模很小），并在亚马孙河沿岸以及殖民地北部和西部边界修建了一系列小型堡垒，从而在地图上对这些地区提出了要求。

除了加勒比地区的领土损失外，频繁的战争给经济活动带来了巨大的直接成本，并以丧失贸易及增长机会的形式，造成了间接成本。防御不足的直接成本可能在与贸易相关的活动中最高。英国人对西班牙航运的掠夺在加勒比海地区尤为有效。在战争 *247*
期间，损失的货物和飙升的保险费用摧毁了财富，并在一段时间内中断了商业活动。在那些被其他列强永久夺走的岛屿上，西班牙和克里奥尔财产持有人承担了没收和其他的损失。西班牙战争（即便主战场在欧洲）的间接成本也是较高的，还广泛体现为非预期的任意税收增加、强制“礼物”和贷款、通过违约进行征收及拒绝偿还政府债务等方式。1557 年、1575 年、1596 年、1606 年、1627 年、1647 年、1739 年和拿破仑战争期间，西班牙政府公开或隐蔽地拖欠债务或宣布单方面改制，使债务条款和利率发生了重大不利变化。① 除了全面和部分违约外，西班牙还多次采取降低货币供应量的方法，实际上相当于没收货币，以增加收入。这些措施使西班牙无法发展出哪怕是最基本的金融基础设施，以支持生产性的长期投资。

另外两项与战争相关的经济代价也值得一提。首先是帝国政权力图从其美洲殖民地攫取更多收入而产生的间接成本，在西班牙和葡萄牙殖民地都有，在七年战争（1758—1763）之后更甚。17世纪60年代，西班牙和葡萄牙都进行了长期的改革努力，重组殖民地的税收制度，加强行政控制。随着国家成本和干预达到顶点，250年来精心构建的新世界平衡开始被打破。从18世纪60年代开始，中美洲和安第斯地区的土著人叛乱越来越多，还有数量较少但仍令人震惊的税收抗议以及涉及克里奥尔人和混血人种的暴乱，这些都以破坏和增加风险为代价。其次，当波旁王朝的活动日益频繁而引起反抗时，巴西和整个加勒比地区的奴隶起义和黑奴战争的数量在增加，这使人们怀疑，各殖民政权是否有能力调集足够的物质和军事资源来镇压叛乱。

2.3 国内安全和殖民契约

防御外部攻击是必不可少的，但伊比利亚帝国平衡的关键在于殖民政权、以克里
248 奥尔人为主的定居者精英和从属多数派之间的隐性契约。弱国的生存之计是利用有限的资源，瞄准潜在的叛逃者。只要挑战者无法协调，外部防御得以维持，暂时的挫折就能被逆转。弱小的帝国则需要更多：殖民代理强大到足以维持秩序，但又太弱小而不足以独立，下属民众无法或不愿联合起来反抗殖民政权。

为定居者精英塑造能力与机会的机构，与界定和强化土著、非洲人及其后代从属地位的机构同步发展。大多数历史著作都假定此处存在完美的对称性——伊比利亚的制度促进了欧洲人对土著和奴隶劳动的剥削，因此欧洲人发财致富，而从属人口则遭受痛苦或死亡。诚然，遍及美洲历史，征服和奴役以及这些巨型制度进程的遗留问题都在发挥影响。它们表现为对教育和人类服务投资的历史性失败，这一直是拥有大量土著和非洲裔人口的现代国家的鲜明特征。然而，与此同时，如果认为在殖民社会中，多

① Gabriel Tortella and Francisco Comin, "Fiscal and Monetary Institutions in Spain (1600–1900)," in Michael D. Bordo and Roberto Cortés Conde, eds., *Transferring Wealth and Power from the Old to the New World: Monetary and Fiscal Institutions in the 17th through 19th Centuries* (Cambridge, 2001).

数族裔被界定为法律上的劣等民族，就一定为定居者精英的长期繁荣或殖民经济的增长提供了有利条件，那将是一个错误。

西班牙和葡萄牙殖民者及其后裔寻求对其特权地位的保护与合法化；不受限制地获得土地、矿产资源和土著劳动；以及对其自有生产和商业活动进行最低限度的征税和管制。另一方面，伊比利亚各邦投入了相当大的想象力和精力来削弱潜在的权力和权威竞争者，特别是在财政风险最大、最易产生定居者不安分野心的相对繁荣地区。在三个世纪的殖民统治中，帝国政府与定居者精英之间的紧张关系一直存在。最常见的冲突发生在税收和监管政策以及获得原住民劳动力方面。对殖民契约基本结构的挑战很少发生，但在整个殖民时代，在具体税收、监管政策或西班牙官员特定“滥用权力”方面，由克里奥尔人领导的对抗或多或少都在持续进行着。围绕控制殖民统治的机构，也爆发了冲突，其中涉及行使有限立法和司法权力的地方理事会与殖民地理事会。17 249 世纪，征服活力被经济停滞甚至衰退替代，地方精英在殖民地管理机构中成功地占有一席，并积累了权力。哈布斯堡统治的最后半个多世纪在 1701 年结束，这是一个有时历史学家称为“良性忽视”的时代，在此期间，王室允许殖民者占据许多地方权力职位。18 世纪下半叶，波旁政权试图夺回控制权和重新集中权力，被迫与长期根深蒂固的利益集团进行了斗争。

王室与克里奥尔定居者之间在政策和立场上的惯有冲突并没有从根本上改变殖民统治的政治经济。在外部防卫和内部安全方面，定居者精英们最终依赖宗主国政府，而相较于其钦佩并经常试图效仿的欧洲贵族，他们还存在两大缺陷，使其具有了殖民地特性。

首先，与经几个世纪政治动荡而产生的欧洲贵族不同，美洲的定居者精英们发现其从一开始就受到君主主张的限制。葡萄牙和西班牙王室宣称对被征服地区的所有财产和资源拥有所有权。理论上，这意味着每一个扣押和征用的行为，从原住民庙宇的雕像到房地产和采矿权，都必须经王室审查和确认。总督、地方官员和法院系统最终管理上述事项。西班牙殖民政权一般坚持尊重土著人的土地所有权（见下文），但允许定居者占有和使用无产权和被遗弃的土地，并通过被称为“赔偿”（Composición）的索偿程序，追溯发放产权证，这种做法在 17 世纪变得很普遍。因此，王室倾向于确认征服者的掠夺和定居者的事后掠夺土地，但保留了适当时候不予批准的权利，并通过没收违法者的财产来惩罚不尊重或反抗的行为。

其次，对于维持不动产利益和定居者野心之间的平衡来说，更为重要的是伊比利亚制度的演变，这些制度管理着定居者精英和原住民之间的关系。西班牙的法律和实
250 践将原住民界定为两个王室的附庸或臣民。尽管在一些著名的案例中（哥伦布在圣多明各、埃尔南·科尔特斯在其侯爵区的广阔领土上），西班牙王室曾短暂授权设立相当于庄园法庭的机构，但除了作为王室任命的官员外，定居者精英实则对原住民没有法律管辖权。1542 年，西班牙立法废除了原住民奴隶制，为原住民的土地财产权提供了官方保护，并允许原住民公社按照自己的“习俗”与“惯例”（Usos y Costumbres）管理本地事务（但由牧师和官员监督）。因此，在人口灭绝后幸存下来的原住民公社（或在此后重建的原住民公社）既保留了他们的土地，也保留了令人印象深刻的（虽然不是绝对的）管理自己的村庄和城市贫民区的能力。与西班牙本身和欧洲大部分地区不同，西班牙美洲的克里奥尔精英既不控制土地，也不控制灵魂。原住民相对自治，不在经济、政治或个人上依赖定居者精英，这对西班牙帝国的伊比利亚平衡持久性至关重要。

然而，应该补充的是，原住民村庄享有的相对自治与欧洲农村庄园作为一个社会单位的异常稳定相平衡。西班牙美洲非奴隶制农村庄园的常住工人和服务性租户几乎从未起义，主要是因为他们如果不满意可以搬走。庄园面临着邻村侵占的潜在外部威胁，但这种威胁在殖民时代很少发生。在中美洲和安第斯地区的殖民时期，大多数村庄的暴动和起义都是针对新的税收、劳工草案和其他官方滥用权力，是防卫性的。直到独立几十年后，臣民群体对殖民当局的“种族”冲突才发展成针对克里奥尔人和梅斯蒂索地主的“阶级”土地斗争。

相反，葡萄牙允许其殖民者奴役原住民，部分原因是巴西的美洲印第安人与中美洲和安第斯地区的原住民不同，若非受奴役，他们不会在糖园和其他欧洲企业工作。从皇室角度来看，奴隶制往往使殖民政权更有保障，防止定居者叛逃。无论是使用了原住民奴隶还是非洲奴隶，奴隶社会的基石机构——奴隶种植园——都是一个潜在不稳定的机构，有时甚至是难以管理的机构。然而，若非质疑其奴隶身份，奴隶们是不可能动员和武装煽动暴乱的。他们不可能成为主人的盟友，反对王室或其他任何人。

缺乏专业的军队或警察部队，无疑加大了种植园主对奴隶叛乱的担心。为了当地
251 安全，巴西和西班牙美洲奴隶主种植园的精英们不得不依靠主要由克里奥尔人和穆拉托农民与佃户组成的民兵。这种依赖性限制了种植园主以牺牲效率较低的生产者为代

价来扩大其土地占有率的能力。对下层反抗的恐惧也使种植园主在政治上趋于保守。他们对税收和监管问题的抗议活动很少，时间很短，而且对殖民统治来说，示威意义大于严重威胁。

整个美洲的属民们都面临着促进征服和殖民化的策略限制，并证明对维持殖民政权至关重要。在墨西哥，原住民的文化和语言多样性、相互竞争的族裔群体之间的冲突以及原住民精英的死亡或流离失所，使原住民不可能有抵抗殖民统治的政治。在安第斯地区，由于文化和语言的差异不那么明显，西班牙政权有意用其文化、语言、制度和政治同化原住民领主。这个策略一直有效，直到18世纪80年代波旁王朝的行政和财政改革适得其反，促使大量安第斯原住民领主联合起来反抗。同样，奴隶人口来源的多样性降低了发生广泛且普遍的奴隶起义的威胁。从非洲同一地区大量进口奴隶则增加了本土主义者叛乱的风险，被同化的克里奥尔奴隶中最终产生了领袖，形成了废除奴隶制和公民身份的普遍要求。通常被称为“种族战争”的大规模原住民起义、大规模的奴隶起义和大规模的黑奴战争并不常见，但其频繁发生足以引起广泛的恐惧和不确定。①

然而，在大多数情况下，新世界的属民别无选择，只能将其抗议活动限制为相对较小规模的暴动和叛乱，通常仅限于一个原住民村庄或奴隶种植园。例如，在18世纪的秘鲁和墨西哥，历史学家记录了300多次地方性的原住民起义。几乎所有这些起义都涉及原住民村庄抗议当地西班牙官员的“虐待”。有些起义是由村庄和邻近庄园之间的争端引起的，但来自庄园自有雇员的暴力行为从未出现。大多数奴隶叛乱在规模上同样是地方性的，但来自种植园内部，目的是强行纠正监督者和所有者的虐待行为。在整 252
个伊比利亚帝国，旨在发牢骚或谋取小利益的地方性“改革派”暴力是普遍存在的。②

中部美洲和安第斯地区的殖民精英及其在巴西和加勒比奴隶殖民地的同僚们都明

① See “Patterns of Rural Rebellion in Latin America: Mexico in Comparative Perspective,” in Friedrich Katz, ed., *Riot, Rebellion, and Revolution: Rural Social Conflict in Mexico* (Princeton, NJ, 1988), 21 – 62.

② 在其对18世纪墨西哥中部和瓦哈卡州140多起地方暴动和叛乱的分析中，威廉·B. 泰勒（William B. Taylor）使用了“改革派”一词，载于 *Drinking, Homicide and Rebellion in Colonial Mexican Villages* (Stanford, CA, 1979) 第四章。在一些地区，由逃亡奴隶组成的黑奴社区加剧了种植园外的社会治安恶化，但与土著村庄不同的是，黑奴社区经常受到得到官方支持的定居者民兵的袭击和破坏。

白，面对那些潜在且通常极具敌意的民众，如果没有殖民政府提供的精神和物质资源，他们将无法维持不稳定的政治经济统治。总督或其他官员通常负责镇压叛乱，而教会高层几乎总是站在秩序和耐心的一边。两大帝国强国都明白，在奖赏忠诚和惩罚失职方面，如果无法具备可信能力，就无法保住帝国。然而，定居者精英们也明白，在大多数人的生命和财产损失极易发生时，无法在短期内依靠殖民国家的保护。定居者及其侍从组成的殖民民兵镇压了殖民时期发生的数百次，也许是数千次的地方骚乱和大多数叛乱。当地方努力失败时，可能需要几个月的时间才能调动远方的军队（往往是其他殖民地的民兵）。因此，虽然没有欧洲和克里奥尔定居者的积极支持，伊比利亚列强不可能维持对其广阔领土的控制，但定居者最终还是要依靠殖民国家在发生严重动乱时的救助。

政治上强大的地主控制着大量无权无地的劳动力，这种 20 世纪的图景是彼时的现实，却与殖民时期无甚关联。征服者和定居者贪婪，而原住民村落愿意向王室进贡以换取拥有和耕种自己土地的权利，若不在二者之间平衡，西班牙帝国在中部美洲和安第斯地区就不可能生存下去。在这些地区，拉美土地精英值得注意之处，是其在农村的相对弱小，而不是其主导地位。在加勒比和巴西，奴隶主依靠殖民国家和地方民兵来抵御
253 持续不断的动荡与不确定，直到这一制度被废除。拉美的殖民地主精英是世界上最弱小、最不安全以及依赖性最强的人群之一。

2.4　官僚与教士

如果西班牙或葡萄牙能够依靠一个忠诚和无私的官僚机构，控制伊比利亚殖民地的定居者精英和属民就会容易一些。然而，从殖民时代开始，葡萄牙和西班牙政府传达命令和强迫服从的能力就在间歇性有效到完全不存在之间波动。西班牙和葡萄牙任命的治理美洲殖民地的官员人数很少，经常不可靠，而且几乎总是做着（如今看来）无耻的寻租甚至腐败的行为。两大宗主国用不超过几千名雇员来管理其广阔的领土。在整个哈布斯堡时代，西班牙政府将许多主要及次要的官僚办公室拍卖给出价最高的人。两国政府的雇员都利用其办公室谋取私利。殖民地官员，甚至是那些半岛派遣的官员，往往与他们应该控制的克里奥尔定居者建立了密切的联系（包括通过婚姻建立的亲属关系），并证明他们不愿意为执行有利于王室的政策，而牺牲其亲属的利益。

因此，西班牙和葡萄牙政府在理论上小心翼翼地守护着他们对最终行政、立法和

司法权力的垄断。两个伊比利亚政府都利用法律和法规作为投射王权、约束官僚和限制移民精英的工具。事实上，在整个殖民时代，两个王室都以如此精确和详细的方式立法，以至于完全遵守法律往往是不可能的（见下文）。有了充满详细规定和禁令的规则，官员们获得了额外的筹码，进行讨价还价和消极谈判（代表王室或其自身利益）。臣民们违反相互矛盾的法律可能永远都会面临被诉风险，因而往往谨慎对待王室官员，其戒备心超出了应有之程度，但是，当官员未能就合理的替代规则进行谈判时，该体系也会面临挫折与反抗。“遵守法律，但不执行法律”（Se obedece，pero no se cumple），这句格言通常被用来描述殖民官员不愿或没有能力执行严格的“蓝线”规则，也显示了自由裁量权，这种权力有助于加强权力，且助长腐败（见下文关于法律制度的讨论）。 254

两大伊比利亚帝国都利用罗马天主教会来加强王权。在征服新西班牙和秘鲁后的最初几十年里，从正规的神职人员中，西班牙王室找到了可靠的盟友，特别是方济各会（Franciscans）、多米尼克修会（Dominicans）和奥古斯丁修会（Augustinians）。到了16世纪末，耶稣会士也来到了西班牙。后者在巴西和西班牙美洲周边地区发挥了战略作用，在欧洲人原本未占领的领土上建立了教区。教会的机构秩序和神学利益与王室的决心相吻合，王室决心使原住民在法律和司法上脱离克里奥尔移民精英。然而，随着时间的推移，教会的地位逐渐被世俗（教区）神职人员所取代。尽管从1486年开始，与历任教皇签订的协议赋予西班牙——后来又赋予葡萄牙——君主以任命权，即任命主教和干预教会事务的权利，但伊比利亚君主不得不努力阻止主教和牧师成为富有殖民者的甘心盟友，因其个人和机构需求都依赖于这些殖民者的慷慨解囊。18世纪，两国中央集权的君主都认为，教团和世俗神职人员获得了太多自主权，对王室的利益关注太少。1737年，西班牙与梵蒂冈谈判达成新的解决方案，并确保了对西班牙教会更大的控制权。1759年，葡萄牙人将耶稣会士驱逐出巴西。八年后，查理三世（1759—1788）将耶稣会驱逐出西班牙的所有领地。然而，这两个君主国都没有挑战教会对一系列公共职能的垄断，这些职能包括登记所有的出生、死亡和婚姻，以及对农业产出征税（什一税）。

在缺少可靠的官僚和文化代理人的情况下，西班牙和葡萄牙只有通过持续关注与不断调整，来应对新的以及反复出现的威胁，才能维持经常不稳定的新世界殖民平衡。西班牙（至少在18世纪末之前）和葡萄牙（在整个殖民时期）的首选对策都是与心怀不满的利益集团和族群谈判让步，前提是王室的最终权威和收入需求得到尊重。尽管往往要历经数月努力，但两大帝国都有能力调动军事资源——民兵、军队和海军——
255 来镇压地方甚至区域挑战。

两大政权的相对稳定，产生了具有高度一致性的机构，能够对生产性经济活动产生激励与抑制。遗憾的是，殖民统治的主要机构——那些机构体现和维护王室司法权威，利用陈旧的土地使用权来削弱定居者精英及安抚当地村民，强加种族等级制度与强制劳动（包括奴隶和原住民劳力），并将公共产品和服务的生产委托给私人机构——所有这些机构都有助于维持伊比利亚的平衡，但代价是阻碍了几个世纪的经济增长。

3. 生产力提升的体制障碍

殖民经济生活的基本制度，即那些界定土地、劳动和交易中的产权的制度，从西班牙和葡萄牙传入美洲，并根据新世界环境的现实情况进行演变。伊比利亚的法律学说、立法和法院系统都属于世界最复杂、最先进的体系。它们以惊人的速度征服和殖民了境外土地与民族，为多种经济交易提供了合理框架，并促进了新的土地保有权和劳动制度的建立和巩固。然而，与大多数前现代国家和帝国一样，伊比利亚的制度并不是为了促进要素流动、技术变革或无摩擦交易而设计的。它们扭曲了要素市场，阻碍了新企业的发展，并给各种交易带来了巨大的风险和成本。这些问题影响到殖民社会的每一个层面，从地主、商人、矿工和官员等定居者精英到村民、奴隶和服务性租户等从属主体。

3.1 土地保有权与土地产权

征服和殖民化刺激了土地私有财产的发展，但直到19世纪，前现代的土地保有权一直在拉美占主导地位。在征服之时，无论是在伊比利亚半岛还是在美洲，私有财产尚
256 未成为土地所有权的主要形式。在西班牙和葡萄牙，土地和其他资产可以以各种方式“拥有”。家庭财产（Entail）或永久占有财产（Mortmain）以及各种封建共有权比私人产权更为常见。同样，在前哥伦布时代的美洲，大多数土地和其他形式的财富并不是现代意义上的私人所有。在伊比利亚半岛和墨西哥中部，世袭领主积累的土地和其他资产已经成为私人财产，因为拥有此类财产已不再取决于所担任的职务或为国家提供的

服务。然而，在美洲其他地方，这种趋势并不存在或仍处于萌芽状态，如在印加国王的领地，似乎只有印加统治者才拥有类似私有的土地。① 在农民平民中，个人拥有土地的情况很普遍，但几乎总是以社区主管的某种分配和再分配机制为条件。

前哥伦布时期的产权制度是复杂且多层次的。在整个美洲，原住民农业村落共同拥有和耕作一些土地，往往是为了生产贡品或支持宗教机构。大多数村庄的土地由地方政府分配给家庭，但随着家庭组成的变化，可以全部或部分重新分配。然而，在墨西哥中部，家庭土地通常可以继承或至少在大家庭中转让。在阿兹特克（纳瓦）的土地上，在军事上征服敌对城市和国家后，贵族和战士阶层获得土地。这些贵族庄园通常都带有一支劳动力，他们定居于此且有义务提供服务。在印加帝国，无论是在村庄还是在贵族中，个人的土地私有权都未发展起来。在被征服的城镇和村庄，印加官员指定土地用于印加宗教圣地和国家办公室，但土地仍然是社区的财产。在美洲的大多数原住民社会中，作为独立于社区义务或地位的资产权利，此种个人私有财产概念根本不存在。

在殖民进程的早期，西班牙和葡萄牙王室指示其代理人尊重财产权，包括其遇到的原住民个人与集体财产权。然而，在殖民的最初几十年里，两个政府都未能有效执行 257
上述指示，且都予以其多种例外。西班牙人可以合法地接管公共建筑和设施，没收所有土地和宗教机构的其他财产，并没收属于任何抵抗征服、反抗西班牙统治或不接受天主教的个人或社区的财产。西班牙殖民者（直到 1542 年）和葡萄牙定居者（在更长时间内）可以合法地奴役反抗征服或拒绝皈依的当地人。在实践中，第一批征服者通常会夺取并在内部分配他们喜欢的东西，而不必担心遭到责备或起诉。然而，渐渐地，西班牙和葡萄牙政府开始关注本地人的生存和定居者叛逃的威胁。在西班牙帝国，这种关切导致原住民奴隶制和个人服务的废除，促进了原住民土地所有权法律保护的发展。

在中美洲和安第斯地区的原住民中，征服最初加强了前现代土地持有形式在个人土地财产中的主导地位。例如，在墨西哥中部，一些原住民村落利用西班牙的胜利，摆脱了对阿兹特克人和地方领主的义务，从西班牙人那里得到了公有土地赠与。殖民当

---

① 印加统治者可以把积累的土地留给其大家庭，后者可以用此地产收入来养活自己和供奉神灵。然而，他不能将其财产传给其继承人；每个新统治者都必须征服新的领土和人口来创造财富。见 María Rostworowski and Craig Morris, "The Fourfold Domain: Inka Power and Its Social Foundations," in Frank Salomon and Stuart Schwartz, eds., *The Cambridge History of the Native Peoples of the Americas*, vol. 3, South America, part 1 (Cambridge, 1999), 780－4。

局颁发的土地所有权不归个人或家庭所有，而是归社区所有。这些土地被界定为不可剥夺的，永远不能出售。当村庄土地所有权受到来自内部或外部的质疑时，殖民地法院往往会强制要求尊重这些土地所有权。对村庄共有土地的推定“出售”通常被宣布为无效。法律禁止西班牙人和混血儿在原住民村庄居住。在19世纪末自由土地立法和经济现代化之前，大多数在征服的人口灾难中幸存下来的原住民公社设法保留了土地。①

前现代的土地保有权在殖民时期的西班牙人中也很常见。富有的征服者和殖民者
258 被授予了贵族头衔，其属地成为家庭财产（Mayorazgo）。在墨西哥，科尔特斯家族开辟了巨大的侯爵领地，家庭所有的土地从库埃纳瓦卡谷地（Cuernavaca）蔓延至瓦哈卡。捐赠给教会各机构（如教团、主教区或慈善机构）的土地也可以被指定为不可剥夺的土地。这种捐赠在17世纪特别常见，因为当时许多地区的商业农业正在萎缩，土地价值下降。西班牙殖民时期的城镇和城市也获得了不可剥夺的公共土地赠与，这些土地通常由市政府（Ayuntamiento）和市议会（Cabildos）出租。西班牙法律还承认私人之间的合作所有权安排（有时称为“Condueñazgo”）。在加勒比地区，梅斯蒂索人和贫困的克里奥尔农民经常拥有土地份额，有权在大片土地上的某处耕种，但份额所有权并没有明确规定其权属地块的确切边界。在整个西班牙美洲和巴西的大部分地区，个人和社区占有公共土地，并在几十年甚至几个世纪里将其传给继承人，却没有正式的所有权。直到19世纪最后25年，各地才开始进行地籍调查。

因此，在整个殖民时代，土地的私有制与前现代形式的土地占有制并存。私人土地所有权在西班牙人和卡斯塔人中占主导地位。西班牙人获得了被称为“梅赛德”（Merced）的封地以及无人居住或被没收的土地，他们可以自由地将其作为私人财产出售或留给后人。西班牙当局还承认并以书面形式确认了合作的原住民领主对私人地产的所有权。在某些情况下，西班牙封地使原住民领主摆脱了其财产持有权之前附加的社区义务，或者确认了其庄园内劳动者的奴役义务。在墨西哥和安第斯地区，土地私有财产最常见于西班牙的城镇和矿区、其毗邻腹地及交通沿线。在巴西和加勒比地区，土地私有产权在以奴隶种植园为主的地区发展最为迅速。在漫长的18世纪，随着人口增

① 然而，在安第斯地区，新的土地所有权将村庄视为土地上的独立行政单位，因此往往永久地将以前属于同一阿伊鲁（Ayllu，以松散的亲属关系组成的社区）的不同海拔高度上相互联系的定居点分开。随着时间的推移，为规范安第斯阿伊鲁之间的交流而精心设计且发展的礼物互赠和易货贸易制度瓦解，取而代之的是（如果说有的话）非个人的市场。

长导致城市化和贸易的增加，私有产权也得到了发展，特别是在加勒比和墨西哥。

尽管并非源于历史文献通常引用的原因，殖民时期的土地所有权制度还是阻碍了投资和生产。大庄园和种植园没有“垄断”土地，不能控制价格，也没有因忽视或低效管理而“浪费”土地。也就是说，上代人假设的微观层面问题都未通过实证检验。① 259
拉美农村地区生产力的主要障碍是制度性的：许多土地不可转让，大多数所有权没有保障，法院效率低下，以及使用大量公用和公共土地。

其中，前三个问题阻碍了抵押贷款市场和为其服务的金融机构的发展。在殖民时期结束时，在拉美大部分耕地上，拥有可靠产权的个人并没有土地绝对所有权。即使是精英庄园和奴隶种植园，也仅有部分土地有书面产权，往往还有大片无权属的公共土地或废弃的原住民土地，从未有过土地登记，直到 19 世纪末才开始进行地籍调查。竞争性的土地权属声明挤满了殖民地法庭和国家法院。尽管精英庄园主和种植园主可能比其他人享有更好的机会来修补缺陷，但普遍缺乏明确所有权几乎影响到了所有的土地所有者。不能因债务未偿还而谋取土地，一方面是因为产权不完善，另一方面则是因为土地本身是不可剥夺的，不能用来担保贷款。然而，拥有可靠产权的私人所有者也会受到影响，因为在殖民时期和 19 世纪的大多数国家中，不能指望法庭来强制执行取消赎取权的申诉。即使是拥有产权的生产者也通常无法获得抵押贷款，因为司法系统中，取消赎取权实际上是不可能的。除了教会向拥有良好政治关系的富人名流提供信贷外，在 19 世纪末之前，拉美大部分地区都不存在抵押贷款。直到 19 世纪末或更晚些时候，由于私人抵押贷款市场缺失，整个拉美投资和贷款机构的发展仍受阻。

第四个问题，即广泛使用土地的问题，通常被认为是北美经验的一个特点。即使比较仅限于 13 个英国殖民地中最北端的地区，但对于殖民时代和 19 世纪大部分时间来说，情况也不可能如此。原住民村落土地所有权的持续存在、原住民和混血农民与牧民占据的大片无主土地，以及鼓励在奴隶种植园外围建立的小农户定居点，都证明在拉美大部分地区，获得生产性土地的机会很容易。遗憾的是，在种族等级制度下，拥有前 260
现代土地保有权和低效司法机构的社会中，广泛的土地所有权并没有促进经济增长。相反，广泛的土地所有权进一步拖累了经济现代化，因为当人们在其他经济部门发展

① Eric Van Young, “Mexican Rural History since Chevalier: The Historiography of the Colonial Hacienda,” *Latin American Research Review*, 18 (1983): 5 – 61; see also SimonMiller, *Formación de clase y transición agraria en Mexico* (Mexico, 1997).

时，他们需要更多工资激励，以使其转向更有生产力的工作。

3.2 劳动中的强制、种族和财产权

欧洲人及其在拉美殖民地的后裔在人口中只占少数，而且在法律上享有特权。臣民（即便是在西班牙或葡萄牙统治下出生）与统治者和雇主存在种族与文化差异，通常还有着语言差异。面对几乎立即开始下降的原住民人口，伊比利亚列强推出了两套不同制度来对付原住民与被绑来填充领土的非洲人。确定原住民与伊比利亚征服者和定居者之间关系的政治与法律框架被称为种族制度（Castas）。1542 年，西班牙帝国废除原住民奴隶制后，种族制度适用于所有美洲原住民。在巴西，种族区分与原住民奴隶制并存。两大帝国的非洲人都受到奴役。被释放的奴隶和奴隶的自由后代也受种族制度的约束。

在两种制度中，西班牙美洲的种族制度是比较复杂和制度化的，它由法律、政策和惯例组成，根据官方承认的种族赋予个人不同的权利和义务。该制度的演变历经整个 16 世纪。到 16 世纪中叶时，经过大量辩论和试验，西班牙立法正式承认了印第安国家（República de Indios）和西班牙国家（República los Españoles）之间的基本区别。①印第安国家只包括被正式列为印第安人的人口。然而，西班牙国家不仅包括西班牙人，而且包括所有非原住民：克里奥尔人（出生在新大陆的欧洲人）、梅斯蒂索人（欧洲人和原住民的混血）、非洲人及其后裔，既有奴隶也有自由人。为了考虑到所有可能的种
261 族组合，逐渐形成了具有相应复杂术语的详细分类。各种不同的混血后裔被称为“卡斯塔”（Casta）。在西班牙美洲的大部分地区，印第安人、白人和卡斯塔人的三方分化包括了绝大多数人口。

在西班牙美洲的种族制度中，三类官方指定的种族群体各自被分配了独立的财政义务、公民权利和经济特权。只有在欧洲出生的西班牙人可以担任一些公职；其余的政府和教会的高级职位则留给了克里奥尔人。根据法律，梅斯蒂索人和印第安人被排除在公共和神职职位之外。他们也被排除在法律、医学、工程、批发商业和一些专业性较强的手工业职业之外。特别规则管理和限制梅斯蒂索人的职业晋升，而印第安人则被

① 在此语境下，“república”一词指的是某种公共实体，含义更接近于其拉丁语的起源，而不是在后来所指的没有君主的国家。

完全排除在外。欧洲人和梅斯蒂索人被禁止住在印第安村庄里；在未经民政和宗教当局允许的情况下，印第安人则被禁止居住在村庄之外。印第安人被禁止拥有马匹、携带武器或像欧洲人一样穿着。梅斯蒂索人的行为受到较少的限制。在殖民法律制度中，各族裔群体的地位都有单独规则，各自享有不同的特权、豁免和责任。

随着种族制度在16世纪的演变，西班牙当局试图通过两种不同的制度，即委托监护制和印第安人的劳役摊派制，对原住民劳动力的使用进行管理，但两套制度最终都让位于私营企业。委托监护制是西班牙王室授予西班牙征服者或其他定居者的权利，使其有权从特定地区的原住民那里获得劳动服务和实物（或后来的货币）支付。印第安人劳役摊派制，在安第斯地区的盖丘亚语中被称为“米达”，是西班牙官员对原住民劳动力的一种临时分配，用作公共工程或土地庄园、矿山等西班牙企业的劳动力。伴随委托监护制和劳役摊派制的发展，私营劳动力市场发展起来，并最终占据主导，但这是在种族制度的法律框架内进行的，扭曲了劳动力市场，限制了劳动流动性。

在新大陆，委托监护制是王室或王室官员的赠与，将特定地区的原住民分配（“委托”）给个别西班牙人。1502年，皇家总督尼古拉·德奥万多抵达伊斯帕尼奥拉岛后不久，就向西班牙定居者授予了第一批新世界委托监护权。1509年，一项皇家命令确立了征服者领袖直接向其下属授予委托监护的权利。接受委托监护权的人被称为委托监护人，被授权接受其管理范围内的贡品和劳力。委托监护人控制其领地，取代了以前的印第安帝国或城邦的官员，并与当地酋长谈判，确保获得其合作，攫取劳动力、税收和贡品。委托监护人必须粉碎一切残余抵抗，并向牧师支付费用，请其来改变当地人的信仰。然而，委托监护制并不是私有财产的授予。原住民不是奴隶，而是王室在法律上的自由附庸。委托监护制也没有提供任何土地或其他资产的所有权。如同在西班牙一样，新世界的委托监护制是临时性的，但来自征服者及其盟友的压力使其可以在两代人之间，有时甚至是更多代人之间传承。 262

随着原住民人口下降，委托监护制的价值下降。到16世纪末，这一制度本身最终在墨西哥中部核心地区和秘鲁总督辖区消失，但在一些边缘地区（如尤卡坦半岛）一直持续到18世纪。随着最初的征服者被搁置一旁，王室建立了皇家委托监护权，其方法是重新分配已有的无主委托监护权，或者在新征服物中分配越来越大的份额。到16世纪中叶，原住民的反抗、贡品和劳务服务的减少以及王室对委托监护制的新限制进一步降低了该制度的价值。

伴随获得日益减少的劳动力供应的竞争加剧，王室废除了委托监护劳工服务，并通过印第安人的劳役摊派对原住民劳工实行国家管理的配给。16 世纪 50 年代首次在新西班牙实施的印第安人的劳役摊派要求原住民村落提供定额成年男性劳动力，期限长达三个月，有时甚至更长。特别执法官收到西班牙人提出的劳动力分配请求，可以用作大庄园的种植和收割工人，也可以是矿山、羊毛加工和纺织作坊等企业的非熟练工人。治安官根据报告的人口数量决定每个村庄必须提供多少劳动力，并将他们分配给西班牙雇主。地方执法官还负责确保劳工得到适当的食物和法律规定的工资。新制度的一大效果是使西班牙人和克里奥尔人的企业更广泛地使用原住民劳动力，而不是像以前那样由委托监护人垄断。

由于殖民管理者拒绝减少每个村庄提供的义务劳动力数量，人口下降很快使劳役
263 摊派对原住民越来越繁重。随着原住民人口的减少，每年被带去工作的成年男子所占比例有增加之势。严格执法激起了原住民公社的抵制，他们向西班牙法院提起诉讼，声称由于人数减少，他们不可能遵守规定。同时，通过利用工资和其他诱惑，西班牙和克里奥尔雇主吸引原住民工人离开其被指派的雇主，破坏了劳役摊派制。到 17 世纪初，该制度在大多数地区已经无法维持。在新西班牙，农业劳役摊派制于 1599 年结束。到 1630 年，除紧急公共需要外，所有其他种类的工作都被废除了。在安第斯地区，米达工人只在波托西、万卡韦利卡和其他采矿中心附近的省份大规模存在，这些地区一旦无法使用强制劳动，矿井就得关闭。

在中部美洲和安第斯地区的大部分农村原住民人口中，委托监护制和劳役摊派制均调配了一两代短期季节工。在奴隶制在经济上不可行甚或无法执行的地区，这两种制度成为奴役原住民的替代办法。二者均是通过行政命令将劳动力分配给西班牙企业家。毫无疑问，这导致原住民劳动力在经济上的低效分配。委托监护人出租部分其掌控的土著劳工，或与矿主和其他西班牙人合伙，以劳工换取利润分成，此时，上述影响可能得到缓解。然而，劳役摊派制禁止雇主出租或重新分配劳工。在各类制度下，就奖励征服者（委托监护制）和强化王室对土著劳动力的使用（劳役摊派制）而言，通过采用强制手段而非市场，西班牙政府平衡了两类制度的利益，对冲了劳动力分配产生的扭曲效应。

到 16 世纪末，雇佣季节性劳动力的做法已经在新西班牙和秘鲁的主要农庄蔓延。私营劳动力市场已经取代了强制劳役征募，成为西班牙企业分配原住民劳动力的主要机制。大多数西班牙和克里奥尔定居者已经过渡到依靠私有财产，而不是临时强制劳

动赠与，作为其财富和地位的基础。然而，新的私人交易制度是在种族制度的框架内运作的，限制了原住民劳动力在地理和职业上的流动。种族制度的持续存在也扭曲了资 264
本形成的过程，迫使梅斯蒂索人和印第安人的小企业被挤压在获批的活动范围内。在拉美历史上，“自由”市场属于晚近时代。

在巴西，内地的原住民和西班牙美洲大部分低地的原住民一样，并不是习惯于外部统治的农业定居者。如同在西班牙美洲周边地区一样，他们抵制征服与合并，往往逃到欧洲农民定居者和机构无法到达的地方。在这些地区，种族制度无法强加于人，仅有常规教区能成功说服少数人追随基督教采用定居农业。因此，葡萄牙人容忍甚至有时鼓励将奴役作为一种有效方式——许多人认为是唯一有效的方式——来剥削原住民劳动力。与西班牙领地不同的是，尽管来自内地的新增奴隶供应量持续下降，仅为非洲奴隶供应量的一小部分，但巴西一直到 18 世纪还保留着原住民奴隶制。葡萄牙关于原住民奴隶制的禁令屡屡发布，但总有漏洞，而且不时被废除。直到 18 世纪 50 年代，庞巴尔（Pombal）开始处理此问题，葡萄牙的禁令才开始生效或明确。

虽然非洲奴隶追随着第一批西班牙征服者，但直到 17 世纪初，使用非洲奴隶的种植园才开始在巴西大规模发展。17 世纪中后期，奴隶种植园蔓延到加勒比地区，主要出现在西班牙输给荷兰、英国、法国等国的岛屿。1580 年至 1640 年期间，西班牙和葡萄牙王室联合，除了这一时期外，西班牙在非洲并没有直接获得奴隶来源。在 18 世纪末之前的剩余殖民时间中，西班牙禁止或严格限制奴隶进口。

奴隶种植园需要对内部安全进行投资，而种植园主和殖民政府都不愿如此。这个问题在巴西的解决方法是鼓励葡萄牙人、克里奥尔人，甚至穆拉托佃户和小业主在种植园附近定居，他们在当地民兵队伍服役，镇压骚乱或叛乱。因此，巴西种植园往往相对较小，类似于 17、18 世纪古巴（蔗糖）或委内瑞拉（可可）的种植园。民兵队伍最初使企业生存下来，然而，若非大量损耗民兵（像史料偶尔记载的那般），巴西和西班牙殖民地的种植园主就不可能控制整个地区。① 265

① 种植园与小农户之间的关系，可参见：Stuart B. Schwartz, “Free Labor in a Slave Economy: The Lavradores de Cana in Colonial Brazil,” in Dauril Alden, ed., *Colonial Roots of Modern Brazil: Papers of the Newberry Library Conference* (Berkeley, CA, 1973), 147－97。巴西模式与英国、法国和荷兰西印度群岛更大的种植园形成鲜明对比，非奴隶人口在后一类地区人口中的比例要小得多，正规军队在维持稳定方面要更加重要。

3.3 法律体系与产权

在庞大帝国中，两国政府往往缺乏强制服从的能力，而为了维护王室在理论上处于绝对权威，伊比利亚殖民地法典和司法系统发生了演变。即便对于殖民精英而言，这些法律和司法体系也未能始终如一地界定和执行财产权。高昂的成本、无休止的拖延和不可预知的结果影响了投资，阻碍了各类金融机构的发展，并将过多的自由裁量权交到了寻租的殖民官员手中。虽然这里引用的证据主要来自西班牙殖民地，但葡萄牙史学家也引用了一堆近乎相似的阻碍企业发展的法律和司法障碍。

比较法史学家认为，在界定和保护财产权方面，大不列颠及其大多数前殖民地的“普通法”法系比“民法”法系表现更好，而后者产生自罗马法律学说，首先被中央集权的君主国采纳，并最终在《拿破仑法典》（1804 年）中被修改和体现。①英美法系是以分权方式发展起来的，把司法的主要责任交给陪审团和地方法官。法官主要依赖一般性标准或原则，并根据裁决案件的独特情况加以适用。在公众视角下，该法系还发展了公开和越来越透明的对抗性程序，承认公民有权追求不损害他人或不为法规所明确禁止的个人利益。民法体系是在中央集权的君主统治下发展起来的，君主任命法官作为严格对君主负责的代理人，而不是对强大的地方豪强负责，因此，要求法官在所有案
266 件中，无论案件如何不同，都要以成文法的准确语言为基础作出裁决，将证据收集、辩护和裁决权交给不受公众监督和地方影响的皇家裁判官，避免陪审团和公开对质，并确认公民不享有成文法未明确赋予的权利和义务。关于上述问题和相关问题的进一步讨论，见下卷中阿兰·戴伊（Alan Dye）纂写的章节。

在西班牙和西班牙殖民法律体系不断演变的民法结构中，有两个特点对提高投资者、生产者和商人的风险与成本特别重要。这两大特点是：极度详细的法律与指示中存在混乱与矛盾扩散；分散的司法体系的发展，在此体系中，法人团体的成员包括原住民、王室官员、教会雇员、军队、封地居民和其他人，他们都要受到特别法庭和法律规范的约束。

---

① 相关介绍参见：John H. Merryman, *The Civil Law Tradition: An Introduction to the Legal Systems of Western Europe and Latin America* (Stanford, CA, 1985); for a game theoretic approach to the history of the two divergent systems, see Andrei Shleifer and Edward L. Glaeser, “Legal Origins,” Quarterly Journal of Economics, 117 (2002): 1193 - 1230。

伊比利亚司法体系阻碍经济活动的首要特征是，成文法律、法规和法令扩散，其中，很多法律包含的规则规定了所需的行为，其细节令人痛苦（有时甚至是疯狂），以至于难以完全遵守，还为无休止的诉讼提供了理由。由于政府坚持既要遵守成文法，还要编纂大量法律，因此，混乱和误解是普遍存在的。律师和法官们一致认为，编纂法律有助于解决这个问题，因其可删除过时法律，消除重复和矛盾，但每次编纂法律的努力均以失败而告终。在新大陆，西班牙在编纂法律方面最雄心勃勃的努力是《印第安法典》（*Recopilación de leyes de las Indias*）。在1624年到1635年期间，为了编纂这部法律，一个专家团队将40多万条法令缩减为11 000条法规。经过近半个世纪的修订和审查，当《法典》最终于1681年出版时，法规已进一步减少到6 400多条。然而，它那时就已经过时了。第二次尝试编纂的《印第安各地区法典》（*Recopilación de leyes de los Reynos de las Indias*）于1791年出版，但没有包括卡洛斯二世（1665—1700）统治后颁布的法律。① 此外，这两部法律汇编都只包括西班牙立法规定专门适用于殖民地的部分法规。除非法规中有明确豁免，殖民地要遵守，甚至要优先遵守所有其他西班牙立法， 267
因此，从定义来看，殖民地法律的编纂是不完整的。律师和法学家引用的西班牙法律法典可以追溯到13世纪。

第二大特征是，西班牙殖民地的司法体系并没有对所有主体适用单一的法律体系，无论其内容多么丰富和详细。特别法庭（Juzgados）对所有涉及印第安人的案件拥有管辖权，而在征服之后不久，设有军官、牧师和贵族特别法庭的专门法就到达美洲。印第安特别法庭将相当大的自由裁量权交给了地方执法官，而执法官对原住民诉讼人和被告进行粗暴审判。虽然印第安特别法庭有时保护原住民的财产和其他要求，但往往会将其职责视同需要欧洲人监督和控制的儿童。为了维持良好秩序和适当尊重，特别法庭通常会牺牲其管辖范围内的原住民人权和财产权。专门法则处于社会和种族谱系的另一端，使享有特权的个人免于普通法院不确定的司法。专门法的特别法庭设立是为了裁决涉及神职人员、军人、文职官员以及贵族的民事甚至刑事案件。在一些特别法庭中，法官从资助专门法的法人团体成员中选出。这些案件适用专门的法律分则和程序。在许多情况下，某些种类的判决被明确禁止。例如，贷款人不能以贵族遗产或印第安村

① Clarence H. Haring, *The Spanish Empire in America* (New York, 1952; orig. publ. 1947), 101－5.

民的公共土地作为偿还债务的保证。在18世纪，为了促进经济利益，波旁改革者通过了新的专门法。其中最重要的两项是《商法》和《矿业法》。前者审理获准从事进出口贸易的商人联合会成员之间的纠纷。后者则适用于矿主。1792年后，由于《商法》的设立和《毕尔巴鄂商法典》（西班牙毕尔巴鄂市首次颁布的一部商业法典）在各殖民地同时适用，可能减少了极少数精英商人的诉讼费用和风险。墨西哥的矿主在1783年设立了《矿业法》后，也以同样的方式受益。

特别法庭为某些人而设立，对其他人界定与执行财产权的效率产生了负面影响。
268 不同法院对同一案件主张管辖权，而管辖权的重叠造成了持续争端。由于需要就案件的审理地点进行诉讼，个人有权向一个以上的法庭提起诉讼，而诉讼费用和不确定性实际上可能已经增加了。新西班牙最杰出的总督之一康德·德雷维利亚希赫多（Conde de Revillagigedo, 1789—1799）曾说过："每个人在自己的法庭上都相信自己会比在别人的法庭上受到更好的待遇，因此，所有的努力都是为了将纠纷和诉讼转移到自己的法庭上。"① 除了直接参与诉讼的人要承担额外的诉讼费用外，还存在特权法人团体，其成员按照自己的规则运作，并在普通法院的管辖范围之外相互审判，往往会增加其他民众的诉讼费用和风险。

尽管伊比利亚法律制度的效率低下和拖延造成了负面的经济影响，但这可能有助于殖民地的社会和政治稳定。不确定性加强了上诉法院和王室的权威，从而遏制了定居者精英的权力和影响。殖民地法院为受侵害的个人和社区提供了一种替代暴力的办法，并在上级部门干预前，提供了一种机制来平息潜在的危险冲突。原住民公社不断利用西班牙法院系统对地方官员的决定提出异议，要求减少劳务费和贡品缴纳，并捍卫村庄土地不被侵占。奴隶及其辩护人还利用巴西和西班牙美洲的法院来抗议虐待行为，并强制执行奴隶解放协议。当然，地位和资源较低的诉讼人面临着巨大的障碍，为此，他们经常采取法律外的行动，向法官和反对者施压。原住民占领有争议的土地或驱逐违法官员，而奴隶则拒绝工作、逃避劳役，或向主人寻求庇护和保护。

虽然高额的时间与费用诉讼成本有利于那些有能力支付和等待的人，但他们无法可靠地预测结果，也无法确定判决结果，更无法确定判决结果（即便是印第安理事会

① 摘自：Jacinto Pallares, *El poder judicial, o Tratado completo de la organización, competencia y procedimientos de los tribunales de la República Méxicana* (Mexico City, 1874), 35。

或国王本人做出）不会被再度上诉。有关土地所有权的纠纷，特别是涉及原住民公社的纠纷，往往需要几十年才能解决，其重启需要出现新的权利要求或新上诉。许多交易（如私人抵押贷款）从来没有发生过，因为它们可能需要不同的或更好的定义与更有效地执行财产权。269

4. 结论：独立与体制变革延迟

拉美的体制现代化与政治独立并不同步。在西班牙美洲，在长期内乱及相关经济衰退之后，新建立的独立国家缺乏政治和财政资源，普遍较其取代的不稳定的殖民政权要弱。继承了新国家领导权的克里奥尔经济精英们比殖民统治时期更加分裂、贫穷和不得人心。在独立战争期间，墨西哥和安第斯部分地区的原住民多数人夺取或重新夺取了当地的政治权力。参加战斗的奴隶获得了自由，没有参加战斗的奴隶则要求获得公民身份。被排除在外的阶级和种族陶醉于法律平等和人民主权的共和主义学说。在巴西，殖民政权自己宣布独立，但新帝国把大部分精力用于镇压武装叛乱和社会动荡。

几近损毁的伊比利亚的殖民平衡在独立战争中勉强存活下来，再度形成了严峻僵局，最终经长达半个世纪之久的内乱才得以摆脱。1808 年至 1824 年间，除古巴和波多黎各外，白人（克里奥尔人）定居者领导的起义将其他伊比利亚殖民地从西班牙和葡萄牙手中分离出来，掀起了一股政治和社会动荡的旋风。在巴西，区域性的政治和社会动荡一直持续到 19 世纪中期。在西班牙美洲，殖民政权的崩溃和独立时期的暴力冲突使大多数前西班牙殖民地无法恢复稳定的政府。

稳定政府的崩溃和持续不断的暴力社会与政治纷争压倒了独立的潜在好处，其中包括彻底结束伊比利亚的商业垄断和税收负担。在贸易条件急剧向有利于拉美的方向发展时，结束贸易限制本应刺激出口，进而促进经济增长。拉美没有从独立中获得经济利益，原因之一可能是西班牙商业垄断的经济负担和财政负担比历史学家曾经的设想要小。伊比利亚殖民主义的可衡量成本有两个部分：财政收入的净输出和帝国贸易垄断 270
的负面影响。以墨西哥为例，这些成本约占 1792 年至 1820 年殖民地收入的 7.2%。① 也

① 估数来自：John H. Coatsworth, "Obstacles to Economic Growth in Nineteenth-Century Mexico," *American Historical Review* 83, 1 (February 1978): 80 - 100。

就是说，18 世纪 90 年代初，如果墨西哥在没有成本或混乱的情况下实现独立，人均收入将增加 3 比索，从 40 比索增至 43 比索。其他殖民地的估计数字不存在，但墨西哥的负担很可能比大多数殖民地高。墨西哥与秘鲁和玻利维亚一样，出口收入用于补贴帝国其他地区的殖民管理，西班牙在当地的商业垄断可能超出了商业欠发达地区，如中美洲大部分地区和巴拉圭等。古巴和阿根廷等殖民地从补贴中获益，而巴拿马等殖民地则因贸易管理设立了人工转口港。然而，即便在最糟糕的情况下，财政转移和商业垄断都没有产生通常要归咎其责的重大扭曲或阻碍。①

经济衰退、政治纷争和社会动荡相互交织，使修复和重建伊比利亚平衡的所有努力化为乌有。每一项需要稳定和有效治理的新殖民主义政策和制度都被证明是不可能实施的，因而不得不放弃。因此，独立后的战争有助于削弱抑制经济增长的殖民体制遗产，从而加速了整个西班牙美洲更有效的经济组织结构的建立。与美国不同的是，拉丁美洲继承了非常适合鼓励经济增长的体制，而拉美则是在前现代体制下开始独立的，在经济持续增长之前，这些体制必须首先被扫除。

由于独立后的动荡，在 1830 年至 1880 年之间，几乎每一个拉美国家都在某个时点按照自由主义原则初步尝试了体制现代化。自由主义运动和政权首先致力于彻底破坏
271 集权专制政府和殖民社会经济制度，而战争和内乱已经削弱了这种制度。这一破坏性阶段废除的项目包括：种族制度；土地的前现代产权；神职人员、军官、商人和矿工的专门法；国家对烟草和其他产品的垄断；各种许可费和特别税；进口禁止与排除；什一税的公开执行和征收；教会的公共职能（出生、死亡、婚姻登记和墓地控制）；乃至大多数地区的奴隶制。

第二波自由主义改革在 19 世纪后期开始，与第一波改革的部分重叠。第二波改革通常包括：全面修订法典，彻底改革关税、财政、货币与司法，以及更新银行和矿业立法。就在这些改革进行时，经济精英首次有效控制了大多数拉美国家。因此，现代拉美的政治经济是在与过去发生历史性断裂之后才出现的。然而，在大多数情况下，自由主义的胜利要等到与贸易、铁路建设和外国直接投资增加有关的经济增长开始时才会得到验证。

① 值得注意的是，正如莱安德罗·普拉多斯·德拉埃斯科苏拉（Leandro Prados de la Escosura）在第 13 章中指出的那样，独立破坏了西班牙帝国所体现的货币联盟——尽管这个货币联盟的前成员在独立后的贸易是如此微不足道，以至于几乎没有人注意到其损失。

19世纪体制现代化的时间主要取决于两个关键变量的相互作用：相互竞争的政党或派别的命运（及与之相关的社会和经济利益）与各国面临的出口生产可能性。在克里奥尔殖民精英不需要与大量原住民或非洲奴隶人口竞争的地方，如阿根廷（布宜诺斯艾利斯）、乌拉圭和智利，制度现代化来得更快。在秘鲁和危地马拉等国，体制变革和经济增长需要较长的时间才能实现，这里的定居者精英在农村进行谈判，通过社会和平换取对原住民自治和土地所有权的尊重，从而设法重塑了部分殖民平衡。而在巴西，在现代体制和经济增长开始之前，与奴隶制相联系的集权君主制必须倒台。

虽然体制现代化接受了成年男性公民的公民平等概念，但经济增长的开始导致经济不平等急剧增加。运输成本革命使以前偏远的农村地区能够进入国内和国际市场，这引发了精英阶层抢夺土地的浪潮，并使大量“空闲”的公共土地（其中一些土地已被占用数百年）私有化。经济增长也将收入不平等推到了前所未有的高度，高工资流向了少数拥有资本、技能和教育的人，而没有技能的大多数人就落后了。 272
出口导向的经济增长加剧了经济不平等，但它同时提供了资源，并最终导致外部盟友控制政治的后果。自由主义得到了经济绩效的验证，巩固了顺应经济精英利益的政治制度。

稳定的精英统治和经济不平等是独立后自由改革和19世纪末全球化的历史性成就，而不是伊比利亚殖民统治的结果。一种新的平衡状态已经出现。新的平衡包含了保护生产性财产和进口资本和技术的基本体制要求，从而鼓励了经济增长。如果没有这种新的平衡，拉美的主要经济体不可能在整个20世纪实现年均1.5%至2.0%的持续经济增长。①

然而，殖民时期重要的延续性因素仍然存在。许多拉美国家都很弱小，征收的税收极少，提供的公共产品也很少，且无法保护那些不愿或无力支付的人的权利。当代种族与社会经济地位的相关性是经济开始增长的结果，而在此前三个世纪的欧洲统治之下，公民地位与种族挂钩。种族歧视的殖民遗产，加之现代经济不平等和人口高速增长，也有助于解释拉美在人力资本投资方面的滞后。

一旦在19世纪末实现了体制现代化的主要内容，现代平衡就像其殖民时代的前身一样，尽管社会和政治暴力程度相对较高，但这种平衡依然存在。例如，即使是像墨西

① 参见 Maddison, *The World Economy: Historical Statistics*, 263。

哥革命这样破坏稳定的巨大动荡，也未能使经济活动停滞不前。20 世纪，拉美的增长率比其他地方更不稳定，但长期停滞直到最后二十年才再次出现。拉美地区面临的当前问题是，从 19 世纪末继承下来的现代平衡是否能够通过适度的改革得到修复，并重
273 新发挥作用，还是像一些人坚持的那样，现在有可能出现新的断裂。

第8章　农业与土地保有权

卡洛斯·塞姆帕特·阿萨杜里安（Carlos Sempat Assadourian）

1. 前殖民时期的农业体系

I

根据何塞·德阿科斯塔在1590年于塞维利亚首次出版的《印第安人的自然与道德史》中提出的模式，在被西班牙征服的广阔新世界中，“在印第安人中发现了三种政府和生活”。墨西哥中部的阿兹特克帝国和秘鲁的印加帝国代表了最复杂的政府形式。它们建立了亚里士多德意义上的“国家”（Republics），王室世袭，农业高度发达。对于其他类型的社会，阿科斯塔神父使用了“自由城市”（Behetrías，独立的城镇或村庄）或“完全野蛮”等术语。前者包括有民选统治者或至少是不太绝对的统治者的社区，其人口规模和领土范围都较小，如美洲大陆最南部的阿劳坎人（Araucanian）。而“野蛮人”则包括“部落”，如墨西哥北部的奇奇梅克人，其经济基本以食物采集为基础。阿科斯塔和许多其他16世纪的西班牙人一样，也认为征服第一类土著社会相对容易，而征服第二类和第三类土著社会则比较困难。

两大本土帝国在政治、经济和农业方面发展较快，其领土在新的殖民制度下处于中心地位，因此，我们在分析欧洲征服前后的农业制度时，有理由将其作为基本参照点。这两个时期的特点是社会经济结构完全不同。然而，从征服到殖民“模式”完全形成之间，有着长达一个世纪的过渡，其指导原则是在腓力二世（1527—1598）漫长的 275
统治期间确定的。这一过渡时期的特点是土著人口的可怕崩溃，其间适逢欧洲社会、法律、经济制度及经济核算形式在16世纪出现了累积性变化，而这些都决定了殖民“模式”的形态。

在对欧洲人侵前夕的原住民人口规模进行了长时间争论之后，伍德罗·博拉和舍伯恩·F. 库克的估计被普遍接受。墨西哥中部和印加王国是人口最多的地区，而安的列斯群岛和今天的哥伦比亚也有密集的人口中心。在我们看来，博拉和库克对墨西哥中部2 500万居民的估计似乎相当高（亨利·F. 多宾斯对印加帝国3 000万至3 700万人口的估计也不值得考虑，因其方法存在缺陷），但这些农耕地区在征服前夕的人口密度与20世纪初一样，仍然是事实。现在毋庸置疑的是，在征服后的一个世纪里，人口崩溃了，从安的列斯群岛的彻底灭绝到墨西哥中部和安第斯地区高达90%的人口下降，降幅不等。白人、梅斯蒂索人和非洲人的缓慢崛起，最大限度地弥补了本地人口的巨大损失（见本卷中琳达·纽森纂写的章节）。

因此，人口事实表明，在欧洲人入侵后，一个原本“充满”人口的农村地区逐渐“清空”。埃尔南·科尔特斯的信件揭示了他第一次进入墨西哥中部时，对人口众多的景象所感到的惊讶和钦佩。同样，迭戈·卡马戈（Diego Camargo）在多年后回忆了他对特拉斯卡拉故地的印象：“像蜂巢一样挤满了人”；没有空地；“特拉斯卡拉人不适应其领地”；因为他们“需要土地来种植作物”，他们唯一的选择就是侵占林地。在安第斯地区，这种人口压力在盖丘亚族（Quechua）的瓦鲁-奇里（Waru Chiri）故事中多以神话形式体现：在遥远的过去，死人在五天后回来，成为不朽的人。“因此，人类增加了，繁衍了。食物却很难找到。人们不得不在悬崖上和峡谷底的小地块播种庄稼。他们生活在痛苦之中。”安第斯这一口头传说描述了人口增长与生活资料之间的严重失衡。1586年，米格尔·卡韦略·巴尔沃亚（Miguel Cabello Balboa）
276 重拾该传说，他记录了一个遥远的年代，人们只在良性气候下耕种，十年一轮回，直到另一个极端的时期到来，“人们大量繁殖，土地不缺人，但人缺土地”。这个关键时刻迫使村落划定边界，规范家庭对可耕地的使用权，并在山地、寒地、沙漠等恶劣环境开荒。

高人口估计表明，两大王国正处于马尔萨斯阶段（Malthusian Phase），资源已无法满足日益增长的人口的需求。博拉和库克声称，在拥有2 520万人口的墨西哥中部，鉴于当时的技术，已不可能扩大粮食生产。其结论是，到15世纪末，即使没有欧洲人的征服，一场人口灾难也是不可避免的。虽然验证这一说法是很困难的，但我们刚引用的穆尼奥斯·卡马戈、卡韦略·巴尔沃亚和瓦鲁-奇里的盖丘亚语传说都指出，前西班牙文明通过梯田建设扩大生产能力，其主要动力来自人口压力，他们列举的主要案例是将山坡变成高产田。毫无疑问，增加新的耕地面积，并在机制性劳动动员方面大量投资，这代表了原住民组织方面真正的土地政策。因此，无法断言这种适应能力在1500年时已达到极限。同样，墨西哥一些地区出现了侵蚀化，秘鲁灌溉区也出现了碱化或白化，但由此引出的证据也不能作为定论。

关于人口压力对营养水平可能产生不利影响的证据有更坚实的基础。对尤卡坦、瓦哈卡和特奥蒂华坎（均在今墨西哥）的人类遗骸进行的古人口学研究表明，由于碳水化合物的高摄入量以及动物蛋白和某些维生素的严重缺乏，导致营养不良。这些研究结果与第一批到达墨西哥的欧洲人（如埃尔南·科尔特斯和早期方济各会传教士）的观察一致。他们强调普通印第安人长期严重的营养不良及其对高死亡率的影响，当征服者要求增加工作强度，超出了营养不良的印第安人所能承受的范围时，就会造成高死亡率。根据该项证据，通过利用马尔萨斯模型（人口增长达到可用资源的极限时，就会出现压制性和抢占式的中断），一些学者提出，一方面是高度营养不良和低预期寿命，另一方面是传染病或与气候有关的周期性亚健康危机造成的高死亡率，两者之间有直接联系。无法确定这些观察是否适用于美洲大陆的其他地区，唯一适用于整个美洲的方面是，不存在抢占式的马尔萨斯式中断：为了限制出生数量而推迟结婚，这与原住民（在征服之前和之后）的生殖行为完全不同。 277

在前西班牙时期，缺少铁冶金和犁的知识，农业的基本工具是用手或脚操作的棍子或播种杆（中美洲挖地用的尖木棍“coa”，安第斯地区对应的“chaqitaclla”），以及斧子、锤子和其他工具，如木制或石制锄头和耙子，有时还使用青铜。通过使用这种简单而古老（“新石器时代”）的设备，原住民组织还是以严格的集体动员人力的形式，成功发展了以一两年的使用和三四年或更长时间的土壤休耕为基础的农业。长期休耕制度的典范是砍树、烧荒、开荒，依靠降雨而不进行灌溉，但这里我们要强调更密集的灌溉式开发，这是在最多样化的环境中发展起来的开发形式。①

① 关于粗放农业与集约农业的经典类型可参见：E. Boserup, *The Conditions of Agricultural Growth* (Chicago, 1965), and Eric Wolf, Peasants (Englewood Cliffs, NJ, 1966)。中部美洲的具体情况可参见：Angel Palerm, “Agricultural systems and food patterns,” in Handbook of Middle American Studies, vol. 6 (Washington, DC, 1967), and T. Rojas Rabiela, Las siembras de ayer (Mexico City, 1988). For additional citations, see the bibliographical essay。

II

耕种被河水淹没和肥沃的土地很少得到关注，尽管阿米利亚斯（Armillas）在1949年的一项研究中研究了巴尔萨斯（Balsas）盆地的此种做法，特别是在格雷罗和米却肯等所谓热土（Tierra Caliente）上的做法。这种忽视可能缘于一种假设，即认为这种类型的土地使用属于更原始的农业发展形态，与此相关的小型水利工程有些是永久性的，有些是可再次使用的，又或者根本没有调节水流的工程。然而，两个来自非常遥远的地理区域的案例表明，这种技术在征服时的使用频率比通常假设的要高。首先是梅兹蒂特兰平原（Vega de Metztitlan），位于墨西哥伊达尔戈州瓦斯特卡地区，面积为11 000公顷。其次是今天的阿根廷圣地亚哥-德尔埃斯特罗省（Santiago del Estero），位于美
278 洲大陆的最南端，有一片100公里长的土地，定期被萨拉多河和杜尔塞河淹没。这一地区旧时被称为“阿根廷尼罗河”，很怕当地突出了洪泛平原或沼泽农业在这种方式下的多产程度。

近几十年来，航空摄影显示，在整个大陆的湿地上，广泛使用了台田（也称为垄种田<Ridged Fields>或排水田<Drained Fields>）。这种技术的使用已经在几个季节性洪水泛滥的亚热带低地被发现，如哥伦比亚北部的圣豪尔赫冲积平原，面积达3.2万公顷；玻利维亚的莫霍斯平原，面积超过2万公顷；厄瓜多尔的瓜亚斯河流域；奥里诺科河平原；玛雅低地（伯利兹和墨西哥的尤卡坦、坎佩切（Campeche）、塔巴斯科和金塔纳罗奥州）；以及墨西哥的韦拉克鲁斯。最著名的高地垄种田是位于玻利维亚和秘鲁之间的的喀喀湖畔的湿地。它占地82 056公顷，海拔3 800至3 890米。① 在秘鲁中部的豪哈（Jauja）附近和赤道安第斯北部地区，包括基多高原和波哥大周围地区，也发现了较小的垄种田。除了人口压力之外，似乎没有令人信服的解释，为什么今天被认为是边缘或不适合农业使用的湿地被改造成可耕地。建造和维护高出水面的田地（在圣豪尔赫的田地有1.80米高，在韦拉克鲁斯北部甚至更高）以及保持灌溉渠清洁所需的巨大人力支出表明，其效益一定相当显著。灌溉渠中周期性洪水所沉积的泥土和淤泥不断

① 早期的西班牙文件中缺少记录，这表明，与其他地区一样，此地在被征服时已经放弃了垄种田体系。然而，史密斯、德内文和汉密尔顿（Hamilton）认为，在欧洲人入侵后，由于原住民人口下降，减少了对粮食生产的压力，的的喀喀地区的垄种田被放弃了。另一种观点认为，随着蒂亚瓦纳科文化的衰落，这种放弃可能发生在两三个世纪之前。

更新土壤，并提供了足够的磷酸盐和固定氮，因此，这些垄种田很可能拥有高质量的土壤。水坝可以在灌溉渠中保留足够的水，以便在旱季灌溉田地，从而有可能实现一年两收。此外，在高原地区，灌溉渠中的水减少了霜冻的风险。

在整个美洲大陆，也许在整个前工业化农业世界，湿地系统生产力最令人印象深 279
刻的例子是墨西哥谷地的奇南帕。奇南帕是由柱子、木棍和树枝组成的坚固框架上建造的长方形高台，牢牢地固定在湖床上，并填满了土。周围的运河提供了水分、泥土和腐烂的水生植物的天然肥料，并在旱季提供灌溉用水。有了这种永久的水分，一年四季都能种植一批必不可少的植物，而且没有休耕期：雨季的玉米、辣椒、青红西红柿、南瓜、苋菜、奇亚①、豆类、各种观赏花卉等等。辣椒的超常产量一方面是源于在硬化泥浆的小苗圃中采用单株种植，这样可以移植最好的幼苗，减少每株植物在土壤中停留的时间；另一方面则是源于使用保护性植被，为幼苗和植株遮挡秋冬偶尔的霜冻。虽然关于奇南帕首次使用的时间仍存在分歧（W. T. 桑德斯<W. T. Sanders>认为可能出现在早期地平线时代<Early Horizon>，即公元前1300年至公元前800年），但对其大面积扩展是在晚期地平线时代（1325年至1521年）是形成共识的，因为移民和国家集中化加速了人口增长。为了维持淡水供应和保持水位稳定，需要国家的集中干预。② 这一点从集中淡水的查尔科-霍奇米尔科湖（Chalco-Xochimilco）的水利工程中可以看出，这些水利工程的目的是控制水位，防止较咸的水从其他湖泊进入，同时也体现在奇南帕的规律性布置上。

另一种在完全不同的环境中取得突出成就的农业，是在秘鲁海岸的干旱平原上，利用从高山流下并排入太平洋的50多条河流发展起来的。所谓“沉没的耕地”（Chacras Hundidas）或洼田，是从这些河流中获取水的最简单方法。洼田包括长方形的凹地（10至40米宽，30至100米长），并根据需要向下挖（从几厘米到1米，甚至2米）至河水流经沙滤后形成的地下水面。尽管技术简单，但这种技术的起步却相当晚
（从公元400—600年到850—1150年）。这可能意味着，在人口压力大的情况下，这些 280
洼田发挥了次要作用，是对技术更复杂、更古老的沟渠灌溉系统的补充。另一种形式的

① 奇亚，学名芡欧鼠草，有5 000多年的食用历史。

② 根据阿米利亚斯的初步估计，奇南帕占地1.2万公顷，包括3 000公顷的运河和潟湖。卡尔尼克（Calnek）和巴勒姆（Palerm）表示，位于住宅旁边的小花园地块奇南帕的面积在0.01至0.04公顷之间。

农业灌溉也是基于收集通过沙滤的河水：莫克瓜谷地和纳斯卡谷地（公元前600年至公元前400年）中使用的输水管道或“渗水渠”。在这个系统中，储水池靠近河床或建在河床上，从河床上延伸出开阔的灌溉渠；当灌溉渠太深时——通常为3米——就用石砖或防水木头（连同挖掘灌溉渠的泥土）覆盖，墙面用石头砌成。流量和季节性变化取决于储水池的容量和灌溉渠沿线土壤的渗透性。在明渠灌溉系统中，可以根据其复杂性区分不同的类型。一种方式是从水道直接引水，通过总渠和分水渠将水输送到耕地。更常见的是由最初的水坝和总渠组成的更大的基础设施，将水输送到灌溉区；长而曲折的引水渠道（在通贝斯谷，渠道超过60公里；在奇拉，显然是160公里）需要建造坚固的堤岸，穿过峡谷和陡峭的斜坡；需要修建次引水渠道或分水渠，来控制水流；还要铺砌渠床与河堤墙，以将渗水和侵蚀控制到最低限度。同样令人印象深刻的复杂工程还有在河谷间穿行的灌溉渠系，它们连接两条或多条河流，如兰巴耶克（一条灌溉渠连接了5个不同的河流流域）、奇卡马—莫切、福塔莱萨—帕蒂维尔卡—苏佩、里马克—夏兰和钦查—皮斯科的巨型灌溉系统。这些系统使人们有可能将不同河流的水资源结合起来，根据需要将流量较大河流的水输送到其他地区，从而使农作物的种植更有保障，使其生长季节更长，或允许一年有两次收成。

水利工程吸引了更多注意力，除了因为其工程技术外，还因为它们为维特福格尔（Wittfogel）理论中基于大规模灌溉网络（“东方专制”）的威权政治体系提供了实证案例。但是，在征服前夕，在美洲大陆人口最稠密、政治最集中的地区，丘陵和山坡上的梯田耕作是最主要的农业形式。总的来说，这种系统的特点可以让人想起O. F. 库克
281 在1925年的赞扬，安第斯人改变自然地形以创造丰产景象的努力令人印象深刻；他们是“土壤制造者”。① 马尔多纳多（Maldonado）和加马拉·杜兰托（Gamarra Dulanto）几十年前发表的另一项研究强调了这种“土壤制造”如何控制侵蚀，并且有效利用水。水没有从山坡边快速流下，带走土壤的细小颗粒，而是被保留在梯田中，形成一个过滤过程，将细小颗粒带到土壤的底层，而在表层土壤上留下较厚的质地，便于快速过滤，从而减少水分的蒸发损失。该项研究还指出，梯田的另一个好处是降低了霜冻的风险。创造和维护梯田所需的大量劳动力支出、水淹造成的土壤定期恢复活力，以及该系统经常与临时或永久水源的灌溉渠联系在一起，以补充季节性降雨，这些

① 引文参见参考文献。

都表明安第斯人每年都从梯田中获得收成，如果产量显著下降，也许还要进行一些短期的休耕。

尤其是在安第斯地区，梯田农业的另一个突出特点是使农民的家庭单位能够使用位于不同生态区的地块，而这些地块的距离只需步行一天或几天。这种“生态垂直性”的系统不仅提供了大量的农作物品种，而且允许家庭在较长的时间内分配劳动。由于高海拔地区的生长季节较长，不同海拔地区的农作物对劳动力的季节性要求也不同。在安第斯山区和墨西哥中部，由于劳动力的分配时间延长，社会生产力提高并进一步由“花园农业”强化。西班牙人所称的“花园农业”是在整个生长季节中，将家庭精力集中在一块很小的土地上，几乎没有任何再利用的间隔。鉴于土壤质量、充足的供水和使用化肥替代氮和磷的重要性，这种花园农业通过对土壤的精心准备、种子的选择、播种方法和对植物的个性化照料，提高了家庭小块土地的生产力，并提高了单位种子的产量。

与其他农村社会一样，尽管美洲居民种植了大量的种子植物和块茎，但他们的工作集中在一两种基本作物上。在从加勒比到哥伦比亚再到亚马孙的广大地区，主要作物是丝兰或木薯，而后者还提取出了木薯淀粉。在我们所关注的两个地区，卡尔·绍尔 282
（Carl Sauer）确立了玉米（谷物）和块茎（根）之间的关键区别，但我们必须认真审视其观察，“在洪都拉斯以南，玉米根本没有成为像其在更北部那样的主食”。玉米在中美洲的盛行是不可否认的，但在印加帝国的重要性更值得关注。在1960年发表的一篇颇具影响力的文章中，约翰·V. 穆拉（John V. Murra）在承认秘鲁沿海地区玉米占主导地位的同时，认为在高原地区有两种农业体系并存。为了维持生计，最重要的作物是马铃薯和其他块茎，这些作物在当地被驯化，并经过艰苦的努力适应了高寒海拔地区。它们的种植基本依赖雨水，需要长时间的休耕周期。相比之下，穆拉认为，玉米是国家经营的：只有当印加帝国修建了灌溉梯田，从沿海地区运来肥料，并让祭司阶层负责后，玉米在低海拔和温带地区的大规模种植才有可能。虽然穆拉的模型总体上是有效的，但我们还是要在其基础上进行一些观察。我们认为，在赤道和安第斯中部地区，一般来说，寒带（即马铃薯）和温带（即玉米）之间的分界线可以在2 800至3 000米的范围内确定，在这几个生态等级中，能够获得土地的家庭同时从事两种农业。这使我们认为，作为农民生存的两种主要作物，玉米和马铃薯是共存的。此外，在安第斯中部地区，当我们考虑到属于印加国王和各宗族的牲畜在3 900至4 100米以上放牧时，情况变得更加复杂。① 在安第斯南部地区，的的喀喀湖（海拔近4 000米）周围的艾马拉酋长领地是一个突出的例子，其主要财富来源是牲畜群和块茎农业。甚至在印加统治之前，这些领地就通过在恰当的生态水平上安置移居族群，成功获得了玉米。玉米也是通过与其他族群交换牲畜和初纽（冻干马铃薯）② 换来的。最后，我们认为穆拉在1960年的文章中高估了印加王国在建设适合玉米生长的梯田方面的作用。

283 虽然专注于主食作物并计算其假设营养成分是正确的，但仍然必须牢记驯化栽培植物的多样性，在中部美洲约有70种，在安第斯地区有40种，这使相关地区成为世界上栽培植物多样性最丰富的生态系统之一。农作物的多样性（不包括其他采摘水果，也就是列维-斯特劳斯<Levi-Strauss>术语中的“生”<raw>）对于争论本地饮食的丰富性和质量具有重要意义，并促使人们猜测可能的作物轮作制度，而我们对这一问题的了解还太少。在安第斯地区和中美洲，玉米通常与南瓜或特别是豆类一起种植，因为后者有助于固定土壤中的氮。在海拔4 000米以上的高地上种植马铃薯是安第斯高原的伟大成就之一；但是，马铃薯（或更准确地说“各种马铃薯”）是该地区主要作物这一事实并不意味着其他产品在当地饮食中不存在。在计算其他作物的重要性时，必须考虑到16世纪欧洲花生编年史学家经常提到的其他块茎，如块茎旱金莲（Mashua）、块茎酢浆草（Oca）、玛卡（Maca）和块茎藜（Ulluco），以及原生或适应高寒地区的种子植物，如藜麦（Quinua）和黍（Cañahua），它们的蛋白质含量比玉米或小麦高（前两类约15%，后两类为10%—12%）。最后，值得一提的是，在湿热土地上种植的作物，如棉花、古柯和可可，它们在前西班牙时期与殖民时期都发挥了作用。

III

在1955年的“灌溉文明：一项比较研究”研讨会后20年间，H. 斯图尔德、D. 科列尔、佩德罗·阿米利亚斯、W. T. 桑德斯、埃里克·沃尔夫和安赫尔·巴勒姆等著名学者用维特福格尔的“东方专制主义”模式（或用马克思的原话说是“亚洲生产方式”）来判断伟大的中部美洲和安第斯国家的水利与农业发展。本章有助于促进对灌溉与社会和政治制度关系这一关键问题的讨论。维特福格尔的模型已被弃用，原因一

① 这就是所谓的亚高山带（Subalpine Zone）、高原（Puna）、高地（Jalka）或高寒地带（Páramo Alto），视作者而定。

② 由苦涩的高海拔马铃薯品种获得的一种淀粉。

方面是缺少帝国水利官僚机构的证据，另一方面则是祭祀和城市中心抑或是相同的社会分层实际早于大型灌溉工程的建立，等等。在这个问题上，值得回味的是瓜曼·波马（Guaman Poma）写于17世纪初的著名编年史。他用简明扼要的一句话，实际上是按重要性顺序总结了支撑印加前水利系统发展的要素。他写道，在印加统治之前，在当地酋 284
邦中，“印第安人太多，连一个统治者都没有，所以他们用世界上最高超的技术，在没有工具的情况下，用手工开辟灌溉渠，建造梯田，从而使所有的田地都能播种；不管是在丛林、沙漠，还是在高地。”瓜曼·波马的总结告诉我们：（1）无论是在沿海还是在高原，灌溉和梯田农业都与人口密度大有关；（2）印第安人建筑工具的低效（实际上，瓜曼·波马的意思是他们没有使用铁制的欧洲工具）是通过大量部署集体劳动来弥补的；（3）水利系统和梯田农业是在比印加帝国小的国家发展起来的。瓜曼·波马还提供了与灌溉和国家问题有关的其他问题的宝贵资料。例如，他提到了“占星家”，指隶属于中央国家的一批专家，他们研究太阳、月亮和星星的运动，并制定了统治农业和宗教的历法（月亮历或太阳历）。另一组大量的参考资料表明，社区主管控制了灌溉渠和水的分配。同样，整个编年史也说明了安第斯人的劳动纪律和服从性，因为水是与其他社会和政治变量相联系的重要变量。毫无疑问，所有这些考虑对中部美洲地区都是有效的。

由于缺乏对这一专题的研究，而且有些问题仍有争议，因此很难对中美洲和安第斯大国的土地保有权状况作出准确的总结。源自罗马传统的法律术语（财产、占有、使用权）并不适合描述社会政治结构的相互渗透，也不适于管理前西班牙世界使用土地的所有权和义务网络。为了说明欧洲征服后发生了什么变化，我们首先要提到可能在各宗族领地中普遍存在的原型，印加人和阿兹特克人赋予其额外的权利和要求。

在这一原型中，土地在宗教、贵族和平民社区之间被分割。神的土地可以由长期的仆人来耕种，而贵族的土地则由社区贡献劳动力来耕种。作为出生在某一社区族群的权利，族群中所有男子在达到可以成年工作和结婚的年龄时，有权获得足以维持一家之主或独立家庭生活的土地。只要土地接受者遵守宗族组织的规定，以这种方式获 285
得的土地就受到保护，不受任何侵犯，甚至不受最高政治当权者的侵犯，还可以父子相传。用于耕种的人力随时间而变化，因其取决于家庭的生物成长。在家庭循环的最初阶段，多产夫妻的劳动强度最大；随着子女被纳入家庭劳动力，可用人力增加，家庭变成了一个简单的有限合作团队——每个人的工作量都比父母小。家庭单位通过交换劳动服务进行合作，但须遵守互惠规则，但这些交换在家庭耕地中的重要性不大。

安第斯地区的领地明显不同于墨西哥中部的一些（但不是全部）领地。在墨西哥中部，法典及以其为基础的殖民编年史显示，大贵族家族与其相关旁支对某一阶层的农民施行了令人印象深刻的统治。欧洲人称他们为“租户”或佃农（Terrazgueros），这些术语当时表示了经济租金与个人服务的封建束缚之间的基本特征。我们对此不作解释，但其在安第斯地区是未知的。相反，在安第斯地区，由于畜牧业的存在，出现了牧场权利。如果能把 16 世纪欧洲文献所载的关于拥有牲畜的资料投射到过去，那么，拥有牲畜的权利（即牧草和牧羊人服务）就只限于或高度集中在贵族手中。

在不改变这些基本特征的情况下，印加人和阿兹特克人将其对土地及所需耕作人力的“帝国”权利强加给其附属宗族领地。在墨西哥，帝国统治意味着创造新的国家财产，但至少与之同样重要或更重要的是将“祖传”土地分配给统治家族、大贵族家族及其成员，以及构成三国联盟的三大宗族的旁支。在安第斯地区，一些土地被赐予印加国王、王室世家及其成员，但这些土地数量极少，甚至很难找到实例来描述。在印加人的征服中，最突出的是将土地分配给帝国宗教与国家。后者散布于各生态层面，为国家贡献古柯、玉米和初纽三类战略物资的巨大库存。因规模庞大而值得一提的是科恰
286 班巴的玉米主产区，高原上的艾马拉族（Aymara）每年为其提供 1.4 万名工人。印加国王还将牧场的权利据为己有，因此很可能如一些早期殖民文献所言，国家拥有大部分的牲畜。印加国王用米达制招募农牧业所需的劳动力。米达是动员印第安公社的所有成年已婚男子轮流值班，这是各民族组织为了给自己的地方统治者提供劳动服务而设计的一种制度。印加统治给部分人规定了另一项墨西哥所没有的义务，就是将族群在不同宗族领地间转移。这些工人与其原籍社区隔绝，并在人口普查记录中登记为国家仆人，他们在新场所获得了家庭生活所需的土地，但有在国家土地上做米达工作的对等义务。印加时期梯田农业的增加与这些新定居点有关。根据欧洲征服后的早期资料，上述这些族群转移基本上都具有战略军事目的；然而，谢萨·德莱昂（Cieza de León）和波洛·德翁德加尔多这两位安第斯结构的最佳观察者，一致赞扬这些强制性迁移，认为其中部分实为人口政策，即把过剩的人口迁移到空地或居民少的地区。

鉴于其在殖民时期的重要性，在对土地保有权的此项研究中，还值得一提的是公用征收的问题。专家们表示，在部落社会中，使用或拥有土地的规则与土地管理规则是密不可分的。土地管理权按等级委托给各个社会政治层面的首领。在权利结构的顶端

是最高权力机构（国王，管理院的首脑）；然后，土地管理权通过村长和亲族中最高级别的成员一路向下。在这个金字塔中，国王只是作为国家领土集体财产权的管理者或最终保管者，才是土地的“所有者”。我们在安第斯地区的案例中看到，通过使用部落模式，印加国王成功地实施了一套思想体系及具体政策，使其看起来是凌驾于所有族群之上的无所不在的实体，从而将其转化为“一切集体财产的有效所有者和有效保障者”。还能看到，按照古代安第斯人的做法，印加国王以同样的方式使劳动力流向国家所有的模式合法化：印加国王将土地“授予”臣属宗族的所有成员，作为对等回报，他“要求”劳动力服务。墨西哥的三国联盟似乎并没有试图对其整个领土实施这种最高的 287
“财产权”和“管理权”。在三国联盟最初的城邦以及乔卢拉（Cholula）、韦索钦科（Huexotzinco）和特拉斯卡拉等附属领地和独立领地，我们认为（但仅作为一种假设），证据表明权利结构与安第斯地区完全不同。佃农的数量之多和社会地位之高；关于土地交易的资料；还有最重要的，在征服之后不久，贵族家族就能够要求获得欧洲意义的土地所有权及对耕种土地农民的个人统治，这些都表明土地使用权和管理权的演变与安第斯地区的情况截然不同。

IV

我们看到，当经济事实与亲族、宗教和政治制度相分离时，就存在扭曲风险，因此，我们可以按照卡尔·波兰尼（Karl Polanyi）1957 年进行的研究，确定前西班牙经济的三大一般原则：互惠、再分配和交换。然而，在继续讨论之前，必须指出，波兰尼将家庭单位的产出排除在这些原则之外，因为他不认为这些原则在经济上是制度化的，因为农作物和牧场的获得是由高于家庭的互惠或再分配所支配的。暂将此观点搁置，值得指出的是，在安第斯地区（如果我们排除佃农，甚至在中美洲也是如此），规范的做法是家庭保留所有在家庭土地种植的产品。将这一规则与人口趋势联系起来，似乎很明显，大多数农业生产和消费都是在家庭经济中进行的。

波兰尼将互惠的功能等级定义为“对称群体的相关点之间的运动”，这在原住民社会结构的研究者中出现了奇异的统一。墨西哥中部的学者将其重要性降到最低，甚至对其存在提出质疑，而约翰·V. 穆拉和其他安第斯问题研究者则认为，互惠性反映了安第斯社会组织的基本逻辑（用波兰尼的话说，是“一体化形式”的主导原则）。尽管如此，当穆拉试图验证其立场时，他在 16 世纪的欧洲编年史中并没有发现秘鲁比墨西

哥提到更多“互惠”。而且，在这两个地区，“互惠”说法都仅限于发生在群体内部
288 （而不是“之间”）的运动，各群体以某种共同的起源来表明其身份，而这些描述是如此之不精确，以至于无法辨别互惠规则适用于群体中的哪些成员。因此，穆拉的立场与其说是由历史证据支撑的，不如说是基于对其他大陆前资本主义王国的民族志研究（从图恩瓦尔德<Thurnwald>和马林诺夫斯基<Malinowski>到现在）和当代安第斯社区研究。我们认为，穆拉的立场在墨西哥案例也会得到同样的验证。

在波兰尼的比喻中，再分配原则就像一个摆动的钟摆，其中心与国家相对应。在穆拉对安第斯地区的研究和佩德罗·卡拉斯科（Pedro Carrasco）对墨西哥的研究中，再分配原则得到了发展。佩德罗·卡拉斯科分析了在宗族领地和帝国层面的占有和分配过程。早在 1955 年时，穆拉就在其博士论文中提出了一系列至今仍然有效的问题。例如，他反对当时被广泛接受的村庄福祉取决于国家再分配的观点，因为这违背了安第斯社会组织的基本逻辑，即村庄社区通过互惠对自己的生存和福祉负责。他批评了马卡姆（Markham）和鲍丁（Baudin）关于“印加社会主义国家”的观点，因为他们的信条是错误的，这种信条来自加尔西拉索·德拉·维加（Garcilaso de la Vega）和布拉斯·帕雷拉（Blas Parera），他们认为遍布全境的国家仓库的主要功能是积累过剩粮食储备，以用于福利目的。相反，穆拉发现，这些仓库主要是为了支持军队，其次是供养王室和国家官员，并用于礼物馈赠。穆拉同样质疑所谓的国家仓库在歉收年份的再分配功能。然而，诸如谢萨·德莱昂、波洛·德翁德加尔多、达米安·德拉·班德拉（Damián de la Vandera）和行政官埃尔南多·德桑蒂连（Hernando de Santillán）等可信来源有着一致观点，可概括为：“在物资匮乏的年份，他们命令粮仓向有需要的省份发放粮食，而后者再获丰收时，将会足额偿还这些粮食。”那么，印加帝国很可能确实有缓和或对抗周期性饥荒与瘟疫的政策。此外，国家仓库还有另一个重要的功能：当农民通过轮流在印加国王的土地上工作来“奉献”其集体劳动时，把生活用品（以及在宴席及国家仪式中的古柯、玉米酒等信誉物品）“赠与”农民。这似乎是印加帝国政策的延伸，扩大和重新定义了社区中家庭单位之间相互贡献人力的规范：即波兰尼所说的
289 “互惠”，穆拉将其定性为安第斯社会组织的基本逻辑，而布拉斯·德巴莱拉（Blas de Valera）则称之为“兄弟法则”。

综上所述，穆拉的观察对波兰尼的再分配原则在印加帝国的应用产生了怀疑。似乎可以肯定的是，遵守这一原则是强制性的，而国家“慷慨”的基础遵循了古代安第

斯的互惠规则。因此，总的来说，我们可以认为，中心占有土地和劳动力，随后只归还其生产的部分商品，这一过程是通过援引互惠义务的习俗和感性关系（波兰尼所说的“对称群体的相关点之间的运动”）而合法化或“制度化”的。在安第斯地区，把再分配原则概念化为非对称群体之间的对等关系，将是确认和使用波兰尼的另一个一般概念作为分析工具的唯一途径：经济嵌入其他机制的社会实现了高度“一体化”，社会冲突很少。准确地说，我们应该补充一点，在占有和分配之间的钟摆中，当统治集团、民族集团或帝国集团试图忽略或减少其“慷慨”义务时，总是会出现紧张关系。在墨西哥中部，我们没有找到任何资料来支持这样的观点，即三国联盟设法在任何对等关系的基础上，合法地占有被征服领地的土地、臣民和税收（贡品），就如印加国王可能做过的那般。另一方面，一些领地的编年史中提到，当其首领质疑曾给社区带来凝聚力的古老互惠惯例时，就会出现印第安村民的紧张局势和反抗。

尽管地区间存在差异，但在上述两大地区，体现再分配原则的家庭生计生产/消费与土地—人力—商品运动似乎代表了农业生产的全部，如果我们扩大分析的范围，几乎代表了整个社会生产。在这些假设下，交换原则无论是在生产过程的导向能力上，还是在一般商品流通中的功能上，都是作为次要因素出现的。此外，根据波兰尼的观点，交换将是社会凝聚力中一个不重要的因素。他把一种一体化形式的普遍性“与其在社会中由土地和劳动构成的程度相联系”，并断言“为了产生一体化，交换需要一个价格制定的市场体系”。有必要通过分析安第斯地区和墨西哥中部的交换情况来检验这些观点。 290

由于我们对交换的某些方面有丰富的资料，所以在古代墨西哥中部的学术研究中，它占据着突出的地位，且总是参照波兰尼建立的分析框架。对外贸易或远距离贸易被波兰尼定义为一种相对和平的手段，目的是获取一个政治单位内无法以其他方式获得的商品，这是迄今为止研究最多的交换形式。我们知道这种贸易的构成（主要是奢侈品和礼仪用品，但也包括古柯、棉花和盐）及其路线，还有负责此类活动的职业商人所拥有的崇高社会地位。研究证实，波兰尼指出的三种主要商业类型中，有两种存在于这一贸易中。第一种是“礼物贸易”，它“在互惠关系中把伙伴联系起来”。第二种是“管理贸易”，它“在或多或少正式的条约关系中有着坚实的基础”。不过，情况并非如波兰尼所认为的那样，“交易通过政府控制的渠道进行”，“因此，整个贸易是通过行政方法进行的”。在墨西哥中部，研究者们已经证明，这种行政贸易与商人们强烈的“私人”活动并存，但是，这不应与波兰尼的第三种贸易——“市场贸易，它遵循供求—价格机制所描绘的路线”相混淆。相反，这一领域的学者发现证实了波兰尼的另一个观点，即商人的动机是“地位动机”，其中包括义务和服务的因素，物质报酬“通常不采取交换所得的形式，而是国王或寺庙或领主以补偿方式赐予商人的财宝或土地收入的禀赋”。

尽管生活用品的中短途贸易在数量上和理论上都很重要，但受到的关注却少于长途贸易。毫无疑问，墨西哥中部的所有大城镇，可能还有一些中等规模的城镇，都拥有贸易广场或“市场”，在纳瓦特尔语中称为“tianquiztli”。不幸的是，现存的数据都来自特诺奇蒂特兰和特拉特洛尔科的大市场。我们可以有把握地猜测，较小的市场保持有规律的时间表和某种章程，并有官员来执行。另外，在不忽略商人的活动（首先是低级商人的活动）的情况下，市场的突出特点是农民大量参与，既是供应者又是消费者。因此，我们可以推测，农民家庭往往生产一些自给农作物的余粮，或将时间用于手工业、狩猎或捕鱼，目的是以物易物，换取其他农作物、手工艺品、食盐、生棉、棉布
291 （曼陀）等。特诺奇蒂特兰和特拉特洛尔科的城市大市场数据揭示了一个可能是这些地方独有的特点：城市各类工匠的持续参与。然而，目前还不清楚这些市场是否由完全不从事自给农业的人组成，如果是，他们为何以及如何失去土地权。这些大市场还有其他一些因素可以延伸到当地市场。其中之一是使用棉花和可可豆，这两种不可分割和广泛交易的消费品，作为其他商品的“等价物”或价值衡量标准，因此是作为一种支付手段或货币（虽然只是以非常有限的方式）。当这些产品的通常价格可能发生变化时，主管机构就会进行干预，制定规则。

在安第斯地区，一些研究强调，在库斯科存在着一个庞大的城市市场，以及拥有专业商人（在今天厄瓜多尔的钦查地区称为“mindaláes”）的区域性市场。此外，还有远距离的海上贸易，专门出口一种软体动物贝壳——盖丘亚语中的“mullu”——对高原的农业仪式至关重要。除了贝壳贸易之外，我们还需要更多的信息（尽管我们怀疑是否会被发现），以便更有信心地处理安第斯地区的“市场”（指由某个中央政府组织的贸易广场）和商人问题。同时，对约翰·V. 穆拉关于此问题的两个基本命题进行分析探讨并提交讨论，是比较可行的。第一个命题发表于1972年，在该领域受到热烈欢迎。它认为，垂直控制最大限度的生态水平，即直接获得多种作物和其他资源，是所有安第斯民族共同的理想，无论其政治和经济组织多么复杂。穆拉通过分析沿海、山区

和高原的5个大小不一的宗族组织（后者是“王国”）的案例，为这种“理想”提供了令人信服的证明。然而，即使接受这种理想的普遍性，似乎也可以看出，其发展并不意味着各宗族的完全自给自足。波洛·德翁德加尔多说得非常准确：“在高原上，只有少数土地，甚至根本就没有土地，可以让印第安人赖以生存，而不必到其他土地上获取其所需要的东西。”恰恰是这种对交换的严格需求和保障交换的手段，使穆拉的第二个命题有了现实意义：在安第斯地区，奢侈品、礼仪和生活用品不是在市场上交易的，也不是由国家重新分配的。它们是通过建立互助的纽带和激活关系来交换的，这种关系使每个群体能够获得其他群体的产品。高原上的一个民族——丘帕丘人（Chupachus） 292 是安第斯小民族，穆拉在发展其生态水平垂直控制最大化模型时使用了这一很好的案例。这个族群控制了盐矿床的使用权，同时也控制了三种生态环境的使用权，每一种生态环境都有丰富的土地，使其能够生产大量农作物：（1）高寒山区的块茎类作物，如块茎酢浆草、马铃薯、块茎旱金莲和块茎藜；（2）低矮、温暖的山区作物，如玉米和藜麦；（3）炎热的低地产品，如古柯、棉花、玉米、胡椒、花生、南瓜、甘薯和豆类。然而，他们在寒冷的高原地区只有小群牲畜，因此，丘帕丘人不得不用他们在温热地区的剩余产品换取高寒地区产品，如牛肉和羊毛。他们与6个不同的族群进行物物交换，这些族群都在3至6天的步行距离内。没有预定的日期，以个人或小团体为单位，也就是说，没有商人、习惯的集市或预先安排的集市。我们的资料使我们无法辨别是何种关系或互助支配着丘帕丘人和其他群体之间的易货贸易，但皮埃尔·迪维奥尔（Pierre Duviols）的研究清楚地表明，在农夫和牧羊人的交换中，在竞争和互补的双重背景下，某种互惠机制发挥作用，由于此种机制，他们相互给予对方他们的神和货物。

2. 殖民地农业系统的形成

I

在原住民人口的崩溃对农业生产方法的影响方面，研究相对较少。人口减少的曲线导出了埃斯特·博塞拉普（Ester Boserup）的假设，即在历史上人口密度急剧下降的情况下，农业技术就可能回归，退入更粗放的耕作体系。该论点的前提是，集约型农业每单位产出需要更大、更持续的劳动量，因此对满足人类需求的吸引力较小。考虑到原

住民在被征服后开始拥有丰富的土地，这使得博塞拉普的回归成为可能，我们应该发
293 现一个替代过程，每年的作物耕种和短期休耕被长期休耕系统所取代，而且正如博拉和库克提出的，农业倾向于放弃边缘土地，将耕种集中在最好的土地上，从而提高人均产出。毫无疑问，各种质量的土地都有很大一部分被完全放弃了。从另一个角度看，所有已知资料都显示，当地居民继续从事“花园农业”，并在小块土地上持续投入必要的大量劳动力。如果把这种耕作形式的连续性与人口结构崩溃造成的家庭成员数量减少联系起来，我们就必须要问，是否也会出现花园地块面积减少的情况，而家庭单位可利用的人力数量也在减少。

当然，原住民灌溉工程也是人口危机的受害者。沿着秘鲁漫长的沙漠海岸，由于人口在20年内几乎消失，洼田、渗水渠以及河谷间的引水渠系统破败不堪，但此地却出现了辉煌的原住民水利工程的复苏，被欧洲人用于种植小麦、葡萄和甘蔗等。数据显示，墨西哥谷地奇南帕的湿地农业受到人口危机的严重影响，如果不是因为这种种植系统对供应墨西哥城的重要性，情况会更加糟糕。梯田农业并没有激发习惯耕种相对平坦土地的欧洲人的兴趣，其退化过程与人口下降同步。此外，在我们的印象中，首先是在安第斯地区，人口减少使维护水坝、水库和引水渠的集体工作变得更加困难，也造成了从灌溉田地向依赖降雨的农业的转变。

关于原住民对欧洲农业工具的态度，相关研究完全集中在罗马犁（Roman Plow）的例子上，这意味着使用牵牛和用手撒播种子。但分析假设的结论无论如何都是正确的，也即采用犁的过程是缓慢的，意味着放弃在陡坡上建造的梯田。被征服后五十年内，原住民拥有的犁和多余土地引发了一系列问题和假设，但我们在此只指出，犁的案例歪曲了土著对欧洲工具反应的记录。斧头和各种砍刀被迅速和大量采用，尽管并非在所有地区，而中美洲挖土用的尖木棍（coa）及其安第斯对应物（chaquitaclla）上使用了金属尖头（尽管不是到处都有），这都表明，人们立即理解了金属工具比非金属工
294 具在农业任务中效率更高（节省时间）。在欧洲植物的选择上，蔬菜和水果被广泛地应用于花园地块；小麦和甘蔗（在墨西哥的米却肯和圣路易斯波托西的瓦斯特卡地区比秘鲁更多）的传播有限，被用于生产大众消费的酒精饮料；而葡萄则出现在秘鲁海岸的绿洲。

小麦的情况值得特别注意。历史学家往往指向欧洲人使用的机制，该机制阻碍了原住民农产品的市场供应，但这一观点似乎只对葡萄和甘蔗有效，而且是在殖民时期

很久以后才有效。相反，在最初的几十年里，各级官员和牧师都努力将小麦引入印第安人的农业品种中，目的是使其成为此种谷物的主要生产者，以供应欧洲人口。在原住民拥有过多可耕地的情况下，该目标未能实现，可能是由于印第安人不愿意从玉米转向欧洲谷物。

在殖民统治强加实施的新社会经济制度中，有一个重要的长期结构性因素与土著世界保持着连续性：隶属于同一宗族组织的每个家庭，都有权获得农田。当然，传统的互惠原则在对称群体之间和亲族群体内部继续占主导地位。至于政治体制，在最初的几十年里，尽管有些模棱两可，但宗族首领仍然掌握着治理和经济权力。在短期内，征服只意味着土著君主换成了欧洲国王，新君主随之“继承”了国家的土地和收入。考虑到国家收入是作为委托监护权给予参加入侵的私人合伙人的，对于印第安人持续获得可耕地的情况，我们可将其解释为保留了国家“慷慨”的原则，而该项原则是旧秩序下土地占有过程的基础。教皇诏书要求欧洲新君主有义务向其新征服的臣民提供受教化的精神补偿，这成为使西班牙统治合法化的主要规范。

II

在农村原住民世界和整个经济体系之间，贡品或来自委托监护权的收入是进行调解的唯一经济管理机制。什一税几乎没有影响到原住民农业生产，而地方长官对贸易 295
货物的分配不能被归入此类机制。因此，我们将以安第斯地区和墨西哥中部地区为例，单独列出16世纪委托监护制的某些演变。在最初的几年里，大庄园的规模与组成是委托监护人和当地酋长交易的结果，农业和手工艺品、纺织品和金属制品的生产过程，以及供欧洲人用的劳役（个人服务），则继续以同种模式进行治理，此种模式曾被之前的原住民国家用于攫取盈利：即在原住民公社之间和社区内部，“公平”分配贡品义务，由直属首领监督分配工作、合作形式、工作班次，等等。经过部分修正后，旧的进贡模式延续了很长时间。

而后，国家设法控制了私人委托监护制中所付的贡品的规模和组成——大约在1532年的墨西哥和1550年的秘鲁，针对委托监护人和地方酋长之间的早期交易，出台了一项有力政策，大幅减少贡品的数额，取消或修改了个人服务义务或有偿劳动的租金，并加强了以货币支付代替实物贡品的趋势。这种对委托监护人利益的攻击引发了紧张的对抗，由此进行的价值重估（Retasa）大大减少了土著组织支付贡品产生的盈余，并对新的农业结构的形成产生了巨大的影响。由于个人服务的取消以及贡品向货币支付转变，委托监护制对原住民劳动力的垄断被打破，从而“解放”了原住民劳动力，使其可供所有欧洲定居者使用。在16世纪60年代，殖民国家对宗族首领的威望、权力和经济收入进行了挤压：其管辖权被进一步削减，所有贵族血统的成员都被降级为贡品缴纳者（除了受封人及其继承人），原住民公社惯常向首领们提供的劳动服务被削减到最低限度。在墨西哥，这种强硬攻势甚至更进一步，附属于贵族家族的佃农转为国王的贡品缴纳者，为了确保其不因对旧领主和王室的义务而被双重征税，他们获得了属于自己的“空置”土地。

在16世纪70年代，殖民政府对贡品进行了明确的规定。墨西哥中部和安第斯地区
296 之间的差异很明显。在墨西哥，贡品定为每人1个银比索和半法内格（1.5蒲式耳）玉米。在安第斯地区，弗朗西斯科·德托莱多总督规定的税率（主要以白银计价）是墨西哥的4到5倍，还有一项附加因素，即位于波托西180里格范围内的所有高地社区都必须支付全部或部分贡品，每年还要向矿区提供相当于男性属民12%至17%的工人。贡品和强制劳动之间的这种联系也有利于其他矿业中心（如万卡韦利卡的汞矿），并延伸到欧洲人拥有的农业、牛场及纺织工场。通过观察其他辖区的情况，可以扩大这种不同贡赋负担的样本。例如，在尤卡坦，贡品通常是以粗棉布支付，即使在前哥伦布时期，此种产品在墨西哥中部的需求量也很大。综上所述，委托监护制的演变表明，西班牙王室坚决阻止类似于宗主国中仍然存在的领主机制的发展，并遏制宗族首领的野心，而宗族首领们“天然领主”的地位使其渴望成为类似于西班牙的伯爵、帝国伯爵和侯爵。我们还应强调，由于同一制度范式在地区应用上的差异，在墨西哥，委托监护的贡品很快就成了次要因素；而在安第斯地区，由于其规模及其与米达或强制劳役服务的联系，贡品是刺激欧洲新经济增长和再生产的主要机制。在安第斯地区，要研究欧洲农业部门和整个经济体系的短期或长期发展，就必须持续关注强加给当地农民的残酷奴役。

III

现在，我们回顾一下在第一个漫长的时期内受原住民人口不断减少影响的农业生产趋势，首先是原住民人口的生计生产，剩余产出被视作收入，转移给委托监护人。在原住民部门，生产规模取决于家庭中可用于满足自身消费需求的人力数量。因此，安第

斯地区和墨西哥中部地区原住民人口的降幅（在1550年达到50%—66%，在1600—1620年达到了90%）可以作为该部门长期衰退的可靠指标。关于转移给委托监护人的 297
剩余生产的趋势，我们已经提到了货币化进程的重要性，这一进程减少了向监护人缴纳的当地产品，而贡品的价值重估则根据人口的减少，重新调整了贡品的支付。

在原住民生计生产和盈余长期下降的同时，欧洲的农业、矿业和纺织业也经历了逐步"增长"。我们的总结仅限于农业领域，将首先对农作物和牲畜的转移以及市场的形成进行概述，随后研究殖民国家如何对土地使用权进行管理。

综合来看，有关各殖民地引入动植物的日期和个人姓名等内容，区域编年史提供了优质信息。就植物而言，在加勒比地区最初的接收区，最初从加那利群岛成功引入了甘蔗，而引入的蔬菜和果树也有着出色的适应性。另一方面，潮湿的天气和土壤质量不利于小麦和其他谷物或葡萄的推广。在墨西哥，除了蔬菜之外，甘蔗的推广和小麦种植的优良成果也很显著；但在所谓的劣质谷物中，黑麦几乎不存在，而仅用作饲料的大麦由于受到玉米和苜蓿等其他饲料作物的竞争，发展也很有限；葡萄园和橄榄田的发展也很边缘化。在安第斯地区及当代智利、阿根廷和巴拉圭的领土上，小麦和（除智利外）甘蔗有了稳固发展；大麦的种植很可能比墨西哥更为广泛，因为大麦能适应高达3 000米的海拔高度。该地区的独有特征是橄榄树和葡萄树（尤为突出）的传播。葡萄园出现在秘鲁海岸沙漠地带的伊卡、皮斯科、纳斯卡、维托和西古瓦等绿洲山谷，智利北部和中部山谷，以及阿根廷的库约（Cuyo）地区。当然，小麦、甘蔗和葡萄园的扩张是以欧洲人口的增长和这些产品在梅斯蒂索人和印第安人中的接受程度为条件的。葡萄园和甘蔗种植园也是蒸馏饮料的基础，其增长速度比小麦快。

与农作物的传播（被限作食品用途）不同，欧洲的大型（牛、马、驴、骡子）和 298
小型（绵羊、山羊、猪）牲畜的繁殖受到了激励，因为它们扮演着不同的角色，为整个人口提供基本的食品；提供重要的原材料，如羊毛、皮毛和牛奶，以及照明、烹饪和制皂所需的生羊毛和牛油；并且为农业工作、矿业、制造业和运输提供牲畜。在秘鲁，在最初的几十年里，本土动物继续为货运提供运输服务，但在墨西哥和美洲大陆的其他地方，欧洲动物取代了成千上万土著搬运工的工作，从而"节省"了人力。欧洲牲畜的大量繁殖还得益于其他有利因素，如其对劳动力的要求较低，有大片在征服前几乎无人居住的土地，以及土著人口危机使新的土地空置。

在墨西哥，牛开始从加勒比海的接收和适应中心运来，用以换取在征服战争中被奴役的印第安人，而羊则直接从卡斯蒂利亚运来。1535 年至 1550 年的总督安东尼奥·德门多萨（Antonio de Mendoza，他本人就是牧场主）进一步推动了牲畜的扩张，并引进了美利奴羊。羊群集中在中部地区和普埃布拉主教区附近的地区。16 世纪 50 年代，印第安人抗议潮水般的羊群夺取土地、毁坏庄稼、争夺水源，这令人想起 16、17 世纪英国“羊吃人”的经典形象。此后不久，随着萨卡特卡斯（1548 年发现）、瓜纳华托等地银矿的发现，为确保殖民地的边界安全而进行的军事部署牵涉私人利益和国家，因此，牲畜开始向北方的巨大空地转移，那里的居民主要是猎人和采集者——按照耶稣会士何塞·德阿科斯塔的说法，“完全是野蛮人”。

伴随原始大草原提升繁殖速度，畜牧业的空间重组进入了克雷塔罗地区以及梅斯基塔尔谷地的其他边境地区，紧接着向北部和东北地区广泛扩张，到达瓜达拉哈拉和新加利西亚，并向瓦斯特卡地区进行了二次移动。到 17 世纪末，牲畜群已经到达东北
299 平原和新雷诺德莱昂（Nuevo Reino de León）。莱斯利·B. 辛普森提供了欧洲牲畜繁殖的唯一定量估计，虽然是假设性的估计，但仍然比较可靠：牛从 1560 年的 10 万头增加到 1580 年的 40 万头，1610—1620 年增加到 100 万头；绵羊和山羊的数量也从 1560—1570 年的 110 万至 200 万头增加到 1620 年的 800 万头。牲畜数量和地域的巨大扩张受到两种形式的牧地使用权的制约。一方面，随着庄园建立（大面积的土地财产，专门用于饲养牲畜），私有产权缓慢推进；此类极端是北方的巨大领地。另一方面，出现了牧群的短途本地移动、中途区域移动，特别是被称为“大游牧”的羊群长途迁徙，后一种迁徙是在没有围栏的土地、收割后的耕地或在指定的夏季牧场上自由放牧，不仅要遵守习俗，还要遵守被称为“梅斯塔”（Mesta）的行会组织的习惯准则。

我们仍然缺乏任何一种普遍的量化方法，使我们能够将安第斯地区羊群的扩张与墨西哥的情况相比较。然而，经常有文档提供零碎信息，指出从基多（现在的厄瓜多尔）到查尔卡斯（玻利维亚）的整个高原地区，羊群繁殖率很高；紧随其后，山羊（因其肉、油脂和硬化皮革而受到商业好评）和牛群的繁殖率也很高。我们认为，正如我们在关于墨西哥的论述中所做的那样，在这里强调市场一体化的影响是有意义的，它引发了欧洲牛群在周边地区的扩张。例如，在智利中部，为利马市场生产牛油的现象在 17 世纪非常普遍，以至于 19 世纪一位著名的作家本杰明·维库纳·马肯纳（Benjamín Vicuña Mackenna）将此时段命名为“牛油世纪”，以突出牛油在塑造这一地区经济的“外部部门”中的主导功能。同期，另一个周边地区也发生了类似的进程。

在16世纪，安第斯地区的贸易货物运输中，本地牲畜仍占大部分，但在17世纪，它们逐渐被骡子取代。这种杂交动物的饲养区最初分布在帕斯托、皮乌拉、瓦努科、阿雷基帕（Arequipa）和智利；但在1600年至1620年间，当代阿根廷的广大地区（科尔多瓦、布宜诺斯艾利斯和滨海地区）正在成为售往玻利维亚和秘鲁市场的骡子的主要饲养区。
在同一地区，在没有任何人类干预的情况下，出现了牛群的异常繁殖，随之出现的牛群 300
定期屠杀，提供了油脂和皮革，并推动了向秘鲁北部、巴拉圭和智利出口牛蹄的稳固贸易。

最后，我们将讨论原住民对欧洲牲畜的接受情况。印第安人被法律禁止使用马匹，他们对牛漠不关心，但养猪很快就成为其家庭经济的普遍特征之一，而绵羊和山羊的养殖也迅速被接受。到16世纪末，墨西哥的原住民公社在没有任何畜牧业经验的情况下，已经拥有了大量的羊群（根据莱斯利·B. 辛普森的统计，在特拉斯卡拉—普埃布拉有41.8万只羊，在锡马特兰—希洛特佩克有36万只羊，在瓦斯蒂克有23万只羊），因此，我们可以合理地想象，安第斯原住民公社也大体如此。

IV

为了实现本章研究计划，即对比本地人口和生产的长期下降与欧洲生产部门的长期上升，我们需要在此基础上，加上同时出现的定价市场和作为支付手段的货币。虽然从理论上说，这是最重要的发展，但我们将只回顾几个案例，并参考对农业制度的更普遍的影响。第一个案例来自特诺奇蒂特兰城的古代大市场。人口和土著粮食供应的持续下降，在某种程度上被其他商品（如小麦、肉类、牛油、甘蔗和酒精饮料）的流入所平衡。就连玉米也找到了贪婪的消费者，即用在骑行和运输的欧洲动物身上。

新的城市需求结构包括逐渐出现的欧洲企业（畜牧业庄园，查尔科、托卢卡和巴希奥附近地区的麦田，库埃纳瓦卡和伊苏卡尔<Izúcar>的甘蔗农业产业），这些企业是旧元素的改良延续。例如，三国联盟从查尔科、赫霍奇米尔科等地区得到的玉米贡品，经过“再分配”，成为委托监护权的一种实物支付，可以在市场上变成具有一定货币价值的“商品”。更深层次的变化发生在远距离贸易中：在尤卡坦的玛雅地区，委托监护的贡品被固定在棉布上，由欧洲商人购买，他们通过海路将棉布运到韦拉克鲁斯，然后
再运到墨西哥中部的市场。这种商业交通发展迅速，以至于在16世纪60年代，在提交 301

给印第安理事会的关于设立消费税（Alcabala）的提案中，将其作为殖民统治下发展的新商业经济的典范，并由此创造了新的财政收入来源。此外，墨西哥北部的银矿开采还有助于保障牧场的扩张，在这个几年前几乎没有人烟的地区，推动建立起一系列农业定居点，而这些定居点的位置和规模取决于与其相连的采矿中心的需求。从这个意义上说，墨西哥历史学已经充分意识到萨卡特卡斯—瓜纳华托轴线如何将巴希奥地区改造成新西班牙最大的“粮仓”。然而，坚持重要的细节永远不会是毫无意义的，例如对皮毛、油脂、燃料、饮料和为这一工业部门提供动力的骡子饲料的大量需求，以及将采矿业与农业和养牛业联系在一起的许多贸易流动，这些都是白银向外部流动时内部流通的主要组成部分。

在安第斯地区创造市场的两个案例为新殖民经济的发展提供了更多细节。我们已经展示了秘鲁沙漠沿边原住民农业的成就，以及在征服后的头几十年里，由于人口几乎消失而崩溃的情况。当利马被定为秘鲁总督区的政治、商业和教会中心时，在1550年至1600年期间，该城市及其巨大的城市市场出现人口增长，很快将这一荒凉沙地转变为一个充满活力的经济区。在南部（葡萄园）、中部（小麦、玉米、部分甘蔗）和北部（甘蔗）的山谷中，出现了商业农业的飞地，不仅供应利马和沿海地区本身，还通过陆路到达遥远的波托西市场（葡萄酒、甘蔗酒），并通过海路到达智利（糖）和巴拿马（面粉）。当我们注意到下列各种因素的融合时，秘鲁沿海地区商业农业的发展就会变得更加有趣：欧洲植物，前几个世纪发展起来的杰出原住民水利工程，以及使用非洲奴隶来取代原住民人口。由于最后一个因素，完全面向国内市场的秘鲁沿海农业发展与加勒比岛屿和大西洋沿岸的热带出口生产相类似。

毫无疑问，16世纪下半叶，波托西的大量白银生产是当时世界经济中最重要的、
302 前所未有的事件，因为它在安第斯地区引起了变革，并产生了强大的国际影响。一个以矿业为基础的市场位于海拔4 000多米的地方，几乎完全由原住民组成，就其发展所产生的诸多相互影响中，我们只想分析两大影响。其一是科恰班巴谷作为殖民时期安第斯地区的主要“粮仓”的布局。与墨西哥的巴吉奥粮仓形成对比的是，科恰班巴是印加国最重要的玉米产区，而巴吉奥粮仓是在一个几乎没有人烟和没有生产力的空间形成的。然而，延续自前征服时期的特性失去了其原有特征：在私有财产制度下，欧洲农业企业开始占据山谷，在传统的玉米种植外，增加了小麦种植，并通过向波托西出口产品换取白银，从而将这两种谷物的生产转化为高度商业化的部门。

这个大型矿业市场的另一大影响在理论上具有重要意义；我们对其做出的评价也适用于所有其他殖民地区。在16世纪50、60年代，高原和山区的原住民公社支付的委托监护贡品一部分是白银——他们通过“控制”波托西金属的开采和冶炼获得——另一部分是产品，如古柯、玉米、块茎、初纽和纺织品，这些产品被运到波托西，在该市场所有贸易中占据主导（根据地方法官胡安·德马蒂恩佐1567年的估计，占65%）。因此，委托监护租金实际上被认为是一种可涨可跌的货币租金。虽然必须以白银支付的贡品有一部分是固定的，但另一部分则是根据波托西市场的价格变动来计算的。这是一个“价格形成”市场的案例，但由于对这一类功能的使用可能存在争议，我们只强调其部分特征。

在宗族环境中，为支付贡品而生产的商品将成为波托西市场的“供应品”，奉行旧的组织原则，即土地和劳动力不作为商业“成本”来估价。以军事胜利或归顺谈判获得“权利”，就实现了向委托监护人转移剩余的“合法化”过程。在波托西市场上，众多原住民消费者包括在城市定居的专业群体和季节性流入的农民劳动力，后者来自米达工队。这两大群体都有机会获得出售的白银或商品。假设在贡品与白银的交换中，后者起到了价值衡量的作用，我们还不能对白银等价物的建立路径作出严格解释。到目前为止，我们的经验观察指出了白银产出和常用等价物的重要性，前者来自原住民技术（Huayra）冶炼的浅灰色矿石，后者则是在前欧洲时期的交换中确定的，也许是由商品的相对“声望”决定的——古柯属于最高等级，玉米比初纽和块茎更受欢迎，等等。无论如何，我们掌握的价格变动数据显示，这些都是在市场交涉中形成的。因其在波托西市场上的主导地位，古柯案例有着大量数据，因此它对以实物形式支付的委托监护贡品的货币化产生了很大影响，显示了供求定价机制的实际运作。古柯的货币价值呈下降趋势，原因是通过委托监护贡品以外的渠道，本地和欧洲人的生产扩大了供应量。在16世纪60年代的最后几年里，上述下降趋势加剧，因为波托西的需求随着消费者数量的减少而下降，同时，由于采矿业遭遇危机，从原住民冶炼法获得的银产量下降。 303

V

为了完整地描述原住民人口和生产的下降以及欧洲农业部门的转移和增长过程，我们将研究殖民统治所实行的土地保有制度。1493年的教皇诏书赋予西班牙国王对新大陆人民和资源的绝对权力，唯一的要求是传教。然而，二十年后，有影响力的多米尼克修会红衣主教卡耶塔诺（Cardinal Cayetano）在教会内部表示，上述特许权应该受到限制。他认为，印第安人属于异教徒阶层，从未皈依基督之子，也不知基督之名，因此，发起征服其并剥夺其土地的战争没有正当理由。在1537年的三份教皇文档中，教
304 皇接受了这一立场，不仅谴责奴隶制，而且谴责没收印第安人的土地和财产。

更重要的具体影响是，王室对印第安人的政策引发了西班牙国内争议。这场争论始于1512年所谓的“布尔戈斯会议”（Junta de Burgos）。正如帕拉西奥斯·鲁维奥斯（Palacios Rubios）博士的论文《论海洋岛屿》（*De las Islas del Mar Océano*）所显示的那样，该会议的结论之一是接受红衣主教卡耶塔诺关于印第安人对其土地和财产的权利的立场。1521年征服墨西哥后，此项争议变得重要起来。在随后的十年中，在查理五世的统治下，西班牙的印第安人政策的主要治理原则被更加明确地规定下来。教皇宣传基督教信仰的命令仍然是至关重要的。在世俗问题上，基本方针是阻止在新大陆建立君主政权。委托监护制必须被取消，而对于征服者和第一批定居者的效忠，王室只能进行经济和荣誉奖励。在王权方面，管辖权完全属于国王的原则再度被确认，不过，宗族首领的应得地位并未明确，也不确定是否执行与西班牙欧洲王国一样的法律。最后，在土地保有权的具体问题上，布尔戈斯会议形成的原则得以重申，印第安人对其土地的主导权得到承认，万民法（Ius Gentium，君主根据战争法取得财产的权利）和紧急状态法（Ius Eminens，君主对被认为是空闲的土地的所有权）同样得到承认。

在16世纪的大部分时间里，这些原则一直指导着王室的土地政策。面对不同的经济条件、殖民者群体的压力、原住民抱怨的激烈程度、当权者的利益或想法、各地区的特点等，这些原则必须灵活运用。在征服和最初的定居期间，王室规定了一些一般的限制和条件，但将土地分配权下放给私人党派和市议会。在这一初始阶段（王室自己结束了这一阶段）之后，国家负责分配土地，在法律层面，借助于西班牙的印第安人理事会；在操作层面，则由各殖民地的最高政府机关（即总督和司法委员会）完成。国家用于分配土地的法律形式是“梅赛德”（Mercedes，赠与或恩惠），其名称表明赠与
305 是皇家财产的馈赠。授予地块的测量依据其用途（种植或放牧）进行标准化。卡瓦耶里亚（caballería）及部分地块（suerte）分别为42.8公顷和10.7公顷（105.76英亩和26.44英亩），而大牲畜和小牲畜的牧场分别为780.3公顷和1 755.6公顷（1 928.16英亩和4 338.18英亩）。在所有情况下，赠与都包括一项条款，要求受让人在占有土地后尽快（通常在一年内）将其投入使用，并在一段时间内严禁出售。这使新世界的“梅赛

德”类似于伊比利亚人重新征服和重新定居时使用的“presura”（国王捐赠空地）和附带的“escalio”（定居和使用要求）的条款。

在1591年以前，“梅赛德”是殖民地国家用来塑造一个充满欧洲私人农业企业的农业领土的唯一机制。“梅赛德”是一个非常有用的工具，因为它使国家能够根据自己的需要和设计来调节欧洲农业部门的扩张。这种功能使得“梅赛德”文档成为研究新的农村产权制度发展的重要资料。此类文档在秘鲁和其他地方被忽视或很少使用，但在墨西哥却成为细致的量化研究基础，如几十年前莱斯利·辛普森的研究以及近期汉斯·普雷姆（Hanns Prem）和希尔德贝托·马丁内斯（Hildeberto Martínez）的研究，前者属于更为一般化的研究，后者则集中在普埃布拉的上阿托亚克（Alto Atoyac）和特卡马查尔科（Tecamachalco）及奎乔拉茨（Quecholac）两大酋邦。为了扩大分析范围，我们将指出其他要素和特殊条件。例如，万民法赋予欧洲君主继承权，不仅是继承收益，还要继承属于国家和原住民君主的土地。在墨西哥，征服者埃尔南·科尔特斯为了有助于巩固其与原住民组织的军事“联盟”，做出了表态，将三国联盟从当地酋长领地夺走的土地和人民还给他们。相反，在安第斯地区，所谓的“太阳神”和“国王”的土地非常适合种植古柯或玉米，却成了欧洲人贪婪的目标，更有趣的是，这也是征服后各宗族之间大部分土地冲突的原因。

在1943年发表的一篇值得注意的文章中，西尔维奥·萨瓦拉提出，对印第安人所有物的赠与（Merced）或委托监护权赠与以及土地所有权的赠与构成不同种类的法律行为和非常不同的赠与。因此，他消除了一个最严重的历史学错误；在此之前，西班牙 306
的殖民地史学家一直认为，大型私人庄园或大农场（Latifundios）直接来自委托监护制。正如近期研究所强调的，在许多地区，委托监护人制定了一系列广泛的程序，从其拥有管辖权的原住民公社获得土地。我们对安第斯地区的研究也表明，委托监护制对印第安村庄持有土地的负面影响。研究表明，当宗族组织被分给两个或更多的委托监护人时，他们的分裂使那些高地的人失去了其古老的温热带土地，也就是种植玉米和古柯的土地。

在殖民主义对农业领土的改造中，也许更重要的是墨西哥称为“聚居”和秘鲁称为“缩减”的原住民人口迁移和集中政策所创造的条件。在墨西哥中部，到16世纪50年代末和60年代初，宗教教派成员指挥了村庄的部分迁移，其行为似乎得到了原住民领导人的某种同意。与这种“协商”迁移形成鲜明对比的是，在短短三年内（1572—

1574)，秘鲁总督托莱多专制政府对原住民实施了一次强制的全面“缩减”，使用了极其暴力的手段来压制原住民反对。尽管这两个案例存在差异，但有关人口迁移的规则规定，社区将保留对当前无人居住之地（可视为“空地”）的财产权。另外，在这两种情况下，当局很快就开始将这些土地分割出来，借口是这些土地仍未开垦，因此对印第安人没有用处。然而，根据我们的假设，新一轮的土地赠与只是在16世纪80年代期间，由于托莱多总督推行的改革，才在其所在的查尔卡斯检审区（Charcas Audiencia）达到了特别高的强度。通过改变矿业市场的供求性质，改革影响了波托西矿的开采（混汞法、米达制、委托监护税进一步货币化）。

国家为证明原住民大规模迁移的合理性而提出的主要论据总是认为，将5个、20个、60个甚至更多的小村庄并为1个、2个或3个大村庄，将有助于传教和采用欧洲的公共秩序原则。然而，重要的是，要注意到征服者和定居者的要求，他们试图改变印第安人分散的定居模式，使他们能够对其全部领土主张“权利”，并将其领土转向更集中的人口和耕作模式，以“解放”土地，加速欧洲人的扩张。 307

从16世纪50年代开始，这种要求变得更加频繁，它并没有改变王室的谨慎政策，即允许欧洲人缓慢地扩大所拥有的土地，但一种应该发展的农业结构的新模式正在出现。这与王室财政在改变土地保有权政策后可能获得的财政利益有关。王室在立场上的这种双重性，表现在其颁布的最重要的法令中，而有关法令正涉及我们将要研究的问题。例如，1568年发给墨西哥检审区的一项法令推定，集聚依然分散的印第安人，会使许多土地闲置，而这些土地可用来为西班牙人和梅斯蒂索人建立新的城镇。为此，印第安人首领和方济各会、多米尼克修会和奥古斯丁修会的成员共同组成了一个理事会，负责阐释新的官方立场。印第安理事会很清楚，此种构成的理事会将完全拒绝采用新的办法，或者只对欧洲定居者的利益作出最低限度的让步。

1568年的另一项法令在司法理论方面非常重要，因其指出，尚未赠与的“梅赛德”空地“由我们负责，属于我们自己，因此我们可以按照我们更好的想法和意愿来处置它们”。但是，该法令没有指定任何具体内容，只是要求提供与土地有关的最新信息。1581年的另一项法令，虽然也沦为仅要求提供信息，但它所触及的话题表明，腓力二世和印第安理事会关于土地权利的“道德顾忌”是如何让步的，如何屈从于有助于减弱王室国库严重财政危机的巨额货币交易的想法。实际上，王室想知道，在出售“空地”以及确认已由殖民当局颁发的“梅赛德”土地的完全产权时，王室能得到多少钱

（以及是否会引起任何不便或丑闻）。

16世纪80年代，在印第安理事会多次审议这一问题后，1591年颁布的4项皇家法令推动了一些趋势的形成。这些法令确定了新的土地政策，并以必须找到特别收入来支付保卫基督教所需的巨额军事费用为由，实现了土地政策的合法化。总而言之，腓力二世认为，原住民统治者拥有对土地的直接统治权，因此，根据领主继承权，“空置的 308
土地和土壤属于我们的祖传财产和王室”。他下令对印第安人村庄所需的耕种和畜牧面积进行测量，以便“所有其余的土地仍然是自由的和无负担的，可以按照我们的意愿赠与和处置”。他还下令欧洲殖民者支付金钱，以此对其通过“梅赛德”获得的土地和那些非法获得的土地进行赋权（Titling）。虽然腓力二世威胁要立即执行这些措施，但其执行情况和财政结果在各殖民地是不同的。在秘鲁，其结果基本上确认了托莱多总督在20年前进行全面裁减（集中安置）时对原住民的分配。1593—1594年，通过“梅赛德”赠与欧洲人的土地以及非法占用的土地被大规模赋权，所有其余“空地”则被迅速拍卖。这一迅速而有效的行动给王室国库带来了短期内极大规模的现金收入。

在墨西哥，印第安人首先必须得到重新安置，但宗教教派持反对态度，指控此举意味着剥夺印第安人对其被迫放弃的土地的权利，因此，1591年法令的执行被推迟了。教会还提出了其他的计划，以新的模式来安置当地农民，毫无疑问，这些计划比政府提出的计划更可取、更有利。尽管有如此阻挠，重新安置还是在17世纪的第一个十年中得以完成，1603—1604年期间出现了大规模迁移。此外，不同于秘鲁，在重新安置的过程中，印第安村庄被迫放弃的土地并没有同时作为“空地”被拍卖，也没有供欧洲人赋权。然而，在1590年至1620年间，由于政府发放的“梅赛德”土地数量增加，加之印第安贵族家庭早在几年前就开始出售“祖传”土地，欧洲人在墨西哥拥有所有权的领土确实出现大幅增加。直到17世纪30年代和40年代，当王室再次下令对欧洲人的财产进行赋权时，它才获得了一些适度的现金利益，与多年前在秘鲁获得的利益相当。在墨西哥和秘鲁，尽管王室国库的收入有此种差异，但1591年法令所规定的向欧洲部门转让土地的激进做法，使耕种面积进一步扩大。利用什一税记录，我们应该能总结欧 309
洲农业部门这一关键性增长周期的强度和持续时间。

VI

上文显示王室如何接受印第安农民社区的连续性，同时减少其领土范围，并刺激欧洲人持有的农村土地进一步迅速扩张。这些政策共同代表了土地保有权和农业生产制度的具体化，一直延续至殖民统治危机和崩溃之后的很长一段时间里。对此种结构的理解已经并仍然受到许多偏见和错误的影响，因为其本质上是殖民主义性质，涉及原住民各阶层人口的从属地位。而历史分析应努力准确地反映事实。

我们对分配给印第安村庄的可耕地的范围和质量知之甚少，也不了解原住民的土地是否长期持续减少，以及是否改变了在小块土地上进行大量和持续投资的集约农业传统。基于村庄抗议的案例，普遍的观点是，印第安村庄得到的土地通常是最贫瘠的。尽管如此，我们在此提出，从分配给村庄的耕地质量来看，“慷慨”国家的概念可能比通常假设的要准确得多。因此，在我们看来，关键的问题不是这些土地的类型，而是其面积。向各村分配土地的方法通常是用平均地块面积乘以聚集在各村的家庭单位数量，但这些分配是在印第安人口达到最低点时进行的。因此，当人口曲线的负斜率在 17 世纪下半叶逆转为正值时，原来的土地分配很快就不足了，从而成为内外紧张和冲突的根源。原始分配规模的变化是有据可查的，首先是在墨西哥中部，社区购买农村土地，并在大庄园范围内建立村庄，当印第安劳工的常住人口达到一定数量的家庭时，这些村庄就会请求获得土地和官方承认。但毫无疑问，主趋势仍是减少土著部分。

历史学强调，欧洲部门假定的战略是尽量减少印第安人获得土地和水的机会，这
310 是造成这种减少的首要或独特原因。然而，数据（特别是 17 世纪的数据）表明，最重要的原因可能是村庄自身为支付贡品而寻求让渡其部分领土。在安第斯地区，印第安人领地的最大减少也发生在 17 世纪 40 年代的一个短时期内，其原因是王室本身试图通过出售一部分以前分配给印第安人的土地来弥补征收贡品方面的严重危机。分配给土著居民的领地面积不仅关系到土地的使用权，而且对印第安农民劳动的管理也极为重要。区分墨西哥建立的相对仁慈的政权和秘鲁实行的极端暴力的政权也非常重要。这表现为欧洲生产部门低进贡率与高进贡率的比照，前者出现在强制劳动有限的情境下，而后者则出现在强制劳动普遍推行的情境下。在安第斯地区推行剥削系数较高的政策，严重破坏了小农经济的运作，也促使大量农民逃离村庄，并导出了一个新的印第安人阶层（外乡人），这严重违背和扭曲了政府建立的社会地域组织规范。

在殖民主义经济体系中，印第安农民的地域性代表了生计生产方式，但这一特性并不意味着在家庭单位生产必需品时绝对自给自足。家庭消费和生产之间的相对等价性，预设了在某种程度上与外部世界交换产品的义务，而这在最近才被发现。这种新的

分析，我们可以笼统地称之为“原住民对市场的参与”，使我们能够更好地理解我们称之为“天井”的小型大众市场网络的经济功能和意义，在那里，农产品和手工艺品的简单交换在中短距离内占据主导。这也有助于我们理解空间更大的印第安市场（古柯、玉米酒和龙舌兰酒等饮料、糖蜜等）、多民族市场（燃料、盐和园艺产品的供应尤为突出）乃至于国家间市场（胭脂虫红）中，印第安商品的供应，以及原住民对商品运输的参与。至于印第安农民的商品需求，有部分是由国家职能部门提供的，而劳役摊派制的管理机构是由地方长官控制的。相较于其他形式的需求，此种需求得到了更多的研 311
究，因其产生了大量的文献资料，其中包括统计数据，特别是18世纪下半叶的数据。由此，研究主要集中在18世纪后半期，而对之前的很长一段时间没有太多关注。即便如此，也有必要对这一所谓的胁迫性商业中的印第安支付形式进行更深入的分析。

在承认和深入研究印第安农民领地的同时，值得以事实重新审视转移到殖民地的欧洲土地制度。直到几十年前，还有研究认为，农业部门由广阔的领地组成，其结构体系控制了几乎所有的原住民人口，而此种结构体系只对征服殖民者的地位动机——声望和权力——作出反应。反思此种印象，就必须考虑土地保有权的形式以及指导生产过程的技术和经济逻辑。因此，像墨西哥北部那样巨大的牛养殖庄园的存在，应该与人口更密集、经济更重要的地区的中等规模模式形成对比。在耕作过程中，我们可以假设伊比利亚半岛使用的所有工具都进行了转移，而且在这里就像在欧洲一样，我们会发现对使用牛、马或骡子来拉犁的意见同样是多种多样的。由于缺乏具体研究，我们很难比较确切地评价耕作制度这一复杂问题。

就墨西哥中部而言，现有资料表明，在16、17世纪，未灌溉小麦的主要耕种模式是双轮换制，即每年播种一半土地，另一半土地休耕，但我们仍然不知道欧洲人的土地上是如何种植玉米、黑麦和菜豆等豆类的。不论如何，似乎可以肯定的是，与欧洲的情况相比，当地模式的回报率是极高的。例如，以16、17世纪墨西哥中部地区种植未灌溉的小麦为例，平均产量（种子与收成之比）在1∶15至1∶20之间，而在卡斯蒂利亚，采用同样的双轮换制度，平均产量为1∶5，这表明最好的田地的产量可能在1∶8至1∶10之间。我们认为，殖民地农业的肥力更强，原因在于每个欧洲人都拥有丰富的牲畜，从而使肥料的大量使用成为可能。殖民地农业的另一个显著特征是欧洲灌溉技 312
术的移植——在某些情况下与前哥伦布时期当地技术相结合。除了甘蔗和葡萄园是灌溉土地的突出案例外，我们还应观察其在小麦种植中的应用。在墨西哥，研究人员强调，灌溉减少了冬季和春季干旱的影响，使秋季播种和夏季收获成为可能。灌溉还使年度收割成为可能，而不需要休耕，使古时人烟稀少的巴希奥地区变成了殖民地的主要粮仓。当然，欧洲人灌溉土地的逐步推进，也使得对水的控制成为与印第安农民冲突的主要因素。值得注意的是，在欧洲领地上种植具有强大市场需求的本土植物。有时，这些产品与印第安产品竞争，但规模不大（古柯、辣椒）；但也有一些情况下（可可、烟草），欧洲部门几乎占据了所有产出。玉米的一体化尤其值得一提。例如，在墨西哥，由于土地的分配和犁的使用，欧洲农业体系在 17 世纪的前几十年已经开始控制供应城市和矿业中心的玉米。同样值得强调的是，由于其功能和规模，在玉米产量中，很大一部分以“工资”形式分配给长期居住在欧洲人土地上的原住民（佃农或债奴）以及在需求高峰期（播种、收割）提供劳动力的工队。

我们的研究集中在墨西哥和安第斯地区。本章显示，农业体系结构形成于 16 世纪和 17 世纪上半叶，它把主要以生存为目的的土著领土连续性与促进主要为国内市场生产的欧洲财产增长结合起来。这些案例除了在经济上揭示农业生产的“有效”配置外，还提供了一个与传统历史学中不断重复的简化农业出口模式相反的图景。因此，我们将考虑最后一个要素，将“出口部门”理解为对欧洲进行远洋贸易的生产。再以墨西
313 哥和安第斯的情况为例，唯一持续出口的农业产品是专门在墨西哥生产的胭脂虫红。例如，从 1578 年到 1598 年，有超过 20 万阿罗瓦（arrobas）① 的胭脂虫红从韦拉克鲁斯出口到塞维利亚，其价值相当于同期从新西班牙运出的所有白银和黄金的 20%。矛盾的是，胭脂虫红的生产只在印第安农村地区进行。烟草、可可、皮革和羊毛等产品的潜在出口能力都受到 16、17 世纪欧洲对国际商品需求结构的限制。其中，烟草的供应在 1612 年后被英国弗吉尼亚殖民地垄断。此时，可可在欧洲只用于医药用途。皮毛的需求由欧洲内部贸易来满足，1580 年养羊人曾打算尝试出口羊毛，却遭到了宗主国的否决，原因是保护其自有生产免遭损害。唯一剩下的就是糖。正如我们已经指出的，新西班牙和安第斯地区的糖产量迅速增长，但完全用于内部消费。最终，甘蔗种植园只在安
314 的列斯群岛（特别是古巴）和巴西地区进行出口生产。

① 西班牙殖民时期的重量单位，约 11.5 公斤（约 25 磅）。

第9章　采矿业

恩里克·坦德特尔（Enrique Tandeter）

拉美的欧洲殖民者曾寄望于积累稀有金属储备，后来又希望发现和开发矿产资源，这在征服和殖民拉美的过程中发挥了重要的历史性作用。但是，直到最近几十年，殖民时期的经济史学家才开始特别关注拉美的矿产资源对欧洲经济的影响——例如，对16世纪的物价上涨的影响。[①]随着出现了对欧洲原始资料的启发式认知偏差，例如西班牙和葡萄牙港口的海关记录。对这些资料的严重依赖导致了方法错误，也就是认为，通过观察欧洲贵金属收入的趋势，可以可靠地推导出拉美采矿业的趋势。[②]自20世纪60年代和70年代以来，学者们的研究重点从向欧洲贩运矿产品的传统研究，转向分析矿业在拉美殖民时期经济发展中的重要作用。[③]

由于采矿业在殖民经济和帝国财政中的重要性，它一直是政治关注的对象。这种 315
关注转化为国家对矿业部门的许多直接干预，包括慷慨的人力分配、优惠的信贷条件和慷慨的税收待遇。然而，比较方法显示，这些政策很少是全球帝国规划的结果，更多是不同总督区或地区特殊决策的结果。本章对拉美两大生产区——墨西哥和安第斯地区——殖民时期银矿开采的特点进行了比较分析。

早期运往欧洲的贵金属主要是黄金，这是因为加勒比和墨西哥的印第安群体在一段时间内将储存的矿物财富据为己有。1522年，墨西哥首都西南部的金矿首次被开采。在之后的十年里，在墨西哥城以南的整个地区，在孙潘戈（Zumpango del Río，1530年）、苏尔特佩克（Sultepec，1531年）和塔斯科（1532年）发现了银矿。后两个矿区吸引了众多征服者的兴趣，因为它们靠近城市，采矿设备和进口的西班牙奢侈品可以从城市运来，而且它们可以成为生产性农业和牧业社区的基础。

原住民通过两种不同的制度安排，即奴隶制和委托监护制，为银矿提供人力。很可能大部分奴隶劳动是从金矿转移来的。有些奴隶是在征服战争中被捕获的，有些则是从土著领主或其他西班牙人那里买来的。塔斯科和苏尔特佩克的重要矿区最终雇用了 100 至 150 名奴隶。由于奴隶是矿主最重要的资本投资，因此他们显然得到了良好的待遇、食物和衣物。④

另一种体制安排是将原住民群体作为委托监护物赠与个别征服者，以补偿其在征服初期的参与，这引出了原住民劳动力的各种利用模式。早在 16 世纪 30 年代，塔斯科矿场就依赖来自广泛地理区域的强制劳动。作为其在委托监护制下的部分义务，许多原住民都是 30 天一轮班，在此期间他们必须自供食物。其他原住民则被监护人租给其
316 他没有委托监护权的矿主。这些安排通常持续数周。委托监护劳工一般缺乏培训，仅从事辅助性工作，如搬运食物和制作木炭的柴火。⑤

在 16 世纪 30 年代，西班牙王室的干预使采矿业发生了双重变化。一方面，尽管王室早期对奴隶制深恶痛绝，但直到 16 世纪中叶才有效地禁止奴隶制。另一方面，王室当局开始强制执行一项禁令，禁止使用委托监护劳工从事个人服务。该禁令是 1542 年新法的一部分，在新西班牙的执行后来被暂停。该禁令在 1549 年被再度提起，此后一直正式生效。尽管存在此项禁令，新西班牙中部和南部的采矿中心仍在继续依靠强制劳动。16 世纪下半叶，他们转而采用一种新的招募方法，即“劳役摊派制”，即一定比例的原住民男性在矿主之间轮流服役。因此，殖民国家扩大了获得原住民劳动力的机

---

① 代表性研究为：Earl J. Hamilton, *American Treasure and the Price Revolution in Spain*, 1501－1650（Cambridge, MA, 1934）。

② Huguette and Pierre Chaunu, *Seville et l'Atlantique*, *1504－1650*, 8 vols.（Paris, 1955－9）.

③ Carlos Sempat Assadourian, “La producción de la mercancía dinero en la formación del mercado interno colonial. El caso del espacio peruano, siglo XVI,” in Enrique Florescano, ed., *Ensayos sobre el desarrollo económico en México y América Latina: 1500－1975*（Mexico, 1979）, 223－92; James Lockahart, “Trunk Lines and Feeder Lines: The Spanish Reaction to American Resources,” in Kenneth J. Andrien and Rolena Adorno, eds., *Transatlantic Encounters: Europeans and Andeans in the Sixteenth Century*（Berkeley, CA, 1991）, 90－120.

④ Robert C. West, “Early Silver Mining in New Spain, 1531－1551,” in Alan K. Craig and Robert C. West, eds., *In Quest of Mineral Wealth: Aboriginal and Colonial Mining and Metallurgy in Spanish America*（Baton Rouge, LA, 1995）, 119－35.

⑤ Robert Stephen Haskett, “‘Our Suffering with the Taxco Tribute’: Involuntary Mine Labor and Indigenous Society in Central New Spain,” *Hispanic American Historical Review* 71, 3（1991）: 447－75.

会，那些没有获得委托监护权的人因而受益。

在新西班牙北部的采矿中心，劳动实践发生了不同的变化。那里的原住民抵抗更为强烈和持久。早期试图让原住民接受委托监护制的努力未能成功。游牧部落的抵抗不断蔓延，最终爆发了所谓的米克斯顿战争（War of the Mixton，1540—1542）。但到了1543年，第一批北方矿场——位于哈尔特佩克（Xaltepec）的金矿和位于圣埃斯皮里图、瓜奇南戈（Guachinango）、索科特兰（Xocotlán）和埃察特兰（Etzatlán）的银矿——已经建立。这些矿井很快就被开采殆尽。

这个时期，在1546年发现的萨卡特卡斯成为地区领先的矿场。① 该矿场最初依靠原住民奴隶劳动。矿场的建立引发了持续数年的奇奇梅克战争（War of the Chichimecas），在1550年到1600年期间，萨卡特卡斯被卷入其中。尽管战争偶尔造成中断，但总的来说，战争对采矿业形成两大积极的影响。首先，在战斗中被俘的原住民可以合法地成为奴隶，并用于矿场工作。第二，战争吸引了南方原住民群体，如特拉斯卡尔特卡人（Tlaxcaltecas）、奥托米人（Otomies）和塔拉斯科人（Tarascos），他们来对战奇奇梅克人，但最终作为自愿劳工或纳沃里亚留下来。 317

表 9.1　新西班牙采矿业人力类型分布（1590 年）

地　区	黑奴		自由雇佣印第安人（纳沃里亚）		印第安劳役（劳役摊派）		
	合计	%	合计	%	合计	%	合计
新西班牙	892	14.6	3 582	58.8	1 619	26.6	6 093
萨卡特卡斯	200	9.3	1 956	90.7	0	0	2 156
瓜达拉哈拉	110	16.4	559	83.6	0	0	669
瓜迪亚纳	61	27.1	164	72.9	0	0	225
合计	1 263	13.8	6 261	68.5	1 619	17.7	9 143

来源：Peter Bakewell, "Notes on the Mexican Silver Mining Industry in the 1590s," in Peter Bakewell, ed., *Mines of Silver and Gold in the Americas* (London, 1997), 184。

鉴于16世纪西班牙美洲其他地区扩大了委托监护制和劳役摊派制的范围，使人们能够获得强制劳动，因此，北方矿业国家缺乏此类安排一直是争论焦点之一。该地区的

① Peter Bakewell, *Minería y sociedad en el México colonial. Zacatecas: 1546 - 1700* (Mexico, 1976).

重要性本是显而易见的，不仅因为萨卡特卡斯的财富，还因为其他主要中心的发现，如1550年的瓜纳华托和1623年的帕拉尔。至于缺乏国家组织的强制劳动，一种可能解释是，当地原住民公社没有成为阿兹特克帝国的一部分，其社会政治安排并未顺应西班牙的附属政权体系。但不清楚的是，为什么西班牙人未能组织从阿兹特克人控制的中部地区向北部矿区的长距离移民。对此，16世纪袭击中部地区的暴力和快速的人口减少能给出部分解释。为替代中部地区因疾病而死亡的人，需要长期招募劳工，除此之外，很难考虑招募劳工。

无论如何，如表9.1所示，到16世纪末，中南地区——新西班牙本土的劳动力构成与北方严重依赖原住民劳工和非洲奴隶的矿井形成了明显的对比。非洲奴隶因其长
318 期劳动者的身份而受到特别重视，主要在精炼庄园工作。

招募和留住原住民劳工造成了债务劳役制和劳动者直接占有矿物的双重问题。很可能从早期开始，预付工资就成为吸引原住民劳工的一种手段，从而形成了对企业家的负债。到16世纪的最后25年，负债是将工人与矿场联系在一起的主要纽带。在17世纪的萨卡特卡斯，矿主经常拖延付款，以此作为留住临时工的手段。①

这一时期还有证据表明，劳动者会偷取大块的矿物，用于交易，或用自己建造的原始窑炉和送风机（称为“cendradillas”）进行冶炼。很难说这种做法是何时以及如何作为工资的补充而被合法化的，但最终还是被合法化了，并被称为“筛选”（pepenas），或者后来被称为“分成”（partidos）。矿石分成涉及矿主和工人之间的矿石分配，而最小分配单位称为“特基奥”（tequío）。这使得工人高度参与其生产的矿石的分配；戴维·布雷丁（David Brading）认为，一些工人可能是企业家的虚拟伙伴。②

西班牙征服者普遍对采矿技术和冶金学一无所知。因此，最初的探矿和选址主要是由原住民（奴隶和自由人）负责。采矿最初是在表层，利用的是浅层隧道。矿石先用锤子粉碎，少数情况下也用马或骡子拉的机器粉碎，而后在“卡斯蒂利亚”（Castilian）炉中炼化。③

---

① Personal communication with Fréderique Langue.

② David A. Brading, “Las minas de plata en el Perú y México colonial. Un estudio comparativo,” *Desarrollo Económico* 11, 41 (1971): 104.

③ Ramón Sánchez Flores, “Technology of Mining in Colonial Mexico: Installations, Tools, Artifacts and Machines Used in the Patio Process, Sixteenth to Eighteenth Centuries,” in Craig and West, eds., *In Quest of Mineral Wealth*, 137–53.

在1534年至1548年期间，尽管墨西哥城国库登记的白银数量不断增加，但采矿业还是出现了危机感。1548年，负债累累的矿工们成功地将王室传统的20%的矿业税从五一税（Quinto Real）降至10%。然而，在1552年至1556年期间，总产量下降了。这场危机可以部分归咎于适于冶炼的易采矿数量减少，还可以归咎于使用大量木柴来冶炼低质矿物的成本。① 但产量下降的最重要原因是1550年前后废除奴隶制和委托监护个人服务所造成的同期劳动力短缺。 319

无论如何，解决危机的办法是采用一种新的矿物提炼方法，即混汞法。1555年，巴托洛梅·德梅迪纳（Bartolomé de Medina）在帕丘卡首次使用该项工艺。② 此后，由王室垄断控制的汞供应成为拉美殖民地银矿开采的一个重要方面。新的提炼技术使新西班牙总督辖区的白银生产蓬勃发展：从1559年到1627年，年均增长2.5%（见图9.1）。塔斯科和帕丘卡是当时墨西哥的主要生产中心。③

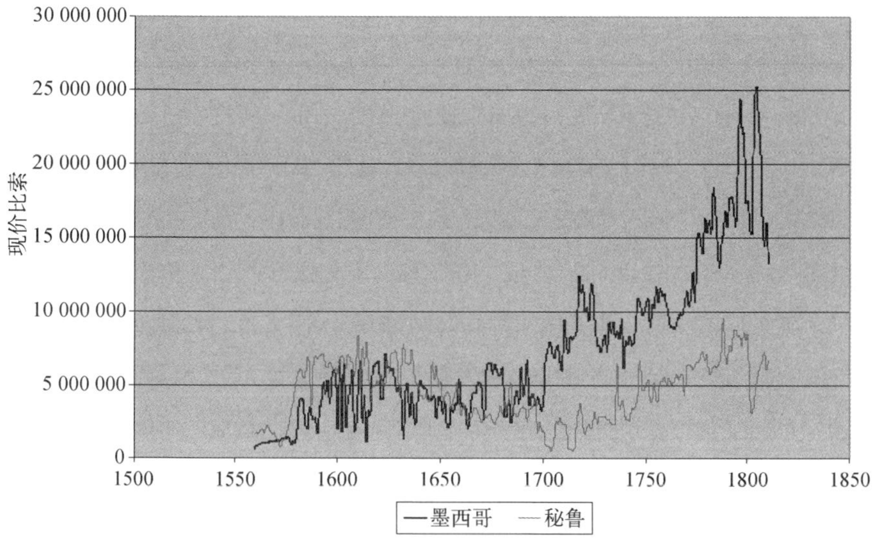

图9.1　按总督区划分的白银产量

来源：Richard Garner，http：//www.laceh.com/。

① West, "Early Silver Mining," 69.

② Alan Probert, "Bartolomé de Medina: The Patio Process and the Sixteenth Century Silver Crisis," in Peter Bakewell, ed., *Mines of Silver and Gold in the Americas* (London, 1997), 96－130.

③ Richard L. Garner, "Long-Term Silver Mining Trends in Spanish America: A Comparative Analysis of Peru and Mexico," *American Historical Review* 93, 4 (1998), 904.

与新西班牙的情况不同，秘鲁采矿业在 16 和 17 世纪的命运主要取决于一个矿场的
320 成败，即波托西的塞雷里科银矿。征服者们首先被该地区另外一处发现所吸引，即在今天玻利维亚的波尔科（Porco）。它曾是一个印加矿场。在查尔卡斯地区的原住民抵抗被击败后，1539 年建立了拉普拉塔镇，当地居民以委托监护的形式被分配给该地区的西班牙征服者。贡萨洛·皮扎罗从其兄弟弗朗西斯科那里得到了一个对 2 万多名原住民工人的委托监护权，同年他开始在印第安人居住的领土内开采波尔科矿。皮扎罗与安东尼奥·阿尔瓦雷斯（Antonio Álvarez）合作，由后者亲自负责开发矿区。他们使用了委托监护工人与其拥有的非洲奴隶。皮扎罗保留了矿场 75%的利润，阿尔瓦雷斯则享有 25%。波尔科矿成功开发的一个关键因素是卡兰加族（Caranga）印第安人的采矿技术，在 1548 年秘鲁征服者之间的冲突结束之前，该族的印第安人已经被分配给了多个委托监护人。①

波托西显然没有在印加国王的统治下进行开发。根据 1545 年的报道，波托西的塞雷里科矿的早期生产阶段反映了向成熟的殖民体系发展的复杂性。银矿的第一批工人是亚纳科纳，或者说是不需要承担委托监护义务的原住民。“亚纳”（Yana）即为印加帝国的仆人，他们与不同地位的杰出人物有个人联系。其中一些人转而为西班牙的征服军队成员服务。然而，在欧洲人入侵后的几十年里，亚纳科纳的扩散表明，许多人实际上是逃亡者，他们在动荡的“内战”期间逃离了他们社区的委托监护贡品义务。②

在波托西被发现后的几年内，有 7 000 多名亚纳科纳在此地工作。他们中的一些人可能是和他们已经归附的主人一起来的，而另一些人则是在听说有惊人的发现后自己来的。在他们当中，采矿的专业知识不可能是罕见的，因为在欧洲人征服之前，印加人和较小社区的居民就已经开始采矿了。来自波尔科的前工人可能在亚纳科纳中占有重要地位。但总的来说，最专业的原住民矿工很可能是最先对殖民采矿中心的吸引力作
321 出反应的人，因为在这种社会背景下，贵金属生产的重要性大大增加。

波托西的亚纳科纳是独立工人，他们完全控制采矿过程，从矿物的开采到冶炼。

---

① Ana María Presta, “Gonzalo Pizarro y el desarrollo de Porco. Patronazgo y clientelismo en un yacimiento charqueño inicial, 1538 – 1576,” *VI Reunión de Historiadores de la Minería Latinoamericana* (Lima, 1999).

② Nathan Wachtel, Los vencidos. *Los indios del Perú frente a la conquesta española: 1530 – 1570* (Madrid, 1976).

他们被称为“印第安巴拉”，因为矿主（多为西班牙人）会分配给他们一定长度的矿区工作，以“巴拉”（varas）为单位，类似于租赁安排。① 亚纳科纳使用自己的工具，自己制作梯子，并雇用其他印第安人协助他们。矿主有权获得品质最优、适合冶炼的矿石，他们会把这些矿石卖给印第安巴拉，而亚纳科纳则保留品质较差的矿石。一些亚纳科纳自己提炼矿石，而另一些人则在波托西市场（el gato）出售矿石。

应该强调的是，矿场开发主要是原住民的工作，西班牙人的参与有限。原住民不仅有较早的采矿经验可供依赖，而且他们还善于用“瓜伊拉”（guayras，他们自己建造的小炉子）冶炼矿物。这些炉子在波托西是不可或缺的，因为它们比波尔科使用的卡斯蒂利亚炉烧得更热。后者类似于德国矿工引入新西班牙的炉子，但在波托西需要更高的温度来冶炼矿石。②

尽管西班牙人的劳动参与度有限，但他们仍享有很大的利润份额，因为所有的亚纳科纳都隶属于他们之中的部分人。这些西班牙人有权从他们的亚纳科纳处每周获得固定份额的精炼银，而不论他们是否拥有矿场的产权。③ 在支付了这笔钱之后，亚纳科纳可以保留其余部分。在殖民地第一个世纪的复杂体制下，波托西的这种安排是有效和透明的。虽然委托监护制在将原住民工人的货物和服务兑换成硬通货方面可能运气不佳，但波托西的殖民者可以确信，他们会从亚纳科纳的工作中得到良好回报。王室则可以大大增加获得奖励的征服者人数，因为那些没有得到委托监护权的人每人可获得 322
10 或 15 个亚纳科纳，凭借后者的工作，他们仍然能过上富足的生活。

波托西的繁荣并没有将委托监护人排除在外。在辖区内，第一批委托监护人中的部分人和其他一些人同时开始在波尔科和波托西经营。但是，由于波尔科的矿井和矿坑中的透水构成了重大障碍，随着时间的推移，人们放弃了此地，而选择了波托西——包括工人自愿迁移和委托监护人强制搬迁。

更普遍的是，秘鲁领土上的所有委托监护人都对波托西的大丰收作出反应，在他们的贡品要求中加入了贵金属。承担贡品义务的工队前往波托西，希望用白银履行其

① Peter Bakewell, *Mineros de la Montaña Roja* (Madrid, 1989).

② Julio Sánchez Gómez, “La técnica en la producción de metales monedables en España y en América, 1500 - 1650,” in Julio Sánchez Gómez, Guillermo Mira Delli-Zotti, and Rafael Dobado, eds., *La savia del imperio. Tres estudios de economía colonial* (Salamanca, 1997), 17 - 264.

③ James Lockhart, *El mundo hispanoperuano 1532 - 1560* (Mexico, 1982).

社区的那部分义务。这些工队被派去参加米达或定期轮换，直接促使托莱多在16世纪70年代对制度进行更精细的组织。①

很明显，绝大多数受委托监护管辖前往波托西的印第安人，他们缺乏采矿方面的培训，只能从事最简单的工作。亚纳科纳一定从这些移民中抽调了他们的合同工，后者可能负责从矿井中拖运沉重的矿石。由此，到1550年，波托西发展出了两个体力劳动部门：一方面是亚纳科纳和熟练工人，另一方面是委托监护的印第安人和非熟练工人。这两个阶层一直存续到殖民时期结束，并在17和18世纪转变为印第安明加工人和印第安米达工人。

尽管每周都要向主人支付定额，但波托西的亚纳科纳还是积累了大量金钱。一些具有采矿专长的委托监护印第安人也是如此，他们有理由留在波托西。② 但到了16世纪50年代，瓜伊拉炉要用的木柴短缺，到1560年，适合冶炼的矿物也骤然减少，许多亚纳科纳放弃了这座城市，或转而从事辅助行业。

波托西的第一次危机与几年前在新西班牙发生的情况类似，1572年混汞法的到来
323 缓解了这一危机。在这里，这种提炼方法还有一个额外的好处，即适用于以前因不适合冶炼而被丢弃的矿物。目前还不清楚为什么混汞法向秘鲁的传播耗时颇久；1558年，一名秘鲁观察员被派往新西班牙调查这一过程，并在回来后实际进行了操作。③

由于万卡韦利卡汞矿的存在，混汞法的使用在安第斯地区得到了促进，该矿是殖民时期美洲大陆唯一开发的汞矿。④ 16世纪70年代混汞法的推广需要建造大型和昂贵的磨矿厂，即“Ingenios”。与新西班牙不同的是，在安第斯地区，使用畜力是昂贵的，因此，水力发电得到了青睐。这就需要建立一个人工湖泊系统，全年蓄水，不受季节性降雨的影响。⑤

在实施混汞法所需的技术变革的同时，托莱多总督重新确定了采矿工人的正式组织。他决定每年派遣超过1.3万名来自安第斯广大地区的原住民工人及其家人去波托西

① Bakewell, *Mineros de la Montaña Roja.*

② 与 Gonzalo Lamana 的个人通信。

③ Sánchez Gómez, “La técnica en la producción de metales,” 141 - 2.

④ Gwendolyn Ballantine Cobb, *Potosí y Huancavelica. Bases económicas del Perú, 1545 - 1640* (La Paz, 1977).

⑤ Peter Bakewell, “Technological Change in Potosí: The Silver Boom of the 1570s,” *Jahrbuch für Geschichte von Staat, Wirtschaft und Gesellschaft Lateinamerikas* 14 (1977): 57 - 77.

矿区工作12个月。这一计划并非没有先例。西班牙官员以前曾组织过各种强制移民，其中包括1562年查尔卡斯皇家检审区（Royal Audiencia of Charcas）特许500名印第安人到波尔科矿区工作，不过具有讽刺意味的是，此举是为了抗衡来自波托西的竞争。①

安第斯地区存在几大因素，使得如此大规模的季节性强制移民比在新西班牙更可行。② 其中值得注意的是，存在着前哥伦布时期的传统，即以印加帝国组织的定期劳役为形式的属民义务。同样，虽然安第斯地区的人口在征服前可能比中美洲的人口要少，密度要低，但在征服后前者的下降幅度似乎略低些。另一事实是，托莱多总督将移民视为原住民事务全局性改革的一部分，其中包括将人口重新安置到“缩减”的村庄或选定的村庄，以及与当地原住民酋长重新谈判属民义务，后者的权威在此进程中得到了 324
承认。此外，为了保证劳动力招募的成功，总督承认了米达都督区（Capitanías de mita）的新种族等级制度，此举重建了西班牙人到来后开始瓦解的区域宗族单位。③

在混汞法普及后，作为波托西的技术工人，亚纳科纳的重要性将发生根本性的变化。随着新技术的兴起，采矿过程将被分为两个阶段：矿石的提取和加工。只有西班牙人拥有建造精炼厂（Iningenios）的资本，从而垄断了精炼厂。这种两极分化的最终结果是使亚纳科纳沦为单纯的雇佣工人。④

16世纪70年代的变革使波托西的产量达到了最高水平，秘鲁的总产量超过了新西班牙。1559年至1610年间，秘鲁的白银产量以每年3.6%的速度攀升——以此速度，产量每20年翻一番。⑤ 波托西的繁荣对运回欧洲的资源产生了显著的影响，包括进口付款和财政贡献。此外，波托西的产量不断增长，对广阔的“秘鲁空间”经济活动的发展至关重要。⑥ 为了回应来自波托西和其他大型矿业中心和城市中心（如利马、拉巴

① Presta, “Gonzalo Pizarro y el desarrollo de Porco.”

② Nicolás Sánchez-Albornoz, “Trabajo y minería en Charcas,” *Anuario 2001 del Archivo y Biblioteca Nacionales de Bolivia* (Sucre, 2001), 111 – 23.

③ Thierry Saignes, “Notes on the Regional Contribution to the Mita in Potosí in the Early Seventeenth Century,” *Bulletin of Latin American Research* 4, 1 (1985): 65 – 76; Carlos Sempat Assadourian, *Transiciones hacia el Sistema Colonial Andino* (Lima, 1994).

④ Assadourian, “La producción de la mercancía dinero.”

⑤ Garner, “Long-Term Silver Mining Trends,” 903.

⑥ Carlos Sempat Assadourian, *El sistema de la economía colonial. Mercado interno, regiones y espacio económico* (Lima, 1982).

斯、拉普拉塔、阿雷基帕和库斯科）的需求，西班牙和当地企业家启动了一个地区性专业化过程。① 应该强调的是，美洲的制造业在很大程度上满足了当地消费者的需求，而他们对欧洲和亚洲的需求只是钢铁和奢侈品。对消费品的大部分需求，特别是在波托西，主要来自大量的当地城市人口。

厄尔·汉密尔顿（Earl Hamilton）和肖努斯（Chaunus）记录的运往欧洲的白银数量下降，使人们认为17世纪的美洲采矿业出现了危机。但莫里诺（Morineau）认为，
325 如果把官方出货量和走私一并计算在内，17世纪的总出货量并没有减少。② 对新西班牙矿产量官方记录的调查也显示，在17世纪内，矿产量明显增加。尽管17世纪30年代和40年代产量有所下降，但1628年至1724年期间，新西班牙总督区的年均增长量为1.2%，而产量在17世纪最后十年创下新纪录。③ 这种总体趋势掩盖了明显的地区差异：3个地区（墨西哥城、圣路易斯波托西和松布雷雷特<Sombrerete>）在世纪末的产量低于世纪初，另外5个地区（杜兰戈、瓜达拉哈拉、瓜纳华托、帕丘卡和萨卡特卡斯）的产量则在上升。④

16世纪末，从矿场、冶炼厂和精炼厂的数量来看，生产地区中最重要的是在墨西哥城的卡哈雷亚尔（Caja Real）注册的银矿，其次是萨卡特卡斯。但贝克韦尔（Bakewell）指出，一些指标显示了不同的模式。⑤ 实际上，萨卡特卡斯州每个矿工和每个冶炼厂拥有的精炼厂数量明显高于新西班牙中部地区。这表明每个企业的投资更多，这又意味着更多的繁荣和信心。萨卡特卡斯州因汞而欠王室的债务较少，这一事实进一步加强了该地区的普遍繁荣感。如果在17世纪的前30年，墨西哥的财政收入比萨卡特卡斯更快地充盈起来，而后者将成为更重要的生产中心，并继续在北方地区的白银生产中占据领先地位。⑥

---

① Luis Miguel Glave, "Trajines. Un capítulo en la formación del mercado interno colonial," *Revista Andina 1* (1983): 9-76.

② Michel Morineau, Incroyables gazettes et fabuleux métaux. *Les retours des trésors américains d'après les gazettes hollandaises* (*XVIe-XVIIe siècles*) (Cambridge, 1985).

③ Garner, "Long-Term Silver Mining Trends," 904.

④ John J. TePaske and Herbert S. Klein, "The Seventeenth Century Crisis in New Spain: Myth or Reality?" *Past and Present* 90 (1981): 116-36.

⑤ Bakewell, "Notes on the Mexican Silver Mining Industry in the 1590s," in Peter Bakewell, ed., *Mines of Silver and Gold in the Americas*, 184.

⑥ Bakewell, *Minería y sociedad.*

萨卡特卡斯的生产具有明显的周期性特征，高峰期为50至60年，低谷期为20至40年。混汞法引进后的繁荣在17世纪20年代中期趋于平稳，该地区从1630年到1660年代经历了一个低谷。我们应该记得，博拉曾将所谓的工人缺乏归结为“新西班牙的百年萧条”开始时原住民人口的减少。最近的研究则相反，认为到1620年，原住民人口已经开始恢复。① 贝克韦尔将这一时期的糟糕表现主要归咎于汞和资本的短缺。326 王室决定将欧洲的汞运到秘鲁，用以补偿万卡韦利卡较低的汞产量，这是造成第一次汞短缺的原因。17世纪60年代，当万卡韦利卡的货物被运往墨西哥时，优先级再度调整。

关于资本短缺的问题，萨卡特卡斯矿区同样的周期性生产模式似乎确保了只有少数几个采矿家族能有几代人持续留在此行业中。在1640年至1660年间，许多家族因欠下王室的汞债务而破落，一些人放弃了他们的农产和矿山。在这种情况下，在很大程度上，采矿业的发展依赖于矿业投机人（Aviadores）提供的信贷，其中包括历届地方长官，他们最初是用自己的资金，后来则用墨西哥城白银商人的资金。1660年后，萨卡特卡斯的产量急剧上升的原因是这些采矿业新参与者的加入，此种趋势最终蔓延到整个墨西哥采矿业，因为冶炼的作用越来越大，精炼技术需要大量的资本投资来建新厂和改造老厂，而回收废弃矿山也需要大量投资。②

此前所观察到的资本相对短缺，可能是由于采矿业的盈利能力由正转负。虽然我们缺乏采矿作业的单一数据，但我们可以根据理查德·加纳收集到的关于新西班牙的价格及其对美洲银价影响的资料，提出一些假设。混汞法的传播与长期的高利润时期相吻合，后者可能在1600年达到了顶峰。此后，玉米价格大幅上涨，并持续到1650年。因此，银产量的价值曲线，在根据玉米价格上涨而调整通货膨胀率后，显示出波动，但总体上呈下降趋势，直到1660年（见图9.2）。

对国内价格下降趋势的解释，我们还应该加上国际白银需求变化的影响。近期的研究建议改变传统的关注点，即认为美洲白银流向亚洲是为了抵消欧洲与该地区的负贸易平衡。丹尼斯·弗林（Dennis Flynn）的研究，发展了K. N.乔杜里早先提出的李嘉图假说（Ricardian Hypotheses），试图将贵金属的流动具体化，并强调需求

① Cecilia Rabell, *La población novohispana a la luz de los registros parroquiales* (Mexico, 1990).

② Bakewell, *Minería y sociedad.*

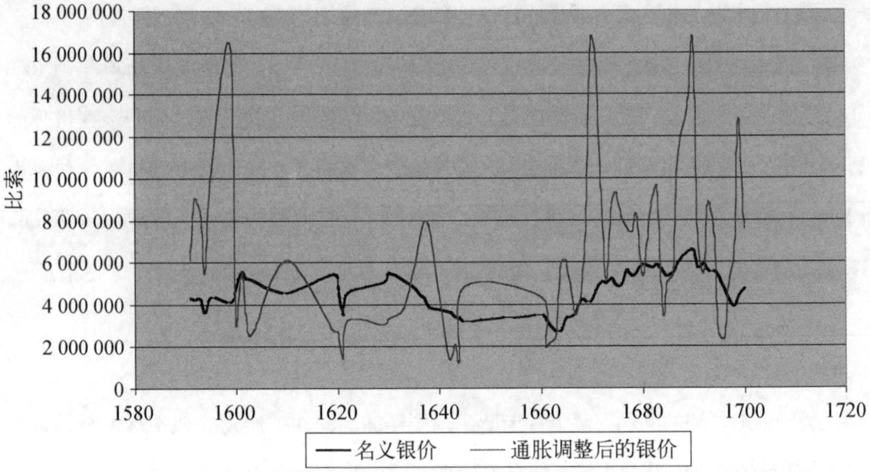

图 9.2 墨西哥：名义银价和通胀调整后的银价

来源：与 Richard Garner 的个人通信；白银数量来自 John TePaske and Garner；玉米价格根据来自 Garner 的各类数据编制；指数基于系列的均值。

327 的作用。① 这意味着承认 15、16 世纪中国经济发生的变化，由此导致 16 世纪下半叶对白银的需求显著增加。② 中国经济中金银的兑换比例比欧洲更偏好于白银：16 世纪 60 年代，西班牙的兑换比例为 1∶12，而中国在 1560 年至 1630 年间，兑换比例在 1∶5.5 至 1∶8.1 之间波动③，这种差异使得套利利润巨大。国际形势与低成本和稳定的国内价格，有利于拉美的采矿业，并为 16 世纪期间的产量增长提供了激励。1630 年前后，
328 被高估的中国白银价格回落，白银的世界价格下降到接近其生产成本。④ 中国有利的贸易比价消失，这并不意味着向远东运送白银的结束。17 世纪对货币白银的需求持续不减，但其价格未能像之前几十年那样刺激生产。⑤

① Dennis O. Flynn, "Comparing the Tokagawa Shogunate with Hapsburg Spain: Two Silver-Based Empires in a Global Setting," in James D. Tracy, ed., *The Political Economy of Merchant Empires: State Power and World Trade, 1350－1750* (Cambridge, 1991), 332－59.

② Richard von Glahn, *Fountain of Fortune: Money and Monetary Policy in China, 1000－1700* (Berkeley, CA, 1996).

③ Harry E. Cross, "South American Bullion Production and Export, 1550－1750," in J. F. Richards, ed., *Precious Metals in the Later Medieval and Early Modern Worlds* (Durham, NC, 1983), 399－400; Glahn, *Fountain of Fortune*, 128.

④ Flynn, "Comparing the Tokagawa Shogunate."

⑤ Glahn, *Fountain of Fortune*, 255.

在 17 世纪上半叶，白银在拉美地区内部的购买力和外部市场的价格都很低。随着白银价格的下降，投资采矿的利润率也随之下降，这可能是上述资本短缺的原因。但是，1660 年以后，新西班牙的情况发生了变化，玉米的价格明显下降。所以这一时期所观察到的矿产量，如果以通货膨胀调整后的数额来衡量，则明显提高。商人和信用贷款人开始向采矿业注入资本，可能是对当时购买力和利润率的有利结合的反应。

安第斯地区是拉美银矿开采的另一大的地理中心，但 17 世纪的情况非常不同。一方面，位于波托西的塞雷里科在 1545 年被发现并开始开采后，在该地区发挥了绝对的突破性作用。① 在 1600 年之前，该矿场几乎生产了秘鲁总督区所有的银产量；在 17 世纪，其产量占总督区总产量的 68%以上。

与新西班牙不同的是，安第斯地区的白银产量在 17 世纪呈现出明显下降趋势。波托西的产量在 1600 年达到了顶峰，而在接下来的整个世纪里，其产量一直在持续下降。1640 年之后，整个地区的情况也是如此。在 17 世纪上半叶，上秘鲁的第二大采矿中心奥鲁罗开始采矿，那里的产量直到 1650 年才开始下降。② 下秘鲁的卡斯特罗维雷纳矿（Castrovirreyna）在 17 世纪前几十年经历了某种程度的繁荣。但在 17 世纪中叶以后，无论是凯约马矿（Cailloma）、刚启动的下秘鲁帕斯科矿，还是上秘鲁的丘奎图矿（Chucuito）、卡兰加斯矿（Carangas）和拉巴斯矿，都无法弥补波托西矿的产量急剧下降。到 1700 年，波托西的产量只有 16 世纪末繁荣时期的 1/3。最终，1599 年至 1610 年间，秘鲁的白银产量平均每年增长 3.6%，远高于墨西哥，但在 1611 年至 1714 年间，白 329
银产量却出现了负增长，年增长率为-1.7%。③ 由于这种衰退，到 17 世纪末，新西班牙的贵金属产量超过了秘鲁。

波托西的情况是各种因素造成的。在 17 世纪期间，被胁迫到该地区的移民人数明显减少。1578 年，托莱多颁布法令，规定每年有 14 181 名工人前往波托西；尽管出现过几次新的强制移民分配调整，但在随后的 25 年中，强制工人人数只略有减少，到 1633

① Bakewell, Mineros de la Montaña Roja.

② Concepción Gaviria Márquez, "Producción y crisis en Oruro a fines del período colonial," Metalúrgica 16 (1997): 20 - 27; Oscar Cornblit, *Power and Violence in the Colonial City: Oruro from the Mining Renaissance to the Rebellion of Tupac Amaru: 1740 - 1782* (Cambridge, 1995).

③ Garner, "Long-Term Silver Mining Trends," 903.

年达到 12 354 人。这个数字一直保持相对稳定，直到 1688 年，拉帕拉塔公爵突然将其降至 5 658 人。1692 年，蒙克洛瓦伯爵（Count of Monclova）又将总数降至 4 101 人。因此，从官方数据来看，工人人数在一个世纪内保持稳定，但在 5 年内减少了 2/3。

但是，官方数字没有反映出这一时期移民的复杂现实。总督区对移民数量减少的认知出现滞后：移民数量呈现明显下降趋势，17 世纪 50 年代中期时，已经下降到 1692 年才正式确认的水平。随着 17 世纪的发展，无论是在伊比利亚半岛还是在秘鲁，数字差异都让当局感到担忧。① 他们的目标是保持每年的移民速度，以确保稳定的劳动力供应和波托西充足的银产量。但是，这些目标却陷入了重重困难之中。

安第斯原住民人口有可能在 17 世纪上半叶开始恢复，我们知道新西班牙的原住民恰是如此。② 但是，在同一时期，原住民工人也曾试图通过放弃自己的社区，在其他社区、城市或西班牙庄园里当福拉斯特洛（外乡人）或亚纳科纳，以逃避他们的贡品义
330 务。此外，王室的意图本身并不十分明确，但往往因殖民当局的优先事项冲突而受挫。改革工作被委托给总督，而总督又依靠波托西的官员在当地执行政策。查尔卡斯检审区可以根据其成员的个人偏见支持或阻止总督的政策，并经常屈从于有权势的波托西企业家或其他地区参与者的利益。许多总督试图提高招募劳工的效率；矛盾的是，出于对制度的失望，有些人主张废除强迫劳动。③

波托西产量下降的其他影响因素是成本增加和收益下降。在 16 世纪的繁荣时期，一箱（cajón）矿石的要价有时约为 50 马克（marks）④ 银。到了 17 世纪，收益降为 12 或 13 马克。为了获取矿石，需要挖掘更长更深的隧道，而这些隧道又更易被淹没。挖排水井是为了挽救被淹没的矿井，而排水井的价格并不便宜。透水问题严重威胁到秘鲁的小型采矿作业。

我们还相当详细地了解了奥鲁罗矿场的发展情况，该矿场是 17 世纪秘鲁第二大矿

① Jeffrey A. Cole, The Potosí Mita, 1573 – 1700: Compulsory Indian Labor in the Andes (Stanford, CA, 1985); Ignacio González Casanovas, *Las dudas de la corona. La política de repartimientos para la minería de Potosí: 1680 – 1732* (Madrid, 2000).

② Enrique Tandeter, "Población y economía en los Andes (siglo XVIII)," *Revista Andina* 25, 13: 1 (1995): 7 – 22.

③ Cole, The Potosí Mita; González Casanovas, Las dudas de la corona.

④ 译者注：（中世纪欧洲大陆的）金［银］马克通常为 8 盎司。

业中心。① 在17世纪初出现如上描述的状况后，直到1650年，矿场才出现小幅反弹。奥鲁罗的矿主以资源有限著称，这使他们经常寻找合作伙伴。很少有人能够连续工作。大约200名矿主中，几乎无人有资本建立精炼厂，所以只有十几个精炼厂来处理所有挖掘出来的矿石。在这一时期，奥鲁罗的一个特别严重的问题是，它无法维持劳动力的正常供应。即使在该地区的生产力看似达到高点的时候，劳动力成本也很高。为了吸引劳动力，矿主们不得不支付比波托西市场高得多的工资，而且他们容忍了大量的工人偷窃行为。高额的工资和潜逃工人造成的矿产财富损失带来另一项劳动力支出，即监督成本上升。因此，不足为奇的是，从奥鲁罗矿区运营的第一天起，矿主们就开始寻求获得强制劳动的途径。他们多次试图获得强制工人的特许权，但都失败了。矿场获得的唯一官方特许权是在萨利纳斯·德加尔西亚·门多萨（Salinas de García Mendoza）矿场枯竭时，将原分配给这些矿场的168个米达工人重新安置。劳动力短缺对来自波托西的矿主有利，他们将剩余工人非法出租给奥鲁罗的企业家。② 331

如果像在新西班牙一样，17世纪秘鲁的采矿业由提供货物和工具的商业部门提供服务，那么秘鲁的企业家显然缺少资本注入，而从1660年开始，投资在墨西哥采矿业的成功中，作出了重要贡献。在利马总督区，商业资本似乎被引向了不同的生产部门。③ 安东尼奥·洛佩兹·德基罗加（Antonio López de Quiroga）的案例以其罕见性说明了秘鲁矿业资本的极端缺乏。④ 洛佩兹·德基罗加是加利西亚移民，17世纪中叶，他在波托西树立了自己的银商地位。后来，他参与了塞雷里科和秘鲁上游其他矿区的银矿生产，最终成为该地区甚至整个美洲大陆最成功的生产商。他以其巨大的冒险能力著称，为了更好地进入深矿和防洪，他将巨额资金投向了挖掘隧道的工作。他的赌博一般都能得到回报，使他积累了一笔可观的财富。更值得一提的是，他坚持不懈地将自己的财富再投资于新矿井，终其一生都是如此。

---

① Ann Zulawski, *They Eat from Their Labor: Work and Social Change in Colonial Bolivia* (Pittsburgh, PA, 1995).

② Laura Escobari de Querejazu, Caciques, yanaconas y extravagantes. *La sociedad colonial en Charcas, s. XVI–XVIII* (La Paz, 2001).

③ K. J. Andrien, *Crisis and Decline: The Viceroyalty of Peru in the Seventeenth Century* (Albuquerque, NM, 1985), 11–41.

④ Peter Bakewell, *Silver and Entrepreneurship in Seventeenth-Century Potosí: The Life and Times of Antonio López de Quiroga* (Albuquerque, NM, 1988).

他在波托西的大多数同事选择了不同道路，导致17世纪中叶的产量下降。他们从米达（即劳动赠与）运作中隐含的租金选择中获利。当托莱多总督在16世纪70年代向矿业企业家分配米达工人时，其面临的条件是，工人们最终可通过支付金钱来补偿其劳动义务。雇主们则可以雇用替代者，即所谓的“白银印第安人”（Indios de Plata），或者干脆保留从米达工人那里得到的钱，这就产生了“腰包印第安人”（Indios de Faldriquera，Pocket Indians）等有趣表述。这导致16世纪下半叶，银利润中有一部分急剧增加，这部分利润归企业家所有，他们既不用自己的资本冒险，也不用为成功经营矿井而献身谋生。银产量相应下降。完全放弃采矿业经营是不常见的，其中一个原因是，
332 如此就会失去国家提供的米达工人。但是，即使不在矿场工作，企业家也可以从“pallaquero”——从旧的尾矿中收集白银的小企业家——那里购买金属加以提炼。此外，对于以现金折算义务的工人以及实际履行劳役的米达工人，企业家们还可以将两类工人组合起来。

当然，17世纪的国际银价下跌除了影响墨西哥外，也有损于秘鲁。问题是，当17世纪下半叶银价再次上涨时，秘鲁的生产为何没有像墨西哥那样恢复。尤其有趣的是，秘鲁的白银生产并没有像墨西哥那样吸引资本投资，尤其是来自商业部门的投资。理查德·加纳曾指出，在17世纪，两个矿区之间存在两大实质性差异，这有助于解释秘鲁未能复苏的原因。首先，秘鲁的矿主为汞支付了更多的费用，因为他们严重依赖万卡韦利卡。其次，秘鲁企业家的税赋更高——20%的五一税，而新西班牙很早就只支付10%的什一税。① 随着17世纪的发展，西班牙王室对有关这两大不利因素的连续多次求助都置之不理。② 皇室的沉默无疑与波托西已经从米达中获益这一事实有关，米达被视为对拉美矿山的最终补贴。

显然，加纳指出的差异对秘鲁矿业投资的预期利润率产生了负面影响。还应考虑的另一个因素是白银在秘鲁国内经济中购买力的变化。加纳还整理了最初由巴勃罗·马切拉（Pablo Macera）及其同事们收集的价格信息，用它来平减17世纪内生产的白银的名义价值（见图9.3）。结果很有说服力。

与新西班牙不同的是，由于采用混汞法，秘鲁早期的生产增长几乎延续到了1640

① Garner, “Long-Term Silver Mining Trends,” 906.

② Clara López Beltrán, *Estructura económica de una sociedad colonial. Charcas en el siglo XVII* (La Paz, 1988), 63-111.

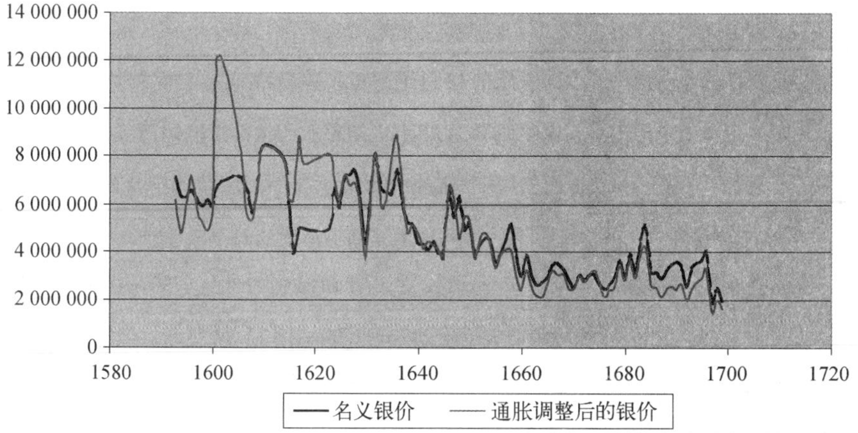

图 9.3 秘鲁：名义银价和通胀调整后的银价

来源：与 Richard Garner 的个人通信；白银数量来自 John TePaske and Garner；其余几十种产品的价格来自 Macera et al.；指数基于系列的均值。

年，但增长并不是持续的，而且总是伴随着国内的低价。从 1640 年到 1700 年，随着价格的上涨，产量稳步下降，导致国内对贵金属的购买力下降。这种不利的经济环境有助于解释资本从安第斯地区的采矿业转移的原因。 333

1660 年时，新西班牙的银矿业就已经开始复苏，到 18 世纪初，秘鲁的银矿业也开始复苏。盈利的恢复可归因于在此后影响全球白银需求的多个进程。第一，以白银表示的欧洲价格从 1660 年下降，在 17 世纪 80 年代一次触底，在 1720—1721 年再次触底。在这个新的时期，欧洲对稀有金属的购买力增强，产生了在殖民地寻找新储量和改进提炼工艺的强烈动机。① 第二，对需求增加最惊人的反应来自巴西，那里的黄金产量急剧上升。结果是欧洲出现了真正的“黄金时代”，在这期间，白银的价值相对于黄金大幅升值。② 第三，中国需求的重要性在 1700 年至 1750 年之间再度显现，其金银比价再次提供了新的套利机会；中国的银价比欧洲和美洲的银价要有利得多。③

在关注 18 世纪早期几十年白银产量的上升时，我们较少依赖以国家政策为中心的解释，而更多地关注采矿业内部的一系列因素及其与区域市场和跨大西洋市场的关系。 334

① Pierre Vilar, *Oro y moneda en la historia: 1450－1920* (Barcelona, 1969), 231－5.

② Frank C. Spooner, *The International Economy and Monetary Movements in France, 1493－1725* (Cambridge, MA, 1972), 196－207.

③ Dennis O. Flynn and Arturo Giráldez, “Cycles of Silver: Global Economic Unity through the Mid-18th Century,” *Journal of World History 13*, 2 (Fall 2002): 391－427.

1725年至1809年间，墨西哥采矿业的年平均增长率为1.2%。① 这种扩张伴随着生产中心重要性的重新排序。瓜纳华托在18世纪超过了萨卡特卡斯，而后者在当时一直是新西班牙主要的采矿中心。虽然到18世纪末，两者的产量都比世纪初多，但萨卡特卡斯的产量翻了一番，瓜纳华托的产量则增长了四倍。萨卡特卡斯的增长在18世纪前25年和最后25年最为突出，中间有一段收缩期。而瓜纳华托的增长是持续的。

墨西哥矿业产量长达一个世纪的增长被饥荒和疾病时期（1736—1737，1759—1760，1784—1785）以及欧洲战争造成的汞短缺（1799—1801）所打断。但如果将数据按采矿中心分类，我们发现，每个中心都有不同的扩张和收缩期。此外，这些时期或多或少都有时长限制，有的持续几年，有的不超过几十年。

在其关于波旁墨西哥的基础性著作中，戴维·布雷丁认为，采矿业的增长期对应着矿井的停产、废弃和改造的周期。② 在某些情况下，比如奇瓦瓦的圣欧拉利亚矿区（Santa Eulalia），在1703年到1737年之间只有一个增长周期。在那个时期，有几个非凡的因素聚集在一起：矿产发现非常丰富，矿石很容易冶炼和提炼，当地的柴火和铅等投入也很丰富。③ 在其他拉美矿业中心，各种周期接踵而至。为了了解它们是如何发展的，应该记住，殖民矿区最初的发现和发展没有特定的顺序。由于有迹象表明，产权会受到很差的监管，企业家们追求利润，很少考虑竞争对手的权利。这至少造成了两种问题。一方面，当一个矿主挖掘的隧道与另一个矿主的隧道发生交叉或使后者发生坍塌时，往往会产生冲突。但更重要的是，出现了技术问题。随着隧道越挖越深，挖隧道的
335 成本也越来越高：从土里挖出矿石更加困难与费时，在通风不良或水灾的情况下甚至不可能挖出矿石。建造必要的“水线以上工程”（Dead Works）带来了一系列挑战。其中之一是制定可行的挖掘计划。即便王室在18世纪末派遣欧洲工程师到美洲大陆的不同地区，也不一定总能得到适当的技术。④ 第二个挑战是筹集工程所需的资本，这些工程

① Garner, “Long-Term Silver Mining Trends,” 904 - 5.

② David A. Brading, *Miners and Merchants in Bourbon Mexico, 1763 - 1810* (Cambridge, 1971).

③ Phillip L. Hadley, *Minería y sociedad en el centro minero de Santa Eulalia, Chihuahua: 1709 - 1750* (Mexico, 1979).

④ 波托西的采矿业失败记录可参见：Enrique Tandeter, *Coercion and Market: Silver Mining in Colonial Potosí, 1692 - 1826* (Albuquerque, NM, 1993), 185 - 7; for mining failures throughout Peru, see Carlos Contreras, *Los mineros y el rey: los Andes del norte, Hualgayoc 1770 - 1825* (Lima, 1995), 127 - 36。

需要巨额资金，但即使在最好的情况下，也很可能会多年无果。例如，新西班牙最成功的挖掘是在雷亚尔德尔蒙特的比斯卡伊纳（Vizcaína）银矿脉上挖出的一个竖井。该项目于1739年开始，由于计算错误，工程浪费了9年时间。又过了20年，矿主蕾格拉伯爵（Count of Regla）才实现盈利。当然，在投资没有回报的年份里，矿场一直面临着因缺乏资金、矿主死亡或成功前景渺茫而被放弃的风险。但是，即使工程迎来了生产高潮，这种繁荣也很少能持续几十年，之后又会开始新一轮的废弃。在18世纪，萨卡特卡斯的克布拉迪亚（Quebradilla）矿曾有三次成功的机会，但都被透水和废弃所打断。比斯卡伊纳矿曾三度被废弃。① 最后一个需要牢记的挑战是产权和使用权的作用。挖掘可以重新激活一个废弃的矿井，或提高一个被遗忘或难以开采的矿井的生产能力。当这种情况发生时，就会出现冲突，即矿主应如何分享新发现的财富。

新西班牙最有效地处理了这种复杂的混合问题。18世纪的连续周期带给此地更大的采矿作业，能够挖掘更多、更深的隧道，并通过自己的排水井进行优化。在墨西哥采矿业长达一个世纪的扩张中，投资金额、等待时间、企业复杂性和高风险都是凸显企业家能力的重要性的因素。失败导致许多采矿中心的企业家不断更替，新的投机者带来了新的资本和能力。新血液的不断涌入对行业产生了有益的影响。② 336

学者们探讨了营业额的影响，特别是在萨卡特卡斯的影响。③ 18世纪前25年，萨卡特卡斯的兴起源于个体企业家。这一时期的红利虽高，但很短暂，不足以冲抵个体企业家们向白银商人或投机人融资的困难。在18世纪中叶，萨卡特卡斯的生产长期低迷，迫使矿主之间首次尝试开展合作。但是，真正的财产集中和公司建立要到18世纪60年代末才出现，这与该地区新一轮的扩张周期相吻合。

这一发展可能与1765年至1771年间采矿业的新阶段有关，该阶段适逢波旁王朝部分改革推进中，是由何塞·德加尔维兹（José de Gálvez）对新西班牙的访问启动的。具体政策的制定提高了采矿业的利润率，并促进了1765—1769年和1775—1779年间整个总督区内采矿业生产的新飞跃。

---

① Brading, *Miners and Merchants*, 135 - 6.

② Richard Garner, "Silver Production and Entrepreneurial Structure in 18th-Century Mexico," Jahrbuch für Geschichte von Staat, *Wirtschaft und Gesellschaft Lateinamerikas* 14 (1977): 157.

③ Frédérique Langue, Mines, *terres et société à Zacatecas* (*Méxique*) *de la fin du XVIIe siècleà l'indépendance* (Paris, 1992), 121 - 33.

政策中的第一项是加强矿主对劳动力成本的控制，特别是通过降低工资和取消矿石分成加以控制。① 雷亚尔德尔蒙特矿井的历史是一个典型案例，显示了18世纪60年代改革派的努力是如何在一个更大的项目中实施的。我们已经提到，1739年，何塞·亚历杭德罗·布斯塔曼特（José Alejandro Bustamante）和佩德罗·罗梅罗·德特雷罗（Pedro Romero de Terreros）启动了修复比斯卡伊纳矿井的长期任务。在耗时9年、耗资10万比索之后，矿井废弃了。布斯塔曼特于1750年去世，仅仅5年后，其幸存的伙伴又回到了建设工作中，并于1759年完工。罗梅罗·德特雷罗显然有动力尽快收回投资。② 为此，他降低了雇用工人的工资，增加了该地区原住民强制劳动者的劳动定额。
337 1765年，雇用工人的工资从每天4里亚尔降至3里亚尔。此外，罗梅罗·德特雷罗还进行了一系列旨在减少矿石分成的改革。工人们以书面形式抗议这些改革，并在1766年7月底开始了号称墨西哥史上第一次的大罢工。总督及其代表弗朗西斯科·德甘博亚（Francisco de Gamboa）起初对工人的诉求持赞成态度。但几个未解决的问题导致1766年底和1767年初的暴力冲突。1765年从西班牙来访的何塞·德加尔维兹坚定地支持罗梅罗·德特雷罗，并建议授予其蕾格拉伯爵的头衔，以表彰他在改善采矿业方面的努力。1767年耶稣会士被驱逐后，圣路易斯波托西和瓜纳华托发生了一系列矿工起义。加尔韦斯下令进行的暴力镇压为一种新的控制态度扫清了道路，此种态度迅速在矿主中蔓延。此后，在民兵和准军事组织的支持下，矿主们改变了他们与工人直接分享矿石的管理方式，取消了分成制，并压缩了工资。③

这一时期的改革包括降低火药价格和组织更有效的供应，以鼓励将其用于采矿业。更稳定、更便宜的汞供应导致更多的矿石通过混汞法而非冶炼法进行提炼。对采矿业的高风险投资实行免税和以成本价提供汞，也是增长的关键。④

这些特许权的优惠对萨卡特卡斯和该地最成功的企业家何塞·德拉博尔达（José de la Borda）尤为重要。1716年，他在特拉普哈瓦（Tlapujahua）开始了采矿生涯，此后的1752年至1762年期间，在塔斯科获得成功。尽管如此，他来到萨卡特卡斯时，已

① Langue, *Mines*, 44 - 7.

② Doris M. Ladd, *The Making of a Strike: Mexican Silver Workers' Struggles in Real del Monte 1766 - 1775* (Lincoln, NE, 1988).

③ Brading, *Miners and Merchants*, 27, 147 - 9, 157, 184, 186, 277 - 8.

④ Brading, *Miners and Merchants*, 143, 157, 159 - 60, 263 - 4.

经濒临破产，负债超过40万比索。为了获得启动资金，他卖掉了一个价值10万比索的银制圣体匣，而在其更为辉煌的时期，这件银饰品曾被出借给塔斯科的一个教堂。1768年，当萨卡特卡斯的矿业萧条达到最低点时，德拉博尔达赢得了皇家特许权，恢复了位于克布拉迪亚的矿山。特许权包括：在挖掘过程中，完全免除什一税和额外的1%的税收；在随后的20年中，什一税减少50%，汞供应依据成本计价。然而，这些优惠并未改变德拉博尔达的命运。于是，他将注意力转向了另一组位于维塔格兰德（Vetagrande）的矿场，由于矿业投机人和王室的贷款，他加大了对这些矿场的开发力度。维塔格兰德矿区的利润最终成为完成克布拉迪亚矿区工程的关键。到1775年，矿 338
场开始盈利。何塞·德拉博尔达于1776年去世，而克布拉迪亚矿区的繁荣一直持续到1784年。①

波旁王朝的改革还对墨西哥矿业产生了其他间接影响。与伊比利亚半岛贸易的自由化以及由此带来的新西班牙内部贸易的变化，导致了主导进口的大商行——墨西哥城杂货商（Almaceneros）的利润下降。18世纪80年代，这些新世界商人的反应是将资本转移到其他企业，其中包括采矿业。商人传统上只为矿山提供短期融资。但是，商业利润减少，加之采矿业税收豁免，促使他们进行了矿井改造投资。②

约翰·科茨沃思对这种关于采矿业融资的激励机制的转变及其对新西班牙经济的影响提出了双重修正主义的解释。③ 首先，科茨沃思否定了对18世纪墨西哥采矿业状况的乐观态度，认为即使产量上升，银矿开采的利润率也可能下降。他的假设从白银购买力下降的情况中得到了强有力的支持，从国内生产的一篮子商品（主要是农产品）的市场来看，白银的购买力下降（见表9.2）。从这些角度来看，西班牙的经济政策并没有强化一个本身就有利可图的行业，相反，它们帮助维持了濒临灭绝的矿业部门。其次，科茨沃思认为，王室为采矿业提供的激励措施转移了对农业的投资，而农业在这一时期也陷入困境。④

---

① Langue, *Mines*, 133 - 6.

② Brading, *Miners and Merchants*, 95 - 128, 158.

③ John H. Coatsworth, "The Mexican Mining Industry in the Eighteenth Century," in Nils Jacobsen and Hans-Jurgen Puhle, eds., *The Economies of Mexico and Peru during the Late Colonial Period, 1760 - 1810* (Berlin, 1986), 26 - 45.

④ See, for example, Richard L. Garner with Spiro E. Stefanou, *Economic Growth and Change in Bourbon Mexico* (Gainesville, FL, 1993).

表 9.2　墨西哥贵金属生产的市场价格指数（1695—1814）

（1755—1759=100）

	基于弗洛雷斯卡诺（Florescano）价格指数	基于拉贝尔（Rabell）价格指数	实际产量
1695—1699		20.0	29
1700—1704		28.3	39
1705—1709		33.5	43
1710—1714		48.9	50
1715—1719		60.6	53
1720—1724	79.5	88.4	77
1725—1729	82.3	65.8	79
1730—1734	79.4	64.1	80
1735—1739	69.4	72.6	73
1740—1744	62.1	65.5	74
1745—1749	75.3	62.7	91
1750—1754	76.3	98.8	98
1755—1759	100.0	100.0	100
1760—1764	87.1	106.5	89
1765—1769	114.5		93
1770—1774	95.1	168.5	123
1775—1779	150.8	202.9	139
1780—1784	119.2		153
1785—1789	64.8		142
1790—1794	142.5		167
1795—1799	123.7	109.0	185
1800—1804	102.7	78.7	159
1805—1809	105.5		186
1810—1814	27.5		72

来源：John H. Coatsworth, "The Mexican Mining Industry in the Eighteenth Century," in Nils Jacobsen and Hans-Jurgen Puhle, eds., *The Economies of Mexico and Peru during the Late Colonial Period, 1760–1810* (Berlin, 1986), 32。

1715 年至 1810 年期间，安第斯地区的白银产量平均每年增长 1.2%，几乎与墨西哥的增长率相同。当然，考虑到 17 世纪的挫折，安第斯工业还有更大的上升空间。① 18

① Garner, "Long-Term Silver Mining Trends," 903.

世纪引领该行业采矿中心的等级制度，在安第斯地区的变化比墨西哥更加明显。波托西是美洲最富饶的采矿中心，其殖民时期的银产量比萨卡特卡斯和瓜纳华托的总和还要多，随着 18 世纪的持续推进，它保持了长期扩张（见表 9.3）。然而，在漫长的攀升 339
之后，波托西也只是勉强达到了 200 年前产量的 50%。在上秘鲁的其他地区，只有奥鲁罗是一个重要的生产地。在 18 世纪上半叶，奥鲁罗的产量并不稳定，之后才恢复稳定增长，但其上升态势到 1781 年时又因土著人的叛乱而中止。① 340

表 9.3　波托西白银生产的市场价格指数（1701—1810）

（1751—1760=100）

	基于农业价格指数	基于进口纺织品价格指数	基于进口纸价格指数	实际银产量
1700—1710		59.6	26.4	71.4
1711—1720	90.0	83.4	59.1	62.7
1721—1730	69.6	48.4	34.1	59.0
1731—1740	76.2	68.8	44.9	69.6
1741—1750	88.7	87.8	38.5	73.7
1751—1760	100.0	100.0	100.0	100.0
1761—1770	152.7	127.9	116.8	116.1
1771—1780	182.4	190.8	171.3	139.2
1781—1790	202.8		194.0	146.5
1791—1800	223.7		174.8	151.2
1801—1810	151.8		70.9	113.8

来源：Enrique Tandeter, *Coercion and Market. Silver Mining in Colonial Potosí, 1692 - 1826* (Albuquerque, NM, 1993), 8, 116。

18 世纪最重要的变化发生在下秘鲁，从 17 世纪末到 18 世纪最后 10 年，该地区的白银产量增加了 7 倍多。② 17 世纪时，下秘鲁白银产量只占安第斯地区的 10%，而在 18 世纪末，其份额已达到了 34%。各生产中心对产量的增长均有贡献，中部山区的塞罗德帕斯科（Cerro de Pasco）和北部山区的瓦尔加约克（Hualgayoc）增长尤为明显。

虽然下秘鲁的增长数字令人印象深刻，但从绝对值来看，该地区的生产能力——

① Gaviria Márquez, "Producción y crisis en Oruro"; *Cornblit*, *Power and Violence*.

② John R. Fisher, *Silver Mines and Silver Miners in Colonial Peru, 1776 - 1824* (Liverpool, 1977).

除塞罗德帕斯科外——还是较新西班牙逊色。1789—1790年间的一次人口普查为我们提供了一幅清晰的产业图景。① 每个企业家平均雇用12.2名工人，而经营中的矿山平均雇用13.3名工人。业内多为小公司，通常只能勉强维持偿付能力，当然也不被地区
341 商人和官僚所看好。但波旁王朝的改革使地方政府的职能部门为采矿业服务。从官僚主义的角度来看，该地区最雄心勃勃的改革是在利马成立了皇家矿业法庭，后来又在当地设立了前哨机构。②

近期对中部山区（Sierra）北部瓦尔加约克的矿业产量进行的研究，使人们对下秘鲁问题重重的采矿业有了更深的了解。③ 瓦尔加约克在1771年才被发现，1776年至1800年期间达到生产高峰。其矿石品位高于新西班牙的平均水平，且比下秘鲁更纯净。瓦尔加约克的劳动力仅占总督区劳动力的10%，但在18世纪的最后25年，白银产量却占了总督区总产量的15%。企业家之间存在很大差异，生产也没有实现纵向一体化，即矿石开采和提炼分别由不同人掌握。生产过程独立进行融资，瓦尔加约克和特鲁希略（Trujillo，皇家银行在此地将白银炼为银锭）之间的精炼白银运输也是如此。采矿业各部门互相指责对方获得了不公平收益，但深入研究显示了资本稀缺性是如何使资本家、生产者和运输者相互依存的。④

瓦尔加约克案例揭示了下秘鲁采矿业的诸多弱项，表明王室及其代表拒绝采用业主们要求的解决方案。其中有两项方案要求建立信贷和投入基金，并创办卫星银行，以便不再必须去特鲁希略。1792年，矿业法庭创建了一家本地汇兑银行，但仅在两年后就以失败而告终。招募劳动力也很困难，因为该地区没有根深蒂固的采矿传统，人口少，且农业更有利可图，因此，原住民的财政压力通常比其他地方要小。矿主坚持认为强制劳动是必要的，但王室并不认同。

18世纪80年代末，瓦尔加约克也未因王室派遣工程技术特派团而受益。⑤ 1784

---

① John Fisher, ed., *Matrícula de los mineros del Perú 1790* (Lima, 1975); Fisher, *Silver Mines.*

② Miguel Molina Martínez, *El Real Tribunal de Minería de Lima: 1785 - 1821* (Seville, 1986).

③ Contreras, *Los mineros y el rey.*

④ Contreras, *Los mineros y el rey.*

⑤ 关于特派团对新西班牙的影响，可参见：Brading, *Miners and Merchants*; for New Granada, see Sandra Montgomery Keelan, "The Bourbon Mining Reform in New Granada," in John R. Fisher, Allan J. Kuethe, and Anthony McFarlane, eds., *Reform and Insurrection in Bourbon New Granada and Peru* (Baton Rouge, LA, 1990), 41 - 53; for Peru, see Fisher, Silver Mines。

年，特派团的一位专家费德里科·莫特（Federico Mothes）抵达此地。虽然他一度得到了部分矿主的支持，并被奉为采矿学大家，但他的实际干预（尤其是对矿井建设的参与）是失败的。据他记录，1798 年，他在敌意中逃离了瓦尔加约克。① 342

塞罗德帕斯科是下秘鲁趋势中的一个显著例外。虽然该地区的银矿生产可追溯至 1567 年，但塞罗德帕斯科本身是在 1630 年之后，当尧里科查（Yauricocha）矿脉被发掘时，才变得重要起来。随后，又有更大的矿脉被发掘。② 采矿活动持续了整个 17 世纪，但到 18 世纪时，矿业工程项目被淹没。排水井修建被排上了日程，随之而来的是大量的时间和资金投入。1740 年，一位私人业主开凿了一口竖井，并取得了良好的效果。但有别于其他下秘鲁采矿业，最能凸显塞罗德帕斯科的项目是 1780 年开始挖掘的矿井，其发起人是该地区 50 个最重要的矿主。仅耗时六年，挖掘工作就圆满竣工，并立即取得了成效。1794 年，矿主们同意继续挖掘到亚纳坎查（Yanacancha）。两年后，他们从皇家矿业法庭获得了财政支持，并从豪哈获得了强制劳动力配额。1811 年，他们到达亚纳坎查。尽管如此，由于透水的影响，产量再次下降，因而也就有必要挖掘更深的矿井。一口深矿井的挖掘工作就此展开，一直持续至 19 世纪中叶才得以完工。③

波托西的情况则截然不同。④ 不同于墨西哥，该地区的产量并未在 18 世纪达到峰值，而是从 1730 年开始稳步上升。产量增加并不是有了新发掘或新矿藏，而是由于矿石加工量增加。矿石的含银量相对较低。新西班牙的平均产量为每箱约 15 马克（1 箱 = 50 公担/100 英担），下秘鲁的平均产量为每箱约 12 马克，相比之下，波托西的平均产量为每箱约 4 到 8 马克。波托西生存和发展的关键在于米达制，该项制度一直维持到殖民时期结束。自 17 世纪末以来，每年的移民人数约为 3 000 人，占总劳动力的一半。劳动力的此种来源不仅仅有着数量上的重要性。在 18 世纪，矿主们彻底改变了米达制的机制特性。最重要的一项变化是用一种计件工作安排代替了日工资：工人开采一定数量 343
的矿石就能得到报酬。由此，强制劳动者不仅失去了日工作固定报酬的保障，还被迫在传统的“轮班”之外另行加班，也就不可能在过去的闲暇时间里赚到额外收入了。波托西的主导生产关系正是由这种扩大的“米达租金”（Mita Rent）所构成，而米达制本

① Contreras, *Los Mineros y el Rey*, 121 – 49.

② Fisher, *Silver Mines*, 112.

③ Fischer, *Silver Mines*, 93 – 4, 112 – 16.

④ Tandeter, *Coercion and Market*.

身仅是作为起点。① 尽管波托西银矿含量很低，但是，向劳动者索取生产定额的做法，大大增加了矿石产量，在 18 世纪下半叶尤显突出。

长期依赖“米达租金”对财产关系和财富分配产生了重大影响。在新西班牙，大量风险投资，偶尔能创造巨大的意外收获，却造成了采矿业产量的不稳定，因此，罕有家族能持续拥有矿产所有权；而在波托西，家族持续享有矿产所有权却是司空见惯的。但是，即使一些家族保留了矿产所有权，他们也越来越远离实际的采矿业务。法律原本禁止出租享有强制劳动的公司，但此种出租行为却在 18 世纪成为普遍现象。作为租赁协议的主要标的物，一定配额的强制劳动力被承租人租用。工场主和矿主们对有限的强制劳动力保有垄断性控制，因而能够侵占租赁产生的大部分利润。由此，承租人的储蓄和投资机会就受到严重限制。

矛盾的是，在近乎整个 18 世纪中，就白银的国内和国际购买力而言，秘鲁的采矿业表现似乎都超出了墨西哥。但米达制的存在意味着，从其他行业（如商业或官僚机构）吸引到波托西的资本都无意于采矿业，而是希望从强制劳动租赁中获利。为了收取租金，他们试图购买享有强制劳动力配额的精炼厂。这些新来者没有投资采矿业的动机。只要进行有限投资，装备必要的机器，提炼他人开采的矿石，就能够生产出更多白银。

因此，不同于数次为墨西哥采矿业注入新人才和资本的多轮企业家，我们在波托
344 西看到的是矿主家族的巩固和不断涌入的投机者，他们在租用的精炼厂中尝试运气。这些冒险者通常是没有技术知识或资本的欧洲移民，吸引其到来的唯一原因就是圣卡洛斯皇家银行（Royal Bank of San Carlos）。作为国有机构，该银行为白银交易提供便利，还提供贷款，并以白银预期产量为担保，提供汞投入。② 即便如此，仍有很多承租人在一年内放弃了精炼厂。矿主提出的苛刻条件反而推动了产量上升。从长远来看，承租人支付高额租金的唯一办法就是提高产量，同时保持成本稳定。“米达租金”提高了强制劳动者的矿石定额，为实现这一目标创造了条件。

“米达租金”也限制了波旁王朝改革在波托西的影响。胡安·德尔皮诺·曼里克

---

① Tandeter, *Coercion and Market.*

② Guillermo Mira Delli-Zotti, “El Real Banco de San Carlos de Potosí y la minería altoperuana colonial,” in Sánchez Gómez, Mira Dell-Zotti, and Doblado, *La savia del imperio*, 265 - 399.

（Juan del Pino Manrique）和弗朗西斯科·德保拉·桑斯（Francisco de Paula Sanz）两位“皇城”（Villa Imperial）① 政府的继任者代表了一种新型官僚。他们协同新到任的西班牙官员，有效地增加了王室的收益。产量迅速增长，为皇家庄园带来了收入。但是，波托西的进展引发了独特的问题。与新西班牙的加尔维兹不同，波托西的王室官员无法借助政府提高利润的措施来刺激更多私人部门投资。例如，当国家降低汞价时，矿主只需向承租人收取更高的租金。因此，从王室改革中受益的是精炼厂的所有者，而不是承租人。

曼里克和桑斯受到启蒙思想影响，坚信国家可以在合理的基础上重整社会秩序。他们为了解决问题，对采矿业进行了全面改革。在1790年时，改革变得极为复杂。那时，王室已出资挖掘矿井，以便于进入波托西地区最深但最有希望盈利的矿脉。高风险、高投资的工程在新西班牙由私人投资者承担，在秘鲁则由政府控制。此后，在独立战争期间，此项工程无果而终。诺登弗利希特男爵（Baron Nordenflicht）试图引进的冯·博恩（Von Born）炼银法未能扎根秘鲁，却在整个美洲地区得到了巩固。

桑斯的改革方案体现在其副手佩德罗·维森特·卡涅特（Pedro Vicente Cánete）起草的一项庞大的立法项目《卡罗琳法典》（*Caroline Code*）之中。其主要内容是，规 345
定矿主可向承租企业家收取的租金上限，增加米达矿工人数，使更多的矿井能够从强制劳动中受益。与此项目相悖的不仅是矿主的利益，还有反对查尔卡斯检审区著名检察官维克托里安·德比利亚瓦（Victorián de Villava）的米达制的激进人道主义。在伊比利亚半岛，改革动力在1792年就消失了，取而代之的是巩固成果的政策。当《卡罗琳法典》在1797年被明确否决时，西班牙官僚们无疑期望在没有新法典的情况下，波托西的白银产量继续保持长期稳定增长，而此前在没有国家刺激的情况下，其产量在半个世纪内已经翻了一番。

独立战争标志着美洲矿业的根本性转折。1810年至1811年期间，墨西哥的产量下降了一半，1812年进一步降到了临界点。战争结束后，1818—1820年前后的墨西哥产量有所恢复，但1821—1840年期间的产量比1801—1820年间的平均水平又下降了30%。银产量下降意味着就业和消费的减少，还有货币供应量和信贷量的收缩。由于进口增加和可用于支付进口的白银相对减少，国际收支日益不平衡。此次下降的背景是19世

① 即波托西，西班牙王室盛赞其财富，称其为“皇城波托西”（la Villa Imperial de Potosí）。

纪20年代的国际银价下跌，而在40年代期间，银价再度下滑，当时墨西哥的银产量比前十年增加了27%，比20年代期间增加了60%。到19世纪40年代，墨西哥的银产量几近达到了殖民末期的水平。①

关于银产量下降的原因，目前还没有达成共识。矿场和银矿的实际破坏，以及半岛居民迁离和随之而来的投资减少，都被视作解释。② 哈里·克罗斯（Harry Cross）批评了这些解释，却强调了投资者新态度的作用，他们对长期投资感到忧虑，这与殖民时期结束时的情况不同，当时其谨慎是由于1809—1810年的贫苦和对社会下层日益增长
346 的不信任，因为后者参与了叛乱。③ 其他假说强调基本投入的供应困难与商业分散，二者破坏了用白银换取所需投入的制度，而这些投入曾为矿场贡献资本。除了上述因素外，还应该加上殖民采矿扶持政策、有利的财政政策和材料供应保障陷入相对瘫痪状态。④ 最重要的投入是汞，在1831年至19世纪中叶期间，汞价极高，而罗斯柴尔德家族真正垄断了全球供应，其家族各分支同时控制着西班牙阿尔马丁矿（Almadén）和亚得里亚海的伊德里亚矿（Idria）的生产。⑤

拉美的独立使英国产生了巨大的期望，在1824年至1825年期间伦敦市场投资狂热的背景下，成立了许多面向西班牙美洲的股份公司，特别是针对西班牙美洲矿业的开发。然而，这些矿业公司成立的时间较晚，一般都是在1825年12月，也即投资热情结束前的6个月，这就导致大部分公司在泡沫破灭时失败。⑥ 即便如此，仍有6家英国矿业公司在墨西哥建立了自己的公司，不过，其中只有一家公司在1850年后依然存续。⑦

---

① Richard Salvucci and Linda K. Salvucci, "Las consecuencias económicas de la independencia mexicana," in Leandro Prados de la Escosura and Samuel Amaral, eds., La independencia americana: Consecuencias económicas (Madrid, 1993), 42-9.

② Carlos Contreras, "La minería hispanoamericana después de la independencia. Estudio comparative de Bolivia, Chile, México y Perú," in Margarita Menegus Bornemann, ed., *Dos décadas de investigación en historia económica comparada en América Latina* (México, 1999), 259.

③ Cuauhtémoc Velasco Ávila et al., *Estado y minería en México: 1767 - 1910* (México, 1988), 90.

④ María Eugenia Romero Sotelo, *Minería y guerra. La economía de Nueva España, 1810 - 1821* (México, 1997), 13-15.

⑤ William Randall, Real del Monte: *Una empresa minera británica en México* (México, 1972), 17-191; Contreras, La minería hispanoamericana, 261.

⑥ Claudio Veliz, "Egaña, Lambert and the Chilean Mining Associations of 1825," *Hispanic American Historical Review* 55, 4 (Nov. 1975): 641-3.

⑦ Randall, *Real del Monte*, 9.

在破产的公司中，最突出的是雷亚尔德尔蒙特矿业公司（Compaña de Aventureros de las Minas del Real del Monte），其活动集中在第三任蕾格拉伯爵佩德罗·罗梅罗·德特雷罗的产业上。在1849年破产时，该公司累计亏损500万比索，债务250万比索。毫无疑问，这是一场财政灾难，不过应该强调的是，在随后的几年里，基于1824年至1849年奠定的基础，收购此家公司的墨西哥企业获得了巨大的利润。

财务失败的原因很多。不过，值得一提的是，经独立国家批准的殖民立法将外国投资者置于何种特殊境地。实际上，外国投资者不能成为矿藏的所有者，这一事实在某 347
些情况下导致投资者成为金融家或信贷提供者，而在其他情况下（如雷亚尔德尔蒙特公司），则成为承租人。① 在最后一种情况下，墨西哥矿主享受的是独立于利润的付款或“供养”（alimentos），这使其处于我们在殖民晚期的波托西看到的“寄生”地位。在雷亚尔德尔蒙特矿业公司的结果是，关闭时的最终会计记录显示，业主欠英国公司预付的450万比索，而总损失为500万比索。② 在其他情况下，作为承租人意味着，在其项目开始产生收益的时，外国投资者可能会被赶走。例如，投资18年之后，博拉尼奥斯（Bolaños）公司就出现了此种情况。③

由于引进了机械和使用蒸汽作为能源，雷亚尔德尔蒙特矿业公司在矿井排水方面取得了重大进展。然而，该公司并没有将这一成功转化为盈利能力的显著提高，因其处理低品位矿石的能力无法提升，从而未能降低对偶然红利的依赖。其原因很可能是由于公司远离伦敦，而股东不愿意将真正的权力授予其墨西哥代表，从而造成了当地管理的缺陷。④ 雷亚尔德尔蒙特矿业公司在改进矿石提炼技术方面取得了迟到的成功。在最后五年内，该公司开始利用弗里堡法（Friburgo）或桶炼法来提炼红色和黑色尾矿（Tierras Coloradas y Negras），而这些尾矿当时还被认为是不适合混汞法的。随后，该公司还采用了无汞浮选法（Mercury-Free Flotation Method）。⑤

作为18世纪的大产区，瓜纳华托是另外两家英国公司的中心。英墨矿业联合公司

① Velasco Ávila, *Estado y minería*, 223.

② Velasco Ávila, *Estado y minería*, 103.

③ Contreras, La minería hispanoamericana, 269; Margaret E. Rankine, “The Mexican Mining Industry in the Nineteenth Century with Special Reference to Guanajuato,” Bulletin of Latin American Research 11, 1 (1992): 30.

④ Randall, *Real del Monte*, 85－6.

⑤ Randall, *Real del Monte*, 114, 135－42.

（Anglo-Mexican Mining Association）的活动始于1825年，但次年就遇到了巨大的困难，原因是开支巨大，而且巴伦西亚纳银矿（Valenciana）的恢复非常缓慢，该矿可能受战争影响最大。伦敦的股东不想增资，也不想把矿区作业扩展到小矿区。由于缺乏资金，
348 公司不得不依靠其他矿井的独立自由工人（Buscones）工作。该公司为数不多的有利因素之一是其控制了瓜纳华托铸币厂（casa de moneda）的特许权。在最初几年里，巴伦西亚纳的排水进度慢于预期，也没有发现可供加工的矿石。到1836—1837年时，人们已知道，瓜纳华托不会产生利润。英国公司遂将其活动扩展到萨卡特卡斯，但在19世纪中叶之前，只是寻求将矿场归还其所有者。①

墨西哥联合矿业公司是一个特例，一直存续到1908年时，才被一家美国公司收购。墨西哥联合矿业公司收购了瓜纳华托的大雷亚斯矿，并于1825年开始着力加深矿主在当年开始挖掘但因叛乱而暂停的矿井。与英墨矿业联合公司不同，它有一个由卢卡斯·阿拉曼（Lucas Alamán）这样有影响力的政治家担任主席的墨西哥理事会，这后来变得尤为重要，因为该公司将面临与矿主之间的诸多法律冲突。然而，英国人最初持乐观态度（可窥见一斑的是，沃德<Ward>在1827年的书中曾肯定，他们将在三年内获得相当于名义资本26.5%的红利）并没有实现。他们最不切实际的假设是认为，随着矿井排水工程的进展，他们将能够生产出足够的白银来为后续工程融资。因此，他们低估了在叛乱期内完成的杂乱工程所带来的负面影响，而这些工程的清理工作进展缓慢且代价巨大。当然，清理完成后，许多区段并没有发现可用的矿石。②

英国公司面临的最大问题之一是劳动力短缺。在叛乱期间，加尔维兹在1767年得到的工人控制权丧失了，1825年、1830年和1833年的疫情使情况进一步恶化。英国公司也不得不在很大程度上依靠独立的自由工人，他们从公司得到火药和工具，但自己承担矿石开采的费用。这种方式包括分成报酬（也即就是开采量的一半），还存在杂乱工程和开采劣质矿石的缺陷，因此，英国人试图改变此种方式，但未能成功。③

墨西哥联合矿业公司通过其多元化政策，在很大程度上维持了自身的发展。这使其在19世纪40年代和50年代在拉卢斯（La Luz）矿区和圣何塞·德洛斯·穆查科斯

① Rankine, "The Mexican Mining Industry," 30.
② Rankine, "The Mexican Mining Industry," 30 - 2.
③ Rankine, "The Mexican Mining Industry," 32 - 5.

（San José de los Muchachos）矿区获得了丰收。① 该公司还参与了萨卡特卡斯的开采， 349
此地因叛军行动而遭受的破坏比瓜纳华托要少，而且材料供应所受的干扰也较少。相反，最大问题似乎是西班牙投资的撤出。另一方面，州铸币厂的建立也刺激了该地区的银矿生产。在此背景下，英墨矿业联合公司趁机将其活动扩展到松布雷雷特和韦塔格兰德（Veta Grande）。②

近期研究还强调了安第斯地区独立后矿业产量的下降，以及1850年之前出现的恢复周期。总的来说，玻利维亚（上秘鲁）的产量下降比秘鲁（殖民时期的下秘鲁）明显得多，恢复的幅度也较小。玻利维亚的产量指数值从1801—1810年的100下降到1841—1850年的34，在随后的10年中又上升到45。另一方面，秘鲁的产量指数值虽然在1821—1830年下降到32，但在随后的20年中，又回升到88。③

19世纪前20年是玻利维亚采矿业的“倒退”阶段，在此期间，独立战争的破坏性影响更为明显。对波托西来说，这种破坏尤为持久；具体而言，塞雷里科矿区工作的长期中断引发了透水和塌陷，后来使复工变得极其困难，而且成本高昂；在长达15年的时间里，为研磨矿石提供水力能源的复杂湖泊系统缺乏足够的维护保养，精炼厂因而陷入瘫痪。汞的供应也不像18世纪下半叶那般规律，而且从1819年起，汞价就已是1785年价格的两倍。④

因此，波托西的采矿业受到了与墨西哥矿业危机相同的一系列问题的影响，尽管在这种情况下，放弃殖民时期的财政刺激政策似乎发挥了更大的作用。国家的软弱标 350
志着在殖民时代支撑该行业的两大支柱的消失：即提供原住民强制劳动和圣卡洛斯皇家银行的信贷支持。

波托西及其铸币厂的重要性带来了极其苦痛的战争。1811年、1813年和1815年，布宜诺斯艾利斯派来的爱国军三次占领波托西；每次叛军或保皇党撤退时，都会对当地政府机构进行抢劫。因此，不论是物资或金钱信贷，采矿业的信贷支持已不再可能。最终后果是，1819年的采矿活动甚至不及10年前的十分之一；1822年，里贝拉只有14家活跃的炼银厂；1825年波托西解放后，炼银厂的数量减少到12家，而1836年则有15

① Rankine, “The Mexican Mining Industry,” 37.

② Velasco Ávila, Estado y minería, 204 – 6.

③ Contreras, *La minería hispanoamericana*, 259.

④ Enrique Tandeter, *Coercion and Market* (Albuquerque, NM, 1993), 221 – 31.

家在运行。

在 1824—1825 年期间的英国采矿业投资潮中，安第斯地区的地位要逊色于墨西哥。在玻利维亚，只有两家公司（即智利-秘鲁矿业联合公司和波托西-拉巴斯-秘鲁矿业联合公司）引起了人们的兴趣。第一家公司很快就失败了，而第二家公司存续时间较长。① 在为企业招聘管理人员时，真正的关注焦点集中于获取适合南美洲矿藏的技术和技术人员。可作为例证的是，1825 年 8 月前后，南美洲独立战争的秘鲁老兵、前外交官、波托西公司的副主席、波托西-拉巴斯-秘鲁矿业联合公司未来的玻利维亚负责人詹姆斯（迭戈）·帕罗伊西恩（James <Diego> Paroissien）前往巴黎，与亚历山大·冯·洪堡面谈。冯·洪堡提出了多个可入职的备选人，唯一实现的是赫尔曼·德切特里茨-诺伊豪斯男爵（Baron Hermann de Czettritz y Neuhaus），他前往波托西，担任该企业的技术负责人。

材料购买也出现了积极信号，如以当时玻利维亚一半的价格购得 300 瓶汞。除了工具和生铁外，运来的还有一台研磨汞合金残渣的特殊铁磨，以及波托西精炼厂所需的备件。更为重要的是两台将矿石与水混合后进行粉碎的机器。这两台机器超过了已有的打磨设备，因为后者使用干磨技术，会导致矿石中的部分金属流失，并损害相关工人
351 的健康。此外，值得一提的是，还有一批“用于炼炉”的砖头，将用于冶炼以前未开采的优质尼格利罗矿石（Negrillo Ores）。

在准备工作中，我们可能会发现，除了当时成立的所有英国矿业公司所特有的投机热和浪费之外，还有一些具体特征，将波托西公司与诺登弗利希特使团试图为波托西的生产过程贡献技术创新的失败联系在一起。这种关系在该公司的广告招股书中明显可见，其中引用了诺登弗利希特使团成员安东·萨查里亚斯·赫尔姆斯（Anton Zacharías Helms）的话，将其视为波托西地区仍有待开发财富的见证。此外，波托西公司“采矿部”负责人切特里茨和公司秘书埃德蒙·坦普尔（Edmond Temple）都明确表示赞成诺登弗利希特测试未果的桶炼法。

有别于当时其他投机企业，波托西公司很早就选择了进入采矿业的道路。许多欧

---

① Antonio Mitre, *Los patriarcas de la plata. Estructura socio-económica de la minería boliviana en el siglo XIX* (Lima, 1981), 82.

洲和美国的投机者都制定了雄心勃勃的计划，以获得政府对新独立共和国矿藏的广泛许可。① 另一方面，波托西公司在波托西政府成立之月，就在伦敦签署了一份租借协议，租借拉瓜卡约（Laguacayo）磨厂及其附属矿场3/4的股份，租期为99年，从而确保了其有效地融入波托西的生产结构。之后，它又在波托西签下了剩余25%的股份。

1826年3月至4月间，波托西公司最大的管理团队抵达波托西。当年年底，受1825年12月伦敦金融市场崩溃的延时影响，最初的希望已注定落空。那时，投资者还没有支付第二笔款项；此外，第一笔款项的50%仍未到位。1827年初，尽管积累了大量矿石（最终在当地出售），该公司最终还是中止了业务，未能提炼出丝毫白银。

在波托西公司为整个玻利维亚甚至秘鲁设想了雄心勃勃的扩张计划之后，切特里
茨在1826年底起草的一份文件冷酷地描述了拉瓜卡约及其矿区的黯淡前景。② 此后， 352
波托西公司沦为一个资本很少或根本没有资本的殖民承租人，但已不再获得米达补贴。然而，它是一个试图扭转“殖民”租赁所特有的租金高于利润问题的承租人。实际上，伦敦和波托西的认购合同都规定，业主（出租人）将获得经营净利润的1/3。因此，租金不再是一个沉重的固定负担，而是与利润一样具有可变性。这与墨西哥形成了鲜明对比，正如我们所看到的，墨西哥只是在独立战争爆发后，业主才开始享有相对于生产者（特别是外国人）的寄生地位。

从19世纪20年代末起，在政府的支持下，在国家公司的领导下（由独立后短暂的商业繁荣中形成的部门所组成），玻利维亚的采矿活动开始进入重建阶段，资本转向了采矿业。③ 总的来说，在重建阶段（1830—1850），由于汞价高导致成本上升，采矿业转向了殖民时期的技术，该项技术适用于处理前期矿井中的低品位尾矿。④ 与殖民时期相延续的一个特别因素是过度利用劳动力，这是采矿业盈利的关键。⑤

然而，一些个体商人在寻求创新之路。奥尔蒂斯（Ortiz）兄弟即如此，他们是来自萨尔塔（Salteño）的商人，于1816年抵达波托西，并在1836年发明了一台精炼机，

---

① William Lofstrom, *Dámaso de Uriburu. Un empresario minero a principios del siglo XIX en Bolivia* (La Paz, 1982).

② Enrique Tandeter, “Potosí y los ingleses a fines de 1826,” *Historia y Cultura* 3 (1978): 125 – 43.

③ Antonio Mitre, *Los patriarcas de la plata*, 88.

④ Antonio Mitre, *Los patriarcas de la plata*, 112 – 13.

⑤ Antonio Mitre, *Los patriarcas de la plata*, 142 – 3.

通过减少精炼过程中对工人的需求来降低成本。这台机器的生产对被称为“1838—1842年的共和国第一个白银周期”至关重要。① 尽管进行了各种尝试，但该设备并没有在波托西普及，也未能在其测试所在地——秘鲁的塞罗德帕斯科矿场推广。然而，它的创造者获得了可观利润，从而能够在19世纪中叶前与波托西的主要生产商竞争。玻利维亚内陆地区的矿场也进行了其他创新，这些矿场从未享受过米达优惠，汞价也更高。
353 然而，这些矿场的优势在于拥有更高质量的矿石和丰富的燃料。这些因素也许可以解释，在19世纪20年代和30年代，伴随17世纪阿尔瓦罗·阿隆索·巴尔瓦（Álvaro Alonso Barba）在上秘鲁提出的技术的回归，为什么首先在奇查斯（Chichas），而后在波尔科和查扬塔（Chayanta）进行了试验。② 在此方法中，磨碎的矿石经过煅烧，然后把水、汞和盐放在小炉子上的铜容器中煮沸。这种技术的主要优点是速度快，而且不浪费汞。③

由于政府实行国家垄断，玻利维亚的白银生产在19世纪中叶面临着不利的总体环境。实际上，矿产品没有自由贸易，政府经营的采购机构（称为“收购银行”<Bancos de Rescate>）总是支付较低价格，比“自由”市场价格低18%至26%，并以质量和重量都低于官方货币的轻质货币（Moneda Feble）支付。这种轻质货币起源于圣克鲁斯政府的国库战时需要，在总发行量中的占比在19世纪上半叶的14%增长到19世纪50年代的80%—90%，取代了硬比索（Pesos Fuertes）在流通中的位置。较低的购买价格加之比索贬值的综合效应，代表着对产值征收了25%到33%的隐性税收。同时，轻质货币的流通意味着汞、工具和机械等采矿业重要投入的通货膨胀。在这一时期，走私是最大的诱惑，因为它除了提供高价值的白银来支付投入外，还可以逃避国内的显性或隐形税收。政府在打击走私方面成效甚微，被迫接受了二级收购银行（Bancos Secundarios de Rescate）的运作，此类银行起初由国家经营，在19世纪40年代转为私人经营。至少，这些银行有一个好处，那就是它们可以用现金支付白银，而不用强迫卖家等到其银

① Tristan Platt, “Historias unidas, memorias escindidas: Las empresas mineras de los hermanos Ortiz y la construcción de las élites nacionales. Salta y Potosí, 1800 - 1880,” in Margarita Menegus Bornemann, ed., *Dos décadas de investigación en historia económica*, 285 - 362.

② Tristan Platt, “The Alchemy of Modernity, Alonso Barba's Copper Cauldrons and the Independence of Bolivian Metallurgy (1790 - 1890),” *Journal of Latin American Studies* 32 (2000): 1 - 54.

③ Platt, “The Alchemy of Modernity.”

粉可以在波托西变成硬币，波托西仍然拥有唯一的铸币厂。①

在独立的秘鲁，白银仍然是主要的出口产品，但从19世纪40年代开始，鸟粪的出口超过了白银。采矿业是在一个危机四伏的共和制国家中发展起来的，这个国家并没有像殖民时期那样给予帮助，而是向该产业征收重税。矿工只能求助于商业信贷和私人资本，而它们仍如同殖民时期一样，不愿意冒长期融资风险。虽然在殖民时期，塞罗 354
德帕斯科的产量只达到地区总产量的一半，但独立后，由于北部（瓦尔加约克）和南部（普诺<Puno>和阿雷基帕）的矿井停滞不前，该地立即开始了集中化进程。与玻利维亚一样，根本问题是矿区矿石的官方价格与国际银价之间的差异，后者高出了40%。再加上高额税收、铸币成本和出口关税，这种情况导致矿业利润从1828年的25%下降到1851年的7.5%。与玻利维亚一样，秘鲁的矿主也从过度剥削劳动力中获利。②

19世纪20年代，由于引进了三台蒸汽机用于矿井排水，塞罗德帕斯科的产量急剧增加。因此，亚那坎查（圣胡达斯<San Judas>）的隧道可以下挖15巴拉（约15码），从开采低品位的银矿石转为开采其他矿石，每箱产量高达400马克。但是，1820年不仅标志着巨大的生产繁荣，还是塞罗德帕斯科战争的开始，爱国者和保皇派相继占领此座城市。唯一一台在1825年运行的机器在1828年时永久地坏掉了。③ 1839年，1806年启动的基乌拉科查排水工程完工，这解释了1840—1843年生产的新增长。但是，由于缺乏维护和追加投资，该项工程的盈利能力很快耗尽。④

本章证实了拉美殖民采矿业对国家政策的极端依赖，以及这种政策对各区域的不同影响。本章回顾了采矿业企业的发展情况，与其他殖民经济部门的企业一样，矿业企业很难说是有效率的，但基于已有的资源，其安排是合理的。⑤ 但是，对国

① Mitre, *Los patriarcas de la plata*, 51 – 3.

② Alfonso W. Quiroz, "Consecuencias económicas y financieras del proceso de independencia en Perú, 1800 – 1830," in Leandro Prados de la Escosura and Samuel Amaral, eds., *La independencia americana: Consecuencias económicas* (Madrid, 1993), 124 – 46.

③ John R. Fisher, *Silver Mines and Silver Miners in Colonial Peru, 1776 – 1824* (Liverpool, 1977).

④ Quiroz, "Consecuencias económicas y financieras," 124 – 46; José R. Deustua, *The Bewitchment of Silver. The Social Economy of Mining in Nineteenth-Century Peru* (Athens, OH, 2000).

⑤ For the example of the textile sector, see Richard Salvucci, *Textiles and Capitalism in Mexico: An Economic History of the Obrajes, 1539 – 1840* (Princeton, NJ, 1987).

355 内和国际需求的作用进行分析，可以得出一些假设来解释采矿业的利润波动和吸引
资本的能力。我们已经证实了墨西哥和安第斯地区采矿业不同的负面影响，以及该
部门第一波外国投资的局限性。不过，我们也观察到了 19 世纪上半叶不同时期的产
356 量上升周期。

第 10 章　前现代制造业

奥萝拉·戈麦斯-加尔瓦里亚托（Aurora Gómez-Galvarriato）

拉美后期的工业发展对研究该区域的早期制造业提出了重要问题。该专题相关文献直接或间接涉及的一大中心主题是，在制造业演变方面，拉美与欧洲和北美等工业化较早地区之间的差异。工业发展意义上的拉美经济落后在多大程度上源于殖民时期和后殖民时期初期？殖民政策如何影响拉美制造业？拉美制造业停滞的原因还有哪些？

乍一看，人们可能会认为，与欧洲或北美相比，拉美在 1850 年以前很少从事制造业。西班牙和葡萄牙的殖民政策确实限制了该地区制造业的发展，但我们越是深入研究这个问题，就越是发现，殖民法规足够灵活，当宗主国不能充分满足对特定商品的需求时，就可以发展某些制造业。此外，拉美制造的某些产品是殖民贸易的核心，在殖民政府的推动下发展。

鉴于拉美地域辽阔，自然和历史上存在着深刻的差异性，很难对整个区域作出一般性评价。制造业在整个拉美以不同的方式发展，具体取决于自然资源禀赋、运输成本和人口构成。

在欧洲人到来之前，拉美的人口密度和政治组织程度非常不同。这一点，再加上
欧洲人能够从各地提取的出口商品的不同相对价值（扣除运输成本），产生了人口在种 357
族、社会、政治和经济地位方面的不同构成。拉美对制成品的需求——在数量、种类和质量方面——将由各地区人口的具体构成决定。

就决定所需货物是在当地供应还是从国外进口的因素而言，拉美也是非常不均匀的。劳动力、资本和自然资源并不总是丰富到足以使某些商品的生产有利可图。此外，在本地生产某些制成品之前，需要有一定的市场规模。国内市场的规模也取决于区域

内的运输设施。所有这些因素在拉美各地差别很大。

殖民时期的规章制度发挥了重要作用，以多种方式塑造了对拉美的制成品供应。有些殖民规则禁止或限制某些制成品的生产，以及殖民地某些生产要素的使用。其他规则禁止或限制在严格界定的区域之外进口和出口制成品。最后，殖民政策通过制定严格的跨大西洋和殖民贸易条例，转移了运输成本。然而，很难评估这些规章在多大程度上成为限制拉美制造业发展的重要因素。

与世界其他地区一样，殖民时期，拉美大部分制造业活动都是小规模的手工业工作，为当地消费者按订单生产商品。在欧洲人和原住民共存的拉美地区，对这类制造业的研究是一个有趣的课题，因为不同的传统、技术、产品和销售渠道的存在并混杂，通常既不完全融合，也不完全分离，而是相互交织和相互影响。

在拉美殖民时期，也存在着规模较大的制造业，这种制造业可以提供比商品生产地更广阔的市场。在拉美生产的糖、糖浆、朗姆酒、烟草、雪茄、羊毛和棉布、某类陶器、皮革制品、银币和金币有时会远销海内外。其中一些产品的市场可以延伸到美洲遥远的城乡以及欧洲、亚洲和非洲的遥远地区。

358 本章将重点研究两个制造业部门——制糖业和纺织业，重点突出在大约1850年之前，拉美的制造业活动与其他地区之间的异同。制糖业和纺织业具有一些共同的特点，使其成为特别有用的案例，便于了解拉美早期制造业所面临的机遇和限制。虽然一些糖和纺织品的生产是为当地小规模市场进行的（尤其是纺织品），但大部分生产（尤其是糖）是为更广阔的市场而准备的。此外，在这两个行业中，拥有生产资料的人和提供劳动力的人之间存在着明显的分离。最后，这两个部门的生产技术最终在19世纪得到发展，使其成为真正的工业产品。

糖和纺织品在目的地市场、生产地理区域和使用的劳动力类型方面也存在差异。一般来说，糖主要是为欧洲市场生产的，而纺织品则是为拉美（但不是严格意义上的当地）市场生产的；糖主要是在沿海地区生产的，而纺织品一般是在高原地区生产的；糖一般是由非洲奴隶劳工生产的，而纺织品则主要是由被胁迫的印第安劳工生产的。

1. 制糖业

1850年以前，糖是拉美最重要的制成品之一。然而，关于拉美制造业的研究很少涉及制糖业的演变。制糖业的几个特点使其在拉美工业发展的研究中脱颖而出。制糖涉及农业和制造业过程，而且糖厂需要设在靠近种植园的农村地区（许多时候与种植园垂直一体化），这一事实使我们更多地把糖理解为一种农业产品，而不是人工制造的产品。此外，整个地区制糖业中奴隶制的普遍存在，使得糖生产很难在工业发展中谋得一席之地。最后，由于糖的生产并不构成欧洲和其他工业化国家所经历的工业革命的一部分，所以它被排除在研究工业化进程时应考虑的产业名单之外。① 359

然而，拉美其他制成品（如纺织品）与糖有一些共同特点。纺织品生产也需要农业原料，如棉花和羊毛。纺织厂往往位于农村地区，因为需要水力发电（鉴于拉美缺乏煤炭）。在殖民时期，拉美的纺织生产也是通过强制劳动完成的。最后，与糖业一样，纺织生产在19世纪也经历了实质性的技术发展，如加入蒸汽动力和其他工程创新。

可以说，糖是世界上第一种大规模生产和消费的制成品。糖从王公贵族的餐桌到普通劳动者的餐桌还需要一些时间，但到了18世纪中叶，英国劳动者已经广泛使用糖来给茶、粥和面包提味。当欧洲大多数制成品还在小手工业商店里生产的时候，西印度群岛的糖生产就已经在工厂里进行了，每班雇用20—25个工人，有严格的分工和监督，使用的机器设备也非常昂贵和精密（在当时来说）。“与现代工厂一样，制糖过程中的劳动者被分配到具体而独立的工作岗位上，并与最终的劳动产品分开。”②

1.1　拉美制糖业的早期发展（1493—1590）

糖的生产以及金银的开采，显然是征服美洲和殖民的主要经济动机。早在1493年第二次大西洋航行中，克里斯托弗·哥伦布就把甘蔗带到伊斯帕尼奥拉（圣多明各）。至少从1433年开始，马德拉岛（Maderia）和加那利群岛等几个大西洋岛屿就已经成功地生产了糖，并出口到欧洲。哥伦布早年从事马德拉的（Madeiran）贸易，对制糖业了如指掌，他很快意识到，他刚刚发现的岛屿的自然环境非常适合制糖。

到16世纪初，西班牙和葡萄牙定居者已经将甘蔗引入波多黎各（1515年）、古巴（1511年）和巴西（1518年）。在新西班牙，埃尔南·科尔特斯于1523年建立了第一个 360

---

① 关于此问题的讨论，可参见：Stuart Schwartz, *Sugar Plantations in the Formation of Brazilian Society: Bahia, 1550 - 1835* (Cambridge, 1985), 154; Sidney Mintz, *Sweetness and Power. The Place of Sugar in Modern History* (New York, 1985), 48 - 52。

② Schwartz, *Sugar Plantations*, 149.

种植园和糖厂。10年后，蔗糖生产被引入秘鲁，到1547年，蔗糖生产到达巴拉圭。

16世纪，西班牙王室在美洲殖民地推广糖料作物的种植。王室向致力于制糖的定居者提供土地和水权，并允许进口非洲奴隶。此外，王室还建立了一套信贷制度，为创办糖厂提供贷款，并免除所有引进西班牙属西印度群岛的制糖机械与设备的进口税（Almojarifazgo）。1555年和1568年，王室向新西班牙的总督路易斯·德贝拉斯科（Luis de Velasco）和马丁·恩里克斯（Martín Enríquez）发出指示，支持甘蔗种植，并将土地分配给那些想建新工厂的人。

与大多数其他热带商品不同的是，甘蔗不能以原生形态进行国际交易，以便在欧洲加工。如果不立即加工，其经济价值就会下降。因此，在农业活动的同时，必须在现场发展制造工艺。西班牙殖民者从旧世界引进了甘蔗的种植和加工方法。然而他们也对生产技术进行了一些重要的创新，以便适应新环境。伊斯帕尼奥拉的制糖业，以及在如今的圣多美（São Tomé）的制糖业，代表了制糖业发展的一个过渡阶段，从地中海和大西洋岛屿的小规模集约化农业，过渡到了殖民主义全盛时期美洲工业化大型种植园。在马德拉岛和加那利群岛，奴隶的作用相对有限，而在伊斯帕尼奥拉岛和圣多美岛，奴隶的作用逐渐增加，最终达到完全依赖奴隶劳动的程度。这将成为美洲糖业生产的一个普遍而持久的特点，直到19世纪末。伊斯帕尼奥拉和圣多美制糖园的生产规模也不同于马德拉和加那利的种植园：伊斯帕尼奥拉的种植园平均有100个奴隶，生产的糖是马德拉种植园的两倍多。

然而，在16世纪，地中海的榨汁技术一直在使用。1595年，特奥多雷·德布里（Theodore De Bry）对伊斯帕尼奥拉的田地和榨汁工作的描述表明，该行业依赖于旧世界的技术，例如使用小型的轮碾机（trapiches），这种设备由人、牛或骡子驱动。也有
361 其他较大的碾磨机（ingenios），主要用水轮驱动。制糖的燃料是树枝或原木。为了提取碾磨后甘蔗中的汁液，榨汁厂还配备压榨机。这种技术不适合处理在伊斯帕尼奥拉岛种植的甘蔗，必然成为制约该行业发展的因素。

西班牙人并未成功地将制糖业引入伊斯帕尼奥拉以外的加勒比岛屿。牙买加从来没有生产足够的出口用糖，波多黎各的生产也没有产生什么贸易。尽管古巴很早就引进了甘蔗，但制糖业直到很久以后才取得进展。在此期间，古巴的制糖业生产规模较小，奴隶相对较少，这使得其更类似于早先的加那利群岛，而不是伊斯帕尼奥拉。尽管有良好开端，但在1580年后，伊斯帕尼奥拉的制糖业停滞不前。整个西班牙属西印度

群岛的糖业生产都停滞了，直到 18 世纪末才恢复。在很大程度上，制糖业恢复的原因是来自墨西哥和安第斯地区大陆殖民地的金银诱惑。西班牙的加勒比属地主要是充当贸易路线上的驿站和要塞。

尽管王室最初鼓励糖业，但其在古巴的政策主要是安全问题。殖民政权倾向于限制不为贵金属转运服务的产业发展。官员们制定了严格的岛上移民规则，试图限制那些直接服务王室目的人群的定居，并阻止那些可能造成不稳定因素的人群定居。为了减少奴隶起义的威胁，对奴隶的输入也进行了严格管制。这一政策限制了制糖业主对强制劳动的使用，而此种劳动通常被其他西印度殖民地竞争者所采用。税收和运糖限制进一步制约了制糖业的发展。

西班牙实施了打击走私和海盗的海军战略，这在 1594 年导致拉普拉塔与宗主国之间的贸易被禁，也给该地区发展带来了沉重的打击。产品大量销往亚松森（Asunción）和布宜诺斯艾利斯的巴拉圭制糖业，受此政策严重冲击。在新西班牙，贵金属采掘业也超过了糖业的生产。然而，由于制糖业的产品并不作为出口产品与白银竞争，而是在采矿业增长的推动下，用于国内消费，因此，制糖业在 16 世纪得到了繁荣发展。同样，秘鲁的糖业产品也主要在西班牙殖民地内消费。 362

在新西班牙境内，糖业生产在莫雷洛斯起步较早，16 世纪期间扩展到韦拉克鲁斯、普埃布拉、米却肯和新加利西亚。与加勒比地区不同的是，直到 16 世纪末，在新西班牙制糖业工作的大多数劳工都不是奴隶，而是委托监护或（1550 年后）劳役摊派的印第安人。1542 年后，当印第安人被允许用金属货币支付其贡品时，许多人在自己的地块上进行甘蔗种植，并将出产的甘蔗卖给附近的榨汁厂。这使得 16 世纪新西班牙的糖业生产与马德拉、加那利群岛和波多黎各的小农种植模式相似。直到 17 世纪，随着大庄园的发展，垂直一体化的农工业生产模式才在新西班牙站稳脚跟，而这些庄园安装了被称为“Ingenios”的新型碾磨机。虽然小规模的蔗糖生产与生产红砂糖（panela）、粗糖（piloncillo）、墨西哥粗糖（panocha）或禁忌类朗姆酒（aguardiente）的老式榨汁厂一起生存，但小制糖厂的重要性大大降低。

受征服影响，印第安人口出现了长期下降，到 16 世纪末降至最低水平，这使印第安劳动力成为稀缺资源。这种情况使加斯帕尔·德苏尼加-阿塞韦多总督（Viceroy Gaspar de Zúñiga y Acevedo）对蔗糖生产采取了限制行动。1596 年，他向王室表示，制糖业生产者正在与谷物种植业和采矿业争夺劳动力。对此，王室命令总督对糖业生产进行限制。因此，1599年，阿塞韦多宣布了三项法令，从根本上限制了新西班牙的糖业生产。第一条法令禁止在甘蔗种植园和制糖厂雇用劳役摊派的印第安人。印第安人不得在糖厂工作，虽然可以雇用印第安人种植甘蔗，但其身份必须是自由劳动力。第二项法令禁止创办新糖厂，禁止在以前没有用于甘蔗种植的土地上种植甘蔗。第三项法令要求种植者必须持有总督许可证才能种植甘蔗。1600年12月，又在最后一项法令基础上，补充了另一项规定，将甘蔗加工限制在同一种植者所拥有的糖厂或蔗田上。无意中，最后一项法令限制了印第安和西班牙小农的制糖生产，促进了农工业的纵向一体化。与此相似，1601年，秘鲁总督颁布了一项法令，除非以日薪支付，否则禁止印第安人在制糖庄园和葡萄园工作。

363 关于这些法令在多大程度上得到了实际遵守，存在着大量的争议。然而，人们一致认为，这些法规通过比纯经济力量施加的“人为限制”更窄的限制，限制了新西班牙和秘鲁制糖业的发展。此外，在这两个地区，采矿业所带来的投资机会太有吸引力，不允许资源流向糖业生产，只有主要出口糖的殖民地才可能如此。

与西班牙殖民者不同的是，几个世纪中，葡萄牙人在巴西都没有发现比糖更好的投资。在犹豫不决的开始之后，巴西制糖业以惊人的速度发展起来。巴西海岸的大部分地区都适合种植甘蔗。到里斯本的运输成本较低，再加上当地有印第安劳动力供应，这使得巴西东北部成为制糖业最初发展的最有利场所。16世纪，巴西制糖业集中在伯南布哥和巴伊亚。

与伊斯帕尼奥拉岛一样，巴西种植园也发展成为完全依赖奴隶劳动的大规模经营。从16世纪20年代到70年代，绝大多数奴隶是印第安人。甚至到了1583年，伯南布哥的“恩热纽”有三分之二的奴隶还是印第安人。在巴西制糖业发展的早期，糖厂的制糖师傅和其他技术工人（如净化工和锅炉工）都是来自马德拉岛的自由人，他们获得了高工资。然而，到了1548年，巴西种植园主在这些岗位上雇用了熟练的非洲奴隶（而不是印第安人）。巴西种植园主设计了一套激励制度，确保奴隶劳动在这些困难的重要任务中表现充分。这种制度使其得以克服以往经常提到的技术或工业化与奴隶制不相容的问题。①

① Schwartz, *Sugar Plantations*, 66, 154 – 157; J. H. Galloway, *The Sugarcane Industry: An Historical Geography from Its Origins to 1914* (New York, 1989), 72.

直到16世纪中叶，巴西的大多数非洲奴隶或者是家仆，或者是熟练从事各种工作的工匠。然而，大约在1570年之后，巴西糖厂雇用非洲奴隶的情况越来越普遍，到17世纪初时，他们已成为主要劳动力。与新西班牙一样，这种变化的发生是由于旧世界的疾病对当地人口的影响，以及王室和教会对奴役印第安人的日益反对。在18世纪，虽然有一些印第安人仍继续在甘蔗种植园当奴隶或赚取工资，但他们再也没有为榨汁厂提供大量劳动。364

1.2　地理和技术变革：17世纪和18世纪的拉美制糖业（1590—1780）

与拉美其他地区一样，在16世纪，巴西制糖业使用的是地中海式的碾磨技术，这种技术不适应美洲的工业规模。碾磨机很小，是梯形的，大多由牛或马驱动，但也有一些水力碾磨机。1608年至1612年间，巴西在制糖业磨坊方面取得了突破性进展，发明了一种新碾磨机，可以在三个垂直安装的辊筒或圆筒之间粉碎甘蔗，而不是德布里插图中描绘的两个水平辊筒。与早期的设备相比，三辊碾磨机有许多优势。它可以用较少的人力和劳动来操作，并且可以以更高的速度碾磨甘蔗。它能更好地压榨甘蔗，因此最终不再需要二次压榨。它的用途非常广泛，很容易适应不同的尺寸和能源。最后，它更容易建造，大大降低了创建一个新恩热纽的成本，因此在17世纪初，巴西的糖厂建设有了突飞猛进的发展。

由于数据缺失，很难准确计算新技术带来的成本效益。但有一项粗略的计算表明，巴西每个奴隶的糖产量从使用旧技术时的每年0.25—0.4吨，增长到使用三辊碾磨机的每年0.5吨。① 在17世纪初，三辊碾磨机迅速普及。虽然其存在的第一个证据来自1613年，但5年后就得到了广泛使用，到1628年时，它已基本取代了其他类型的碾磨机。三辊碾磨机很快就成为美洲地区使用的主要技术。②

另一项可能归功于巴西产业的创新是采用了一种更有效的制糖工艺。当时，甘蔗汁不是在一个大锅中煮沸至形成结晶，而是在一组大锅中煮沸。在蒸发和澄清的过程

① Ward Barrett and Stuart Schwartz, "Comparación entre dos economías azucareras coloniales: Morelos, México y Bahía, Brasil," in Enrique Florescano, ed., *Haciendas, latifundias, y plantaciones en América Latina* (México City, Madrid, Buenos Aires, 1975), 542.

② 在这一时期，葡萄牙及其殖民地是西班牙王国一部分。这一事实促进了此项技术的推广。

365 中，甘蔗汁从大锅流向小锅，而小锅比大锅的热量更足。这一创新提升了能源的使用效率，增强了生产过程的可控性和连续性。大锅组是对三辊碾磨机的重要补充，可以扩大生产规模。

直到16世纪中期，大部分巴西糖都是通过里斯本到达欧洲的。然而，到了16世纪末，北欧的几个港口——特别是伦敦、汉堡和安特卫普——成为其主要目的地。那时，三分之二以上的巴西糖出口是由荷兰船只运输的。

17世纪，荷兰人试图从提炼和运输扩展到实际的蔗糖生产。1624—1625年，荷兰人试图夺取巴伊亚的萨尔瓦多市和周围的种植园，其行动虽然失败了，却给巴伊亚的制糖业造成了严重困难。随后，在1630年，荷兰人返回，夺取了伯南布哥，并持续占有该地至1654年。在其巴西势力高峰期，荷兰人控制了圣弗朗西斯科河和马拉尼昂之间的大部分海岸。持续的战争严重破坏了该地区的糖业生产。尽管荷兰西印度公司努力提供信贷和奴隶，但到其最终被驱逐出东北部时，伯南布哥的糖产量下降到只占巴西总产量的10%。

1649年，为了保护贸易船只不受荷兰人的攻击和扣押，为巴西贸易建立船队或舰队这一长期遭反对的想法被迫贯彻落实。巴西公司应运而生，以前“开放”的巴西出口贸易从此被以里斯本为中心的舰队体系所取代。这使葡萄牙政府有了更大的权力来调节贸易和控制进口价格。

17世纪20年代，英国人和法国人开始夺取西班牙的加勒比群岛，并在十几年后将其转向糖业生产。1627年，英国人开始在巴巴多斯定居，多数人口是棉花和烟草种植者。但17世纪40年代后，由于伯南布哥战乱造成糖价上涨，该岛日益转向糖业生产。尼维斯岛、安提瓜岛、蒙特塞拉特岛、圣基茨岛、瓜德罗普岛和马提尼克岛也有类似的发展。1654年后，来自伯南布哥的荷兰流亡者将技术、经验和资本转移到新建立的荷兰殖民地——苏里南和库拉索岛等地区，以及不久前被英国人占领的其他加勒比岛屿，
366 这使加勒比制糖业经济再度出现高潮。1655年，英国人将牙买加纳入其领土，1697年，西班牙承认法国拥有伊斯帕尼奥拉岛的一部分，即后来的圣多明戈岛，以及再晚些的海地。这些岛屿在向欧洲市场供应糖的过程中变得越来越重要，在18世纪成为国际市场的主要供应者（见表10.1）。由于离欧洲和北美更近，它们比巴西有竞争优势。

17世纪下半叶，安的列斯群岛的糖业生产有所扩大，而巴西的糖业却经历了困难时期。法国科尔贝（Colbert）制定的重商主义政策和英国1651年、1660年、1661年和

1673年的《航海条例》有效地将许多巴西产品排除在北欧市场之外。尽管如此，巴西在这一时期的糖产量仍然超过了加勒比地区的任何竞争对手。在18世纪，糖仍然是巴西最有价值的出口产品，但在此世纪的前75年中，由于产量下降和外国竞争加剧，巴西在大西洋糖市场的份额急剧下降。在1730年，巴西占美洲糖产量的1/3，而到1776年，其供应量占比不足10%。

虽然到17世纪末，西班牙美洲的糖业生产受到严重限制，但在那些为国内市场生产食糖的地区，糖业生产继续繁荣。据克雷斯波（Crespo）估计，在17世纪期间，新西班牙的糖产量每年增长1.4%。① 这种增长与大种植园的生产转变相吻合，此类种植园垂直整合了制糖业，并雇用了大量非洲奴隶。来自莫雷洛斯的数据显示，在17世纪，大型糖料作物种植园雇用75至100名奴隶，而小型单位则雇用25至50名奴隶。这些种植园还雇用了许多印第安人，这类劳工住在庄园里，或者按日工作。由于非洲奴隶的价格不断上涨，而新西班牙印第安人口增加，到18世纪末，新西班牙大多数种植园（除科尔多瓦外）的奴隶劳动实际上已经消失。

17世纪，秘鲁沿海地区和阿根廷图库曼的制糖业在耶稣会士建立的庄园中得到了重要发展。如同在新西班牙和巴西一样，由于印第安人口的绝对减少以及法律的规定，殖民者不得不转向使用非洲奴隶来充当其庄园的主劳动力。然而，他们也依靠印第安 367
劳动力，包括临时用工和永久用工。

表10.1　糖产量：1600—1900年（1 000公吨）

年份	英属西印度群岛（a）	西印度群岛其他地区（b）	圣多明各	古巴	巴伊亚（巴西）	巴西	莫雷洛斯（墨西哥）	墨西哥
1600								
1610					4.3	10.2		
1620						14.1		
1630					4.5			
1640						13		
1650	3.8							
1660	8.3							
1670	4.8				7.3			

① Horacio Crespo, *Historia del azúcar en México* (Mexico City, 1988), 139–42.

续 表

年份	英属西印度群岛（a）	西印度群岛其他地区（b）	圣多明各	古巴	巴伊亚（巴西）	巴西	莫雷洛斯（墨西哥）	墨西哥
1680	3.6							
1690	7.2							
1700	23.8					19	1.6	
1710	32.3	5.8	5.1		7.4			
1720	46.1	5.3	10.9					
1730	65.5	15.4						
1740	55.9	16.2	43.1	2.0				
1750	62.7	20.2			5.2			
1760	121.3	9.0	63.2	0.7	5.8		2.4	
1770	82	13	60	7				
1780	73	15	68	7				
1790	85	22	75	15	5.9		5.2	
1800	110	33	9	29		12	7.8	
1810	135	48	6	39		5		
1820	166	54	1	55		11	6.4	
1830	189	67	0	105		21		
1840	107	69		161		37	—	
1850	123	44		295		52		
1860	163	78		429		84	11.5	
1870	207	84		703		68	8.5	18.9
1880	225	90		619		160	26.4	76
1890	258	88		636		148		65.8
1900	204	72		309		167	38.2	95

注：所报告的数字来自不完全对应但与所示日期密切相关的年份。

(a) 1600年至1700年的数据包括巴巴多斯、牙买加和背风群岛；1710年至1760年的数据包括巴巴多斯、牙买加、圣基茨、尼维斯、蒙特塞拉特、安提瓜和小安的列斯群岛；

(b) 西印度群岛其他地区包括1710年至1760年的马提尼克岛，以及此后的马提尼克岛、瓜德罗普岛和苏里南。

来源：Alan Dye, *Cuban Sugar in the Age of Mass Production* (Stanford, CA, 1998), 27; Gary B. Nash, *Sugar and Slaves* (Chapel Hill, NC, 1972), 203; David Watts, *The West Indies: Patterns of Development, Culture, and Environmental Change since 1492* (Cambridge, 1990), 330; Stuart B. Schwartz, *Sugar Plantations in the Formation of Brazilian Society: Bahia, 1550-1835* (Cambridge, 1985), 168; Ernesto Sánchez Santiró, *Azúcar y Poder* (Mexico City, 2001), 168; and Gisela Landázuri and Verónica Vázquez, *Azúcar y estado: 1750-1880* (Mexico City, 1988), 62, 243, 245。

368

来自新西班牙的糖业庄园的清单和对秘鲁耶稣会庄园制糖工艺的描述表明，到 17 世纪末 18 世纪初，糖业加工使用三辊碾磨机，由畜力（新西班牙为水力）推动，并采用了巴西发展起来的大锅组。

有证据表明，新西班牙的制糖业正在发生技术变革。碾磨设备中用于对甘蔗进行二次压榨的巨大木头逐渐被更耐用、更高效的金属辊取代。到了 17 世纪第三个 10 年，由于碾磨设备的发展，人们放弃使用昂贵的压榨机，不再从甘蔗渣或残渣中提取碾磨机留下的糖汁。此外，根据其在糖澄清过程中的位置，用于澄清糖的大锅也逐渐被区分开来，以此来节省重要的能源成本（仅使用之前所需木材量的三分之一），并更好地控制制糖过程。然而，无论是新西班牙还是秘鲁，工厂似乎都还没有采用 18 世纪初安的列斯群岛发展的“牙买加火车”（Jamaica train）或“法国火车”（French train）。这种新的炉子设计取代了几个大锅下的单独火种，将一个火种的热量通过内部烟道传导到大锅中，从而提高了燃料消耗的效率。

巴西、新西班牙和秘鲁的制糖业通过一种被称为“黏土处理”（claying）或“残渣”（purga）的方法生产精制糖。这是一个技术含量高、耗时长的过程，经此过程，糖从一种充满糖浆的褐色粗糙低档糖（即黑砂糖<muscavado>）变成了不同类型的糖，从高质白糖到低档红糖，再到黄糖，都适合立即食用。使用这种工艺可以解释为什么这些殖民地及其宗主国没有单独的炼糖厂。虽然加勒比地区的种植者最终学会了“黏土处理”糖技术，但安的列斯群岛出口到欧洲的糖绝大多数是黑砂糖，这种糖是欧洲炼糖厂提炼白糖的原料。炼糖厂将糖溶于水，并像黏土工艺一样，在糖浆中加入黏土以使其净化，然后用布过滤，再将其放在锥形或其他模具中固化。

直到 16 世纪的最后 20 年，安特卫普（仍是西班牙帝国的一部分）一直是欧洲主
要的炼糖中心。然而，“在荷兰从西班牙哈布斯堡王朝独立的战争中，安特卫普被洗劫 369
一空，炼糖厂被摧毁，这促使炼糖业向其他城市分散，因此，到 1600 年时，伦敦、汉堡、鲁昂、（特别是）阿姆斯特丹的炼糖业已发展起来”。① 大约到 18 世纪中叶，英国有 120 家炼糖厂，每家炼糖厂提供了大约 9 个就业机会。此外，炼糖业还带来了大量附属产业。一些英国城市——如布里斯托尔、格拉斯哥和利物浦——在 18 世纪的辉煌很

---

① Galloway, *The Sugarcane Industry*, 77.

大程度上归功于炼糖业。①

在远离蔗糖种植园的地方进行炼糖有若干原因。其中一个原因是，在加勒比糖业生产初期，缺乏“黏土处理”制糖技术。其他原因还包括加勒比地区燃料短缺，以及精制糖在横渡大西洋过程中受损风险较大。然而，现有研究并未分析在他地进行黏土处理和精炼过程的成本效益，无法证明将糖精炼过程转移到欧洲是否能提高效率。然而，很明显，重商主义政策在支持欧洲炼糖业方面发挥了实质性作用。“制糖创造了就业机会，殖民者越是将制造过程向精制糖方向推进，留给国内炼糖厂的工作就越少。”②此外，炼糖减少了最终产品的体积，从而压缩了货物，损害了商船利益。

1685 年英国议会的一项法案规定，对进口到英国的精制糖征收比红糖高 4 倍的关税，从而结束了英国殖民地的精炼活动。1682 年，法国采取了类似的政策，两年后，法国王室禁止在法属西印度群岛建立新的炼糖厂。

1.3 模式分歧：18 世纪末 19 世纪初拉美的制糖业（1780—1850）

370 在 18 世纪下半叶，葡萄牙和西班牙的宗主国政策中渗透着一种新的精神。通过实施一系列旨在增加流向宗主国资源的改革，葡萄牙的庞巴尔侯爵（Pombal）和西班牙的波旁国王试图重组其帝国。为了恢复人们对巴西产品质量的信心，葡萄牙王室于 1751 年在巴西主要港口设立了检查委员会，最终促成了固定的糖价。1763 年，巴西首都从巴伊亚迁至里约热内卢。巴西种植者很反感这些政策，但 1765 年舰队体系的终结给他们带来了新的贸易机会。

1759 年，耶稣会被驱逐出巴西，1767 年，西班牙王室效仿。虽然耶稣会在整个拉美都有糖料作物种植园，但它们在巴西和新西班牙并不像在秘鲁和阿根廷那样重要。制糖业并没有因为耶稣会士被驱逐而受到严重破坏，因为以前的耶稣会士种植园和糖厂都卖给了私人企业家。

西班牙的一些改革显示了更自由的政策取向。1774 年，查理三世将秘鲁和新西班牙总督区之间的直接贸易合法化。虽然这项改革并没有带动新西班牙的蔗糖出口，但

① Eric Williams, *Capitalism and Slavery* (Chapel Hill, 1944, 1994), 74-5.

② Galloway, *The Sugarcane Industry*, 109.

允许可可从瓜亚基尔直接进入，确实增加了总督区内的蔗糖需求。由于糖是将可可转化为巧克力的必要条件，可可进口量的增加提高了糖需求量。1792 年，查理四世免除了新西班牙蔗糖在西班牙的皇家税和市政税（古巴蔗糖已经享有此特权）。在 1794 年和 1796 年，此项政策补充了一条新规定，即免除新西班牙蔗糖的进出口税。1796 年，殖民法规变更，允许在西班牙及其殖民地建立新糖厂。同年，另一项法令通过，将新西班牙的朗姆酒生产合法化，从而使该行业得到迅速发展。

1762 年英国人攻占哈瓦那（七年战争期间），更为自由的政策得以短暂实施。而在第二年英国人离开后，克里奥尔种植园主仍要求西班牙执行此类自由政策。由于内部政治压力，加之西班牙王室更加自由的态度，1789 年对古巴的奴隶贸易实现了自由化，并通过了贸易改革，消除了阻碍该产业发展的障碍。

比政策变化更重要的是 18 世纪 70 年代开始的糖价上涨，而 1792 年海地革命的爆发又推动了糖价暴涨。海地曾是加勒比地区最大的蔗糖生产国。价格上涨导致整个拉美的糖业生产迅速增长。巴西糖业扩大不仅出现在了巴伊亚——其种植园数量从 1759 371
年的 166 个增加到 1798 年的 260 个，还出现在伯南布哥、里约热内卢和圣保罗。虽然巴伊亚仍然是巴西最重要的产糖区，但到 1808 年时，里约热内卢贡献了巴西蔗糖出口总量的 20%左右。在 1750 年到 1790 年之间，新西班牙的糖产量增加了一倍多，从大约 5 500 吨增加到近 11 000 吨（见表 10.1）。然而，在这一时期，古巴糖业出现了无可匹敌的巨大推动力。从 1780 年到 1800 年，古巴的糖产量从 7 000 吨增加到 2.9 万吨，增长了 400%。

在 18 世纪最后几十年和 19 世纪初的几十年里，欧洲和北美发生了惊人的经济、政治和社会变革，给拉美带来了巨大的变化。独立战争、新共和国的建立、对奴隶贸易的限制、随后废除奴隶制，以及工业革命带来的技术变革，以非同寻常的方式影响了拉美的制糖业，在该地区催生了不同的发展模式。

19 世纪，拉美的糖料作物种植者面临重大挑战。他们“必须用新的劳动制度取代奴隶制，并在甜菜糖的竞争导致价格下降时，为碾磨和制造业的革命性创新提供资金”。① 拉美只有部分地区能够成功地应对这些挑战，这需要在制糖技术、土地使用、定居模式，甚至劳动力的种族构成方面，进行彻底变革。

① Galloway, *The Sugarcane Industry*, 143.

独立在整个拉美产生了不同的影响。海地是战争和不稳定对糖业造成破坏性影响的一个极端例子。独立战争和随后的政治不稳定时期也严重阻碍了新西班牙的经济发展。19 世纪初，洪堡曾预言新西班牙的蔗糖业将得到蓬勃发展。然而，独立战争导致糖料作物种植园、建筑和机器遭到巨大破坏；而共和制的墨西哥决定切断与西班牙的贸易，结束了少量的出口流量。墨西哥经济陷入了一个持续到 19 世纪 60 年代的停滞时
372 期，严重影响了制糖业的消费和筹集投资资本的可能性。幸存糖厂在技术上的停滞一直持续到 19 世纪最后几十年。相比之下，巴西虽然和平地实现了独立，但其经济在 19 世纪的大部分时间里都停滞不前，部分原因是地区性叛乱、奴隶叛乱以及与邻国巴拉圭的战争。古巴的独立战争（1868—1878，1895—1898）也是暴力和破坏性的。然而，这些战争发生时，古巴的经济已经开始增长，由于北美资本的流入，其经济状况很快得到恢复。

从 1792 年海地开始，整个拉美以不同的速度和节奏结束了奴隶制。由于 1807 年的一项议会法案，英国停止了对奴隶贸易的参与，但西印度群岛的奴隶制存续至 1834 年。1810 年至 1824 年期间，西班牙美洲的大多数新国家都宣布废除奴隶制，而秘鲁和委内瑞拉是明显的例外。奴隶制在法国殖民地一直持续到 1848 年，在古巴持续至 1886 年，而在巴西则持续至 1888 年。制糖业在各地都受到奴隶贸易限制和废除的影响。若制糖业对奴隶的依赖程度不高（如墨西哥<莫雷洛斯>），或奴隶制缓慢废除（如古巴和秘鲁），奴隶制废除的问题就不那么严重，可以用其他类型的劳动力逐步取代奴隶。

英国殖民地的奴隶解放为古巴和巴西的制糖业开辟了机会，而两国的奴隶制直到 19 世纪末才被废除。然而，在英国这个最大的市场上，来自两国的糖实际上被排除在外。直到 1846 年，巴西糖的关税几乎是英属西印度群岛、东印度群岛和毛里求斯糖的三倍。因此，欧洲大陆成为巴西糖的主要市场。古巴在几乎所有主要市场上都面临着严格的壁垒。然而，到 19 世纪末，北美的蔗糖需求已经增长到足以吸收古巴大部分的年产量。虽然美国也对古巴糖征收高额有效关税，但该岛的地理优势和异常良好的自然条件使其能够在北美糖业市场上成功竞争。

甜菜制糖业在欧洲以及后来在美国的发展，给蔗糖带来了一个麻烦的对手。在整个 19 世纪，关税和税收是两种糖之间不平等竞争的主要因素。拿破仑战争期间，由于
373 蔗糖供应中断，甜菜糖开始在欧洲成功生产。从一开始，其生产——被视作萧条农业部门的出路——就得到了政府支持。蔗糖支付高额关税，而没有任何国家对甜菜糖征

税，直到1837年法国才开始征税。曾经是蔗糖进口国的法国和德国关闭了蔗糖进口的大门，补贴甜菜糖的出口。1845年后，英国出于自由贸易的考虑，降低了蔗糖和甜菜糖的关税。然而这对蔗糖生产者帮助不大，他们不得不与补贴严重的甜菜糖竞争。到19世纪末，英国的甜菜糖进口量达到其糖进口总量的2/3。蔗糖生产者的竞争还来自爪哇和夏威夷等地区的新建甘蔗种植园。

为了在国际市场上成功竞争，蔗糖生产者必须引进重要的技术改造，其中一些是甜菜制糖业创新发展的副产品。在19世纪，糖业生产的三个阶段都发生了根本性的技术变革：碾磨、蒸煮和澄清。由于缺乏资金和其他问题，许多拉美地区无法采用这些创新，而古巴几乎一有这些创新，就急切地付诸实施。

18世纪末，英法两国的技术人员研制出一种新的卧式铁磨，代表着对三辊碾磨机的重大改进。它的磨辊运转平稳，对甘蔗的压力均匀，因此提取大量甘蔗汁所需的能量较少。此外，其设计使榨汁厂可以装配19世纪20年代应用于糖厂的移动式甘蔗传导器。在19世纪的前20年，古巴安装的大多数碾磨机都是由畜力驱动的。然而，几十年后，古巴糖厂开始使用蒸汽机。每台蒸汽机取代了50到80轭牛和30个奴隶。19世纪初，古巴糖业生产的第二阶段也出现了创新，用封闭的大锅在真空中熬制糖浆，取代了18世纪末以来古巴使用的"牙买加火车"。真空大锅降低了能源成本，将甘蔗产糖量从4%提高到5.9%，并能生产出更白、更优质的糖。① 19世纪40年代，随着利用离心力榨糖的新机械的引进，制糖业也发生了变革。这种机器节省了大量的劳动力，还得到了 374
更纯、更干的糖。

此外，由于铁路的开通，运输成本大大降低。1834—1837年，拉美第一条铁路在古巴建成，可以将糖从内陆运到哈瓦那港。到1860年，拉美约有400英里的轨道。当年，蒸汽机在古巴的推广工作基本完成。91%的糖料作物是用蒸汽动力生产的。离心机已经取代了旧的黏土处理工艺。然而，尽管15%的糖厂已经安装了第一台真空蒸发器，但只有5%的糖是用此类系统生产的。② 在19世纪，古巴的技术改造与工业的迅速发展是同步进行的，这使其成为世界上最重要的蔗糖生产国。

---

① Manuel Moreno Fraginals, El ingenio: *El complejo económico social cubano del azúcar*, 3 vols. (Havana, 1978), 1: 211, 214 – 20.

② Alan Dye, *Cuban Sugar in the Age of Mass Production. Technology and the Economics of the Sugar Central, 1899 – 1929* (Stanford, CA, 1998), 89; Moreno Fraginals, *El ingenio*, 1: 234.

相反，巴西的制糖业开始衰落。自19世纪30年代以来，咖啡成为巴西的主要出口产品，使资本和奴隶劳动从制糖业中流失。虽然巴西的技术进步没有古巴那么快，但仍足以使巴西制糖业继续在国际市场上销售其产品。

2. 纺织业

在欧洲人到来之前，糖是一种完全不为人知的产品，而在征服之前的前西班牙美洲，纺织生产已经存在。在中部美洲，布是由棉花和硬纤维（如龙舌兰和龙舌兰纤维）织成的。在安第斯地区，布也是由小羊驼、原驼和其他当地羊的羊毛制成的，恰如殖民著作所描述的那般。布料生产由印第安妇女在家中进行，构成了阿兹特克人和印加人收到的贡品的重要部分。《门多萨手抄本》（*Códice Mendocino*）和《纳瓦人的贡品清单》（*Matrícula de Tributos*）表明，阿兹特克统治者每年收到的贡品是25万件棉幔、24万条裙子、14.4万件腰布和20万磅棉花。① 在被征服之前，一些安第斯村庄似乎已经
375 存在纺织生产的专业化。印加人向基多山谷北部的乌林奇约（Urin Chillo）等村落索取的贡品，全部是用孔比呢（Cumbi）或羊驼毛纤维制成的细布支付。瓦努科也用孔比呢支付其贡品，印加国王将原料分配给他们。

尽管有所变化，但纺织生产并未因西班牙人的到来而中断。中部美洲生产的更精美、装饰性更强的布料是为最高阶层准备的，当时已经消失了。然而，以前专供最高阶层使用的棉布却得到了普及。棉布继续由印第安妇女在家中织造。

西班牙人继承了征服前的贡品制度，因此，在1570年之前，西班牙人收到的贡品中有很大一部分是布匹，直到1570年才规定贡品须以钱币支付。在此之前，在新西班牙的几个地区，如尤卡坦和危地马拉检审区，大部分贡品都是以纺织品形式交付的。

然而，西班牙人改变了征服前的贡品制度。例如，到1562年，虽然他们继续向瓦努科印第安人收取布匹贡品，但他们要求用棉布而不是驼毛，且不再提供原料。此外，他们不像印加国王那样收取年度贡品，而是要求每4个月收取一次贡品。到1553年，帕诺科的印加人被要求生产比之前更长、更好的布。

① Richard E. Greenleaf, "The Obraje in the Late Mexican Colony," *The Americas* 23, 3 (Jan. 1967): 229.

早期，委托监护人试图强迫印第安妇女在类似工厂的环境中生产棉布。但在1549年，总督下令叫停了那些“把印第安妇女关在畜栏里”织布的委托监护。① 然而，与许多其他法令一样，该法令并没有成功地阻止委托监护人的此种做法；它仍在尤卡坦盛行，此地的印第安妇女被迫在公社或村屋里劳动，为委托监护人纺纱和织布。

在整个16世纪，印第安人口的灾难性减少导致棉纺织品生产急剧下降。为了阻止其属民的消亡，王室试图限制委托监护人的权力，并禁止他们获取印第安人的个人服务。此后，通过劳役摊派制，地方官员负责组织国内的纺织品生产。随着人口减少和羊 376
群增多，一种不同的纺织品生产诞生了：毛纺织品作坊（Obraje）。

2.1 毛料（Paño）作坊

绵羊很早就被引入西班牙美洲，从16世纪到17世纪的前几十年，绵羊的数量成倍增长。16世纪30年代至40年代，在墨西哥中部和南部建立了殖民版的西班牙梅斯塔荣誉会（即游牧、畜牧业从业者同业公会），引发了羊群所有者和印第安人之间的纠纷，因为后者的庄稼被绵羊入侵摧毁。在基多地区，绵羊也大量繁殖。据估计，16世纪末至17世纪初，基多谷地约有120万只羊在牧养。

早在1527年，也就是在征服特诺奇特兰之后仅7年，新西班牙就开始织毛纺布了。在安第斯地区，16世纪后半叶，用羊毛制布逐渐取代了用羊驼和羊绒制成的布。

整个西班牙美洲的羊毛布料都是由毛料作坊生产的。1938年，查韦斯·奥罗斯科（Chávez Orozco）将作坊描述为“工厂胚胎”②，此类作坊长期以来一直吸引着历史学家。它们的规模、工人数量、在拉美诸多地区的传播、市场延伸及其对印第安人社区的影响，都彰显其在历史学中的突出地位。存在几种类型的毛料作坊，但一般来说，它们可以被定义为大型作坊，在其厂房内垂直整合了毛料生产过程的各个部分，从加工原毛到纺线和织布。“毛料作坊的劳动力被组织在一个明确的任务系统中，除了棉纺纱工人外，所有工人都在工头的监督下，在作坊内工作。”③ 毛料作坊的规模比其他类型的

① Juan de Solórzano Pereira, Política Indiana, vol. 2 (Madrid, 1972), chap. 12; cited in Fernando Silva Santiesteban, *Los Obrajes en el Virreinato del Peru* (Lima, 1964), 15.

② Luis Chávez Orozco, *Historia económica y social de México* (Mexico City, 1938), chap. 2.

③ Richard Salvucci, "Enterprise and Economic Development in Colonial Mexico: The Case of the Obrajes," *The Journal of Economic History* (March 1981): 198.

殖民地工厂，如小作坊（Chorrillos）、小型织布厂（Telares Sueltos）、榨糖/油厂（Trapiches）和牧场（Obrajuelos）都要大。毛料作坊通常有12台织布机，但也可能有30台织布机，100个纱锭和200个操作工人。毛料作坊的显著特点之一是拥有一台充填机（即batán）。这种机器由沉重的木锤组成，在液压动力轴上旋转，用于织布后的验
377 布缩水与缩绒。

毛料作坊是新大陆殖民组织的一种创新。它们并不植根于前西班牙美洲或西班牙。在安第斯地区，存在着有组织的作坊——被称为纺织作坊（cumbicamayoc andacllas），妇女和孔比呢织工在此专为印加国王生产布匹。此类作坊是西班牙人抵达之前的机构，与毛料作坊最为相似。然而，在毛料作坊诞生的中部美洲，上述两类作坊是前所未有的。

西班牙并不存在这样的毛料作坊，纺织业生产都是在小型的手工作坊里进行的。16世纪下半叶，卡斯蒂利亚的纺织业有了很大发展。纺织业集中在塞戈维亚（Segovia），此地的手工作坊已经发展到了能整合生产过程的所有环节，并且有雇佣劳动。然而，1535年至1550年间，新西班牙就出现了第一批毛料作坊，几年之后，塞戈维亚才有了手工作坊的工艺整合。在加泰罗尼亚，纺织业的生产继续在小型手工作坊中进行，而行会却不断扩大。

因此，“工匠和毛料作坊不会同时到达新西班牙，但西班牙工匠适应了当地大量需求的条件，也适应了组织印第安劳动力不受行会限制的可能性，从而成为资本主义企业家”。① 殖民时期的毛料作坊是欧洲企业，是由西班牙师傅和工匠的技术与经验建立起来的，但其基础是印第安强制劳动力：印第安奴隶制、委托监护制、米达制、劳役摊派制和劳役偿债制。

新西班牙第一次提到毛料作坊可以追溯到1539年的普埃布拉、1551年的德斯科科和米乔坎、1560年的阿皮萨科、1560年的特拉斯卡拉，以及1604年的墨西哥城、特佩阿卡（Tepeaca）、乔卢拉、克雷塔罗、科约阿坎（Coyoacán）和特卡马查尔科，当时殖民地似乎已经有一百多个毛料作坊。在秘鲁总督区，第一个毛料作坊于1545年在豪哈建立。秘鲁总督区几乎各地都有毛料作坊，如库斯科、卡哈马卡（Cajamarca）、孔丘

① Carmen Viqueira and José I. Urquiola, *Los obrajes en la Nueva España: 1530–1630* (Mexico City, 1990), 61.

科斯（Conchucos）、瓦努科、瓦曼加和阿班凯，但最重要的毛料作坊位于基多检审区。虽然直到 16 世纪 60 年代，此地才建起毛料作坊，但基多检审区的经济很快就以毛料作坊的生产为中心。在拉巴斯、科尔多瓦和智利的一些村庄也有毛料作坊。 378

毛料作坊的产品消费对象远远超出了当地的贸易范围。“毫无疑问，殖民时期的纺织同业延伸广泛。”① 新西班牙的毛料作坊产品主要面向其矿区和内陆（Tierra Adentro）的北方市场，但也向南延伸，最远到达危地马拉。普埃布拉的毛料作坊向秘鲁输送了大量棉布，直到 1590 年，受秘鲁新毛料作坊的竞争冲击，其供应量有所下降，而王室的贸易限制日益增多，更是对其造成了致命打击。

直到 18 世纪，利马一直是基多优质布料（毛料）的主要目的地。在基多的出口季（从 6 月到 12 月），骡车将布匹运到瓜亚基尔，再由沿海商人运到卡亚俄。在战争时期，因海路运输被压缩，布匹被运到皮乌拉或通贝斯，而后再通过陆路运抵利马，运输成本因而上升。“毛料从利马运往内地，再运至谢拉（Sierra），并向南运往波托西、智利和布宜诺斯艾利斯……毛料贸易是安第斯大商业体系的一小部分，其重要推动力是来自秘鲁矿区的白银。”② 部分消费者是印第安人，经商品摊派，他们被强行分配了毛料。

基多还生产了大量的粗布品种——毛绒毯（Bayeta）和粗斜纹呢（Jerga），并出口到新格拉纳达的采矿区和养牛区。这些产品在 17 世纪由小型城市工厂生产。然而，随着 18 世纪利马的毛料作坊的市场恶化，大型纺织庄园转向生产此类布匹，小规模的生产者被逐出。“因此，精英阶层的经济取向从利马转向新格拉纳达——这种变化在现实中体现为基多脱离利马总督区，并于 1739 年被纳入新格拉纳达。”③

瓦曼加的毛料作坊生产最初是在万卡韦利卡和卡斯特罗维雷纳的矿区进行的，后来又拓展到波托西和奥鲁罗。然而，当这些地区的采矿业在 18 世纪出现衰退时，毛料作坊也随之衰退。为了寻求新市场，作坊主向地方官员提供布匹，强制摊销其毛料。此 379
种做法一直持续到 1781 年，由于当时的图帕克·阿马鲁叛乱，商品摊派才被废除。

---

① Manuel Miño Grijalva, *La protoindustria colonial hispanoamericana* (Mexico City, 1993), 12.

② Robson Brines Tryer, “The Demographic and Economic History of the Audiencia de Quito: Indian Population and Textiles Industry, 1600 - 1800” (Ph. D. dissertation, University of California, Berkeley, 1976), 279.

③ Tryer, “The Demographic and Economic History of the Audiencia de Quito,” 178.

在整个拉美，毛料作坊经济的一个共同特点是，它主要服务于矿场或依赖银币和金条生产的城市，因此，其命运与采矿业的命运交叉缠绕。对于毛料作坊而言，印第安人是一个贫瘠的市场，不仅因为他们受到资源稀缺的限制，还因为他们能够也更愿意自给自足。因此，为了使他们购买毛料作坊的毛料，就需要通过地方官员强制推行商品摊派。

毛料作坊之所以繁荣，是因为它们能够成功地与外国进口产品竞争。1549 年至 1562 年间，普埃布拉的毛料售价为每巴拉 2 比索 2 里亚尔，而西班牙毛料在塞维利亚的售价为每巴拉 2 比索 3 里亚尔和 5 比索 5 里亚尔。此外，运输成本也大幅提高了西班牙毛料的价格。在普埃布拉，西班牙毛料的售价在每巴拉 11 比索 4 里亚尔和 15 比索之间。①

17 世纪期间，新西班牙和秘鲁的毛料价格大幅下跌。18 世纪期间，价格降幅更大。这是两方面竞争加剧的结果。一方面，随着更多的毛料作坊、小作坊和小型织布厂的建立，殖民地生产者的数量增加，手工艺生产的棉布也增加了。另一方面，随着后来被称为工业革命的新制造技术的发展，18 世纪下半叶，来自欧洲纺织品的竞争变得尤为激烈。1780 年至 1812 年间，英国纺织成本可能下降了 70%之多。由于欧洲战争中断了贸易，上述过程在 18 世纪曾被短暂冲抵，使得殖民地经济免受外国竞争的影响。

毛料作坊繁荣与采矿业周期之间的关系并不直接。在 17 世纪，当外国纺织品的竞争无足轻重、劳动力仍然丰富且采矿业产量充足时，毛料作坊与采矿业一起繁荣。从
380 1579 年到 1630 年，新西班牙毛料作坊经济的扩张紧跟采矿业的周期。16 世纪末，秘鲁总督区的毛料作坊在波托西的矿业繁荣时期蓬勃发展，而在 1575 年至 1600 年期间，西班牙美洲一半的白银都产自波托西。

然而，在 17 世纪和 18 世纪，采矿业和毛料作坊之间的正向关系并不那么明显。在采矿业和毛料作坊共存的地区，由于当地人口急剧减少，对资源——特别是劳动力——的竞争加剧。由于王室明显支持采矿业而不是其他行业，在 17 世纪，为确保矿藏开采所用的劳动力，王室实施新规，对毛料作坊形成了冲击。此外，由于外国竞争，银产量的增加并不一定意味着更大的毛料需求。基多的毛料作坊主认为，由于总督区的银产量下降，他们在 18 世纪陷入了衰落。理查德·萨尔武奇（Richard Salvucci）发

① Viqueira and Urquiola, *Los obrajes en la Nueva España*, 53.

现，18 世纪新西班牙的银产量与毛料作坊的产量之间存在负相关关系，但银产量与出口到英属西印度群岛的英国棉布之间存在正相关关系，而这些棉布最终都被运往新西班牙。①

在 1604 年，新西班牙有 120 到 130 个毛料作坊，大约有 6 000 名工人。粗略估计，新西班牙的毛料作坊产值从 1600 年的 150 万比索上升到 17 世纪末的 150 万至 200 万比索。到 18 世纪末，产值下降到 100 万至 150 万比索之间，到 1812 年，产值已微不足道。②

在基多检审区，毛料作坊经济在 17 世纪有所发展，1690 年达到高峰。1600 年，该地区共有 56 家毛料作坊，一个世纪后达到了 174 家，至少雇用了 1 万名成年印第安人。在 17 世纪末，基多的毛料作坊的年产值总额在 115 万至 175 万比索之间。如果再加上家庭或村舍的产值，总产值将在 150 万到 200 万比索之间，与这一时期的新西班牙相似。1690 年后，由于基多的主要市场——利马的布价下降，基多的产量才有所下降。罗布森·特里尔（Robson Tryer）估计，从 1700 年到 1800 年，布料产值累计下降了 50%到 75%，对基多社会产生了深刻的影响。③ 381

尽管在西班牙统治的三个世纪中，毛料作坊面临着不断变化的条件，但它们仍然生存了下来。它们为之必须适应新的情况，如市场和生产的地理位置的变化，雇佣劳动力类型的变化，以及毛料作坊管理的变化。然而，有两大因素从未改变：毛料作坊对强制劳动的使用和采用的古老技术。

新西班牙第一批毛料作坊是由西班牙工匠利用印第安奴隶劳动（直到 1550 年才废除）创建的。印第安奴隶来自战争俘虏或者贵族奴隶（Tlacotin，为获得报酬而永久出售其劳动力的人）。在毛料作坊中使用委托监护（1621 年被取缔）劳动力是例外而非常规。毛料作坊并不依赖劳役摊派的劳动力，因为殖民当局不向其提供此种劳动力。此外，毛料作坊的工人是专业化的，需要一种与通常的劳役摊派制中劳动轮换制度不相容的培训。新西班牙的毛料作坊工人一般都是负债的印第安人，他们“自愿”或“被

---

① Richard Salvucci, *Textiles y capitalismo en México* (México City, 1992), 227 – 30.

② Viqueira and Urquiola, *Los obrajes en la Nueva España*, 138 – 9; Salvucci, *Textiles y capitalismo*, 222 – 39.

③ Tryer, “The Demographic and Economic History of the Audiencia de Quito,” 161, 179 – 80, 269, 313.

迫”被毛料作坊招募。劳动力中通常包括黑奴、学徒和被送往毛料作坊而非监狱的囚犯。工人们通常住在毛料作坊的房舍内，直到其债务被偿清为止。然而，也有证据表明，在毛料作坊，至少有一部分工人每天进进出出。

维克托·乌尔基奥拉（Víctor Urquiola）对1591年至1610年期间普埃布拉、特拉斯卡拉、乔卢拉和克雷塔罗的工人签订的大量毛料作坊合同样本进行了研究，结果表明，大多数毛料作坊工人是“自愿”被招募的（73%），只有7%的工人是在没有预付工资的情况下被雇用的。约有一半的受雇工人预支了部分工资，15%预支了全部工资。其余27%的合同对象是被迫工作以偿还前期债务的工人（20%）或履行其他重罪判决的囚犯（7%）。平均而言，工人们得到的预付款相当于合同中规定的年工资的77%。大多数合同规定工人必须工作一年或一年以下（75%）。总的来说，毛料作坊合同与其他企业签订的合同差别不大。①

根据上述调查结果，毛料作坊工人的情况似乎并不像人们普遍认为的那样可怕。
382 然而，很难评估这些合同在多大程度上得到了遵守。司法记录的证据表明，滥用职权的情况很普遍。有几份投诉提到，发现毛料作坊以各种方式使工人的服务条件永久化。“预支了额外工资……增加了食品和服装费用，且收费往往过高；收缴罚款，并加诸债务之上；龙舌兰酒和其他酒精饮料都被记账；公司商店……赊销普通需求的物品。”②若工人逃离，另一名男性家庭成员就要被迫工作，以偿还其亲属留下的债务。在偏远的毛料作坊，作坊主绑架和监禁工人司空见惯，殴打和鞭打不听话的工人也不足为奇。正如萨尔武奇解释的那样，没有理由“怀疑洪堡和布斯塔曼特对毛料作坊工作条件的高度否定”。③

1601年，腓力三世禁止印第安人在纺织业工作（除了公社毛料作坊），并鼓励毛料作坊用黑奴取代本地工人。一般认为，这一规定和其他许多规定一样，几乎没有得到遵守，而且在毛料作坊中从业的黑奴很少。然而，最近的调查结果表明，在该法令颁布后不久，新西班牙总督就责成墨西哥城的毛料作坊敞开大门，解放其印第安工人。

17世纪期间，使用黑奴盛行于新西班牙的毛料作坊。很难评估这一进程是人口压力的结果，还是1601年禁用印第安人的王室命令的结果，但毫无疑问，它真实发生了。

---

① Viqueira and Urquiola, *Los obrajes en la Nueva España*, 195 - 7.

② Greenleaf, “The Obraje in the Late Mexican Colony,” 241.

③ Salvucci, “Enterprise and Economic Development,” 198.

17 世纪上半叶，在普埃布拉和特拉斯卡拉，混血人种和黑奴劳工取代了印第安人。在 1630 年后的整个 17 世纪中，克雷塔罗多数毛料作坊的劳动力似乎都是黑奴。1660 年的一次检查发现，有 200 名黑人奴隶在科约阿坎的两个毛料作坊工作。随着人口趋势逆转，混血人种和印第安人口增加，毛料作坊转向雇用“自由”（即负债）劳动力，并考虑减少黑奴数量。18 世纪上半叶，普埃布拉也出现类似的过程。到 19 世纪初，其毛料作坊不再作为“封闭式”的工作场所，而是雇用自由（虽然往往是负债）的有偿劳动力。

在秘鲁总督辖区的毛料作坊中，委托监护和米达劳工比在新西班牙更重要。在基多检审区，第一批毛料作坊由有意增加贡品收入的委托监护人在印第安村庄建立。虽 383
然毛料作坊是为委托监护人的利益而建立的，但他们不能拥有这些毛料作坊，因为他们不能在其委托监护的领土上合法地拥有不动产。因此，这些毛料作坊的建立得到了印第安酋长的积极支持，他们为委托监护人动员劳动力。“作为委托监护赠与的一部分，毛料作坊成为王室干预和监督的对象，到 16 世纪末，已经脱离了委托监护人的直接控制。”① 此类毛料作坊此后被称为公社毛料作坊。起初，利马总督任命了管理者来管理这些作坊。管理者们利用毛料作坊积累的资金，支付印第安人的贡品和委托监护制的财务责任，如牧师和酋长们的工资。毛料作坊管理者享受高薪，通常还通过非法手段获取额外的大量利润。为了管束管理者们滥用权力，17 世纪 30 年代出台的一项新政策将毛料作坊出租给当地企业家。然而，权益交换并没有随着此项政策的实施而结束，因为行政官的职位被保留下来，成为地方长官的一项特权，这是一个完全寄生的职位。

到 16 世纪末，一些委托监护的毛料作坊已经转由王室直接控制。公社毛料作坊的收入在理论上要偿付印第安人的进贡义务，与之不同，王室作坊只是王室收入的一个来源。其运作方式与公社作坊类似；唯一的区别是，后者在当地无须面对来自私营雇主的劳动力竞争，因为在其建立的村庄里，不允许有其他毛料作坊经营。

到 17 世纪初，基多检审区有 14 个公社毛料作坊和两个王室毛料作坊在运作。它们共同构成了特里尔所说的纺织业“公共部门”。无论以何种标准衡量，这些毛料作坊都是非常大的。例如，奥塔瓦洛（Otavalo）的王室作坊雇用了 500 多名印第安人，公社作坊雇用了 200 多人。到 1680 年，它们共雇用了 3 086 名成年印第安人和 50 名男孩。

① Tryer, “The Demographic and Economic History of the Audiencia de Quito,” 114.

公社毛料作坊的利润中有很大一部分用于支持当地殖民政府。这些利润用于支付
384 委托监护人的财政义务和王室官员的工资，并支付一定比例的印第安人人头税。印第安人用自己的方式支付其余贡品。委托监护人直接从毛料作坊收入中获得的收入很少。然而，由于他们的财政义务得到了保障，他们可以在直接自印第安人那里征收的收入中，占取很高比例。印第安人从村庄里的公社作坊获得的利益几乎为零。毛料作坊最多能支付印第安人贡品的1/3。然而，基多的个人贡品比西班牙美洲几乎任何地方都要高，而且从来没有像在墨西哥那样以合理的费率进行标准化。

除了社区和王室的毛料作坊，基多检审区还有私营毛料作坊在经营。尽管工作相同，但他们支付的工资要高出30%到50%，不过该部门生产成本较低，因为私营毛料作坊不需要支付公社要付的若干费用。由于17世纪的布价频频下降，公社毛料作坊无利可图，而私营作坊仍然能够盈利。在18世纪20年代，公社作坊被关闭，并以极低的价格出售给了私营企业家。造成其关闭的明显原因是1704年一项法令的执行，该法令禁止在毛料作坊中使用强制劳动。然而，此项决策背后有着重要的经济和政治原因。“将乡村工厂并入私人庄园，顺理成章地成为确立殖民精英对纺织生产控制的最后一步。”①

17世纪，由于基多的印第安人口稳步增加，利马的毛料价格也保持了相对高位，私营毛料作坊经历了重要的扩张阶段。布业集中在基多、拉塔昆加（Latacunga）和里奥班巴（Riobamba）等地，均是人口最多的检审区。到17世纪末，有174家毛料作坊和50多家牧场和小作坊在基多经营。后者在18世纪中最先屈服。私营毛料作坊并不像公社作坊那样普遍使用米达劳动力。相反，它们雇用了大量的印第安人，这些人离开了他们的村庄，住在庄园或城市里。尽管如此，有些私营毛料作坊还是能够获得包括提供米达劳工在内的许可，这些许可有时是通过贿赂官员获得的。王室也将印第安人分配给私营毛料作坊，用以支付委托监护贡品的债务，此类债务的规模在17世纪初时已经很大了。印第安劳动力的年工资（24—32比索）和租金（18—36比索）之间的差额付
385 给了王室财政，作为贡品欠款的信贷。然而，随着时间推移，由于印第安人离开村庄到庄园或城镇生活，米达劳动力日渐减少。到18世纪末时，大庄园不论设立毛料作坊与否，都吸纳了基多各辖区50%或更多的印第安人口。由于钱币是稀缺的，多数工资以实物支付，庄园主和毛料作坊主负责支付其印第安雇工的贡品。鉴于基多毛料作坊的农

① Tryer, “The Demographic and Economic History of the Audiencia de Quito,” 142.

村特性，印第安人的境况似乎并没有像在新西班牙的城市毛料作坊那样糟糕。在18世纪，向印第安人免费分配土地是一种常见做法，他们经常在毛料作坊工作和其他农村杂务（如耕作、放羊或当骡夫）之间分配时间。

如同在新西班牙一样，债务是基多毛料作坊获取劳动力的一种常见手段。然而，在许多庄园里，印第安人却遇到了相反的问题，因为是毛料作坊主拖欠工人工资。这种做法也达到了留住劳动力的目的，因为虽然理论上工人可以自由地离开雇主，但会因此而失去其未付工资。由于18世纪的毛料作坊经济受到沉重打击，因此，这种做法似乎更多是一种迫不得已的结果，而非有意设计的结果。基多谷地的毛料作坊所采用的劳工招募制度似乎与秘鲁总督区其他地区相似，如库斯科和瓦曼加。

经济条件的变化带来了地区性的毛料作坊生产变化。在1630年之前，新西班牙的大部分毛料作坊都位于普埃布拉、特拉斯卡拉和墨西哥谷地，而在此之后，主要的毛料作坊中心是克雷塔罗和其他巴希奥附近的城市。该地区具有比较优势，因其地理位置靠近丰富的羊毛供应地和北方市场，而后者正在迅速扩大。普埃布拉是16世纪的主要毛料作坊中心，在1579年有40家毛料作坊，但到1622年时只剩22家。在18世纪90年代，该地区只剩下2家毛料作坊。类似的下降也发生在乔卢拉、特拉斯卡拉、德斯科科和墨西哥城。然而，克雷塔罗的毛料作坊数却从1640年的6家增加到1743年的30家，直到1781年仍保持不变。到19世纪初，该地仍有19家毛料作坊在营业，但独立战争带来了灾难性影响，到1812年时，仅剩余5家作坊，且产量均有大幅下降。① 386

随着18世纪毛料价格的下降，秘鲁总督辖区内毛料作坊的经济地理也发生了改变。相对于基多检审区，靠近采矿中心的纺织生产存续期更长。库斯科毛料作坊的扩张从17世纪一直持续到18世纪60年代。相反，在瓦曼加，直到18世纪80年代才感觉到经济收缩。18世纪末，从基多到利马的毛料出口下降，部分缓解了秘鲁毛料作坊的困境；他们从18世纪70年代开始供应利马。同样，18世纪末，科尔多瓦、拉普拉塔和拉巴斯的毛料作坊扩张似乎是库斯科和普诺的产业崩溃的结果，而这些产业区此前供应着上述地区。然而，到19世纪初，帝国所有的毛料作坊都迅速消失了。

很难说毛料作坊是一个原始产业。其生产体系与工业革命之前的欧洲生产体系有很大不同。因为毛料作坊建立在强制劳动和陈旧技术的基础上，所以不能作为现代工

① Miño, *La protoindustria colonial*, 63; *Salvucci*, *Textiles y capitalismo*, 203 – 13, 238 – 9.

业化的基础。然而，18 世纪拉美殖民地部分地区棉纺织业的发展，确实在一定程度上与同时发生的欧洲前工业化演变并行。

2.2 18 世纪棉纺业的发展

在 18 世纪，西班牙美洲殖民地的几个地区经历了“以家庭为基础的棉纺织业的扩张，纺纱由印第安人（通常是农村家庭）掌握，织布由西班牙人或偶尔是梅斯蒂索织工控制，并得到商业资本的支持……”①，普埃布拉、瓜达拉哈拉、安特克拉（Antequera）、巴利亚多利德（Valladolid）、墨西哥、昆卡、新格拉纳达、特鲁希略、科恰班巴、拉巴斯、科尔多瓦、图库曼和阿雷基帕都以某种方式经历了这一过程。棉纺织
387 业增长的部分原因是人口因素。从 17 世纪中期开始，印第安人口的持续增长，以及最为重要的，梅斯蒂索人和克里奥尔人数量的增加，是这一进程中的基本变量。经济因素也很重要：经济活动的减少降低了其他部门的机会，大量的梅斯蒂索人和西班牙人因而愿意成为棉纺织者。

王室为鼓励加泰罗尼亚棉纺织业而采取的措施，对殖民地工业产生了重要的副作用。其中包括“禁止进口亚洲棉花和丝绸，取消原棉贸易税，禁止从其他欧洲国家进口棉布”。② 再加之 18 世纪末和 19 世纪初大西洋世界经常发生的敌对行动，这些变化在一定时期内给殖民地提供了棉纺织业发展所需的保护。

在一些地区，如科恰班巴（今玻利维亚），棉纺织业的发展是一次短暂繁荣，起因是欧洲战争带来的暂时性保护。在科恰班巴，这种情况发生在 1796 年到 1802 年之间，“由于战争和西班牙对拉普拉塔河流域军事控制的崩溃，欧洲和大西洋南部港口之间的贸易崩溃了”。③ 当英国人在 1802 年解除封锁后，对工业的破坏很快就到来了。

在其短暂的存续期内，科恰班巴生产一种面向当地市场的廉价棉布——棉粗布（Tocuyo），因其无法在较远的市场上与欧洲纺织品制造商竞争。就此意义而言，科恰班巴的棉粗布产业与瓦曼加和其他毛料作坊区的情况相似，后者曾在殖民市场收缩时，

---

① Guy Thomson, “The Cotton Textile Industry in Puebla During the Eighteenth and Early Nineteenth Centuries,” in Nils Jacobsen and Hans Jurgen Puhle, eds., *The Economies of Mexico and Peru During the Late Colonial Period, 1760－1810* (Berlin, 1986), 169.

② Thomson, “The Cotton Textile Industry,” 197.

③ Brooke Larson, “The Cotton Textile Industry of Cochabamba, 1770－1810: The Opportunities and Limits of Growth,” in Jacobsen and Puhle, *The Economies of Mexico and Peru*, 157.

经历过短暂扩张。在科恰班巴，棉纺织业是一个分散的家庭产业，在该地区的城镇和周围的农村兴起。起初，纺纱和织布是农业工作的附属产业。但随着商业利益机会的增加，城镇中涌现出一批职业织工，他们松散地组成了手工业行会，其成员大多是乔洛人（Cholos）① 或梅斯蒂索人。商人们利用信贷手段来刺激纺织生产。然而，相较于墨西哥普埃布拉地区，他们在纺织生产组织中发挥的作用相对较小，我们将在后文进行分析。 388

科恰班巴因王室规定而无法生产原棉。该地区的棉纺织业依赖秘鲁沿海地区生产的原棉。进步的纺织生产商试图改变这一规定，但未能成功。“除了市场风向的变化外，原料成本……给工业扩张带来了致命影响。”因此，“1796—1802 年的托库约出口繁荣并不意味着该地区开始向资本主义企业过渡”。②

在其他地区，纺织业出现了相对稳定与稳步的发展。然而，在拉美殖民时期，没有哪个地方的棉纺织业比普埃布拉的基础更坚实。该行业起源于 17 世纪末，18 世纪时规模迅速扩大，当时已扩展到普埃布拉中部地区的大部分村庄。从棉花种植到最终市场，一个完善的网络将棉纺织业的不同环节联系在一起。普埃布拉或韦拉克鲁斯的商人被称为投机者，他们通过在每年交易会上向棉花种植者提供现金或制成品来投资棉花农业。他们从普埃布拉、瓦哈卡和韦拉克鲁斯的大型进出口商那里获得商业支持，并成为其代理人。交易商（称为 algodoneros 或 regatones）从商人和骡夫那里购买原棉，骡夫将纤维从低地运来，然后卖给纺纱厂或织布厂，而后者管理自己的纺织工艺。在 18 世纪，交易商加强了对原棉和纺棉业务的控制，将两个主要的生产者，即纺纱者（通常是居住在小村庄的印第安人）和织布者（通常是居住在较大城镇的独立的、文化上不同的克里奥尔手工业者）联系在一起。

虽然织布一般只能提供最基本的生计，但它在很大程度上是一种西班牙裔梅斯蒂索人的职业。一大批织工专门从事长披巾的生产，构成了一个手工艺精英阶层。普埃布拉棉布的销售是由批发商人管理的，因为很少有棉纺织者拥有资本、享有人脉关系或能承受长途贸易所带来的付款延迟。这些商人向织工提供信贷，并在 18 世纪中后期将其影响从城市的纺织区扩展到该地区整个中部地区。然而，织工们从未完全丧失其独

---

① 译者注：西班牙人与印第安人的混血后裔多称为梅斯蒂索人，但在中美洲被称为拉迪诺人，在秘鲁和玻利维亚等南美国家则被称为乔洛人。

② Larson, “The Cotton Industry of Cochabamba,” 164.

389 立性。

普埃布拉布匹最重要的市场在墨西哥河谷以北和以西的省份，即所谓的“内地”。在独立战争之前，奇瓦瓦和科阿韦拉等地区也消费普埃布拉的棉布和长披巾。相较于长披巾，棉布市场受到更多限制，因为其单位重量的价格较低，而且面临着18世纪在墨西哥南部、中部和中北部大量涌现的棉纺织商的竞争。同时，即便在瓜达拉哈拉等当地棉纺织业发达的地区，长披巾也是一种更精细的专业化产品。在独立前，普埃布拉的长披巾被运往瓜亚基尔和秘鲁。

18世纪，普埃布拉纺织业的大部分扩张是通过小生产单位的倍增实现的。然而，在18世纪的最后几十年，金融家和占主导地位的棉花主设法将该行业集中到更大的单位。在19世纪的前几十年间，这种趋势加速发展，到40年代末时，几家拥有20至100台织机的大型纺织厂出现了。

直到19世纪30年代，墨西哥的棉纺织业才实现了机械化。墨西哥和塞拉亚（Celaya）的商人早在18世纪70年代初就引进了机械脱籽和梳理装置，但普埃布拉并未采用此种做法。很明显，原因是“1807年，当机械轧花的棉花从韦拉克鲁斯运到普埃布拉时，事实证明这种棉花不适合该地的纺纱轮，因为纺纱轮更适于纤维更完整的轧花处理棉花”。① 普埃布拉的棉花公会反对机械纺纱，声称普埃布拉的长披巾和棉布的部分声誉来自纺纱工对棉花进行轧花，而设备却要取代这些纺纱工。然而，如果该行业的繁荣没有被独立战争突然打断，机械化很可能会比现实中更早出现。

独立战争对墨西哥经济的破坏性作用影响了棉纺织业的发展。然而，棉纺织业比毛料作坊能够更好地应对危机。当19世纪30年代和40年代短暂克服政治不稳定因素后，棉纺织业终于实现了机械化。政府的政策为这一进程提供助力，通过创办发展银行——阿维奥银行（Banco de Avío），政策为产业发展提供了必要保护和必要的财政支
390 持。机械化纺织厂的诞生与普埃布拉棉纺织业的发展密切关联。1821年后，新国家的政府采取了保护主义政策，部分原因是普埃布拉纺织工人施加的压力和与该地纺织业有联系的商人（如埃斯特万·德安图尼亚诺<Estevan de Antuñano>）的影响。德安图尼亚诺是韦拉克鲁斯的西班牙商人之子，他在1816年迁入普埃布拉，开始销售进口布料。1835年，他创办了墨西哥第一家斜纹织物机械化纺织厂（La Constancia Mexicana）。

① Thomson, “The Cotton Textile Industry,” 182.

在19世纪上半叶，棉纺织业的机械化与织工利益并不相悖，因为纺织厂生产的大部分纱线都是卖给织工的。更便宜的纱线使织工能够生产出更有竞争力的产品，赚取更多的收入，并在贸易中生存得更久。然而，到19世纪90年代时，工厂织造终于取代了全墨西哥的手工织布机。

普埃布拉的毛纺织品生产也实现了机械化。19世纪20年代初，卡塔拉人弗朗西斯·普伊格（Francis Puig）将第一台钢制织机引入其位于普埃布拉的毛料作坊。19世纪30年代，毛纺技术的转变紧随棉纺革命，但它面临着工匠的抵制，工匠们摧毁了特拉斯卡拉第一家毛纺厂的设备。

直到19世纪最后几十年，墨西哥的早期工业化一直因条件困难而缓慢行进。除了限制市场的高运输成本外，政治不稳定也阻碍着墨西哥政府执行工业促进政策。机制性的脆弱环境“产生了一种进攻性的关税政策，为产业提供了低效保护，落后的金融市场限制了可用于工业增长的资源，而关税壁垒增加了运输成本”。①

直至19世纪后期，拉美其他地区才出现机械化纺织厂。19世纪50年代，秘鲁第一批棉纺厂在利马创办，但在政府放弃保护主义关税后迅速破产。1844年，巴西第一家纺织厂在巴伊亚建立。但到1853年时，巴西只有8家工厂在运作，只有4 499个纱
锭，而10年前墨西哥的纺织业就有59家工厂和超过10万个纱锭。 391

3. 结　论

对1850年以前的制糖业和纺织业的研究清楚地表明，拉美殖民时期和后殖民时期初期的制造业比人们普遍认为的要多。然而，这并不是那种会自然导致工业化的制造业发展。

在制糖业的整个考察期内，技术变革都在发生。一些技术革新，如三辊碾磨机、大锅组或“牙买加火车”的发展，都是在糖业殖民地发明的。19世纪制糖业技术革新的步伐加快。然而，后来的创新是由英国和法国技术人员完成的，并被引入欧洲和北美机械制造公司制造的机器中。

---

① Aurora Gómez-Galvarriato, “Industrial Development under Institutional Frailty: The Development of the Mexican Textile Industry in the Nineteenth Century,” *Revista de Historia Económica* (1999): 191.

在纺织业，毛料作坊是一项重要的组织创新。然而，在三个世纪的殖民统治期间，该行业没有进行任何技术变革。直到 19 世纪初，欧洲开发的新纺织技术才被引入该行业。在 19 世纪下半叶之前，这一进程并没有在拉美全境内发生，仅是在墨西哥的部分地区出现。

对制糖业和纺织业的研究表明，拉美殖民时期的工业未能采用新技术，并不是因为缺乏资本、企业家精神或管理技能。对拉美工业落后的一种解释，在洪堡著作以来的文学作品中可以找到，主要是殖民主义重商主义政策对制造业的发展造成的伤害。对制糖业的研究使我们有一定的理由认为，殖民主义重商主义政策扭曲了成本和效益，严重限制了工业发展。然而，殖民主义的结束和自由主义对重商主义的胜利并没有结束旧殖民政策的一些最坏的特点。欧洲和北美国家对甜菜糖的补贴和对炼糖业的保护，以及为了追求国家利益而对出口国提供的不同关税水平，造成了世界市场的严重经济扭曲。糖价不稳定不仅来自产品的自然价格波动，还来自反贸易行动可能造成的市场
392 封锁，这种情况并没有随着重商主义的放弃而结束。

纺织业的情况有些不同。重商主义政策对该行业发展的影响仍然是一个持续中的辩论。大家一致认为，早期王室赞助了西班牙美洲的纺织制造业生产。然而，从 16 世纪中叶开始，王室通过劳动法规，限制毛料作坊使用印第安劳动力，这可能损害了纺织业，并限制了该行业的发展，即便这些法规并不总是得到执行。

“王室在促进纺织业发展方面没有发挥积极作用，也未能有效地限制纺织业的发展，只是试图从纺织业的实际扩张中赚钱”,① 正如我们所看到的那样，官方采取的一些措施对纺织业有利而并非有害。然而，当这种情况发生时，并不是因为有意识地采取了促进殖民地制造业发展的政策，而是为了促进伊比利亚半岛的工业发展而采取的政策的副作用，或者像基多的情况一样，是在一个无法找到其他收入来源的地区，为了保护一个为王室提供大量财富的工业而采取的政策。

很明显，采矿业是王室的利益所在，而制造业或农业却不是。如果说有其他活动存在，那是因为这些活动提供了采矿所需的货物，而且比从西班牙运来的货物更便宜。毫无疑问，殖民地的收入并没有用于促进殖民地的经济增长：道路维护不善，教育推广不力，公共服务提供不均衡。相反，财政收入被用来补贴哈布斯堡和后来波旁王朝的战

① Tryer, “The Demographic and Economic History of the Audiencia de Quito,” 150.

争以及西班牙在加勒比和菲律宾的统治。在波旁王朝改革时代，财政收入还用于促进边际成本上升时期的采矿业，消耗了其他用途的资源。这些政策当然不利于制造业的发展。

还有其他因素影响了拉美早期工业化的可能性。正如我们所看到的，两个最繁荣的制造业部门，即制糖业和棉纺织业，都是以奴隶制或其他形式的强制劳动为基础的。这确实造成了收入分配的不均衡，也造成了教育在人口中缺乏普及。直到 18 世纪末，纺织业和制糖业所需的技术工作与奴隶制或其他形式的强制劳动之间似乎并没有冲突。然而，19 世纪的技术变革要求的技能，如识字，无法通过学徒制获得，而要通过正规 393
教育获得。学校教育与强制劳动和高度的收入不平等是不相容的。在那些存在奴隶制（或其他类型的强制劳动）的国家，普遍存在的低识字率确实是 19 世纪拉美工业发展缓慢的一个原因。文盲限制了新工业所需的技术工人，使他们变得稀缺和昂贵，从而制约了工业发展。此外，缺乏教育是拉美工业的创新能力及其采用更好技术的能力的巨大障碍。

正如洪堡解释的那样，高昂的运输成本起初是有利于拉美发展供国内消费的制造业产品的一个关键因素，但也成为工业进一步发展的一个重要障碍。地理环境不允许形成大市场，但道路投资少和地区贸易税高也未能提供助力。此外，汤姆森所说的人文地理环境，即大部分人口生活在贫困之中，进一步限制了市场规模。然而，贫困在一定程度上是殖民政策的结果，包括高额贡品、对土著人口征税、强制劳动制度以及其他攫取性政策，如征用和强制出售商品。然而，殖民统治结束后，贫困并没有减少。

当然，殖民体制不利于产生现代工业化所需的创新、竞争性的创业精神、资本投资和增长的劳动生产率。不幸的是，大多数殖民体制在拉美根深蒂固，无法随着独立而迅速消除。此外，独立还带来了许多其他风险，特别是政治不稳定，这在 19 世纪影响了拉美大部分地区。不幸的是，墨西哥这个最有可能在早期就实现工业化的国家，正如其棉纺织业在 18 世纪的发展所预示的那样，遭受了比大多数拉美国家更大的政治不稳定、社会动荡和外国干预。还有许多其他原因可以解释为什么是曼彻斯特而不是普埃布拉领导了工业革命。然而，这将把我们引向许多主要经济史学家所关注的极具争议性的问题，也就是为什么持续的经济增长首先发生在西方。 394

第11章　商业垄断与对外贸易

格拉谢拉·马尔科斯（Graciela Márquez）

1. 导　言

当人们想到殖民时期的拉美贸易时，首先想到的是西班牙帝国贸易垄断，其轴心在塞维利亚的贸易署（Casa de Contratación）。通过贸易盈余积累贵金属，这是西班牙和葡萄牙对其殖民地实行贸易垄断控制的主要重商主义思想。这种垄断的成功在很大程度上取决于宗主国是否有能力通过规章制度和贸易限制来获得贸易收益的专有权。在实践中，这种垄断很难实施，收益往往难以实现。殖民贸易体系从一开始就存在问题，并不断受到外部压力，这意味着随着时间的推移，该体系的功能越来越少。在16世纪和17世纪，贸易体系的僵化给殖民地的消费者带来了高昂的交易成本，他们为进口商品支付了更高的价格。18世纪实施的改革取消了对跨大西洋贸易的一些贸易限制，但帝国政策继续扭曲拉美的价格和贸易量。

本章研究殖民贸易体系对贸易价格和贸易量的影响。下一节介绍指导16世纪和17世纪西班牙和葡萄牙商业政策设计的重商主义原则。还将简要讨论18世纪改革的广度和范围。第二节包括描述殖民统治前两个世纪中实行的贸易制度的运作规则和规章制
395 度，以及18世纪实行的改革。第三节重点介绍西班牙和葡萄牙商业政策的成本，并将其与殖民地发展的其他贸易做法进行比较。

2. 西班牙和葡萄牙的重商主义与商业政策

审视关于拉美殖民地的文献，很明显，大多数学者同意的少数几点之一是，16至

18世纪的西班牙贸易政策是由重商主义原则形成的。① 然而，学者们的一致意见并没有深入下去。在仔细研究每个作者的论点所依据的重商主义概念时，就会出现分歧，这种现象并不是拉美研究所独有的；它只是反映了在历史和理论上界定和使用重商主义这样一个广泛而复杂的术语的困难。

对一些人来说，重商主义只是用来界定15至18世纪民族国家巩固的历史时期。另一些人则赋予该词更广泛的含义，将其定义为：在向资本主义过渡的时期，影响全世界的国际权力结构并规范国内经济转型的制度。更狭义地，也有作者将该词与前现代社会中指导政府官员行为的经济政策规则相联系。② 另一个复杂的问题是，重商主义理论家们的著作缺乏统一的概念，而此种概念是用于限制重商主义是什么和不是什么的。因此，将重商主义一词与英国的经济政策、17世纪法国科尔贝大臣实施的保护主义政策、16世纪的西班牙贸易体系和18世纪的波旁王朝改革联系起来并不奇怪。

为本章的目的，重商主义一词将用于指16至18世纪指导西班牙和葡萄牙经济政策的一套原则。与重商主义有关的最常见的说法是，国家的财富取决于贵金属的积累。因 396
此，各国需要积累国际收支盈余，以避免金银外流。重商主义思想家认为，财富是以固定的数量存在的，因此，一个国家的经济发展取决于它是否有能力扩大其在全球财富中的份额，从而影响其他国家的相对地位。换句话说，全球一级的财富分配是一个零和游戏，在这个游戏中，收益和损失是相互补偿的。因此，鉴于贸易顺差是重商主义政策的基本目标，贵金属的积累只能以牺牲其他国家的利益为代价。在寻求贸易盈余的过程中，重商主义的政策菜单包括促进本国工业发展和向出口商提供财政激励，以此来实现进口替代。

从重商主义的角度来看，征服新大陆的领土与开发金银矿为西班牙王室提供了一个特殊的机会，只要能找到保护其新发现财富的手段，就可以建立一个富裕而稳固的经济。根据《托尔德西利亚斯条约》（1494年），西班牙取得了对新发现领土的垄断控制权，迈出了对新大陆商业控制的第一步。西班牙将征服非洲海岸的权利（无意中也

① Antonio García-Baquero González, Cádiz y el Atlántico (1717 - 1778): *El comercio español bajo el monopolio gaditano* (Seville, 1976), chap. 1.

② 参见：Eli F. Hecksher, *Mercantilism* (London, 1934); Leonard Gomes, *Foreign Trade and the National Economy* (London, 1987); Robert Ekelund and Robert D. *Tollison*, *Mercantilism as a Rent-Seeking Society. Economic Regulation in Historical Perspective* (College Station, TX, 1981)。

包括巴西）让给了葡萄牙，换取了后者对其在新大陆所有权的承认。发现新西班牙和秘鲁的巨大矿产资源后，西班牙王室立即实施了一系列贸易限制，包括控制国民贸易，保护西班牙农业和制造业并给予其特权，限制和禁止外国人参与新世界的贸易。此外，在殖民地供应欧洲产品，只能由西班牙生产者来承担。西班牙和葡萄牙并不是唯一对贸易实行重商主义限制的欧洲强国，但它们的目标有很大的不同。对西班牙和葡萄牙统治者来说，税收是贸易垄断的主要目标，而对荷兰、法国和英国来说，重商主义政策的主要目的是降低成本，促进专业化和技术革新。①

16世纪，西班牙重商主义的目的是，将新大陆令人垂涎的矿产财富带入一个完全由王室管理和控制的贸易圈。来自英国、法国和荷兰的海盗与海贼对西班牙船只的袭
397 击，增加了对殖民地和伊比利亚半岛之间的商业流动保持持续警惕的压力。这促使西班牙建立了一个复杂的舰队（卡拉维尔帆船<Caravel>）体系，往返于西班牙的塞维利亚与墨西哥、韦拉克鲁斯和巴拿马的波托贝洛（Portobello）等最终目的地之间。

即便受到保护，西班牙帝国的贸易路线也不得不面对来自其经济内、外部的各种障碍，这些因素阻碍了西班牙统治者实现其目标。国内经济的制度因素阻碍了出口部门的稳固发展。例如，在纺织业方面，羊毛生产者的利益——在被称为“梅斯塔”的组织的垄断下受到保护——占了上风，羊毛生产主要出口到北欧，剥夺了国内制造业的原料。西班牙制造业的竞争力下降，本来可以从美洲殖民地市场获得的利益也随之下降。如果考虑到王室禁止在其殖民地进行纺织品制造的努力，纺织业的毁灭就更加严重了。西班牙对其他欧洲国家生产的商品的依赖性越来越大。美洲的矿产资源很快就形成了北欧贸易圈的一部分。西班牙的金银外流，用以支付进口商品的费用，可能推动了整个欧洲的通货膨胀进程，此进程后来被称为16世纪的价格革命。除了对价格的最初影响外，来自新世界的银条还将欧洲的贸易业务中心从地中海盆地转移到伦敦和阿姆斯特丹等北方城市。②

最终，支付手段的增长促进了洲际贸易的扩大，主要参与者是英国、荷兰和法国。西班牙和葡萄牙仍然是领土大国，但很少参与贸易增长的利益。然而，来自新大陆的白

---

① Jan de Vries, *The Economy of Europe in an Age of Crisis*, *1600 – 1750* (New York, 1976), chap. 8.

② Ronald Findlay and Kevin H. O'Rourke, "Commodity Market Integration, 1500 – 2000" (Working Paper, National Bureau of Economic Research, 2001), 11 – 12.

银在16、17世纪推动了世界范围内贸易圈的扩张，从而形成了第一个全球化周期。①

除了欧洲的通货膨胀压力外，来自新大陆的白银还对货币体系产生了另一个相关影响。在发现和征服新大陆之前的几个世纪，金银平价一直保持在10∶1左右。白银供 398
应量的增加扭转了这一趋势，降低了白银相对于黄金的价格。美洲矿场生产的大量白银超过了全世界的黄金产量，从而导致白银价格下跌。这两种金属的平价比从16世纪初的10∶1变为17世纪中叶的约15∶1，并在随后的两个世纪中几乎没有变化。② 根据卡斯蒂利亚的法定铸币平价，从1497年到1650年，金银比价上升了50%以上（见表11.1）。西班牙以外地区的变化也遵循了同样的模式：金银比价持续下降到了17世纪末。③

表11.1 卡斯蒂利亚的金银比价

年份	比价
1497—1536	10.11∶1
1537—1565	10.61∶1
1566—1608	12.12∶1
1609—1642	13.33∶1
1643—1650	15.45∶1

来源：Earl Hamilton, *American Treasure and the Price Revolution in Spain, 1501—1650* (New York, 1965), 71。

16世纪西班牙重商主义政策的核心是贵金属的生产。这些政策既符合王室的利益，也符合商人阶层的利益。一方面，银矿的开采通过征收生产税为王室带来收入。因此，

① John H. Coatsworth, "Cycles of Globalization, Economic Growth, and Human Welfare in Latin America," in Otto Solbrig et al., eds., *Globalization and the Rural Environment* (Cambridge, MA, 2001).

② 关于美洲银矿开采对平价比的影响，可参见：J. Laurence Laughlin, *A New Exposition of Money, Credit and Prices* (Chicago, 1931), 96-110; Earl Hamilton, *American Treasure and the Price Revolution in Spain*, 1501-1650 (New York, 1965), chaps. 4-6; Gabriel Tortella and Francisco Comín, "Fiscal and Monetary Institutions in Spain (1600-1900)," in Michael D. Bordo and Roberto Cortés Conde, eds., *Transferring Wealth and Power from the Old to the New World* (New York, 2001)。

③ 关于1501—1700年之间欧洲的铸币平价，可参见：Laughlin, *A New Exposition of Money*, 96-7。

银矿开采对王室财政持续赤字至关重要。另一方面，西班牙统治者设计的封闭式贸易
399 圈，使塞维利亚的参与商人可以对出口到美洲殖民地的商品收取高价。但金银比价的下降减少了舰队商人以黄金折算的收益，并通过减少商业利润抵消了贸易垄断的潜在收益。①

概括言之，拉美殖民地的重商主义政策既不能有效地促进贵金属的积累，也不足以促进西班牙或葡萄牙的国内发展。相反，其持续存在反映了宗主国没有能力进行体制变革，而这些变革可能会让它们从发现和征服新世界广阔领土所带来的机会中获益。在这两个世纪中，所有调节贸易流动的努力都未能促进宗主国的制度变革和持续的经济增长。从这个意义上说，即便有着最完美的监管体系，也无法避免西班牙银条的流失。

3. 西印度航线与贸易地理

西班牙和葡萄牙与新大陆之间的航运和贸易包括大西洋的三条主要航线和太平洋的一条航线。西印度航线（Carrera de Indias，这些航线后来被如此冠名）成为西班牙和葡萄牙实施的重商主义政策的支柱。从欧洲人最初发现美洲开始，王室当局就对规范与新世界领土的贸易感兴趣。1503 年，斐迪南和伊莎贝拉在塞维利亚设立了西印度贸易署（Casa de Contratacion de Indias），这是一个皇家机构，负责监督和管理与西班牙海外属地的贸易。贸易署最初对西印度贸易实施皇家特许垄断经营，最终接受了塞维利亚强大的商会（Consulado de Comerciantes）的参与。除了征税、发放船只许可证、规划新远征、检查货物之外，贸易署还是王室的商业代理，管理王室垄断的贸易交易，如汞交易。集中性抵返新大陆使贸易署在殖民贸易体系中占有特殊地位。塞维利亚位于瓜达尔基维尔河畔，距离大西洋海岸 83 公里，与西班牙北部的竞争港口相比，没有
400 明显的优势。然而，作为安达卢西亚的首府，塞维利亚拥有一个完善的商业阶层，其地理位置使其能够以相对较低的成本从腹地供应农产品，而卡拉维尔帆船的尺寸——西印度航线早期最常见的船只——对瓜达尔基维尔河（Guadalquivir）的航行不构成任何

① John H. Elliot, "Spain and America before 1700," in Leslie Bethell, ed., *The Cambridge History of Latin America*, vol. 1 (Cambridge, 1984), 103.

问题。与比斯坎湾的港口相比，另外两个地理因素对塞维利亚有利。塞维利亚地处内陆，远离大西洋海岸，使其免受外来攻击，而且靠近西向洋流和风向，便于前往美洲航行。即便其他港口被证明有更好的位置或贸易条件，但塞维利亚的商人工会维护其从垄断中收取租金的权利，这使该地作为对西印度贸易体系中心的地位很难改变。例如，在16世纪20年代，查理五世曾试图开放其他港口通航到新世界，但由于商会的激烈反对，法令一直未能执行。然而，限制也并非绝对。在16世纪初，由于大型船只在瓜达尔基维尔河通行困难，断断续续地有几项法令授权加的斯（Cadiz）作为塞维利亚的替代港。1717年，塞维利亚失去了相对于加的斯的垄断权，自1630年以来，加的斯控制了30%以上的贸易。①

在16世纪上半叶，贸易署授权个人船只前往新世界。这些冒险在规模和范围上有很大的不同，但在所有这些冒险中，贸易署都要求横渡大西洋的船只达到最低规模，并最终达到一定的能力，以抵御海盗的袭击。回程时，船只必须在塞维利亚停靠，进行货物检查和缴纳关税。只有商会的成员才有权购买货物，并在西班牙和欧洲进行进一步的分销和销售。在16世纪下半叶，随着进出西印度群岛的货物价值增长，来自海盗和海贼的袭击也在增加，加勒比地区尤为突出。16世纪60年代，王室通过贸易署来限制个人航行，迫使船只在护送下结队航行，从而建立了往返于塞维利亚和新世界少数忠诚港口之间的舰队体系。护航舰队每年往返于塞维利亚和韦拉克鲁斯以及波托贝洛之间一次。抵达殖民地港口后，当地商会的批发商人会购买欧洲货物，并在西班牙控制的领土上转售和分销。前往韦拉克鲁斯的舰队必须在5月开始横渡大西洋。一旦出了塞维 401
利亚—桑卢卡尔（San Lúcar）—加的斯地区，舰队将在加那利群岛停靠一次，以储备食物和水。在信风的帮助下，舰队继续前往小安的列斯群岛，为了补充食物和水，一般是到波多黎各。最后，舰队在8月份之前到达韦拉克鲁斯是有利的，这样就避开了飓风季节，当然这也给加勒比海的航行带来了很大的困难。从塞维利亚到韦拉克鲁斯的8 000公里的路程通常需要2到3个月的时间。② 由于韦拉克鲁斯的港口卫生条件不佳，而且缺乏足够的设施，并不十分有利于商业贸易，因此，当地商人选择距离韦拉克鲁斯

① Antonio García-Baquero González, *La Carrera de Indias: Suma de la contratación y océano de negocios* (Seville, 1992).

② Clarence H. Haring, *Trade and Navigation between Spain and the Indies in the Time of the Hapsburgs* (Cambridge, MA, 1918).

22 里格的哈拉帕（Jalapa），举办每年的商品交易会。然而，直到 1720 年，哈拉帕才成为商品交易会的正式举办地。从理论上讲，欧洲货物的准入由墨西哥城的商会控制，该机构垄断了新西班牙其他地区货物的大宗采购及其后的销售和分销。

供应秘鲁总督区的舰队（即大陆宝船队<Galeones a Tierra Firma>）走的是一条不太直捷的路线。虽然它走的是前往小安的列斯群岛的相同路线，但它的第一站是卡塔赫纳港，停留时间为 2 至 3 周。在卡塔赫纳，当地商人为新格拉纳达的腹地收购欧洲货物。然后，大陆宝船队继续前往巴拿马地峡的波托贝洛。此地举办当时最重要的商品交易会之一，用外国货物换取秘鲁白银。商品交易会给港口带来了密集的活动；货物被卸下并储存在仓库中，利马商会的商人们在此大量采购。然而，波托贝洛并不是大多数欧洲货物的消费中心；它只是秘鲁总督区的一个转口港。于是，货物从波托贝洛出发，经查格雷斯河，由骡车和小型船只运过巴拿马地峡。然后，这些货物被转移到小船上，沿着太平洋海岸进行海上旅行，到达利马的港口卡亚俄。从巴拿马到卡亚俄的旅程非常困难，因为洋流和风向迫使船只绕道，先在派塔港（Paita）停留，部分乘客和货物继
402 续转陆路前行。货物到达卡亚俄需要 90 至 120 天，因为这是一条困难的路线，时间成本很高。①

当从塞维利亚出发的舰队抵达卡塔赫纳港时，通过陆路向利马发出消息，宣布其抵达。从那一刻起，白银就准备运往巴拿马。秘鲁白银在“南海海军”（Armada de los Mares del Sur，又称 Armadilla）的保护下被运往波托贝洛。由于航海家们可以利用有利的风向和洋流，整个旅程不超过一个月。在巴拿马，白银由骡车运往波托贝洛，并在那里与来自西班牙的舰队会合。

在西印度群岛过冬后，两支舰队于 3 月在哈瓦那集结，准备返回西班牙。回程很少按照最初制定的时间表进行。在两支舰队的 21 次同时返航中，只有两次是在原计划的日期内返航。舰队的缓慢和周期性不规则性使其无法提供有更快捷、更可靠需要的通信和运输服务。除了舰队，西班牙王室还允许调度船（Navíos de Aviso）和运汞船（Navíos de Azogue）运营。后者是小船，比大帆船和其他大型商船横渡大西洋所需时间更短。调度船将舰队出发的日期通知殖民者，并将殖民地的消息带回西班牙。运汞船

① Clarence H. Haring, *Trade and Navigation between Spain and the Indies in the Time of the Hapsburgs* (Cambridge, MA, 1918).

主要向新西班牙运输汞，用于加工银矿石。1559年，汞成为国家垄断产品。西班牙统治者禁止这两种航船运载货物和乘客，尽管这一限制在16世纪末有所放宽，允许航船运载20至30吨的货物。17世纪中叶，除了当时已运输的军用弹药外，运汞船还被授予运输货物的权利。

西印度航线还包括第三条海上航线，一条连接西班牙和菲律宾的航线。1565年，安德雷斯·德乌尔达内达（Andrés de Urdaneta）首次证明，风和洋流使得麦哲伦1519—1520年开创的自西向航线以北纬度向东返回成为可能，跨太平洋航行由此开始。403
1567年，马尼拉港和阿卡普尔科港之间首次建立了贸易联系。从马尼拉到阿卡普尔科的船只在11度—22度纬线之间向北航行，随后前往下加利福尼亚的卡波圣卢卡斯，经过6个月的旅程最终抵达新西班牙西海岸的阿卡普尔科。从阿卡普尔科到马尼拉的路线包括在关岛停靠加油和休息，最终在3个月后到达马尼拉。王室每年只安排一次航行，16世纪由一两艘载货量为300吨的大帆船组成，17世纪末为1 000吨的大帆船。所谓的“中国之船”（Nao de China）将丝织品和服装、茶叶和香料带入新西班牙，并换取白银，这是远东地区唯一接受的交换方式。作为唯一航行于西班牙和菲律宾之间的船只，“中国之船”对于西班牙在亚洲最远前哨的通讯和控制至关重要。然而，银条的流失和来自丝绸产品的竞争使王室忧心忡忡，他们一直对这种与亚洲的贸易联系表示担忧。王室试图采取各种措施来限制与远东开展贸易的影响。1581年，阿卡普尔科成为唯一获准与菲律宾进行贸易的港口，而两年前授予卡亚俄和巴拿马港口的授权被取消。① 王室进而限制从远东经新西班牙向秘鲁或新世界任何其他殖民地转口货物。理论上说，只有新西班牙和西班牙可以使用“中国之船”的货物，但由于走私，丝织品、香料和瓷器等商品到达西班牙帝国在美洲的许多其他地区。

巴西的殖民模式与西班牙人控制的地区不同，王室的干预程度不同。这产生了一个更加灵活的殖民制度，殖民者从里斯本获得更多的独立自主权。不过，在殖民经济的关键部门，贸易的垄断控制仍然普遍存在。16世纪，葡萄牙在巴西的统治促进了以糖和森林产品为基础的强大出口经济的发展。在16世纪的大部分时间里，巴西木的开采在贸易中占主导地位，但第一次出口繁荣在世纪末被糖业生产的扩大所取代。由于欧

---

① John R. Fisher, *Relaciones económicas entre Espa ñ a y América hasta la independencia* (Madrid, 1992).

洲市场对糖的需求量越来越大，出口经济集中在糖料作物种植园的产出上，1580 年之
404 后更是如此。在出口糖的同时，巴西进口了奴隶和常用食物。葡萄牙的重商主义政策主要是向商船发放许可证，让其运送出口作物。而王室对殖民地的进出口征收关税。然而，葡萄牙发现很难将外国势力排除在与巴西的贸易之外。外国势力挑战葡萄牙的统治，威胁到葡萄牙的商业垄断。早在 16 世纪初，法国私掠者就袭击了巴西海岸，直接与印第安人进行染料木贸易。葡萄牙通过加强沿海巡逻和推行广泛的定居政策来应对外来侵略。从 1630 年到 1654 年，巴西的东北地区落入荷兰军队的控制之下。持续不断的战争终结了荷兰人的占领，但战争耗尽了王室财政，阻碍了对跨大西洋航运的保护。

到 17 世纪中期，战争和来自外国势力的持续威胁迫使葡萄牙组织了一个舰队体系，以保持对巴西贸易垄断的控制。舰队体系不仅提供了通过护航系统为商船护航所需的保护，而且还通过对商品直接收费为保护工作提供资金，从而减轻了皇家财政的压力。1649 年，贸易总公司（Companhia Geral do Comercio）的成立标志着舰队体系的开始。为了支付保护费用，贸易总公司征收货款并垄断巴西木。舰队在贸易总公司的指挥下，还垄断了面粉、酒、油和鳕鱼等主食的引进巴西。到了 1660 年，王室下令所有横渡大西洋的船只都要以舰队的形式行驶。然而，一年后，人们对贸易总公司的运营提出了抱怨，于是将其转变为由财政委员会（Conselho da Fazenda）管辖的国有企业。按照贸易总公司的模式，1678 年，王室成立了马拉尼昂公司（Companhia do Maranhão），垄断了马拉尼昂—帕拉（Pará）地区的奴隶引进。

3.1　18 世纪殖民地贸易改革

到 18 世纪初，西班牙舰队体系的危机是显而易见的。除了护航舰队运营中出现的问题外，还有舰队不定期开往新世界的情况（见表 11.2）。财政压力和战争造成的成本
405 增加，西班牙航运业的危机，对舰队出发和到达的严格管理，以及来自走私的日益激烈的竞争，使舰队体系的危机凸显出来。

由于贸易垄断无法运作，因此有必要对宗主国与新大陆殖民地之间的贸易体系进行重大改革。18 世纪初，西班牙不愿屈服于外国势力的压力，阻碍了殖民贸易体系的实质性改革。通过借用合法中间人之名（Prestanombres），外国商人在西印度航线上始终存在。通过塞维利亚的管理框架所调动的商品和资本，很大一部分实际上属于与西

表 11.2　西班牙舰队（1680—1739）

时　期	舰　艇	大帆船
1680—1700	9	4
1700—1713	4	2
1713—1720	3	1
1720—1739	7	4

来源：Fernando de Mordejé y Morencos, *Tráfico de Indias y Política Oceánica* (Madrid, 1992)。

班牙商人和官员勾结的外国人。跨大西洋贸易体系没有发生根本性的变化，而是一再从垄断经营内部寻求解决办法。

在西班牙继承战争期间（1702—1713），法国对西班牙的殖民政策施加了显著影响，但法国顾问提出的修改意见被西班牙当局一再拒绝或干脆推迟。法国利用对西班牙的支持，在美洲获得了贸易特权。1702 年，令人垂涎的《贩奴合同》（Asiento de Negros）转到了法属几内亚公司手中，这使得法国不仅可以垄断对西班牙美洲的奴隶销售，还可以合法地用护航舰队的军舰出口价值高达 2 000 法国镑的商品。这个机会明显增加了法国与西班牙殖民地的贸易。1701 年至 1707 年期间，至少有 50 艘船只抵达韦拉克鲁斯，法国船只定期抵达秘鲁和智利海岸，最终在 18 世纪前 20 年建立了商行。①尽管存 406
在一定的质疑，但法国人在美洲市场的存在受到殖民地的欢迎，因为法国人的贸易不仅缓解了外国商品的匮乏，还降低了进口价格。受法国合法和非法贸易扩张影响的是英国和荷兰的走私商人，其市场份额被法国竞争对手所取代，还有塞维利亚商人，他们对南美市场的垄断力量在一定程度上被削弱，1708 年和 1713 年波托贝洛商会交易会的失败即为明证。西班牙对殖民贸易的控制，在前往新西班牙的舰队中仍能持续。从敌对行动开始到签订《乌德勒支和约》（Treaty of Utrecht）之前，共有 4 支舰队从韦拉克鲁斯回程。除了舰队体系，与美洲的贸易联系还通过特许船舶来维持，其重要性的上升贯穿了整个 18 世纪。事实上，1700—1715 年期间，从西班牙运往美洲的货物总重量，有

① García-Baquero González, *La Carrera de Indias*, 43; Pablo Emilio Pérez-Mallaína Bueno, *La política naval española en el Atlántico, 1700－1715* (Seville, 1982), 65; Carlos D. Malamud, *Cádiz y Saint Malo en el comercio colonial peruano, 1698－1725* (Cádiz, 1986), 48－9; Simon Collier and William F. Sater, *Historia de Chile 1808－1994* (Cambridge, 1998), 27.

10%是通过特许船舶运输的。

西班牙王位继承战争结束后，外国参与西班牙美洲殖民地的法律范围扩大了。通过1713年的《乌德勒支和约》，英国为南海公司争取到了自1702年以来一直掌握在法国手中的《贩奴合同》。两年后，英国获得了额外的特许权，包括：在舰队和大帆船抵达时，在举办商品交易会期间，法定许可一艘载货量为500吨的船（所谓的“英国年度班轮”）运货至韦拉克鲁斯和波托贝洛港。鉴于护航舰队特有的不规则性，1716年，西班牙王室同意，无论是否举办交易会，南海公司都可以出售货物。到1720年，已有三艘年度班轮抵达西班牙美洲，对市场产生了明显的影响。在没有沉重税收负担的情况下，英国货物比从塞维利亚发运的货物具有明显的价格优势。此外，由于舰队体系的混乱，英国商人渗透到供不应求的殖民地市场，几乎未遇阻力。

英国年度班轮的成功表明，如果不进行改革，西班牙与其殖民地之间的商业联系就会崩溃，并落入外国人的控制之下。为了阻碍在殖民地贸易中的外国存在，西班牙政
407 府制定了一系列改革措施，旨在通过减轻财政负担和加快航行速度，来加强其贸易垄断地位。1720年颁布的《舰队与大帆船计划》（Proyecto de Flotas y Galeones，又称《皇家计划》）优化了与新世界商业关系的这一新阶段。它确认，自1717年起，贸易署从塞维利亚迁至加的斯，并对税收进行了改革，以按体积征收的从量税取代了从价税。《皇家计划》的另一大目标是培养西班牙造船业，它要求所有横渡大西洋的船只都须由西班牙制造。由于许多垄断性特征及殖民贸易成本仍然存在，这些变化并未实质性改变舰队体系的结构。但是，西班牙王室期望提高垄断效率，使其足以收复落入外国竞争对手手中的地盘，并将殖民地市场变成西班牙发展的平台。①

在18世纪20年代，前往新西班牙的舰队和前往秘鲁的大帆船证明，《皇家计划》不足以克服殖民地贸易中普遍存在的问题。走私、英国的商业成功以及与殖民地商团之间日益激烈的对抗，都导致了《皇家计划》改革的失败。由于货物不定期到达，合法或非法的外国货物报价过高，殖民地的问题并未减轻。因此，摆脱垄断制度及其限制是不可避免的，途径是进行彻底改革，或是授权采用舰队体系的替代办法。

---

① “王室显然认为，《皇家计划》应当也能为扩大西班牙的经济财富的总体扩大提供基础。” Geoffrey J. Walker, *Spanish Politics and Imperial Trade, 1700－1789* (London, 1979), 111。

为了恢复贸易和保护西班牙利益免受外国侵害，西班牙再次尝试进行局部改革。英国和荷兰的商业公司成功地进行了海外贸易，加强了两国的霸权，西班牙仿效两国先例，推动商业公司发展，来替代帝国贸易体系。然而，因其仅可在垄断航线之外的地区开展经营，如此建立的公司几乎无益于改变舰队和大帆船体系的运作。1728 年成立的加拉加斯商船公司（Compañía Guipuzcoana de Caracas）是西班牙美洲最成功以及存续最久的商业公司，其目的是从在委内瑞拉进行非法贸易的荷兰商人手中接管可可贸易。欧洲市场对可可的高需求确保了该公司的成功。西班牙王室发现，在建立其他公司的各种尝试中——1734 年在坎佩切，1740 年在圣克里斯托瓦尔哈瓦那（San Cristóbal de la Habana），1747 年在塞维利亚的圣费尔南多（San Fernando de Sevilla），以及 1775 年在巴塞罗那——很难复制加拉加斯商船公司的经验，原因是这些公司的垄断特权被限制在有限的地理范围内，而并未因财政地位而免除影响殖民贸易的沉重关税。① 408

贸易改革不仅使王室在努力将殖民地转变为西班牙经济增长的动力方面产生了令人失望的结果，而且对殖民地本身也没有什么好处。改革离间了新大陆的商人，他们担心宗主国对贸易事务的干预会破坏其之前的独立。殖民地市场的操控有利于宗主国的利益，但损害了新世界很多人的利益，随之产生了抗争。新西班牙和秘鲁的商团缺乏合作，增加了大西洋贸易的风险，严重损害了 1720 年后出海的舰队和大帆船的营利能力。

詹金斯的耳朵战争（War of Jenkins' Ear，1739—1748，奥地利王位继承战）改变了大西洋的贸易惯例，严重削弱了已经腐朽的舰队体系。英国突袭者摧毁了波托贝洛号，结束了自 16 世纪以来连接西班牙与秘鲁总督区的商业路线。英国的封锁迫使西班牙当局转而使用特许船舶作为垄断航线的替代方式。特许船舶为传统市场以及仍被排除在直接贸易路线之外的地区提供服务。在秘鲁市场，特许船舶越来越多地使用布宜诺斯艾利斯港和环合恩角航线。因此，贸易量急剧上升，这表明，贸易垄断的限制一直在阻碍商业。

战后，舰队和大帆船的恢复取决于王室是否有能力调和大西洋两岸强大商团的利

① Joseph Fontana and José María Delgado, "La política colonial española, 1700 - 1808," in *Historia general de América Latina*, vol. 4, 20.

益。在之前的10年里，加的斯的商人们从特许船舶所允许的更大灵活性中获益。他们发现美洲市场上的走私库存过多，因此并未耗资准备定期护航航行，而是派出较小规模的舰队，在沿海和内陆直接做生意，从而规避了当地行会规定的条件。地方垄断者失
409 去了在法律圈中的中介作用，很快就憎恶在殖民地做生意的西班牙商人的竞争。因此，新世界的商会，特别是墨西哥城的商会赞成恢复舰队航行，但条件是商会必须恢复操纵当地价格的权力，并从其垄断角色中获得全部利益。实际上，他们要求“传统舰队体系在理论上延续，但在实践中落败，因为这种情况最接近［他们］所渴望的完全商业独立”。①

西班牙当局试图恢复大帆船作为与秘鲁唯一贸易渠道的努力失败了。在特许船舶定期供应多年之后，总督辖区的需求量很小，因此，前往新大陆的大帆船的准备工作被推迟，直到重建波托贝洛后才恢复。因此，特许船舶仍然是南美洲和西班牙之间的主要商业方式。秘鲁商人对放弃贸易垄断的接受度因一项行政创新而有所增加。1749年，王室下令，利马商人可以通过预先汇款，直接就特定产品向加的斯的商人下订单。转运和保护费用的减少，以及与加的斯商人直接做生意的机会，降低了价格，从而改善了利润预期。②

相比大陆宝船，前往新西班牙的舰队存续时间更久些，在1757年至1776年期间进行了6次护航，直到1789年才正式废除。舰队计划每两年出发一次；王室为了维护与新西班牙的商业循环中的垄断特权，在此期间减少了对特许船只的授权。1758年和1760年，在舰队抵达后的哈拉帕交易会上，市场不景气，大部分交易涉及小商人，他们取代了墨西哥城的垄断者。1760年，由于英法战争开启了由特许船舶取代舰队的可能性，对进口货物的需求急剧下降。也许更重要的是克鲁伊亚斯（Cruillas）总督在1762年英国人占领哈瓦那后的反应。由于担心受到攻击，他不顾公会商人的反对，下令将哈拉帕未售出的商品运往内地。

新西班牙舰队体系的重建遭遇了16世纪以来垄断所特有的同样困难。舰队收费和
410 延误给跨大西洋贸易带来了沉重的负担。随着王室日益在殖民贸易中寻求解决西班牙经济衰退的问题，西印度航线进入了最后阶段。此次改革将挑战西班牙与新世界商业

① Walker, *Spanish Politics*, 214.

② Walker, *Spanish Politics*, chap. 11.

关系的指导原则。为了从外国控制下恢复殖民贸易，西班牙当局试图实施一项影响深远的经济重建计划。该计划的核心是，殖民地不仅应该成为西班牙商品的受保护市场，而且应该成为原材料的生产者，以满足宗主国的需求。波旁王朝对殖民贸易体系的改革保留了其重商主义特点，但商业政策已从西印度航线早期的金银通货主义立场演变为计划，其目标包括西班牙经济发展。

西班牙政府并不是唯一专注于确保海外领土为宗主国经济带来最大利益的政府。其他欧洲列强也意识到，只有消除走私和非法行为的诱因，才能维护其在殖民地贸易圈的垄断地位。因此，给予贸易自由是一种扩大贸易和降低成本的机制，反之，又降低了走私利润。在战争时期，随着对贸易行为限制减少，走私随之增加，特别是北美13个殖民地与加勒比的西班牙和法国岛屿之间的非法贸易愈演愈烈，从而带来了宗主国随后的经济损失。丹麦向更自由的贸易政策迈出了第一步，它在1765年决定向对外贸易开放圣托马斯港口。一年后，英国颁布了《自由港法》，开放了加勒比群岛的港口，使英美与法属岛屿的贸易合法化。同样，法国的殖民利益集团也要求更多的贸易自由。1867年，圣多米尼克和圣卢西亚获准允许与外国人进行大宗贸易，这一政策在随后的几年中被推广到其他港口。

西班牙美洲的政策转变，即所谓的自由贸易，始于1765年10月的皇家法令。该法令规定，加勒比的古巴、圣多明各、波多黎各、玛格丽塔和特立尼达以及西班牙的阿利坎特、巴塞罗那、加的斯、卡塔赫纳、希洪、拉科鲁尼亚、马拉加、桑坦德和塞维利亚被合法授权从事直接贸易。1765年的法令还用从价税代替了从量税，取消了按货物体积征税的繁琐做法。法令起初只限于加勒比少数几个港口，1778年的《皇家法规与关 411
税》（Reglamento y Aranceles Reales）将自由贸易政策扩展到新格拉纳达、危地马拉、秘鲁、智利和布宜诺斯艾利斯——1768年至1777年期间，同样的政策已经扩展到路易斯安那、尤卡坦、坎佩切和圣玛尔塔。将新西班牙排除在自由贸易制度之外是有道理的，因为新世界最繁荣的殖民地将自然地转移欠发达地区的贸易，从而减少商业改革的影响。然而，新西班牙所受到的特殊待遇也是由于商会游说反对改革的结果，他们的利润取决于舰队体系的垄断特权。另一个被排除在外的地区是委内瑞拉，因为加拉加斯商船公司的利润取决于其对可可贸易的垄断。然而，最终例外情况也消失了：1789年，自由贸易终于进入了新西班牙。

在18世纪末，新世界经济体的出口部门获得了新的活力。关键问题是贸易政策在此间发挥的作用。出口增长在美洲各地呈现出不同的模式。到1790年，西班牙从其殖民地进口的商品中，一半以上仍然是贵金属。在新西班牙、布宜诺斯艾利斯和哥伦比亚的出口结构中，金银仍占主导地位。热带产品贸易扩张最显著的例子是古巴，到18世纪末，古巴的糖出口量大幅增加。从西班牙帝国的角度来看，贸易已扩大到前所未有的水平，并涉及当时仍处于隔绝状态的地区。从更广泛的角度来看，表11.3表明，在波旁改革实施贸易自由化之后，英国和法国在加勒比属地的出口部门的绩效要远好于西班牙殖民地。

表11.3　拉美的出口绩效

（1790年，百万比索）

英属西印度群岛，1783—1787年	17.3
法属西印度群岛，1787年	30.5
西班牙殖民地，1790年初	34.0

来源：David Brading, "Bourbon Spain and its American Empire," in Leslie Bethell, ed., *The Cambridge History of Latin America*, vol. 2 (Cambridge, 1984)。

由于贸易结构的变化和世纪中叶政策改革增加了干预，巴西的对外部门在18世纪
412 也经历了重大变化。18世纪，葡萄牙和巴西之间的贸易关系经历了两个不同的阶段，其特点是黄金和热带产品的出口。起初，黄金矿藏的开采，以及略低一级的钻石开采，增加了对外部食品的需求。然而，这种需求只是昙花一现，因为内地出现了养牛场和农场，这意味着食品需求可以通过殖民地内的生产来满足。然而，黄金和钻石开采确实增加了对奴隶进口的需求。

对葡萄牙来说，由于17世纪末巴西出口的汇率恶化，巴西的重要性下降了。随着矿产资源的开发，这种局面得以扭转，而葡萄牙经济的进口能力也大大增强。这破坏了葡萄牙国内工业，导致其制成品的进口依赖度增加。1770年签署的《梅休因条约》（Treaty of Methuen）对此进行了官方约束，英国纺织品从中获得一定优惠待遇，而葡萄牙则获得了葡萄酒和石油的优惠待遇。

通过垄断性的管制，葡萄牙试图把来自黄金出口扩张的收益转向宗主国。然而，由于走私以及通过舰队体系获得的货物无须缴纳关税，这些管制使黄金的非法贸易更具吸引力，从而为外国产品进入巴西市场提供了便利。

到1750年，黄金周期已到达顶峰，因此，根据18世纪中期盛行的重商主义思想，葡萄牙必须改变与最大和最有价值的殖民地的关系。随后，葡萄牙的殖民政策是试图恢复宗主国与其殖民地之间的贸易，其双重目标是增加财政收入和减少葡萄牙对英国的依赖。为了实现这一目标，进行广泛的行政、财政和贸易重组是必不可少的。改革先锋是塞巴斯蒂昂·若泽·德卡尔瓦略-梅洛（Sebastião José de Carvalho e Melo），也就是大家熟知的庞巴尔侯爵（Marquês de Pombal）。

庞巴尔改革促进了生产和商业交通的更大自由。如同在西班牙殖民地一样，舰队体系效率低下，实际上已缩减到里约热内卢和巴伊亚港口。作为贸易自由化的替代方案，葡萄牙成立了贸易公司。这并不是葡萄牙第一次建立这些公司。17世纪，王室成 413
立了两家公司，拥有出售奴隶和出口巴西木的特权。庞巴尔侯爵组建了三家政府资助的公司：格劳-帕拉-马拉尼昂贸易总公司（Companhia Geral de Comércio do Grão-Pará e Maranhão，1755—1778）、伯南布哥-帕拉伊巴贸易总公司（Companhia Geral do Pernambuco e Paraíba，1759—1779）和巴西海岸捕鲸公司（Companhia de Pesca da Baleia das Costas do Brasil，1765）。尽管他们也对巴西的帕拉的贝伦（Belém do Pará）、马拉尼昂的圣路易斯（São Luís do Maranhão）和伯南布哥等港口享有垄断特权，但新贸易公司背后的目标是扩大热带产品的贸易和增加宗主国制成品的消费。

1765年，舰队护航体系最终遭放弃，作为替代，葡萄牙允许特许船只在里约热内卢和巴伊亚通航。整体而言，在1750年至1777年期间，庞巴尔侯爵的改革取消了许多垄断特权，放松了贸易管制。庞巴尔侯爵的继任者在巴西所有港口实行自由贸易，结束了商业公司对北方港口的垄断，进一步推进了宗主国贸易扩张的目标。

放松管制加之对国家生产能力的投资，使巴西在18世纪末成为拉美最开放的经济体之一。扰乱大西洋经济的国际冲突（美国、法国和海地革命）成为巴西出口生产者的额外激励，特别是棉花和靛蓝的出口。糖和烟草的出口也受益于欧洲需求驱动的市场。

3.2 贸易垄断和替代性贸易惯例：16世纪与17世纪

为维持贸易垄断，西班牙王室实施了重商主义政策，对本国经济产生了不良影响。同样，葡萄牙在垄断与巴西的殖民贸易方面遇到了巨大困难。西班牙和葡萄牙都没有成功地保持其在新大陆的商业垄断地位。由于不是自然垄断，西班牙和葡萄牙在各自

殖民地的贸易体系，取决于他们在海外属地内外实施有效监管框架的能力。如果没有
414 足够的制度力量，垄断租金的分配就会变得复杂。由于租金被转移到西北欧的其他当事方或代理人手中，跨大西洋贸易体系未能控制殖民地生产的贵金属，因此未能为宗主国带来经济增长。

对殖民地来说，贸易条例产生了高昂的成本。西班牙统治者将塞维利亚确立为唯一的入境和出境港口，并给予商会商人与殖民地进行贸易的专属权利，从而建立了一个独特的贸易综合体，在此综合体中，塞维利亚的垄断权因商会商人的寡头垄断性质而得到加强。对数量和价格的系统性操纵成为商会运作的关键。对殖民地的消费者来说，政府批准的垄断导致市场供应不足和进口商品价格过高。

垄断的失败及其随后在整个17世纪的恶化，为殖民地创造了贸易替代方案。这些替代办法也产生了交易成本，使殖民地经济保持了贸易壁垒。如下举例说明西班牙和葡萄牙在美洲实行的重商主义政策所造成的税收和保护费用的影响。

除了通过舰队体系获得的垄断性租金外，还有对进出口的直接税收负担、没收和强制性贷款。西班牙使用从价税对进出口征税。直到1548年，西班牙王室对运往新大陆的欧洲货物征收7.5%的关税，由王室官员在美洲港口征收。1548年至1565年，出口到美洲的从价税在塞维利亚为2.5%，到达新大陆后为5%。1566年，塞维利亚和新大陆的从价税率分别提高到5%和10%。从1548年开始，殖民地对西班牙的出口支付相当于15%的从价税，从而使出口和进口从价税税率相等。到了1568年，所有出口到西班牙的产品都要额外缴纳2.5%的从价税，在离开新大陆的港口时收取。1660年，王室取消了所有进口的从价税，也取消了从西印度群岛进口的从价税。除了从价税外，西班牙王室还根据总重量征收其他税种，一般称为“吨位税”（Derecho de Toneladas）。各种税率适用于航行到西印度航线之外的港口的货物。对出口到卡塔赫纳或韦拉克鲁斯的货物征收吨位税，用于资助塞维利亚的航海学校，而对外来船只征收吨位税，则是对派
415 遣外国制造的船只参加舰队的权利而收取的。

在16世纪和17世纪，海盗行为是对货物运输的持续威胁，这进一步提高了殖民者进口商品的价格。航行中遭受袭击的风险激发了用武装军舰保护货物。托运人通过在西班牙被称为“阿韦里亚”（avería，葡萄牙语为“avaría”）的税收来支付上述保护费用。阿韦里亚税率根据各舰队的货物数量和保护费用而变化，对战争和海盗行为非常敏感。1596年，韦拉克鲁斯舰队的阿韦里亚从价税率为14%，而在1631年，由于三十

年战争导致航行风险增加，韦拉克鲁斯舰队的阿韦里亚从价税率跃升至35%。① 1660年颁布的一项皇家法令规定，以每支舰队79万杜卡特的固定金额替代从价税。由于临时关税以及阿韦里亚从价税率和吨位税的变化，很难计算出西印度航线承载货物的准确税负。据安东尼奥·加西亚·巴奎罗（Antonio García Baquero）计算，16世纪和17世纪横跨大西洋商品的税率下限估计为35%的从价税。② 然而，正如前文所提案例，1631年仅阿韦里亚从价税率就达到了36%。因此，殖民者支付的价格中，至少有1/3被用于支付税收和保护费用。

尽管对护航舰队的出发日期有精确的规定，但随着17世纪的发展，西印度航线早期的规律性趋于消失。正如皮埃尔和于盖特·肖尼（Huguette Chaunu）所记录的那样，只有一小部分舰队在预定日期出航。例如，在1560年到1650年之间，前往新西班牙的舰队中，只有14%遵守了贸易署的规定，在5月出发。③ 早在1565年，前往波托贝洛的大陆宝船队就每两年开航一次，而从1620年开始，前往新西班牙的舰队就没有固定的时间表。17世纪下半叶，横渡大西洋的舰队数量大大减少。只有25支舰队到达韦拉克鲁斯，16支舰队到达波托贝洛。战争和海盗可能袭击的消息使舰队的准备工作受挫。这两个因素在16世纪末和17世纪上半叶尤为重要。在这一时期，不仅海盗的袭击达到了顶峰，而且西班牙还卷入了与欧洲对手的大规模激烈战争。 416

塞维利亚商会的商人们在决定舰队的时间表方面也发挥了重要作用。在许多情况下，为了增加收入，商会迫使舰队推迟出发。欧洲货物在殖民地的稀缺性提高了其价格，从而增加了可以赚取的利润，特别是利润率相应较低的低价货物更是如此。从长远来看，这是一种自欺欺人的策略，因为它使走私者有更大的动力去满足未满足的需求。

随着伊比利亚殖民地在16世纪的扩张，对欧洲产品的需求迅速增长。起初，伊比利亚经济对需求的转变作出了令人满意的反应，提供了精美的纺织品和服装、纸张、铁、五金、汞、石油、葡萄酒、醋和武器。然而，西班牙工业的反应滞后于需求的增长，新大陆贵金属流入的货币影响使这一情况更加恶化。白银从新西班牙和秘鲁的矿区流入，造成了通货膨胀，使其他国家的商品更具吸引力。最终，非西班牙产品在通往

① Francisco R. Calderón, *Historia económica de la Nueva España en tiempos de los Austrias* (Mexico City, 1988), 549 – 56.

② García-Baquero González, *La Carrera de Indias.*

③ Pierre and Huguette Chaunu, *Seville et l'Átlantic* (Paris, 1959), vol. 8.

新世界的船运中占据了主导地位，它们或者被走私到塞维利亚，或者干脆被商会商人收购，再出口到西印度群岛。从长远来看，西班牙无法用国内生产的商品出口来抵补贵金属的流入。通过外贸账户盈余来积累贵金属的目的，对西班牙经济来说是不可行的，因为西班牙的体制薄弱，无法促进国内工业的发展。

西班牙农业和工业的反应能力低下，即供应缺乏弹性，导致了新大陆殖民地的进口替代，最终导致了对纺织品、葡萄酒、油类和小麦粉等产品的需求减少。在 16 世纪，王室本身也在殖民地推动了对定居在新世界的西班牙社区的主要消费品的进口替代进程。小麦、葡萄酒、橄榄油和纺织品的本地生产在新西班牙和秘鲁蓬勃发展。虽然垄断的高成本鼓励了殖民地内部生产的多样化（特别是在新西班牙），但不利于与西班牙和
417 其他殖民地的贸易，投入品的高价格降低了大规模进口替代的可能性。

虽然效率高低不一，但一些地区的生产达到了很高的标准，可以与欧洲产品竞争，这使殖民地间的贸易具有盈利性。秘鲁的葡萄酒和油与智利的小麦生产就是如此，16 世纪末至 17 世纪初，两国与新西班牙交换远东货物的贸易额大幅增长。由于担心失去殖民市场，担心越来越多的白银被转移到远东，王室不鼓励不同殖民实体之间的直接联系。尽管王室一再试图禁止，但随着 17 世纪的发展，这种区域间的交流更加多样化。从 16 世纪末开始的一系列局部禁止，随着 1631 年秘鲁和新西班牙总督区之间的贸易被禁止，达到了高潮。这一禁令不仅没有使殖民地之间的经济交流消失，反而为走私活动开辟了新的空间。尽管贸易受到官方限制，但美洲殖民地的商业联系在整个 17 世纪仍在继续。17 世纪下半叶，来自远东的产品和新西班牙的纺织品被换成了来自加拉加斯的可可，来自秘鲁的葡萄酒、橄榄油和小麦供应了新西班牙和大陆市场。尼加拉瓜为巴拿马提供食品，为瓜亚基尔的造船厂提供木材，而在美洲的最南端，布宜诺斯艾利斯很快就在拉普拉塔地区崛起，成为地方和区域贸易网络的中心。巴西还与葡萄牙在非洲的领土，以及与来自印第安的船只在前往里斯本的途中发展了殖民地间的贸易。

只要非法贸易的成本低于舰队运输货物的成本，非法贸易就会继续。由于海盗的威胁或缺乏货币，在殖民实体之间的贸易被迫退回陆路时，经济交流持续存在，这显示了舰队体系带来的沉重负担。① 对殖民地间贸易的禁止，加上海盗行为和支付手段的缺

---

① Murdo MacLeod, "Spain and America: The Atlantic Trade - 1492 - 1720," in *Cambridge History of Latin America*, vol. 1 (Cambridge, 1984), chap. 10; Pedro Pérez Herrero, *Comercio y mercados en América Latina colonial* (Madrid, 1992).

乏，提高了非法货物交换的成本。然而，为了使禁令真正有效，各殖民地之间的走私成本必须高得足以补偿舰队体系进口货物的成本。殖民地间贸易的持续存在表明，在许 418
多情况下，走私成本并没有超过贸易垄断带来的成本。

除了区域间贸易外，走私也作为贸易垄断的一种替代产品而发展起来。西班牙殖民地的非法贸易有多种不同的形式，其重要性在16世纪和17世纪也有所不同。在西印度航线初期，来自欧洲各地的商人将货物非法引入塞维利亚，随后运往新大陆。另一种形式的走私是对西班牙王室对商人掠夺性做法的反应。在整个16和17世纪，欧洲的军事冲突给西班牙王室的财政造成了严重的压力。财政改革难以跟上不断增加的开支，似乎已不起作用。王室几度濒临破产，因而采取了没收和强制贷款等绝望措施。随着王室财政状况的恶化，商人们更愿意将贸易从法律途径中转移出来，作为一种保护手段，防止意外的财政征收。

加勒比海上的走私，就数量和对殖民地的经济影响而言，也许是最重要的，当西班牙和葡萄牙的欧洲竞争对手获得安的列斯群岛的领土权时，走私的数量和经济影响就已经确定下来。到17世纪中叶，库拉索岛由荷兰人统治，而马提尼克岛和瓜达卢普岛已经由法国人控制。包括巴巴多斯、圣克里斯托弗、安提瓜和牙买加在内的一大批岛屿已被英国夺取。领土控制使外国列强能够建立供应点，并与西班牙殖民地和巴西建立更密切的贸易联系。巴西的贸易开放程度较高，也是扩大贸易的有利条件。随着1642年和1654年和平条约的签订，外国势力在殖民地内的贸易增加了，这些条约使英国在贸易总公司指挥的舰队系统中享有特权。

走私、海盗和占领领土并不是外国入侵殖民贸易圈的唯一形式。通过合同，外国势力控制了伊比利亚经济体和新世界之间的部分贸易。具体而言，西班牙王室通过所谓的《贩奴合同》，将奴隶贸易让给外国人。《托尔德西利亚斯条约》阻止西班牙在非洲大陆发起征服或开发领土，因此迫使其依赖外国势力提供奴隶。因此，西班牙发起的《贩奴合同》，实际上是西班牙王室和外国公司之间的合同，目的是将奴隶引入其统治 419
的领土。负责这一贸易的外国公司被允许直接到美洲港口进行奴隶买卖，而没有任何登记或从塞维利亚出发的义务。在两个王室临时联合期间（1580—1640），葡萄牙商人主导了西班牙美洲的奴隶贸易，但并不总是拥有独家权。实际上，葡萄牙人与荷兰人和英国人激烈地竞争《贩奴合同》，因为这不仅代表着直接的收入，还代表着直接进入西班牙殖民地市场，而不受垄断的限制。正如人们所预料的那样，负责《贩奴合同》的外国公司不仅利用这个机会进行非洲奴隶贸易，还进行各种货物贸易。奴隶贸易暴露了西班牙贸易垄断中的一个裂缝，除了使整个贸易部门摆脱围绕它的僵硬法律之外，还为走私创造了另一个机会。

尽管到17世纪末，新大陆的整个地区都依靠走私定期供应外国货物，但非法贸易缺乏正式机制；其不规范性仅次于腐朽的舰队体系。走私贸易意味着贿赂王室官员，这些官员允许走私者违反或根本无视贸易法和法令；它还依赖于使用远离消费中心的港口和陆路路线，或者很少甚至根本没有基础设施。这些都是使走私利润减少的一些因素。

4. 贸易成本和18世纪的商业改革

波旁时代的贸易改革并没有完全消除殖民贸易的成本负担。波旁和庞巴尔改革的主要目的是恢复宗主国与新世界殖民地的贸易联系。最终，这些改革瓦解了16世纪以来的贸易垄断。但西班牙和葡萄牙当局仍然坚定地奉行重商主义政策，通过确保市场和原材料来促进宗主国工业的发展。变化是逐步发生的。在18世纪上半叶，改革对垄断结构进行了修补，因此殖民地的贸易成本仍然很高。西班牙王室转向特许船舶，缓解
420 不定期舰队和国际冲突扰乱贸易路线的时期所产生的短缺。相较于舰队和大帆船，特许船舶具有各种优势。出发日期灵活，保护费用较低，货物较轻，增加了货物在殖民市场上销售获利的可能性，这往往会降低特许船舶所载货物的价格。

在贸易改革过程中试行的商业公司也改善了贸易流动。这些私营企业享有与舰队体系航线以外地区进行贸易的专属权利。宗主国政府授予其殖民地出口产品（如可可和巴西木）的垄断权，对加拉加斯、贝伦和圣路易斯等港口的独家准入权，以及引进宗主国商品（如主食和奴隶）的特权。由商业公司供应的领土受益于定期运输，这缓解了在舰队体系下普遍存在的长期装运不足的状况。但商业公司收取的进口品价格仍然与舰队体系下的价格非常接近。在18世纪60年代和70年代，这种价格行为是巴西商人游说反对商业公司的原因之一。①

---

① “自从这些［商业公司］成立以来，它们越来越不受葡萄牙和巴西商人的欢迎，也越来越不受殖民地地主的欢迎，他们对这些公司的定价政策，特别是对奴隶的定价政策持批评态度。” Andrée Mansuy-Diniz Silva, “Imperial Re-Organization, 1750 – 1808,” in Leslie Bethell, ed., *Colonial Brazil* (Cambridge, 1987)。

5. 最后评论

从重商主义的角度来看，维持西班牙和葡萄牙及其各自在新大陆的殖民地之间的贸易联系的规章，旨在保证贸易盈余，从而确保贵金属的积累。然而，由于伊比利亚经济结构上的弱点，本国生产的商品无法平衡美洲白银和其他殖民地产品（如糖和巴西木）的流入。此外，来自外国势力的威胁和殖民地的进口替代削弱了跨大西洋贸易体系，以至于到 17 世纪末，殖民垄断主要在理论上存在。

对殖民地来说，垄断是与世界其他地区进行贸易的一个障碍，因此成为经济增长的一个严重制约因素。只有那些在贸易垄断结构中享有特权地位的群体，如行会商人，才能占有贸易收益。王室之所以能维持垄断，是因为它通过对进出口商品征收 421 税费，从中获取利益。商会商人也享有垄断租金，这使他们不得不捍卫贸易体系。海盗行为和外国袭击造成了保护成本（相当于较高的运输成本），进一步提高了殖民地的进口价格。

替代做法确实存在。只要走私者能以比垄断者更低的价格供应商品，非法贸易就会蓬勃发展。此外，舰队不遵守严格的时间表，以及官方接受外国参与殖民贸易（例如英国的年度班轮），这都表明，几乎无法运作的垄断之所以能够生存，只是因为它给公共和私人利益带来了利润。尽管如此，与非法贸易循环相关的成本（贿赂、没收风险等）也转嫁到了殖民地消费者身上。从长远来看，用于扩大殖民地生产能力的关键资源因支付垄断价格而丧失，或被转移到第三方，以换取走私货物。

波旁王朝晚期的自由贸易政策仍然是限制性的，因为它们仍然迫使殖民地为其进口商品支付较高的价格。波旁和庞巴尔在新大陆的改革取消了舰队体系中最具限制性和低效率的做法。但 18 世纪后半期的贸易自由不过是“自由和保护的结合……将帝国发展成为西班牙产品的市场和西班牙工业的原料来源”。① 限制航线、排斥外国人、税收和其他规定仍然提高了殖民地的进口价格，尽管负担比垄断时期要轻一些。这种情况影响了消费者福利，他们支付了更高的价格，包括税收。此外，王室未能在殖民地进行公共产品供应的再投资，这使经济状况进一步恶化。

---

① Fisher, *Relaciones económicas*, 14.

伊比利亚列强在其殖民地采取的重商主义政策增加了交易成本。对于价格弹性高于1的商品，需求减少，从而对殖民地的经济发展产生了相应的影响。对于高度缺乏弹性的商品，殖民者转向走私。在这两种情况下，拉美殖民地的经济都显示，对贸易的限
422 制严重制约其发展。

第12章　货币、税收和金融

卡洛斯·马里沙尔（Carlos Marichal）

西班牙美洲的独立战争不仅标志着最古老、最遥远的欧洲海外帝国的灭亡，也标志着当时可能是最大的货币联盟的结束。三个世纪以来，西班牙王室一直在宗主国、西班牙美洲的广大领土和菲律宾维持着共同的金银货币。此外，银比索（Peso de Plata）已成为世界上最普遍使用的钱币，在中国、南亚、欧洲以及整个美洲流通。

殖民制度的结束也标志着大西洋世界旧体系（Ancien Régime）中最广泛的财政结构的终结。亚当·斯密在其经典著作《国富论》（1776年）中强调，相较于英国，西班牙王室在美洲的税收管理更有效率。然而，由于大革命时期（Age of Revolution）接连发生的国际冲突，从美国的独立战争（1775—1783）开始，到拉美国家的独立战争（1810—1825）结束，西班牙美洲帝国最终崩溃了。

事实证明，从殖民地到国家的财政和金融转型，在西班牙美洲的大部分地区以及
巴西都存在着极大的问题，历史学家经常把这一事实归结为殖民遗产。①然而，近期的 423
历史研究对长期以来被预设为整个殖民地经验的负面遗产提出了严重的怀疑。②事实上，对殖民时期统一而稳定的货币、财政、金融制度的分析表明，从制度的稳定性、规范的明确性和理性预期的角度来看，拉美独立的代价有很多值得商榷的地方。美国的独立并没有阻碍而是有利于金融发展和财政体系的良好运行，而拉美的情况恰恰相反。

伴随独立，次大陆的各个新国家都试图确认其政治和财政主权。在建立稳定和有偿付能力的政府方面，最严重的障碍是货币分裂和进行财政改革的困难，二者均对公共和私营经济产生了负面影响，特别是在交易成本方面产生影响。1825年后，拉美大部分地区普遍实行中央集权制和联邦制的混合税制，从组织严密但具有剥削性的殖民

税制过渡到混合税制，是极其困难的。波旁王朝的大部分行政制度被破坏，导致几十年来公共部门软弱无力，效率低下。此外，1820 年后，货币问题开始困扰许多新独立的拉美国家，这些国家采用了相当多的货币本位：墨西哥、秘鲁、玻利维亚和智利等传统银矿经济国家采用纯银本位制，巴西和阿根廷则采用不可兑换的纸币本位，等等。战争造成的货币疲软、通货膨胀、公共赤字和资本外逃，破坏了独立后经济的稳定，也破坏了国内金融市场的重建。

总之，虽然从 19 世纪 20 年代起，整个拉美都批准了自由主义的政治改革和制度，但其实际效果却与美国截然不同。直到 19 世纪 50 年代，经济发展一直处于停滞状态，只有少数地区例外。对外贸易是少数相对重要的增长引擎之一，但它并没有伴随着国
424 内经济的充分进步。在这方面，我们的论点是，财政、货币和金融障碍在这个时期的经济发展缓慢中起了重要作用。该假设的依据是最近相对丰富的文献，这些文献对几个较大的拉美国家，特别是阿根廷、巴西、智利、哥伦比亚、墨西哥和秘鲁的这些问题进行了探讨，这在我们的参考文献中可以看到。

本章的第二个论点是，虽然独立后前几十年的经济衰退很严重，但拉美的复苏实际上是从 19 世纪中期开始的。正是在 1850—1873 年期间，一系列的出口繁荣开始使该地区较有活力的国家实现了相对持续的经济增长。这一时期，许多国家的财政状况也有了明显的改善，同时，国际上的外国资本（主要以政府贷款的形式）也较早地大量流入。同期，拉美银行业也诞生了。因此，在这一经济发展的早期阶段，金融因素发挥了重要作用，尽管不平衡，却使一些地区实现了高增长率。

本章概述了拉美国家从 18 世纪的殖民帝国向 19 世纪的独立国家过渡的过程中，财政和金融历史的各种平行轨迹。特别强调的是，政治和经济方面的国家建设进程是长期的，而且往往是不连续的。

---

① 最近，约翰·科茨沃思主编的《1800 年以来的拉美和世界经济》（*Latin America and the World Economy since 1800* <Cambridge, MA, 2000>）在导言中重申了对殖民统治的这种过于消极的看法。本文中，殖民制度性约束和做法在很大程度上要对西班牙美洲的不发达状况负责。

② 例如，一位秘鲁金融史专家认为，秘鲁 19 世纪金融体系的薄弱源自殖民遗产的说法是不正确的，因为其 18 世纪的金融机构相当强大。参见：Alfonso Quiroz, "Consecuencias financieras y económicas del proceso de independencia en Perú, 1820 - 1850," in Samuel Amaral and Leandro Prados de la Escosura, eds., *La independencia americana: Consecuencias económicas*（Madrid, 1993）, 124 - 56。

本章4节依次论述了以下主题：(a) 殖民时期的货币、财政和金融制度；(b) 独立初期的税收改革和长期公共赤字的出现；(c) 具有更稳定创收能力的税收国家的逐步建立；(d) 19世纪拉美国家的债务周期和不断变化的公共支出先决条件。这些都是大问题，都与从殖民地到国家的艰难过渡这一中心主题有关。因此，我们的开篇问题。一个帝制国家的破产和分裂会给经济带来什么影响？要回答这个问题，我们必须先回顾一下殖民地货币、财政和金融体系的性质，然后再讨论独立战争的影响问题。 425

1. 殖民地货币和财政秩序：西班牙美洲和葡萄牙巴西

为了理解西班牙美洲和巴西殖民政府三个世纪的货币、财政和金融遗产，必须牢记体制性背景。宗主国的模式是基础，而殖民地有相当大的适应性。例如，众所周知，巴西和西班牙美洲殖民地的货币制度分别是由葡萄牙和西班牙君主国的货币制度和标准塑造的。然而，各殖民地货币流通的性质在某些方面有所差异，当地辅币尤为不同，它们多以用作货币的代币与商品为基础。

在一定程度上，美洲的财政制度也是移植了一些在宗主国长期实施的税种的结果。但是，创新之处在于，殖民地建立了大量完全不同的新的地方税种，例如，西班牙美洲的白银生产税和印第安人的贡税，或者巴西基于巴西木、蔗糖生产和奴隶销售的税种。此外，如果我们分析殖民地社会的信用制度，必须强调的是，虽然基本的信用规范和贷款工具基本上都与天主教欧洲旧体系一样——主要由教会和商业公司控制，但是，在某些情况下，殖民地金融市场的实际运作与葡萄牙和西班牙社会有很大不同。我们现在要提请读者注意的就是这些问题，即西班牙美洲和巴西的货币、财政及信贷制度。

1.1　殖民货币制度

从16世纪到19世纪，西班牙美洲以及后来的巴西提供了全球金属货币体系运作所必需的大部分白银和黄金。①基于这些矿业财富，人们可能会推测，殖民地本身就会有 426

① 近期综述可参见：Carlos Marichal, "El peso o real de a ocho: Moneda universal de España y América, siglos XVI－XVIII," in Banco de España, El camino hacia al euro: *El real, el escudo y la peseta* (Madrid, 2001), 25－38。

广泛的金银货币流通，这将有助于支撑一个充满活力的信用体系，并对所有社会和经济部门产生有利影响。但事实上，金属货币在西班牙美洲和巴西境内的实际流通量相当有限，这一事实是如此矛盾，以至于在历史学家中引发了相当多的争论，他们很难解释在这些明显是金银产地的经济体中流通现金的稀缺性。

对于日常流通中金属货币的相对稀缺，人们提出了几种解释。首先，历史学家研究了从美洲殖民初期开始向西班牙和葡萄牙大量和不断出口的贵金属的情况。事实上，这些汇款随着时间的推移而增加，在 18 世纪达到高峰。此外，在殖民地内部，大部分白银和黄金（金条和金币）并没有在市场上流通太久，而是很快就从当地市场上消失了。这是因为国家、企业和富人长期持有大量的白银和黄金库存，尽管其主要目的并不是为了囤积。相反，殖民经济和政体的性质解释了为什么会积累大量的白银和黄金库存。

首先，必须指出的是，为了储备货币，主要矿区的所有殖民税收管理部门都将相当一部分金属货币从流通中退市，因为他们接到指示，要向宗主国汇去大笔资金：他们希望确保从塞维利亚或里斯本派来的军舰到达时，几乎不会耽误军舰装载贵金属。此外，白银必须保存起来，以便用于每年向殖民地前哨站汇款，他们的收入不足以支付地方、军事和行政开支。

其次，私人行为者也积累了大量的贵金属和钱币。从 16 世纪到 18 世纪末，墨西哥、利马、卡塔赫纳、哈瓦那、巴伊亚和里约热内卢的富商寡头们都把大量的白银和黄金库存集中在公司里，他们会持续数月保有这些库存，以便有足够资金，用于购买西班牙或葡萄牙舰队抵达后在各殖民地举办的年度交易会上销售的几乎所有进口产品。

427 最后，在整个西班牙美洲和巴西，通过征收什一税和其他教会税，强大的教会机构赚取大量白银，因此积累了大量的白银库存，这些白银部分用于保证未来支出，并用于教会组织代表大地产主从事持续不断的信贷业务。

大量的白银和黄金被出口，并长期存放在消费市场之外，这有助于解释殖民时期价格的长期相对稳定。尽管贵金属产量很高，但国内流通的钱币却不多。因此，除了农业和商业危机时期外，价格上涨缓慢。尽管如此，近期对波旁王朝晚期墨西哥市场的研究表明，18 世纪末，基本农产品价格出现了相当持续的上涨。殖民货币体系的另一个显著特点是，在三个世纪内，金属货币体系的标准和记账单位异常稳定。在西班牙美洲和巴西，银币和金币是该体系最重要的工具，不过，正如我们后面将指出的那样，小规

模的交易需要发展替代性的辅币和一套与消费和工资挂钩的复杂信贷机制。在西班牙美洲，正如科尔特斯·孔德所指出的：“最常见的银币是里亚尔及其成倍的货币单位：2里亚尔（后来的1比塞塔<Peseta>）、4里亚尔（1/2比索）和8里亚尔（1比索，一盎司白银）。随着时间推移，16到17个银比索相当于1个金比索（1盎司黄金）。”① 很快，银比索成为世界上流通最广泛的货币。事实上，从16世纪末开始，银比索就已经在大多数国家的货币词汇中找到了其基础生态位。米歇尔·莫里诺（Michel Morineau）在其关于17和18世纪美国白银和黄金在世界范围内流通的不朽研究中指出，在不同的语言中，描述银比索最常用的术语有：8里亚尔（pieces of eight）、8块币（stuken van achten）、8块钱（pieces de huit réaux）、银比索（pesos fuertes）、银皮阿斯特（piastres fortes）、皮阿斯特（piastres）和帕塔孔（patacones）。②

然而，重要的是要认识到，在很长一段时间里，殖民地的货币政策与惯例并未受到国家的严格管控。在17世纪，西班牙王室以税收外包同样的方式，授权一小群白银 428
银行家来负责铸币。主要的银商与大型银矿建立了密切联盟，但在17世纪30年代后，波旁王朝实施新货币政策，这削弱了他们的权力。因此，国家对货币事务的管理和控制更加严密。1733年，总督辖区政府完全控制了墨西哥货币署（总督辖区唯一的铸币厂），这一点在新西班牙变得尤为明显。由于重要技术进步的引入，银币的质量显著提高，对墨西哥银比索的巨大国际需求进一步上升。洪堡在1803年访问墨西哥时，记录了这个铸币厂在世界经济史上的重要性：“参观这座建筑时……就不可能想不到，在不足300年的时间里，这里制造了20多亿比索……也不可能不思考这些财富对欧洲人民命运的强大影响。”③

与墨西哥和秘鲁这两个古代白银生产大国相比，尽管巴西真正的黄金繁荣期出现在18世纪前2/3的时间里，但从17世纪末开始，巴西就已经成为世界经济的主要黄金来源。巴西因而成为18世纪最大的黄金生产国和出口国，其中大部分黄金最终流向了

---

① Roberto Cortés Conde and George T. McCandless, “Argentina: From Colony to Nation. Fiscal and Monetary Experiences of the Eighteenth and Nineteenth Centuries,” in Michael Bordo and Roberto Cortes Conde, eds., *Transferring Wealth and Power from the Old to the New World: Monetary and Fiscal Institutions in the 17th through the 19th Centuries* (Cambridge, 2001), 384.

② Michel Morineau, Incroyables gazettes et fabuleux métaux: *Les retours des trésors américains d'après les gazettes hollandaises xvie-xviiie siècles* (Paris, 1985), 51.

③ Alexander Humboldt, *Ensayo politico de la Nueva España* (Mexico, 1991), 457.

英国。英国随后采用了金本位制，而西班牙、法国和意大利直到19世纪最后30多年仍采用双金属本位制。总之，殖民遗产显然对国际货币史具有相当重要的意义。

哥伦比亚和智利在18世纪也是黄金生产国，但矛盾的是，它们也受到金属货币相对稀缺的影响，因为大部分黄金因价格昂贵而出口到西班牙。在任何情况下，金币在当地贸易中的使用量都不大。在整个西班牙美洲和巴西南部所有批发交易及相当数量的零售交易中，银比索和银里亚尔是使用最广泛的货币工具。

尽管其金银异常丰富，但历史学家们一再坚持认为，有必要解释这些殖民社会的
429 货币悖论。正如鲁杰罗·罗曼诺（Ruggiero Romano）和其他专家所言，西班牙美洲的金属货币体系基本上是由精英阶层控制的。因此，货币存量（以及财富总量）是高度集中的。民众阶层深受其害，因为他们很难获得他们所需的银币，而这些银币既是他们纳税所需，也是商业交易所需。然而，有很多方法可以避免辅币短缺。一个以非金属货币工具为基础的平行货币体系发展起来，其中包括由城市、乡村和庄园的商人发行的各种硬币。这些货币在秘鲁一般被称为大陆货币（moneda de la tierra），在墨西哥被称为特拉科（tlacos）。

结果是形成了双重货币体系，这反映了高度分层的经济和社会的存在。一方面是小而强的精英阶层，包括矿主、大商人和大地主，他们都高度货币化。代表这些精英的教会和商会等富有的公司，持有或有机会获得巨大的金属货币存量。其他社会阶层也得到一些溢出，但相当有限。中等规模的商人、矿场工人和国家职能部门领取白银工资，但社会上大多数人都生活在货币经济的边缘地带。在墨西哥和秘鲁的总督辖区内，印第安农民是主要的农村人口，他们参与了货币经济，但也经常进行易货贸易。巴西和整个西班牙美洲的奴隶偶尔也能使用金属货币，但规模很小。不足为奇的是，这种社会和经济分层的结果是，广大民众往往缺乏金属货币和其他辅币工具，这显然使个人储蓄水平相对低。

双重货币体系也促成了双重信贷制度的存在。富人和强大的公司机构有大量的信贷来源。社会其他人士的信贷来源则要少得多，虽然我们将会看到，有一些重要的制度工具可被视为民众储蓄组织。关于精英阶层的私人信贷制度，重要的是要认识到，在西班牙美洲和巴西，金融交易的制度框架是由欧洲史学家（特别是欧洲天主教区）所称的旧体系规范所决定的。例如，大多数信贷交易都受到天主教会和商业公司（如商会）
430 制定的一套复杂的、经过高度编纂而成的规则的制约。回顾18世纪新西班牙（墨西

哥）使用的教会法典和商业法典，可以发现，它们与波旁王朝时期的西班牙使用的相应规范有很大的相似之处。换句话说，尽管殖民地和宗主国之间存在明显的社会和种族差异，但在经济行为规则方面的相似之处是惊人的。

在殖民社会，工匠、矿工和农民的信贷往往与强制手段挂钩。例如，在全西班牙美洲的城镇和城市，商店为日常消费提供信贷，往往导致超额收费。同样，在大庄园和矿区开店的商人以高价预售商品，抵扣工人未来的工资。结果，许多工人永久负债，结果是沦为半贫民。

然而，一些非精英阶层也确实存在着一些更公平的公司形式的信贷。在城市和印第安城镇的手工业行会（被称为“Repúblicas de Indios”）中，有许多普通宗教信徒的兄弟会（Cofradías），作为简单的储蓄机构，提供信贷。不过，应该指出的是，这些老派的信贷形式并不意味着存在一个真正有效的信贷体系。众所周知，信贷的相对数量明显取决于流通货币的数量，但同时也取决于速度。在殖民经济中，货币的流通速度很慢，这一事实往往反映了金属货币存量的有偏分布。

1.2　殖民政府的税收机器

与殖民经济的货币和信贷体系相似，西班牙美洲和巴西的财政结构与动态变化同样复杂。西班牙和葡萄牙君主国长期以来从海外殖民地获得了大量的财政收益。首先，税收制度创立于16世纪，依据的原则是，殖民社会通过提高地方税来支付其费用，而地方税几乎可以覆盖地方政府的所有支出。其次，生产力最强的殖民地国库（特别是那些矿业税收入较高的国库）要支付那些税收很少的行政单位的行政和军事开支。美洲内部的税收转移在西班牙帝国被称为“situados”，包括墨西哥国库向西属加勒比岛屿 431
以及菲律宾的定期支付。同样，秘鲁总督确保从利马和波托西定期汇出白银收入，用于维持遥远的布宜诺斯艾利斯和智利圣地亚哥的军事管理。

在西班牙和葡萄牙政权下，殖民地也应向宗主国提供财政盈余。然而，在16和17世纪，这种转移是高度周期性的。例如，在欧洲三十年战争期间（1618—1648），西班牙王室迫使美洲殖民地提供特别款项，一部分以税收形式提供，其余的则以强制贷款和付息贷款的形式提供。在此期间，巨额秘鲁白银运往西班牙，进而运抵西班牙在意大利、德国和法兰德斯的军队。随后，美洲以白银和黄金为单位的税收汇款明显减少，一些历史学家将这一事实与所谓1650—1700年的长期萧条联系起来。

对财政转移支付周期性的另一种解释是，在18世纪之前，西班牙美洲和巴西的殖民政府没有足够庞大的专业征税队伍来有效管理其广泛而多层次的财政体系。包税制（Tax Farming）是一种常见的解决办法——类似于欧洲天主教国家的财政管理方式，但这种方法往往会降低征税的效率。

然而，从18世纪初开始，军事和行政开支的增加迫使西班牙和葡萄牙的帝国政府采取了一些行政和财政改革，以此来提高税收管理的效率。在收益最高的税收部门中，包税制被取消。例如，墨西哥和秘鲁铸币厂由私人商业银行转向王室。同时，王室还从商会接管了销售税（alcabalas）的征收，由行政部门不断增加的专业征税员和会计师具体负责。同样，在巴西，殖民当局在征收黄金和糖生产税方面发挥了更直接的作用。在西班牙美洲和巴西，王室确定了在烟草、汞、火药和钻石生产领域的垄断地位，并开始
432 大幅增加收入。

这些措施被称为西班牙美洲的波旁改革，自18世纪中叶西班牙查理三世政权（1759—1788）起，措施力度明显增加。在葡萄牙和巴西，为了纪念葡萄牙君主约瑟夫一世（Joseph I，1750—1777）时期的强势首相塞巴斯蒂安·德庞巴尔（Sebastian de Pombal），一套类似的财政、行政和军事改革被称为庞巴尔改革。这两大改革显著增加了财政征收，使不断增加的税收盈余能够转移到各自的宗主国。

最近对西班牙美洲的历史研究，积累了大量关于税收增加的证据（特别是在西班牙美洲）。历史学家约翰·特·帕斯克（John Te Paske）和赫伯特·克莱因发起的定量研究，重建了新西班牙、秘鲁和布宜诺斯艾利斯的国库账目，为重新评价波旁王朝的帝国税收机器开辟了道路。18世纪汇入西班牙的巨额财政盈余证明了这一事实（见图12.1）。

这些结果及随后诸多历史研究证实了伟大的经济理论家亚当·斯密在其名著《国富论》（1776年）中提出的论点，即美洲的西班牙和葡萄牙帝国为宗主国带来了非常可观的财政盈余。这位杰出的苏格兰经济学家认为，这些流向伊比利亚半岛的转移支付
433 与英国和法国形成了鲜明对比，英法两国为了维持美洲殖民地，在财政上的支出总是多于收益。

对西班牙美洲殖民地税收管理的研究，为税收体系长期演变的现代理论提出了重要问题。例如，历史学家理查德·鲍尼（Richard Bonney）及其同事研究了14世纪到18世纪之间欧洲税收体系的历史，重点关注从世袭制国家（Patrimonial State）向税收

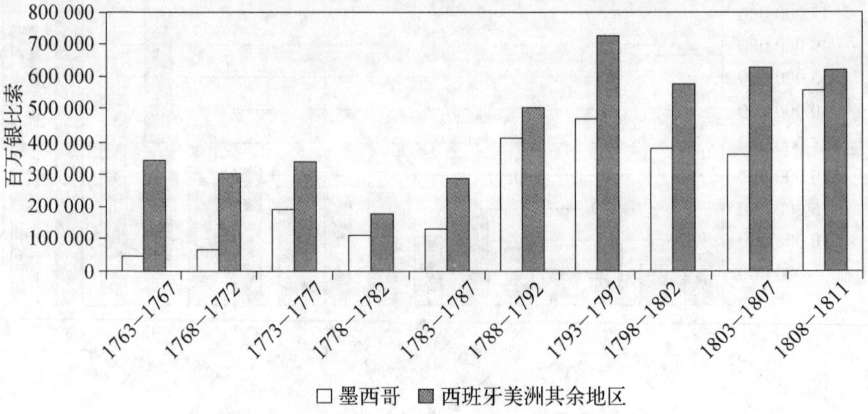

图 12.1　从西班牙美洲到西班牙的税收汇款（18 世纪）

来源：Carlos Marichal, *The Bankruptcy of the Viceroyalty: New España and the Finances of the Empire español*, *1780 - 1810* (Mexico City, 1999), 56。

国家（Tax States）的转变，前者的税收用于支付王室开支，后者则将大部分收入用于民事和军事的自主管理。① 显然，西班牙在美洲的行政管理是比韦伯式的世袭制国家更复杂的东西，但一定有人问，它究竟是一个什么样的税收国家？这又引发了大量关于 18 世纪帝国国家不同特征的问题。

西班牙在美洲的财政管理的历史地理环境表明，不同殖民地国库的相对生产力发生了重大转变。从 16 世纪末到 18 世纪初，秘鲁总督区是西班牙王室的明珠，这主要是由于安第斯地区大银矿的生产力，其中波托西银矿是最突出的。白银生产中有着相当惊人的税收，但此种税收从 17 世纪中叶开始明显下降。此外，秘鲁很快就会被新西班牙总督区取代，后者成为西班牙美洲的主要税收机器。

在 18 世纪，波旁王朝的墨西哥产生了大量且不断增长的财政盈余，这些盈余不仅用于支持西班牙，还用于支持其在加勒比群岛的帝国管理。英国短暂占领哈瓦那（1762 年）威胁到西班牙对美洲帝国的控制，而在此之后，墨西哥财政盈余转移就具有了重要的战略意义。在加勒比地区建立防御工事，以及在 18 世纪最后几十年建立陆军和海军，都需要巨大的财政资源。图 12.2 显示了墨西哥的大规模贡献，分析了向其他殖民地的财政转移（situados）以及对西班牙的直接税收汇款。

① Richard Bonney, ed., *Economic Systems and State Finance* (London, 1995).

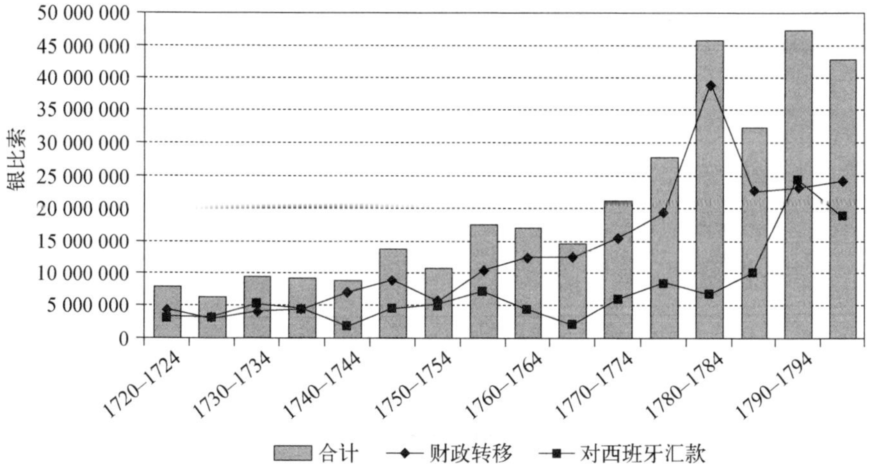

图 12.2　墨西哥的财政汇款（1720—1799）

来源：Marichal, *La bancarrota del virreinato*, 45。

但大量资金从何而来呢？回顾 18 世纪末波旁王朝下的墨西哥税收体系，可以清楚
434 地显示西班牙美洲殖民行政当局的主要收入来源。殖民地财政中最陈旧、最自成体系的税负是对印第安城镇（所谓的印第安国家或公社）的所有户主征收的贡税（tributo）。① 贡税的税率约为 2 银比索（2 美元），每个纳税人每年都要缴纳。贡税对在自有土地上生活和耕种的印第安农民统一收取，但偶尔也向在庄园或种植园工作的农民收取。从表 12.1 可以看出，这一来源的年收入略高于 100 万比索，约占 18 世纪 90 年代总督辖区净收入的 7.6%。

殖民政府第二项传统收入来源是征收矿业税，其中最重要的是矿业什一税（diezmo minero），即对所有白银产出征收 10%的税。这种税由皇家铸币厂征收，总督区所有白银均在此铸造。

在对墨西哥和秘鲁白银的各种征收清单中，矿业直接税是最重要的一项，紧随其
435 后的是来自铸币税（amonedación de oro y plata）的收入。额外的收入来自国有汞垄断产品的销售。汞是白银提炼过程中必不可少的成分，但由此产生的大部分收入被用来购买更多的汞。18 世纪 90 年代，波旁王朝下墨西哥从矿业税中直接和间接获得的净收入接近 400 万比索，约占总督辖区净收入总额的 26%。

① 该税种从阿兹特克皇帝向其所有属民征收的贡品演变而来，因此可被视作一种“美洲”税，而非欧洲传统。

表 12.1 新西班牙政府的税收收入

（1795—1799，年均银比索）

分支机构	净收入	百分比
矿业税	3 988 095	26.0
销售税	3 730 038	24.3
印第安贡税	1 159 951	7.6
国家垄断	4 819 632	31.4
教会财政转移	658 254	4.3
行政收入	91 615	0.6
其他收入	224 839	1.5
强制贷款		
合计	15 324 749	100%

来源：Carlos Marichal and Marcello Carmagnani, "From Colonial Fiscal Regime to Liberal Financial Order, 1750－1912," in Michael Bordo and Roberto Cortés Conde, *Transfering Wealth and Power from the Old to the New World* (Cambridge, 2001), 288。

第三个收入分支是交易税，其中大部分是国内销售税（alcabalas）和本地酒精饮料税（pulques），占净收入的 24%。直到 18 世纪 90 年代，在一定程度上由于商业化程度提高，但也是由于征税人施加了越来越大的压力，国内销售税的收入一直在系统性地增长。应该指出的是，销售税是欧洲传入西班牙美洲的一种财政工具，其运作形式与西班牙和法国的销售税相同。

另一项欧洲或更精确地说是波旁王朝的税收创新是 1767 年在新西班牙建立的烟草专卖制度。到殖民时期结束时，烟草专卖已成为公共收入的最大来源，几乎占政府净收入的 30%。到 1800 年，墨西哥城的国有烟草厂雇用了 8 000 多名工人。但这只是依靠专 436
卖谋生的总人数的一部分——还有大约 2 000 名行政和商业雇员，以及几千名烟农。但是，这个大型组织并不自主，因为它与古巴、路易斯安那和西班牙的烟草专卖机构保持着密切的金融、商业和生产联系。事实上，这个远近闻名的国有企业是一个庞大的多地区企业，也许是 18 世纪世界上同类企业中最大的一个。

在新格拉纳达（今哥伦比亚）总督辖区的收入中，国家垄断也占了很大比例。哥伦比亚历史学家最近进行的一项研究表明，在殖民时期的最后几十年里，该总督

区王室收入的突出特点是国家垄断的作用，特别是在酒类和烟草方面。在 18 世纪 80 年代，这些垄断收入几乎占新格拉纳达总收入的 60%，因此比地方政府的普通税收重要得多。

西班牙美洲殖民地行政当局的其他财政收入包括各种不同的税费，其中一些相对独立于国库。例如，有几类教会收入是由神职人员征收的，而后转给国家。总而言之，近期研究表明，西班牙美洲的税收机制是一个组织严密的攫金机制，为地方政府和西班牙王室提供了越来越多的收入流。

虽然西班牙美洲的税收制度与巴西有很大的相似之处，但差异同样明显。16 世纪初，巴西最初的收入来源于王室对巴西木开采的垄断合同。随后，在 1580 年至 1680 年之间，当巴西成为世界上最大的蔗糖生产国和出口国时，最重要的税收是什一税，即每个糖业生产者收入的 1/10。此后，在 18 世纪，来自黄金生产的税收成为殖民地国库的核心，但逃税现象非常严重。遗憾的是，由于关于葡萄牙这一大殖民地的财政制度的出版研究极少，而巴西在 18 世纪成为世界领先的黄金生产地，因此，很难评价这种逃税行为的相对重要性。近期的一项研究强调了进一步了解巴西殖民时期财政和货币制度的紧迫性，该研究指出，从 19 世纪初期开始，巴西的财政制度具有相当大的连续性：
437

> 到了 19 世纪第二个十年，巴西殖民地与葡萄牙一起被提升至联合王国的地位（1816 年），巴西已有的主要税种包括：什一税；按港口区分的出口税；进口税；各领地之间的过境税；对黄金生产征收的皇家五一税；对国内生产的肉类、皮毛、甘蔗、白兰地和粗毛料征收的皇家或国家补贴……对各糖厂或酒厂征收的税；对城市出租房产收入征收十分之一的税；对专业销售人员的销售征收的销售税……①

作者提到了一长串额外的税负，这表明当地殖民者必须缴纳的税费几乎与西班牙美洲殖民地的居民一样多。独立后，强大的压力就不可避免地出现了，要求进行财政改

① Marcelo de Paiva Abreu and Luiz A. Correa do Lago, "Property Rights and the Fiscal and Financial Systems in Brazil: Colonial Heritage and the Imperial Period," in *Transferring Wealth and Power*, 338.

革和废除大量不受欢迎的殖民地税费。

1.3 宗主国的税负与强制债务

分析殖民管理机构收入资金的分配及支出，需要采用一种方法，这种方法与关于18世纪欧洲税收制度的研究有些不同，后者主要侧重于逐步建立“国家”税收管理。尤其需要强调的是，西班牙美洲的总督区和都督辖区都是高度一体化的跨大西洋财政机器的一部分。西班牙帝国税收管理的每个部分都或多或少地与其他部分有联系。在这种情况下，帝国逻辑远远超出了更多限制性的财政和金融管理的“国家”逻辑。

在这方面，最近对西班牙帝国财政的详细研究似乎表明，有必要对相对简单的宗主国—殖民地关系结构进行深刻的修正，以此解释帝国的财政动态。在西班牙旧体系的统一君主国中，必须更多地关注其三级帝国财政管理体系的复杂运作。

该体系可以从决定公共资金支付的基本原则运作中观察到，也可以解释帝国多个 438
国库的支出逻辑。第一项基本的世俗原则（从16世纪开始适用）是，最大数量的开支应该由地方税收就地支付，在地区一级征收，并积聚在地方国库中。然而，当某地产生财政盈余时，通常会将其转移到另一有赤字的地区。但这些汇款不一定只限于总督区——它们也会被运到国外，运往帝国的不同地点，运到资金不足的其他殖民行政机构，或者运到宗主国本身（见图12.2）。

随着时间推移，由于西班牙王室连续卷入了与英国（1763—1767，1779—1783，1796—1803）和法国（1793—1795，1808—1814）等强大对手的国际战争，宗主国的攫取不断增加，并在18世纪末达到了顶峰。因此，马德里国库的需求量增加，殖民地的管理者被指示尽可能多地汇出财政盈余。一项近期研究表明，在1760年至1810年间，仅波旁王朝的墨西哥就被迫向西班牙汇去了2.5亿银比索的净财政盈余。① 按年均500万比索计算，这笔钱相当于每年抽取墨西哥殖民地生产总值的2%。考虑到旧体系中的经济增长通常不超过每年总产值的1%或2%，这些财政榨取降低了经济增长的可能性。

① 关于这些汇款的详细分析，可参见：Carlos Marichal, *La bancarrota del virreinato, 1780–1810* (Mexico City, 1999)。

在对墨西哥18世纪经济进行仔细的定量分析后，理查德·加纳得出此项结论，这表明，墨西哥的劳动生产率和投资几乎没有增长。①

除了攫取财政收入外，到18世纪末，西班牙王室还要求其殖民地提供贷款，以弥补其在18世纪90年代和19世纪初的巨大公共赤字。历史研究表明，在此期间，墨西哥通过强制贷款和付息贷款的方式筹集了3 000多万比索，并转移到宗主国。一方面，这些榨取消灭了总督区相当一部分投资资本；另一方面，这些债务在独立后构成了极
439 其繁重的遗产，因为这些债务的持有者要求独立政府偿还他们垫付的款项。这种情况在整个西班牙美洲都很相似，对秘鲁和玻利维亚殖民债务的历史研究证实了这一点，这些债务几十年来一直压在它们的财政赤字上，几乎没有清偿的可能。

2. 独立：货币分裂与公共赤字（1820—1850）

为了理解从殖民向独立政权过渡的复杂性，探讨独立战争的长期经济影响是必不可少的。虽然这个问题将在本卷的后续章节中讨论，但应该指出，独立的具体财政和货币影响因国家而异。② 从短期来看，显然，经历了最长期冲突的国家也往往遭受了更大的公共和私人财政的破坏。从长期来看，包括贸易趋势、货币政策及国内政治冲突在内的其他因素，是决定一个国家能够实现财政稳定或受到长期公共赤字破坏的根本因素。

对拉美从殖民地到国家的艰难过渡进行分析，可以与成为美国的13个英美殖民地的经历形成特别有趣的对比。后者成功地解决了独立和建立一个新的联邦国家所带来的财政和金融挑战。正如理查德·西拉（Richard Sylla）令人信服地指出，亚历山大·汉密尔顿（Alexander Hamilton）设计的税收、货币和金融改革为新国家的初期公共财政提供了坚实的基础。③ 事实上，早期美国确立的一些法规上的和财政改革在19世纪20年代被拉美不同国家的精英所采纳，但这并不能保证出现类似的结果。法律核准有价值的财政和金融制度并不能保证有效或成功的实施，这一事实揭示了制度与实践之

① Richard Garner, *Economic Growth and Change in Eighteenth Century Mexico* (Gainesville, FL, 1993).

② 参见本卷莱安德罗·普拉多斯·德拉埃斯科苏拉（Leandro Prados De La Escosura）撰写的章节。

③ 参见《剑桥美国经济史》第二卷中理查德·西拉撰写的章节。

间复杂的且往往矛盾的关联。然而，还需要进行更多的研究来解释这一难题。因此，我 440
们的简要总结仅是提供了一个样本，显示了历史学家在该领域已开始探索的一些耐人寻味的问题。在此领域，应该说，拉美新国家财政和货币经验各不相同，为今后的比较研究提供了尤为多彩的实验室。

2.1　国家形成和新货币制度

传统上，独立战争史学强调军事和政治冲突对贸易和传统银矿部门的影响。但广泛的财政和货币影响同样重要。首先，1810年至1825年间，拉美国家的独立打破了西班牙和葡萄牙帝国庞大的货币联盟。该地区各个新政府都试图确认自己的货币主权，毫不奇怪，国家间甚至地区间的结果差异都很明显。殖民货币秩序分裂的代价难以评估，对经济史学家今后的分析提出了重大挑战。然而，可以说，对这一问题的研究应在研究议程上占据重要位置，因为相对薄弱和不稳定的货币制度遗留问题是所有拉美经济体从独立到今天的演变过程中最重要和最具破坏性的因素之一。

一般来说，1820年以后，银矿资源最丰富的国家继续采用金属货币本位制，使用传统的银比索（peso fuerte）或一些比较接近的变体。在整个19世纪，墨西哥、秘鲁、智利和玻利维亚继续大规模地铸造银比索。另一方面，巴西、哥伦比亚或危地马拉等拥有重要黄金（而非白银）矿藏的国家发现很难增加产量，因此寻求其他货币解决方案。例如，巴西在19世纪初开始试验纸币本位制（Paper Money Standard）。同期，阿根廷联邦发展了双重货币体系——内地各省继续主要依赖银币（主要是玻利瓦尔比索），而充满活力的布宜诺斯艾利斯则开始了长期而复杂的纸币制度试验。

在大多数国家，独立战争本身就使旧的货币体系发生了根本性的变化。首先是采
矿业，继而银币和金币的铸造量急剧下降。其次，大量的新币（减色银币或铜币）和 441
其他货币工具（被称为“vales”的期票）在起义军中流通。因此，战争结束后，出现了一套多样化的货币体系，具有多种交换媒介——殖民时期的旧银币和金币、叛乱年代铸造的减色硬币、大量的政府期票，以及由于实行自由贸易而不断增加的外国硬币（主要是欧洲硬币）。

战争带来的货币变化给新国家及其政治领导人带来了巨大的问题。货币稳定的长期经验并未让当地精英们为改革或采用新的货币本位做好准备。总的来说，19世纪20

年代，在拉美年轻的立法机构，改变货币制度和政策的相关辩论还未能得到充分信息。独立后，纸币实验和发行铜币作为辅币是很常见的，但早期一般都是失败的。不过，从该地区后来的货币史来看，有几个代表性案例非常值得回顾。

在最重要的传统银矿经济体中，墨西哥的情况值得特别关注。在 19 世纪的前三个季度，墨西哥继续成为世界经济中的主要银币供应国。事实上，直到 19 世纪 80 年代，白银一直占墨西哥出口总额的近 80%。毫不奇怪，银比索仍然是国内经济中的基本货币交换媒介。然而，与殖民时期不同的是，墨西哥城铸币厂的垄断地位在独立战争期间被打破，几个地区性的铸币厂开始运作，其中最重要的是奇瓦瓦、杜兰戈、瓜达拉哈拉、萨卡特卡斯和瓜纳华托的铸币厂。

这些地区性的铸币厂随后为区域考迪罗（Caudillos）提供了资金，从而助长了联邦制。一个突出的案例是萨卡特卡斯，直到 1835 年，该地丰富的矿业生产和繁荣的铸币厂还在为地区民兵提供资金，使他们成功地与共和国中央军队对抗。货币的混乱导致了政治分裂，这反映在薄弱的国家管理上，总统和部长的更替令人震惊。在 19 世纪 30 年代和 40 年代，许多国家政府面临的另一个问题是流通中的银币相对稀少（大部分银币被出口以支付进口和走私费用）。因此，财政部长们经常受到诱惑，铸造了大量的
442 铜币，一般还会声称，需要铜币来满足消费者和店主对辅币的需求。不足为奇的是，铜币的过量流通会进一步加剧白银的稀缺性，因为（根据格雷沙姆定律）相对劣质的货币必然会将较高质量的货币从流通中驱逐出去。为了对抗这种趋势，各国都进行了实验，使流通中的大量铜币退市。在墨西哥，此类政策促使中央政府在 1837 年成立了国家铜币兑换银行（Banco Nacional de Amortización del Cobre），经过艰苦努力和相当大的支出，该银行成功地回收了大量的铜币。

另一个在某些方面比较成功的金属货币试验案例是玻利维亚，它是 19 世纪 30 年代到 70 年代期间美洲另一大白银生产国。1829 年，新的国家元首安德烈·德圣克鲁斯将军（Andrés de Santa Cruz，1829—1839）决定修改这个新国家的货币本位，授权铸币厂将高质量的银比索与被称为“费夫莱”（febles）的劣质硬币结合起来生产，此类硬币只有 75% 的银含量，其余为铜和镍。银比索的出口是为了支付欧洲的进口品，而费夫莱则用于支付国家和军队的开支，并用于多国广泛的经济区域内的商业交易：玻利维亚、秘鲁南部、阿根廷北部和智利。正如历史学家安东尼奥·米特雷（Antonio Mitre）所证明的那样，从本质上讲，费夫莱的流通构成了一种相当成功的尝试，能够维持这些地区

之间的商业循环，而这种循环在殖民时代已经运行了两个多世纪。

虽然白银资源丰富的墨西哥和安第斯国家继续采用金属货币本位，但大西洋沿岸的几个有活力的经济体（由于缺乏白银和黄金）从19世纪初开始尝试纸币本位。巴西帝国（1822年正式成立）继承了一家官方银行——由葡萄牙君主于1808年在里约热内卢成立的巴西银行，发行了大量纸币。几位历史学家对该银行的早期历史进行了研究，似乎形成了一项共识，即巴西银行在1829年的失败与1826—1829年的阿根廷—巴西战争的开支密切相关，这场战争消耗了政府及其银行的大部分资源。

1822年至1854年期间，布宜诺斯艾利斯政府的纸币故事更为复杂。最早成立的银行机构是布宜诺斯艾利斯银行（1822—1825），该银行由当地一个由国内和英国富商组 443
成的财团发起，其倡议得到了政府批准。除了原始资本外，政府还将1824年阿根廷第一笔外国贷款的收益存入这家私人公司的金库，从而帮助了这家银行。由于拥有大量的金属储备，银行官员能够在四年中成功发行可兑换的纸币，促进了布宜诺斯艾利斯短暂的商业繁荣。

此后，这家私人银行被迫向阿根廷政府提供大量预付款，用于支付军费，结果导致可兑换性被废弃。政府当局将这家银行收归国有——当时称为国民银行（Banco Nacional，1826—1835），但它基本上成了国库的附属机构。1835年，随着胡安·曼努埃尔·德罗萨斯（Juan Manuel de Rosas）政府在布宜诺斯艾利斯省的整顿，国民银行正式关闭，印制纸币的权力被转移到旧的造币厂——货币署（Casa de Moneda），该造币厂成为当时拉美第一个系统地发行纸币的政府机构。所发行的纸币大多用于弥补罗萨斯政府的可观赤字，特别是在法国和英国军舰的海上封锁期间，进口税收急剧下降，赤字规模尤为突出。尽管纸币制度具有通货膨胀的性质，但仍然保留下来，实际上还为不断扩张的地区经济提供了资金。经济史学家萨穆埃尔·阿马拉尔（Samuel Amaral）、罗伯托·科尔特斯·孔德（Roberto Cortés Conde）和亚力杭德拉·伊里古安（Alejandra Irigoin）对这个令人惊讶的货币实验进行了分析。正如最后一位学者所肯定的那样：

> 在这一时期（1835—1854），国家——在布宜诺斯艾利斯省——由所谓的通货膨胀税提供资金。不可兑换的纸币成为一种实际的信托货币，也成为当地进行国内交易的支付手段。但银条并没有完全消失；它是邻近经济体的货币本位……这

种双货币（非双金属）体系是当代货币史上的一个特殊现象。①

最后，值得注意的是，布宜诺斯艾利斯自治州在1862年与阿根廷其他联邦政府合并之前，公共财政的发展轨迹相当独特。在独立后的数十年间，由于军事冲突和几次外国海军的干预，偶尔会出现巨额赤字，但布宜诺斯艾利斯行政当局采用了新颖的信贷
444 和货币工具来弥补开支。我们已经提到了一些值得关注的货币经验。如图12.3所示，公共赤字日益普遍。

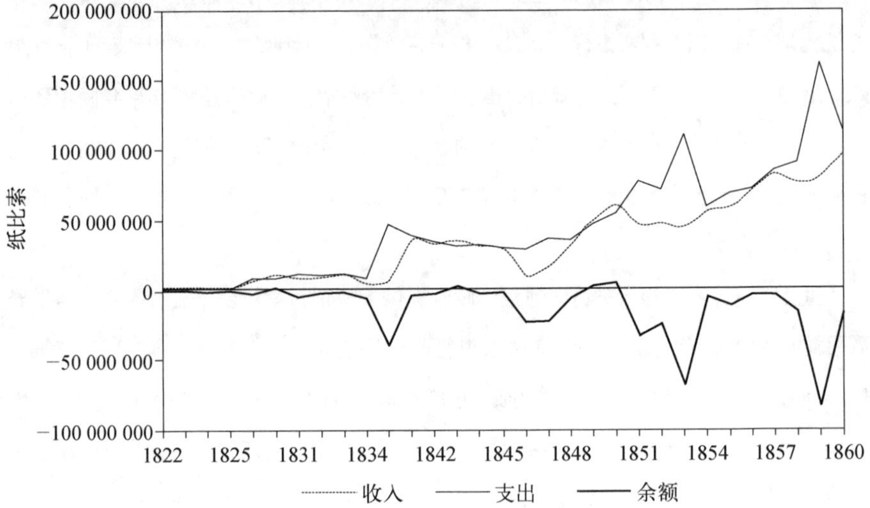

图12.3　布宜诺斯艾利斯政府：收入、支出和余额（1820—1860）

来源：María Alejandra Irigoin, "Finance, Politics and Economics in Buenos Aires, 1820－1860: The Political Economy of Currency Stabilization" (Ph. D. dissentation, London School of Economics, University of London, 2000)。

2.2　税收改革与公共财政赤字（1820—1850）

虽然建立货币主权是建立新的政治主权进程的一部分，但财政改革更为重要。19世纪20年代，拉美国家批准了自由宪法，早期采用了议会制政府和自由立法（以欧洲或美国的已有模式为蓝本），这引发了关于如何改变殖民地财政结构和建立更现代的财

① Maria Aljandra Irigoin, "Inconvertible Paper Money, Inflation and Economic Performance in Early Nineteenth Century Argentina," *Journal of Latin America Studies* 32, 2 (May 2000), 333－59.

政结构的激烈辩论。在实践中，从殖民向独立税收制度的过渡被证明是非常困难的，也许是持续经济增长进程的主要障碍之一。

19世纪20年代，墨西哥、大哥伦比亚和中美洲其他国家进行了财政改革，其矛盾之处在于将美国的联邦主义税收模式叠加到殖民时期的西班牙管理机构之上，后者的特点是高度的中央集权主义，但税收资金在地区国库之间的分配上有一定程度的灵活性。矛盾的是，独立后建立的新税收制度非但没有灵活性，反而被证明是僵化且低效 445
的，容易加剧联邦和各州财政官僚间对收入分配的激烈竞争。

冲突的第二个根源是旧殖民地官僚机构的削弱，该机构尽管有缺陷，但在征税和对一系列复杂的国家收入来源进行准确核算方面一直很有效。在许多国家，税收管理的淡化和财政雇员日渐归顺于当地的军事和政治考迪罗，使得独立后的税收日益呈现无政府状态，会计方法也明显受到影响。因此，无论是政府主管部门还是军队主管部门，都无法真正掌握有多少资金，也不知道这些资金是如何支出的。事实上，这与18世纪后期特别详尽的财政报告形成鲜明对比，仍然令历史学家感到惊讶。

墨西哥曾是西班牙美洲最富有的殖民地，回顾其税收改革，或许可以对新国家所面临的财政问题性质有所了解。首先，殖民管理机构两个主要收入来源——印第安人的贡税和矿业税被取消了。这意味着国家的潜在收入名义上减少了近30%——以殖民晚期的货币核算。其他殖民税也被联邦政府剥夺了，作为地区精英之间的政治协议的一部分，被转移到了州政府（经1824年墨西哥宪法批准）。其中最重要的是对国内交易的征税（销售税和酒精饮料税），在近半个世纪的时间里，这些税种曾是大多数州政府的支柱（见表12.2）。

事实上，半个世纪以来，除智利和巴西外，被称为“alcabalas”的地方销售税是拉美大多数省级政府的基本收入来源。历史学家已经开始探索财政记录，试图衡量这些税收对地方政府的重要性，也许更重要的是，它们对国内交易的影响。初步证据似乎表明，区域销售税和被称为“peajes”的过境税（适用于全拉美）的结合构成了州际贸易的重大障碍。因此，美国在19世纪上半叶发起了将区域市场纳入国家市场的强大运动， 446
与此相反，拉美经济体在国内交易中面临着明显的财政障碍。

为了补偿许多殖民地税的取消或转移，几乎所有拉美新政府的精英们都批准了一些措施，使对外贸易关税成为财政新制度的支柱。在这一关键改革中，美国再次成为典范，但结果总体上不尽如人意。虽然1822—1825年期间海关收入显著增加，但随后却出现了下降或停滞。① 长期的经济衰退影响了大多数拉美国家的收入，在许多情况下，这些国家不得不重新使用各种形式的紧急财政来弥补赤字。

表 12.2 墨西哥政府的税收收入（1826—1831，银比索）

收入来源	1826—1827	1827—1828	1828—1829	1829—1830	1830—1831	1826—1831	1826—1831(%)
对外贸易税	8 474 403	6 074 551	6 516 817	5 503 515	10 369 150	7 387 687	54.1
国内交易税	925 940	1 008 916	934 300	966 349	1 731 266	1 113 354	8.2
国家财政转移	979 145	1 381 412	1 621 079	1 960 873	1 356 563	1 459 814	10.7
国家垄断	1 236 552	1 408 174	1 291 883	1 031 520	1 231 851	1 239 996	9.1
其他收入来源	2 411 763	1 611 600	3 334 425	2 573 946	2 317 517	2 449 850	17.9
合计	14 027 803	11 484 653	13 698 504	12 036 203	17 006 347	13 650 702	100.0

447 来源：*Memorias de Hacienda*, 1827－32。

从19世纪20年代中期到50年代初，除巴西和智利外，所有拉美共和国都出现了长期的公共赤字。造成赤字的原因不仅是税收停滞，还由于军队开支居高不下。在19世纪中叶之前，军队开支平均占到了大多数国家公共开支的60%—80%。薄弱的财政管理部门无法成功地应对财大气粗的军队增加开支的要求，而这些军队又不断地干预政治，进一步削弱了政府的力量。

保罗·戈滕贝格（Paul Gootenberg）在秘鲁早期共和国的案例中强调了军事化政治的复杂财政动态，但他的观察也适用于该区域其他诸多国家：

> 考迪罗财政的一般问题是众所周知的，但其解决办法却不是……1825年至1845年期间，整个地区的考迪罗政权在制度上已经破产，财政绝望成为常态。军事开支居高不下（在初级预算中超过70%），不可预见的支出仍然是常态（动员新的叛乱），而短期需求的具体奖励对于维持官员、客户和官僚的臃肿框架至关重要；否则，逻辑就是冒着另一次叛乱和中央国家解体的风险。②

① 维克多·布尔默-托马斯认为，当时拉美对外贸易停滞不前是经济增长缓慢且发展不足的主要原因。*An Economic History of Latin America since Independence*, 2nd ed.（Cambridge, 2003).

② Paul Gootenberg, *Between Silver and Guano: Commercial Policy and the State in Postindependent Peru*（Princeton, NJ, 1989), 101.

因此，一个恶性循环开始了，财政赤字导致政府软弱无力，这又激起对当权政治或军事精英的频繁挑战。结果是内乱激增，特别是国家军事领导人经常与心怀不满的地区精英结成政治联盟。这些混乱的国家，尽管高度军事化，但其高额开支造成了严重 448
赤字，只能通过国内商人银行家的紧急贷款来解决。不可避免的是，各国大部分税收都被抵押给了债权人，因此，更糟糕的财政状况普遍存在，引发了更多内乱。

墨西哥曾是最富有的殖民地，但在独立后的 40 年里，它在拉美新国家中的情况最糟糕。它不仅出现了大量的国内军事冲突，还遭受了两次大规模外国入侵，这在很大程度上可以归咎于其财政和军事上的弱点。1847 年美国对墨西哥的入侵，导致北部大片领土的丧失，包括现代美国的加利福尼亚州、内华达州、科罗拉多州、亚利桑那州、新墨西哥州和得克萨斯州。而后，在 1862 年，英、法、西三国占领了韦拉克鲁斯，导致 3 万人的法国军队全面占领了墨西哥，一直持续至 1867 年法国战败为止。

3. 贸易税与 19 世纪拉美民族国家的建立

几个显著成功故事的存在，缓和了我们所描绘的独立后拉美财政改革的黑暗景象。特别是巴西和智利，它们保持了中央行政机构，在限制军事开支方面取得了成功，并能够获得足够税收（主要是进口税），避免了巨额赤字的积累。其他国家就没有那么幸运了，因为其对外贸易不景气，而且走私盛行。此外，从 19 世纪 20 年代到 40 年代，保护主义盛行，阻止了很多进口商品。一般来说，对外贸易少意味着政府收入少，因为海关税在公共收入中占有重要地位。

在经历了四分之一世纪（1826—1849）的外贸停滞之后，对许多国家来说，19 世纪 50 年代的 10 年是一个决定性的经济和财政拐点，因为巴西、智利、秘鲁、布宜诺斯艾利斯、哥伦比亚和中美洲的出口迅速扩大。第一次出口热潮从 19 世纪中叶一直持续到 1873 年左右。19 世纪 40 年代，巴西出口额平均保持为 600 万英镑，50 年代上升到 1 000 449
多万英镑，70 年代初达到 2 000 万英镑。（由于咖啡价格在 19 世纪 40 年代中期以后趋于下降，所以实物出口量的量级飞跃更为明显。）同期，哥伦比亚的政府收入明显增加，1850 年至 1875 年期间，其对外贸易明显扩大，出口额从 19 世纪 40 年代末的平均不到 300 万美元上升到 50 年代的平均近 800 万美元和 70 年代初的 2 000 万美元。事实上，哥伦比亚直到 20 世纪才再次达到同样的出口水平。

在中美洲，咖啡出口迅速扩大。哥斯达黎加的咖啡出口从19世纪50年代初的不到100万英镑，到60年代超过200万英镑，到70年代中期接近500万英镑。危地马拉和萨尔瓦多的贸易统计中也有类似趋势。财政结果是，弱小的中美洲国家终于开始依靠足够的税收来尝试现代化。赫克托·林多-富恩特斯（Hector Lindo-Fuentes）认为：

> 19世纪中叶，在整个中美洲的财政收入中，约有一半来自烟草和酒类的垄断。随着对外贸易的增加，关税的重要性上升……在这一时期（1855年以后），可以观察到国家增加税收的能力明显增强，这表明出口扩大使政府得以巩固。①

因此，从19世纪中叶开始，自由改革和贸易增长似乎终于使拉美建立相对高效的税收国家成为可能。但这些新的税收制度有多自由？对19世纪北大西洋世界主要国家的税收结构进行比较研究，可以得出如下结论：不存在特别“自由”类型的财政政策，因为财政法规和结构差异很大。例如，西班牙和法国的中央集权主义政府所依赖的税收结构着重强调土地税和国家垄断。相比之下，美国（整个世纪）和德国（1875年后）的联邦政府则依靠海关税作为财政繁荣的关键。拥有中央政府和拥有联邦行政机构的自由国家之间的对比似乎很明显，因此，似乎可以为提出的问题提供一把钥匙。在这方面，伟大的财政史专家加布里埃尔·阿尔当（Gabriel Ardant）认为，“关税收入的增长
450 对联邦制国家的财政实力产生了特别显著的影响……”② 但英国的情况又如何呢？至少在19世纪上半叶，英国也有一个强大的中央政府，却依靠关税作为其财政体系的基础。

类似的一系列问题可以证明有助于分析19世纪拉美自由国家税收制度的建立。大多数国家（从1820年起）符合阿尔当提到的联邦模式，其中海关税是国家政府的主要收入来源。在一个多世纪里，拉美大多数国家政府（实际上直到1930年）以进出口税作为主要收入来源，这一事实表明，在这一漫长的时期，这类财政政策和外贸政策之间

① Hector Lindo-Fuentes, “Consecuencias económicas de la independencia en Centroamérica,” in *Las consecuencias independencia americana*, 54.

② Gabriel Ardant, “Financial Policy and Economic Infrastructure of Modern States and Nations,” in Charles Tilly, ed., *The Formation of Nation States in Western Europe* (Princeton, NJ, 1974), 222.

存在着重要联系。同期，在所有意图和目的上，“自由主义”都是拉美统治精英的主要政治意识形态。

有关19世纪初的财政制度，对巴西的研究少于拉美其他国家，但其重要性应该得到强调，因为——与许多邻国相比——巴西没有出现税收或贸易收入的下降。恰恰相反，从19世纪20年代几乎一直到世纪末，巴西是所有拉美经济体中出口量最高的国家。帝国政府60%以上的收入来自进出口税。赤字相当大，但由于外债和内债平衡，没有像在墨西哥或秘鲁等其他国家那样，成为沉重的负担（见图12.4）。

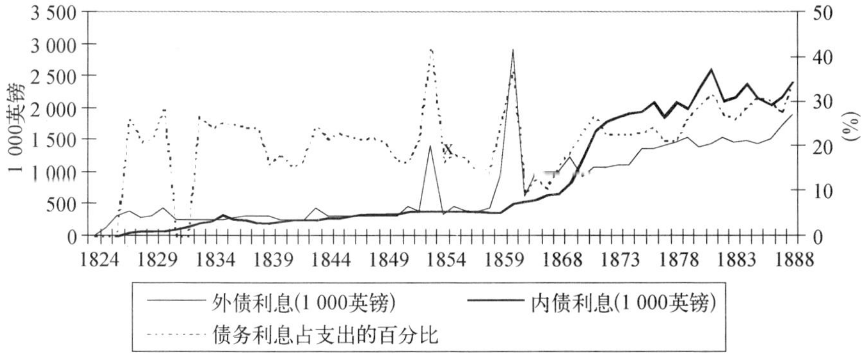

图12.4　巴西公共债务利息（1824—1888）

来源：数据基于Marcelo de Paiva Abreu and Luiz A. de Correa do Lago, “Property Rights and the Fiscal and Financial Systemas in Brazil,” in Michael D. Bordo and Roberto Cortés Conde, eds., *Transferring Wealth and Power from the Old to the New World: Monetary and Fiscal Institutions, 17th - 19th Centuries* (Cambridge, 2001), 327 - 77。

智利是政府收入依赖（而不是说依附）贸易的另一个明显案例，在独立后的头十年里，其海关收入足以支付几乎所有的政府开支，而不会产生沉重的赤字（见图12.5）。智利谨慎的财政和金融管理体现在19世纪30年代，其货币价值甚至相对于美元和英镑都有所上升。在1850—1873年期间，智利经历了铜、银和小麦出口的繁荣，进口量持续增长，并继续为政府提供大部分收入。然而，从19世纪80年代起，由于对硝酸盐大宗出口贸易的征税在总收入中的比例迅速增加，智利的出口税发生了明显的变化。 451

另一个值得一提的特例是哥伦比亚，尽管其宏观经济表现不佳，但1830年后，哥伦比亚政府保持了相当有效的税收管理，使其受益匪浅。在1850—1873年的早期出口繁荣期间，收入攀升得更高，也引发了重要的财政变化，使得哥伦比亚政府能够减少对

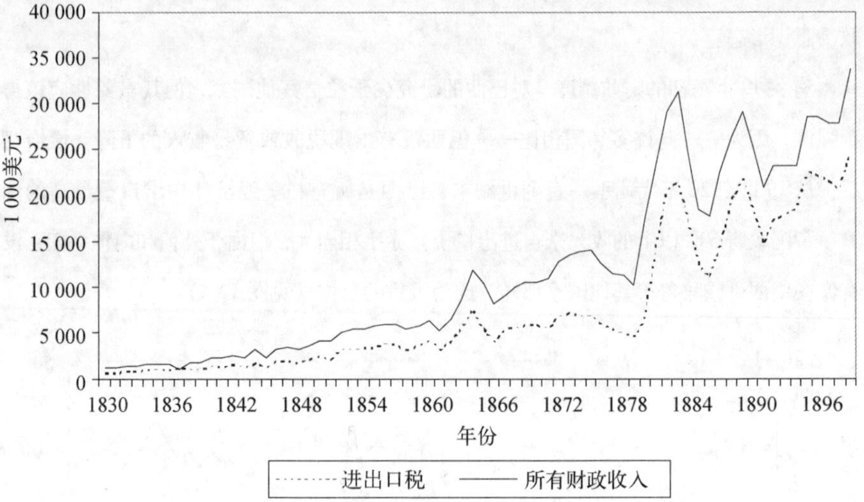

图 12.5 智利政府的税收（1830—1899）

来源：Carmen Cariola Sutter and Osvaldo Sunkel, *Un siglo de historia economica de Chile, 1830 - 1930* (Madrid, 1982), 123 - 5。

452 酒类和烟草垄断的传统依赖，并从根本上更多地依赖进口关税，这与大多数其他拉美国家的趋势一致。

最惊人的出口繁荣出现在秘鲁，在1850年至1875年期间，它从鸟粪、硝酸盐、糖和棉花的出口扩张中获益。特别是鸟粪的国有垄断带来了非同寻常的财政暴利，使秘鲁在20年间变成了拉美最富有的国家。秘鲁是唯一一个由出口直接提供大部分财政收入的国家。实际上，尽管不少国家仍有一些（相对温和的）出口税，但在秘鲁之外的所有其他国家，进口税占贸易税总额的80%—90%。此外，到19世纪末，出口税普遍被取消。

墨西哥是少数未从早期出口繁荣中获益的大国之一，主要是由于两次外国入侵其领土的影响，这进一步破坏了其本已脆弱的经济稳定。尽管如此，到19世纪80年代初，墨西哥经济复苏已全面展开。曼努埃尔·冈萨雷斯（Manuel González, 1880—1884）和波里菲里奥·迪亚兹（Porifirio Díaz, 1884—1910）两届总统的政府能够在增加税收的基础上，建立一个强大的国家，其中大部分税收来自进口税，尽管被称为“印花税”（Timbre）的国内税也产生了越来越多的资源（见图
453 12.6）。

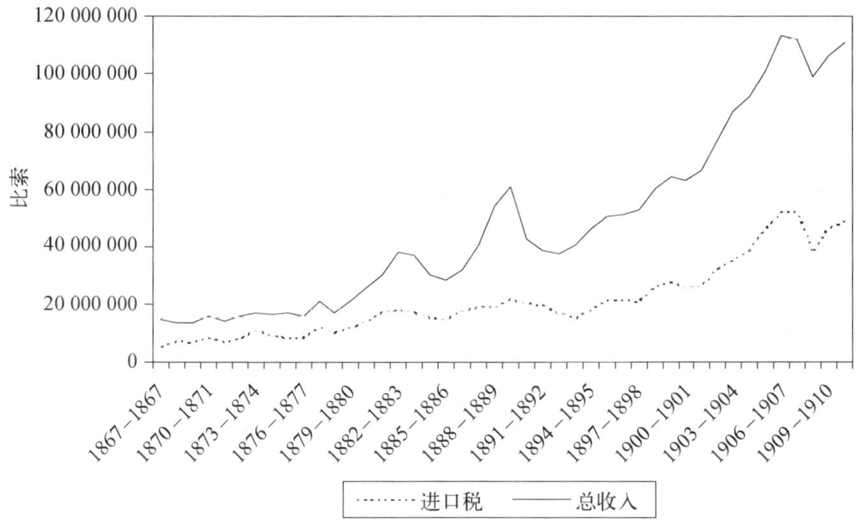

图 12.6 墨西哥政府的税收（1867—1910）

来源：Marcello Carmagnani，*Estado y mercado*，*1850 - 1911*（Mexico City，1994），Appendixes。

3.1 金融市场与银行发展缓慢

货币制度的分裂和长期的公共赤字不仅延缓了稳定而强大国家的建立，而且对 19 世纪上半叶整个拉美现代金融市场的形成构成了严重障碍。生态史学家刚开始探讨该地区金融市场的长期发展所带来的基础性问题。为了了解金融落后的性质，必须分析银行发展迟缓、资本市场增长缓慢、公共和私人金融协调困难的一些主要原因。

首先，应注意 19 世纪初整个拉美的殖民信贷组织和机制被破坏的影响。殖民金融市场比传统历史学所认为的要复杂得多。独立战争和随后的冲突都引发了大量资本外逃。此外，教会——曾是殖民时期最大的贷款人——的衰退也削弱了传统的信贷市场和惯例。

第二，在信贷和其他经济活动方面，有必要评估从殖民立法向自由立法的缓慢转变所造成的体制限制。在许多国家，殖民规范在实践中保持了几十年。事实上，现代民法和商法直到 19 世纪中叶之后才得到批准。现代金融机构的缺乏、司法系统的薄弱、公共职能部门的腐败盛行以及政治权力的任意行使，都给大多数交易带来了高风险。几十年来，不确定性是商业的基调。因此，商业信贷和抵押贷款都受到了影响。

第三，19 世纪上半叶发展现代金融市场的根本性障碍，是很难建立相对开放的国内公共证券市场。在独立后的前半个世纪，由于政治风险，（短期）政府贷款的利率往往极高（在墨西哥，利率在30%至200%之间疯狂波动）。因此，大多数潜在的投资者无法被低回报率的长期投资所吸引。在该地区的大多数国家，联邦政府不稳定的债务政策阻碍了国内短期资本市场的有效发展，也阻碍了稳定和开放的长期公共
454 及私人证券市场的诞生。就此而言，似乎值得回顾的是，发达经济体的历史经验表明，广泛而稳定的公共证券市场运作是现代金融市场发展的关键前提条件之一。在拉美，直到19世纪50年代，政府才有能力偿付国内债务，并延长早期外国贷款的还款期。

随着19世纪50年代公共财政的逐步恢复和稳定，才有可能建立更多的现代金融机构，如私人银行和公共银行。从19世纪50年代到60年代，这些银行开始出现在次大陆的不少主要城市和港口。这些金融创新在很大程度上是以拉美大多数国家税收的改善为前提的，这种趋势——正如我们之前所认为的那样——在19世纪中叶之后，才获得了实力。

随着大多数拉美国家开始获得更多税收，它们也开始摆脱自独立以来一直深陷其中的债务陷阱。19世纪50年代，自由主义改革的一个主要目标是清偿国内债务。在秘鲁，鸟粪收入被大规模地用于偿还给政府的各种债权人，但正如阿方索·基罗兹（Alfonso Quiroz）所说，利马的商业资产阶级是特别的受益者。在墨西哥和哥伦比亚，为了偿还原有内债，国家启动了一项剥夺权利和出售教会财产的政策。这个自由计划允许将大量的教会城乡不动产转让给商人和地主，后者以现金和国内债券相结合的方式进行支付。尽管金融市场上的债券有很大的价格折扣，但教会按面值接受债券支付。

除了偿付债务之外，在这几十年间，国家政策中最常用的口号也许就是“经济发展”（progreso）。为了推进这一目标，还成立了专门的政府机构。矛盾的是，贫穷的墨西哥是拉美最早建立专门促进国家经济发展的公共机构的国家之一。1853年，墨西哥经济发展部成立，早于其他拉美国家的第一批经济发展部。在19世纪60年代或70年代，大多数经济发展部以各种名称出现：农业、贸易和公共工程部（Ministerio de Agricultura, Comercio e Obras Públicas，巴西，1861年），发展部（Ministerio de Fomento，危地马拉，1871年；委内瑞拉，1874年），内政部（Ministerio del Interior，阿根廷，1863年）。因此，在早期的几十年里，国家作为经济增长促进者的作用开始变

得重要，也许可以说是格申克隆主义式（Gershenkronian-style）① 的发展。 455

金融现代化和投资是发展的重中之重。税收的增加加上国内公共债务的偿还，对国内金融市场的逐步（尽管仍然有限）现代化作出了关键性的贡献。直到19世纪中叶，金融落后一直是所有拉美经济体的共同特征。这种状况的主要标志是银行机构的缺乏、高额利率的不稳定波动、现代商业和金融立法的缺乏以及不存在正规股票市场。但从19世纪50年代和60年代开始，这种情况开始慢慢改变。在这几十年里，在次大陆比较重要的城市和港口，诞生了许多银行和保险公司，在里约热内卢、布宜诺斯艾利斯、利马和智利的圣地亚哥也诞生了一些小型股票市场。同时，大国政府开始与国内外企业家和银行家合作，推动第一批铁路公司、港口现代化和其他基础设施项目（包括公路、桥梁和电报线路）的建设。

在阿根廷，以发展为导向的布宜诺斯艾利斯省银行（1854年）为第一条铁路——国有费罗西部铁路（Ferrocarril Oeste，1857）提供了贷款，该铁路实现了高额回报。在巴西，19世纪50年代至70年代中期，第一家拉美投资银行——莫阿银行（Banco Mauá）推动了铁路、蒸汽船和其他基础设施项目的发展。在秘鲁，19世纪60年代，在鸟粪热潮的刺激下，利马出现了十几家银行。同样，在智利的圣地亚哥，19世纪60年代和70年代初也是金融现代化的时期，建立了许多银行机构，股票市场虽然规模不大，但也很活跃。

4. 早期的外债和金融危机

本章特别强调了影响19世纪拉美经济和国家不平衡发展的国内因素（货币、财政和金融）。这追随了经济史学家的近期研究，他们做出了出色的研究报告，要求修正拉美地区的许多传统经济史，特别是传统的依附性解释，这些解释往往把大部分注意力 456
集中于外部因素在经济发展和不发达中的作用。然而，正如我们在分析国内税收动态与国际贸易之间的关系时已提出的，忽视拉美经济轨迹与国际经济趋势和力量之间的关联是不明智的。因为拉美经济确实需要国际市场和资本。恰恰是在拉美对外贸易扩张最大的时期（1850—1873年和1880—1914年），人们可以看到整个区域的国家和经济

① 译者注：格申克隆主义者强调，相对于其他国家而言，后工业化国家需要更多的中央集权。

现代化取得了最坚实的进展。

国际市场对出口的重要性是显而易见的。对外贸易是增长和政府收入的最重要引擎之一也是显而易见的。另一方面，不太清楚的是，为何几乎所有拉美国家都如此严重地依赖国际资本市场，特别是国家贷款。当然，贷款提供了重要的资本来源，但这些钱并不总是被明智地使用，此外，债务利息的负担一般也超出预料，这导致债务危机频发。然而，尽管屡屡出现财政危机，拉美各国政府还是一次又一次地回到欧洲资本市场，寻求新的贷款。拉美对外贷款的历史可以用一系列周期来描述，这些周期与国际商业周期的经典经济文献中描述的金融周期相当吻合。拉美第一次贷款热潮发生在1822—1825 年，在 1826—1828 年出现了一系列的暂停偿付，随后的延期偿付一般持续到了 19 世纪 40 年代或 50 年代。19 世纪 50 年代末至 1873 年，第二波贷款热潮出现，几乎所有拉美政府参与其中，而新的经济危机停止了资本向该地区流入，并导致了一场严重的债务危机。最后，在 19 世纪 80 年代，新一轮的贷款以极快速度增长，最终于1890—1891 年在阿根廷和乌拉圭发生金融危机，并在随后两年在巴西和智利发生危机。

这些趋势的周期性在本书另一章中讨论，① 因此，在本章最后一节，我们将重点讨论贷款资金的用途。目的是提出一个问题，即在欧洲资本市场获得的资金是否有助
457 于拉美的经济发展。在 1822—1825 年最早的贷款热潮中，我们可以很容易地确定，新国家所获得的大部分资金都被投资于军事开支。考虑到当时独立的进程仍在进行中——西班牙军队在南美的最终失败是在 1824 年 12 月的阿亚库乔战役（Battle of Ayacucho）中，这种投资是符合逻辑的。此外，在随后的几年里，西班牙在神圣同盟（Holy Alliance）的支持下，多次威胁拉美各国，企图重新征服。因此，早期的外国贷款注定要用于军事目的，而不是直接用于刺激经济增长。

在 1855—1873 年期间，第二次贷款热潮发生了重大变化。在这一时期，几乎所有拉美政府都转向欧洲资本市场贷款，将资金用于三个主要目的：为债务再融资、军事开支和公共工程开发（见表 12.3）。

近三分之一的新贷款被政府用于再融资业务。不可否认的是，以较好的条件（利率较低、偿付期较长）获得的新贷款对旧债进行再融资，证明可能是公共财政的福音。这一时期获得的一些贷款的确实现了这一目标，并使拉美经济体得以重新进入欧洲金

---

① 参见阿兰·泰勒（Alan Taylor）在下卷中撰写的章节。

融市场。而自19世纪20年代末债务支付普遍暂停以来，它们一直被排除在欧洲金融市场之外。但其他的再融资贷款——如19世纪50年代和60年代初的秘鲁外国贷款——只是用来偿还给当地的商业精英，这些精英施压要求偿还其持有的政府短期债务。

其他外国贷款主要用于资助军事开支。这样的例子比比皆是，如为入侵融资而发行的非法的墨西哥帝国债券，其背景是法国军队入侵，并将奥地利大公马克西米利安（Maximilian）拥立为地方皇帝（1863—1867）。毫不奇怪，在1867年法国军队被驱逐后，墨西哥当局拒绝承认此证券为合法债务。其他为军事远征而筹措的贷款还包括：阿根廷和巴西政府为资助其联合入侵和占领邻国巴拉圭，发行了超量英镑债券（1865—1870）。显然，这种金融业务对经济发展未能发挥建设性作用。

最后，重要的是，要记住为公共工程（特别是铁路建设和港口现代化）而凑借的一系列贷款。阿根廷、巴西、智利、秘鲁和各中美洲共和国特别积极地吸引资金，用于 458
基础设施建设，这对促进国内运输和市场以及1860—1973年期间的出口增长是至关重要的。这些资金部分用于重要的投资，很快就对经济增长产生了重大影响，尤以阿根廷、智利和巴西为典型。另一方面，秘鲁的巨额铁路贷款和洪都拉斯相对较少的铁路贷款被证明是不明智的冒险——这些线路几十年来一直未能竣工，大部分资金被银行家、承包商和政客的腐败行为抽走。

表12.3 拉美的外国贷款（1850—1875）

	贷款数	名义贷款额（1 000英镑）	用途（%）		
			军　事	公共工程	债务再融资
阿根廷	7	13 488	20	68	11
玻利维亚	1	1 700	—	100	—
巴西	8	23 467	30	13	57
智利	7	8 502	37	51	12
哥伦比亚	2	2 200	—	9	91
哥斯达黎加	3	3 400	—	100	—
厄瓜多尔	1	1 824	—	—	100
危地马拉	2	650	—	77	23
海地	1	1 458	—	—	100
洪都拉斯	4	5 590	—	98	2

续 表

	贷款数	名义贷款额（1 000 英镑）	用途（%）		
			军　事	公共工程	债务再融资
墨西哥	2	16 960	70	—	30
巴拉圭	2	3 000	—	80	20
秘鲁	7	51 840	10	45	45
圣多明各	1	757	—	100	—
乌拉圭	1	3 500	—	—	100
委内瑞拉	2	2 500	—	30	70

	分时段加总				
	贷款数	名义贷款额（1 000 英镑）	用途（%）		
			军　事	公共工程	债务再融资
1850—1859	9	10 862	—	32	68
1860—1869	20	56 705	41	12	47
1870—1875	22	73 270	—	60	40

来源：Carlos Marichal，*A Century of Debt Crises in Latin America: From Independence to the Great*
459 *Depression*，*1820－1930*（Princeton，NJ，1989），80。

总之，在 19 世纪前四分之三的时段里，拉美国家金融现代化的进程缓慢而不平衡，给经济发展带来了巨大障碍。在建立有效的税收管理方面，持续存在的困难带来了公共赤字，并在许多情况下导致各种危险的金融政策。事实证明，对通货膨胀的货币工具的试验，在政治和经济方面都付出了高昂代价，积累了过多的短期内债和长期外国贷款也是如此。由于司法和体制框架效率低下的情况持续存在，国内金融市场发展不足，这又导致整个拉美的银行业兴起较晚，正规资本市场薄弱。进步是这个时代的口号，但
460 事实证明很难实现。

第四部分
独立的经济影响

第13章　拉美独立的经济影响

莱安德罗·普拉多斯·德拉埃斯科苏拉
（Leandro Prados de la Escosura）

维克多·布尔默-托马斯在其关于拉美的经典著作中总结道：“自独立以来，拉美的经济发展是一个未兑现诺言的故事。”他强调，“自19世纪初以来，拉美与发达国家之间的生活水平差距稳步扩大”。[①]斯蒂芬·哈伯（Stephen Haber）对此观点进行了修正，他指出，拉美与盎格鲁-撒克逊美洲之间的收入差距“并不是20世纪的产物”。[②]约翰·科茨沃思则补充说，今天拉美的不发达是在殖民时期和独立后形成的。[③]人均收入水平的相关证据表明，在20世纪期间，整个拉美相对于美国的地位并没有恶化（表13.1）。

表13.1　拉美人均相对国内生产总值（1900—1995）

	拉美（购买力平价法，1970年不变价美元）		拉美（美国=100）	
	六　国	全地区	六　国	全地区
1900	185		12.5	
1910	228		13.3	
1920	235		12.4	
1930	277		12.9	
1940	320		12.9	
1950	413	394	12.5	11.9
1960	521	487	13.6	12.7

续 表

	拉美（购买力平价法，1970 年不变价美元）		拉美（美国=100）	
	六 国	全地区	六 国	全地区
1970	707	649	13.7	12.6
1980	973	884	15.4	14.0
1990	938	837	12.7	11.3
1995	990	879	12.8	11.4

来源：Pablo Astorga and Valpy Fitzgerald, "Statistical Appendix," in Rosemary Thorp, *Progress, Poverty and Exclusion. An Economic History of Latin America in the 20th Century* (Washington, DC, 1998), 353。

1808 年至 1825 年期间，拉美大部分国家实现独立，并顺势融入了国际经济（这是
463 一个漫长的过程，在 1850 年至 1873 年期间逐渐加速），这似乎是评估 19 世纪拉美经济表现的两大最重要事件。④

然而，对于独立是如何产生的，目前还没有达成共识。独立是拿破仑战争和法国入侵伊比利亚半岛等外部冲击的结果？是体制效率低下的结果，还是一种内生现象，源自对宗主国引入新自由思想和体制所做出的改革和现代化反应？抑或在中部殖民地

---

① Victor Bulmer-Thomas, *The Economic History of Latin America since Independence*, 2nd ed. (Cambridge, 2003), 392.

本文仅关注独立对经济表现的影响，而不涉及独立斗争的背景。关于独立过程及其后续全面分析可参见：Leslie Bethell, ed., *The Cambridge History of Latin America* (Cambridge, 1985), vol. 3。

我收到了来自编辑的有益建议，还要感谢杰里米·阿德尔曼（Jeremy Adelman）、鲍勃·艾伦（Bob Allen）、斯坦·恩格曼（Stan Engerman）、亚力杭德拉·伊里古安、赫克托·林多-富恩特斯（Héctor Lindo-Fuentes）、卡洛斯·马里沙尔、阿方索·基罗兹（Alfonso Quiroz）、若昂·罗斯（Joan Rose），特别是帕特里克·奥布莱恩（Patrick O'Brien）的评论。我对剩余错误负全部责任。

② Stephen Haber, ed., *How Latin America Fell Behind. Essays on the Economic Histories of Brazil and Mexico, 1800–1914* (Stanford, CA, 1997), 1.

③ 本文斜体部分。John H. Coatsworth, "Notes on the Comparative Economic History of Latin America and the United States," in Walther L. Bernecker and Hans Werner Tobler, eds., *Development and Underdevelopment in America: Contrasts in Economic Growth in North America and Latin America in Historical Perspective* (New York, 1993).

④ 可参见：Bulmer-Thomas, *Economic History of Latin America*, and Haber, *How Latin America Fell Behind*。

（墨西哥和秘鲁），是反对自由主义改革和现代化的斗争的结果，而在外围殖民地（新格拉纳达和拉普拉塔），是拿破仑入侵伊比利亚半岛时受走私利益刺激的军国主义机会主义的结果？

在戴维·兰德斯看来，独立并非殖民者主动使然，“而是在欧洲竞争和战争的背景下，因西班牙和葡萄牙的国内弱项与厄运所致”。① 萨穆埃尔·阿马拉尔关于阿根廷的 464
文章中认为，独立是当地对无法满足贸易和生产需要的机构施压的结果。② 而斯坦利（Stanley）和芭芭拉·斯坦（Barbara Stein）则写道，“也许更准确的说法是，许多殖民精英希望享有与欧美直接贸易的权利，同时继续效忠于深陷困境的西班牙”。③

研究专著比宏大的解释少，这使对独立的评估缺乏说服力。虽然对于独立的成因缺乏共识，但其影响明显是政治权力的分裂、社会的军事化，以及为战争而动员资源与人力。④ 政治动荡并未随独立而结束。国界争端和内战持续了几十年。用兰德斯的话来讲，“新世界的强人们利用了真空，夺取了权力……无政府的消极主义带来了军事独裁者”。⑤

历史学家普遍认为，独立后经济活动明显下降，人均收入直到 19 世纪中期才恢复到殖民时期的水平。⑥ 此外，与西班牙和葡萄牙的决裂并没有给已有的社会和经济结构带来任何直接的变化。⑦ 有人认为，独立后，土地保有权体系和要素市场并没有发生剧

---

① David S. Landes, *The Wealth and Poverty of Nations: Why Some Are So Rich and Some So Poor* (New York, 1998), 313.

② Samuel Amaral, “Del mercantilismo a la libertad: Las consecuencias económicas de la independencia argentina,” in Leandro Prados de la Escosura and Samuel Amaral, eds., *La independencia americana: Consecuencias económicas* (Madrid, 1993), 202 - 3.

③ Stanley J. Stein and Barbara H. Stein, *The Colonial Heritage of Latin America. Essays on Economic Dependence in Perspective* (New York, 1970), 131.

④ Tulio Halperín Donghi, “Economy and Society,” in *The Cambridge History of Latin America*, vol. 3.

⑤ Landes, *Wealth and Poverty of Nations*, 313.

⑥ 科茨沃思的“比较经济史笔记”（Notes on the Comparative Economic History）提出，就美国而言，猜测性的估计表明，人均收入在独立后的四分之一世纪里停滞不前，而在 19 世纪开始的几十年里，人均收入的年增长率低于 0.3%。

另见：Peter C. Mancall and Thomas Weiss, “Was Economic Growth Likely in Colonial British North America?” *Journal of Economic History* 59, 1 (1999): 17 - 40。

⑦ 比尔·阿尔伯特（Bill Albert, *South America and the World Economy from Independence to 1930* <London, 1983>, 25.）提出，宗主国也没有发生变化。可以推测，西班牙 18 世纪 90 年代的人均 GDP 直到 19 世纪 40 年代才被超越。

另见：Leandro Prados de la Escosura, *De imperio a nación. Crecimiento y atraso económico en España, 1780 - 1930* (Madrid, 1988), chap. 1。

烈变化。例如，奴隶制一直持续到 19 世纪中期，在巴西和古巴则持续到 19 世纪 80 年代。财政体系仍在一定程度上存在：米达制终结了，贡税却通常得到了恢复。劳役偿债制和各种形式的劳役摊派制在部分地区一直持续到 19 世纪末。最后，对贸易和要素流
465 入的开放程度降低。然而，独立还是带来了变化。在其对经济增长的积极影响中，历史学家强调了对外贸易垄断的结束和在国际市场上融资的可能性，而在其消极影响中则强调了事实上的关税同盟的结束、资本外逃和殖民地财政体系的崩溃。①

科茨沃思评估了独立的成本和效益，其结论是，从短期来看，独立的直接和间接经济效益很小，而殖民主义的可衡量成本也很小：独立的有限净效益被新的成本所冲抵，如长期战争、内乱和经济不稳定。然而，从长期来看，殖民体制秩序的破坏带来了经济利益：独立导致了体制现代化。②

殖民主义代价是否应该包括被攫取的东西，还包括殖民体制和路径依赖导致的错误刺激而没有生产的东西？为什么取消税收和关税限制未能促进经济自主增长？这些都是拉美史学家们反复提出的问题，却没有得到解答。

要对所有这些关键问题提供答案，远远超出了本章的范围和作者的能力。因此，本章剩余内容将以美国镜像中的拉美为中心，评估各种宏大解释或元叙述。然后，将提出另一种方法，即在非洲和亚洲镜像中，评估独立后的拉美表现。最后，本章将研究独立主要影响的经验证据，这些影响是由于消除殖民负担和向国际经济开放而产生的。最终结论性的思考将使本章更加完整。

1. 宏大诠释： 美国镜像中的拉美

在第二次世界大战后的 30 年里，依附学派（Dependency School）提供了关于拉美不发达的主流宏大理论。斯坦利和芭芭拉·斯坦在其广为阅读的《拉美的殖民遗产》（*The Colonial Heritage of Latin America*）一书中，为理解拉美独立建立了一个解释框
466 架。为什么美国和拉美在独立后的发展如此不同？为什么在美国工业化的同时，拉美仍然是初级产品生产国？斯坦等学者认为，伊比利亚殖民主义在拉美的核心是“组织和

① Bulmer-Thomas, *Economic History of Latin America*, 28 - 31.

② John H. Coatsworth, “La independencia latinoamericana: Hipótesis sobre los costes y beneficios,” in La *independencia americana: Consecuencias económicas*, 19.

维持对海外宗主国有利的经济，并……通过它们与荷兰、英国和法国等西欧主要经济体联系”。① 当地条件（缺乏政治统一、经济利益冲突、收入高度集中和贫困），特别是英国的经济压力强化了殖民经济背景（以大地产为主要特征）。他们的结论是，“英国人是伊比利亚帝国统治被摧毁的主要因素；在其废墟上，英国人建立了自由贸易与投资的非正式帝国统治”。② 斯坦等学者的主要论点是，由于新共和国中持续存在殖民遗产，所以未能在 19 世纪实现持续与平衡的增长。

克里斯托弗·普拉特（Christopher Platt）或许是最坚决反对斯坦等学者观点的研究者。在普拉特的评价中，独立的影响非常有限，仅在 1860 年之后，滞后效应才开始显现。独立使贸易从伊比利亚转向北欧和美国，但拉美贸易量并没有发生重大变化。独立并没有使拉美成为主要的初级产品出口国，也没有使其成为外国工业品的大市场。此外，现代经济增长还受到人力和物力资本缺乏、工业燃料短缺、基础设施落后、市场狭小等因素的制约。普拉特认为，与西班牙的决裂“非但没有强化拉美在融入世界经济中的依附伙伴地位，反而是在长达半个世纪的时间里，使该地区再度‘独立’于对外贸易和金融，这是令人烦厌的”。他进而得出结论，19 世纪的拉美是“由国内环境塑造的，而不是由遥远的宗主国的计划性需求形成的”。③ 普拉特的观点或许可以解读为，在第一波全球化浪潮有力地刺激增长之前，拉美就提早独立了。

依附学派的辉煌时代早已过去。为了解答独立的经济影响何在这一问题，如今的历史学家采取的方法是在国界内进行实证研究。不过，拉美新制度经济史的发展更新 467
了宏大诠释的传统，通过与美国历史经验的鲜明对比，强调了英属北美殖民地和伊比利亚美洲殖民地之间的显著差异。据道格拉斯·诺斯（Douglass North）所言，它们提供了“最好的比较研究案例……显示了不同的制度路径对政治和经济表现的影响”。④ 它们截然不同的发展反映出对各个殖民地所施加不同的宗主国制度。⑤ 诺斯的主要主张

① Stanley J. Stein and Barbara H. Stein, “D. C. M. Platt: The Anatomy of ‘Autonomy,’ ” *Latin American Research Review* 15 (1980): 134.

② Stein and Stein, *Colonial Heritage*, 155.

③ D. C. M. Platt, “Dependency in Nineteenth-Century Latin America: An Historian Objects,” *Latin American Research Review* 15 (1980): 130.

④ Douglass C. North, “Institutions and Economic Growth: An Historical Introduction,” *World Development* 17, 9 (1989): 1330.

⑤ Douglass C. North, *Institutions*, *Institutional Change and Economic Performance* (Cambridge, 1990), 102.

是，不同的初始条件是造成不同时期绩效差异的原因，特别是英国殖民地具有宗教和政治多样性，而西班牙殖民地（特别是墨西哥和上秘鲁）却存在宗教统一性，还有农业社会的官僚管理。

部分学者并不认同制度是外生的，他们因而反对诺斯的解释。① 例如，对于西班牙美洲，恩格曼（Engerman）和索科洛夫（Sokoloff）认为，财富、人力资本和政治权力的初始不平等制约了制度设计，从而制约了绩效。大地产建立于前征服时期的社会组织和广泛的本地劳动力供应基础上，确立了最初的不平等水平。精英阶层（到1800年，白人占人口的比例不到20%）设计了保护其特权的制度。政府政策和制度再现了最初的条件，导致了竞争限制和提供机会方面的选择性政策。② 例如，在墨西哥和秘鲁，存在大量的原住民人口，且西班牙接受了将劳动力和自然资源的所有权授予精英的已有做法，助长了土地所有权的高度集中，从而导致了社会和经济的不平等。③ 所有这些都与英属北美地区
468 白人人口占主导、财富分布相对均衡、人均人力资本禀赋较高形成鲜明对比。④

制度史学家对这些要素禀赋和财富分配论点的反应是，强调制度、政策和事件与任何特定财富及收入分配的相对独立性。约翰·科茨沃思和加布里埃尔·托特利亚（Gabriel Tortella）虽然承认法律制度是增长的障碍，因为种族制度限制了要素的调动，但他们否认转移到美洲的伊比利亚制度与最初的收入和财富分配不平等之间的联系，强调“新大陆的种族制度有意削弱了当地征服者和大亨对基本土著人口的控制，并通过承认土著人的财产权和保证大多数土著人口获得独立于殖民精英的土地，极大地限制了财富分配不平等的增长”。⑤

---

① 近期评估可参见：Dani Rodrik, Arvind Subramanian, and Francesco Trebbi, “Institutions Rule: The Primacy of Institutions over Integration and Geography in Economic Development” (IMF Working Paper 02/189, November 2002)。

② Kenneth Sokoloff and Stanley L. Engerman, “Institutions, Factor Endowments, and Paths of Development in the New World,” *Journal of Economic Perspectives* 14, 3 (2000): 217 - 32.

③ Stanley L. Engerman, Stephen H. Haber, and Kenneth L. Sokoloff, “Inequality, Institutions, and Differential Paths of Growth among New World Economies,” in Claude Menard, ed. *Institutions, Contracts, and Organizations* (Cheltenham, 2000), 108 - 34.

④ 应当指出的是，拉美的不平等可能与北美洲奴隶制国家的不平等相当，但后者的人均收入肯定要高得多。

⑤ John H. Coatsworth and Gabriel Tortella, “Institutions and Long-Run Economic Performance in Mexico and Spain, 1800 - 2000” (Working Papers on Latin America, no. 02103.1, David Rockefeller Center for Latin American Studies, Harvard University, 2002).

诺斯、萨默希尔（Summerhill）和温加斯特（Weingast）则承认，要素禀赋是欧洲殖民化的动力，但不足以解释独立后的行为，美国通往世界领导地位的道路与西班牙美洲的暴力和迟滞之间的差异证实了这一点。他们认为，如果要素禀赋决定了政治结果，“阿根廷将和美国一样富有”。① 诺斯及其同事强调了独立的美国（有宪法和稳定而明确的经济与政治权利制度）和拉美（在政治不稳定和战争下）之间的鲜明制度对比。他们认为，由于缺乏能够在敌对集团之间建立合作的体制安排，导致了破坏性冲突，使资本和劳动力从生产中转移出来，并使新的共和国相对于美国而言表现不佳。 469

迄今为止，所调查的所有观点都以美国为尺度来衡量拉美在19世纪的成就。这种方法是否是剖析拉美经济表现不佳原因的适当策略？事实上，过分强调与北美的对比，会导致对拉美在独立前后的经济和政治行为的负面评价。在独立后的半个世纪里，英国殖民者与拉美之间的收入差距不断扩大。根据麦迪逊的说法，到1820年，美国使拉美的人均产值翻了一番，到1870年翻了三倍多。②

然而，一再强调存在着巨大的差距，对19世纪拉美经济史的研究产生了影响。事实上，它将新共和国的初始条件与独立后的表现混为一谈。此外，它还转移了人们对真问题的注意力：拉美在多大程度上没有发挥出自身的潜力。纳撒尼尔·莱夫（Nathaniel Leff）对巴西的思考可以延伸到整个拉美。新共和国落后于美国或西北欧国家的事实并不意味着一定会错过发展机会。根据人力（和物质）资本与劳动比率可预见的巨大差异，可以推测英属北美和拉美可能有不同的稳态。

那么，相关的问题是，有哪些可行的反事实情况可能导致更高的增长率?③ 在得出结论说拉美失败是因为它走了一条与美国或德国不同的、不那么成功的通往20世纪的道路之前，应明确说明这些假设的替代方案。事实上，富国（中心）和穷国（外围）

① Douglass C. North, William R. Summerhill, and Barry R. Weingast, “Order, Disorder, and Economic Change: Latin America versus North America,” in Bruce Bueno de Mesquita and Hilton L. Root, eds., *Governing for Prosperity* (New Haven, CT, 2000), 19.

但是，应当记住，到1913年，阿根廷的人均收入位居世界第六位，与欧洲相比，仅次于英国。可参见：Leandro Prados de la Escosura, “International Comparisons of Real Product, 1820 - 1990: An Alternative Data Set,” *Explorations in Economic History* 37, 1 (2000): 1 - 40。

② Angus Maddison, *The World Economy. A Millennial Perspective* (Paris, 2001), 264.

③ 纳撒尼尔·H. 莱夫探讨了国内部门相对于外部部门生产率提高、社会间接资本投资增加以及移民限制等替代情景，最终推翻所有假设，因其都无法实现。参见：“Economic Development in Brazil, 1822 - 1913,” in *How Latin America Fell Behind*, 58 - 9。

之间的人均收入差异是19世纪的主要特征。① 历史研究只能在可行范围内阐明，即事件在多大程度上遵循了应有过程，这一应有过程由一系列初始条件和某种随时间变化
470 的内在逻辑所决定。正如莱夫所言，“在可能领域中，历史研究可以使后来的观察者免于进行毫无依据的压抑性思考”。②

此外，目前对拉美经济落后的历史评价与25年前对欧洲大陆落后的历史评价相似，当时各国的成败取决于它们在多大程度上能够复制英国的工业化经验。因此，一种常见的说法是把法国描绘成一个落后国家。格申克隆（Gerschenkron）对后进者缺失的先决条件的替代分析，以及奥布莱恩和基德（Keyder）对法国和英国经济增长的开创性研究都表明，禀赋的不同（因而相对要素价格的不同）以及过去经济政策和制度的不同，导致了经济发展的不同路径。因此，只有一个国家实现其独特的增长潜力的程度，才能决定其成败。③ 地理环境、公共政策和政治体制对塑造拉美国家的长期经济表现都很重要。

2. 非洲和亚洲镜像中的拉美

由于在模拟增长潜力方面的困难可能使这一主张不切实际，因此，一个有希望的研究方向是将拉美与其他前欧洲殖民地进行比较。值得注意的是，相当多的亚洲、非洲和东欧国家在独立时，都具有拉美独立后的共和国的一些初始条件，包括类似的人口模式，如延迟的人口结构转型和持续至20世纪末的高生育率；低人口密度（亚洲除外）；农业就业的成年人口比例高；社会资本和人力资本低；合同执行不力；以及屈从于利益集团的弱政府。除此之外，纵观非洲和亚洲主要国家独立时的人均GDP（表

① 这一推理路径最近被罗伯特·艾伦（Robert Allen）用于对前苏联发展的研究，可参见：Robert Allen, *Farm to Factory: A Reinterpretation of the Soviet Industrial Revolution* (London, 2002)。正如艾伦所写，之所以如此，是因为“趋同代表了工业革命的扩散”(1—8)。

② Leff, “Economic Development of Brazil,” in *How Latin America Fell Behind*, 59.

关于反事实命题和对巴西长期增长潜在影响的更完整的讨论，可参见：Nataniel H. Leff, *Underdevelopment and Development in Brazil*, 2 vols. (London, 1982)。

③ Alexander Gerschenkron, *Economic Backwardness in Historical Perspective. A Book of Essays* (Cambridge, 1962); Patrick O'Brien and Ç aglar Keyder, *Economic Growth in Britain and France, 1780-1914. Two Paths to the Twentieth Century* (London, 1978).

13.2)，可以看出，它们与1820年前后墨西哥或巴西的水平相似，而所有这些国家都远 471
远低于美国1776年独立时的水平。

所有这一切是否意味着，目前将拉美独立描述为后拿破仑时代席卷全欧洲的自由革命浪潮的一部分，这一做法奉行了欧洲中心主义，是不充分的，而更合适的做法是，将拉美的后殖民经验与后来在亚洲和非洲等外围地区发生的情况进行比较?①

联系经济地理与制度的模型允许有不同的殖民模式，为了将独立后的拉美经历置于更现实的背景中，此类模型似乎有用。各国经济繁荣程度的差异与地理、气候或生态因素有关。② 例如，杰弗里·萨克斯（Jeffrey Sachs）的结论是，技术、疾病环境和运输成本是由地貌和气候决定的。③ 阿西莫格鲁（Acemoglu）、约翰逊（Johnson）和鲁滨逊（Robinson）则指出，欧洲人到来时，疾病环境是欧洲人定居模式和前殖民地后续制度发展的决定因素。在人口稠密地区，存在着欧洲人容易感染的疾病（疟疾和黄热病），使其无法大规模定居。④

阿西莫格鲁、约翰逊和鲁滨逊近期的另一篇文章强调了殖民主义的不同影响。殖民主义强加“攫取性制度”（Extractive Institutions）（如强迫劳动和贡品）的社会中，大多数人都有被统治精英或政府征用的风险，与之相比，殖民主义导致建立良好制度
（“私有产权制度”，允许社会的广泛部门获得投资回报）的社会更加繁荣。⑤ 矛盾的 472
是，欧洲殖民主义在以前的贫困地区带来了相对较好的制度发展，而在以前的繁荣地

---

① 该替代方法可见约翰逊·C.布朗近期对如下文章的评论：Jeremy Adelman's *Republic of Capital. Buenos Aires and the Legal Transformation of the Atlantic World* (Stanford, CA, 1999)。

详见：Brown, *Hispanic American Historical Review* 81, 3－4 (2001): 765－71。

② Jared Diamond, *Guns, Germs and Steel. The Fate of Human Societies* (New York, 1997).

③ Jeffrey D. Sachs, "Tropical Underdevelopment" (NBER Working Paper Series, no. 8119, 2001).

对于方法的类型化，可参见：John W. McArthur and Jeffrey D. Sachs, "Institutions and Geography: Comment on Acemoglu, Johnson and Robinson (2000)" (NBER Working Paper Series, no. 8114, 2001)。

④ Daron Acemoglu, Simon Johnson, and James A. Robinson, "The Colonial Origins of Comparative Development: An Empirical Investigation," *American Economic Review* 91, 5 (2001): 1369－1401.

然而，请注意，疾病环境恶劣并不总是与人口密度高相关。关于撒哈拉以南非洲的历史共识即为此例。

⑤ Daron Acemoglu, Simon Johnson, and James A. Robinson, "Reversal of Fortune: Geography and Institutions in the Making of the Modern World Income Distribution," *Quarterly Journal of Economics* 117, 4 (2002): 1231－94.

区却引入或恢复了强制采掘制度。原因是贫困地区人口密度较低，使欧洲人能够大量定居并发展自己的机构，从而鼓励投资和增长。相反，在人口丰富、相对富裕的地方，建立政治权力集中在精英手中的“攫取性机构”，是欧洲殖民者最有效的选择，尽管它对长期增长有负面影响。①

在西班牙美洲（主要是中部美洲和安第斯地区）、法国主导的东南亚、英属印度以及法国或英国主导的非洲地区，都可以找到殖民“攫取性机构”的范例。在墨西哥和秘鲁，白银的开采决定了经济活动将集中在发现银矿的地方，这就决定了人口定居、城市中心的位置和财政政策。②

表 13.2　拉美、亚洲和非洲国家独立时的人均国内生产总值

1776 年	
美国	1 166
1820 年	
巴西	646
墨西哥	759
平均	703
1950 年	
阿富汗	645
孟加拉	540
柬埔寨	518
印度	619
老挝	613
缅甸	396
巴基斯坦	643
越南	658
印度尼西亚	840
平均	608
1960 年	
博茨瓦纳	403
乍得	569

① 美国南北战争前的南方地区可能是例外。

② Roberto Cortés Conde and George T. McCandless, “Argentina: From Colony to Nation. Fiscal and Monetary Experiences from the Eighteenth and Nineteenth Centuries,” in Michael D. Bordo and Roberto Cortés-Conde, eds., *Transferring Wealth and Power from the Old to the New World. Monetary and Fiscal Institutions in the 17th through the 19th Centuries* (Cambridge, 2001), 379.

续　表

冈比亚	650
肯尼亚	726
马里	535
卢旺达	656
坦桑尼亚	433
多哥	698
乌干达	713
喀麦隆	832
尼日利亚	869
塞拉利昂	856
平均	662

来源：Angus Maddison, *The World Economy. A Millennial View*（Paris, 2001）；美国 1820 年的数据根据 1776 数据推算，增长率来自：Peter C. Mancall and Thomas Weiss, "Was Economic Growth Likely in Colonial BritishNorth America?" *Journal of Economic History* 59, 1（1999）：17－40。麦迪逊测算数据为相对较低的 912 美元。 473

阿西莫格鲁、约翰逊和鲁滨逊对不同殖民模式的解释与斯坦利和芭芭拉·斯坦 30 年前的猜测之间存在着有趣的联系，后者认为，"如果英国人发现了密集和高度组织化的美洲印第安人，那么所谓美国的历史将记录一个分层的、双种族的且非常不同的社会的发展。在更大的背景下，存在一个人烟稀少的巨大处女地，其资源禀赋异常丰富，直接面对欧洲，并享有与欧洲相当的气候，这代表了新大陆无可比拟的发展潜力"。①

因此，可以得出结论，制度和地理方法都能预知殖民时期和后独立时期英属北美与拉美的显著不同结果，还可以补充说，在空旷的土地上，更有效的制度组合与更好的 474
要素禀赋（更高的人力资本/劳动和物质资本/劳动比率）相辅相成。

关于气候、纬度和离海岸距离等外在地理因素的证据，以及欧洲殖民时期的死亡率、人口密度和城市化水平（见表 13.3），往往支持这样的观点，即相较于英属北美，大多数拉美国家与亚、非欧洲殖民地之间存在着更广泛的相似性。

强调拉美与这些其他殖民地之间相似性的另一种方式是，比较撒哈拉以南非洲和拉美独立后的绩效评估。当今发展经济学家对撒哈拉以南非洲的评估与经济史学家对拉美的评估有很大程度的相似性，这表明，对于拉美而言，独立后的非洲（大概还有

① Stanley and Stein, *Colonial Heritage of Latin America*, 128.

表 13.3　拉美地理和历史人口比较

	年平均气温℃	海岸线 100 公里以内的陆地面积百分比	纬度的绝对值	19 世纪初的欧洲成人死亡率	1500 年的城市化率	1500 年的人口密度
阿根廷	17.1	0.123	0.378	68.9	0.0	0.11
玻利维亚	21.5	0.000	0.189	71.0	10.6	0.83
巴西	23.7	0.093	0.111	71.0	0.0	0.12
智利	13.4	0.662	0.333	68.9	0.0	0.80
哥伦比亚	22.5	0.160	0.044	71.0	7.9	0.96
哥斯达黎加	25.1	1.000	0.111	78.1	9.2	1.54
多米尼加	25.6	1.000	0.211	130.0	3.0	1.46
厄瓜多尔	19.1	0.368	0.222	71.0	10.6	2.17
萨尔瓦多	23.6	1.000	0.150	78.1	9.2	1.54
危地马拉	21.7	0.425	0.170	71.0	9.2	1.54
洪都拉斯	25.4	0.669	0.167	78.1	9.2	1.54
墨西哥	19.0	0.373	0.256	71.0	14.8	2.62
尼加拉瓜	26.6	0.633	0.144	163.3	9.2	1.54
巴拿马	27.5	1.000	0.100	163.3	9.2	1.54
巴拉圭	23.0	0.000	0.256	78.1	0.0	0.50
秘鲁	20.5	0.173	0.111	71.0	10.5	1.56

续　表

	年平均气温℃	海岸线 100 公里以内的陆地面积百分比	纬度的绝对值	19 世纪初的欧洲成人死亡率	1500 年的城市化率	1500 年的人口密度
乌拉圭	18.4	0.312	0.367	71.0	0.0	0.00
委内瑞拉	24.8	0.244	0.089	78.1	0.0	0.44
中美洲和加勒比	24.8	0.244	0.089	78.1	0.0	0.44
南美洲	20.5	0.196	0.209	72.1	3.2	0.59
南锥体	16.3	0.366	0.359	69.6	0.0	0.30
拉美	22.1	0.457	0.189	86.3	6.3	1.16
非西属西印度群岛	26.6	1.000	0.206	130.0	3.0	2.97
亚洲	26.1	0.554	0.160	74.2	6.9	10.17
北非	20.0	0.283	0.336	71.8	14.7	32.06
撒哈拉以南非洲	25.6	0.170	0.112	567.5		
美国	11.2	0.112	0.422	15.0	0.0	0.09
加拿大	0.2	0.021	0.667	16.1	0.0	0.02
澳大利亚和新西兰	16.9	0.579	0.378	8.6	1.5	0.20

来源：John W. McArthur and Jeffrey D. Sachs, "Institutions and Geography: Comment on Acemoglu, Johnson and Robinson (2000)" (NBER Working Paper Series 8114, 2001); Daron Acemoglu, Simon Johnson, and James A. Robinson, "Reversal of Fortune: Geography and Institutions in the Making of the Modern World Income Distribution" (NBER Working Papers Series 8460, 2001).

亚洲）是比美国更合适的比较基准。然而，拉美（在第一次全球化浪潮之前）与非洲和亚洲（在第二次全球化浪潮的第一阶段）独立的时间不同，肯定对经济增长产生了不同的影响。

让我们首先对撒哈拉以南非洲的独立进行全面评估，大多数学者都会接受这种评估，认为它是对拉美后殖民经验的良好描述："……在走向独立的过程中……人们普遍持乐观态度。国家发展计划设想在工业扩张、出口多样化、农业现代化以及卫生和教育公共投资的推动下，实现快速增长。回顾过去，遗留问题是令人失望的要素之一。"①

对独立后非洲和拉美的不同方面进行评估很有启发意义：

2.1 政治独立的冲击

［在拉美，］完全缺乏自主决策和政府方面的经验：国家建设需要在一个变化和不
475 确定的环境中从头开始创建机构。在缺乏这种经验的情况下，战争是常态。②

在大多数［非洲］国家，无论是在全国范围内运作的国家，还是国内私人资本……在独立时都没有真正意义上的存在。③

2.2 独立后的国家数量和规模

［新的拉美共和国确实］缺乏限制掠夺性行动的自我强化机构。在广泛的暴力面前，政治组织解体为较小的单位（围绕一个考迪罗寻求保护）。④

由于其殖民遗产，非洲国家就人口而言比其他区域要小。许多国家人口少，收入水平低。⑤

2.3 间接治理

［在拉美，］新大陆的种族制度有意削弱了当地征服者和大亨对底层原住民人口

---

① Benno N. Ndulu and Stephen A. O'Connell, "Governance and Growth in Sub-Saharan Africa," *Journal of Economic Perspectives* 13, 3 (1999): 42.

② North, Summerhill, and Weingast, "Order, Disorder and Economic Change," 45.

③ Ndulu and O'Connell, "Governance and Growth," 63.

④ North, Summerhill, and Weingast, "Order, Disorder and Economic Change," 44-5.

⑤ Paul Collier and Jan Willem Gunning, "Why Has Africa Grown Slowly?" *Journal of Economic Perspectives* 13, 3 (1999): 9.

的控制……承认原住民的财产权……保证大多数原住民人口获得独立于殖民精英的土地。①

法国人以联邦方式管理其［非洲］领土，而英国的间接殖民治理传统则不那么集中。他们的行动是为了重新强化种族特性。正是由于国界的存在，才产生了政治管理问题（经济和政治活动的地方规模）。②

2.4　宗主国遗留机构

这场斗争充满了来自美国和法国革命的意识形态色彩。［拉美］的独立带来了受美国启发的宪法，但影响却截然不同。③

在拉美，由于无法限制政治权力，导致了专制制度和寻租的发展。④

［非洲］独立时的政治宪法是以欧洲的相应宪法为蓝本的。英国殖民地实行议会制；法国殖民地实行共和制，拥有强大的行政职位。从字面上看，这些制度建立了实质性的多元化和政治自由。但它们并没有持续下去。到 1975 年，几乎所有的非洲政治制度都抛弃了多元化的外衣，取而代之的是专制结构。⑤ *478*

2.5　机构、基础设施与发展不足

拉美之所以停滞不前，是因为经济体制扭曲了激励机制，限制了发展（与不可预测的政策、低效的产权保护、税收及监管制度有关的政治风险），而且高昂的运输成本阻碍了自然资源的开发。⑥

社会资本缺乏，随之而来的是：腐败高发，金融市场受到严格监管，银行直接向政府贷款，基础设施薄弱，合同执行不力（其后果是资本边际收益高，投资率低），这些都是后殖民时期非洲发展的障碍。⑦

---

① Coatsworth and Tortella, "Institutions."

② Ndulu and O'Connell, "Governance and Growth," 46 – 9.

③ North, "Institutions and Economic Growth," 1329.

④ North, Summerhill, and Weingast, "Order, Disorder and Economic Change," 48.

⑤ Ndulu and O'Connell, "Governance and Growth," 47.

⑥ Coatsworth, "Economic and Institutional Trajectories," 23 – 4.

⑦ Paul Collier and Jan Willem Gunning, "Explaining African Economic Performance," *Journal of Economic Literature* 37, 1 (1999): 65 – 75.

在这一讨论中，出现了对非洲、亚洲和拉美的后殖民经验进行比较研究的一些议题。首先，共识是，当代非洲的政治版图在很大程度上由19世纪的“瓜分非洲”（scramble for Africa）决定。然而，值得注意的是，拉美在独立后也出现了同样的分裂，这表明内生的解释可能更为恰当。

第二，为什么英国和西班牙人在其非洲、亚洲和拉美殖民地经常使用间接治理？阿西莫格鲁、约翰逊和鲁滨逊提出的解释——原住民人口密度高——似乎不适合撒哈拉以南非洲的情况。

第三，拉美、非洲和亚洲的前殖民地在独立后立即开始进行民主化，出现了走向专制政权的趋势。这是否因为在机构最初很弱、潜在冲突很强的情况下，需要强有力的领导者？

3. 独立的影响评估：解除殖民负担，向国际经济开放

上文讨论的大多数大理论都将制度或要素禀赋视为外生因素。此外，这些理论缺乏时间维度，并隐含地提出了一个封闭的经济模式。因此，如果摒弃拉美和美国之间的
479 静态比较，就需要一个动态的框架来捕捉殖民主义制度崩溃的影响，以及新共和国逐渐融入日益一体化的国际经济。同时，各区域之间实现独立的道路也大不相同。实现独立的方式和以前对殖民重商主义的执行程度决定了新共和国的表现。独立并没有消除区域间的差异。

历史文献强调了帝国的财政和贸易负担，特别是新西班牙（墨西哥）的情况。财政负担包括为维持殖民体系而向原住民征收的税款和西印度群岛的汇款（即寄往西班牙的殖民管理的收入盈余）。约翰·科茨沃思估计，财政负担占墨西哥GDP的4.2%（据我所知，西班牙帝国其他地区的财政负担尚无估计数）。① 在18世纪90年代，平均

① 关于该数据明显高于独立前夕的北美13个殖民地的统计，参见：John H. Coatsworth, “Obstacles to Economic Growth in Nineteenth-Century Mexico,” *American Historical Review* 83, 1 (1978): 84–5。

每年有500万比索被送往宗主国。① 这也许占拉美殖民地寄给西班牙的所有款项的一半以上。② 赫伯特·克莱因声称，到1800年，波旁墨西哥的居民比宗主国的西班牙人多交了70%的税，而卡洛斯·马里沙尔则把这一差距缩小到40%。③ 无论如何，“殖民者对帝国管理做出了惊人的贡献”。④

取消殖民统治后，摆脱了财政负担，拉美的GDP也随之增加。然而，为了了解拉美的净收益，我们应该将其与独立后政治单位倍增所带来的行政成本增加进行比较。将资源从一个封闭的大经济体（殖民帝国）重新分配到开放的小经济体，肯定意味着要付出巨大的代价。

独立后不久，最初的国家分裂就发生了。中美洲在1823年从墨西哥分离出来，但 480
中美洲联邦只存续至1838年，最终在1839年建立了5个新的国家（萨尔瓦多、哥斯达黎加、洪都拉斯、尼加拉瓜和危地马拉）。到1830年，由委内瑞拉、哥伦比亚、巴拿马和厄瓜多尔组成的大哥伦比亚分裂成3个国家：委内瑞拉、新格拉纳达（今哥伦比亚和巴拿马）和厄瓜多尔。1836年建立的秘鲁—玻利维亚联盟（分别于1824年和1825年建立新共和国）于1839年瓦解。1848年墨西哥失去一半领土，被美国占有。拉普拉塔总督辖区分裂为4个独立的国家：乌拉圭、巴拉圭、玻利维亚和阿根廷。在阿根廷，布宜诺斯艾利斯和各省之间的冲突要等到1861年才能找到政治解决办法。

尽管效率低下，但殖民行政当局还是利用了所有大型组织都享有的收益递增与规模经济。分裂在经济效率方面带来了明显的负面影响。尽管在殖民时期，各地区之间的商业联系也很薄弱，但分裂使其不再存在必然联系，国防和执法成本重复出现，公共产

① Carlos Marichal, “Beneficios y costes fiscales del colonialismo: las remesas americanas a España, 1760－1814,” *Revista de Historia Económica* 15, 3 (1997): 483.

② 如果做估算，“西印度汇款”平均为1.78亿雷亚尔（890万比索），可参见：Leandro Prados de la Escosura, “La pérdida del imperio y sus consecuencias económicas,” in *La independencia americana: Consecuencias económicas*, 256－9, 269－70。

③ Herbert Klein, “La economía de la Nueva España, 1680－1809: Un análisis a partir de las cajas reales,” *Historia Mexicana* 34, 136 (1985): 561－609; Carlos Marichal, *La bancarrota del virreinato. Nueva España y las finanzas del imperio español, 1780－1810* (Mexico, 1999): 92.

④ Carlos Marichal and Marcello Carmagnani, “From Colonial Fiscal Regime to Liberal Financial Order, 1750－1912,” in *Transferring Wealth and Power*, 287.

品供应的协调变得更加困难。①

独立意味着当时最大的货币联盟和旧体系财政结构的衰落。② 与多国财政和货币单位相比，货币和关税同盟内的单一财政体系代表着巨大的节约。货币解体导致政治分裂，体现为国家行政管理薄弱，且交易成本增加。

对于各个新共和国来说，面临的挑战是建立一个新的财政和货币体系以及国内金融市场。有人试图将美国的联邦主义税收模式强加给西班牙的殖民地政府，结果产生了一套僵化和低效的体系。与独立后的美国一样，关税成为新财政体系的支柱。其结果是，在19世纪上半叶，由于税收增长停滞，军事开支增加，大多数拉美国家政府都出现了长期赤字。此外，财政政策越来越从属于军事和政治考迪罗，代价是削弱了税收体系。

直到1850年，货币体系的分裂和长期的公共赤字都阻碍了整个拉美现代金融市场
481 的出现。出现了一个恶性循环，财政虚弱导致政府软弱无力，而政府软弱无力又导致当权精英频频受到挑战。内乱层出不穷。

对于新独立共和国所面临的财政和行政问题，阿西莫格鲁、约翰逊和鲁滨逊提供了一个理论性很强、说服力很强的解释，但尚未经检验。在殖民时期，政治秩序并没有为长期经济增长提供激励，但确实对可能试图征用或相互攻击的群体设置了限制。独立后，第三方对权力的强制执行消失了，没有任何群体的侵略因成本过高而得以避免，因此出现了广泛的动荡、暴力和政治不稳定。由于缺乏稳定的体制，意味着不可能建立高效的经济组织。因此，出现了争夺殖民地保护和特权或争取新权力的情况。③ 诺斯及其合作者认为，与宗主国的决裂破坏了许多在西班牙帝国内为权利和财产提供可信承诺的机构。克里奥尔人在独立后获得政治权力，继承了一个中央集权的政治制度，却没有继承保护企业集团和其他精英的正式和非正式约束的关键因素。因此，新共和国的“国家建设”失败了。

这种推理遭到了斯蒂芬·哈伯和阿曼多·拉索（Armando Razo）的反对，他们声

---

① 理论讨论参见：Patrick Bolton and Gérard Roland, “The Breakup of Nations: A Political Economy Analysis,” *Quarterly Journal of Economics* 113 (1997): 1057 - 90。

② Marichal and Carmagnani, “From Colonial Fiscal Regime to Liberal Financial Order,” 296. 本章下段吸取了马里沙尔的部分内容。

③ North, Summerhill, and Weingast, “Order, Disorder and Economic Change,” 54 - 5.

称，在1910年后革命的墨西哥，政治不稳定和产权安全之间没有必然联系。① 当风险承担受到限制，产权得不到落实时，稳定的体制会成为增长障碍。②

目前还没有对新独立共和国进行详细而全面的评估，但现有的国家研究提供了一些初步答案。在墨西哥，19世纪初的独立战争期间发生了一场深刻的财政危机。由于内部军事开支的异常增长、日益严重依赖强制贷款的趋势，以及地方国库的财政自主权渐增的趋势，殖民地的国库系统遭到了破坏。这对货币体系产生了影响，导致地方信 482
贷市场的瓦解。与此同时，公共内债在1823年至1848年间增加了近40%，因为公共赤字增加，达到政府总开支的40%。这种情况是完全新的，因为在殖民统治下没有出现过赤字。相反，马里沙尔表明，墨西哥向其他殖民地转移了盈余。③ 独立后，殖民地行政当局取消了两个主要收入来源：印第安人的贡税（向印第安城镇的所有户主征收）和矿业税（对所有生产的白银征收10%的税）。这意味着，就殖民后期的水平而言，国家的潜在收入名义上减少了近30%。④ 不稳定与公共债务扩大并存，可以说导致了私人投资被挤出。⑤

在评估墨西哥独立的宏观经济影响时，理查德和琳达·萨尔武奇（Linda Salvucci）提出要区分独立的短期和长期影响。从短期来看，19世纪初的内战颠覆了贸易，破坏了财产和生产性资产，吸收了劳动力，导致产出下降了50%。从长期来看，军国主义和政治动荡改变了19世纪30、40年代的政府支出和支出构成，虽然产出不一定下降，但由于投资减少，增长受到了负面影响。⑥

西班牙帝国的另一大主要中心——秘鲁的情况也是如此。然而，独立是在不同的

① Stephen Haber and Armando Razo, “Industrial Prosperity under Political Instability: An Analysis of Revolutionary Mexico,” in Bruce Bueno de Mesquita and Hilton L. Root, eds., *Governing for Prosperity* (NewHaven, CT, 2000), 106 - 52.

西班牙的历史经验提供了更多的支持：在复辟时期（1874—1923），实现体制稳定之前，西班牙的经济增长迅速；在革命时期（1868—1974）尤为突出。

② Bruce Bueno de Mesquita and Hilton L. Root, “When Bad Economics is Good Politics,” in *Governing for Prosperity*, 7.

③ Marichal, La bancarrota del virreinato, 48 - 52.

④ Marichal and Carmagnani, “From Colonial Fiscal Regime to Liberal Financial Order,” 298.

⑤ Richard J. Salvucci and Linda K. Salvucci, “Las consecuencias económicas de la independencia mexicana,” in La independencia americana: Consecuencias económicas, 30 - 53.

⑥ Salvucci and Salvucci, “Las consecuencias económicas,” 45 - 7.

情况下发生的：外国的共和国军队击败了保皇派精英。阿方索·基罗兹提出，与墨西哥一样，共和国在长期的财政赤字下，增加了矿业税，使其难以恢复。战时对固定资本的破坏、财政管理不善（外债、公共开支）和违约，以及政治动荡，对经济产生了负面影响。独立最终没有为经济持续增长提供条件。① 基罗兹提出了一个反事实假设，即如
483 果独立被推迟到1850年，秘鲁的过渡成本可能会更低。②

在另一个土著人口众多的地区——中美洲，政治不稳定和战争影响了经济，包括资本的破坏、贸易和运输障碍、投资者不确定性增加，而政府则从商人那里强行索取贷款。③ 在原住民公社持有土地的地区，向私有财产的长期过渡，肯定会带来不确定性，推迟对土地改良的投资，并增加交易成本。④

智利和巴西的表现则不同，因为两国设法建立了保护群体免受侵略和征用的机构，而在这一效果的实现中，两国并未促进地方行政实体之间的政治竞争和合作。⑤ 哥伦比亚则成功地改善了殖民时期的税收制度，到1850年时，拥有了一个更公平、有效和中性的财政制度。哥伦比亚取消了对印第安人不公平的人头税、公职人员税和销售税（对国内生产的所有销售额征税），主要依靠对进口商品征收关税。⑥ 正如哈拉米略（Jaramillo）、迈泽尔（Meisel）和乌鲁蒂亚（Urrutia）所言，“缺少独立前长期存在的哥伦比亚政治结构……加上非常崎岖的地形……导致国家无法控制经济”。⑦

原住民人口较少的地区，如拉普拉塔地区的经验则有些不同。萨穆埃尔·阿马拉尔描述了布宜诺斯艾利斯的经济是如何从抑制生产活动的财政制度的消失中获益的。

---

① Alfonso W. Quiroz, “Consecuencias económicas y financieras del proceso de la independencia en el Perú, 1800 - 1850,” in *La independencia americana: Consecuencias económicas*, 124 - 46.

② Quiroz, “Consecuencias económicas y financieras,” 146.

③ Héctor Lindo-Fuentes, “Consecuencias económicas de la independencia en Centroamérica,” in *La independencia americana: Consecuencias económicas*, 54 - 79.

④ 应考虑到殖民时期遗留下来的土地制度的复杂性，特别是边界不明确的庄园、蔗糖种植园和集体土地，以及将社区所有权和群体身份联系起来的印第安人公社。

⑤ Marcelo de Paiva Abreu and Luiz A. Corrêa do Lago, “Property Rights and Fiscal Systems in Brazil. Colonial Heritage and the Imperial Period,” in *Transferring Wealth and Power*, 327 - 77; North, Summerhill, and Weingast, “Order, Disorder and Economic Change,” 40.

⑥ Jaime Jaramillo Uribe, Adolfo Meisel, and Miguel Urrutia, “Continuities and Discontinuities in the Fiscal and Monetary Institutions of New Granada, 1783 - 1850,” in *Transferring Wealth and Power*, 414 - 50.

⑦ Jaramillo, Meisel, and Uribe, “Continuities and Discontinuities,” 417.

此地引入了允许执行合同的稳定政治体制。① 殖民帝国以适度的代价为拉普拉塔总督辖区的不同地区提供保护（安全和司法）。随着独立，出现了新的保护提供者，但能力低于宗主国。1810 年后，尽管军队的消失限制了在偏远地区提供保护服务，但地方势力在其有限的资源范围内提供地方保护。罗萨斯专政限制了财产和自由贸易，但政治自 484
由的缺乏并不意味着对经济自由的完全压制。在内陆省份，经济自由的原则不易被接受。只是在 1853 年的宪法中，阿根廷才通过了一个以经济自由为基础的国家组织，但其实施又花了 30 年时间。

正如乌拉圭和巴拉圭的分离所强调的那样，拉普拉塔总督辖区各省未能设计出一种激励结构，使其自愿团结在一个政府之下，并使其能够利用规模经济来提供防卫和司法服务，从而降低交易成本，鼓励经济发展。军事威胁和贸易封锁给巴拉圭带来了长期的经济和政治影响。根据马里奥·帕斯托雷（Mario Pastore）的说法，它们导致公共财政的崩溃和经济紧缩。这导致了更具代表性的政府和加大自由贸易的支持者在政治上的消亡，并导致政治专制主义和财产重新归国家所有。② 在独立后的 30 年里，经济活动低于殖民时期后期的水平。

布宜诺斯艾利斯比内地各省从独立中获利更多，它建立了新的金融机构，发行了新货币，向内地扩张，还增加了畜牧业生产，而内地的滞胀和政治不稳定却一直持续到 1861 年。

总之，这里提供的定性证据远非结论性的，其结果因国家而异。独立后，随着政治和经济机构经历了一个动荡和重新定义的时期，交易成本有所增加。总的来说，似乎直到 19 世纪中叶，摆脱殖民财政负担所带来的收益才克服了政府（包括军事）开支增加的成本，而这些成本来自定义和执行不力的产权保护。哈拉米略、迈泽尔和乌鲁蒂亚对哥伦比亚进行的研究很有前景，若将其推广到其他拉美国家，可能会对独立后建立新的财政体制的福利影响做出更乐观的评估。 485

摆脱了殖民制度带来的贸易负担，使新的拉美国家能够进入不断扩大的世界商品和要素市场。科茨沃思估计，新西班牙的贸易负担占 GDP 的比例高达 3%，这一数字也

---

① Amaral, “Del mercantilismo a la libertad,” 204. 本文后续段落吸取阿马拉尔的观点。

② Mario H. Pastore, “Crisis de la Hacienda pública, regresión institucional y contracción económica：Consecuencias de la independencia en Paraguay, 1810 – 1840,” in *La independencia americana: Consecuencias económicas*, 164 – 200.

大大高于对英属北美 13 个殖民地的估计，但西班牙帝国的其他地区却没有类似的估计。① 独立使拉美新共和国与欧洲和北美之间的直接贸易成为可能，从而降低了运输和商业化成本，在其他条件不变的情况下，本应增加贸易量。然而，在独立后的几十年里，战争和政治不稳定使适应新的国际贸易制度变得困难。布尔默-托马斯强调，在 19 世纪，出口部门的规模不足以拉动国内经济的发展，在国内经济中，非贸易品在生产力水平低下的产出中占了很大的比例。②

各新学派都在重新审视贸易在拉美经济表现中的作用。新古典贸易理论认为，独立后的贸易自由化将使拉美国家沿着比较优势的路线进行专业化生产。在土地丰富的国家，就像当时拉美大多数国家一样，初级产品的专业化是可以预期的。套用罗纳德·芬德利（Ronald Findlay）的话说，拉美摆脱贸易负担的影响之一是开辟“一个新的‘前沿’，土地可以扩展……而其他实际资源的成本却在不断上升”。③ 赫克谢尔-俄林（Heckscher-Ohlin）模型提出，自然资源作为丰富的要素，将被大量使用，因此，其价格将相对于劳动力的价格而上升。这意味着，在赫克谢尔-俄林模型的斯托尔珀-萨缪尔森（Stolper-Samuelson）外延中，只要土地这个丰富的因素比劳动力分布更不平等，国界内的不平等就应该上升。

依附学派的理论家们也认为，贸易是国家间和国家内部不平等加剧的原因。劳
486 尔·普雷维什的名著强调了不断下降的贸易条件对拉美持续落后的作用。④ 另一方面，
汉斯·辛格（Hans Singer）却发现，若贸易条件改善，将导致各国将资源投入到初级生产中去，而不将资源分配给国内部门，由此出现隐含机会成本，进而会产生负面影响，其原因在于国内部门存在收益递增和规模经济，要素收益较高。⑤ 新经济地理学提供了另一种关于贸易在拉美发展中的作用的假说。保罗·克鲁格曼（Paul Krugman）和

① Coatsworth, “Obstacles to Economic Growth,” 84.

② Bulmer-Thomas, *Economic History of Latin America*, chap. 5.

③ Ronald Findlay, “International Trade and Factor Mobility with an Endogenous Land Frontier. Some General Equilibrium Implications of Christopher Colombus,” in Elhanan Helpman and J. Peter Neary, eds., *Theory, Policy and Dynamics in International Trade* (Cambridge, 1993), 47.

④ Raúl Prebisch, *The Economic Development of Latin America and Its Principal Problems* (New York, 1950).

⑤ Hans W. Singer, “The Distribution of Gains between Investing and Borrowing Countries,” *American Economic Review. Papers and Proceedings* 11, 2 (1950): 473 - 85.

安东尼·维纳布尔斯（Anthony Venables）提出，像1820—1870年期间一般，运输成本逐渐下降，将会导致不平等加剧："当运输成本降到一个临界值以下时，核心—外围的格局就会自发形成，发现自身处于外围的国家就会出现实际收入的下降。"① 他们认为，而后，随着运输成本的不断下降，实际收入趋同的第二阶段最终到来，外围国家相对核心国家的收入上升。

总之，在贸易理论的基础上，一系列可检验的假设可用于19世纪初的拉美。我们应该预期贸易会扩大，并通过更好的资源配置增加产出（如果存在资源未充分使用的情况，贸易将为过剩资源提供一个出口）。根据普雷比什学派的观点，贸易条件可能会下降，但根据古典学派经济学家的观点，则会出现相反的情况，因为拉美出口初级产品且进口制成品。② 同时，收入分配应该发生变化，由于土地要素丰富但分配不均，随着其相对劳动要素的报酬改善，国内不平等会呈现上升趋势。最后，预计拉美在世界经济中的地位将会恶化。

新经济地理学强调了区位和规模经济。在19世纪，区位很重要，因为尽管海运费和保险费急剧下降，特别是在1870年后大规模修建铁路之前，绝对距离是贸易的决定 487
性因素。真正重要的是其他区位的相对运输成本而不是绝对运输成本。1850年从安特卫普到里约热内卢的运费只有1820年的40%，但从安特卫普到纽约的运费下降更多，1850年时只有1820年运费的1/4。同时，从里约热内卢和布宜诺斯艾利斯分别前往安特卫普的保险费率依次降到了原运费的一半和1/3。③ 从安特卫普到布宜诺斯艾利斯和里约热内卢的运费在1850—1870年间保持相对稳定，但到太平洋沿岸的瓦尔帕莱索的运费却下降了40%，这是到太平洋的运费与到拉美南锥体大西洋沿岸的运费趋同的结果。④

① Paul Krugman and Anthony J. Venables, "Globalization and the Inequality of Nations," *Quarterly Journal of Economics* 110, 4 (1995): 859.

② Leandro Prados de la Escosura, "Terms of Trade and Backwardness: Testing the Prebisch Doctrine for Spain and Britain during Industrialization" (Universidad Carlos III Working Papers Series 94/46, 1994).

③ Paul Schöller, "L'evolution séculaire des taux de fret et d'assurance maritimes 1819 - 1940," *Bulletin de l'Institute de Recherches Économiques et Sociales* 17, 5 (1951): 523, 540.

④ Schöller, "L'evolution séculaire des taux de fret," 543.

1868年，到布宜诺斯艾利斯和瓦尔帕莱索的货运费用已经持平，而在1850年，到智利的运费至少比到布宜诺斯艾利斯的运费高1/3。

地理上的限制意味着各区域之间的国际贸易会有不同的结果。沿海地区人口稠密，气候温和，而内陆地区的移民和基础设施建设越来越困难，沿海经济出台的激励措施也增加了内地成本，因此沿海比热带地区腹地（特别是内陆地区）拥有优势。① 玻利维亚和巴拉圭等内陆经济体，墨西哥、哥伦比亚、巴西和阿根廷的内陆地区，以及厄瓜多尔和秘鲁等安第斯国家，在铁路扩张之前，与南锥体和加勒比地区等沿海地区相比，明显处于不利地位。此外，相较于大西洋沿岸国家，太平洋沿岸国家在运输成本上处于劣势。表 13.4 提供了对总体运输成本的一些分析，强调了内部运输成本的重要性。

表 13.4　拉美的运输成本（1842 年）

	自英国出发的平均运费（英镑/吨）	从港口到首都的国内运输成本（先令/磅）
秘鲁	4	2
墨西哥	2.5	27.5
乌拉圭	2	0
新格林纳达	2.5	90
玻利维亚	4.5	38.5
厄瓜多尔	4.5	30
智利	3.75	4.75
阿根廷	2	0
委内瑞拉	3	8.5

来源：Celia W. Brading, "Un análisis comparativo del costo de la vida en diversas capitales deHispanoamérica (1842)," *Boletín Histórico de la Fundación John Boulton* 20 (1969): 229 - 66。

因此，我们应该预期拉美在融入国际经济方面会有很大的区域差异。在墨西哥，独立带来了开放度的提高和限制移民及资本流入的法律的结束。根据科茨沃思的统计，
488 贸易额从 1800 年占 GDP 的 8.1%增长到 1845 年的 12.3%。② 同时，在秘鲁，重商主义

① John Luke Gallup, Jeffrey D. Sachs, and Andrew D. Mellinger, "Geography and Economic Development," *International Regional Science Review*, 22, 2 (1999), 179 - 232.

② John H. Coatsworth, "The Decline of the Mexican Economy, 1800 - 1860," in Reinhard Liehr, ed., América Latina en la época de Simón Bolívar. *La formación de las economías nacionales y los intereses económicos europeos, 1800 - 1850* (Berlin, 1989), 38.

政策依然存在。在19世纪20年代中期贸易扩张之后，固定价格、税收和保护主义仍然是经济活动的障碍。直到30年后，国际需求的刺激（鸟粪经济繁荣）才使国家开放。① 关于中美洲的定性证据表明，中美洲的经济是停滞的，但当时从英国的进口量在两个高峰期（1826年和1839年）之间几乎翻了一番（而进口价格几乎减半），之后又有所下降。② 由于物理壁垒意味着高昂的运输成本，贸易的动力很小。独立带来的是殖民地商业网络和程序的瓦解。随着出口导向的增强，中美洲联邦各地区之间的联系也随之减弱。加上政治不稳定，最终在1839年出现了5个新国家。由于美国对加利福尼亚的同化，产生了一个外生的冲击：通过巴拿马地峡的新的海上航线，加之巴拿马铁路（1855年），使运输成本急剧下降，增加了贸易和融资。③ 伴随强制通过宗主国进行贸易的殖民法规的消失，布宜诺斯艾利斯的经济获利。通过转出口来自上秘鲁的白银，布宜诺斯艾利斯变成了出口牲畜产品的经济体。独立的主要影响是对外贸易的开放和增 489
加新耕地及畜牧业的需求。④ 与西班牙美洲相比，巴西的独立并不涉及贸易方向的转变。⑤

表13.5提供了按人口标准化的出口现值。虽然以现价表示的数据不包括跨时段比较，却使我们能够检验一项假设，即独立后的拉美贸易在不同时间点分布不均。正如所 490
预测的那样，区位决定了贸易的重要性，南锥体和加勒比地区在开放程度上领先于拉美其他国家。然而，在整个考察期内，人均出口的相对分散度有所下降。⑥ 英国是对拉投资的主要国家，人均英国投资表现出国家差异，⑦ 这表明，拉美国家在国际商品和要素市场上一体化程度的不均衡。⑧

---

① Quiroz, "Consecuencias económicas y financieras," 134 – 6.

② Lindo-Fuentes, "Consecuencias económicas de la independencia," 60

③ Lindo-Fuentes, "Consecuencias económicas de la independencia," 65 – 6.

④ Amaral, "Del mercantilismo a la libertad," 208.

⑤ Stephen H. Haber and Herbert S. Klein, "Consecuencias económicas de la independencia brasileña," in *La independencia americana: Consecuencias económicas*, 153 – 8.

⑥ 以每对相邻时间内相关国家组观测值的变异系数衡量。

⑦ 1870—1875年，人均出口与英国投资的相关系数为0.38。

⑧ 截至1913年，英国在拉美的投资是法国投资的3倍以上，是美国投资的4倍以上。数据来自：Carlos Marichal, ed., *Las inversiones extranjeras en América Latina, 1850 – 1930. Nuevos debates y problemas en historia económica comparada* (México, 1995), Appendix。

相对于其他国家，英国投资的重要性在前几十年甚至更高。

表 13.5　人均出口与人均英国投资（现价美元）

	人均出口			人均英国投资		
	1830	1850	1870	1825	1865	1875
阿根廷	2.0	10.3	16.5	9.2	8.4	51.6
玻利维亚		5.5	8.6		0.0	5.4
巴西	4.4	5.0	8.6	4.9	10.9	14.1
智利	4.5	7.8	14.2	4.9	8.6	23.4
哥伦比亚	2.5	1.9	6.6	28.5	13.4	6.9
哥斯达黎加		11.4	21.2		0.0	117.3
古巴	17.7	22.2	45.9	0.0	10.4	5.1
多米尼加		3.4	5.0		0.0	18.7
厄瓜多尔		2.0	4.1		8.8	8.8
萨尔瓦多		3.2	7.3		0.0	0.0
危地马拉		1.7	2.5		0.4	2.4
洪都拉斯		4.9	3.6		0.0	99.1
墨西哥	1.8	3.2	2.3	6.2	14.1	15.0
尼加拉瓜		3.7	3.5		0.6	1.8
巴拉圭		1.3	7.2		0.0	33.7
秘鲁	0.7	3.7	10.1	7.4	7.6	65.2
乌拉圭		54.9	46.6		24.0	106.1
委内瑞拉	3.0	3.3	5.2	0.0	13.5	20.2
合计	6.4	5.2	8.9	5.8	9.5	20.4

来源：出口：Paul Bairoch and Bouda Etemad, *Structure par produits des exportations du Tiers-Monde 1830－1937*（Genevo, 1985）；1830 年：Victor Bulmer-Thomas, *The Economic History of Latin America since Independence*, 2nd ed.（Cambridge, 2003）；1850 年和 1870 年：Irving Stone, "British Direct and Portfolio Investment in Latin America before 1914," *Journal of Economic History* 37, 3（1977）：690－722。

为了确定拉美在多大程度上融入了国际经济，我们需要对表 13.5 所列的名义价值进行平减。由于英国投资中至少有一部分用于从英国购买资本货物，因此英国实际投资可用其出口价格指数来平减。同样，用英国出口价格平减当前出口，可以衡量拉美出口的购买力，因为英国是新共和国的主要贸易伙伴（表 13.6）。40 年间，拉美居民人均出口（1830—1870）和以拉美居民数平均的人均英国投资（1825—1865）的购买力都有明显提高，年均增长率分别为 1.5%和 2.1%。1850 年后拉美出口加速，其人均增长率从 1830—1850 年的 1.2%上升到 1850—1870 年的 1.8%，但人均英国投资在 1865 年后才开始加速，1865—1875 年的年增长率达到 9.1%，这一现象与政府贷款有关，其次与外国投资转向铁路建设和公共事业有关。① 在 1825—1875 年期间，人均英国投资平均增长率为 3.5%。

表 13.6　出口总额和英国投资的人均购买力（按美元不变价格计算）

	出口的人均购买力			人均英国投资		
	1830	1850	1870	1825	1865	1875
阿根廷	2.0	15.9	21.5	9.2	12.0	84.9
玻利维亚		8.4	11.2		0.0	8.9
巴西	4.4	7.7	11.1	4.9	15.5	23.1
智利	4.5	12.1	18.4	4.9	12.2	38.6
哥伦比亚	2.5	2.9	8.6	28.5	19.0	11.4
哥斯达黎加		17.6	27.5		0.0	193.1
古巴	17.7	34.3	59.6	0.0	14.8	8.4
多米尼加		5.3	6.4		0.0	30.7
厄瓜多尔		3.0	5.3		12.4	14.4
萨尔瓦多		5.0	9.4		0.0	0.0
危地马拉		2.6	3.2		0.6	4.0
洪都拉斯		7.6	4.7		0.0	163.1
墨西哥	1.8	4.9	3.0	6.2	20.1	24.7
尼加拉瓜		5.7	4.5		0.9	2.9
巴拉圭		2.0	9.3		0.0	55.4
秘鲁	0.7	5.8	13.1	7.4	10.8	107.4
乌拉圭		84.8	60.5		34.1	174.7
委内瑞拉	3.0	5.0	6.7	0.0	19.1	33.2
合计	6.4	8.1	11.6	5.8	13.5	33.6

注：现值以英国出口价格指数平减。出口和投资分别以 1830 年和 1825 年的价格指数平减。
来源：表 13.5；Brian R. Mitchell, *British Historical Statistics* (Cambridge, 1988)。

各国出口相对于进口的购买力（即收入贸易条件）估计证实了我们的发现。由 491

① Irving Stone, "British Direct and Portfolio Investment in Latin America before 1914," *Journal of Economic History* 37, 3 (1977): 694.

于糖出口的供应量增加，古巴的收入贸易条件有了很大的改善（1867 年为 277，1826 年=100）。① 在墨西哥，1828—1851 年期间没有表现出任何趋势，但到 19 世纪 80 年代就出现了大幅改善。② 在哥伦比亚，19 世纪 30 年代末到 1880 年期间，人均实际出口额翻了一番，但可能直到 1870 年才恢复到 1800 年的水平，而 19 世纪 30 年代到 60 年代，
492 收入贸易条件增长了 2 倍。③ 在 19 世纪 20 年代至 50 年代期间，巴西的实际人均出口增长 2 倍，而 19 世纪 20 年代至 70 年代之间增长 3 倍。莱夫的研究显示，巴西的收入贸易条件在 1822—1849 年间以 4.2%的年趋势率大幅提高（按人均增长率为 2.8%）。④ 阿根廷的出口数量和购买力也有显著提高。⑤ 智利的人均实际出口额在独立到 1870 年之间增加了 6 倍。⑥ 对拉美对英国收入贸易条件的初步计算表明，在独立后的 30 年中，收入贸易条件增加了 4 倍以上，若考虑 1825—1875 年的整个时期，则增加了 11 倍（表 13.7）。

在贸易文献中，净易货贸易条件即出口价格与进口价格之比，是衡量每单位出口购买力的标准，被描述为贸易的“生产率指数”。近期研究提供了拉美主要国家净易货贸易条件的估值（表 13.8）。墨西哥的净易货贸易条件在 1828 年到 1881 年之间有了适度的改善（年均 1.4%），到 1860 年可能带来了 3%的 GDP 增长。⑦ 1826—1830 年以及 1876—1880 年两个时段内，巴西单位出口购买力增加了 75%。⑧ 何塞·安东尼奥·奥坎波（José Antonio Ocampo）的研究表明，在 19 世纪 30 年代末到 1880 年之间，哥伦比亚净易货贸易条件的改善程度与巴西相同。⑨ 琳达和理查德　萨尔武奇根据戈滕贝格

---

① Linda K. Salvucci and Richard J. Salvucci, “Cuba and the Latin American Terms of Trade: Old Theories, New Evidence,” *Journal of Interdisciplinary History* 31, 2 (2000): 197 - 222.

② Richard J. Salvucci, “Origins and Progress of U. S. -Mexican Trade, 1825 - 1884: ‘Hoc opus, hic labor est,’ ” *Hispanic American Historical Review* 71, 4 (November 1991): 697 - 735.

③ José Antonio Ocampo, *Colombia y la economía mundial, 1830 - 1910* (Bogotá, 1984), 89, 98.

④ Leff, *Underdevelopment and Development*, 83.

⑤ Carlos Newland, “Exports and Terms of Trade in Argentina, 1811 - 1870,” *Bulletin of Latin American Research* 17, 3 (1998): 409 - 16.

⑥ José, Díaz, Rolf Lüders, and Gert Wagner, “Economía chilena 1810 - 1995: Evolución cuantitativa del producto total y sectorial” (Pontificia Universidad Católica de Chile, Instituto de Economía, Documento de Trabajo no. 186, 1998).

⑦ Salvucci, “The Mexican Terms of Trade.”

⑧ Leff, *Underdevelopment and Development*, 82.

⑨ Ocampo, *Colombia y la economía mundial*, 93.

表 13.7　拉美对英国出口的购买力（1794/6—1874/6，1824/6 = 100）

	拉美出口				拉美收入贸易条件	
	英国（CIF 到岸价）（英镑）[I]	现价指数 [II]	英国出口隐含价格 [III]	伊姆拉（Imlah）英国出口价格指数 [IV]	[V] [II/III]	[VI] [II/IV]
1794/6	275	8.8	166.7	164.7	5.3	5.4
1804/6	1 270	40.8	197.2	189.5	20.7	21.6
1814/6	6 227	200.3	149.6	154.9	133.9	129.3
1824/6	3 109	100.0	100.0	100.0	00.0	100.0
1834/6	3 380	108.7	71.6	77.9	151.8	139.6
1844/6	4 905	157.8	53.6	59.3	294.3	66.1
1854/6	9 698	311.9	53.5	54.8	583.1	569.1
1864/6	2 933	737.6		70.4		1 048.0
1874/6	24 133	776.2		60.8		1 277.5

来源：Ralph Davis, *The Industrial Revolution and British Overseas Trade*（Leicester，1979），col.（I），1794/6 - 1854/6，col（III）；Mitchell，*British Historical Statistics*，col.（I），1864/6 - 1874/6，col.（IV）。

表 13.8　拉美国家的净易货贸易条件

（1811/15—1876/80，1836/40=100）

	古　巴	墨西哥	哥伦比亚	巴　西	阿根廷
1811/15					61
1816/20					76
1821/25					115
1826/30	108	84		94	127
1831/35	100	95		107	125
1836/40	100	100	100	100	100
1841/45	102	98	124	97	108
1846/50	86	101		109	104
1851/55	69	106		120	123
1856/60	62	100	157	115	165
1861/65	53	79		120	127
1866/70	56	94	127	89	105
1871/75	57	104	139	147	
1876/80	57	116	178	173	

来源：古巴：Linda K. Salvucci and Richard J. Salvucci, "Cuba and the Latin American Terms of Trade: Old Theories, New Evidence," *Journal of Interdisciplinary History* 31, 2 (2000): 197 – 222；墨西哥：Richard J. Salvucci, "Origins and Progress of U. S. -Mexican Trade, 1825 – 1884: 'Hoc opus, hic labor est,' " *Hispanic American Historical Review* 71, 4 (Nov. 1991): 697 – 735；哥伦比亚：José Antonio Ocampo, Colombia y la economía mundial, 1830 – 1910 (Bogotá, 1984)；巴西：Nathaniel H. Leff, *Underdevelopment and Development in Brazil* (London, 1982)；Carlos Newland, "Exports and Terms of Trade in Argentina, 1811 – 1870," *Bulletin of Latin American Research* 17, 3 (1998): 409 – 16。

的数据，能够确定秘鲁的净易货贸易条件在 19 世纪 50 年代早期比 30 年代高出 47%。① 对于阿根廷，卡洛斯·纽兰（Carlos Newland）的研究表明，阿根廷的改善在 19 世纪 50 年代末达到顶峰。② 由于国际贸易扩张和欧洲工业化，出口需求增加。
493 牧业经济使用的投入增长和生产率提高，支撑了供给扩张。纽兰认为，由于独立后的阿根廷可以直接在世界市场上进行贸易，殖民关税被废除，19 世纪 20 年代的新关

① Linda Salvucci and Richard Salvucci, "Cuba and the Latin American Terms of Trade," 216. Paul Gootenberg, *Between Silver and Guano. Commercial Policy and the State in Postindependence Peru* (Princeton, NJ, 1989).

② Newland, "Exports and Terms of Trade in Argentina," 412.

税也较低，所以国内贸易条件（即阿根廷人所认为的贸易条件）应该比国际贸易条件有更大的改善。最后，运输成本降低，贸易规模扩大，这都有助于降低国际贸易差额。只有古巴是例外，因为其净贸易条件在1826年到1866年之间恶化了50%。如果根据出口部门的生产率变化（所谓的单要素贸易条件）进行调整，1826年至1846年之间贸易条件没有呈现趋势性变化，随后出现了下降，到1862年的降幅为61%。①

因此，有证据倾向于否定贸易条件恶化的旧观点，这种观点恰恰在国际收入开始出现巨大差距的时候（19世纪20年代至70年代）阻碍了拉美的增长。根据出口相对价格的演变（表13.8）和总出口的购买力（表13.6和13.7）所提供的综合证据，对于西班牙美洲的大部分地区和巴西来说，贫困化增长（Immiserizing Growth）的观点可以被否定。② 495

整体而言，似乎有理由说，正如出口商品数量和价格的演变所表明的那样，解除殖民贸易负担为拉美各经济体带来了净收益。虽然贸易并不具备拉动整个经济的力量，但可以说，如果不受地理和体制障碍的阻碍，贸易促进了出口带动的经济增长。19世纪拉美的贸易，尤其是1850年以后的贸易，在大多数国家似乎都是经济增长的基础。③

对国际经济的开放与国内和国家间收入差距的扩大有关。1870年以前的情况，除了阿根廷以外，没有关于国内收入扩大的证据，卡洛斯·纽兰和哈维尔·奥尔蒂斯

---

① Linda Salvucci and Richard Salvucci, “Cuba and the Latin American Terms of Trade,” 204 - 7.

② 也就是说，当产量的增加压低了出口相对于进口的价格，以至于产出的收益被进口购买力的损失所淹没。关于这一概念的理论讨论，可参见：Jadish Bahgwati, “Immiserizing Growth: A Geometric Note,” *Review of Economic Studies* 25, 3 (1957 - 8): 201 - 5。

③ 参见 Irving B. Kravis, “Trade as a Handmaiden of Growth: Similarities between the Nineteenth and Twentieth Centuries,” *Economic Journal* 80 (1970): 850 - 72。

莱夫和卡陶（Catao）在其分别对巴西和墨西哥的研究中，放弃了出口导向增长方法。参见：Leff, *Development and Underdevelopment*; Luis Catao, “The Failure of Export-Led Growth in Brazil and Mexico c. 1870 - 1930” (University of London Institute of Latin American Studies Research Papers No. 31, 1992)。

布尔默-托马斯在《拉丁美洲经济史》中淡化了贸易对促进拉美增长的作用。拉斐尔·多瓦多和古斯塔沃·马雷罗则认为，殖民时期的墨西哥有出口导向型的增长，参见：Rafael Dobado and Gustavo Marrero, “Minería, crecimiento y costes de la independencia en México,” *Revista de Historia Económica* 19, 3 (2001): 573 - 611。

（Javier Ortiz）对阿根廷的研究表明，由于贸易条件的改善，牧业部门的扩张增加了资本和土地这些最密集使用的要素的报酬，而农业部门却收缩了，其密集要素——劳动力的收益下降了，名义工资的下降也证实了这一点。① 收入的重新分配有利于资本和土地所有者（大地产主），却牺牲了工人的利益。威廉姆森（Williamson）对1870—1914年的研究结果还表明，拉美各国内部的不平等现象有所增加，这在实证中证实了斯托
496 尔帕—萨缪尔森的理论预测。② 由此可见，由于自然资源是拉美丰富的生产要素，因此，自然资源更多地被用于生产出口品。因此，土地收益相对于劳动收益有所增加。由于自然资源的所有权比劳动力的所有权更为集中，收入分配往往向土地所有者倾斜，因此，在第一次世界大战之前的几十年里，不平等现象加剧。

4. 拉美落后了吗？

关于拉美落后这一广为传播观点，现有证据是否提供了支持？而且，与本章主题更密切相关的是，拉美的经济落后是否与独立的发生方式有关？

各国经济总体表现的证据显示出极大差异性。在前西班牙帝国的主要中心墨西哥和秘鲁，战争时期固定资本的破坏、资本外逃、贸易赤字造成的白银外流和矿业萧条，再加上财政管理不善和政治动荡，都对增长产生了不利影响。有人认为，公共债务挤出了投资。

一个被广泛接受的观点是，墨西哥的经济衰退在独立前就已经开始了，一直持续到19世纪70年代。根据科茨沃思的估计，1800年到1845年之间，墨西哥产出下降了2%，人均收入下降了21%（每年下降0.5%）（1800—1860年期间，年均下降0.57%）。③ 麦迪逊的估计与科茨沃思关于墨西哥实际人均GDP的数据接近。④ 理查德

① Carlos Newland and Javier Ortiz, "The Economic Consequences of Argentine Independence," *Cuadernos de Economía* 115 (2001): 275 - 90.

② Jeffrey G. Williamson, "Real Wages, Inequality, and Globalization in Latin America before 1940," *Revista de Historia Económica* 17 (1999): 101 - 42.

③ Coatsworth, "The Decline of Mexican Economy," 31, 41.

恩里克·卡德纳斯持同样观点，参见：Enrique Cárdenas, "A Macroeconomic Interpretation of Nineteenth-Century Mexico," in *How Latin America Fell Behind*, 65 - 92。

④ Maddison, *Monitoring the World Economy 1820 - 1992* (Paris, 1995), 143.

和琳达·萨尔武奇则提出，按实际价值计算，1800—1840年期间，产出扩大了30%，而人口增加了9%，这意味着人均产出增长了21%或年均增长0.5%。①理查德·萨尔武奇否定了这种修正主义的观点，他后来指出，人均收入的长期停滞或下降是对1800—1840年墨西哥经济表现的更好描述。② 497

墨西哥经济长期衰退的原因，是历史上一个存在激烈争论的问题。③ 在经济增长缓慢的成因中，白银产量下降是主要原因之一，其产量直到19世纪60年代才恢复。白银产量下降导致了就业和支出的下降，使货币供应量收缩。矿井的废弃和涌水，以及用于提炼白银的汞的高价，是采矿业崩溃背后的原因。拉斐尔·多瓦多和古斯塔沃·马雷罗认为，白银产量的缓慢恢复是独立后的墨西哥所奉行的经济政策和汞的国际市场变化的结果，这严重阻碍了墨西哥的经济增长。④ 根据多瓦多和马雷罗的说法，世界上主要的汞供应国——西班牙不再以低于国际通行价的价格向墨西哥矿山供应汞。墨西哥不得不在国际市场上购买汞，而在19世纪初，国际市场上的汞价不断上涨。

与墨西哥一样，秘鲁同为共和制国家，也在长期财政赤字压力下，增加了矿业税收。银矿开采一直到19世纪40年代都在下降。高汞价和利率、陈旧的技术和税收都阻碍了经济复苏。⑤ 简而言之，殖民帝国核心的独立并没有为持续的经济增长提供条件。

奴隶经济提供了一种独特模式，因其未经历深刻的政治和体制变革。古巴一直效忠于西班牙，直到19世纪60年代都保持了持续增长。⑥ 巴西政治上保持稳定，但经济特点却是低增长率、自由贸易和有限的结构变革。根据莱夫的说法，19世纪期间，巴

---

① Richard and Linda Salvucci, "Las consecuencias económicas de la independencia mexicana," 41.

② Richard J. Salvucci, "Mexican National Income in the Era of Independence, 1800 - 1840," in *How Latin America Fell Behind*, 234 - 5.

③ Cárdenas, "A Macroeconomic Interpretation of Nineteenth-Century Mexico," and Coatsworth, "The Decline of the Mexican Economy"; Dobado and Marrero, "Minería, crecimiento y costes de la independencia en México."

④ Dobado and Marrero, "Minería, crecimiento y costes de la independencia en México," 598 - 607.

⑤ Quiroz, "Consecuencias económicas y financieras," 129 - 33, 143.

⑥ Pedro Fraile, Richard J. Salvucci, and Linda K. Salvucci, "El caso cubano: Exportaciones e independencia," in *La independencia americana: Consecuencias económicas*, 80 - 101.

西人均收入以温和速度增长。① 南锥体的经济体在独立后表现出持续的经济增长。1810—1860 年间，智利人均 GDP 年均增长 0.9%，人口年均增加 1.6%，人均收入的提高大多发生在 1830 年之后。② 在阿根廷，所有经济指标都显示出以布宜诺斯艾利斯地
498 区为首的快速增长。人口和劳动力增加、城市化以及畜牧业全要素生产率的显著提高，是独立后拉普拉塔地区的显著特点。③

拉美国家与其他国家相比如何？拉美是否如文献中强调的那般，在 1870 年之前就已经落后了？

麦迪逊折算的国际实际人均 GDP 估计数为将拉美置于更广泛的比较框架中提供了机会。④ 初看整个 19 世纪和 20 世纪人均收入水平的演变（表 13.9），就会发现，相对于美国，拉美出现了 3 个不同的阶段：第一阶段为 1870 年以前，估计数据可获的 3 个国家（巴西、智利和墨西哥）出现了下降；第二阶段是 1870 年到 1950 年，数据可获的 6 个主要拉美国家保持相对稳定；第三阶段延续至今 6 国持续下降，但若考虑拉美整体的话，下降阶段从 1973 年开始。⑤ 因此，在与美国的二元比较中，只有 1870 年以前和 1950 年以后的时期可以被认为是今天拉美不发达的来源。

如果对 19 世纪进行逐国分析，那么现有的及少量估计数值表明，在 1820—1870 年

---

① Leff, *Underdevelopment and Development*, 1: 33.

② Díaz, Lüders, and Wagner, "Economía chilena 1810 - 1995."

③ Carlos Newland, "Economic Development and Population Change: Argentina, 1810 - 1870," in John H. Coatsworth and Alan M. Taylor, eds., *Latin America and the World Economy since 1800* (Cambridge, MA, 1998), 207 - 22; Newland, "Exports and Terms of Trade"; Carlos Newland and Barry Poulson, "Purely Animal: Pastoral Production and Early Argentine Economic Growth 1825 - 1865," *Explorations in Economic History* 35, 3 (1998): 325 - 45.

④ 对拉美进行的更全面估计还可参见：Pablo Astorga and Valpy Fitzgerald, in Rosemary Thorp, *Progress, Poverty and Exclusion. An Economic History of Latin America in the 20th Century* (Washington, DC, 1998), Statistical Appendix。

然而，这些数据不包括世界其他地区。麦迪逊的估计涵盖的国家范围更广，尽管其过去对许多发展中国家的估计具有猜测性，而且使用 1990 年的固定基准进行空间和时间比较会产生指数问题，但这里还是倾向于采用麦迪逊的估计，参见：Prados de la Escosura, "International Comparisons"。

⑤ 对麦迪逊的估计（表 13.9）和阿斯托加（Astorga）及菲茨杰拉德（Fitzgerald）的估计（表 13.1）中拉美相对美国的地位进行比较，可以看出两者之间的差异；后者的下降发生在 1980 年之后，而 1950 年和 1995 年的相对地位相似。这种差异不仅来自各估算的国家覆盖面，而且来自所使用单一基准的差异——阿斯托加和菲茨杰拉德以 1970 年为基年，而麦迪逊以 1990 年为基年。

期间，墨西哥和巴西落后于美国，但智利并非如此（表 13.9）。① 在 1870—1913 年间，拉美各国的经历存在很大差异，墨西哥和南锥体经济在追赶，而巴西和古巴的经济却在落后。② 499

表 13.9　人均 GDP 的相对水平（1820—1998，美国 = 100）
（1990 年国际吉尔里-哈米斯<Geary-Khamis>美元）

	1820	1870	1913	1950	1973	1998
阿根廷		43.4	72.7	52.2	47.8	33.7
巴西	51.4	29.2	15.3	17.5	23.3	20.0
智利	48.3	53.0	55.6	38.6	29.9	35.7
哥伦比亚			23.3	22.5	21.0	19.5
古巴			68.9	35.5	19.4	7.9
厄瓜多尔			18.1	19.8	19.3	15.2
墨西哥	60.4	27.6	32.7	24.7	29.0	24.3
秘鲁			19.6	23.7	23.7	13.4
乌拉圭		82.0	62.4	48.7	29.8	30.4
委内瑞拉		23.3	20.8	78.0	63.7	32.8
拉美 6 国	53.4*	43.1	43.2	43.3	37.2	29.5
拉美 10 国			38.9	36.1	30.7	23.3
拉美				26.7	27.1	21.2
非洲	33.3	18.2	11.0	8.9	8.2	5.0
北美			14.5	12.2	10.9	10.7
亚洲	46.1	22.6	12.8	7.5	10.3	13.0
亚洲（日本除外）	45.7	22.2	12.1	6.6	7.4	10.7
中国	47.7	21.7	10.4	4.6	5.0	11.4
印度	42.4	21.8	12.7	6.5	5.1	6.4
其他亚洲经济体	44.9	24.7	15.0	9.7	12.4	13.7
东欧	50.6	35.6	28.8	22.2	29.9	20.0
前苏联	54.8	38.6	28.1	29.6	36.3	14.2

① 估计数值是基于猜测，如巴西数据可参见：Angus Maddison, *Monitoring the World Economy*, 143；或是根据出口和财政数据间接获得，如智利数据可参见：Díaz, Lüders, and Wagner, "Economía chilena 1810 - 1995"。

② Fraile, Salvucci, and Salvucci, "El caso cubano," 83, 91, 101.

作者认为，在经历 1800—1850 年期间的增长后，古巴的人均 GDP 在 19 世纪末出现了增长停滞。

续 表

	1820	1870	1913	1950	1973	1998
西欧	98.0	80.7	65.5	48.0	69.1	65.6
美国	100.0	100.0	100.0	100.0	100.0	100.0
美国人均 GDP（1990 年美元价格）	1 257	2 445	5 301	9 561	16 689	27 331

注：1820 年数据仅包括巴西、智利和墨西哥。

来源：Angus Maddison, *The World Economy, A Millennial View*（Paris, 2001），其中古巴和厄瓜多尔 1913 年数据来自 Astorga and Fitzgerald, "Statistical Appendix"；1820—1990 年间的智利数据来自 José Díaz, Rolf Lüders, and Gert Wagner, "Economía chilena, 1810 - 1995: Evolución cuantitativa del producto total y sectorial"（Pontificia Universidad Católica, Instituto de Economía, Documento de Trabajo no. 186, 1998)；1950 年前的阿根廷数据来自 Roberto Cortés Conde, *La economia argentina en el largo plazo*
500 (Buenos Aires, 1997)，已同麦迪逊数据拼接。

迄今为止，对拉美表现的评估是以美国为相关基准进行的。19 世纪以来，大多数国家（包括西欧国家）用美国标准进行衡量时，都呈现落后问题，这一事实使美国标准值得怀疑。相反，如果将拉美的表现与世界其他地区的表现进行比较，情况就会发生巨大的变化。① 首先，在 1820—1870 年间，可靠资料可获的三国（巴西、智利和墨西哥）相对于美国的下降幅度比西欧更深，但与南欧、东欧和俄罗斯帝国相似，比非洲和亚洲温和得多。所以，即使拉美相对于美国和西欧的地位有所恶化，但与东欧相比仍未改变，而与如今第三世界其他地区相比则有所改善。第二，在 1870—1913 年第一个全球化时代，拉美是世界上唯一一个相对于美国的地位没有恶化的主要区域，因而相对于世界其他地区的地位有所改善。第三，在 20 世纪初，拉美（与前苏联）是唯一相对于美国经济增长并不逊色的地区。第四，1950 年以来的半个世纪，情况发生了逆转。在黄金时代（1950—1973），伴随世界多数地区经历追赶美国的历程，拉美开始输给美国，印度和非洲也是如此。最后，1973 年之后，由于存在巨大的收入差距，随着亚洲国家的进步，拉美与东欧、前苏联（及其前成员国）和撒哈拉以南非洲一道，相对于美国的地位出现恶化。

总之，在 19 世纪，拉美的表现优于今天第三世界的其他地区和欧洲的外围地区。

① 由于表 13.9 用美国作为各基准年的标准值 100 来编制的，因此拉美和世界其他区域之间的比较是相对于美国而言的，但使用国际吉尔里-哈米斯美元意味着无论用哪个国家作为参考，都可进行多边比较。

相反，在1950年至1973年期间，拉美相对于美国的地位基本未变，这与多数外围地区（南欧和东欧、东南亚）所经历的追赶是不一致的，这些地区与美国在人均收入方面的差距大大缩小。1973年后，拉美相对于亚洲的表现再次落后。换句话说，将拉美的落后归咎于19世纪落后于美国是一个短视的结论，它倾向于将如今拉美表现不佳这一广 501
泛认同观点移植到遥远的过去。

5. 结　论

由于政治和经济机构要通过一个漫长而痛苦的过程重新确定，因此独立后的无秩序增加了交易成本。虽然各国的定性证据各不相同，但就整个拉美而言，在19世纪上半叶，消除财政负担所带来的收益是否能抵消为支付独立后不断扩大的政府开支而增加的税收，这一点还很不明确。西班牙帝国的崩溃表明，其机构虽然效率低下，但通过降低交易成本起到了作用。

货物出口数量和相对价格的有利变化表明，摆脱殖民主义贸易负担为拉美各经济体带来了净收益。贸易并不像在出口导向型增长模式中那样，有实力拉动经济的其他部分，但只要地理和体制障碍不阻碍贸易，它就会成为增长的基础。

在向国际经济开放的同时，国内和国家间的收入差异也在加深。除阿根廷外，没有证据显示1870年以前国内收入的分配情况。伴随贸易条件的改善，阿根廷牧业的扩张增加了对密集使用要素（资本和土地）的回报，而农业部门萎缩，其密集使用要素（劳动力）的回报下降。收入再分配发生了，有利于资本和土地所有者。威廉姆森对第一次世界大战前40年的研究结果，证实了拉美国家内部不平等的加剧。

从独立到第一次世界大战前夕，拉美地区的实际人均收入年均增长近1%。① 比较来看，拉美地区的表现往往好于如今第三世界的其他地区和欧洲外围地区。在独立后 502
的半个世纪里（1820—1870），人均实际产值增长较少，可能远未达到年均0.5%的水平，但拉美地区相对于美国的下降幅度与南欧、东欧和俄罗斯帝国相似，比非洲和亚洲的情况要温和得多。后来，在全球化的第一个阶段（1870—1913），拉美人均GDP年增长率超过1.5%，是世界上唯一相对美国地位没有恶化的地区，而相对于世界其他地区

① 根据表13.9计算数据可获的拉美三国的未加权平均数。

确实有明显的改善。①

拉美继承了西班牙旧体系下的制度，而英属美洲继承了非专制主义（Nonabsolutist，1688年后）制度，这似乎不再是解释二者不同表现的可靠论据；若把范围扩大到包括英、法在非洲和亚洲的前殖民地在独立后的表现，就更是如此了。英属北美似乎是一个特殊的成功范例，不能作为衡量拉美表现的标尺。本章没有提供明确的答案，但似乎很清楚的是，关于拉美在19世纪的表现，在得出通常是负面的结论之前，需要进行更严格的审查，以确定拉美在独立后是否设法发掘了真正的增长潜力。

从这一讨论中产生了一系列值得进一步研究的问题。如果拉美独立时间较晚，在全球化的第一波浪潮中，经济增长是否会更加激烈和广泛？对这一反事实的肯定回答将再次证实克里斯托弗·普拉特关于“国内环境”塑造了19世纪拉美的论断。

在1820年至1870年的半个世纪里，独立是否导致了去全球化？在另一章中，路易斯·贝尔托拉（Luis Bértola）和杰弗里·威廉姆森（Jeffrey Williamson）认为，新共和国的财政需求因战争而加剧，导致提高关税，并因此使拉美与世界市场隔绝。② 独立方式发生的一个更重要的影响，是破坏了殖民地的关税和货币联盟，这是对拉美经济一体化的严重打击。一个经济上统一的拉美会不会更加融入世界经济？如果有的话，在一
503 个拉美联合体下，人均GDP会提高多少？

与其他地区的后殖民发展经验进行系统比较，可能有助于评估拉美独立后的成就和不足。这种做法是否会支持约翰·科茨沃思的观点，即独立的长期利益远远大于其成本？

最后，总结值得列入对1820—1970年拉美经济表现进行定量研究的议程。人口、城市化、识字率和工资趋势，以及贸易和财政收入与人均支出，都与经济增长相关，可以合理地用于重构拉美国家的经济表现。收集这些数据将使我们能够评估各国的经济表现。关于识字率、城市化和预期寿命的初步研究结果表明，在独立后的半个世纪里，
504 尽管分布不均，但拉美还是取得了一些进展。③

---

① 根据表13.9计算数据可获的拉美六国的未加权平均数。

② Jeffrey G. Williamson, “Real Wages, Inequality, and Globalization.”

③ 参见：Paul Bairoch, *Cities and Economic Development. From the Dawn of History to the Present* (Chicago, 1988); and Carlos Newland, “La educación elemental en Hispanoamérica: Desde la independencia hasta la centralización de los sistemas educativos nacionales,” *Hispanic American Historical Review* 71, 2 (1991): 335 - 64.

参考文献

第 1 章（帕特里克·卡尔·奥布莱恩）

1. 冲动、过程和结果

有关欧洲海外扩张与 1415 年至 1825 年间西欧经济长期发展之间的联系，本章旨在向读者介绍重构此联系的元叙事。本章首先考虑了传统历史，原因在于此章未向学生提供重要文献综述，而相关文献涉及国际经济和帝国史中的三个主要常见主题，即促进洲际商业和殖民化的冲动的经济起源；欧洲扩张成功所包含的过程和投入；以及与欧洲人的联系对位于非洲、亚洲和美洲大陆的人口和经济发展的影响。欧洲史领域的主要内容是大量书籍和文章，这些书籍和文章涉及三个元主题或问题，例如：(a) 欧洲人为什么如此积极地参与海外商业和殖民化；(b) 欧洲人是如何设法主导这一旷日持久和暴力的地缘政治和经济努力的；(c) 通过贸易、资本流动、劳动力迁移和技术传播，对被统治和/或与欧洲相连的土著社会产生了什么影响。

然而，这些问题肯定与本章的关注点重合，它们所激发的历史学术研究为构建全球经济史上的"重构"元变量提供了不可或缺的证据和辩论基础。然而，"重构"的出现是对探索传统所陷入僵局的一种回应，这种传统继续通过地理上受限、时间上缩短、在各大洲的国家和地方档案中进行理论化不足的历史研究的方式，来处理欧洲的海外扩张。这一传统在本章第二部分中已作了概述——此部分还阐述了另一僵局，即不可 505
能满足现代经济理论和计量经济学所确立的、近似于可信的成本效益分析的要求。在本章参考书目的第一部分，应该不需要做更多的事情，只需向学生和读者介绍一份简短的近期文本清单，此类文本调查了已经确立但受到限制的领域，提供二次文献资料库的参考和指南，并提供了处理世界其他地区的起源、过程和结果的原始文献。

1.1. 中世纪的起源和海外扩张的动力

可追溯中世纪西欧海洋王国探索、扩张与合并历史起源的文献，可参见：Felipe Armesto-Fernandez, *Before Columbus. Exploration and Colonization from the Mediterranean to the Atlantic*, *1229 - 1492*（London, 1987）; Robert Bartlett, *The Making of Europe. Conquest*, *Colonization and Cultural Change 950 - 1350*（London, 1993）; Jean Favier, *Gold and Spices. The Rise of Commerce in the Middle Ages*（New York, 1998）; Janet L.-Abu Lughod, *Before European Hegemony. The World System A. D. 1250 - 1350*（Oxford, 1989）; John R. S. Phillips, *The Medieval Expansion of Europe*（Oxford, 1998）; and Geoffrey V. Scamell, *The World Encompassed c. 800 - 1650*（London, 1981）。

更多理论和概念研究包括：Michel Mollat, *Europe and the Sea*（Oxford, 1993）and James Muldoon, *The Concept of Empire 800 - 1800*（Basingstoke, 1999）。

1.2. 进程

进程是指欧洲人“如何”建立（困难重重并付出一定代价）海外商业和殖民所需的机构、交通基础设施、海军和军事力量，同时在全球地缘政治秩序（重商主义）中运作，其特点是相互之间激烈且往往是暴力的竞争，以及来自非洲、亚洲和美洲土著居民与既得经济利益集团的抵抗。

这部涵盖约4个世纪的“重商主义”历史被写成了欧洲竞争帝国的历史。对葡萄牙、西班牙、荷兰、法国和英国帝国以及与其他大陆的贸易特殊性、兴衰、成功和失败感兴趣的读者，应查阅如下文本、书籍和开创性文章集中的书目，这些书目试图对整个西欧进行全面描述。

最近和最有用的文献是：Etemad Bouda, *La Possession du Monde. Poids et measures de la colonisation*（Lausanne, 2000）。还可参考：David B. Abernathy, *The Dynamics of Global Dominance. European Overseas Empires 1415 - 1980*（New Haven, CT, 2000）; Jeremy Black, *Europe and the World 1650 - 1830*（London, 2002）; Fernand Braudel, *Civilization and Capitalism 15th - 18th* Century, vol. 3, *The Perspective of the World*（London, 1984）; Sushil Chaudhury and Michel Morineau, eds., *Merchants*, *Companies and*

Trade. Europe and Asia in the Early Modern Era (Cambridge, 1999); Phillip Curtin, *Cross Cultural Trade in World History* (Cambridge, 1984); George Raudzens, *Empires. Europe and Globalization, 1492 - 1788* (Stroud, 1990); David R. Ringrose, *Expansion and Global Interraction 1200 - 1700* (London, 2000); Geoffrey V. Scamell, *The First Imperial Age, 1400 - 1715* (London, 1989); Alan K. Smith, *Creating a World Economy, Colonialism and World Trade 1400 - 1825* (Boulder, 1991); James D. Tracy, ed., *The Rise of Merchant Empires* (Cambridge, 1990); and James D. Tracy, ed., *The Political Economy of Merchant Empires: State Power and World Trade, 1350 - 1750* (Cambridge, 1991)。 506

此外，研究欧洲海外扩张过程的学生可以参考：Variorum Press Reference series, edited by A. J. R. Russell Wood：*An Expanding World. The European Impact on World History 1450 - 1800*, 31 volumes (Aldershot, 1995 - 2000)。其中，各卷都有专家学者精选的开创性文章，按主题论述庞大的问题，包括对探索、航海、科学、技术、造船、航运、特殊贸易（香料、纺织品、金银、奴隶）、商业组织、移民和定居、战争、殖民治理和宗教的研究。

更多概念性的理论处理（源于历史学的反思、经济学、政治学、社会学和文化人类学）可参考以下书籍和文章：David Armitage, ed., *Theories of Empire 1450 - 1800* (Aldershot, 1998); Amy Turner Bushnell, ed., *Establishing Exceptionalism. Historiography and the Colonial Americas* (Aldershot, 1995); Peter Cain and Mark Harrison, eds., *Imperialism: Critical Concepts in Historical Studies*, 3 vols. (London, 2001); Anthony Disney, *Historiography of Europeans in Africa and Asia 1450 - 1800* (Aldershot, 1995); Lars Magnusson, *Mercantilism: The Shaping of an Economic Language* (London, 1994); and Anthony Pagden, ed., *Facing Each Other. The World's Perceptions of Europe and Europe's Perception of the World* (Aldershot, 2000)。

1.3. 对非洲、亚洲和美洲经济及社会的影响与结果

同样，关于与欧洲人、商人、殖民者和定居者相遇的历史也是按国家和区域来编写的。如下基础性研究试图评估欧洲扩张对其他大陆的土著居民、商业和经济产生的“影响”：Paul Bairoch, *Victoires et déboires. Histoire economique et sociale du monde du XVI siècle à nos jours* (Paris, 1997); Jeremy Black, *War and the World Military Power and*

the Fate of Continents, *1450 – 2000*（New Haven, CT, 2000）; Kirti N. Chaudhuri, *Asia Before Europe. Economy and Civilization of the Indian Ocean from the Rise of Islam to 1750*（Cambridge, 1990）; Philip D. Crosby, *The World and the West: The European Challenge and the Overseas Response in the Age of Empire*（Cambridge, 2000）; Alfred W. Crosby, *Ecological Imperialism. The Biological Expansion of Europe*, *900 – 1900*（Cambridge, 1986）; José Casas Pardo, ed., *Economic Effects of the European Expansion 1492 – 1824*（Stuttgart, 1992）; Michael N. Pearson, *Before Colonialism: Theories on Asian-European Relations*（Delhi, 1989）; Om Prakash, *Asia and the Pre-modern World*（Leiden, 1995）; George Raudzens, ed., *Technology*, *Disease and European Conquests*（Amsterdam, 2000）; Anthony Reid, *South East Asia in the Age of Commerce*, *1450 – 1680*, 2 vols.（New Haven,
507 CT, 1993）; Bernard Waites, *Europe and the Third World from Colonization to Decolonization c. 1500 – 1998*（Basingstoke, 1999）; and Patrick O'Brien, "Colonies in a Globalizing Economy 1815 – 1948," in Barry Gills and William Thompson, eds., *Globalization and Global History*（London, 2005）。

本章的参考书目和脚注研究了 1815 年以来第三世界殖民地和非殖民地经济的长期结果。

2. 全球经济史中的最新论述和重构的元叙事

近年来，欧洲海外扩张经济学经历了复兴，成为全球经济史中话语重构的一部分，而这一话语重构关注东西方生产力和生活水平差异的时序与解释。此参考数据核心部分引用的文献，其作者（若不是全部的话）多数（有保留地）同意，从 1415 年开始的海外加速扩张给欧洲经济带来的收益，被启发式地纳入了背景，并被理解为全球范围内经济差异论述的一个关键组成部分。

针对当前学者（历史学家、经济学家、历史社会学家、地理学家和人类学家）之间的辩论，可在已发表文章中提炼出三个共性假设（简单的分类学划分）。学者们将同意，就欧洲海外扩张的意义，其研究和分析必定属于三类对象之一：（a）对西欧的长期经济发展；（b）对位于非洲、亚洲和南美洲的世界经济的其他部分；（c）对全球经济的增长和一体化。

如下列出这一正在进行论述主题的参考文献，按字母顺序分列三个弹性类别，并设立了（希望是）有启发性的标题和标签，相关理论以及历史文献也将列入其中。

2.1. 韦伯学派

虽然此类一般性观点可以追溯到孟德斯鸠，但本章建议将其分类为韦伯主义观点，包括一些学者的贡献、论点和理论，他们认为，西欧长期经济增长、欧洲海外扩张以及逐步走向全球经济增长和一体化的起源和源泉，来自西欧内部经济活动所嵌入的不断发展的政治、法律、社会制度和文化。在这个意义上，韦伯的观点实际上包括了关注欧洲独特生产方式和产权的经典马克思主义。韦伯学术传统中的主要著作包括：Derek H. Aldcroft and Anthony Sutcliffe, eds., *Europe in the International Economy* (Cheltenham, 1999); Schlomo Avineri, *Karl Marx on Colonialism and Modernization* (New York, 1969); Jeremy Black, *Europe and the World 1650 – 1830* (London, 2002); Reinhard Bendix, *Max Weber. An Intellectual Portrait* (New York, 1962); Daniel J. Boorstin, *The Discoverers* (New York, 1983); François Crouzet, *A History of the European Economy 1000 – 2000* (Charlottesville, 2001); Marc Ferro, *Histoire des colonizations: Des conquêtes aux* 508 *indépendances* (Paris, 1994); François Crouzet and Armand Clesse, eds., *Leading the World Economically* (Amsterdam, 2003); Wolfram Fischer et al., eds., *The Emergence of a World Economy*, 2 vols. (Stuttgart, 1986); Liah Greenfield, *The Spirit of Capitalism* (Cambridge, MA, 2001); Jack A. Goldstone, "Efflorescenses and Economic Growth in World History: Rethinking the Rise of the West and the Industrial Revolution," *Journal of World History* 13 (2002): 323 – 90; Johan Goudsblom et al., eds., *The Course of Human History. Economic Growth, Social Process, and Civilization* (London, 1996); John Hatcher and Mark Bailey, *Modelling the Middle Ages. The History and Theory of England's Economic Development* (Oxford, 2001); Barry Hindess and Paul Hirst, *Pre-Capitalist Modes of Production* (London, 1975); Eric Jones, *The European Miracle*, 2nd ed. (Cambridge, 1988); Eric Jones, *Growth Recurring. Economic Change in World History*, 2nd ed. (Ann Arbor, MI, 2000); Charles Kindleberger, *World Economic Primacy 1500 – 1990* (Oxford, 1996); Richard Lachmann, *Capitalists in Spite of Themselves. Elite Conflict and Economic Transitions in Early Modern Europe* (Oxford, 2000); John Landers, *The Field and the Forge. Population, Production and Power in the Pre-industrial West* (Oxford,

2003)；David Landes, *The Wealth and Poverty of Nations*（London，1998）；Deepak Lal, *Unintended Consequences. The Impact of Factor Endowments, Culture and Politics on Long Run Economic Performance*（London，1998）；David Levine, *At the Dawn of Modernity. Biology, Culture and Material Life in Europe after the Year 1000*（Berkeley，CA，2001）；Alan Macfarlane, *The Riddle of the Modern World. Of Liberty, Wealth and Equality*（London，2000）；William McNeill，"The Rise of the West after Twenty-Five Years，" *Journal of World History* 1（1990）：1 – 21；Angus Maddison, *The World Economy. A Millenium Perspective*（Paris，2001）；Patrick K. O'Brien，ed.，*The Industrial Revolution in Europe*（Oxford，1994）；Nathan Rosenberg and L. E. Birdsell, *How the West Grew Rich. The Economic Transformation of the Industrial World*（London，1986）；Richard Swedberg, *Max Weber and the Idea of Economic Sociology*（Princeton，NJ，1998）；and Max Weber, *General Economic History*（London，1923）。

2.2. 韦伯解构与斯密式全球经济史方法的升级

韦伯式的全球经济史方法已被亚洲经济史学者“解构”，他们破坏了西方和东方之间粗暴的、不合时宜的二元对立，并提供了历史证据和替代性假设，认为东西方分歧的开端、源头和持续存在的原因在于商业和殖民联系的政治经济，这导致欧洲与非洲、东方和美洲之间的贸易收益不平等。赞同世界体系理论的一小派学者（安德烈·冈德·弗兰克的著作就是例证）坚持认为，15世纪末在伊比利亚的发现之旅后，欧洲才加速了海外扩张，在此前长达数百年（可能是数千年）的时间里，全球经济内部的联系已经促进了欧洲经济增长。

为了对参考文献进行基于纯粹分类学目标的排序，本章建议忽略其年代上的内部
509 差异，而且将具有如下特征的文献划入“斯密式”类型：不同程度地强调海外贸易、人员迁徙、资本流动、知识跨洋跨洲传播的文献；倾向于把市场的出现、延伸和整合作为经济发展和洲际分化的核心来表述的文献。此外，有研究认为，对于经济变革来说，联系比任何路径依赖性的演化、制度和文化更重要。最近对中国、印度、东南亚和奥斯曼帝国早期现代经济和社会的历史研究中，这一观点得到了加强，此类研究严格采用了“韦伯式”二元论建议，认为只有西欧才演化出经济发展所必需的国家、制度、法律体系、社会组织和文化。

韦伯解构和斯密式全球经济史方法的升级的主要文献包括：Janet L. Abu-Lughod, *Before European Hegemony* (Oxford, 1989); Michael Adas, *Machines as the Measure of Men, Science Technology and Ideologies of Western Domination* (Ithaca, NY, 1989); Jerry H. Bentley, *Old World Encounters* (New York, 1993); Robin Blackburn, *The Making of New World Slavery* (London, 1997); James Blaut, *The Colonizers Model of the World* (New York, 1993); Fernand Braudel, *Civilization and Capitalism. 15th – 18th Century*, 3 vols. (London, 1984); Tim Brook and Geoffrey Blue, eds., *China and Modern Capitalism* (Cambridge, 1999); Christopher Chase Dunn and Thomas Hall, *Rise and Demise. Comparing World Systems* (Boulder, CO, 1998); Kirti Chaudhuri, *Asia before Europe* (Cambridge, 1990); Warren I. Cohen, *East Asia at the Center: Four Thousand Years of Engagement with the World* (New York, 2000); Philip Curtin, *Cross Cultural Trade in World History* (Cambridge, 1984); Dennis O. Flynn and Giraldez Arturo, eds., *Metals and Monies in an Emerging Global Economy* (Aldershot, 1997); Dennis O. Flynn, Arturo Giraldez, and Richard Von Glahn, eds., *Global Connections and Monetary History 1470 – 1800* (Aldershot, 1997); Andre Gunder Frank and Barry Gills, eds., *The World System. Five Hundred Years or Five Thousand* (London, 1993); Andre Gunder Frank, *ReOrient. Global Economy in the Asian Age* (London, 1998); Jack Goody, *The East in the West* (Cambridge, 1996); Marshall Hodgson, *Rethinking World History. Essays on Europe, Islam and World History* (Cambridge, 1993); Joseph E. Inikori, *Africans and the Industrial Revolution in England. A Study in International Trade and Economic Development* (Cambridge, 2002); John R. McNeill and William H. McNeill, *The Human Web. A Bird's Eye View of World History* (New York, 2003); Robert B. Marks, *The Origins of the Modern World: A Global and Ecological Narrative* (Lanham, CA, 2002); Kenneth Pomeranz, *The Great Divergence. China, Europe and the Making of the Modern World Economy* (Princeton, NJ, 2000); Kenneth Pomeranz and Steven Topik, *The World That Trade Created. Society, Culture and the World Economy 1400 to the Present* (New York, 1999); Stephen K. Sanderson, ed., *Civilizations and World Systems* (Walnut Creek, CA, 1995); William R. Thompson, *The Emergence of Global Political Economy* (London, 2000); Richard Von Glahn, *Fountains of Fortune, Money and Monetary Policy in China*,

1000 - 1700（Berkeley, CA, 1996）; Immanuel Wallerstein, *The Modern World System*, 3 vols.（New York, 1974, 1980, and 1988）; and Roy Bin Wong, *China Transformed: Historical Change and the Limits of European Experience*（Ithaca, NY, 1997）。
510

2.3 马克·布洛赫（Marc Bloch）关于寻找重要对比的建议

最后，本章列出一些书籍和文章，它们未表达任何韦伯或斯密式的强烈观点。它们认为，一个惊人相似的世界的证据并不是决定性的，其作者倾向于遵循马克·布洛赫的建议，在两个潜在的重要领域（地理和技术），在商业和殖民化领域之外，寻找东方和西方之间的"对比"。相关文献包括：Robert Allen, "Involution, Revolution or What? Agricultural Productivity, Income and Chinese Economic Development," *Economic History Review*（forthcoming, 2005）; Robert Allen et al., eds., *New Evidence on Standards of Living in Europe and Asia*（Oxford, 2005）; Paul Bairoch, *Economics and World History: Myths and Paradoxes*（Chicago, 1993）; Paul Bairoch, *Victoires et déboires. Histoire economique et sociale du monde du XVI siècle à nos jours*, 2 vols.（Paris, 1998）; Christopher Bayly, *The Birth of the Modern World 1780 - 1914*（Oxford, 2004）; Gang Deng, *Development versus Stagnation. Technological Continuity and Agricultural Progress in Pre-modern China*（London, 1993）; Bouda Etemad, *La possession du monde. Poids et measures de la colonization*（Lausanne, 2000）; Philip Huang et al., in a special edition of *Journal of Asian Studies* 61（2002）devoted to debating contrasts between China and Western Europe; Simon Kuznets, *Modern Economic Growth*（New Haven, CT, 1966）; Patrick Manning, *Navigating World History. Historians Create a Global Past*（New York, 2003）; Joel Mokyr, *Technological Creativity and Economic Progress*（Oxford, 1990）; Patrick K. O'Brien, "Colonies in a Globalizing Economy 1815 - 1948," in Barry Gills and William Thompson, eds., *Globalization and Global History*（London, 2006, forthcoming）; Patrick K. O'Brien and Leandro Prados de la Escosura, eds., *The Costs and Benefits of European Imperialism from the Conquest of Ceuta（1415）to the Treaty of Lusaka（1974）*（special issue of *Revista de Historia Economica*, Madrid, 1998）; Kevin O'Rourke and Jeffrey G. Williamson, *Globalization and History — The Evolution of a Nineteenth Century Atlantic Economy*（Cambridge, MA, 1999）; Leandro Prados de la Escosura, "International

Comparisons of Real Product 1820 - 1990, An Alternative Data Set," *Explorations in Economic History* 327 (2000): 1 - 41; Walt Rostow, *Theorists of Economic Growth from David Hume to the Present* (Oxford, 1990); Sylvia Sogner, ed., *Making Sense of World History* (Oslo, 2001); W. Sewell, "Marc Bloch and the Logic of Comparative History," *History and Theory* 6 (1967): 208 - 18; Benedikt Stuchtey and Eckhardt Fuchs, eds., *Writing World History 1800 - 2000* (Oxford, 2003); Peer Vries, *Via Peking back to Manchester: Britain, the Industrial Revolution and China* (Leiden, 2003); and Irving M. Zeitlin, *Ideology and the Development of Sociological Theory* (Englewood Cliffs, NJ, 1999)。

第2章（帕特里克·曼宁）

过去50年来，非洲研究的扩展是学术生活中最成功的故事之一。从非洲大陆殖民时代零星的个人研究中，发展出了社会科学和人文学科中组织良好的批判性话语，分 511
析非洲的生活及其与世界其他地区的联系。对于寻求非洲背景和与拉美联系的拉美学者来说，这意味着现在已经有了大量关于非洲的信息。这也意味着最近的研究普遍替代了早期的工作：教科书和旧著述的印象，虽然不一定是错误的，但通常是过时的，缺乏细节，并缺乏与现在发展的世界性文献的联系。关于非洲和非洲侨民的学术研究不断扩大，特别是以非洲大陆为基础的学者，对非洲和美洲的历史联系表现出越来越大的兴趣。

尽管非洲史文献取得了总体进展，但有两类解释问题存在，使得很难将1850年以前的非洲经济史与拉美经济史联系起来。首先，经济史领域没有获得非洲史其他分领域的优势，大多研究集中在本章范围之外的20世纪的主题上。20世纪七八十年代的研究浪潮提出了关于前殖民时期（即1900年以前）非洲经济史的重要问题，但此后的研究和争论却滞后了。关于贩卖奴隶的人口学和经济史，已经完成了一些扎实的工作，但将这些问题与经济史上的其他问题联系起来的工作不多。问题的部分原因是，不容易获得前殖民时期非洲的经济数据。此外，非洲经济史的大多数作者在经济学方面的技能微乎其微，因此，他们把重点放在对贸易和政治的描述上，而不是经济分析上。同时，在非洲研究之外，每个时代全球经济的主要解释者都倾向于假定——本章认为是可疑的——非洲与跨洋经济模式的联系并不重要。

第二个解释问题随着时间的推移而变得更加复杂。20世纪的政治联系往往被向后推测，因此美洲的英语和法语地区与非洲的英语和法语地区相连。然而，可以证明的是，许多定居在法国领土上的非洲人来自现在讲英语的尼日利亚，许多定居在美洲英语地区的非洲人来自现在讲法语的贝宁和刚果。葡语系美洲与葡语系非洲联系在一起的理由更多一些。对于讲西班牙语的美洲来说，这种做法几乎没有与非洲联系的地方。事实上，现有文件提供了大量资料，显示了定居在墨西哥、古巴、哥伦比亚和原西班牙美洲其他地区的奴隶的非洲区域起源。

1. 非洲及其经济史总论

三部作品清晰地传达了20世纪初人们对非洲及其与美洲联系的了解程度和偏见程度：W. E. B. Du Bois, *The Negro* (Amherst, NY, 2002; orig. pub. 1915); Harry Hamilton Johnston, *A History of the Colonization of Africa by Alien Races* (Cambridge,
512 1900); and Johnston, *The Negro in the New World* (London, 1910)。

关于非洲历史的标准著作，参见：J. D. Fage and Rol and Oliver, eds., *The Cambridge History of Africa*, 8 vols. (Cambridge, 1975 - 1985), and UNESCO, General History of Africa (Paris, 1981 -)。关于非洲历史及其主要地区的权威教科书有：John Iliffe, *Africa in History* (Cambridge, 1995); Christopher Ehret, *The Civilizations of Africa: A History to 1800* (Charlottesville, VA, 2002); David Birmingham and Phyllis M. Martin, eds., *History of Central Africa*, 2 vols. (London, 1983); Jamal Abun-Nasr, *A History of the Maghrib in the Islamic Period* (Cambridge, 1987); and J. F. Ade Ajayi and Michael Crowder, eds., *History of West Africa*, 3rd ed. (New York, 1985)。最后一本教科书的最新版正在准备之中，其主编是伊曼纽·阿基安蓬（Emmanuel Akyeampong）。非洲史的主要期刊是：*Journal of African History*, *the International Journal of African Historical Studies*, *History in Africa*, *and Cahiers d'Etudes Africaines*。

非洲经济史的三本权威性通论是：A. G. Hopkins, *An Economic History of West Africa* (New York, 1973); Ralph A. Austen, *African Economic History* (London, 1987); and Paul Tiyambe Zeleza, *A Modern Economic History of Africa* (Dakar, 1993)。此外，还有一些非洲较小地区在前殖民时期的经济史：A. J. H. Latham, *Old Calabar, 1600 -*

1891: The Impact of the International Economy upon a Traditional Society (Oxford, 1973); Philip D. Curtin, *Economic Change in Precolonial Africa: Senegambia in the Era of the Slave Trade*, *1 vol. and supplement* (Madison, WI, 1975); Patrick Manning, *Slavery*, *Colonialism*, *and Economic Growth in Dahomey*, *1640 – 1960* (Cambridge, 1982); and Stephen Baier, *An Economic History of Central Niger* (Oxford, 1980)。关于有影响的社会经济解释，可参见：Walter Rodney, *How Europe Underdeveloped Africa* (London, 1972)。在罗德尼的方法中，"欠发达"概念虽然受到安德烈·冈德·弗兰克和其他依附学派理论家的启发，但它适用于 19 世纪后期和 20 世纪的非洲殖民时期，而不是像弗兰克最初的解释那样适用于 16 世纪的拉美。

1976 年创刊的《非洲经济史》（*African EconomicHistory*）杂志，主要刊登了 20 世纪和 19 世纪末的研究，但其中有几篇文章关注前殖民大西洋及其与拉美的联系：Emilio F. Moran, "The Evolution of Cape Verde's Agriculture," issue 11 (1982): 63 – 96; Raymond Gervais, "Pre-colonial Currencies: A Note on the Maria Theresa Thaler," issue 11 (1982): 14 – 152; Charles Becker, "Notes sur les conditions ecologiques en Sénégambie aux 17e et 18e siècles," issue 14 (1985): 167 – 216; J. S. Hogendorn and H. A. Gemery, "Continuity in West African Monetary History? An Outline of Monetary Development," issue 17 (1988): 127 – 46; John Thornton, "Precolonial African Industry and the Atlantic trade, 1500 – 1800" with several responses, issue 19 (1990 – 1): 1 – 54; José C. Curto, "A Quantitative Reassessment of the Legal Portuguese Slave Trade from Luanda, Angola, 1710 – 1830," issue 29 (1992): 1 – 26; and several articles in issue 7 (1992), "Contributions to a History of Agriculture and Fishing in Central Africa," edited by Bogumil Jewsiewicki。

奴隶制和奴隶贸易是非洲和美洲经济联系的核心。主要文献包括：Paul E. Lovejoy, *Transformations in Slavery: A History of Slavery in Africa* (Cambridge, 1983); Patrick Manning, *Slavery and African Life: Occidental*, *Oriental*, *and African Slave Trades* (Cambridge, 1990); and Claude Meillassoux, ed., *L'Esclavage en Afrique precoloniale* (Paris, 1975)。约瑟夫·C. 米勒的综合书目对非洲文学予以充分关注：Joseph C. Miller, 513
Slavery and Slaving in World History: A Bibliography, *1900 – 1991* (Millwood, NY, 1993)。帕特里克·曼宁主编的如下著作中，"导言"列出了一个更简明的书目，强调大西洋奴隶贸易的最新著作：Patrick Manning, ed., *Slave Trades*, *1500 – 1800: Globalization of*

Forced Labour（Aldershot, UK, 1996）。

萨米尔·阿明提出了对全球范围内非洲经济变化的长期解释：Samir Amin, *Accumulation on a World Scale: A Critique of the Theory of Underdevelopment*, trans. Brian Pearce, 2 vols.（New York, 1974）, and *Unequal Development: An Essay on the Social Formations of Peripheral Capitalism*, trans. Brian Pearce（New York, 1976）。其他名篇包括：Immanuel Wallerstein, *The Modern World-System*（New York, 1974－89）；Bogumil Jewsiewicki, "The African Prism of Immanuel Wallerstein," *Radical History Review* 38（1987）：50－68。后者采用沃勒斯坦方法分析了非洲背景。

2. 西非和中非地区

在非洲地理学的几本专著中，最有分量的是 R. Mansell Prothero, ed., *A Geography of Africa*（New York, 1969）。与该书相结合，对非洲地区及其生态、人口和种族进行有益概述的著作还包括：G. S. P. Freeman-Grenville, *The New Atlas of African History*（New York, 1991）。非洲语言的著述包括：Bernd Heine and Derek Nurse, eds., *African Languages: An Introduction*（Cambridge, 2000）。一本老旧但仍然有用的殖民时期的人种学著述为 G. P. Murdock, *Africa: Its Peoples and Their Culture History*（New York, 1959）。关于非洲社会历史令人信服的深度展示，尤其是有关赤道森林中的无国籍人，可参见：Jan Vansina, *Paths in the Rainforest: Toward a History of Political Tradition in Equatorial Africa*（Madison, WI, 1990）。

3. 非洲和美洲的初步联系（1450—1650）

关于大西洋奴隶贸易的早期情况，强调其在欧洲港口的操作，可参见：Huguette and Pierre Chaunu, *Seville et l'Atlantique, 1504－1650*, 8 vols.（Paris, 1955－9）; Philip D. Curtin, *The Atlantic Slave Trade: A Census*（Madison, WI, 1969）; Manuel Lobo Cabrera, *La Esclavitúd en lasCanarias orientales en el siglo XVI: negros, moros y moriscos*（Gran Canaria, 1982）; A. C. de C. M. Saunders, *A Social History of Black Slaves and Freedmen in Portugal, 1441－1555*（Cambridge, 1982）; and José Luís Cortes López, *La esclavitud negra en la España peninsular del siglo XVI*（Salamanca, 1989）。

西非早期的奴隶贸易行为及其经济影响——都有记载。可参见：Boubacar Barry, *Le*

royaume du Waalo: le Sénégal avant la conquête (Paris, 1985); Barry, *Senegambia and the Atlantic Slave Trade*, trans. Ayi Kwei Armah (Cambridge, 1998); A. F. C. Ryder, *Benin and the Europeans, 1485–1897* (New York, 1969); John William Blake, ed. and trans., *Europeans in West Africa, 1450–1560*, 2 vols. (London, 1942); and Walter Rodney, *A History of the Upper Guinea Coast, 1545–1800* (Oxford, 1970)。这些著作强调，欧洲商 514
人最初更多是加入和促进非洲的贸易网络，而不是夺取经济或政治控制权，但欧洲人购买奴隶的数量稳步增长，非洲社会也因奴隶贸易而发生变化。

关于西非热带草原的奴隶制和跨越撒哈拉的奴隶贸易，参见：J. F. P. Hopkins and Nehemia Levtzion, eds., *Corpus of Early Arabic Sources for West African History* (Cambridge, 1981); Jean-Pierre Olivier de Sardan, *Les Sociétés Songhay-Zarma, Niger-Mali: Chefs, guerriers, esclaves, paysans* (Paris, 1984); and John Hunwick and Eve Trout Powell, eds., *The African Diaspora in the Mediterranean Lands of Islam* (Princeton, NJ, 2002)。

关于大西洋奴隶贸易在中非的早期影响，参见：Jan Vansina, *Kingdoms of the Savanna* (Madison, WI, 1966); Georges Balandier, *Daily Life in the Kingdom of Kongo: From the Sixteenth to the Eighteenth Century*, trans. Helen Weaver (London, 1968); EugeniaHerbert, *Red Gold of Africa: Copper in Precolonial History and Culture* (Madison, WI, 1984); and John Thornton, *Warfare in Atlantic Africa, 1500–1800* (London, 1999)。

关于近期对南大西洋的出色概述，重点是巴西与安哥拉的联系，参见：Luiz Felipe de Alencastro, *O Trato dos Viventes: Formação do Brasil no Atlântico Sul* (São Paulo, 2000)。关于奴隶贸易时期大西洋世界的更多一般性评论，参见：Herbert S. Klein, *African Slavery in Latin America and the Caribbean* (New York, 1986); A. J. R. Russell-Wood, *A World on the Move: The Portuguese in Africa, Asia, and Latin America, 1415–1808* (New York, 1993); and John K. Thornton, *Africa and Africans in the Making of the Atlantic World, 1400–1680* (Cambridge, 1992)。与桑顿关于非洲普遍存在奴隶制和没有土地财产的说法形成对比的，参见：Manning, *Slavery and African Life* (详见前引)。其他关于非洲人在美洲早期定居的主要研究包括：Frederick Bowser, *The African Slave in Colonial Peru, 1524–1650* (Stanford, CA, 1974); Colin A. Palmer, *Slaves of the White*

God: Blacks in Mexico, *1570 - 1650* (Cambridge, MA, 1976); and Raymond K. Kent, "Palmares: An African State in Brazil," *Journal of African History* 6 (1965): 161 - 75。

4. 奴隶贸易时期（1650—1820）

关于大西洋奴隶贸易高峰时期的经济和人口框架，最全面的陈述参见：Patrick Manning, "The Enslavement of Africans: A Demographic Model," *Canadian Journal of African Studies 15* (1981): 499 - 526; "The Slave Trade: The Formal Demography of a Global System," *Social Science History 14* (1990): 255 - 79; and *Slavery and African Life* (详见前引)。关于大西洋奴隶贸易证据的最详细汇编，参见：David Eltis, Stephen D. Behrendt, David Richardson, Herbert S. Klein, eds., *The Trans-Atlantic Slave Trade: A Database on CD - ROM* (Cambridge, 1999)。这张内容广泛的光盘提供了英国、法国和荷兰奴隶商人的绝大多数航程的证据（有不同程度的完整性）。对于16和17世纪的奴
515 隶贸易、贩卖到巴西的奴隶和北美的奴隶贸易，其数据不够完整。关于贩卖奴隶到西班牙美洲的情况，这套光盘并未试图追踪非洲人到达美洲后的行动，如从牙买加经贝洛港到利马，或从里约经拉普拉塔到波托西。

上述光盘中的数据是通过编辑和许多其他学者的研究收集的。其中包括：David Eltis, *Economic Growth and the Ending of the Transatlantic Slave Trade* (New York, 1987); Johannes Postma, *The Dutch in the Atlantic Slave Trade*, *1600 - 1815* (Cambridge, 1990); Colin Palmer, *Human Cargoes: The British Slave Trade to Spanish America*, *1700 - 1739* (Urbana, IL, 1981); Kenneth Gordon Davies, *The Royal African Company* (London, 1957); Pierre Verger, *Flux et reflux de la traite des nègres entre le Golfe du Bénin et Bahia de Todos os Santos*, *du XVIIe au XIXe siècles* (Paris, 1968); and Jean Mettas, *Répértoire des expéditions négrières françaises au XVIIIe siècle*, 2 vols. (Paris, 1978 - 84)。

关于奴隶贸易对非洲和美洲影响的更多一般性文章，参见：Henry A. Gemery and Jan S. Hogendorn, "The Atlantic Slave Trade: A Tentative Economic Model," *Journal of African History* 15 (1974): 233 - 46; Paul E. Lovejoy, *Transformations in Slavery: A History of Slavery in Africa* (Cambridge, 1983); Joseph E. Inikori and Stanley L. Engerman, eds., *The Atlantic Slave Trade: Effects on Economies*, *Societies*, *and Peoples in Africa*, *the Americas*, *and Europe* (Durham, NC, 1992); and Inikori, ed., *Forced*

Migration: The Impact of the Export Slave Trade on African Societies (New York, 1982)。罗伯特·W.哈姆斯在书中对一个奴隶贩子从南特（Nantes）到维达（Ouidah）的航行进行了非常全面的介绍，详见：Robert W. Harms, *A Voyage through the World of the Slave Trade* (New York, 2002)。

许多专著都追溯了西非地区在奴隶贸易时期的情况，特别是18世纪的情况。参见：Robin Law, *The Slave Coast of West Africa 1550－1750: The Impact of the Atlantic Slave Trade on an African Society* (Oxford, 1991); *The Oyo Empire, c. 1600－c. 1836: A West African Imperialism in the Era of the Atlantic Slave Trade* (Oxford, 1977); Manning, *Slavery, Colonialism, and Economic Growth*; Ray A. Kea, *Settlements, Trade, and Polities in the Seventeenth-Century Gold Coast* (Baltimore, 1982); Curtin, *Senegambia*（详见前引）; James F. Searing, *West African Slavery and Atlantic Commerce: The Senegal River Valley, 1700－1850* (Cambridge, 1993); Richard L. Roberts, *Warriors, Merchants, and Slaves: The State and the Economy in the Middle Niger Valley, 1700－1914* (Stanford, CA, 1987); T. C. McCaskie, *State and Society in Precolonial Asante* (Cambridge, 1995); David Northrup, *Trade without Rulers: Pre-Colonial Economic Development in South-Eastern Nigeria* (Oxford, 1978); Latham, *Old Calabar*（详见前引）; Jan Hogendorn and Marion Johnson, *The Shell Money of the Slave Trade* (Cambridge, 1986)。

在18和19世纪奴隶贸易高峰期，对中部非洲的研究包括：Robert W. Harms, *River of Wealth, River of Sorrow: The Central Zaire Basin in the Era of the Slave and Ivory Trade, 1500－1891* (New Haven, CT, 1981); Phyllis M. Martin, *The External Trade of the Loango Coast, 1576－1870: The Effects of Changing Commercial Relations on the Vili Kingdom of Loango* (Oxford, 1972); Ann Hilton, *The Kingdom of Kongo* (Oxford, 1992); John K. Thornton, *The Kingdom of Kongo: Civil War and Transition, 1641－1718* (Madison, WI, 1983); Joseph C. Miller, *Way of Death: Merchant Capitalism and the Angolan Slave Trade, 1730－1830* (Madison, WI, 1988); and David Birmingham, *Trade* 516
and Conflict in Angola: The Mbundu and Their Neighbours under the Influence of the Portuguese, 1483－1790 (Oxford, 1966)。

上述关于非洲和大西洋奴隶贸易的研究的初步结果，引发了关于美洲奴隶制和奴隶贸易的新研究。这些研究包括：Vila Vilar, *Hispanoamérica y el comercio de esclavos*

（Seville，1977）；Herbert S. Klein，*The Middle Passage: Comparative Studies in the Atlantic Slave Trade*（Princeton，NJ，1978）；B. W. Higman，*Slave Population and Economy in Jamaica，1807－1834*（Cambridge，1976）；and Higman，*Slave Populations of the British Caribbean 1807－1834*（Baltimore，1984）。关于奴隶制在美洲的经济影响，埃里克·威廉姆斯发起的辩论在每个年代都有回声，参见：Eric E. Williams，*Capitalism and Slavery*（Chapel Hill，NC，1944），and Barbara L. Solow and Stanley L. Engerman，eds.，*British Capitalism and Caribbean Slavery: The Legacy of Eric Williams*（Cambridge，1987）。奴隶制的社会影响参见：Katia M. de Queiros Mattoso，*To Be a Slave in Brazil，1550－1888*，trans. Arthur Goldhammer（New Brunswick，1986）；Stuart B. Schwartz，*Sugar Plantations in the Formation of Brazilian Society: Bahia，1550－1835*（Cambridge，1985）；Sidney W. Mintz，*Sweetness and Power. The Place of Sugar in Modern History*（New York，1985）；Sidney Mintz and Richard Price，*The Birth of Afro-American Culture: An Anthropological Perspective*（Boston，1992）；and Philip D. Curtin，ed. *Africa Remembered: Narratives by West Africans from the Era of the Slave Trade*（Madison，WI，1967）。C. R. 博克瑟著名的帝国史调查持续提供细节和一般性背景，详见：C. R. Boxer's well-known surveys of imperial history continue to provide both detail and general background：*The Portuguese Seaborne Empire，1415－1825*（New York，1969），and *The Dutch Seaborne Empire，1600－1800*（New York，1965）。

5. 工业化世界，始于1820年

关于废除奴隶贸易和解放奴隶，如下著作提供了关于美洲的大量细节，但忽视了世界其他地方同时发生的和随后的斗争：Robin Blackburn，*The Overthrow of Colonial Slavery 1776－1848*（London，1988）。苏珊娜·米尔斯和理查德·罗伯茨的书中记载了非洲大规模奴隶制持续至20世纪的情况：Suzanne Miers and Richard Roberts，eds.，*The End of Slavery in Africa*（Madison，WI，1988）。关于世界范围内废除奴隶制和解放奴隶制的简明摘要，见：Manning，*Slavery and African Life*（详见前引）。

19世纪的西非经历了持续变化，即对外奴隶贸易减少，区域内的奴隶人口扩大了出口和国内制成品与作物生产，且外交和军事对抗时期导致了欧洲殖民统治建立。对这些转变的主要研究包括：Claude Meillassoux，*The Anthropology of Slavery: The Womb of*

Iron and Gold, trans. Alide Dasnois (Chicago, 1991); Sandra E. Greene, *Gender, Ethnicity, and Social Change on the Upper Slave Coast: A History of the Anlo-Ewe* (Portsmouth, NH, 1996); Suzanne Miers and Igor Kopytoff, eds., *Slavery in Africa: Historical and Anthropological Perspectives* (Madison, WI, 1977); Robin Law, ed., *From Slave Trade to "Legitimate" Commerce: The Commercial Transition in Nineteenth-Century West Africa* (Cambridge, 1995); K. O. Dike, *Trade and Politics in the Niger Delta, 1830–1885: An Introduction to the Economic and Political History of Nigeria* (Oxford, 1956); Paul E. Lovejoy, *Caravans of Kola: The Hausa Kola Trade, 1700–1900* (Zaria, Nigeria, 1980); Baier, *Central Niger* (详见前引); and Mahdi Adamu, *The Hausa Factor in West African History* (Zaria, 1978)。 517

对中部非洲来说，直到1850年，大规模的奴隶出口仍在继续，这意味着工业时代的变革既被压缩又受到限制。这一时期对中部非洲的探讨没有像对西非那样深入，但关于这一时期的重要资料可参见：Richard Gray and David Birmingham, eds., *Pre-Colonial African Trade: Essays on Trade in Central and Eastern Africa before 1900* (London, 1970); and Vansina, *Kingdoms of the Savanna* (详见前引)。

关于英国镇压大西洋奴隶贸易的努力，包括其对具体非洲和美洲地区的影响的分析，参见：Eltis, *Economic Growth and the Ending of the Transatlantic Slave Trade* (详见前引)。莫妮卡·舒勒完成了一项关于19世纪非洲和美洲之间联系的开创性研究：Monica Schuler, *"Alas, Alas, Kongo": A Social History of Indentured African Immigration into Jamaica, 1841–1865* (Baltimore, 1980)。追随其后的是对1835年巴伊亚州阴谋的研究：João José Reis's, *Slave Rebellion in Brazil: The Muslim Uprising of 1835 in Bahia*, trans. Arthur Brakel (Baltimore, 1993)。近期对这一时期跨大西洋联系的研究包括：Robin Law and Paul E. Lovejoy, eds. *The Biography of Mahommah Gardo Baquaqua: His Passage from Slavery to Freedom in Africa and America* (Princeton, NJ, 2001); and Kristin Mann and Edna G. Bay, eds., *Rethinking the African Diaspora: The Making of a Black Atlantic World in the Bight of Benin and Brazil* (London, 2001)。

6. 非洲的增长、转型和停滞

在大陆和次大陆一级，对16世纪以来非洲和拉美的人口与经济活动进行估计和比较，会有很多收获。如这一初步概述所示，这两个大陆地区的经济和人口增长和下降周期有时平行，有时相反。最近关于东亚和南亚的工作表明，有可能积累当地的估计数，用以描述更广泛的情况，详见：Kenneth Pomeranz，*The Great Divergence: China, Europe, and the Making of the Modern World*（Princeton，NJ，2000）；and Prasannan Parthasarathi, *The Transition to a Colonial Economy: Weavers, Merchants and Kings in South India, 1720-1800*（Cambridge, 2001）。尽管有塞内冈比亚、黄金海岸、贝宁湾和安哥拉的相关数据，但对非洲分析还很初步。关于塞内冈比亚的进出口情况（Curtin，*Senegambia*）；关于贝币的进口价值（Hogendorn and Johnson, *Shell Money*）；以及关于贝币价格波动的详细情况（Law，*Slave Coast*）。在一个案例中（Manning，*Dahomey*），对外贸易估计值被用来估测达荷美南部区域的GDP，并与约翰·科茨沃思对墨西哥和
518 巴西的估计进行比较。曼宁对非洲地区的人口进行了估计（Manning，*Slavery and African Life*）。开展更多此类工作，可以填补细节，有益于补充麦迪逊高度简化的估计（Angus Maddison, *The World Economy: A Millennial Perspective* <Paris, 2001>）。

第3章（丽贝卡·斯托里和伦道夫·J.威德默）

对于前哥伦布经济这样一个广泛的主题，可能会有许多参考文献。这里引用的参考文献综合了本章采用的文献和具有普遍意义的文献。这并不是关于该主题的详尽清单，而是打算为读者提供一个起点。

1. 概述与背景文献

有许多关于考古学和人类的概述性书籍。较好的概论，参见：Karen Bruhns, *South American Prehistory*（Cambridge，1994）；R. E.W. Adams，*Ancient Mesoamerica*（Norman, OK, 1991）; and Richard Blanton et al. , *Ancient Mesoamerica: A Comparison of Change in Three Regions*（Cambridge, 1993）. More recent summary articles can be found in *The Cambridge History of the Native Peoples of the Americas*, vol. II: *Mesoamerica*, part 1, and vol. III: *South America*, part 1（Cambridge, 1996-2000）。这些文章中的每一篇都附有参考书目，其中有大量关于前哥伦布时期世界的参考资料。

当然，民族史资料对墨西哥中部阿兹特克人和秘鲁印加人的经济的许多方面都很

重要。这些资料包括征服者的记载、土著人的抄本和其他编年史和文件。关于印加人，参见：Pedro de Cieza de León, *La Crónica del Perú*（1553; repr., Lima, 1967），translated by Harriet de Onis as *The Incas of Pedro Cieza de León*（Norman, OK, 1959）; Juan de Betanzos, *Suma y Narracion de los Yngas*（1551; repr., Madrid, 1987），translated by Roland Hamilton and Dana Buchanan as *Narrative of the Incas*（Austin, TX, 1996）; and Garcilaso de la Vega, *Comentarios Reales de los Incas*（1604; repr., Madrid, 1963），translated by Harold V. Livermore as *Royal Commentaries of the Incas and General History of Peru*（Austin, TX, 1987）. For Mesoamerica, see Bernal Díaz del Castillo, *Historia Verdadera de la Conquista*（1568; repr., Mexico City, 1944）translated by Albert Idell as *The Bernal Díaz Chronicles*（New York, 1956）; Bernardino de Sahagún, *Historia General de las Cosas de Nueva España*（by 1569; repr., Mexico City, 1956），translated by A. Anderson and C. Dibble as *Florentine Codex: General History of the Things of New Spain*（Salt Lake City, 1950－82）; and Diego de Landa, *Relacíon de las Cosas de Yucatán*（1688; repr., Madrid, 1985），translated by A. Tozzer as *Landa's Relac ion de las Cosas de Yucatán: A Translation*（Cambridge, MA, 1941）。

如何阅读和使用民族史资料是一个有争议的问题。有关民族学方法和概念的有益学术介绍，可参见：Russell J. Barber and Frances F. Berdan, *The Emperor's Mirror: Understanding Cultures through Primary Sources*（Tucson, AZ, 1998）; Frank Salomon, 519
"Testimonies: The Making and Reading of Native South American Historical Sources," and Sabine Maccormack, "Ethnography in South America: The First Two Hundred Years," both in *The Cambridge History of Native Peoples of the Americas*, vol. III: South America, pt. 1（详见前引），19－187。

2. 农 业

由于新技术和发掘揭示了潜在的新驯化栽培地点和较早的驯化实例，植物驯化栽培及其年代是有着大量研究和争论的领域。最近出版的两本书很好地总结了目前关于新世界驯化栽培植物的知识：Dolores R. Piperno and Deborah M. Pearsall, *The Origins of Agriculture in the Lowland Neotropics*（San Diego, CA, 1998），and Bruce D. Smith, *The*

Emergence of Agriculture（New York，1998）。其他近期出版物包括：Bruce F. Benz，"Archaeological Evidence of Teosinte Domestication from Guilá Naquitz，Oaxaca，" *Proceedings of the National Academy of Science* 98（2001）：2104－6；Kenneth M. Olsen and Barbara A. Schall，"Evidence on the Origin of Cassava：Phylogeography of *Manihot esculenta*，" *Proceedings of the National Academy of Science* 96（1999）：5586－91；Dolores R. Piperno and Kent V. Flannery，"The Earliest Archaeological Maize（*Zea mays* L.）from Highland Mexico：New Accelerator Mass Spectrometry Dates and Their Implications，" *Proceedings of the National Academy of Science* 98（2001）：2101－3；Kevin O. Pope et al.，"Origin and Environmental Setting of Ancient Agriculture in the Lowlands of Mesoamerica，" *Science* 292（2001）：1370－73；Bruce D. Smith，"Documenting Plant Domestication：The Consilience of Biological and Archaeological Approaches，" *Proceedings of the National Academy of Science*，98（2001）：1324－6。关于玉米起源的争论，参见：Richard MacNeish and Mary Eubanks，"Comparative Analysis of the Rio Balsas and Tehuacan Models for the Origin of Maize，" *Latin American Antiquity* 11（2000）：3－20；"Comments，" *Latin American Antiquity* 12（2001）：84－104。

由于拉美的环境多变，所使用的农业系统也有很大的不同。社会发展的轨迹使系统发生了变化，因为它们变得更大、更密集，并为越来越多的人服务。关于前哥伦布时期驯化和栽培植物的多样性和重要性的信息，参见：Nelson Foster and Linda S. Cordell，eds.，*Chilies to Chocolate: Food the Americas Gave the World*（Tucson，AZ，1992），and Board on Science and Technology for International Development，*Lost Crops of the Incas: Little-Known Plants of the Andes with Promise for Worldwide Cultivation*（Washington，DC，1989）。本章中提到的不同农业系统及其对地貌影响的一般资料来源是：David L. Lentz，*Imperfect Balance: Landscape Transformations in the Precolumbian Americas*（New York，2000）。关于本章提到的主要作物的历史和分布的更多信息，参见：Jonathan D. Sauer，*Historical Geography of Crop Plants-A Select Roster*（Boca Raton，FL，1993）。

对于中部美洲，其他较好的参考文献包括：William T. Sanders，"The Agricultural History of the Basin of Mexico，" in E. R. Wolf，ed.，*The Valley of Mexico: Studies in*
520 *Pre-Hispanic Ecology and Society*（Albuquerque，NM，1976）；Scott L. Fedick，*The Managed Mosaic: Ancient Maya Agriculture and Resource Use*（Salt Lake City，1996）；

Thomas W. Killion, ed., *Gardens of Prehistory: The Archaeology of Settlement Agriculture in Greater Mesoamerica* (Tuscaloosa, AL, 1992); and W. E. Doolittle, *Canal Irrigation in Prehistoric Mexico: The Sequence of Technological Change* (Austin, TX, 1990). Matecapan's use of *camellones* and their dating is discussed in Thomas W. Killion, ed., *Gardens of Prehistory* (详见前引)。关于玛雅农业系统的讨论，参见：B. L. Turner II and P. D. Harrison, eds., *Pulltrouser Swamp: Ancient Maya Habitat, Agriculture, and Settlement in Northern Belize* (Austin, TX, 1983)。对加勒比低地地区的科诺科体系的描述，参见：William C. Sturtevant, "Taino Agriculture," in Johannes Wilbert, ed., *The Evolution of Horticultural Systems in Native America: Causes and Consequences* (Caracas, 1961), 69–82。

关于南美洲，参见：Izumi Shimada, "Evolution of Andean Diversity (500 b. c. e. - c. e. 600)," in *The Cambridge History of Native Peoples*, vol. III, pt. 1 (详见前引), 350–517。最近的玻利维亚亚马孙研究才开始出版，参见：Clark L. Erickson, "Los caminos prehispanicos de la Amazonia boliviana," in Leonor Herrera and Marianne Cardal de Schrimpff, eds., *Caminos precolombinos: Las vias, Los ingenieros y Los viajeros* (Bogotá, 2000), 15–42; Clark L. Erickson, "Lomas de ocupacíon en los Llanos de Moxos," in Alicia Duran Coirolo and Roberto Bracco Boksar, eds., *Arqueología de Tierras Bajas* (Montevideo, 2000), 207–26。关于的的喀喀湖独特的农业系统，参见：Clark Erickson, "The Lake Titicaca Basin: A Precolumbian Built Landscape" in *Imperfect Balance* (详见前引), 311–56。

3. 经济专业化

南美洲很早就有定居者的证据参见：Ruth S. Solis、Jonathan Haas 和 Winifred Creamer, "Dating Caral, a Preceramic Site in the Supe Valley on the Central Coast of Peru," *Science* 297 (2001): 723–6，关于定居和早期村落的一般信息，请查阅前文引用的一般著作。

对手工业专业化的研究主要是作为对特定遗迹的研究的一部分，但一般的概述可参见：C. L. Costin, "Craft Specialization: Issues in Defining, Documenting, and Explaining the Organization of Production," in Michael B. Schiffer, ed., *Archaeological*

Method and Theory, vol. 3 (Tucson, AZ, 1991), 1－56。关于圣何塞遗址（San José Mogote）的案例讨论，可参见：Kent V. Flannery, ed., *The Early Mesoamerican Village* (New York, 1976)。科潘案例参见：Randolph J. Widmer, "Especializacíon Económica en Copán," *Yaxkin* 15 (1997): 141－60。特奥蒂华坎的黑曜石工业参见：Michael W. Spence, "Obsidian Production and the State in Teotihuacan," *American Antiquity* 46 (1981): 769－88。相反观点可参见：John E. Clark, "From Mountains to Molehills: A Critical Review of Teotihuacan's Obsidian Industry," in Barry L. Isaac, ed., *Economic Aspects of Prehispanic Highland Mexico* (Greenwich, CT, 1986), 23－74。S3W21 遗址的
521 讨论参见：Randolph J. Widmer, "Lapidary Craft Specialization at Teotihuacan," *Ancient Mesoamerica* 2 (1991): 131－47。特奥蒂华坎雕像研究参见：Warren T. D. Barbour, "The Figurines and Figurine Chronology of Ancient Teotihuacán" (Ph. D. dissertation, University of Rochester, 1976)。关于阿兹特克人专业化的总体概述，参见：Elizabeth M. Brumfiel, "Elite and Utilitarian Crafts in the Aztec State," in Elizabeth Brumfiel and Timothy K. Earle, eds., *Specialization, Exchange, and Complex Societies* (Cambridge, 1987), 102－18。

关于安第斯地区手工艺和技术的历史讨论，参见：Izumi Shimada, "Evolution of Andean Diversity (500 b.c.e.-c.e. 600)"（详见前引）。关于印加人，参见：María Rostworowski 和 Craig Morris, "The Fourfold Domain: Inka Power and Its Social Foundations," in *The Cambridge History of Native Peoples*, vol. III, pt. 1（详见前引），769－863。关于纺织和布匹的重要性，参见：John V. Murra, "Cloth and Its Functions in the Inca State," *American Anthropologist* 64 (1962): 710－28。对于考古证据和对阿库亚·瓦西的讨论，参见：Craig Morris and Donald E. Thompson, *Huánuco Pampa: An Inca City and Its Hinterland* (London, 1985)。

4. 贸　易

关于贸易考古学研究，较好的总体概述可参见：Kenneth G. Hirth, ed., *Trade and Exchange in Early Mesoamerica* (Albuquerque, NM, 1984) and Jonathon E. Ericson and Timothy K. Earle, eds., *Contexts for Prehistoric Exchange* (New York, 1982)。精英交换

的重要性及其特征，参见：Kenneth G. Hirth，“Interregional Exchange as Elite Behavior：An Evolutionary Perspective，” in Diane Chase and Arlen Chase，eds.，*Mesoamerican Elites: An Archaeological Assessment*（Norman，OK，1992），18－29；Timothy Earle，*How Chiefs Come to Power: The Political Economy in Prehistory*（Stanford，CA，1997）；and Mary W. Helms，*Craft and the Kingly Ideal: Art*，*Trade*，*and Power*（Austin，TX，1993）。厄尔书中对酋邦及其特点的论述是近期讨论话题，对这种社会政治组织类型不熟悉的人应该会感兴趣。

本章所谈论的个例，参见：Olmec and Valley of Oaxaca examples are discussed in Kent V. Flannery，“The Olmec and the Valley of Oaxaca：A Model for Inter-regional Interaction，” in Elizabeth Benson，ed.，*Dumbarton Oaks Conference on the Olmec*（Washington，DC，1968），79－110；Jane W. Pires-Ferreira，“Shell and Iron-Ore Mirror Exchange in Formative Mesoamerica，with Comments on Other Commodities，” *The Early Mesoamerican Village*（详见前引），311－26；Kenneth L. Brown，“Hallucinogenic Mushrooms，Jade，Obsidian，and the Guatemalan Highlands：What Did the Olmecs Really Want?” *Trade and Exchange in Early Mesoamerica*（详见前引），215－34。关于南美早期交换的模式，参见：Shimada，“Evolution of Andean Diversity”（详见前引）。关于查文古迹（Chavín de Huantar）的详细信息，参见：R. L. Burger，*Chavín and the Origins of Andean Civilization*（New York，1992）。关于莫切卡谷（Moquegua Valley），以殓葬品作为精英间交流证据的阐述，参见：Paul S. Goldstein，“Exotic Goods and Everyday Chiefs：Long-Distance Exchange and Indigenous Sociopolitical Development in the South Central Andes，” *Latin American Antiquity* 11（2000）：335－62。民族史资料提供了大量关于酋邦的信息，包括武里蒂卡金矿项目案例以及涵盖广泛的参考书目，参见：Juan and Judith Villamárin，“Chiefdoms：The Prevalence and Persistence of ‘Señoríos Naturales’ 1400 to European Conquest，” *Cambridge History of Native Peoples*，vol. III，pt. 1（详见前引），577－667。关于菊花贝交易重要性的讨论，参见：Allison C. Paulsen，“The Thorny Oyster and the Voice of God：Spondylus and Strombus in Andean Prehistory，” *American Antiquity* 39（1974）：597－607。 522

就安第斯地区而言，无论是印加社会还是史前社会，前文引用的岛田（Shimada）、罗斯特沃罗夫斯基（Rostworowski）和莫里斯（Morris）的研究以及本文开篇引用的概述，都是很好的起点。约翰·V. 穆拉对我们理解前西班牙经济有很大影响，详见：Murra，*Economic Organization of the Inka State*（Greenwich，CT，1980）。对穆拉“区域互补性”工作进行批评和修正的研究，参见：Charles Stanish，*Ancient Andean Political Economy*（Austin，TX，1992），and“Household Archaeology：Testing Models of Zonal Complementarity in the South Central Andes，”*American Anthropologist* 91（1989）：7－24。对印加和安第斯经济体系提出少量不同观点的研究，参见：Maria Rostworowski，*Etnia y sociedad: Costa peruana prehispánica*（Lima，1977），and *Historia del Tahuantinsuyu*（Lima，1988）。更多就此问题的讨论，参见：ShozoMasuda，Isumi Shimada，and Craig Morris，eds.，*Andean Ecology and Civilization*（Tokyo，1985）。

墨西哥中部共生地区各环境区之间的贸易及其对这些社会历史的影响，在威廉·T. 桑德斯的多种出版物中都有涉及，但最详细和最成熟的论述是：William T. Sanders and Barbara J. Price，*Mesoamerica: The Evolution of a Civilization*（New York，1968），and William T. Sanders，Jeffrey R. Parsons，and Robert S. Santley，*The Basin of Mexico: Ecological Processes in the Evolution of a Civilization*（New York，1979）。关于玛雅低地，下文就其环境异质性进行了概述：Daniel R. Potter and Eleanor M. King，“A Heterarchical Approach to Lowland Maya Socioeconomies，”in R. M. Ehrenreich，C. L. Crumley，and J. E. Levy，eds.，*Heterarchy and the Analysis of Complex Societies*（Arlington，VA，1995），17－32。关于燧石工具的案例，参见：Thomas R. Hester and Harry S. Shafer，“The Ancient Craft Community at Colha，Belize，and Its External Relationships，”in G. M. Schwartz and S. E. Falconer，eds.，*Archaeological Views from the Countryside: Village Communities in Early Complex Societies*（Washington，DC，1994）。关于玛雅案例，参见：Payson Sheets，“Provisioning the Ceren Household：The Vertical Economy，Village Economy，and Household Economy in the Southeastern Maya Periphery，”*Ancient Mesoamerica* 11（2000）：217－30。

阿兹特克的波切特卡和三国联盟帝国的制度化贸易，参见：Sahagun，*Florentine Codex*，Book 9（详见前引）；Anne Chapman，“Port of Trade Enclaves in Aztec and Maya Civilizations，”in Karl Polyani，Conrad Arensberg，and Harry Pearson，eds.，*Trade and Market in the Early Empires*（Chicago，1971）。关于阿兹特克经济各方面的更多讨论，参
523 见：Francis Berdan，*The Aztecs of Central Mexico: An Imperial Society*（New York，1982），

and Ross Hassig, *Trade, Tribute, and Transportation: The Sixteenth-Century Political Economy of the Valley of Mexico* (Norman, OK, 1985); Frederic Hicks, "Prehispanic Background of Colonial Political and Economic Organization in Central Mexico," in Ronald Spores, ed., *Supplement to the Handbook of Middle American Indians*, vol. 4 (Austin, TX, 1986), 35 - 54。

5. 劳动和贡品

有关劳动性质和国家对经济产出控制的各类研究，参见：Murra, *Economic Organization*（详见前引）, and "The *Mit'a* Obligations of Ethnic Groups to the Inka State," in G. Collier, R. Rosaldo, and J. Wirth, eds., *The Inca and Aztec States 1400 - 1600: Anthropology and History* (New York, 1982), 239 - 62。亦应查阅 Terence D'Altroy, *Provincial Power in the Inka Empire* (Washington, DC, 1992)。近期对此课题的论述，参见：Peter Gose, "The State as Chosen Woman: Brideservice and the Feeding of Tributaries in the Inka Empire," *American Anthropologist* 102 (2000): 84 - 97. Frances Hayashida, "Style, Technology, and State Production: Inka Pottery Manufacture in the Leche Valley," *Latin American Antiquity* 10 (1999): 337 - 52, 讨论了国家对于地方陶瓷产品的管理的考古学证据。下面这本书对于帝国的不同地区有着略微不同的观点：Terence D'Altroy and R. L. Bishop, "The Provincial Organization of Inka Ceramic Production," *American Antiquity* 55 (1990): 120 - 37。关于印加帝国的国家财富和劳动力这一问题，参见：Terence D'Altroy and Timothy Earle, "Staple Finance, Wealth Finance, and Storage in the Inka Political Economy," *Current Anthropology* 26 (1985): 187 - 206。关于科恰班巴的仓储和外来工计划在下面这本书里有过讨论：Nathan Wachtel in "The Mitimas of the Cochabamba Valley: The Colonization Policy of Huayna Capac," *The Inca and Aztec States*（详见前引）, 173 - 98。

贡品是三国联盟的组成部分，概述性讨论可参见：Berdan, *The Aztecs*, and Hassig, *Trade, Tribute*（前文均有引述）。本章提及的特殊案例的研究参见：Elizabeth M. Brumfield, "Tribute and Commerce in Imperial Cities: The Case of Xaltocan, Mexico," in Henri Claissen and Pieter van de Velde, eds., *Early State Economics* (New Brunswick, NJ, 1991), 177 - 98; Frederic Hicks, "Gift and Tribute: Relations of Dependency in Aztec Mexico," *Early State Economics*, 199 - 214; Frances F. Berdan, "Economic Alternatives under Imperial Rule：The Eastern Aztec Empire，" inMary G. Hodge and Michael E. Smith，eds.，*Economies and Polities in the Aztec Realm*（Albany，NY，1994），291－312；and Michael E. Smith，"Economies and Polities in Aztec-Period Morelos：Ethnohistoric Overview，" *Economies and Polities in the Aztec Realm*，313－48。

6. 市场和货币

524 阿兹特克概述及其经济制度各方面的讨论，可参见：Frances F. Berdan，Richard E. Blanton，Elizabeth Boone，Mary Hodge，Michael E. Smith，and Emily Umberger，*Aztec Imperial Strategies*（Washington，DC，1996）。这些文章提出了最新观点，认为阿兹特克是一个相当有活力但并不十分集中的经济体系。对市场做出的较好研究，参见：Hassig，*Trade*，*Tribute*（详见前引）；Richard E. Blanton，"The Basin of Mexico Market System and the Growth of Empire，" in *Aztec Imperial Strategies*（详见前引），47－84。关于市场的描述，参见：*Bernal Diaz Chronicles*（详见前引）。货币研究可见于上述民族史资料，也可参见：Francisco Javier Clavijero，*Historia Antigua de México*（Mexico City，1974）。

研究者普遍认为印加体系基本上是没有市场与货币的。上文引用的穆拉及罗斯特沃罗夫斯基和莫里斯都持此观点。更具体的研究，参见：Timothy Earle，"Commodity Exchange and Markets in the Inca State：Recent Archaeological Evidence，" in Stuart Plattner，ed.，*Markets and Exchange*（Lanham，MD，1985），及 Darrell E. La Lone，"The Inca as a Nonmarket Economy：Supply on Command versus Supply and Demand，" *Contexts for Prehistoric Exchange*（详见前引），291－316。有关印加帝国财富的性质和数量，参见：Craig Morris，"The Wealth of a Native American State：Value，Investment and Mobilization in the Inka Economy，" in J. S. Henderson and P. J. Netherly，eds.，*Configurations of Power: Holistic Anthropology in Theory and Practice*（Ithaca，NY，1993），36－50；D'Altroy and Earle，"Staple Finance"（详见前引）。有关奇普的研究，参见：Marcia and Robert Ascher，*Code of the Quipu: A Study in Media*，*Mathematics and Culture*（Ann Arbor，MI，1981）。

第4章（埃莉诺·G. K. 梅尔维尔）

有关西班牙人对美洲环境的影响，历史学家的理解很大程度上取决于对欧亚流行病生物的引入、新疾病环境的发展以及由此导致的土著人口崩溃的相关研究。例如，伍德罗·博拉和舍伯恩·库克在20世纪40年代和50年代进行的研究及其发表在“伊比利亚—美洲系列”（Ibero-American series, Berkeley, CA）中的研究，改变了我们对欧洲人入侵和定居美洲过程的看法。美洲新疾病环境的形成仍然是热门讨论话题，相关研究参见：Suzanne Alchon, *A Pest in the Land: New World Epidemics in Global Perspective*（Albuquerque, NM, 2003）。历史地理学家对殖民景观的相关研究，如卡尔·奥特温·苏尔（Carl Ortwin Sauer）及其学生的工作奠定了拉美环境史的一大基础性分支：Carl Ortwin Sauer, *The Early Spanish Main*（Berkeley, CA, 1966）；Robert Cooper West, *Latin American Historical-Geographic Essay, 1941 – 1998*（Baton Rouge, LA, 1998）。其研究在20世纪80年代得以继续推进，相关学者对殖民景观进行了非常详细的分析：David Watts, *The West Indies Patterns of Development, Culture, and Environmental Change since 1492*（New York, 1987）。下一代历史地理学家则将两方面结合起来：Linda Newson, *The Cost of Conquest: Indian Decline in Honduras Under Spanish Rule*（Boulder, CO, 1986）；George W. Lovell, *Conquest and Survival in Colonial Guatemala: A Historical Geography of the Cuchumatán, 1500 – 1810*（Montreal, 1992）。有关这一时期历史和文化地理学的介绍，可参见：Karl Butzer, ed., “The Americas before and after 1492: Current Geographical Research,” *Annals of the Association of American Geographers* 82, 3（Sept. 1992）。 525

近期，研究关注转向了欧亚动植物的引入对美洲环境中物理进程的影响，以及生物的进程对社会变化的影响。克罗斯比承认原住民人口崩溃具有绝对重要性，但认为欧洲人的成功最终取决于其定居地的温带气候：Alfred Crosby, *Biological Imperialism: The Biological Expansion of Europe*, 2nd ed.（New York, 2004）。克罗斯比认为，温带气候是温带物种扩张的必要条件，这些物种构成了（新欧洲）经济和景观的基础。热带和亚热带地区的环境史学家面临的挑战是，他们往往不研究温带地区，而他们所研究的往往是原住民人口仍占多数的地区——尽管出现了像新欧洲那样令人震惊的人口崩溃事件。而在过去的十年里，越来越多的科学家、考古学家、地理学家和历史学家开始梳理人类与美洲环境之间的关系。多数研究关注19世纪和20世纪，但有越来越多的学生对殖民时期进行研究。关于北美洲和南美洲方法、主题和区域多样性的出色研究已收录入：Bernardo García Martínez and Alba González Jácome, eds., *Estudios sobre historia y ambiente en América*, vol. 1, *Argentina*, *Bolivia*, *México*, *Paraguay* (Mexico City, 1999); Bernardo García Martínez and María del Rosario Prieto, eds., vol. 2, *Norteamérica*, *Sudamérica y el Pacífico* (Mexico City, 2002)。关于区域研究，参见：Elinor G. K. Melville, *A Plague of Sheep: Environmental Consequences of the Conquest of Mexico* (Cambridge, 1994); Arij Oouweneel, *Shadows over Anahuac: An Ecological Interpretation of Crisis and Development in Central Mexico, 1730 – 1800* (Albuquerque, NM, 1996); Cynthia Radding Murrieta, *Wandering Peoples: Colonialism, Ethnic Spaces, and Ecological Frontiers in North-Western Mexico, 1700 – 1850* (Durham, NC, 1997); Sonya Lipsett-Rivera, *To Defend our Water with the Blood of Our Veins: The Struggle For Resources in Colonial Puebla* (Albuquerque, NM, 1999)。关于万卡韦利卡汞矿工程影响的精彩描述，参见：Kendall Brown, "Workers' Health and Colonial Mercury Mining at Huancavelica, Peru" *The Americas* 57, 4 (2001): 467 – 96。

就葡萄牙人对美洲环境影响的研究遵循了略有不同的轨迹。巴西的学生对非洲奴隶制兴起的解释，受到土著人口崩溃原因和后果相关研究的影响，参见：Stuart Schwartz, "Indian Labor and New World Plantations: European Demands and Indian Republics in Northeastern Brazil," *American Historical Review* 83, (February 1978): 43 – 79。"European Demands and Indian Republics in Northeastern Brazil," *American Historical*
526 *Review* 83, 1 (February 1978): 43 – 79。但由于缺少原住民农户，加之人们普遍认为亚马孙流域等地区是"原始"的，原住民也是"原始"的，这使得直到不久前，在相关研究中，印第安人口对环境变化的影响都被忽略了，而殖民景观几乎被视为完全是葡萄牙人努力的结果。非洲人口被大批引入巴西，却未被视作巴西景观或环境变化的推动者，而仅被视为劳动力。沃伦·迪恩对南大西洋沿岸森林的研究著述的出版，才改变了我们就葡萄牙人对美洲环境影响的看法：Warren Dean, *With Broadaxe and Firebrand: The Destruction of the Brazilian Atlantic Coastal Forest* (Berkeley, CA, 1995)。迪恩的研究以及近期在亚马孙地区进行的广泛的考古学和人种学研究，证明了物理和社会进程是如何在该地区漫长的时间里相互影响的，而前接触时期的农业分布比之前认为的要广泛得多：William Balée, ed., *Advances in Historical Ecology* (New York, 1995); David Cleary, "Towards an Environmental History of the Amazon: From Prehistory to the

Nineteenth Century," *Latin American Research Review* 36, 2 (2001): 65－92。葡萄牙人仍然是日益增多的环境史的主要焦点，但越来越多的研究认为，他们必须适应当地条件。

本章提出的观点是，对当地环境和入侵物种的了解对殖民经济的增长与维持至关重要，专业知识需要得到尽可能的保护。该观点大量借鉴了两套广泛而极其透彻的研究，即农耕史和人种史。这两种方法密切相关：拉美的农业史随着民族史的发展而发生了相当大的变化。在殖民社会的形成过程中，将土著公社作为社会变革的推动者来对待，典型研究当属：Charles Gibson, *The Aztecs under Spanish Rule: A History of the Indians of the Valley of Mexico, 1519－1810* (Stanford, CA, 1964)。吉布森还把对西班牙美洲殖民时期最重要的生产单位——庄园的研究推向了20世纪70、80年代历史研究的前沿。他提出的庄园和村庄之间存在共生关系的说法被普遍接受。关于殖民时期庄园研究主题和方法的详细考察，参见：Eric Van Young, "Mexican Rural History since Chevalier: The Historiography of the Colonial Hacienda," *Latin American Research Review* 18, 3 (1983): 5－61。

过去二十年来，庄园研究已逐渐消失。相反，民族历史学家，特别是文化和社会历史学家进行了大量的原住民公社研究。例如：Nancy Farris, *Maya Society under Colonial Rule: The Collective Enterprise of Survival* (Princeton, NJ, 1984); Robert S. Haskett, *Indigenous Rulers: An Ethnohistory of Town Government in Colonial Cuernavaca* (Albuquerque, NM, 1991); Steve J. Stern, *Peru's Indian Peoples and the Challenge of the Spanish Conquest: Huamanga to 1640* (Madison, WI, 1993)。原住民公社研究对本章的重要性在于，它们提供了证据，证明印第安人有能力使外来物种适应其生存战略，土著人 527
的土地使用方式与西班牙庄园并存，最重要的是，他们明智地参与了殖民经济。这些研究也很重要，因为它们提供了证据，证明殖民政治经济的非凡多样性。

泰勒的研究表明原住民公社有能力保持对其土地的控制，并防止大庄园的形成：William B. Taylor, *Landlord and Peasant in Colonial Oaxaca* (Stanford, CA, 1972)。泰勒还强调了规模较小且不太为人所知的殖民生产单位——拉沃雷斯（小型混合农村）的重要性，这些生产单位在庄园出现之前就已经存在，并在大庄园出现之后继续存在。关于生产骡子所需的专门知识，参见：Juan Carlos Garavaglia, "Agrarian Technology and Changing Ecosystems," in Louisa Schell Hoberman and Susan Migden Socolow, eds., *The Countryside in Colonial Latin America* (Albuquerque, NM, 1996), 75－96。关于生产大量

毛纺织品所需的专业技术，参见：Richard Salvucci, *Textiles and Capitalism in Colonial Mexico: An Economic History of the Obrajes, 1539－1840* (Princeton, NJ, 1987)。相关研究显示，西班牙人在棉纺织品生产方面，依赖土著人的专门知识，参见：Robert W. Patch, "Imperial Politics and Local Economy in Colonial Central America, 1670－1770," *Past & Present* (May 1994): 77－107。

过去三十年来，拉美经济史的方向发生了显著转变，即从外围转向经济自主，这一转变是由皮特·贝克韦尔和卡洛斯·塞姆帕特·阿萨杜里安发起的，前者呼吁研究西班牙殖民经济的自身条件，而后者则论证了美洲内部市场和区域间贸易对生产商的重要性，详见：Peter Bakewell, *Silver Mining and Society in Colonial Mexico: Zacatecas 1546－1700* (Cambridge, 1971); Carlos Sempat Assadourian, "El sistema de la economia colonial: Mercado interno, regiones y espacio económico," Estudios Históricos 10 (1982)。近期，小威廉·谢尔的研究将我们的注意力转向太平洋贸易对墨西哥白银生产者的重要性——不是作为走私者，而是作为强大的国际物种生产者：William Schell Jr., "Silver Symbiosis: Reorienting Mexican Economic History," *Hispanic American Historical Review* 81, 1 (2001): 89－130。

关于墨西哥殖民地内部市场，出色的历史学讨论参见：Manuel Miño Grijalva, "Estructura Económica y Crecimiento: La historiografía económica colonial Mexicana," *Historia Mexicana* 42, 2 (1992): 221－60。巴西学者也将注意力转向巴西内部市场的发展：David McCleary, "Smuggling and the 'Internal Economy' of Nineteenth Century Brazil: The Case of Goias," *Hispanic American Historical Review* 53, 3 (1997): 333－51。关于南大西洋内部市场的研究，参见：José C. Curto, "Luso-Brazilian Alcohol and the Legal Slave Trade at Benguela and Its Hinterland (1617－1830)," in H. Bonin and M. Cahen, eds., *Négoce Blanc en Afrique Noir: l'Évolution du commerce ... longue distance en Afrique Noir du 18e au 20e siécles* (Paris, 2001)。骡子和骡车内部市场衔接的关键要素的相关研究，参见：Herbert S. Klein, "The Supply of Mules to Central Brazil: The Sorocaiba Market, 1825－1880," *Agricultural History* 64, 4 (1990): 1－25。关于安第斯地
528 区使用骡子的情况，参见：José Deustua, "Routes, Roads, and Silver Trade in Cerro de Pasco, 1820－1860," *Hispanic American Historical Review* 74, 1 (1994): 1－31; Miriam

Salas de Coloma, “Arriaje y producción mercantil en el centro-sur-este del Perú,” *Historia y Cultura* 16: 51 – 66。

第 5 章（琳达 · A. 纽森）

长期以来，唯一全面概述殖民时期和独立时期人口趋势的专著是：Nicolás Sánchez-Albornoz Nicola, *The Population of Latin America: A History* (Berkeley, CA, 1974)。作者还对西班牙美洲殖民地人口变化做出了更新简版描述：Nicolás Sánchez-Albornoz Nicola, “The Population of Colonial Spanish America,” in Leslie Bethell, ed., *The Cambridge History of Latin America*, vol. 2 (Cambridge, 1984), 3 – 35。有关巴西殖民地人口变化的研究，参见：Maria L. Marcílio, “The Population of Colonial Brazil,” *The Cambridge History of Latin America*, vol. 2 (Cambridge, 1984), 37 – 63; Dauril Alden, “Late Colonial Brazil, 1750 – 1808,” *The Cambridge History of Latin America*, vol. 2 (Cambridge, 1984), 602 – 12。关于 19 世纪早期人口变化的评论，参见：Nicolás Sánchez-Albornoz, “The Population of Latin America, 1850 – 1930,” in Leslie Bethell, ed., *The Cambridge History of Latin America*, vol. 4 (Cambridge, 1986), 121 – 52。巴西人口概述可参见：Iraci de Nero da Costa, *Brasil: Historia Econômica e Demográfica* (São Paulo, 1986), and Thomas W. Merrick and Douglas H. Graham, *Population and Economic and Development in Brazil: 1800 to the Present* (Baltimore, 1979)。

大量文献关注原住民人口估计及殖民早期的人口变化。其中，关于 1492 年原住民人口规模的一篇重要论文是：Henry F. Dobyns, “Estimating Aboriginal American Population: An Appraisal of Techniques with a New Hemispheric Estimate,” *Current Anthropology 7* (1966): 395 – 416。此文回顾了截至 20 世纪 60 年代的相关学术文献，并提出了对 1492 年人口的新估计。威廉 · M. 德内文编著的《1492 年美洲土著人口》回顾了近 25 年来对不同地区进行的研究，其中，伍德罗 · 博拉撰写的章节讨论了与估计美洲原住民人口有关的方法问题：William M. Denevan, ed., *Native Population of the Americas in 1492*, 2nd ed. (Madison, WI, 1992)。戴维 · 海尼奇对原住民人口估计相关争议的性质做出了分析：David Henige, *Numbers from Nowhere: The American Indian*

Contact Population Debate（Norman, OK, 1998）。克罗斯比研究了旧世界疾病在原住民人口下降中的作用，库克则详细介绍了这些疾病在殖民早期的传入：Alfred W. Crosby, "Virgin Soil Epidemics as a Factor in the Aboriginal Depopulation in America," *William and Mary Quarterly 3*, 33（1976）：289－99；N. David Cook, *Born to Die: Disease and New World Conquests, 1492－1650*（Cambridge, 1998）。

考古学研究经常提到与所调查的特定遗址有关的人口特征，但仅有极少数研究关
529 注前哥伦布时期的人口学。施特克尔和罗斯编著的相关出版物，以美洲12500具骨骼遗骸数据库为基础，对史前至今的人口、健康和营养提供了新的见解：Richard H. Steckel and Jerome C. Rose, eds., *The Backbone of History: Health and Nutrition in the Western Hemisphere*（Cambridge, 2002）。同时，以西班牙入侵时的人口动态为重点的研究包括：印加相关研究，即 Cecilia A. Rabell and Carlos S. Assadourian, "Self-Regulating Mechanisms of the Population in a Pre-Columbian Society：The Case of the Inca Empire," in *International Population Conference*（Mexico, 1977）vol. 3（Liège, 1977）, 25－42；墨西哥（阿兹特克）相关研究，即 Robert McCaa, "Marriageways in Mexico and Spain, 1500－1900," *Continuity and Change* 9（1994）：11－43。图皮南巴人（Tupinambá）的相关研究参见：Warren Dean, "Indigenous Populations of the São Paulo-Rio de Janeiro Coast：Trade, Aldeamento, Slavery and Extinction," *Revista de Historia* 117（1984）：3－26。

博伊德-鲍曼对早期西班牙移民到美洲的情况进行了深入研究，其专著和文章关注16世纪来自西班牙的约5.6万移民的目的地和来源，详见：Peter Boyd-Bowman, *Patterns of Spanish Emigration to the New World*, 1493－1580（Buffalo, NY, 1973）；"Patterns of Spanish Immigration to the Indies until 1600," *Hispanic American Historical Review* 56（1976）：580－603。关于西班牙移民到新世界的过程，参见：Ida Altman, *Emigrants and Society: Extremadura and Spanish America in the Sixteenth Century*（Berkeley, CA, 1989）；Ida Altman, "A New World in the Old：Local Society and Spanish Emigration to the Indies," in *Emigrants and Society: Extremadura and Spanish America in the Sixteenth Century*（Berkeley, CA, 1989）；Auke Pieter Jacobs, "Legal and Illegal Immigration from Seville, 1550－1650," in Ida Altman and James Horn, eds., "*To Make America*"*: European Emigration in the Early Modern Period*（Berkeley, CA, 1991）, 30－58 and 59－84。

葡萄牙移民相关研究参见：Dauril Alden，“The Population of Brazil in the Late Eighteenth Century：A Preliminary Study,” *Hispanic American Historical Review* 43 (1963)：173－205；Maria Luiza Marcílio，“Evolução da população brasiliera através dos censos até 1872,” *Anais de História* 6 (1974)：115－37。关于葡萄牙帝国移民的广泛讨论，参见：Vitorino Magalhães Godinho，“Portuguese Emigration from the Fifteenth to the Twentieth Century：Constants and Changes,” in Pieter C. Emmer and Magnus Mörner, eds.，*European Expansion and Migration: Essays on the Intercontinental Migration from Africa, Asia and Europe* (New York, 1992)，13－48。

克莱因对诸多关于非洲奴隶贸易的研究进行了回顾，参见其著作及其第二章：Herbert S. Klein, *The Atlantic Slave Trade* (Cambridge, 1999)，213－24。关于进入拉美的非洲奴隶数量，经典研究参见：Philip D. Curtin, *The Atlantic Slave Trade: A Census* (Madison, WI, 1969)。该书可与艾尔提斯等制作的光盘数据库联合使用：David Eltis, Stephen D. Behrendt, David Richardson, and Herbert S. Klein, *The Trans-Atlantic Slave Trade: A Database* (Cambridge, 1999)。关于西班牙美洲的非洲人口学的研究很少，值得关注的例外是：David L. Chandler, *Health and Slavery in Colonial Colombia* (New York, 1981)。然而，有大量研究对拉美奴隶进行了概述，包括：Frederick F. Bowser, “Africans in Spanish American Colonial Society,” in *The Cambridge History of Latin America*, vol. 2 (详见前引)，3－35；Herbert S. Klein, *African Slavery in Latin America and the Caribbean* (New York, 1986)；Rolando Mellafe, *Negro Slavery in Latin America* 530 (Berkeley, CA, 1975)；and Leslie B. Rout, *The African Experience in Spanish America, 1502 to the Present Day* (Cambridge, 1976)。关于具体地区的研究，参见：Gonzalo Aguirre Beltran, *La población negra de México: Estudio etnohistórico*, 2nd ed. (Mexico City, 1972)；Colin A. Palmer, *Slaves of the White God: Blacks in Mexico, 1570－1650* (Cambridge, 1976)；and Frederick F. Bowser, *The African Slave in Colonial Peru, 1524－1650* (Stanford, CA, 1974)。虽然在一定程度上被不少新近研究替代，但施瓦茨的专著仍是对了解巴西甘蔗种植园的生产性质和奴隶制条件的重要研究，其中包括对奴隶人口和建立黑奴社区的有益讨论，详见：Stuart B. Schwartz, *Sugar Plantations in the Formation of Brazilian Society: Bahia, 1550－1835* (Cambridge, 1985)。就米纳斯吉拉斯州独特的奴隶人口统计学，巴西学者弗朗西斯科·维达尔·卢纳（Francisco Vidal

Luna）和伊拉奇·内罗·达科斯坦（Iraci Nero da Costa）完成了开创性工作，以此为基础的近期相关研究参见：Laird W. Bergad, *Slavery and the Demographic History of Minas Gerais, Brazil, 1720 - 1888* (Cambridge, 1999)。

在其关于种族混合的有益概述中，默纳倾向于描绘明显而静态的社会分化，详见：Magnus Mörner, *Race Mixture in the History of Latin America* (Boston, 1967)。然而，近期研究表明，殖民社会更具动态性，种族划分是模糊的，且通常会发生“传递”：R. Douglas Cope, *Limits of Racial Domination: Plebeian Society in Colonial Mexico City*, 1620 - 1720 (Madison, WI, 1994); Christopher H. Lutz, *Santiago de Guatemala, 1541 - 1773: City, Caste and the Colonial Experience* (Norman, OK, 1994); Ann Twinam, *Public Lives, Private Secrets: Gender, Honor, Sexuality and Illegitimacy in Colonial Spanish America* (Stanford, CA, 1999)。

由于原住民人口的早期灭绝，现有少数关于加勒比地区的人口研究集中在征服时期。最详细的研究集中于对伊斯帕尼奥拉原住民人口的估计：Sherburne F. Cook and Woodrow Borah, “The Aboriginal Population of Hispaniola,” in *Essays in Population History*, vol. 1 (Berkeley, CA, 1971), 376 - 410; David Henige, “On the Contact Population of Hispaniola: History as Higher Mathematics,” *Hispanic American Historical Review* 58 (1978): 217 - 37; and N. David Cook, *Born to Die*（详见前引）, 15 - 59。关于流感是第一个袭击美洲的流行病的说法见于：Francisco Guerra, “The Earliest American Epidemic: The Influenza of 1493,” *Social Science History* 12 (1988): 305 - 25。关于 1520 年前加勒比社会经历的更广泛的经济和社会变化，最好的描述仍是：Carl O. Sauer, *The Early Spanish Main* (Berkeley, CA, 1966)。有关 16 世纪原住民社会的简述，包括小安的列斯群岛和火地岛沿岸情况的描述，参见：Neil L. Whitehead, “The Crises and Transformations of Invaded Societies: The Caribbean (1492 - 1580),” in Frank Salomon and Stuart B. Schwartz, eds., *The Cambridge History of Native Peoples, vol. 3, part 1, South America* (Cambridge, 1999), 864 - 903。

关于欧洲人和巴西沿海地区原住民之间的早期接触，有着大量的文献，但对这一时期人口变化的详细研究却很少。亨明对 1500 年巴西人口做出了简述，但需要谨慎使
531 用个别群体的准确估数，因为这些数字来自不同的来源和时间段，详见：John Hemming, *Red Gold: The Conquest of the Brazilian Indians* (London, 1978), 487 - 501。

德尼凡在其文章中列入了巴西沿海地区，见：William M. Denevan，“Aboriginal Population of Amazonia,” in *The Native Population of the Americas*（详见前引），205－34。迪恩和库克则讨论了巴西流行病的发生率和影响：Warren Dean and N. David Cook，*Born to Die*（详见前引），113－16，148－54，190－92。关于殖民早期人口变化大背景的出色研究，参见：John Monteiro，“Invaded Societies：Sixteenth-Century Coastal Brazil”，in *The Cambridge History of Native Peoples*，vol. 3，part 1，South America（详见前引），973－1023。

在向西班牙美洲大陆的迁移中，就墨西哥方向，如下优秀论文集收录了有关该国人口历史发展情况的论文，这些论文均基于近期研究：*El poblamiento de México: Una visión histórico-demográfica*，2 vols.（Mexico City，1993）。另一个简明概述是：Robert McCaa，“The Peopling of Mexico from Origins to Revolution,” in Michael R. Haines and Richard H. Steckel，eds.，*A Population History of North America*（Cambridge，2000），241－304。载有关于墨西哥人口史不同方面文章的论文集见：Sherburne F. Cook and Woodrow Borah，*Essays in Population History*，3 vols.（详见前引）。托马斯·卡尔沃（Thomas Calvo）、克劳德·莫林（Claude Morin）、埃尔莎·马尔维多（Elsa Malvido）、塞西莉亚·拉贝尔（Cecilia Rabell）、卢茨·布林克曼（Lutz Brinckmann）、罗伯特·麦卡（Robert McCaa）、戴维·布拉丁（David Brading）和西莉亚·吴（Celia Wu）等多位学者对墨西哥教区记录进行了详细研究。拉贝尔对他们的研究进行了有益的综述：Cecilia Rabell，*La poblacón novohispana a la luz de los registros parroquiales*（Mexico City，1990）。就中美洲人口史的介绍性文章，可查阅：Christopher H. Lutz and W. George Lovell，*Demography and Empire: A Guide to the Population History of Central America*，*1500－1821*（Boulder，CO，1995）。纽森的两本专著特别关注殖民时期的人口变化：Linda A. Newson，*Indian Survival in Colonial Nicaragua*（Norman，OK，1987）；*The Cost of Conquest: Indian Decline in Honduras Under Spanish Rule*（Boulder，CO，1986）。就哥伦比亚方向，比利亚马林的研究包含关于哥伦比亚和大陆的人口统计资料，而科梅纳雷斯则在区域人口变化的研究中，对哥伦比亚的人口进行了概述：Juan and Judith Villamarin，*Indian Labor inMainland Colonial Spanish America*（Newark，NJ，1975）；Germán Colmenares，*Historia económica y social de Colombia*，1537 － 1719（Bogotá，

1973), 47 – 75。关于安第斯地区人口史的实质性专著包括：Suzanne A. Alchon, *Native Society and Disease in Colonial Ecuador* (Cambridge, 1991); Linda A. Newson, *Life and Death in Early Colonial Ecuador* (Norman, OK, 1995); N. David Cook, *Demographic Collapse: Indian Peru, 1520 – 1620* (Cambridge, 1980)。

关于原住民人口下降和恢复的性质与原因的简要回顾，参见：Linda A. Newson, "The Demographic Collapse of Native Peoples of the Americas, 1492 – 1650," *Proceedings of the British Academy* 81 (1993): 247 – 88。殖民时期流行病的持续重要性参见：Henry F. Dobyns, "An Outline of Andean Epidemic History to 1720," *Bulletin of the History of*
532 *Medicine* 37 (1963): 493 – 515; N. David Cook and W. G. Lovell, eds., "*Secret Judgments of God*": *Old World Disease in Colonial Spanish America* (Norman, OK, 1991); Elsa Malvido, *Ensayos sobre la historia de las epidemias en México*, vol. 1 (Mexico City, 1982)。军事优势在征服中的作用，参见：John F. Guilmartin, "The Cutting Edge: An Analysis of the Spanish Invasion and Overthrow of the Inca Empire," in Kenneth Andrien and Rolena Adorno, eds., *Transatlantic Encounters: Europeans and Andeans in the Sixteenth Century* (Berkeley, CA, 1991), 40 – 69。

劳动力与人口学之间的联系，参见：Nicolás Sánchez-Albornoz, ed., *Población y mano de obra en América Latina* (Madrid, 1985)。关于银矿开采的大量研究中，也探讨了其对人口趋势的影响，详见：Peter J. Bakewell, *Miners of the Red Mountain: Indian Labor in Potosí, 1545 – 1650* (Albuquerque, NM, 1984); Jeffrey Cole, *The Potosí Mita, 1573 – 1700* (Stanford, CA, 1985); and Enrique Tandeter, "Población y economía en los Andes (siglo XVIII)," *Revista Andina* 13, 1 (1995): 7 – 42。其他经济活动的影响，参见：Murdo J. MacLeod, "Ethnic Relations and Indian Society in the Province of Guatemala ca. 1620 – ca. 1800," in Murdo J. MacLeod and Robert Wasserstrom, eds., *Spaniards and Indians in Southern Mesoamerica: Essays on the History of Ethnic Relations* (Lincoln, NE, 1983), 189 – 214。关于移民，可参见论文集：David J. Robinson, ed., *Migration in Colonial Spanish America* (Cambridge, 1990)。有关移民的专著，尤其是关于安第斯地区福拉斯特洛的地位和人口特征的更多实质性专著，参见：Ann M. Wightman, *Indigenous Migration and Social Change: The Forasteros of Cuzco, 1520 – 1720* (Durham, NC, 1990);

Karen V. Powers, *Andean Journeys: Migration, Ethnogenesis, and the State in Colonial Quito* (Albuquerque, NM, 1995)。

博尔顿的经典论文并不关注人口学问题，但对于理解传教士的目标仍然至关重要：H. E. Bolton, "The Mission as a Frontier Institution in the Spanish American Colonies," *American Historical Review* 23 (1917): 42–61。为了理解有关教区影响的观点变化，可参见：David Sweet, "The Ibero-American Frontier Mission in Native American History," in Erick Langer and Robert H. Jackson, eds., *The New Latin American Mission History* (Lincoln, NE, 1995), 1–48。库克对加利福尼亚教区的健康和营养进行了开创性研究，引发了学界对教区负面影响的关注，其研究已结集再版，详见：Sherburne Cook, *The Conflict between the Californian Indian and White Civilisation* (Berkeley, CA, 1976)。

近年来，对教区的研究显著增加，特别是墨西哥北部教区对人口的影响得到关注。杰克逊比较了在上、下加利福尼亚以及索诺拉的教区经验：Robert H. Jackson, *Indian Population Decline: The Missions of Northwestern New Spain, 1687–1840* (Albuquerque, NM, 1994)。雷夫重点关注了疾病的影响：Daniel T. Reff, *Disease, Depopulation and Culture Change in Northwestern New Spain, 1518–1764* (Salt Lake City, 1991)。关于亚马孙教区，参见未发表的硕士论文：David Sweet's unpublished M. A. thesis, "Population of the Upper Amazon Valley: Seventeenth and Eighteenth Centuries" (University of Wisconsin, 1987)。有关人口学的资料，可查阅：David Block, *Mission Culture on the Upper Amazon: Native Traditions, Jesuits Enterprises and Secular Policy in Moxos, 1600–1880* (Lincoln, NE, 1994)。马埃德尔对瓜拉尼教区的人口统计学进行了大量研究，其综 533
述集中于：Ernesto Maeder, "Las misiones de Guaraníes: Historia demográfica y conflictos con la sociedad colonial, 1641–1801," in Sérgio O. Nadalin, Maria L. Marcílio, and Altiva P. Balhana, eds., *História e população: Estudos sobre a América Latina* (São Paulo, 1990), 41–50。

关于周边地区低烈度战争对人口的影响，几乎少有实质性研究，但有几项研究描述了战争的特点及其引发的文化变化。关于智利南部和阿根廷，参见：Kristine L. Jones, "Warfare, Reorganization, and Readaptation at the Margins of Spanish Rule: The Southern Margin (1573–1882)," in *The Cambridge History of Native Peoples*, vol. 3, part 2 (详见前引), 138–87; Eugene H. Korth, *Spanish Policy in Colonial Chile* (Stanford,

CA, 1968)。关于奇奇梅克人，参见：Philip W. Powell, Soldiers, Indians and Silver: *The Northward Advance of New Spain, 1550－1600*（Berkeley, CA, 1952）；Silvio A. Zavala, Esclavos indios en Nueva España（Mexico City, 1967）；David Frye, "The Native Peoples of Northeastern Mexico," in Richard E. Adams and Murdo J. MacLeod, eds., *The Cambridge History of Native Peoples, vol. 2, Mesomamerica, part 2*（Cambridge, 2000），89－135。关于士兵、传教士和周边地区土著人口之间的流动互动所造成的人口变化，参见：Cynthia Radding, *Wandering Peoples: Colonialism, Ethnic Spaces, and Ecological Frontiers in Northwestern Mexico, 1700－1850*（Durham, NC, 1997）。

第6章（约翰·M. 蒙泰罗）

劳动制度在拉美史学中的战略意义有着深厚的根基，无论是作为经济史或人口史中更广泛的作品的一部分，还是作为对劳动制度本身的研究。由于篇幅所限，本文主要关注近期的文献，并刻意偏重于用英文出版的作品。就1850年前拉美劳动制度和工作主题的总述性研究中，比利亚马林的专著提供了一个启发性的全面概述，他们在之后的文章中还对此进行了更新和一些扩展：Juan and Judith Villamarín, *Indian Labor in Mainland Colonial Spanish America*（Newark, DE, 1975）；"El trabajo indígena, su papel en la organización social y política prehispánica y colonial", in Marcello Carmagnani et al., eds., *Para una historia de América*, vol. III,（Mexico City, 1999），13－72。另一部较早的作品，具有有益的见解和对主题的深刻理解：Mario Góngora, "Trends in Colonial History and Changes in the Founding Ideas: The Case of the Native Labour System," in *Colonial History of Spanish America*, trans. R. Southern（Cambridge, 1975），127－58。1977年，在帕茨库亚罗（Pátzcuaro）举行了一次具有里程碑意义的会议，尽管其重点是墨西哥和中美洲，却为该领域的发展制定了一项重要议程，会议论文结集出版：Elsa Cecilia Frost et al., eds., *El trabajo y los trabajadores en la historia de México*（Mexico City and Tucson, AZ, 1979）。就殖民时期和后殖民早期劳工研究的形式和方向，弗洛雷斯卡诺等人的专著对墨西哥及其他地区后来的研究产生了重大影响：Enrique Florescano et al., *La clase obrera en la historia de México: De la colonia al imperio*（Mexico City,

1980)。两部之前出版的剑桥史对殖民劳动制度的不同方面提供了重要见解，其中，《剑桥拉丁美洲史》做出了有用的综述，而《剑桥美洲原住民史》则提出了民族史研究与劳动关系的新视角：Leslie Bethell, ed., *The Cambridge History of Latin America*, vols. 1 and 2 (Cambridge, 1982)；Stuart Schwartz and Frank Salomon, eds., *The Cambridge History of the Native Peoples of the Americas, Vol. II: South America*, parts 1 and 2 (Cambridge, 1999)。麦克里里提供了一个基于广泛抽样的当前英文文献的总体介绍：David McCreery, *The Sweat of Their Brow: A History of Work in Latin America* (London, 2000)。本章所讨论的几个问题，在斯特恩掀起的批判性辩论以及沃勒斯坦的回复和斯特恩的后续辩驳中，都有阐述：Steve Stern, "Feudalism, Capitalism, and the Modern World System in the Perspective of Latin America and the Caribbean," *American Historical Review* 93, 4 (1988): 829–72, with Immanuel Wallerstein's reply (873–85) and Stern's rebuttal (886–97)。 534

人口变化与劳动制度结构之间错综复杂的关系一直是殖民研究的一个重要课题。最近的两项调查以一种有用的方式确定了其中的几个问题：Noble David Cook, *Born to Die: Disease and New World Conquest, 1492–1650* (Cambridge, 1998)；Suzanne Austin Alchon, *A Pest in the Land: New World Epidemics in a Global Perspective* (Albuquerque, NM, 2003)。虽然许多文献强调了疾病在人口下降中的重要性，但部分研究显示，特定的劳动制度如何决定了不同的人口模式：Nicolás Sánchez Albornoz, ed., *Población y mano de obra en América Latina* (Madrid, 1985), and Linda Newson, "Indian Population Patterns in Colonial Spanish America," *Latin American Research Review* 20, 3 (1985): 41–74。近期对殖民时期移民和流动劳工作用的关注，重新引发了讨论，拉尔森和哈里斯汇集了一批创新性学术成果，结合民族史资料和见解，对殖民地劳动力市场的形成有了新的认识：Brooke Larson and Olivia Harris, eds., *Ethnicity, Markets, and Migration in the Andes* (Durham, NC, 1995)。其他相关文献，参见：Michael Swann, *Migrants in the Mexican North: Mobility, Economy, and Society in a Colonial World* (Boulder, CO, 1989); Ann Wightman, *Indigenous Migration and Social Change: The Forasteros of Cuzco, 1520–1720* (Durham, NC, 1990)；Karen Vieira Powers, *Andean Journeys: Migration, Ethnogenesis, and the State in Colonial Quito* (Albuquerque, NM, 1995)；and Cynthia Radding, *Wandering Peoples: Colonialism, Ethnic Spaces, and Ecological Frontiers in*

Northwestern Mexico, 1700 - 1850（Durham, NC, 1997）。

关于后征服时期的印第安劳动，吉布森的专著仍是一份必读参考资料，为许多其他区域性专著设定了标准：Charles Gibson's *The Aztecs under Spanish Rule*（Stanford, CA, 1964）。霍恩的专著主要基于纳瓦特尔语文件，构成了对该地区委托监护制和劳役摊派制及合同雇工的出色研究：Rebecca Horn, *Postconquest Coyoacan: Nahua-Spanish Relations in Central Mexico 1519 - 1650*（Stanford, CA, 1997）。法里斯的著作以尤卡坦半岛为重点，将人种学、历史和殖民政治经济学巧妙地结合在一起，为理解劳动制度的发展提供了丰富的背景：Nancy Farriss, *Maya Society under Colonial Rule*（Princeton, NJ, 1984）。该方法在对安第斯地区的研究中也同样突出，斯特恩对殖民统治第一个世纪中瓦曼加的劳动制度进行了引人入胜的分析，而斯帕尔丁则研究了安第斯地区长期变化过程：Steve Stern, *Peru's Indian Peoples and the Challenge of Spanish Conquest*（Madison,
535 WI, 1982; rev. ed. 1993）; Karen Spalding, *Huarochirí: An Andean Society under Inca and Spanish Rule*（Stanford, CA, 1984）。如下两部专著都以上秘鲁（玻利维亚）为对象，强调了原住民战略在塑造该地区殖民和后殖民历史中的作用，并对劳动关系提出了重要见解：Brooke Larson, *Cochabamba, 1550 - 1900: Capitalism and Agrarian Transformation in Bolivia*（expanded ed., Durham, NC, 1998）; Thomas Abercrombie's *Pathways to Memory and Power: Ethnography and History among an Andean People*（Madison, WI, 1998）。该领域近期研究的两大贡献集中在殖民外围地区，重点关注其奴隶制、委托监护制、劳役摊派制、教区劳动和自由劳动的重要信息：Barbara Ganson, *The Guaraní under Spanish Rule in the Río de la Plata*（Stanford, CA, 2003）, and Susan M. Deeds, *Defiance and Deference in Mexico's Colonial North: Indians under Spanish Rule in Nueva Vizcaya*（Austin, TX, 2003）。

对印第安奴隶制、委托监护制和劳役摊派制的研究在拉美学界有着悠久而杰出的传统，其中包括莱斯利·伯德·辛普森在制度史方面的先驱工作，以及墨西哥历史学家西尔维奥·萨瓦拉的不朽学术成就，后者尤其体现为：Silvio Zavala, *La encomienda indiana*, 3rd ed.（Mexico City, 1993; orig. pub. 1935）; *El servicio personal de los indios en la Nueva España*, 7 vols.（Mexico City, 1984 - 95）。近期关于委托监护制的综述参见：Julián Ruiz Rivera and Horst Pietschmann, eds., *Encomiendas, indios y españoles*（Münster, 1996）；其中路易斯·纳瓦罗·加西亚（Luís Navarro García）的文章附有详

细参考文献。耶格尔从新制度视角对委托监护制进行了剖析，而帕斯托雷也采用了类似的理论框架，却得出了截然不同的结论：Timothy Yeager，“Encomienda or Slavery? The Spanish Crown's Choice of Labor Organization in Sixteenth-Century America,” *Journal of Economic History* 55, 4 (1994): 842–59; Mario Pastore, “Taxation, Coercion, Trade, and Development in a Frontier Economy: Early and Mid-Colonial Paraguay,” *Journal of Latin American Studies* 29, 2 (1997): 329–54。在对加勒比的研究中，米拉-卡瓦略斯提供了来自印第安档案馆（Archivo de Indias）的大量新信息，其专著是美洲研究学界就委托监护制所做的一系列精心研究中最新的一本：Caribbean, Esteban Mira Caballos, *El indio antillano: Repartimiento, encomienda y esclavitud, 1492–1542* (Seville, 1997)。希施贝格对早期的公共劳役提出了深刻见解，参见：Julia Hirschberg，“An Alternative to Encomienda: Puebla's Indios de Servicio, 1531–45,” *Journal of Latin American Studies* 11, 2 (1979): 241–64。斯帕诺格研究了不同经济部门中与劳役相关的工资结构、变化和价值：Sander Spanoghe, “Los salarios dentro del sistema del repartimiento forzoso en el Valle de México, 1549–1632,” *Anuario de Estudios Americanos* 54, 1 (1997): 43–64。舍曼和克拉默都对危地马拉的印第安奴隶和委托监护劳工进行了细致的研究：William Sherman, *Forced Native Labor in Sixteenth-Century Central America* (Lincoln, NE, 1978); Wendy Kramer, *Encomienda Politics in Early Colonial Guatemala* (Boulder, CO, 1994)。就二级殖民地区的印第安奴隶制、委托监护制和劳役摊派制，博纳科尔西做出了简要而新颖的研究：Nélida Bonaccorsi, *El trabajo obligatorio indígena en Chiapas, siglo XVI (Los Altos y Soconusco)* (Mexico City, 1990)。关于安第斯地区，除了上述研究外，巴 536
龙-加巴尔深入分析了后征服时期，委托监护劳动力在巩固秘鲁早期商业经济中的重要性：Rafael Varón Gabal, *Francisco Pizarro and His Brothers*, trans. Javier Flores E. (Norman, OK, 1997)。关于巴西，虽然没有对葡萄牙统治下的原住民社会进行过类似研究，但有三部作品对劳动形式的具体研究相对重要，即：Colin MacLachlan, “The Indian Labor Structure in the Portuguese Amazon, 1700–1800,” in Dauril Alden, ed., *Colonial Roots of Modern Brazil* (Berkeley, CA, 1973), 199–230; Stuart B. Schwartz, “Indian Labor and New World Plantations: European Demands and Indian Responses in Northeastern Brazil,” *American Historical Review* 83, 3 (1978): 43–79; John M. Monteiro, *Negros da Terra: índios e Bandeirantes nas Origens de São Paulo* (São Paulo,

1994)。

关于美洲地区的克里奥尔奴隶，米勒的文献清单是不可缺少的工具书，该清单每年的更新和补充都会登载于《奴隶制与废除》（*Slavery and Abolition*）期刊：Joseph C. Miller, *Slavery and Slaving in World History: A Bibliography*, 2 vols.（Armonk, NY, 1999）。西摩·德雷舍和斯坦利·恩格曼编撰了出色的百科全书《世界奴隶制历史指南》（Seymour Drescher and Stanley Engerman, *A Historical Guide to World Slavery* <New York, 1998>），其中包括：弗朗西斯科·斯卡诺（Francisco Scarano）关于西班牙加勒比地区的文章，斯图尔特·施瓦茨关于巴西的文章，道格拉斯·利比（Douglas Libby）关于采矿业奴隶制的文章和莱尔德·贝尔加德（Laird Bergad）关于拉美奴隶制史学的文章。克莱因的西班牙语和葡萄牙语双语版本著作中做出相对全面的概述：Herbert Klein, *African Slavery in Latin America and the Caribbean*（Oxford, 1986）。就新世界需求与奴隶供应之间的关系，梅纳德和施瓦茨讨论了巴西、墨西哥和南卡罗来纳劳动力的变化，重点是劳动力市场：Russel Menard and Stuart B. Schwartz, "Why African Slavery?" in Wolfgang Binder, ed., *Slavery in the Americas*（Würzburg, 1993）, 89－114。阿伦卡斯特罗在南大西洋体系的框架内重塑了供求问题：Luiz Felipe de Alencastro, *O Trato dos Viventes: Formação do Brasil no Atlântico Sul*（São Paulo, 2000）；"The apprenticeship of colonization" in Barbara Solow, ed., *Slavery and the Rise of the Atlantic System*（Cambridge, 1991）, 151－76。贝尔加德等在奴隶价格和市场条件方面进行了开创性尝试：Laird Bergad, Fe Iglesias García, and María del Carmen Barcia, *The Cuban Slave Market, 1790－1880*（Cambridge, 1995）。关于巴西市场，德索萨-安德拉德主要根据遗嘱清单，对奴隶的工种和价格进行了详细而翔实的研究；而贝尔加德则基于可获数据的价格趋势和盈利能力，进行了详细研究：Maria José de Souza Andrade, *A Mão-de-Obra Escrava em Salvador, 1811－1860*（Salvador, 1988）；Laird Bergad, *Slavery and the Demographic and Economic History of Minas Gerais*（Cambridge, 1999）。糖与奴隶劳动力之间的密切关系一直是拉美经济史研究的一大中心主题，其中，施瓦茨详尽地介绍了巴西奴隶制的经济、社会和文化史；莫雷诺-弗拉希纳尔斯的著作仍然是古巴种植园奴隶制技术和经济方面的经典参考资料：Stuart B. Schwartz, *Sugar Plantations in the Formation of Brazilian Society, 1550－1835*（Cambridge, 1985）；Manuel Moreno Fraginals, *The Sugarmill*, trans. C. Belfrage（New York, 1976）。卡罗利重点研究了墨西哥殖民时

期市场与劳动制度变化之间的关系：Patrick Carroll, *Blacks in Colonial Veracruz*, 2nd ed. (Austin, TX, 2001)。就黄金矿业和非洲奴隶之间的关系，沙普对哥伦比亚乔科地区盈 537
利能力的深入讨论，拉内研究了奴隶制发展与矿区早期劳动制度之间的关系，拉塞尔-伍德探讨了米纳斯吉拉斯奴隶和男仆劳动的特殊性，希金斯重要关注了研究劳动模式中性别问题：William Sharp, *Slavery on the Spanish Frontier* (Norman, OK, 1976); Kris Lane, "The Transition from Encomienda to Slavery in Seventeenth-Century Barbacoas, Colombia," *Slavery and Abolition* 21, 1 (2000): 73 – 95; A. J. R. Russell-Wood, *Slavery and Freedom in Colonial Brazil* (Oxford, 2002); Kathleen Higgins, "*Licentious Liberty*" *in a Brazilian Gold-Mining Region* (University Park, PA, 1999)。利比将讨论带入 19 世纪，在工业奴隶制、雇佣奴隶和盈利等问题上，提出了重要观点：Douglas Libby, *Transformação e Trabalho em uma Economia Escravista* (São Paulo, 1988)。摩根与德比瓦尔-马尔克斯都在比较框架中，对管理战略和成本进行了扎实分析：Philip Morgan, "Task and Gang Systems," in Stephen Innes, ed., *Work and Labor in Early America* (Chapel Hill, NC, 1988); Rafael de Bivar Marquese, *Feitores do Corpo, Missionários da Mente: Senhores, Letrados e o Controle dos Escravos nas Américas, 1660 – 1860* (São Paulo, 2004)。伊拉·柏林和菲利普·摩根在其编纂的《奴隶经济：美洲奴隶的独立生产》（Ira Berlin and Philip Morgan, eds., *The Slave Economy: Independent Production by Slaves in the Americas* <London, 1991>）一书中，在编辑们广泛的比较性介绍和戴尔·托米奇（Dale Tomich）对供给理由的研究中，论述了奴隶劳动的组织以及奴隶主与奴隶经济之间的紧张关系；采用同种思路的还有：Ira Berlin and Philip Morgan, eds., *Cultivation and Culture* (Charlottesville, VA, 1993)。关于种植园的奴隶制研究，为产糖区及其周边地区奴隶和农民生产部门的重叠存在提供新的视角，包括：Stuart B. Schwartz, *Slaves, Peasants, and Rebels: Reconsidering Brazilian Slavery* (Urbana, IL, 1992); Bert J. Barickman, *A Bahian Counterpoint: Sugar, Tobacco, Cassava, and Slavery in the Recôncavo, 1780 – 1860* (Stanford, CA, 1998); Guillermo Palacios, *Cultivadores libres, Estado y crisis de la esclavitud en Brasil en la época de la Revolución Industrial* (Mexico City, 1998)。马丁斯等人的研究将重点转向内部市场，对研究奴隶制模式产生重要影响：Roberto Borges Martins and Amílcar Martins Filho, "Slavery in a Non-export Economy: Nineteenth-Century Minas Gerais Revisited," *Hispanic American Historical*

Review 63, 4 (1983): 537–68。克莱因和维达尔·卢纳近期的专著汇集了一代学者就奴隶相关问题的研究成果：Herbert S. Klein and Francisco Vidal Luna, *Slavery and the Economy of São Paulo, 1750–1850* (Stanford, CA, 2003)。最后，城市奴隶制吸引近年来大量研究的关注，其中，贝尔南德提供了一个总述，侧重于殖民晚期的布宜诺斯艾利斯和利马；卡拉施对城市奴隶制的各个层面进行了丰富细致的描述；阿尔格兰蒂讨论了1808年至1821年间同城雇佣奴隶的情况；卡洛斯-苏亚雷斯对工资的作用得出了不同的结论；鲍瑟对城市奴隶工匠进行了精细讨论；许内费尔特和达席尔瓦-迪亚斯则对殖民后期两种截然不同的城市环境进行了出色研究；雷斯研究了奴隶和自由非洲人的正式与非正式劳动组织。具体参见：Carmen Bernand, *Negros esclavos y libres en las ciudades hispanoamericanas* (Madrid, 2001); Mary Karasch, *Slave Life and Culture in Rio de Janeiro, 1808–1850* (Princeton, NJ, 1987); Leila Mezan Algranti, *O Feitor Ausente* (Petrópolis, 1988); Luiz Carlos Soares, "Urban Slavery in Nineteenth-Century Rio de Janeiro" (Ph. D. dissertation, University of London, 1988); Frederick Bowser, *The African*
538 *Slave in Colonial Peru, 1524–1650* (Stanford, CA, 1974); Christine Hünefeldt, *Paying the Price of Freedom: Family and Labor among Lima's Slaves, 1800–1854* (Berkeley, CA, 1994); Maria Odila Leita da Silva Dias, *Power and Everyday Life: The Lives of Working Women in Nineteenth-Century Brazil*, translated by Ann Frost (New Brunswick, NJ, 1995); João José Reis, "'The Revolution of the *Ganhadores*': Urban Labour, Ethnicity and the African Strike of 1857 in Bahia, Brazil," *Journal of Latin American Studies* 29 (1997): 455–93。就城市奴隶制与自由工资劳动之间复杂而有时又含糊不清的关系，扎实分析可见于阿伦卡斯特罗对里约热内卢城市劳动市场的研究以及约翰逊相关研究：Luiz Felipe de Alencastro, "Proletários e Escravos," *Novos Estudos CEBRAP* 21 (1988): 30–56; Lyman L. Johnson, "The Composition of Slave and Free Labor in Artisanal Production: Buenos Aires, 1770–1815," *International Review of Social History* 40 (1995): 27–51。

在西班牙美洲银矿中，强制劳动和自由劳动之间的关系错综复杂，引起了经济和社会史学家的极大关注。贝克韦尔重新出版了一本涵盖广泛领域和主题的重要研究集：Peter Bakewell, ed., *Mines of Silver and Gold in the Americas* (London, 1997)。朗格和萨拉萨尔-索勒尔提供了关于美洲各地术语、职业多样性和劳动制度的大量信息：Frédérique Langue and Carmen Salazar-Soler, eds., *Diccionario de términos mineros para la*

América Española (*siglos XVI – XIX*) (Paris, 1993)。哈斯基特对墨西哥矿区早期劳动形式做出了杰出研究：Robert Haskett, " 'Our Suffering with the Taxco Tribute' : Involuntary Mine Labor and Indigenous Society in Central New Spain," *Hispanic American Historical Review* 71, 3 (1991): 447 – 75。查帕讨论了16世纪末以来自由雇佣劳动的主导地位；Jorge Chapa, "Wage Labor in the Periphery: Silver Mining in Colonial Mexico," *Review* 4 (1981): 509 – 34。就18世纪而言，布雷丁的著作仍不失为标准参考书，而加纳和斯特凡诺则对殖民晚期银矿的劳动力进行了有益的讨论：David Brading, *Miners and Merchants in Bourbon Mexico, 1763 – 1810* (Cambridge, 1971); Richard L. Garner and Spiro Stefanou, *Economic Growth and Change in Bourbon Mexico* (Gainesville, FL, 1993)。拉德翔实记录的劳动力结构，解释了1766年工人运动的背景，丹克斯则补充了以维护传统特权为重点的另一种观点：Doris Ladd, *The Making of a Strike: Mexican Silver Workers' Struggles in Real del Monte, 1766 – 1775* (Lincoln, NE, 1988); Noblet Barry Danks, "The Labor Revolt of 1766 in the Mining Community of Real del Monte," *The Americas* 44, 2 (1987): 143 – 65。朗格的研究对晚期殖民地应对劳动力成本上升做出了重要贡献：Frédérique Langue, "Trabajadores y formas de trabajo en las minas zacatecanas del siglo XVIII," *Historia Mexicana* 40, 3 (1991): 463 – 506; *Mines, terres et société à Zacatecas (Méxique) de la fin du XVIIIe siècle à l'indépendance* (Paris, 1992)。关于19世纪和20世纪矿业劳动的变化，可参见：William Culver and Thomas Greaves, eds., *Mines and Mining in the Americas* (Manchester, 1985)。其中，特别值得关注的是瓜特穆斯·贝拉斯科·阿维拉（Cuauhtemoc Velasco Avila）对独立后墨西哥矿区劳动关系的研究。关于波托西和米达制，除了以上引用的文献外，早期还有一些详细介绍，其中，贝克韦尔、科尔和冈萨雷斯-卡萨斯诺瓦斯分别就殖民中期的改革进行了扎实研究，坦德特尔就18世纪的情况进行了细致而具有创新性的分析，而米特雷则对19世纪的情况加以探讨，详见：Peter J. Bakewell, *Miners of the Red Mountain: Indian Labor in Potosí, 1545 – 1650* (Albuquerque, NM, 1984); Jeffrey Cole, *The Potosí Mita, 1500 – 1700: Compulsory* 539
Indian Labor in the Andes (Stanford, CA, 1985); Ignacio González Casasnovas, *Las dudas de la corona: La política de repartimientos para la minería de Potosí (1680 – 1732)* (Madrid, 2000); Enrique Tandeter, *Coercion and Market: Silver Mining in Colonial Potosí*

（Albuquerque, NM, 1993）；Antonio Mitre, *Los patriarcas de la plata: Estructura socioeconómica de la minería boliviana en el siglo XIX*（Lima, 1981）。还有两项研究指出了未被详尽研究的米达劳动条件：Kendall Brown, "Workers' Health and Colonial Mercury Mining at Huancavelica, Peru," *The Americas* 57, 4（2001）：467－96；Bianca Premo, "From the Pockets of Women：The Gendering of the Mita, Migration and Tribute in Colonial Chucuito, Peru," *The Americas* 57, 1（July 2000）：63－94。其他对米达劳役依赖不大的矿区，最值得注意的是奥鲁罗矿区，它已引起越来越多的关注，具体可见：Ann Zulawski, *They Eat from Their Labor: Work and Social Change in Colonial Bolivia*（Pittsburgh, PA, 1995）, and Concepción Gavira Márquez, "Labour Discipline and Resistance：The Oruro Mining District in the Late Colonial Period," *Bulletin of Latin American Research* 22, 1（2003）：1－26。此外，朗格还对后殖民时期的发展和独立前传统的持续存在进行了深入研究：Erick Langer, "The Barriers to Proletarianization：Bolivian Mine Labour, 1826－1918," *International Review of Social History* 41（1996）：27－51。

关于西班牙美洲的农村劳动体系，鲍尔概述了一系列问题和挑战，这些问题和挑战在随后的文献中以不同的方式得到了解决：Arnold Bauer, "Rural Workers in Spanish America：Problems of Peonage and Oppression," *Hispanic American Historical Review* 59, 1（1979）：34－63。巴雷特开创了对商业地产的人工成本和管理的先驱性讨论：Ward Barrett, *The Sugar Haciendas of the Marqueses del Valle*（Minneapolis, MN, 1970）；古铁雷斯-布罗金顿通过对庄园账本的深入分析，研究混合形式的问题：Lolita Gutiérrez Brockington, *The Leverage of Labor: Managing the Cortés Haciendas in Tehuantepec, 1588－1688*（Durham, NC, 1989）。债务和工人流动是当前许多关于殖民和后殖民时期农村财产的文献都涉及的问题，具体可见：Hermann Konrad, *A Jesuit Hacienda in Colonial Mexico: Santa Lucia, 1576－1767*（Stanford, CA, 1980）；Eric Van Young, *Hacienda and Market in Eighteenth-Century Mexico: The Rural Economy of the Guadalajara Region, 1675－1820*（Berkeley, CA, 1981）；David A. Brading, *Haciendas and Ranchos in the Mexican Bajío: León, 1700－1860*（Cambridge, 1978）；Herbert J. Nickel, *Relaciones de trabajo en las haciendas de Puebla y Tlaxcala（1740－1914）*（Mexico City, 1987）。关于安第斯农村劳动力和庄园的兴起，除了可参看前文引用的拉尔森的专著外，还可参考：

Robert Keith, *Conquest and Agrarian Change: The Emergence of the Hacienda System on the Peruvian Coast* (Cambridge, MA, 1978); Nicholas Cushner, *Lords of the Land: Sugar, Wine, and Jesuit Estates of Coastal Peru, 1600 - 1767* (New York, 1980); Luís Miguel Glave and María Isabel Remy, *Estructura agraria y vida rural en una región andina: Ollantaytambo entre los siglos XVI y XIX* (Cuzco, 1983); Herbert S. Klein, *Haciendas and "Ayllus": Rural Society in the Bolivian Andes in the Eighteenth and Nineteenth Centuries* (Stanford, CA, 1993); Nils Jacobsen, *Mirages of Transition: The Peruvian Altiplano,* 540
1780 - 1930 (Berkeley, CA, 1993)。尽管经济史学家对移民和季节性劳动、劳役偿债制、非洲奴隶制和无产阶级化的模式并不总是达成一致意见，但殖民后期和后殖民早期的拉普拉塔地区为农村历史的“历史学复兴”提供了背景。对此，除了卡洛斯-加拉瓦利亚和格尔曼的讨论外（Juan Carlos Garavaglia and Jorge Gelman, "Rural History of the Río de la Plata, 1600 - 1850: Results of a Historiographical Renaissance," *Latin American Research Review* 30, 3 (1995): 75 - 105），还可参见：Garavaglia's *Pastores y labradores de Buenos Aires: una historia agraria de la campaña bonaerense, 1700 - 1830* (Buenos Aires, 1999); Gelman's *Campesinos y estancieros: Una región del Río de la Plata a fines de la época colonial* (Buenos Aires, 1998)。萨尔瓦托雷和布朗的研究提出了一些新问题，而前者的新书还对 19 世纪上半叶的农村劳动力市场进行了深入分析：Ricardo Salvatore and Jonathan C. Brown, "Trade and Proletarianization in Late-Colonial Banda Oriental: Evidence from the Estancia de las Vacas, 1791 - 1805," *Hispanic American Historical Review* 67, 3 (1987): 431 - 59; *Wandering Paysanos: State Order and Subaltern Experience in Buenos Aires during the Rosas Era* (Durham, NC, 2003)。

在城市劳动力方面，除了上述奴隶制的相关研究外，萨穆迪奥-阿斯普鲁阿对 17 世纪早起的城市劳动合同进行深入探讨：Edda Samudio Azpúrua, *El trabajo y los trabajadores en Mérida colonial* (San Cristóbal, 1984)。道格拉斯·科普研究了殖民中期墨西哥城的城市劳动力，而佩雷斯-托莱多对殖民晚期的手工业工人和商会做出了详尽分析，R. Douglas Cope, *The Limits of Racial Domination* (Madison, WI, 1994); Sonia Pérez Toledo, *Los hijos del trabajo: Los artesanos de la ciudad de México, 1780 - 1853* (Mexico City, 1996)。阿罗姆的书中特设一章，对城市就也情况进行了细致研究：Silvia

Arrom, *The Women of Mexico City, 1790-1857* (Stanford, CA, 1985)。尽管该章并未单独讨论，但多项关于纺织业毛料作坊的研究对前工业时期的劳动形式做出了重要贡献。米尼奥-格里哈尔瓦对整个西班牙美洲毛料作坊采用的劳动体系进行了完备的总结：Manuel Miño Grijalva, *La protoindustria colonial hispanoamericana* (Mexico City, 1993)。区域和地方层面的研究主要包括：John C. Super, "Querétaro Obrajes: Industry and Society in Provincial Mexico, 1600 - 1810," *Hispanic American Historical Review* 56, 2 (1976): 197 - 216; Richard Salvucci, *Textiles and Capitalism in Mexico: An Economic History of the Obrajes, 1539 - 1840* (Stanford, CA, 1987); Robson Tyrer, *Historia demográfica y económica de la Audiencia de Quito: población indígena e industria textil, 1600 - 1800* (Quito, 1988); Neus Escandell-Tur, *Producción y comercio de tejidos coloniales* (Cuzco, 1997)。其中，最后一本专著对殖民时期库斯科纺织业的招聘和分工进行了详细的研究。关于巴西，参见：Douglas Libby, "Protoindustrialisation in a Slave Society: The Case of Minas Gerais," *Journal of Latin American Studies* 23, 1 (1991): 1-35。

第7章（约翰·H. 科茨沃思）

这是《剑桥拉丁美洲经济史》两卷中主要讨论政治经济和经济组织问题的三章中
541 的第一章。莱安德罗·普拉多斯·德拉埃斯科苏拉（第13章）主要侧重于独立的影响，而阿兰·戴伊（第18章）则广泛地考察了19世纪和20世纪。上卷中约翰·蒙泰罗（第6章）关于劳动制度的章节和格拉谢拉·马尔科斯（第11章）关于贸易的章节也关注了相关的制度和政策。因此，这篇历史文献的回顾将简要地触及相关的理论文献，然后着重于那些特别有助于理解殖民国家的结构和演变的历史工作；争夺阶级、宗族和利益集团的权力；社会和政治争夺与经济活动的制度约束之间的关系；以及伊比利亚经济体制和政策的特殊性。

关于制度与经济绩效之间关系的现代研究可以追溯到18世纪末和19世纪伟大的古典主义和新古典主义理论家：斯密、米勒、李嘉图、马克思和马歇尔等。对于近期理论和学术研究的趋势，道格拉斯·诺斯的作品最常被引用为鼻祖和灵感来源，参见：Douglass North, *Institutions, Institutional Change, and Economic Performance* (Cambridge,

1990)。对拉美的建议性适用，可参见：Douglass North, William Summerhill, and Barry H. Weingast, “Order, Disorder, and Economic Change: Latin America versus North America,” in Bruce Bueno de Mesquita and Hilton L. Roots, eds., *Governing for Prosperity* (New Haven, CT, 2000)。

最近的两篇比较文章引起了关于制度在促进或延缓经济增长中的作用的大量讨论和研究；我们高兴地承认它们对本章的影响。第一篇是：Stanley Engermann and Kenneth Sokoloff, “Factor Endowments, Institutions, and Differential Growth Paths among New World Economies,” in Stephen Haber, ed., *How America Fell Behind* (Stanford, CA, 1997)。对这篇文章的反应激励作者们编写了一些后续作品，试图将殖民时期的经济不平等与抑制拉美长期经济增长的体制缺陷联系起来。虽然他们的论点几乎肯定是错误的（把法律地位上的殖民不平等误认为是财富上的不平等，忽视了殖民国家是阻碍增长的一个重要制度来源，也未能注意到19世纪末发生的关键性制度断裂），但它启发了新的经验研究和理论修正，并将继续影响这一领域的工作多年。第二篇是：Damon Acemoglu, Simon Johnson, and James A. Robinson, “The Colonial Origins of Comparative Development: An Empirical Investigation,” *American Economic Review* 91, 5 (Dec. 2001): 1369–1401。该项研究也引发了关于殖民统治、“坏”机构和延迟增长之间联系的新研究和理论。本章与“制度是长期增长的根本原因”（“Institutions as the Fundamental Cause of Long-Run Growth”, Working Paper 10481, National Bureau of Economic Research, 2004）中阐述的阿西莫格鲁-约翰逊-鲁滨逊方法基本一致，但在一些经验和解释问题上有所不同。

一些历史学家的解释性或历史学论文预见到了经济学家和政治学家最近工作的理论方法。例如：J. I. Israel, “Mexico and the ‘General Crisis’ of the Seventeenth 542
Century,” *Past and Present* 63 (May 1974): 33–57; John H. Coatsworth, “The Limits of Colonial Absolutism: Mexico in the Eighteenth Century,” in Karen Spalding, ed., *Essays in the Political, Economic and Social History of Colonial Latin America* (Newark, NJ, 1982), 25–51; and Steve Stern's historiographical essay on the applicability of the “world systems” model to the New World: “Paradigms of Conquest: History, Historiography, and Politics,” *Journal of Latin American Studies* 24, Quincentenary Supplement (1992): 1–34。

关于西班牙和葡萄牙在新大陆征服、定居和保卫殖民政权的叙述，为这一过程的制度层面提供了大量的信息。关于西班牙帝国，尤其是 1700 年前的情况，最好的研究是：Clarence Haring, *The Spanish Empire in America*（New York, 1947）；关于波旁时期，还可参见：John Lynch, *Bourbon Spain, 1700－1808*（London, 1989）；Stanley J. and Barbara Stein, *Silver, Trade, and War: Spain and America in the Making of Early Modern Europe*（Baltimore, 2000）; *Apogee of Empire: Spain and New Spain in the Age of Charles III, 1759－1789*（Baltimore, 2003）。关于葡萄牙帝国，参见：Charles R. Boxer 1969 年的经典著作 *The Portuguese Seaborne Empire, 1415－1825*（Manchester, 1991）及 *The Golden Age of Brazil, 1695－1750: Growing Pains of a Colonial Society*（Berkeley, CA, 1962）。关于 18 世纪的改革，马克斯韦尔近期再版和早期出版的两部专著分列如下，两书均为重量级作品：Kenneth Maxwell, *Conflicts and Conspiracies: Brazil and Portugal 1750－1808*（New York, 2004）; *Pombal, Paradox of the Enlightenment*（Cambridge, 1995）。

关于大陆主要殖民地殖民统治的巩固，参见莱斯利·贝瑟尔编著的《剑桥拉丁美洲史》前两卷中有启发性的综合性论文，这两卷本后来又再版为方便的简装版：Leslie Bethell, ed., *Colonial Brazil* 及 *Colonial Spanish America*（Cambridge, 1987）。关于新西班牙（墨西哥）和秘鲁，重点参见经典作品：Charles Gibson, *The Aztecs under Spanish Rule*（Stanford, CA, 1964）；Steve Stern, *Peru's Indian Peoples and the Challenge of Conquest: Huamanga to 1640*（Madison, WI, 1982）。关于巴西，经典之著是：Stuart B. Schwartz, *Sugar Plantations in the Formation of Brazilian Society: Bahia, 1550－1835*（Cambridge, 1985）。

上述引用的著作中讨论了复杂的土地使用权问题，以及主要在 20 世纪 70、80 年代编写的大量关于个别庄园的专题研究报告。这些著作中，很多都聚焦于墨西哥，其中最有用的是：Ward Barrett, *The Sugar Hacienda of the Marqueses del Valle*（Minneapolis, MN, 1970）；Herman W. Konrad, *A Jesuit Hacienda in Colonial Mexico: Santa Lucía, 1576－1767*（Stanford, CA, 1980）。随着庄园研究退潮，对农村区域的研究贡献了别样的观察，如：William B. Taylor, *Landlord and Peasant in Colonial Oaxaca*（Stanford, CA, 1972）；Andrés Lira González, *Comunidades indígenas frente a la Ciudad de México: Tenochtitlan y Tlatelolco, sus pueblos y barrios, 1812－1919*（Zamora, 1983）；Eric Van Young, *Hacienda and Market in Eighteenth-Century Mexico: The Rural Economy of the Guadalajara Region, 1675－1820*（Berkeley, CA, 1981）。关于秘鲁，参见：Nils Jacobsen,

Mirages of Transition: The Peruvian Altiplano, *1780 - 1930* (Berkeley, CA, 1993)。这些广 543
泛的文献充满了关于财产纠纷和诉讼的信息，霍尔登关于墨西哥波菲里亚托时期公共土地的调查和销售的开创性工作也是如此：Robert H. Holden, *Mexico and the Survey of Public Lands: The Management of Modernization*, *1876 - 1911* (DeKalb, IL, 1994)。

关于殖民时期的劳动制度，包括原住民和非洲奴隶制以及各种原住民强迫劳动，见本卷中约翰·蒙泰罗撰写的一章以及其中引用的资料。关于委托监护制和奴隶制作为西班牙制度"选择"的有趣讨论，参见蒂莫西·J. 耶格尔和马里奥·帕斯托雷在《经济史》期刊中的交流：Yeager, "Encomienda or Slavery? The Spanish Crown's Choice of Labor Organization in Sixteenth-Century Spanish America," *Journal of Economic History* 55, 4 (Dec. 1995): 842 - 59；帕斯托雷的批评和耶格尔回应见：58, 2 (June 1998): 511 - 24。

拉美法律史有着悠久的传统，但直到过去 20 年之前，都主要集中于学说史和法律史。日益增多的重要研究在社会、政治和经济斗争的背景下，或通过对实际案例的研究，来分析法律和司法的发展。对英国和西班牙的殖民法律制度进行的出色比较，重点在于如何传达各种学说和决定，参见：Richard J. Ross, "Legal Communications and Imperial Governance in Colonial British and Spanish America," in Christopher Tomlins and Michael Grossberg, eds., *Cambridge History of Law in America* (即出)。国会图书馆出版了一本优秀的参考读物：the Library of Congress, *Legal Codes of the Latin American Republics* (Washington, DC, 1942)。还可参见：Matthew C. Mirow, *Latin American Law: A History of Private Law and Institutions in Spanish America* (Austin, TX, 2004)；Robert Charles Means, *Underdevelopment and the Development of Law: Corporations and Corporation Law in Nineteenth-Century Colombia* (Chapel Hill, NC, 1980)；Woodrow Wilson Borah, *Justice by Insurance: The General Indian Court of Colonial Mexico and the Legal Aides of the Half-Real* (Berkeley, CA, 1983)；Andrés Lira González, *El amparo colonial y el juicio de amparo mexicano: antecedentes novohispanos del juicio de amparo* (Mexico City, 1972)。

关于殖民地属民抵抗的文献很多。除了已引用的吉布森、斯特恩和施瓦茨的研究外，还可参见量化的概述与尝试：John H. Coatsworth, "Patterns of Rural Rebellion in Latin America: Mexico in Comparative Perspective," in Friedrich Katz, ed., *Riot*,

Rebellion, and Revolution: Rural Social Conflict in Mexico（Princeton, NJ, 1988）。关于殖民时期和 19 世纪抗议与起义，已有大量案例研究，例如：Emilia Viotti da Costa, *Crowns of Glory, Tears of Blood: The Demerara Slave Rebellion of 1823*（London, 1994）；João José Reis, *Slave Rebellion in Brazil: The Muslim Uprising of 1835 in Bahia*, trans. by Arthur Brake（Baltimore, 1993）。关于与英属群岛的对比，参见：Michael Craton, *Testing the Chains: Resistance to Slavery in the British West Indies*（Ithaca, NY, 1982）。关于殖民时期的安第斯，参见：Scarlett O'Phelan, *Rebellions and Revolts in Eighteenth Century Peru and Upper Peru*（Cologne, 1985）。在后独立时期的玻利维亚和秘鲁，新国家尊重原住民政治自治权和土地持有权，带来了社会和平，参见：Tristán Platt, *Estado boliviano y*
544 *ayllu andino: tierra y tributo en el norte de Potosí*（Lima, 1982）。

上卷中莱安德罗·普拉多斯·德拉埃斯科苏拉撰写的章节详细讨论了独立的影响。最近两项研究侧重于拉美独立后的政治和国际冲突，大大增加了对这一重要专题的了解。在书中，安赫尔-森特诺将 19 世纪的暴力和不稳定与能力有限国家的演变联系起来（与欧洲的经验不同，在欧洲，战争往往会促使国家承担更多职能并施加更大控制）：Miguel Angel Centeno, *Blood and Debt: War and the Nation-State in Latin America*（University Park, PA, 2002）。马拉斯的书中似乎主要关注冲突：David Mares, *Violent Peace: Militarized Inter-state Bargaining in Latin America*（New York, 2001）。虽然森特诺（以及其他许多人）将中美洲与拉美其他地区区别对待，但马奥尼对 19 世纪中美洲政治的深刻比较研究表明，更广泛地应用其方法将是富有成效的：James Mahoney, *The Legacies of Liberalism: Path Dependence and Political Regimes in Central America*（Baltimore, 2001).

第 8 章（卡洛斯·塞姆帕特·阿萨杜里安）

1. 前征服时期

我们关于前征服时期农业实践演变的部分知识来自对前哥伦布时期主要城市中心的考古发掘。这些研究的重点是农业实践，因其与人口密度有关。关于中部美洲的主要研究包括：Richard S. MacNeish, *The Prehistory of the Tehuacan Valley*（Austin, TX,

1967); William T. Sanders, Jeffrey R. Parsons, and Robert S. Santley, *The Basin of Mexico. Ecological Processes in the Evolution of a Civilization* (New York, 1979); William T. Sanders and Barbara J. Price, *Mesoamérica. The Evolution of a Civilization* (New York, 1968); Kent V. Flannery and Joyce Marcus, *Zapotec Civilization. How Urban Society Evolved in Mexico's Oaxaca Valley* (London, 1996)。关于安第斯，见 R. S. Mac Neish, Thomas C. Patterson, and David L. Browman, *The Central Peruvian Prehistoric Interaction Sphere* (Boston, 1975); Michael E. Moseley, *The Maritime Foundations of Andean Civilization* (Berkeley, CA, 1975); John S. Athens, *El proceso evolutivo en las sociedades complejas y la ocupación del Período Tardío-Cara en los Andes septentrionales del Ecuador* (Otavalo, 1980); and Olaf Holm, *Cultura Milagro-Quevedo* (Guayaquil, 1983)。关于农业生产的深入研究，可参见：Frédéric Engel, *Geograf ía humana prehistórica y agricultura precolombina de la quebrada de Chilca* (Lima, 1966) ——以及 Lautaro Núñez——特别是 *La agricultura prehistórica en los AndesMeridionales* (Santiago de Chile, 1974)。此后，有关曼塔罗谷地（Mantaro Valley）种植玉米的杰出研究为：Mantaro de Christine AnnHastorf, *Agriculture and the Onset of Political Inequality Before the Inka* (New York, 1993)。

前哥伦布时期的水利技术一直在考古领域引起人们的兴趣。在此，我们将引用极 545
少数涉及主要液压系统及其在不同领域应用的出版物。关于水田的技术，可见前沿研究：Pedro Armillas, "Notas sobre sistemas de cultivo en Mesoamérica. Cultivos de riego y humedad en la Cuenca del río de las Balsas," *Anales del Instituto Nacional de Antropolog ía e Historia* 3 (1949): 85 - 113; Chantal Caillavet, "Toponimia histórica, arqueológica y formas prehispánicas de agricultura en la región de Otavalo-Ecuador," *Bulletin de l'IFEA* 12 (1983): 1 - 21; Silvia Palomeque, "Los esteros de Santiago," *Data. Revista del Instituto de Estudios Andinos y Amazónicos* 2 (1992): 9 - 57。第一代欧洲编年史学者经常注意到位于秘鲁海岸沙漠地带的洼田，现代研究包括：Jeffrey P. Parsons, "The Archaeological Significance of Mahamaes Cultivation on the Coast of Peru," *American Antiquity* 33 (1968): 80 - 85; John H. Rowe, "The Sunken Gardens of the Peruvian Coast," *American Antiquity* 34 (1969): 320 - 25; Parsons and Norbert P. Psutty, "Sunken Fields and Prehispanic

Subsistence on the Peruvian Coast," *American Antiquity* 40 (1975): 259 - 82; Ana María Soldi, "Chacras excavadas en el desierto," *Seminario de Historia Rural Andina* (1979): 1 - 40。自20世纪60年代以来，关于在整个美洲大陆广泛使用台田和垄种田的重要研究日益增多。该主题的前沿研究包括：William M. Denevan, "The Aboriginal Cultural Geography of the Llanos de Mojos of Bolivia," *Iberoamericana* 48 (1966); James J. Parson and G. Bowen, "Ancient Ridged Field of the San Jorge River Floodplain, Colombia," *The Geographical Review* 56 (1966): 317 - 78; James J. Parson, "Campos de cultivo prehistóricos con camellones paralelos en la cuenca del río Guayas, Ecuador," *Cuadernos de historia y arquitectura* 40 (1973); Alberta Zucchi and W. M. Denevan, *Campos elevados e historia cultural prehispánica en los llanos occidentales de Venezuela* (Caracas, 1979); Clemencia Plazas, Ana M. Falchetti, Juanita Sáenz Samper and Sonia Archila, *La sociedad hidráulica Zenu* (Bogotá, 1993)。文献对韦拉克鲁斯和玛雅低地以及安第斯高地采用这一制度的情况予以特别关注，因其引发了复杂的问题。关于玛雅低地，主要研究包括：Peter D. Harrison and B. L. Turner II, eds., *Pre-Hispanic Maya Agriculture* (Alburquerque, NM, 1978), and Alfred H. Siemens, *Tierra configurada* (Mexico City, 1989)。少数著作关注安第斯高原小块垄种田的（John S. Athens, Timothy Earle, Gregory Knapp），但多数最重要也最有启发性的案例研究关注南部高原，那里曾有繁荣的印加文化。除了史密斯等进行的早期研究外，还可关注其他相关研究：Clifford T. Smith, William M. Denevan, and Patrick Hamilton, "Ancient Ridged Fields in the Region of Lake Titicaca," *The Geographical Journal* 134 (1968): 353 - 67; Clark L. Erickson, "The Social Oganization of Prehispanic Raised Field Agriculture in the Lake Titicaca Basin," *Research in Economic Anthropology* 7 (1993): 369 - 426; Alan L. Kolata, ed., *Arqueolog ía de Luqurmata*, vol. 2, *La tecnología y organización de la producción agr ícola en el estado de Tiwanaku* (La Paz, 1989)。当然，墨西哥谷地奇南帕的先进技术和非凡的生产力一直是大量出版物的主题。以其原创性的发现和长期观点为特点的杰出作品是：Edward Calnek, "Settlement Pattern and Chinampa Agricultura at Tenochtitlan,"
546 *American Antiquity* 37 (1972): 104 - 15; Jeffrey R. Parsons, "The Role of Chinampa in the Food Supply of Aztec Tenochtitlan," *Cultural Change and Continuity. Essays in Honor of*

James B. Griffin (New York, 1976), 233 – 62; Parsons, Elizabeth M. Brumfiel, Mary H. Parsons, Virginia Popper, and Mary Taft, *La agricultura chinampera del per íodo prehispánico tardío en el lago Chalco-Xochimilco. México* (Mexico City, 1982); and Teresa Rojas Rabiela, ed., *Presente, pasado y futuro de las chinampas* (Mexico City, 1995)。

关于秘鲁灌溉渠中使用的水利工程技术，学术界有着悠久的传统。20 世纪 40、50 年代令人瞩目的是 Alberto Regal, Gordon R. Willey 及 Hans Horkheimer 的著作，它们与具有广泛影响力的 Paul Kosok 的 *Life, Land and Water in Ancient Peru* (New York, 1965) 一同达到了这一研究领域的顶峰。此后，使该领域学术研究有了很大提高的专著包括：James Kus, "Irrigation and Urbanization in Pre-Hispanic Peru: The Moche Valley," *Yearbook of the Association of Pacific Coast Geographers* 36 (1974); Charles R. Ortloff, "La ingeniería hidráulica chimú," in Heather Lechtman and Ana María Soldi, eds., *La tecnología en el mundo andino* (Mexico City, 1981), 91 – 134; Ortloff, R. A. Feldman, and M. E. Moseley, "Hydraulic Engineering and Historical Aspects of the Pre-Columbian Intravalley Canal Systems of the Moche Valley, Peru," *Journal of Field Archaeology* 12 (1985): 77 – 98。20 世纪 60 年代，帕勒姆和沃尔夫在维特福格尔的理论框架基础上，在墨西哥推动了此类灌溉系统的研究。最有成就的工作是：Ángel Palerm, *Obras hidráulicas prehispánicas en el sistema lacustre del valle de México* (Mexico City, 1973)。关于前哥伦布时期水利工程长期演变，最近期的研究是：William E. Doolittle, *Canal Irrigation in Prehistoric Mexico. The Sequence of Technological Change* (Austin, TX, 1990)。

关于农业梯田建设——在即将被征服时期人口较密集的中央统治地区非常重要，值得推荐的是：R. A. Donkin, *Agricultural Terracing in the Aboriginal New World* (Tucson, AZ, 1979)。此外，还可参见如下前沿研究，它们均有效使用了殖民时期的档案：Ángel Maldonado and Luis Gamarra Dulanto, "Significado arqueológico, agrológico y geográfico de los andenes abandonados de Santa Inés de Chosica en el valle del Rimac," in Rogger Ravines, ed., *Tecnología andina* (Lima, 1978), 157 – 71; Waldemar Espinoza Soriano, "Agua y riego en tres ayllus de Huarochirí (Perú), siglos XV y XVI," *Revista del Museo Nacional* 37 (1971): 147 – 66。

几部编著为获取有关水利工程和农业系统的专业知识提供了便利，其中包括：K. V. Flannery, ed., *Maya Subsistence. Studies in Memory of Dennis E. Puleston* (New York, 1982); J. P. Darch, ed., *Drained Field Agriculture in Central and South America* (Oxford, 1983); T. Rojas Rabiela and W. T. Sanders, eds., *Historia de la agricultura. Época prehispánica-siglo XVI* (Mexico City, 1985); V. L. Scarborough and B. L. Isaac, eds., *Economic Aspects of Water Management in the Prehispanic New World* (New York, 1993); N. F. Miller and K. L. Gleason, eds., *The Archaeology of Garden and Field*
547 (Philadelphia, 1994)。关于安第斯地区，除了前文引用的拉维内斯（Ravines）、莱希曼（Lechtman）和索尔迪（Soldi）就不同技术编著的卓越的著述外，还可参见：W. M. Denevan, K. Mathewson, and G. Knapp, eds., *Prehispanic Agricultural Fields in the Andean Region* (Oxford, 1987); S. Masuda, I. Shimada, and C. Morris, eds., *Andean Ecology and Civilization* (Tokyo, 1985)；其中，包括征服前后肥料使用的罕见研究，参见：Catherine J. Julien, "Guano and Resource Control in Sixteenth-Century Arequipa"。最后，在此问题的大量书籍中，有三本专著值得特别注意：Teresa Rojas Rabiela, *Las siembras de ayer. La agricultura ind ígena del siglo XVI* (Mexico City, 1988)（详细研究和解读殖民早期原始资料）; Gregory Knapp, *Ecología cultural prehispánica del Ecuador* (Quito, 1988)（在考古实地工作的基础上，揭示了古代农业的不同方面）; William M. Denevan, *Cultivated Landscapes of Native Amazonia and the Andes: Triumph over the Soil* (Oxford, 2001)（突出之处在于综合了所有关于前征服时期美洲农业的现有研究，而作者本人在这一领域贡献了一些最重要的研究成果）。

对栽培植物的编目和日期进行研究，是历史上了解当地农业发展及其维持特定人口能力的关键。仍值得查阅的作品是：Eugenio Yacovleff and Fortunato Herrera, "El mundo vegetal de los antiguos peruanos," *Revista del Museo Nacional* 3, 3 (1934): 241 - 322 and 4, 1 (1935): 29 - 102; Herrera, "Etnobotánica. Plantas endémicas domesticadas por los antiguos peruanos" and "Etnobotánica. Plantas tropicales cultivadas por los antiguos peruanos," *Revista del Museo Nacional* 2, 1 (1942): 25 - 30 and 2 (1942): 179 - 95; Ricardo E. Latcham, *La agricultura precolombina en Chile y los pa íses vecinos* (Santiago de Chile, 1936)。以重要方法给植物物种的分析带来了新生命的研究：Carl O. Sauer,

"Cultivated Plants of South and Central America," *Handbook of South American Indians*, vol. 6（Washington, DC, 1950）, 487 - 544。关于安第斯地区，更近期的研究包括：Margaret A. Towle, *The Ethnobotany of Pre-Columbian Peru*（New York, 1961）; Hans Horkheimer, *Alimentación y obtención de alimentos en el Perú Prehispánico*（Lima, 1973）。有关哥伦比亚，参见：Victor Manuel Patiño, *Plantas cultivadas y animales domésticos en América equinoccial*, vol. 4, *Plantas introducidas*（Cali, 1969）。有关墨西哥，参见：Bárbara Torres W., "Las plantas útiles en el México antiguo según las fuentes del siglo XVI," in *Historia de la agricultura. Época prehispánica-siglo XVI*（cited above）。关于玉米的驯化栽培，参见：Paul C. Mangelsdorf, *Corn. Its Origins, Evolution and Improvement*（Cambridge, MA, 1974）；与此书观点形成对比的是：Richard S. MacNeish, "Preliminary Archaelogical Investigations in the Sierra de Tamaulipas, Mexico," *Transactions of the American Philosophical Society* 48（1958）: 1 - 218; Kent V. Flannery, "Los or ígenes de la agricultura en México: Las teorías y la evidencia," in *Historia de la agricultura*（详见前引）。此类争论结集于：Arturo Warman, *Historia de un bastardo. Maíz y capitalismo*（Mexico City, 1988）。有关马铃薯的历史，参见：J. G. Hawkes, *The Potato: Evolution, Biodiversity and Genetic Resources*（London, 1990）；辣椒历史参见：Janet Long-Solís, *Capsicum y cultura. La historia del chilli*（Mexico City, 1986）。关于上述植物及其他植物的分布，参见：Doris Stone, ed., *Pre-Columbian Plant Migration*（Cambridge, MA, 1984）。近期，在追溯植物驯化栽培时间方面，研究取得重要进展，如：Bruce D. 548
Smith, "The Initial Domestication of *Curcubita pepo* in the Americas 10, 000 Years Ago," *Science* 276（1997）: 932 - 4。

在不忽视包括玛丽亚·罗斯特沃夫斯基·德迭斯·坎塞科（Maria Rostworowski de Diez Canseco）在内的其他作者贡献的情况下，约翰·穆拉和佩德罗·卡拉斯科对安第斯和墨西哥地区获得土地、农业生产和社会政治组织之间复杂关系的研究最有影响力。穆拉 1955 年的博士论文"The Economic Organization of the Inka State"在 20 多年后出版，成为了有史以来最有影响力的美洲民族史著作之一。他博士期间的一些论文均已出版，如："El control vertical de un máximo de pisos ecológicos en la economía de las sociedades andinas," in *Formaciones económicas y pol íticas del mundo andino*（Lima,

1975）。卡拉斯科也有大量发表，如：“Los linajes nobles del México antiguo” and “La economía del México prehispánico,” included in Pedro Carrasco and Johanna Broda, ed., *Estratificación social en la Mesoamérica prehispánica*（Mexico City, 1976）; *Economía pol ítica e ideologia en el México prehispánico*（Mexico City, 1978）（该书还包括其他学者的文章）。卡拉斯科最近出版了前征服时期中部美洲“帝国”控制的最重要著作：*Estructura pol íticoterritorial del Imperio tenochca*（Mexico City, 1996）。

最后，一些主题对理解农业生产的物质基础和象征基础有所启示。安第斯地区发现了关于此类问题的宝贵资料，路易斯·E. 巴尔卡塞尔（Luis E. Valcárcel）、约翰·H. 罗韦（John H. Rowe）、约翰·穆拉、R. 汤姆·朱伊德马（R. Tom Zuidema）、皮埃尔·迪维奥尔和约翰·厄尔斯（John Earls）已经使农事日历和仪式成为前哥伦布时期和殖民时期一个蓬勃发展的研究领域。另一个突破是，根据征服后不久开始编写的不同土著语言词典中记录的农业术语，确定工具或技术的不同用途。布里吉特·B. 德拉梅拉斯（Brigitte B. de Lameiras）关于纳瓦特尔语的研究以及扎比内·德登巴赫-萨拉萨尔·萨恩斯（Sabine Dedenbach-Salazar Sáenz）关于盖丘亚语的（Quechua）的研究非常出色。历史数据目录反映了人们对将气候纳入农业生产长周期分析的兴趣：Virginia García Acosta, Juan M. Pérez Zevallos, and América Molina del Villar, *Desastres agrícolas en México. Épocas prehispánica y colonial*（Mexico City, 2003）。

2. 后征服时期

几十年来，伍德罗·博拉的《新西班牙的世纪大萧条》（Woodrow Borah, *New Spain's Century of Depression* <Berkeley, CA, 1951>）一书是形成我们对16、17世纪经济史理解的最有影响力的著作。本章对殖民地农业体系形成的分析，是基于对这一时期经济史的不同理解，是基于我们在20世纪60年代开始的研究，其中部分内容参见：Sempat, *El sistema de la econom ía colonial. Mercado interno, regiones y espacio*
549 *económico*（Lima, 1982）, *Transiciones hacia el sistema colonial andino*（Lima, 1994）; “La producción de la mercanc ía dinero en la formación del mercado interno colonial,” in Enrique Florescano, ed., *Ensayos sobre el desarrollo económico de México y América Latina. 1500－1975*（Mexico City, 1979）。

关于王室为自己保留的土地权及其在整个16世纪建立的财产权制度框架，基础读物依旧是：José María Ots Capdequi, *El régimen de la tierra en la América española durante el per iodo colonial* (Ciudad Trujillo, 1946)。但应该指出，该书存在一些错误，而且在某些专题上缺乏深度。为了弥补其中的一些不足，关于墨西哥，应该参考玛格丽塔·梅内古斯·博尔奈曼（Margarita Menegus Bornemann）的著作以及论文集：Francisco de Solano, *Cedulario de tierras. Compilación de legislación agraria colonial, 1497 - 1820* (Mexico City, 1991)。关于王室将土地授予西班牙定居者的政策，以及对欧洲商业农业在墨西哥的逐步推广中的王室重要性的量化评估，值得一读的是：Lesley Byrd Simpson, *Exploitation of Land in Central Mexico in the Sixteenth Century* (Berkeley, CA, 1952)；对于该地区其他国家并没有此类研究。墨西哥也是对印第安人村落"聚众"殖民政策研究得最好的案例；仍值得参考的作品有：George Kubler, "Population Movements in Mexico (1520 - 1600)," and Howard F. Cline, "Civil Congregations of the Indians of New Spain (1598 - 1608)," both in the *Hispanic American Historical Review*, 20, 2 (1942): 606 - 43 and 29, 3 (1949): 349 - 69; Peter Gerhard, "Congregaciones de indios en la Nueva España antes de 1570," *Historia Mexicana* 103 (1977): 347 - 95; Ernesto de la Torre Villar, *Las congregaciones de los pueblos de indios* (Mexico City, 1995)。对于秘鲁来说，尽管有一些现代的学术研究，但最好的方法还是阅读托莱多总督的诏书，如收入此书的部分内容：Carlos A. Romero in "Libro de la visita general del virrey Francisco de Toledo," *Revista Histórica* 7 (1924): 115 - 216; Guillermo Lohmann Villena and Maria Justina Saravia Viejo, *Francisco de Toledo. Disposiciones gubernativas para el virreinato del Perú. 1569 - 1574* (Seville, 1986)。对于尤卡坦，我们仅可依赖部分研究，其中最好的是：Nancy M. Farris, "Nucleation versus Dispersal: The Dynamics of Population Movement in Colonial Yucatán," *Hispanic American Historical Review* 58, 2 (1978): 187 - 216; *Maya Society under Colonial Rule: The Collective Enterprise of Survival* (Princeton, NJ, 1984); Sergio Quezada, *Pueblos y caciques yucatecos, 1550 - 1580* (Mexico City, 1993)。

当然，在墨西哥案例中，有关印第安小农和欧洲农业这两大类领地配置与运作的学术研究最为广泛，质量也最高。分析两种农业属地的典范作品是：Charles Gibson, *The Aztecs under Spanish Rule: A History of the Indians of the Valley of Mexico, 1519 - 1810*

(Stanford, CA, 1964); Hanns J. Prem, *Milpa und Hacienda. Indianischer und Spanischer Landbesitz im Becken des Alto Atoyac, Puebla, México, 1520 – 1650* (Wiesbaden, 1978); Wolfgang Trautmann, *Las transformaciones en el paisaje cultural de Tlaxcala durante la época colonial* (Wiesbaden, 1981); Carlos S. Paredes Martínez, *La región de Atlixco, Huaquechula y Tochimilco. La sociedad y la agricultura en el siglo XVI* (Mexico City, 1991); Hildeberto Martínez, *Codiciaban la tierra. El despojo agrario en los señoríos de*
550 *Tecamachalco y Quecholac. Puebla, 1520 – 1650* (Mexico City, 1994)。关于印第安农民领地，突出的论文收录于：H. R. Harvey and Hans J. Prem, eds., *Explorations in Ethnohistory. Indians of Central Mexico in the Sixteenth Century* (Albuquerque, NM, 1984)。其他相关研究参见：Hildeberto Martínez, *Tepeaca en el siglo XVI. Tenencia de la tierra y organización de un señorio* (Mexico City, 1984); Jesús Ruvalcaba Mercado, *Agricultura india en Cempoala, Tepeapulco y Tulancingo. Siglo XVI* (Mexico City, 1985); Bernardo García Martínez, *Los pueblos de la Sierra. El poder y el espacio entre los indios del norte de Puebla hasta 1700* (Mexico City, 1987); James Lockhart, *The Nahuas after the Conquest: A Social and Cultural History of the Indians of Central Mexico. Sixteenth through Eighteenth Centuries* (Stanford, CA, 1992); and Barbara J. Williams and H. R. Harvey, *The Códice de Santa María Asunción. Facsimile and Comentary: Households and Lands in Sixteenth-Century Tepetlaoztoc* (Salt Lake City, 1997)。关于欧洲农业体系，出色的文献综述见：Eric Van Young："Mexican Rural History Since Chevalier: The Historiography of the Colonial Hacienda," *Latin American Research Review* 18 (1983): 5 – 61。

对于安第斯地区来说，尽管在16、17世纪，该地区在殖民体系中的经济地位比墨西哥更为重要，但此类研究更为稀少。参见：Udo Oberem, "El acceso a recursos naturales de diferentes ecologías en la Sierra ecuatoriana (Siglo XVI)," in Oberem and Segundo Moreno Yánez, *Contribución a la etnohistoria ecuatoriana* (Otavalo, 1981), 45 – 71; Luis Miguel Glave and María Isabel Remy, *Estructura agraria y vida rural en una región andina* (Cusco, 1983); 关于农村历史的详尽分析见：Nadine Sebill, *Ayllus y haciendas. Dos estudios de caso sobre la agricultura colonial en los Andes* (La Paz, 1989); 复杂的地区性研究可见：Jacques Poloni-Simard, *La mosaique indienne. Mobilité, stratification sociale etmétissage dans le corregimiento de Cuenca* (*Équateur*) *du XVIe siecle au XVIIIe siecle* (Paris, 2000)。对 16 和 17 世纪智利这样一个边缘地区的良好研究值得特别一提，参见：Mario Góngora and Jean Borde, *Evolución de la propiedad rural en el valle del Puangue* (Santiago de Chile, 1956) and Góngora, *Origen de los inquilinos de Chile Central* and *Encomenderos y estancieros. Estudios de la constitución social aristocrática de Chile después de la Conquista. 1580 – 1660* (Santiago de Chile, 1960 and 1970); Marcello Carmagnani, *Les mecanismes de la v ie économique dans une sociéte colonial. Le Chili 1680 – 1830* (Paris, 1973); and Armando de Ramón and José Manuel Larraín, *Orígenes de la vida económica chilena. 1659 – 1808* (Santiago de Chile, 1982)（将此研究的更多努力集中于经济学领域）。

对养牛业和某些农作物仅有零星研究，还有着重大漏洞。有关牧场扩张，在墨西哥的研究主要集中在牛场相关领域。当前存在争议的模型，最准确的恰恰是对牲畜繁衍的分析，参见：Francois Chevalier in *La formation des grandes domaines au Mexique: Terre et societé aux XVIe – XVIIe siècles* (Paris, 1952)。与此类似，杜森贝里所做的制度研究仍是无以匹敌的，而梅尔维尔则进行了原创性研究：William H. Dusenberry, *The Mexican Mesta: The Administration of Ranching in Colonial Mexico* (Urbana, IL, 1963); Eleanor G. K. Melville, *A Plague of Sheep: Environmental Consequences of the Conquest of Mexico* (Cambridge, 1994)。对于安第斯地区，豪尔赫・A. 弗洛雷斯・奥乔亚（Jorge 551
A. Flores Ochoa）、戴维・L. 布罗曼（David L. Browman）、特里斯坦・普拉特（Tristan Platt）的著作对原住民牧场的研究做出了显著贡献，但对欧洲牧场的了解仍显不足。20 世纪 60 年代，卡洛斯・塞姆帕特・阿萨杜里安对 17 世纪科尔多瓦德尔图库曼（Córdoba del Tucumán）的骡饲养进行了研究，值得一提的是，该研究创新性地使用了公证记录，这使其有可能量化商业化水平并构建价格序列。

关于 16 世纪和 17 世纪原住民种植棉花的重要专著并不多，关于古柯、可可、小麦和大麦等作物的生产、扩大、技术和商业化的研究更少。另一方面，除了加拉瓦利亚（Juan C. Garavaglia, *Mercado interno y economía colonial* <Mexico City, 1983>）对耶巴马黛茶（Yerba Mate）的研究外，还有许多关于在面向国内市场的地区种植甘蔗的研究（不包括关于安的列斯群岛和巴西的研究，那里的生产是面向欧洲市场的）。在值得一提的专著中，关于墨西哥，参见：Ward Barret, *The Sugar Hacienda of the Marquesado del Valle*（Minneapolis, MN, 1970）; Beatriz Scharrer Tamm, *Azúcar y trabajo. Tecnología de los siglos XVII y XVIII en el actual Estado de Morelos*（Mexico City, 1997）；关于安第斯地区，参见：N. P. Cushner, *Lords of the Land: Sugar, Wine, and Jesuit Estates of Coastal Peru, 1600 – 1767*（Albany, NY, 1980）, and Susan E. Ramírez Horton, *The Sugar Estates of the Lambayaque Valley, 1670 – 1800*（Madison, WI, 1974）；*Provincial Patriarchs: Land Tenure and the Economics of Power in Colonial Peru*（Albuquerque, NM, 1985）。

最后，有关商业作物的价格及生产的学术研究仍然很少。在我们对16世纪和17世纪殖民缓慢发展及土地制度具化的理解中，这是极其重要的空白。事实上，博拉指向了适于量度农业生产的资源：Woodrow Borah, "The Collection of Tithes in the Bishopric of Oaxaca during the Sixteenth Century" and "Tithe Collection in the Bishopric of Oaxaca: 1601 – 1867," *Hispanic American Historical Review* 21（1941）: 386 – 409 and 29（1949）: 498 – 517。然而，在本章重点讨论的两个世纪里，唯一使用这类记录的历史研究是如下专著以及巴勃罗·马切拉（Pablo Macera）的安第斯历史工作室制作的未出版的系列丛书：Arístides Medina Rubio, *La Iglesia y la producción agrícola en Puebla. 1540 – 1795*（Mexico City, 1983）。虽然现有的什一税资料促使我们把重点放在18世纪（教会档案中有关于生产水平和价格的更好及更连续的数据），但仍须对16世纪和17世纪初进行更多的研究。

第9章（恩里克·坦德特尔）

拉美矿业书目的良好开端是：Eugenio Maffei and Ramón Rua Figueroa, *Apuntes para una biblioteca española de libros, folletos y artículos, impresos y manuscritos, relativos al conocimiento y explotación de las riquezas minerales y á las ciencias auxiliares ...*, 2 vols.
552 （León, 1970; orig. publ. 1871 – 2）。更近期的补充文献见于：Justo Garc ía Morales, *Apuntes para una bibliograf ía minera española e iberoamericana（1870 – 1969）*（León, 1970）；Juan Manuel López de Azcona, Ignacio González Casasnovas; Esther Ruiz de

Castañeda, eds., *Minería iberoamericana: Repertorio bibliográfico y biográfico*, 4 vols. (Madrid, 1992); "Bibliografía minera colonial," *Suplemento de Anuario de Estudios Americanos. Sección Historiografía y Bibliografía* 45, 1 (1988): 137–62。

对于与采矿有关的已出版文集，参见：Guillermo Ovando Sanz, "British Interests in Potosi, 1825 – 1828. Unpublished Documents from the Archivo de Potosi," *Hispanic American Historical Review* 45 (1965): 64–87; Humberto F. Burzio, "*Manifiesto*" *de la plata extraida del Cerro de Potosi (1556–1800)* (Buenos Aires, 1971); John Fisher, ed., *Matrícula de los mineros del Perú 1790* (Lima, 1975); Rosario Jiménez and Honorio Pinto, eds., *Minería en Bolivia, 1826–1848: Documentos* (Lima, 1979); and Silvio Zavala, *El servicio personal de los indios en el Perú*, 3 vols. (Mexico, 1979)。

有几本关于殖民采矿史至关重要的当代出版物。如：Pedro Vicente Cañete y Dominguez, *Guía histórica, geográfica ... del Gobierno e Intendencia de la Provincia de Potosi (1789)* (Potosí, 1952); *Ordenanzas de minería otorgadas por el Rey Carlos III de España: seguidas de la legislación minera vigente hasta 1874 / Comentarios a las ordenanzas de minería por Don Francisco Javier de Gamboa* (México, 1961); Álvaro Alonso Barba, *Arte de los Metales* (Potosí, 1967); Juan del Pino Manrique, "Descripción de la Villa de Potosí y de los partidos sujetos a su intendencia," in *Colección Pedro de Angelis* 7 (Buenos Aires, 1971): 7 – 51; Eduardo Martiré, *El Código Carolino de Ordenanzas Reales de las Minas de Potosi y demás Provincias del Río de la Plata (1794) de Pedro Vicente Cañete*, 2 vols. (Buenos Aires, 1973–4); Fausto de Elhuyar, *Indagaciones sobre la amonedación en Nueva España* (México, 1979); García de Llanos, *Diccionario y maneras de hablar que se usan en las minas y sus labores en los ingenios y beneficios de los metales (1609)* (La Paz, 1983)。

关于殖民矿业的优秀综合出版物，参见：D. A. Brading and Harry E. Cross, "Colonial Silver Mining: Mexico and Peru," *Hispanic American Historical Review* 52, 4 (Nov. 1972): 545–79; Harry E. Cross, "South American Bullion Production and Export 1550–1750," in J. F. Richards, ed., *Precious Metals in the Later Medieval and Early Modern Worlds* (Durham, NC, 1983), 397 – 423; Peter Bakewell, "Mining in Colonial

Spanish America," in Leslie Bethell, ed., *The Cambridge History of Latin America*, vol. 2 (Cambridge, 1984), 105－51; Richard L. Garner, "Long-Term Silver Mining Trends in Spanish America: A Comparative Analysis of Peru and Mexico," *American Historical Review* 93, 4 (1988): 898－935（应通过查阅加纳<Garner>不断更新的因特网网页对其进行补充：http://www.laceh.com/）。

关于采矿业在塑造殖民社会中的作用的有益诠释见：Carlos Sempat Assadourian, "La producción de la mercanc ía dinero en la formación del mercado interno colonial. El caso del espacio peruano, siglo XVI," in Enrique Florescano, ed., *Ensayos sobre el desarrollo económico en México y América Latina (1500－1975)* (Mexico, 1979), 223－92, and in *El sistema de la econom ía colonial. Mercado interno, regiones y espacio económico*
553 (Lima, 1982); James Lockhart, "Trunk Lines and Feeder Lines: The Spanish Reaction to American Resources," in Kenneth J. Andrien and Rolena Adorno, eds., *Transatlantic Encounters. Europeans and Andeans in the Sixteenth Century* (Berkeley, CA, 1991), 90－120。在史蒂夫·斯特恩和伊曼纽尔·沃勒斯坦之间的论战中，该问题占有突出地位，参见：Stern, "Feudalism, Capitalism, and the World-System in the Perspective of Latin America and the Caribbean," and Wallerstein, "Comments on Stern's Critical Tests," *The American Historical Review* 93, 4 (Oct. 1988): 829－97。矿业、农业、外贸之间的关系一直是争论的对象，并产生了方法论上的影响，参见：John H. Coatsworth, "The Mexican Mining Industry in the Eighteenth Century," in Nils Jacobsen and Hans-Jürgen Puhle, eds., *The Economies of Mexico and Peru during the Late Colonial Period, 1760－1810* (Berlin, 1986), 26－45; D. A. Brading, "Facts and Figments in Bourbon Mexico," *Bulletin of Latin American Research* 4, 1 (1985): 61－4。该主题的讨论还见于：Richard L. Garner with Spiro E. Stefanou, *Economic Growth and Change in Bourbon Mexico* (Gainesville, FL, 1993)。

对外贸易、王室财政和现金流之间的关系，一直以来都是多项研究的重点。参见：K. W. Doherty and D. O. Flynn, "A Microeconomic Quantity Theory of Money and the Price Revolution," in Eddy H. G. Van Cauwenberghe, ed., *Precious Metals, Coinage and the Changes of Monetary Structures in Latin America, Europe, and Asia* (Leuven, 1989), 185－208; Charles P. Kindleberger, *Spenders and Hoarders: The World Distribution of*

Spanish American Silver, *1550 - 1750* (Singapore, 1989); Michel Morineau, *Incroyables gazettes et fabuleux métaux. Les retours des trésors américains d'après les gazettes hollandaises* (*XVIe - XVIIe siècles*) (Cambridge, 1985); B. H. Slicher van Bath, *Real Hacienda y economía en Hispanoamérica*, *1541 - 1820* (Amsterdam, 1989); Ward Barrett, "World Bullion Flows, 1450 - 1800," in James D. Tracy, ed., *The Rise of Merchant Empires. Long-Distance Trade in the Early Modern World*, *1350 - 1750* (Cambridge, 1990), 224 - 54; Richard von Glahn, *Fountain of Fortune: Money and Monetary Policy in China*, *1000 - 1700* (Berkeley, CA, 1996); Herbert S. Klein, *The American Finances of the Spanish Empire* (Albuquerque, NM, 1998); William Schell Jr., "Silver Symbiosis: ReOrienting Mexican Economic History," *Hispanic American Historical Review* 81, 1 (Feb. 2001): 89 - 133; Dennis O. Flynn and Arturo Giráldez, "Cycles of Silver: Global Economic Unity through the Mid-18th Century," *Journal of World History* (Sept. 2002); Dennis O. Flynn, Arturo Giráldez, and Richard von Glahn, eds., *Global Connections and Monetary History*, *1470 - 1800* (Aldershot, 2003)。

在矿业史领域，以殖民或共和时期的某处遗址为中心的专论非常普遍。有关新西班牙殖民地，参见：Peter Bakewell, *Silver Mining and Society in Colonial Mexico: Zacatecas*, *1546 - 1700* (Cambridge, 1971); D. A. Brading, *Miners and Merchants in Bourbon Mexico 1763 - 1810* (Cambridge, 1971); Phillip L. Hadley, *Mineria y sociedad en el centro minero de Santa Eulalia*, *Chihuahua* (*1709 - 1750*) (Mexico, 1979); Robert C. West, *The Mining Community in Northern New Spain: The Parral Mining District* (New York, 1980); María Encarnación Rodríguez Vicente, *San José de Gracia y San Antonio de Arrona. Economía y sociedad en dos haciendas mineras de Sinaloa en el siglo XVIII* (Madrid, 1988); Gilda Cubillo Moreno, *Los dominios de la plata: el precio del auge*, *el* 554
peso del poder; *empresarios y trabajadores en las minas de Pachuca y Zimapán*, *1552 - 1620* (Mexico, 1991); Frédérique Langue, *Mines*, *terres et société à Zacatecas* (*Méxique*) *de la fin du XVIIe siècle à l'indépendance* (Paris, 1992)。有关安第斯，参见：J. R. Fisher, *Silver Mines and Silver Miners in Colonial Peru*, *1776 - 1824* (Liverpool, 1977); Rose Marie Buechler, *The Mining Society of Potosí*, *1776 - 1810* (Syracuse, NY, 1981); Enrique

Tandeter, *Coercion and Market. Silver Mining in Colonial Potos í, 1692 – 1826* (Albuquerque, NM, 1993); Carlos Contreras, *Los mineros y el rey. Los andes del norte: Hualgayoc 1770 – 1825* (Lima, 1995); and Oscar Cornblit, *Power and Violence in the Colonial City. Oruro from the Mining Renaissance to the Rebellion of Tupac Amaru (1740 – 1782)* (Cambridge, 1995)。有关 19 世纪的墨西哥，参见：William Randall, *Real del Monte: Una empresa minera británica en México* (Mexico, 1972); Cuauhtémoc Velasco Ávila et al., *Estado y minería en México (1767 – 1910)* (Mexico, 1988); Anne Staples, *Bonanzas y borrascas mineras: el Estado de México, 1821 – 1876* (Mexico, 1994); María Eugenia Romero Sotelo, *Minería y guerra. La economía de Nueva España, 1810 – 1821* (Mexico, 1997)。有关安第斯地区，参见：William Lee Lofstrom, *Dámaso de Uriburu, a Mining Entrepreneur in Early Nineteenth-Century Bolivia* (Buffalo, NY, 1973); Antonio Mitre, *Los patriarcas de la plata. Estructura socio-económica de la minería boliviana en el siglo XIX* (Lima, 1981); Carlos Contreras, *Mineros y campesinos en los Andes. Mercado laboral y economía campesina en la sierra Central, siglo XIX* (Lima, 1987); Ricardo Godoy, *Mining and Agriculture in Highland Bolvia. Ecology, History, and Commerce among the Jukumanis* (Tucson, AZ, 1990); José R. Deustua, *The Bewitchment of Silver. The Social Economy of Mining in Nineteenth-Century Peru* (Athens, GA, 2000)。

采矿技术是近几年来的特别研究对象。例见：Modesto Bargalló, *La minería y la metalurgia en la América española durante la época colonial* (Mexico City, 1955); Alan Probert, "Bartolomé de Medina: the Patio Process and the Sixteenth Century Silver Crisis," in Peter Bakewell, ed., *Mines of Silver and Gold in the Americas* (London, 1997), 96 – 130; Bakewell, "Technological Change in Potosi: The Silver Boom of the 1570s," *Jahrbuch für Geschichte von Staat, Wirtschaft und Gesellschaft Lateinamerikas* 14 (1977): 57 – 77; Bakewell, "Los determinantes de la producción minera en Charcas y en Nueva España durante el siglo XVII," *HISLA* 7 (1986): 3 – 11; Manuel Castillo Martos, ed., *Minería y metalurgia: intercambio tecnológico y cultural entre América y Europa durante el período colonial español* (Seville, 1994); Julio Sánchez Gómez and Guillermo Mira Delli-Zotti, "American Mining and European Mining, 1750 – 1820: A Comparative Perspective," and

Ramón Sánchez Flores, "Technology of Mining in Colonial Mexico: Installations, Tools, Artifacts and Machines Used in the Patio Process, Sixteenth to Eighteenth Centuries," both in Alan K. Craig and Robert C. West, eds., *In Quest of Mineral Wealth: Aboriginal and Colonial Mining and Metallurgy in Spanish America* (Baton Rouge, LA, 1995), 205 – 12 and 137 – 53; Julio Sánchez Gómez, Guillermo Mira Delli-Zotti, and Rafael Dobado, *La savia del imperio. Tres estudios de economía colonial* (Salamanca, 1997)。

矿区劳工一直是众多研究的对象。有关墨西哥，参见：Luis Chávez Orozco, *Conflicto de trabajo con los mineros de Real del Monte, Año 1766* (Mexico, 1960); 555
Cuauhtémoc Velasco Ávila, "Los trabajadores mineros en la Nueva España, 1750 – 1810," in Enrique Florescano et al., eds., *La clase obrera en la historia de México. De la colonia al imperio* (Mexico, 1980), 239 – 301; Doris M. Ladd, *The Making of a Strike: Mexican Silver Workers' Struggles in Real del Monte: 1766 – 1775* (Lincoln, NE, 1988); Robert Stephen Haskett, " 'Our Suffering with the Taxco Tribute': Involuntary Mine Labor and Indigenous Society in Central New Spain," *Hispanic American Historical Review* 71, 3 (1991): 447 – 75。特别是围绕着强制劳动问题，安第斯地区的研究层出不穷。例见：Abecia Baldivieso, *Mitayos de Potosí. En una economía sumergida* (Barcelona, 1988); Carlos Sempat Assadourian, "Acerca del cambio en la naturaleza del dominio sobre las Indias: la mit'a minera del virrey Toledo, documentos de 1568 – 1571," *Anuario de Estudios Americanos* 46 (1989): 3 – 70; Peter Bakewell, *Miners of the Red Mountain. Indian Labor in Potosí, 1545 – 1650* (Albuquerque, NM, 1984); Rose Marie Buechler, "El Intendente Sanz y la 'mita nueva' de Potosi, *Historia y Cultura* 3 (1978): 59 – 95; Roberto Choque Canqui, "El papel de los capitanes de indios de la provincia Pacajes 'en el entero de la mita' de Potosí," *Revista Andina* 1, 1 (Sept. 1983): 117 – 25; Jeffrey A. Cole, *The Potosí Mita 1573 – 1700. Compulsory Indian Labor in the Andes* (Stanford, CA, 1985); Alberto Crespo Rodas, "El reclutamiento y los viajes en la 'mita' del Cerro de Potosí," in *La Minería Hispana e Iberoamericana*, vol. 1 (León, 1970), 467 – 82; Alberto Crespo Rodas, "La 'mita' de Potos í" *Revista Histórica* 22 (1955 – 6): 169 – 82; Concepción Gavira Márquez, "Reclutamiento y remuneración de la mano de obra minera en Oruro, 1750 –

1810," *Anuario de Estudios Americanos* 57（2000）：1－28；Ignacio González Casasnovas, *Las dudas de la corona. La política de repartimientos para la minería de Potosí（1680－1732）*（Madrid, 2000）；José María MariluzUrquijo, "La situación del *mitayo* en las Glosas de Benito de la Mata Linares al Código Carolino," *Jahrbuch für Geschichte von Staat, Wirtschaft und Gesellschaft Lateinamerikas* 14（1977）：161－98；Eduardo Martiré, "Tolerancias, prevenciones y regulación participadora de los indios 'capchas' de Potosí en la explotación del Cerro," in *Estudios sobre política indigenista española en América*, vol. 3（Valladolid, 1977）, 291－303；Néstor Meza Villalobos, *Felipe V y el problema ético-político de la provisión de mano de obra a la mineria del PerúyNuevo Reino de Granada*（Valladolid, 1976）；Nicolás Sánchez-Albornoz, "Trabajo y minería en Charcas," *Anuario 2001 del Archivo y Biblioteca Nacionales de Bolivia*（2001）：111－23；Bianca Premo, "From the Pockets of Women：The Gendering of the Mita. Migration and Tribute in Colonial Chucuito, Peru," *The Americas* 57, 1（2000）：63－94；Gustavo Rodríguez Ostria, "Capchas, Trapicheros y ladrones de mineral en Bolivia（1824－1900）," *Siglo XIX. Revista de Historia* 4, 8（1989）：125－40；Thierry Saignes, "Las etnias de Charcas frente al sistema colonial（siglo XVII）. Ausentismo y fugas en el debate sobre la mano de obra indígena, 1595－1665," *Jahrbuch für Geschichte von Staat, Wirtschaft und Gesellschaft Lateinamerikas* 21（1984）：27－75；Thierry Saignes, "Notes on the Regional Contribution to the *Mita* in Potos í in the Early Seventeenth Century," *Bulletin of Latin American Research* 4, 1（1985）：65－76；and Ann Zulawski, *They Eat from Their Labor: Work and Social Change in Colonial Bolivia*（Pittsburgh, PA, 1995）。

部分研究特别关注矿业企业家主题。例见：Richard L. Garner, "Silver Production and Entrepreneurial Structure in 18th-Century Mexico," *Jahrbuch für Geschichte von Staat,*
556 *Wirtschaft und Gesellschaft Lateinamerikas* 17（1980）：157－85；Peter Bakewell, *Silver and Entrepreneurship in Seventeenth-Century Potos í. The Life and Times of Antonio López de Quiroga*（Albuquerque, NM, 1988）；Louisa Schell Hoberman, *Mexico's Merchant Elite, 1590－1660: Silver, State, and Society*（Durham, NC, 1991）。

1824—1825 年期间，英国在拉美的投资，特别是矿业投资的泡沫产生了大量文献，参见：Henry English, *A General Guide to the Companies Formed for Working Foreign Mines* (London, 1825), and *A Complete View of the Joint Stock Companies Formed during the Years 1824 and 1825* (London, 1827); J. Fred Rippy, "Latin America and the British Investment 'Boom' of the 1820s," *Journal of Modern History* 19, 2 (June 1947): 122 - 9。

第 10 章（奥萝拉·戈麦斯-加尔瓦里亚托）

关于殖民时期和 19 世纪初拉美制造业的大多数文献，都涉及特定区域的具体制造业部门。概述性的著作有：Richard L. Garner "Manufacturing and International Trade," in *Economic Growth and Change in Bourbon Mexico* (Gainesville, FL, 1993), 141 - 73; Brígida von Mentz, "Manufacturas en tierras de conquista: empresas industriales mineras, azucareras y textiles y sus trabajadores (siglos XVI - XVIII)," in *Trabajo, sujeción y libertad en el centro de la Nueva España* (Mexico City, 1999), 173 - 279; Manuel Miño Grijalva, *La protoindustria colonial hispanoamericana* (Mexico City, 1993)。

关于 18 世纪末新西班牙制造业活动状况的宝贵资料可见："The State of Manufactures and Trade in the New Spain," in Alexander von Humboldt, *Political Essay on the Kingdom of New Spain*, 4 vols. (New York, 1966; first American edition 1811)。同样有用的文献为：Humboldt, *The Island of Cuba: A Political Essay* (Princeton, NJ, 2001; first American edition 1859); Humboldt, *Viaje a las Regiones Equinocciales del Nuevo Continente* (Caracas, 1985; orig. publ. in French between 1799 and 1804)。

1. 制糖业

加洛韦对世界不同地区制糖业的发展进行了比较，并对制糖业的技术发展进行了简明扼要而又翔实的论述：John H. Galloway, *The Sugar Cane Industry: An Historical Geography from its Origins to 1914* (Cambridge, 1989)。两部标准的制糖业史为：Noel Deerr, *The History of Sugar*, 2 vols. (London, 1949), and Edmund von Lippmann, *Historia do Açucar*, 2 vols. (Rio de Janeiro, 1942; orig. pub. in German as *Geschicte des Zuchers*, 1890)。威廉姆斯完成了关于制糖业发展及其与西方资本主义发展错综复杂关系的经典著作：Eric Williams, *Capitalism and Slavery* (Chapel Hill, NC, 1994, orig. publ.

557 1944)。柯廷将制糖业与殖民主义的发展和欧洲扩张联系在一起：Philip Curtin, *The Rise and Fall of the Plantation Complex: Essays in Atlantic History* (Cambridge, 1990)。明茨研究了食糖的消费：Sidney W. Mintz, *Sweetness and Power. The Place of Sugar in Modern History* (New York, 1985)。

威尔逊的专著以及何塞·奥诺里奥·罗德里格斯于1942年至1945年期间发表在《巴西糖业》（*Brasil Açucareiro*）期刊的一系列文章，是巴西制糖业文献和历史的良好指南，参见：Suzigan Wilson, *Indústria brasileira. Origem e desenvolvimento* (São Paulo, 1986)。制糖业历史的杰作当属：Stuart Schwartz, *Sugar Plantations in the Formation of Brazilian Society. Bahia, 1550–1835* (Cambridge, 1985)。该书虽然专门论述了巴伊亚的情况，但对巴西的糖业生产也进行了总体概述。此外，该书对甘蔗种植园如何运作的细致描述，使其成为对糖业生产感兴趣者之必读之作，而不论其身居何处以及兴趣何在。其他关于巴西东北部糖业生产的重要书籍是：Manuel Diegues Júnior, *Populaçâo e açúcar no nordeste do Brasil* (Rio de Janeiro, 1954), and Vera L. A. Ferlini, *Terra, trabalho e poder o mundo dos engenhos no nordeste colonial* (São Paulo, 1988)。关于巴西其他地区制糖业生产的文献很多，但均涉及殖民后期，超出了本章范围。

沃茨的专著是拉美地区的一部优秀的通史，清楚地描述了各岛屿的比较演变及其与欧洲宗主国的关系：David Watts, *The West Indies: Development Culture and Environmental Change since 1492* (Cambridge, 1990)。关于英属西印度群岛糖业生产，有两本名著：Richard S. Dunn, *Sugar and Slaves. The Rise of the Planter Class in the English West Indies, 1624–1713* (Chapel Hill, NC, 1972)；Richard Sheridan, *The Sugar Trade of the British West Indies from 1660 to 1775* (London, 1952)。关于法属西印度群岛糖业生产，参见：Gabriel Debien, *Plantations et esclaves à Saint Domingue* (Dakar, 1962)；Christian Schnakenbourg, *Histoire de l'industrie sucrière en Guadeloupe au XIXème et XXème siècles: La crise du système esclavagiste, 1835–1847* (Paris, 1980)。古巴制糖业发展的史学名著有两部：Manuel Moreno Fraginals, *El ingenio: El complejo económico social cubano del azúcar*, 3 vols. (Havana, 1978)；Alan Dye, *Cuban Sugar in the Age of Mass Production. Technology and the Economics of the Sugar Central: 1899–1929* (Stanford, CA, 1998)。其他关于古巴制糖业的书目还有：Anton L. Allahar, *Class, Politics and*

Sugar in Colonial Cuba (Lewiston, NY, 1990); Eduardo L. Moyano Bazzani, *La nueva frontera del azúcar: El ferrocarril y la econom ía Cubana del siglo XIX* (Madrid, 1991)。

虽然新西班牙的糖业生产从未像巴西或西印度群岛那样重要，但其史学研究却异常发达。此主题下的经典书籍是：Fernando B. Sandoval, *La industria del azúcar en Nueva España* (Mexico City, 1951)。克雷斯波概述了从殖民时期到现代的糖业生产情况：Horacio Crespo, *Historia del azúcar en México* (Mexico City, 1988)。巴雷特的专著是对殖民时期糖业生产最好的描述之一：Ward Barret, *La hacienda azucarera de los Marqueses del Valle* (Mexico City, 1977)。兰达苏里-贝尼特斯和巴斯克斯-曼特孔的专著提供了系 558
统性的量化数据：Gisela Landázurri Benítez and Verónica Vázquez Mantecón, *Azúcar y estado (1750－1880)* (Mexico City, 1988)。冯沃贝瑟的研究对新西班牙蔗糖庄园提供了有趣的视角：Gisela von Wobeser, *La hacienda azucarera en la época colonial* (Mexico City, 1988)。在该主题下，近期两本做出主要贡献的书是：Ernest Sánchez Santiró, *Azúcar y poder. Estruc tura socioeconómica de las alcaldías mayores de Cuernavaca y Cuautla de Amilpas, 1730－1821* (Mexico City, 2001); Beatriz Scharrer, *Azúcar y trabajo. Tecnología de los siglos XVII y XVIII en el actual estado de Morelos* (Mexico City, 1997)。关于新西班牙和巴伊亚糖业生产的比较研究，参见：Ward Barrett and Stuart Schwartz, "Comparación entre dos economías azucareras coloniales: Morelos, México y Bahía, Brasil," in Enrique Florescano, ed., *Haciendas, latifundios, y plantaciones en América Latina* (Mexico City, 1975), 532－72。埃尔南德斯-帕洛莫斯则研究了朗姆酒的生产，而这种糖的副产品有其独有的历史：José Jesús Hernández Palomo, *El aguardiente de caña en México* (Seville, 1974)。

关于南美洲西班牙殖民地糖业生产的文献相当匮乏。有关秘鲁，参见：Nicholas Cushner, *Lords of the Land: Sugar, Wine, and Jesuit Estates in Coastal Peru, 1600－1767* (Albany, NY, 1980); Pablo Mancera and Horacio Pinto, *Estudios históricos del Perú* (Lima, 1973)。有关阿根廷，参见：Eduardo Rosenzvaig, *De la manufactura a la revolución industrial: el azúcar en el norte Argentino, fases y virajes tecnológicos* (Tucumán, 1992)。有关巴拉圭，参见：Eugenio Friedmann, *Historia del azúcar en el Paraguay* (Asunción, 1966)。

2. 纺织业

在殖民时期和19世纪初，拉美的纺织生产主要在新西班牙和秘鲁的总督辖区内进行。因此，文献几乎只涉及这两个地区的纺织生产。虽然秘鲁（尤其是基多检审区）是一个更重要的纺织生产中心，但大部分史学研究都集中于新西班牙。

此外，虽然相当一部分的纺织生产发生在毛料作坊之外，但大部分的历史学都集中于此。这在一定程度上是由于存在着丰富的档案资料，便于对其进行研究，也反映了历史学家对毛料作坊作为一条失败的工业化道路的迷恋。例见：Luis Chávez Orozco in "El obraje, embrión de la fábrica," in *Documentos para la historia económica de México* (Mexico City, 1936)。

大多数文献分别论述了新西班牙和秘鲁总督辖区的纺织制造业。幸运的是，对于想要更广泛视角的读者来说，米尼奥-格里哈尔瓦发表了几篇文章，对这两个地区进行了比较分析，详见：Manuel Miño Grijalva, *La protoindustria colonial hispanoamericana* (详见前引); *La manufactura colonial* (Mexico City, 1993); "La política textil en México y Perú en la época colonial. Nuevas consideraciones," *Historia Mexicana* 38, 1 (1988): 283 – 323; "¿ Proto-industria colonial?" *Historia Mexicana* 38, 3 (1989): 793 – 819。值得一读的还有：Bernardo Lavallé et al., "Los problemas de la protoindustria textil," in *La América*
559 *Española* (Madrid, 2002), 37 – 54; Hahs Pohl, "Algunas consideraciones sobre el desarrollo de la industria hispanoamericana, especialmente la textil en el siglo XVII," *Anuario de Estudios Americanos* 28 (1971)。

关于毛料作坊的史学研究在20世纪40、50年代通过重印宝贵的历史文献有了第一次喷发。它们对与毛料作坊有关的可用原始资料进行了初次分析。关于新西班牙的毛料作坊，参见：Chávez Orozco, *Documentos para la historia económica de México* (Mexico City, 1938), Edmundo O'Gorman "El trabajo industrial en la Nueva España a mediados del siglo XVII: Visita a los obrajes de paños en la jurisdicción de Coyoacán, 1660," *Bolet in del Archivo General de la Nación* 11 (1949): 33 – 116; Miguel Othon Mendizabal, *Obras completas*, 6 vols. (Mexico City, 1946 – 7); Silvio Zavala and María Castelo, *Fuentes para la historia del trabajo en Nueva España*, 8 vols. (Mexico City, 1980, orig. print. 1939－46)；Silvio Zavala, *Ordenanzas del trabajo de los siglos XVI and XVII* (Mexico City, 1946)。秘鲁总督辖区类似性质的文献参见：Alberto Landázuri Soto, *El régimen laboral indígena en la Real Audiencia de Quito* (Madrid, 1959)；Iñigo Ortiz de Zúñiga, *Visita de la provincia de León de Huánuco* (Huanuco, 1967)；and Xavier Ortiz de la Tabla, *Las ordenanzas de obrajes de Matías de Peralta para la Audiencia de Quito, 1621: Régimen laboral de los centros textiles coloniales ecuatorianos* (Seville, 1976)。这些卷宗的导言及作者对文献的评论提供了值得研究的早期分析。

在20世纪60年代，出版了几部关于毛料作坊的经典作品。格林利夫的研究设定了殖民政治经济学的框架：Richard Greenleaf, "The Obraje in the Late Mexican Colony," *The Americas* 23, 3 (1967)：227－50。他还研究了科尔特斯庄园（Cortés estate）的劳动条件及政企关系的变化：Greenleaf, "Viceregal Power and the Obrajes of the Cortés Estate, 1595－1708," *Hispanic American Historical Review* 48, 3 (1968), 365－79。卡雷拉-雅斯坦帕的专著基于印刷资料，进行了总述性研究：Manuel Carrera Estampa, "El obraje novohispano," *Memorias de la Academia Mexicana de la Historia* 20 (1961)：148－171。巴赞特简要概述了三个世纪以来普埃布拉的纺织业——不仅是毛料作坊，还将其与城市发展联系起来：Jan Bazant, "Evolución de la industria textil poblana (1544－1845)," *Historia Mexicana* 13, 1 (1964), 473－515。

席尔瓦-桑铁斯特万的专著对秘鲁总督区毛料作坊的功能与地理分布进行了总括：Fernando Silva Santiesteban, *Los obrajes en el virreinato del Peru* (Lima, 1964)。其他两部关于该地区毛料作坊的名著是：Maximiliano Moscoso, "Apuntes para la historia de la industria textil en elCuzco colonial," *Revista Universitaria del Cusco* 122－5 (1965)：67－94; Alejandro Málaga Medina, "Los obrajes en la colonia (centros manufactureros textiles)," *Revista de la Facultad de Letras, Arequipa* (1965－6)。

近期，通过对档案资料的进一步探索，我们对毛料作坊的了解有所增加，这为历史学家提供了合同、账簿、生产记录、汇票、民事案件中作为证据的文件以及皇家税务局（销售税）记录中的官僚信件。在这些资料的基础上，最近的著作阐明了毛料作坊的日常运作、其所有者、所雇用的工人类型、不同地区毛料作坊在不同时期的演变，以及他们与其他经济部门的联系。 560

比凯拉和伊格纳西奥乌尔基拉的专著是对殖民政权统治第一个世纪内新西班牙毛料作坊起源和发展的最好研究：Carmen Viqueira and José Ignacio Urquiola, *Los obrajes en la Nueva España: 1530 - 1630* (Mexico City, 1990)。通过分析数百份劳动合同和公证文件，他们准确描述了劳动者的工作类型及其商业组织。萨尔武奇的专著也是必读物：Richard Salvucci, *Textiles and Capitalism in Mexico: An Economic History of the Obrajes, 1539 - 1840* (Princeton, NJ, 1987)。该书对1650年以后的情况进行了特别详尽的阐述，分析了定量数据，用以解释毛料作坊生产的演变及其与整个殖民经济的关系，并为关于毛料是否应被视为原工业化案例的辩论提供了重要贡献。布里内斯・蒂勒的专著是研究基多检审区毛料作坊经济的最佳来源。Robson Brines Tyrer, *Historia demográfica y económica de la Audiencia de Quito* (Quito, 1988)。它分析了该地区毛料作坊的演变，及其与国家的联系和对当地居民的影响。

如下著述进一步发展了新西班牙地区层面的毛料作坊生产的研究：David M. Szewezky, "New Elements in the Society of Tlaxcala：1579 - 1618;" L. Lewis, "In Mexico City：Some Aspects of the Economic Activity and Social Process in Texcoco, 1570 - 1620," in Ida Altman and James Lockart, eds., *Provinces of Early Mexico: Variants of Spanish American Regional Evolution* (Los Angeles, 1976); John Super, *La vida en Querétaro durante la colonia, 1531 - 1810* (Mexico City, 1983); Super, "Querétaro Obrajes：Industry and Society in Provincial Mexico, 1600 - 1810," *Hispanic America Historical Review* 56 (1976)：197 - 216; John Tutino, "Guerra, comercio colonial y textiles Mexicanos：El Baj ío, 1585 - 1810," *Historias* 11 (Oct. -Dec. 1985)：35 - 45。关于毛料作坊的劳动条件，参见：Samuel Kagan, "Penal Servitude in New Spain：The Colonial Textile Industry" (Ph. D. dissertation, City University of New York, 1977); Alberto Carabar ín, *El trabajo y los trabajadores del obraje de la ciudad de Puebla: 1700 - 1800* (Puebla, 1981); Jorge González Angulo and Roberto Sandoval Zarauz, "Los trabajadores industriales de Nueva España, 1750 - 1810," in Enrique Florescano, ed., *La clase obrera en la historia de México. De la colonia al imperio*, vol. 1 (Mexico City, 1980), 173 - 238; José Ignacio Urquiola, "La mano de obra en los obrajes de la Nueva España. El Bajío y Querétaro," in Claudio E. Fabergat, ed., *Sistema de trabajo en la América indígena* (Quito, 1994), 121 -

60; Manuel Miño Grijalva, "Espacio económico e industria textil: los trabajadores de Nueva España, 1780 – 1810," *Historia Mexicana* 32, 3 (1983): 524 – 53。

关于基多检审区毛料作坊的其他研究，参见：Nicolas Cushner, *Farm and Factory. The Jesuit and Development of Agrarian Capitalism in Colonial Quito, 1600 – 1767* (Albany, NY, 1982); Christiana Bochart de Moreno, *La Audiencia de Quito. Aspectos económicos y sociales siglos XVI – XVIII* (Quito, 1998), 19 – 20; Bochart, "La Producción Textil Agropecuaria," in Segundo Moreno Yánez, ed., *Pichincha. Monograf ía histórica de la región nuclear ecuatoriana* (Quito, 1981); Andrés Guerrero, "Los obrajes en la Real Audiencia de Quito en el siglo XVII y su relación con el estado colonial" *Revista Ciencias Sociales* 1, 2 (1977): 65 – 92; Xavier Ortiz de la Tabla, "El obraje colonial ecuatoriano. 561
Aproximación a su estudio," *Revista de Indias* 37, 149/150 (July-Dec. 1977): 471 – 541; Ortiz de la Tabla, "Obrajes y obrajeros del Quito colonial," *Anuario de Estudios Americanos* 39 (1982): 341 – 65; Roc ío Rueda Novoa, *El Obraje de San Joseph de Peguchi* (Quito, 1988); Alexandra Kennedy Troya and Carmen Fauria Roma, "Obrajes en la Audiencia de Quito. Un caso de estudio: Tilipulo," *Bolet ín Americanista* 29 (1987): 143 – 202; Guadalupe Soasti, "Obrajeros y comerciantes en Riobambas. XVII," *Procesos* 1, 2 (1991): 5 – 22。

关于基多检审区之外的秘鲁总督区的毛料作坊研究，参见：Magnus Mörner, *Perfil de la sociedad rural del Cuzco a fines de la colonia* (Lima, 1978); Miriam Salas, "Los obrajes Huamanguinos y sus interconexiones con otros sectores económicos en el centro-sur peruano a fines del siglo XVIII," in Nils Jacobsen and Hans-Jurgen Puhle, eds., *The Economies of Mexico and Peru during the Late Colonial Period: 1760 – 1810* (Berlin, 1986), 203 – 32; Salas, *De los obrajes de Canaria y Chincheros a las comunidades ind ígenas de Vicashuamán: Siglo XVI* (Lima, 1979); Salas, "Crisis en desfase en el centro sur-este del virreinato peruano: miner ía y manufactura textil," in Heraclio Bonilla, eds., *Las crisis económicas en la historia del Perú* (Lima, 1986); Salas, "Evolución de la propiedad obrajera en la Huamanga colonial," *Anuario de Estudios Americanos* 39 (1982): 367 – 95; Neus Escandell Tur, *Producción y comercio de tejidos coloniales: Los obrajes y chorrillos de*

Cuzco (*1570 - 1820*) (Cuzco, 1997)。

殖民时期纺织业从毛料作坊向包出制（Putting-out System）的过渡以及印第安人工厂的发展，参见：Manuel Miño Grijalva, *Obrajes y tejedores de Nueva España, 1700 - 1810* (Mexico City, 1998); Guy Thomson, *Puebla de los Angeles: Industry and Society in a Mexican City* (Boulder, CO, 1989); Guy Thomson, "The Cotton Textile Industry in Puebla during the Eighteenth and Early Nineteenth Centuries," in Jacobsen and Puhle, *The Economies of Mexico and Peru* (详见前引), 169 - 238; Jan Bazant, "Evolución de la industria textil poblana (1544 - 1845) " (详见前引)。拉尔森研究了秘鲁类似但并不那么成功的转型过程：Brooke Larson, "The Cotton Textile Industry of Cochabamba, 1770 - 1810: The Opportunities and Limits of Growth," in Jacobsen and Puhle, *The Economies of Mexico and Peru* (详见前引), 151 - 9。关于殖民时期的丝绸和亚麻纺织品研究，参见：Woodrow Borah, *Silk Raising in Colonial México* (Berkeley, CA, 1943), and Ramón Serrera Contreras, *Cultivo y manufactura de lino y cáñamo en Nueva España* (*1777 - 1800*) (Seville, 1974)。

新西班牙商会的形成与重要性可参见：Manuel Carrera Stampa, *Los gremios mexicanos. La organización gremial en laNueva España: 1521 - 1861* (Mexico City, 1954); Bazant, "La evolución de la industria textil poblana," (详见前引); Miño, *Obrajes y tejedores de Nueva España* (详见前引); Carlos Illades "Composición de la fuerza de trabajo y las unidades productivas en la Ciudad de México, 1788 - 1873," in Regina Hernández Franyuti, ed., *La ciudad de México en la primera mitad del siglo XIX* (Mexico City, 1994) 2: 250 - 78; Illades, "De los gremios a las sociedades de socorros mutuos. El artesanado Mexicano, 1814 - 1853," *Historia Social* 8 (1990): 73 - 87; Sonia Pérez Toledo, *Los hijos*
562 *del trabajo. Los artesanos de la Ciudad de México* (*1759 - 1853*) (Mexico City, 1996); John E. Kicza, *Empresarios coloniales: Familias y negocios en la ciudad de México durante los Borbones* (Mexico City, 1986)。关于基多检审区行会和联合会的概况，参见：Marcelo Naranjo Villavicencio, *El artesano como actor social* (Mexico City, 1990)。

有关19世纪初纺织业的演变和第一批机械化工厂出现的研究，参见：Bazant, "La evolución de la industria textil poblana" (详见前引); Bazant, "Estudio sobre la productividad en la industria algodonera mexicana en 1843－1845," in *Colección para la Historia del Comercio Exterior*, vol. 7（Mexico, 1964）; Robert Potash, *Mexican Government and Industrial Development in the Early Republic: The Banco de Avío*（Amherst, MA, 1983）; Thomson, *Puebla de los Angeles: Industry and Society in a Mexican City*（详见前引）; Thomson, "Traditional and Modern Manufacturing in Mexico, 1821－1850," in Richard Liehr, ed., *América Latina en la epoca de Simón Bolívar*（Berlin, 1989）, 55－86; Thomson, "Continuity and Change in Mexican Manufacturing, 1800－1870," in Jean Batou, ed., *Between Development and Underdevelopment: The Precocious Attempts at Industrialization of the Periphery, 1800－1870*（Geneva, 1991）, 225－302; Thomson, "Protectionism and Indutrialization in Mexico, 1821－1854: The Case of Puebla," in Abel Christopher and Colin M. Lewis, eds., *Latin America: Economic Imperialism and the State*（London, 1985）; Carlos Illades, "La Empresa Industrial de Estevan de Antuñano," *Secuencia* 15（1989）: 28－46; Aurora Gómez-Galvarriato, "Industrial Development under Institutional Frailty: The Development of the Mexican Textile Industry in the Nineteenth Century," *Revista de Historia Económica* 17: Special Volume（1999）: 191－223。关于拉美其他地区早期纺织业的生产，参见：Luis Ospina Vázquez, *Industria y protección en Colombia: 1810－1930*（Medell ín, 1955）; Carlos Londoño Yepes, *Origen y desarrollo de la industria textil en Colombia y Antioqu ía*（Medell ín, 1983）; Ann P. Rowe, *A Century of Change in Guatemalan Textiles*（New York, 1978）; Stanley J. Stein, *The Brazilian Cotton Manufacture*（Cambridge, MA, 1957）。

第 11 章（格拉谢拉·马尔科斯）

1. 欧洲经济的扩张

关于欧洲经济的海外扩张和近代早期欧洲的经济状况，相关研究参见：Jan de Vries, *The Economy of the Europe in an Age of Crisis, 1600－1750*（New York, 1976）; Fernand Braudel, *Civilization and Capitalism, 15th－18th Century*, vol. 2, *The Wheels of Commerce*（New York, 1984）; Ralph Davis, *The Rise of the Atlantic Economies*（Ithaca,

NY, 1973); James D. Tracy, ed., *The Rise of Merchant Empires: Long-Distance Trade in the Early Modern World, 1350 – 1750* (New York, 1991); G. V. Scammell, *The First Imperial Age: European Overseas Expansion, 1400 – 1715* (London, 1989)。关于商业大国 563 之间的互动和贸易在全球经济形成中的作用，近期著作参见：John H. Coatsworth, "Cycles of Globalization, Economic Growth and Human Welfare in Latin America," in Otto Solbrig, ed., *Globalization and the Rural Environment* (Cambridge, MA, 2001); Ronald Finlay and Kevin O'Rourke, "Commodity Market Integration, 1500 – 2000," in Michael Bordo, Alan M. Taylor, and Jeffrey Williamson, eds., *Globalization in Historical Perspective* (Chicago, 2003); Kevin O'Rourke and Jeffrey G. Williamson, "After Columbus: Explaining the Global Trade Boom, 1500 – 1800," *Journal of Economic History* 62, 2 (2002): 417 – 56; Daron Acemoglu, Simon Johnson, and James Robinson, "The Rise of Europe: Atlantic Trade, Institutional Change and Economic Growth" (Working PaperW9378, National Bureau of Economic Research, 2002)。奥布莱恩及其在此书中的文章坚持认为，贸易在现代欧洲经济增长中发挥了很小的作用：Patrick K. O'Brien, "European Economic Development: The Contribution of the Periphery," *Economic History Review* 35, 1 (1982): 1 – 18。

近代欧洲的扩张往往与重商主义贸易政策有关。重商主义经典研究是：Eli F. Heckscher, *Mercantilism* (London, 1934)。其他研究包括：D. C. Coleman, ed., *Revisions in Mercantilism* (London, 1964); Robert Ekelund and Robert D. Tollison, *Mercantilism as a Rent-Seeking Society. Economic Regulation in Historical Perspective* (College Station, TX, 1981); Lars Magnusson, *Mercantilism: The Shaping of an Economic Language* (New York, 1994)。基于对外贸易理论的分析见：Leonard Gomes, *Foreign Trade and the National Economy* (London, 1987)。关于重商主义时期西班牙经济思想的经典著作是：Marjorie Grice-Hutchinson, *Early Economic Thought in Spain* (Boston, 1978)。英国重商主义调研参见：Douglas A. Irwin, *Against the Tide. An Intellectual History of Free Trade* (Princeton, NJ, 1996)。关于美国重商主义政策的研究，参见：John McCusker, "British Mercantilist Policies and the American Colonies," in *The Cambridge Economic History of the United States*, vol. 1 (Cambridge, 1996), 337 – 62。

2. 伊比利亚经济体及其海外帝国

关于近代伊比利亚经济社会史的文献很多。关于西班牙的最好研究是：John H. Elliot, *Imperial Spain: 1496 - 1716* (London, 1990); John Lynch, *Spain Under the Habsburgs* (New York, 1984); Henry Kamen, *Spain 1469 - 1714. A Society of Conflict* (New York, 1991); Carla Rahn Phillips, "Time and Duration: A Model for the Economy of Early Modern Spain," *American Historical Review* 92, 3 (1987): 531 - 62; Fernand Braudel, *The Mediterranean and the Mediterranean World in the Age of Phillip II* (New York, 1966); Antonio Domínguez Ortíz, *Sociedad y estado en el siglo XVII español* (Madrid, 1976)。关于葡萄牙，可参见：Bailey W. Diffie and George D. Winius, *Foundations of the Portuguese Empire, 1415 - 1580* (Minneapolis, 1977); A. H. de Oliveira Marques *History of Portugal* (New York, 1972); J. Verissimo Serrao, *Historia de Portugal*, 15 vols. (Lisbon, 1977)。

关于西班牙经济及其大西洋贸易关系的概述，参见：J. H. Parry, *The Spanish Seaborne Empire* (London, 1966); Clarence H. Haring, *The Spanish Empire in America* (New York, 1947)。18世纪上半期的分析参见：Pablo Emilio Pérez-Mallaina Bueno, *Pol* 564
ítica naval española en el Atlántico, 1700 - 1715 (Seville, 1982); Stanley J. Stein and Barbara H. Stein, *Silver, Trade, and War. Spain and America in the Making of Early Modern Europe* (Baltimore, 2000)。关于葡萄牙王国的经典研究是：Charles R. Boxer, *The Portuguese Seaborne Empire, 1415 - 1825* (London, 1969); A. J. R. Russell-Wood, *The Portuguese Empire, 1415 - 1808. A World on the Move* (London, 1998)。

3. 殖民贸易和贸易体系

全面介绍拉美早期贸易和贸易制度的最佳作品是：Murdo J. MacLeod's bibliographical essay, "Spain and America: The Atlantic Trade, 1492 - 1720," in Leslie Bethell, ed., *The Cambridge History of Latin America*, vol. 1 (Cambridge, 1984)。关于巴西，参见：Francis Dutra, *A Guide to the History of Brazil, 1500 - 1822. A Guide to the Literature in English* (Santa Barbara, CA, 1980); Frédéric Mauro and Andrée Mansuy-Diniz Silva in *The Cambridge History of Latin America*, vol. 1 (详见前引)。其他有着广阔

视野的当代贸易相关文献包括：Carlos Marichal “La historiograf ía económica reciente sobre el México borbónico：Los estudios del comercio y las finanzas virreinales，1760－1820，” *Bolet ín del Instituto de Historia Argentina y Americana “Dr. Emilio Ravignani”* 3，2（1990）：161－80；Pedro Pérez Herrero，“El comercio de la Nueva España. Análisis temático de las interpretaciones bibliográficasmás relevantes en el siglo XX，” *Revista quinto centenario* 3（1982）：137－76；Susan M. Socolow，“Recent Historiography of the R ío de la Plata：Colonial and Early National Periods，” *Hispanic American Historical Review* 64，1（1984）：105－20；Christopher Ward，“Historical Writing on Colonial Panama，” *Hispanic American Historical Review* 69，4（1989）：691－713；Luis Alonso Álvarez and Patricio Hidalgo Nuchera，“Los nietos de Legazpi revisan el pasado. Continuidad y cambio en los estudios históricos filipinistas en España，1950－1998，” *Illesi Imperis* 3（2000）：23－59。

关于宗主国与其在新世界的殖民地之间的经济联系，有大量的文献。关于西班牙和葡萄牙殖民时期的概述，可参见：J. H. Elliot，David A. Brading，Fréderic Mauro，Andrée Mansuy-Diniz Silva，Stuart B. Schwartz，A. J. Russel-Wood，and Dauril Alden in *The Cambridge History of Latin America*，vols. 1－2（详见前引）；Fréderic Mauro，Guillermo Céspedes del Castillo，Francisco Iglesias，Alfredo Castillero Calvo，Virgilio Noya Pinto，Eugenio Francisco dos Santos，Joseph Fontana Lázaro，and José María Delgado Ribas，in the *Historia general de América Latina*，vols. 3－4（Madrid，2000）。关于整个殖民时期的西班牙美洲，参见：John Robert Fisher，*Relaciones económicas entre España y América hasta la independencia*（Madrid，1992）。关于葡萄牙，毛罗调查葡萄牙与其海外属地的经济关系，重点是巴西，参见：Frédéric Mauro，*Le Portugal，le Brésil et l'Atlantique au XVII siécle，1570－1670: Etude économique*（Paris，1983）。

565 就内、外部门之间的联系，按区域分列的经济通史提供了有用的介绍。卡尔德隆对新西班牙早期殖民经济进行了描述性分析：Francisco R. Calderón，*Historia económica de la Nueva España en tiempos de los Austrias*（Mexico City，1988）。18世纪新西班牙不可或缺的参考资料包括：David A. Brading，*Miners and Merchants in Bourbon México，1763－1810*（Cambridge，1971）；Richard L. Garner，*Economic Growth and Change in Bourbon Mexico*（Gainesville，FL，1993）。关于中美洲和巴拿马的经典研究为：Murdo J.

Macleod, *Spanish Central America: A Socioeconomic History, 1520 – 1720* (Berkeley, CA, 1973); Alfredo Castillero Calvo, *Economia terciaria y sociedad de Panamá: Siglos XVI y XVII* (Panama City, 1980)。安第斯地区的经济组织分析，参见：Carlos Sempat Assadourian, *El sistema de la economia colonial. Mercado interno y espacio económico* (Mexico City, 1983)。关于18世纪上秘鲁与拉普拉塔地区的贸易关系及其转变，参见：Carlos Sempat Assadourian et al., *Miner ía y espacio económico en los Andes: Siglos XVI – XX* (Lima, 1980), and Enrique Tandeter et al., *The Market of Potos í at the End of the Eighteenth Century* (London, 1987)。关于波旁时期，厄瓜多尔沿海经济的分析参见：Michael T. Hammerly, *Historia social y económica de la Antigua provincia de Guayaquil, 1763 – 1842* (Guayaquil, 1973)。在波旁改革与独立之间，阿根廷的经济史参见：Jonathan Brown, *A Socioeconomic History of Argentina, 1776 – 1860* (New York, 1979)。对于科连特斯地区的宝贵记载，参见：Ernesto J. A. Meader, *Historia económica de Corrientes, 1776 – 1810* (Buenos Aires, 1981)。就殖民后期古巴经济做出的最好研究参见：Manuel Moreno Fraginals, *The Sugar Mill. The Socioeconomic Complex of Sugar in Cuba, 1760 – 1860* (New York, 1976)。新格林纳达的经济，参见：Anthony McFarlane, *Colombia before Independence: Economy, Society and Politics under Bourbon Rule* (Cambridge, 1993)。关于巴西的前沿研究，参见：Roberto C. Simonsen, *História econômica do Brasil, 1500 – 1820* (São Paulo, 1969)（该书对了解巴西殖民经济的动态至关重要）；Kenneth R. Maxwell, *Conflicts and Conspiracies: Brazil and Portugal 1750 – 1808* (Cambridge, 1973)。

大量的文献资料有益于开展跨洋贸易体系的经济和管理的基础学术研究，此类资料使人们能够仔细研究殖民贸易各个方面。关于17世纪西印度航线的记录，参见：Joseph de Veita Linaje, *Norte de la contratación de las Indias Occidentales* (Buenos Aires, 1945; orig. pub. 1672)。关于西班牙和西班牙美洲贸易关系的前沿研究，参见：Clarence H. Haring, *Trade and Navigation between Spain and the Indies in the Time of the Hapsburgs* (Cambridge, MA, 1960)。关于航线描述、财政与金融工具及大西洋贸易之后的技术研究，参见：Antonio García-Baquero, *La carrera de Indias: Suma de la contratación y océano de negocios* (Seville, 1992); Alfredo Castillero Calvo "La Carrera, el monopolio, y

las ferias del trópico," *Historia general de América Latina*, vol. 3 (Madrid, 2000); Fernando Serrano Mangas, *Función y evolución del galeón en la carrera de Indias* (Madrid, 1992); Miguel Antonio Bernal, *La financiación de la Carrera de Indias (1492 - 1824).
566 *Dinero y crédito en el comercio colonial español con América* (Seville, 1992)。17 世纪的新西班牙舰队研究，参见：Mervyn Francis Lang, *Las flotas de la Nueva España (1630 - 1710): Despacho, azogue, comercio* (Seville, 1998)。有关商会对塞维利亚殖民贸易政策的影响，近期研究参见：Enriqueta Vila Vilar "El poder del Consulado sevillano y los hombres del comercio en el siglo XVII: Una aproximación," in Enriqueta Vila Vilar and Allan J. Kuethe, eds., *Relaciones de poder y comercio colonial: Nuevas perspectivas* (Seville, 1999)。关于对菲律宾之间的贸易组织，一项年代久远但依然有益的著作是：William Lytle Schurz, *The Manila Galleon* (New York, 1939)。关于航班与货物细节，可参见：*Las Filipinas y el Pacífico de los ibéricos, siglos XVI - XVII - XVIII* (Mexico City, 1976)。关于葡萄牙海外协会的最好研究，参见：Charles R. Boxer, *Salvador de Sá and the Struggle for Brazil and Angola, 1602 - 1686* (London, 1952)。

关于波托贝洛交易会的研究，参见：George Dilg, *The Collapse of the Portobello Fairs: A Study in Spanish Commercial Reform, 1720 - 1740* (Ph. D. dissertations, Indiana University, 1975); Enriqueta Vila Vilar, "Las ferias de Portobelo: Apariencia y realidad del comercio con Indias," *Anuario de Estudios Americanos* 39 (1982): 275 - 340; and Christopher Ward, "The Defense of Portobelo: A Chronology of Construction 1585 - 1700," *Ibero-Amerikanishes Archive* 16, 2 (1990): 341 - 86。关于新西班牙交易会的研究，参见：Manuel Carrera Stampa, "Las ferias novohispanas," *Historia mexicana* 2, 3 (1953): 319 - 42; José Joaqu ín Real Díaz; Manuel Carrera Stampa, *Las ferias comerciales de la Nueva España* (Mexico City); and José Joaquín Real Díaz, *Las ferias de Jalapa* (Seville, 1959)。

关于西班牙美洲跨大西洋贸易的综述，参见：Murdo J. MacLeod, "Spain in America: The Atlantic Trade, 1492 - 1720," in *The Cambridge History of Latin America*, vol. 1 (详见前引), 599 - 604。殖民时期的贸易模式总结参见：Pedro Pérez Herrero, *Comercio y mercados en América Latina colonial* (Madrid, 1992)。更为翔实的补充研究，参见：Pierre and Huguette Chaunu, *Séville et l'Atlantique, 1504 - 1650*, 8 vols. (Paris,

1955 – 9)；Lutgardo García Fuentes，*El comercio español con América，1650 – 1700*（Seville，1980）。然而，涉及 18 世纪之前贸易的著作之少，与涉及 18 世纪的研究数量形成鲜明对比。关于西班牙美洲的综述，参见：Geoffrey J. Walker，*Spanish Politics and Imperial Trade，1700 – 1789*（London，1979）；Antonio García-Baquero González，*Cádiz y el Atlántico: 1717 – 1778. El comercio colonial español bajo el monopolio gaditano*（Cadiz，1988）；John R. Fisher，*Commercial Relations between Spain and Spanish America in the Era of Free Trade 1778 – 1796*（Manchester，1985）；Fisher，"El comercio y el ocaso imperial：El comercio español con Hispanoamérica，1797 – 1820，" in *Relaciones de poder y comercio colonial*（详见前引）（该文表明，18 世纪末的贸易自由化政策促进了宗主国与其殖民地之间贸易的复兴，直到 1796 年国际冲突增多，进一步扩张的可能性才降低）。除了上述总论外，还有一些文章展示贸易的一般趋势和相关主题，如地方商会和商人等。有关新西班牙，参见：Carmen Yuste López and Matilde Souto Mantecón，eds.，*El comercio exterior de México 1713 – 1850*（Mexico City，2000）；Matilde Souto，*La política y el comercio del Consulado de Veracruz en el ocaso del sistema imperial*（Mexico City，2001）。 567
有关拉普拉塔地区，参见：Juan Carlos Garavaglia，"El Río de la Plata y sus relaciones atlánticas. Una balanza comercial（1779 – 84），" in Juan Carlos Garavaglia，ed.，*Economía，sociedad y regiones*（Buenos Aires，1987）；Sergio Villalobos，*Comercio y contrabando en el Río de la Plata y Chile 1700 – 1811*（Buenos Aires，1965）；and Carlos Segreti，*Temas de historia colonial: Comercio e injerencia extranjera*（Buenos Aires，1987）。有关商人阶级及其在跨大西洋贸易中的令人钦佩的作用，参见：Susan Socolow，*The Merchants of Buenos Aires，1778 – 1810*（Cambridge，1981）。有关巴西，重要的基础性读物参见：H. E. S. Fisher，*The Portugal Trade: A Study of Anglo-Portuguese Commerce，1700 – 1770*（London，1971）。关于黄金周期时期的贸易，最出色的研究可参见：Virgilio Noya Pinto，*O ouro brasileiro e o comércio anglo-português*（*Uma contribuição aos estudos da economia atlântica no século XVIII*）（São Paulo，1979）。关于 18 世纪晚期，参见：Fernando A. Novais，*Portugal e Brasil na crise do antigo sistema colonial*（*1777 – 1808*）（São Paolo，1979）；José Jobson A. Arruda，*O Brasil no comércio colonial*（São Paulo，1980）。

关于殖民对外贸易的一般著作往往侧重于新西班牙、秘鲁、拉普拉塔地区和巴西。

其他关于外围地区的有用研究在深度和范围上都存在较大差异。有关中美洲，参见：Murdo J. Macleod，*Spanish Central America*（详见前引）；Christopher Ward，*Imperial Panama: Commerce and Conflict in Isthmian America，1550－1800*（Albuquerque，NM，1993）；Víctor. H. Acuña Ortega，"Capital comercial y comercio exterior en Centroamérica durante el siglo XVII，" *Mesoamérica* 3，4（1982）：302－31；Ralph Lee Woodward，"The Economy of Central America at the Close of the Colonial Period，" in Duncan Kinkead，ed.，*Estudios del reino de Guatemala*（Seville，1985）；Juan Carlos Solórzano Fonseca，*El comercio exterior de Costa Rica en la época colonial*（San Jose，1977）；Robert S. Smith，"Indigo production and Trade in Colonial Guatemala，" *Hispanic American Historical Review* 39，2（1982）：181－211。有关委内瑞拉，最好的记录参见：Anthony McFarlane，"El comercio exterior del virreinato de la Nueva Granada，" *Anuario colombiano de historia social y de la cultura* 6－7（1971－2）：69－116；Eduardo Arcila Farias，*Comercio entre México y Venezuela en los siglos XVII y XVIII*（Mexico City，1975）。有关古巴，参见：Fernando Ortíz，*Contrapunteo cubano del tabaco y el azúcar*（Havana，1940）；Allan J. Kuethe，*Cuba，1753－1815. Crown，Military and Society*（Knoxville，TN，1986）；Kuethe "La desregulación comercial y la reforma imperial en la época de Carlos III：los casos de Nueva España y Cuba，" *Historia Mexicana* 41，2（1991）：265－321。各地还发展了造船业，相关研究参见：Shawn W. Miller，"Merchant Shipbuilding in Late-Colonial Brazil：The Evidence for a Substantial Private Industry，" *Colonial Latin American History Review* 9，1（2000）：103－35；Lawrence Anthony Clayton，*Los astilleros de Guayaquil colonial*（Ecuador，Guayaquil，1978）；Davis R. Radell and James J. Parsons，"Realejo：A Forgotten Colonial Port and Shipbuilding Center in Nicaragua，" *Hispanic American Historical Review* 51，2（1971）：295－312。

在过去的20年里，研究18世纪的学者们强调贸易模式与殖民地整体经济表现的联系。佩雷斯·埃雷罗研究了内部经济与贸易之间的相互作用如何决定了长期的区域增长模式：Pedro Pérez Herrero，*Comercio y mercados en América Latina colonial*（Madrid，1992），and "El crecimiento económico novohispano durante el siglo XVIII：Una revisión，"
568 *Revista de historia económica* 7，1（1989）：69－110。有关新西班牙，参见：John

Coatsworth, "The Mexican Mining Industry in the 18th Century," in Nils Jacobsen and Hans Jürgen Puhle, eds., *The Economies of Mexico and Peru During the Late Colonial Period, 1760 - 1810* (Berlin, 1986); Richard L. Garner, *Economic Growth and Change* (详见前引),该书发现 18 世纪的出口繁荣对殖民地经济生产力的影响微乎其微。近期两篇关于 18 世纪巴西贸易与经济表现之间关系的文章令人振奋: Jorge M. Pedreira, "From Growth to Collapse: Portugal and the Breakdown of the Old Colonial System (1760 - 1830)," and José Jobson de Andrade Arruda, "Decadence or Crisis in the Luso-Brazilian Empire: A New Model for Colonization in the Eighteenth Century," *Hispanic American Historical Review* 80, 4 (2000): 839 - 64 and 865 - 78。

最初对区域贸易进行的研究可参见: Woodrow Borah, *Early Colonial Trade and Navigation between Mexico and Peru* (Berkeley, CA, 1954)。殖民地间贸易的经典研究可参见: Eduardo Arcila Farias, *Comercio entre México y Venezuela en los siglos XVII y XVIII* (Mexico City, 1975)。有关新西班牙和菲律宾双边贸易的最好案例研究,可参见: Carmen Yuste, *El comercio de la Nueva España con Filipinas, 1590 - 1785* (Mexico City, 1984), and "El eje comercial transpac ífico en el siglo XVIII: La disolución imperial de una alternativa colonial," in Carmen Yuste López and Matilde Souto Mantecón, eds., *El comercio exterior de México 1713 - 1850* (Mexico City, 2000); Pedro Pérez Herrero, "El galeón de Manila: Relaciones comerciales entre el Extremo Oriente y América (estado de la cuestión)," *Cuadernos de historia del Instituto Cervantes de Manila* 1 (1998): 23 - 40。

海盗、走私和外国干涉是葡萄牙和西班牙帝国在新大陆受到的持续威胁。关于这一专题的研究涵盖了大多数地理区域和时间段。关于新西班牙的总述性研究可参见: Banco Nacional de Comercio Exterior, *El contrabando y el comercio exterior en la Nueva España* (Mexico City, 1967)。该项研究包含载有记录殖民晚期走私活动的部分资料,其补充研究可参见: Héctor R. Feliciano Ramos, *El contrabando inglés en el Caribe y el Golfo de México, 1748 - 1778* (Seville, 1990)。与南美洲太平洋沿岸走私有关的研究,参见: Sergio Villalobos, *Comercio y contrabando en el Río de la Plata y Chile 1700 - 1811* (Buenos Aires, 1965); Peter T. Bradley, *The Lure of Peru: Maritime Intrusion into the South Sea, 1598 - 1701* (London, 1989); Carlos Malamud, *Cádiz y Saint Malo en el*

comercio colonial peruano, *1698 - 1725* (Cadiz, 1986); Kris E. Lane, "Buccaneers and Coastal Defense in Late-Seventeenth-Century Quito: The Case of Barbacoas," *Colonial Latin American History Review* 6, 2 (1997): 143 - 73。以拉普拉塔地区为重点，对同一主题进行了丰富探讨的研究参见：Zacarías Moutoukias, "Power, Corruption and Commerce: The Making of the Local Administrative Structure in XVII Century Buenos Aires," *Hispanic American Historical Review* 68, 4 (1988): 771 - 801, and *Contrabando y control colonial en*
569 *el siglo XVIII: Buenos Aires y el espacio peruano* (Buenos Aires, 1988)。有关秘鲁市场中葡萄牙的存在，相关研究参见：Harry Cross, "Commerce and Orthodoxy. A Spanish Response to Portuguese Commercial Penetration in the Viceroyalty of Peru, 1580 - 1640," *The Americas* 35, 2 (1978): 151 - 67; Alice P. Canabrava, *O comercio Portuguese no Rio da Prata* (*1580 - 1640*) (São Paulo, 1984)。

多年来，统计记录被汇编并用于各种目的。由于存在丰富的资料来源和研究方法，应鼓励对殖民贸易的数量方面进行更多研究。皮埃尔和肖尼编制了船队吨位和规模数据，以估计西印度航线早期的贸易量：Pierre and Huguette Chaunu, *Séville et l'Atlantique*（详见前引）。加西亚-富恩特斯编制西班牙进口白银和商品的贸易系列数据：Lutgardo García Fuentes, *El comercio español con América*（详见前引）。1717—1718 年的系列贸易数据可参见：Antonio García-Baquero González, *Cádiz y el Atlántico*（详见前引）。关于殖民晚期的经典著作参见：Javier Cuenca Esteban, "Statistics of Spain's Colonial Trade, 1792 - 1820: Consular Duties, Cargo Inventories and Balances of Trade," *Hispanic American Historical Review* 61, 3 (1981): 381 - 428。关于新西班牙和西班牙的双边贸易统计，参见：Alexander Humboldt, *Political Essay on the Kingdom of New Spain* (New York, 1966; orig. pub. 1811); Miguel Lerdo de Tejada, *Comercio Exterior de México* (México, 1853)。关于殖民晚期新西班牙贸易的其他研究，参见：Hira de Gortari and Guillermo Palacios, "El comercio novohispano a través de Veracruz (1802 - 1810)," *Historia mexicana* 17, 3 (1968): 427 - 54; Javier Ortiz de la Tabla Ducasse, *Comercio exterior de Veracruz*, *1778 - 1821: Crisis de dependencia* (Seville, 1978); and Matilde Souto Mantecón, *Mar abierto: La política y el comercio del Consulado de Veracruz en el ocaso del sistema imperial* (Mexico City, 2001)。关于巴西黄金和糖出口的数据，可参见：Frédéric Mauro, *Le Portugal*, *le*

Brésil et l'Atlantique au XVII siécle, 1570 - 1670: E¨tude economique（详见前引）, and Barret Ward and Stuart Schwartz, "Comparación entre dos economías azucareras coloniales: Morelos, México y Bahía, Brasil," in Enrique Florescano. ed., *Haciendas, latifundios y plantaciones en América Latina*（Mexico City, 1975）。对阿姆斯特丹的白银汇率的重建，使莫里诺对厄尔·汉密尔顿所坚持的关于16和17世纪欧洲价格革命动态的长期结论提出了挑战，详见：Michel Morineau, *Incroyables gazettes et fabuleaux metaux*（Cambridge, 1985）；Earl Hamilton, *American Treasure and the Price Revolution in Spain, 1501 - 1650*（New York, 1965）。

第12章（卡洛斯·马里沙尔）

本文献综述分为两部分。第一部分调查了关于18世纪西班牙和葡萄牙美洲财政、货币和金融史的主要解释，第二部分总结了独立后至1889年期间的相关书目。显然，在所分配的篇幅内，不可能提及关于拉美所有国家的全部著作。 570

1. 殖民时期的货币、税收和金融

有几部关于西班牙和葡萄牙美洲殖民货币史的经典著作，其基础是重建16世纪至19世纪之间向欧洲出口银币和金币的情况。汉密尔顿完成了第一批开创性研究：Earl Hamilton, *American Treasure and the Price Revolution in Spain, 1501 - 1650*（Cambridge, MA, 1934）。但是其估算随后被莫里诺更全面的研究所纠正，参见：Michel Morineau, *Incroyables gazettes et fabuleux métaux: Les retours des trésors américains d'après les gazettes hollandaises xvie - xviiie siècles*（Par ís, 1985）。关于全球估计，参见：John Tepaske, "New World Silver, Castille and the Far East（1590 - 1750）," in John F. Richards, ed., *Precious Metals in the Late Medieval and Early Modern Worlds*（Durham, NC, 1983）, 425 - 46; Artur Attman, *American Bullion in the European World Trade, 1600 - 1800*（Goteborg, 1986）。关于18世纪的白银贸易，参见：Pedro Pérez Herrero, *Plata y libranzas: La circulación mercantil en el México borbónico*（Mexico City, 1989）; Stanley Stein and Barbara Stein, *Silver, Trade and War: Spain and America in the Making of Early*

Modern Europe（Baltimore，2000）。

关于西班牙美洲货币体系的标准参考书是：Humberto F. Burzio，*Diccionario de la moneda hispanoamericana*，3 vols.（Santiago de Chile，1958）。德尔-卡斯蒂略提供了最详尽的历史案例分析，而索里亚的研究与其形成互补：Guillermo Céspedes del Castillo，*Las cecas indianas，1536－1825*（Madrid，1996）；Víctor M. Soria，*La Casa de la Moneda de México bajo la administración borbónica，1733－1821*（Mexico City，1994）。罗曼诺对标准解释做出了批判性分析，他认为殖民经济中很大一部分交易是在正规货币体系之外进行的：Ruggiero Romano，*Moneda，seudomonedas y circulaci ón monetaria en las economías de México*（Mexico City，1997）。

西班牙美洲殖民税收史在过去20年中取得了飞跃性的进展，很大程度上，这是由于克莱因和特·帕斯克对1540年至1820年期间秘鲁、墨西哥和布宜诺斯艾利斯总督辖区财政统计数据进行了大规模重建，详见：Herbert Klein and John Tepaske，*Royal Treasuries of the Spanish Empire in America，1580－1825*，3 vols.（Durham，NC，1982），and *Ingresos y egresos de la Real Hacienda de Nueva España*，2 vols.（Mexico City，1986－8）。重要的比较性解释，参见：Herbert Klein，*The American Finances of the Spanish Empire: Royal Income and Expenditure in Colonial Mexico，Peru and Bolivia，1680－1809*（Albuquerque，NM，1998）；Ernesto Sánchez Santiró，Luis Jáuregui，and Antonio Ibarra，eds.，*Finanzas y pol itica en el mundo iberoamericano: Del antiguo régimen a las naciones independientes，1750－1850*（Mexico City，2001）。文献综述参见：Herbert Klein，"Recent Trends in the Study of Spanish American Colonial Public Finance，" *Latin American Research Review* 23（1988）：35－62。关于殖民时期墨西哥的财政和金融系统，近期重要研究参见：Luis Jáuregui，*La Real Hacienda de Nueva España: Su administración en la época de los intendentes，1786－1821*（Mexico City，1999）；Carlos Marichal，*La Bancarrota del Virreinato: Nueva España y las finanzas del imperio español，1780－1810*（Mexico City，
571 1999）；Juan Carlos Garavaglia and Juan Carlos Gross，*Las alcabalas novohispanas，1776－1821*（Mexico City，1987）。关于巴西，令人惊讶的是，关于殖民税收历史的出版物很少，少量资料参见：Frédéric Mauro，*Le Portugal，le Brésil et l'Atlantique au XVIIe siècle（1570－1670）*（Paris，1983）；D. Alden，*Royal Government in Colonial Brazil*（Berkeley，

CA, 1968); and Kenneth Maxwell, *Conflicts and Conspiracies: Brazil and Portugal, 1750–1808* (Cambridge, MA, 1973)。

殖民信贷市场的研究是最近开始发展的一个研究领域，重点聚焦于墨西哥，参见：Pilar Martínez and Guillermina del Valle, eds., *El crédito colonial* (Mexico City, 1998)。关于教会信贷，参见：Gisel von Wobeser, *Dominación colonial: La consolidación de vales reales, 1804–1812* (Mexico City, 2003)。关于采矿业信贷，参见：Eduardo Flores Clair, *El Banco de Av ío Minero novohispano: Crédito, finanzas y deudores* (Mexico City, 2001)。关于殖民时期秘鲁的信贷，参见：Alfonso Quiroz, "Reassessing the Role of Credit in Late Colonial Peru: *Censos, Escrituras and Imposiciones*," *Hispanic American Historical Review* 74, 2 (May 1994): 193–230。关于巴西殖民时期私人信贷市场的发展，最好的研究可参见：Stuart Schwartz, *Sugar Plantations in the Formation of Brazilian Society: Bahia, 1550–1835* (Cambridge, 1985); Antonio Carlos Juca de Sampaio, "O mercado carioca de crédito (1650–1750)," in *Estudos Históricos: Econom ía e Sociedade* (2002), 29–50。

2. 1820年后的货币、银行、税收和金融

关于拉美独立后的税收历史，除大国外，研究相对较少。最近的一本重要汇编，对19世纪初阿根廷、巴西、哥伦比亚和墨西哥的财政与货币轨迹进行了深入研究：Michael Bordo and Roberto Cortés Conde, eds., *Tranferring Wealth and Power from the Old to the New World: Monetary and Fiscal Institutions in the 17th through the 19th Centuries* (Cambridge, 2001)。伯金对1820—1850年期间阿根廷财政政策做出了经典研究：Miron Burgin, *The Economic Aspects of Argentine Federalism: 1820–1852* (Cambridge, MA, 1946)。然而，哈尔帕林的新书已经很大程度上替代了伯金的旧作：Tulio Halperín, *Guerra y finanzas en los orígenes del estado argentino (1791–1850)* (Buenos Aires, 1983)。近期重要的研究是：Alejandra Irigoin, "Finance, Politics and Economics in Buenos Aires, 1820–1860" (Ph. D. dissertation, London School of Economics, 2000)。关于地区金融，参见：José Carlos Chairamonte, *Mercaderes del Litoral: Econom ía y sociedad en la provincia de Corrientes en la primera mitad del siglo XIX* (Buenos Aires, 1991)。更近期的

研究参见：Juan Carlos Gravaglia，“La apoteosis de Leviatán：El estado en Buenos Aires durante la primera mitad del siglo XIX，” *Latin American Research Review* 38，1（2003）：135－68。关于 19 世纪后半叶税收、货币和银行业历史的研究，参见：Roberto Cortes Conde，*Dinero*，*deuda y crisis: Evolución fiscal y monetaria en la Argentina*（Buenos Aires，
572 1989）。

巴西的财政史基本上有待书写。经典研究提供了很好的概述，参见：Liberato de Castro Carreira，*Historia financeira e monetária do Império do Brasil*（Rio de Janeiro，1889；repr. 1980）。关于 19 世纪和 20 世纪早期，最全面的研究参见：Steven Topik，*The Political Economy of the Brazilian State*，*1889－1930*（Austin，TX，1987）。较好的综合性研究参见：Marcelo de Paiva Abreu and Luiz A. Correa do Lago，“Property Rights and the Fiscal and Financial Systems in Brazil，” in *Transferring Wealth and Power*（详见前引），284－326。

有关早期秘鲁共和国及其金融的研究，参见：Paul Gootenberg，*Between Silver and Guano: Commercial Policy and the State in Postindependent Peru*（Princeton，NJ，1989）；“Paying for Caudillos：The Politics of Emergency Finance in Peru，1820－1845” in Vincent Peloso and Barbara A. Tenenbaum，eds.，*Liberals*，*Politics and Power: State Formation in Nineteenth Century Latin America*（Athens，GA，1996），134－65。同样重要的还有：Alfonso Quiroz，*La deuda defraudada: Consolidación de 1850*（Lima，1987）；Javier Tantalean，*Política económica financiera y la formación del estado en el siglo* XIX（Lima，1983）。关于 19 世纪厄瓜多尔公共财政的杰出研究是：Linda Rodr íguez，*The Public Search for Public Policy: Regional Politics and Government Finances in Ecuador*，*1830－1940*（Berkeley，CA，1958）。墨西哥早期公共财政研究的实际开端是：Barbara Tenenbaum，*The Politics of Penury: Debts and Taxes inMexico*，*1821－1856*（Albuquerque，NM，1986）。随后，出现了一些区域性研究。相关综述参见：José Antonio Serrano and Luis Jáuregui，eds.，*Hacienda y política: Las finanzas públicas y los grupos de poder en la primera república federal mexicana*（Mexico City，1998）。对 19 世纪后半叶墨西哥公共财政的最重要的诠释是：Marcello Carmagnani，*Estado y mercado: La econom ía pública del liberalismo mexicano*，*1850－1911*（Mexico City，1994）。马里沙尔等对某州政府的税收制

度进行了深入的案例研究，研究范围覆盖整个 19 世纪：Carlos Marichal, Manuel Miño, and Paolo Riguzzi, eds., *El primer siglo de la hacienda pública del Estado de México, 1824 – 1923*, 4 vols. (Mexico City, 1994)。

19 世纪拉美的银行和货币史在过去 20 年中进展迅速，该领域的专著和论文层出不穷即为明证。就巴西而言，一些最重要的贡献包括玛丽亚·芭芭拉·莱维（María Barbara Levy）关于巴西银行历史和里约热内卢股票交易所形成的各种出版物，例见："A Gestão Monetaria na Formaçao do Estado Nacional," *Revista Brasileira do Mercado de Capitais* 17 (1980): 138 – 52, and *Historia da Bolsa de Valores do Rio de Janeiro* (Rio de Janeiro, 1979)。还可参见之前关于 19、20 世纪货币政策的经典研究：Carlos Peláez and Wilson Suzigan, *Historia monetaria do Brasil: Analise da politica, comportamento e instituçoes monetarias* (Rio de Janeiro, 1976)；关于 19 世纪晚期圣保罗的专著：Flavio Saes, *Crédito e bancos no desenvolvimento de economic paulista, 1850 – 1930* (São Paulo, 1986)。关于秘鲁银行和金融发展，参见基罗兹的出色研究：Alfonso Quiroz, *Domestic* 573
and Foreign Finance in Peru, 1850 – 1950: Financing Visions of Development (Pittsburgh, PA, 1993)。关于玻利维亚，两本有关 19 世纪货币政策、信贷和银行业出现的有用专著是：Antonio Mitre, *Los patriarcas de la plata. Estructura socioeconómica de la mienr ía boliviana en el siglo XIX* (Lima, 1981), and *El monedero de los Andes. Región económica y moneda boliviana en el siglo XIX* (La Paz, 1986)。

阿根廷的银行历史传统较早，可追溯到 19 世纪 70 年代。必要的参考文献有：Octavio Garrigós, *El Banco de la Provincia de Buenos Aires 1834 – 1874* (Buenos Aires, 1874); Sixto J. Quesda, *Historia de los bancos modernos*, 2 vols. (Buenos Aires, 1901)。当代经济史学家刚刚开始挖掘 1870 年至 1930 年间阿根廷形成的大量金融书目，当时阿根廷拥有拉美最先进的银行体系。近期研究对 1862 年至 1890 年阿根廷的银行和货币政策进行了重要回顾：Roberto Cortés Conde, *La econom ía argentina en el largo plazo (Siglos XIX y XX)* (Buenos Aires, 1997)。有大量关于 19 世纪晚期货币与金融危机的研究，例如：Gerardo Mitre, "La Argentina y la convertibilidad monetaria: Una experiencia histórica con el régimen del patrón oro, 1883 – 1885," *El Trimestre Económico* 235 (1992): 499 – 541。近期的一个重要解释，对之前的许多工作进行了分析和批判：G. Della

Paolera and A. M. Taylor, *Straining at the Anchor: The Argentine Currency Board and the Search for Macroeconomic Stability, 1880 – 1935* (Chicago, 2001)。

智利在银行和货币历史上也拥有古老的传统。经典研究是：Guillermo Subercassaux, *El sistema monetario y la organización bancaria de Chile* (Santiago de Chile, 1920). 更近期地，关于货币和银行业走向的综合性研究，其领军人物是 Agust ín Llona Rodr íguez: "Chilean Monetary History, 1860 – 1925. An Overview," *Revista de Historia Económica* 15, 1 (1997): 125 – 60; and his doctoral thesis "Chilean Monetary Policy, 1860 – 1925" (Ph. D. dissertation, Boston University, 1990)。为深入研究 19 世纪智利采矿业的信贷情况，可参见：Pierre Vaysierre, *Un siècle de capitalisme minière an Chile, 1830 – 1930* (Paris, 1980)。关于哥伦比亚，有两本分析前银行业时期信贷的优秀专著：Richard Hyland, "The Secularization of Credit in the Canca Valley, Colombia 1851 – 1880" (Ph. D. dissertation, University of California, Berkeley, 1979), and Frank Safford, "Commerce and Enterprise in Central Colombia, 1821 – 1870" (Ph. D. dissertation, Colombia University, 1965)。1870 年以来，哥伦比亚货币和银行政策的基本资料，可参见：Adolfo Meisel et al., *El Banco de la República: Antecedentes, evolución y estructura* (Bogotá, 1990)。

以墨西哥为例，近年来，一些专著和论文集开辟了货币和银行史研究领域。关于独立早期货币史的论文集，参见：José Antonio Batiz y José Enrique Covarrubias, eds., *La moneda en México, 1750 – 1920* (Mexico City, 1998)。关于 19 世纪银行出现之前的重要研究，参见：Francisco Cervantes, "De la impiedad y la usura: Los capitales eclesiásticos y
574 el crédito en Puebla, 1825 – 1863" (Ph. D. dissertation, El Colegio deMéxico, 1992)。关于 19 世纪银行业的论文集，参见：Leonor Ludlow and Carlos Marichal, eds., *La banca en México, 1820 – 1920* (Mexico City, 1988)。在分析早期银行业和区域经济发展方面，最好的研究是：Mario Cerutti, *Burgues ía, capitales e industria en el norte de México: Monterrey y su ámbito regional, 1850 – 1910* (Mexico City, 1992)。有关地区银行业的产生，参见：Mario Cerutti and Carlos Marichal, eds., *La banca regional en México, 1870 – 1940* (Mexico City, 2003)。关于墨西哥大银行的产生和早期历史，近期较好的研究参见：Noel Maurer, *The Power and the Money: Credible Commitments and the Financial System in Mexico, 1876 – 1932* (Stanford, CA, 2003)。

中美洲的银行史研究尚处于起步阶段，但两本关于哥斯达黎加的专著提出了未来研究的一些重要可能性：Rufino Pacheco，*Ciento cinco años de vida bancaria en Costa Rica*（San José de Costa Rica，1958）；Bernardo Villalobos Vega，*Bancos emisores y bancos hipotecarios en Costa Rica*，*1850 - 1910*（San José de Costa Rica，1981）。

关于外国银行在19世纪拉美的作用，有相当多的文献记载。关于英国银行的第一部重要专著是：David Joslin，*A Century of Banking in Latin America to Commemorate the Centenary of the Bank of London and South America*（London，1963）。关于阿根廷英国银行，深入的研究可参见：Charles Jones，"British Financial Institutions in Argentina，1860 - 1914"（Ph. D. dissertation，Harvard University，1973）。比较性研究参见：Charles Jones "Commercial Banks and Mortgage Companies，" in D. C. M. Platt，ed.，*Business Imperialism*，*1840 - 1930: An Inquiry Based on British Experience in Latin America*（Oxford，1977）。关于墨西哥，早期英国银行的信息可参见：*Historia del Banco de Londres y México*，*1864 - 1964*（Mexico City，1964）。关于19世纪初巴林兄弟银行的金融活动，可参见如下有用的研究：D. C. M. Platt，"Finanzas británicas en México，1821 - 1867，" *Historia Mexicana* 126（1982）：226 - 61。关于同期罗斯柴尔德集团在巴西和智利的活动信息，可参见：Niall Fergusson，*The House of Rothschild: Money's Prophets*，*1798 - 1848*（London，1994）。普拉特和弗格森的研究显示了英国银行历史档案的丰富性，可借此对拉美国家的国际金融史进行详细的重建，这是一项有待未来历史学家开展的工作。关于拉美的法国银行，仅有一项深入研究，即 Andrés Regalsky，*Mercados*，*inversions y elites: Las inversions francesas en la Argentina*，*1880 - 1914*（Buenos Aires，2002）。今后对法国在拉美的贷款和投资进行研究，可以利用巴黎大银行（包括巴黎银行<Paribas>、法国兴业银行<Société Génèrale>和里昂信贷银行<Crédit Lyonnais>等）档案中的丰富材料，这是很有助益的。

关于这一时期拉美银行史的比较研究少之又少。各种案例研究的样本可参见如下文集：Pedro Tedde and Carlos Marichal，eds.，*Formación de la banca central en España y América Latina*，2 vols.（Madrid，1994）。

关于拉美公共债务（特别是外债历史）的研究相当多。关于19世纪阿根廷外债史的经典研究报告是：Harold E. Peters，*The Foreign Debt of the Argentine Republic*

575 （Baltimore, 1934）。近期关于19世纪阿根廷公共债务的研究中，最重要的是：Roberto Cortés Conde, *Dinero, deuda y crisis: Evolución fiscal y monetaria en la Argentina 1862－1890*（Buenos Aires, 1989）。关于巴西外债史的经典文集是：Valentim F. Bouças, *Historia da d ívida externa estadual e municipal*（Rio de Janeiro, 1942）。此主题下，近期最重要的研究是：Marcelo Paiva de Abreu, "On the Memory of Bankers: Brazilian Foreign Debt, 1824－1913," *Political Economy* 1（1988）: 45－81。关于玻利维亚外债史，近期重要的研究是：Hans Huber Abendroth et al., *La deuda externa de Bolivia: 125 años de renegociaciones*（La Paz, 2001）。关于墨西哥外债史，传统研究可参见：Thomas Lill, *The National Debt of Mexico: History and Present Status*（New York, 1919）; Jan Bazant, *Historia de la deuda externa de México*（Mexico, 1968）。相对近期的资料性研究文集参见：Leonor Ludlow and Carlos Marichal, *La deuda pública en México*（*siglo XIX*）（Mexico City, 1998）。关于秘鲁19世纪期间的外债，参见：Carlos Palacios Moreyra, *La deuda anglo/peruana, 1822－1890*（Lima, 1983）。作为此书的补充，可参见经典研究：Heraclio Bonilla, *Guano y burguesia en el Perú*（Lima, 1974）。实证研究可参见：Julio Revilla, "Endeudamiento y riesgo: Un modelo del premio por riesgo de deuda externa peruana en el siglo XIX," *Revista de Historia Económica* 11, 1（1993）: 11－48。

关于拉美19世纪的债务比较研究，参见：Frank G. Dawson, *The First Latin American Debt Crisis: The City of London and the 1822－1825 Loan Bubble*（New Haven, CT, 1990）; L. E. Davis and R. E. Gallman, *Evolving Financial Markets and International Capital Flows: Britain, the Americas and Australia, 1865－1914*（Cambridge, MA, 2001）; Barry Eichengreen and Peter H. Lindert, eds., *The International Debt Crisis in Historical Perspective*（Cambridge, MA, 1989）; Carlos Marichal, *A Century of Debt Crises in Latin America: From Independence to theGreatDepression, 1920－1930*（Princeton, NJ, 1989）; Reinhard Liehr, *La deuda pública en América Latina en perspectiva histórica*（Frankfurt, 1995）。英国在拉美投资数据的一个重要来源是：Irving Stone, "The Composition and Distribution of British Investment in Latin America, 1865 to 1913"（Ph. D. dissertation, Columbia University, 1962）。还可参见：Stone, *The Global Export of Capital from Great Britain, 1865－1914: A Statistical Survey*（New York, 1999）。

最后，对拉美财政和经济史一手资料有兴趣的读者，必不可缺的是《经济史中的拉美》，该刊在1995年至2003年期间出版了20本集刊，其中载有关于大多数拉美国家的重要研究论文：*América en la Historia Económica: Bolet ín de Fuentes*（edited by the Instituto Mora in Mexico City）。

第13章（莱安德罗·普拉多斯·德拉埃斯科苏拉）

对拉美历史落后状况的总体评估可参见：Victor Bulmer-Thomas, *The Economic History of Latin America since Independence*, 2nd ed.（Cambridge, 2003）；Stephen Haber, ed., *How Latin America Fell Behind. Essays on the Economic Histories of Brazil and Mexico, 1800 – 1914*（Stanford, CA, 1997）；John H. Coatsworth, "Economic and Institutional Trajectories in Nineteenth-Century Latin America," in John H. Coatsworth and Alan M. Taylor, eds., *Latin America and the World Economy since 1800*（Cambridge, MA, 1998）, 23 – 54; and Coatsworth, "Notes on the Comparative Economic History of Latin America and the United States," in Walther L. Bernecker and Hans Werner Tobler, eds., *Development and Underdevelopment in America: Contrasts in Economic Growth in North America and Latin America in Historical Perspective*（New York, 1993）。麦迪逊提供定量证据（人口、GDP 和人均 GDP 数据），将独立后的拉美置于国际背景中：Angus Maddison, *The World Economy. A Millennial Perspective*（Paris, 2001）。 576

关于独立对整个拉美经济影响的其他评价，参见：Stanley J. Stein and Barbara H. Stein, *The Colonial Heritage of Latin America. Essays on Economic Dependence in Perspective*（New York, 1970）；Bill Albert, *South America and the World Economy from Independence to 1930*（London, 1983）; and Leslie Bethell, ed., *The Cambridge History of Latin America*, Vol. 3（Cambridge, 1985）（重点是其中的两章：Tulio Halperín Donghi, "Economy and Society,"; Frank Safford, "Politics, Ideology and Society"）。关于独立的经济影响，德拉埃斯科苏拉和阿马拉尔分别对前西班牙和葡萄牙殖民地以及宗主国进行了评估，科茨沃思的介绍性文章也试图对独立的长期和短期综合影响进行评估：Leandro Prados de la Escosura and Samuel Amaral, eds., *La independencia americana: Consecuencias económicas*（Madrid, 1993）；the introductory essay by Coatsworth, "La independencia latinoamericana：Hipótesis sobre los costes y beneficios”。

以独立的美国为标尺，针对拉美的独立和国家发展进行的比较研究，产生了有趣的解释和假设，但实证研究并不多。在依附学派文献中，斯坦利和芭芭拉·斯坦做出了开创性贡献，而其后受到了普拉特的挑战：Stanley and Barbara Steins's *Colonial Heritage of Latin America*（详见前引）；D. C. M. Platt，“Dependency in Nineteenth-Century Latin America：An Historian Objects，” *Latin American Research Review* 15（1980）：113－30。新制度史学者对这一主题重新产生了兴趣，例见：Douglass C. North，“Institutions and Economic Growth：An Historical Introduction，” *World Development*，17，9（1989）：1319－32；*Institutions*，*Institutional Change and Economic Performance*（Cambridge，1990）。近期，诺斯等合作完成了一篇极具雄心的研究：North，William R. Summerhill and Barry R. Weingast，“Order，Disorder，and Economic Change：Latin America versus North America，” in Bruce Bueno de Mesquita and Hilton L. Root，eds.，*Governing for Prosperity*（New Haven，CT，2000），17－58。科茨沃思和托特利亚在此领域也有贡献：John H. Coatsworth and Gabriel Tortella，“Institutions and Long-Run Economic Performance in Mexico and Spain，1800－2000”（Working Papers on Latin America，no. 02103.1，David Rockefeller Center for Latin American Studies Harvard University，2002）。

恩格曼和索科洛夫在一系列论文中对制度解释提出了质疑，他们强调了要素禀赋
577 的重要性，参见：Stanley L. Engerman and Kenneth L. Sokoloff，“Factor Endowments，Institutions，and Differential Paths of Growth among New World Economies，” in *How Latin America Fell Behind*（详见前引）；“Institutions，Factor Endowments，and Paths of Development in the New World，” *Journal of Economic Perspectives* 14，3（2000）：217－32；Stanley L. Engerman，Kenneth L. Sokoloff and Stephen H. Haber，“Inequality，Institutions，and Differential Paths of Growth among New World Economies，” in Claude Menard，ed.，*Institutions*，*Contracts*，*and Organizations*（Cheltenham，2000）。阿西莫格鲁、约翰逊和鲁滨逊则提出了历史证据，通过指出体制和地理因素之间的相互联系，使美洲的殖民和后殖民经验具有多样性，从而对北美—拉美殖民经验比较的适当性提出了质疑。参见：Daron Acemoglu，Simon Johnson，and James A. Robinson，“The ColonialOrigins of Comparative Development：An Empirical Investigation，” *American Economic Review* 91，5（2001）：1369－1401；and “Reversal of Fortune：Geography and

Institutions in the Making of the Modern World Income Distribution," *Quarterly Journal of Economics* 117, 4 (2002): 1231 – 94。乔纳森·C. 布朗（Jonathan C. Brown）在其对阿德尔曼的评论中也做了这样的区分：Jeremy Adelman, *Republic of Capital. Buenos Aires and the Legal Transformation of the Atlantic World* (Stanford, CA, 1999), in *Hispanic American Historical Review* 81, 3 – 4 (2001): 765 – 71。

制度和地理方法对英属北美和拉美殖民与独立后的影响评价有显著不同。对非洲和亚洲后殖民表现的评估为此类观点提供了支持，例见：Benno N. Ndulu and Stephen A. O'Connell, "Governance and Growth in Sub-Saharan Africa," *Journal of Economic Perspectives* 13, 3 (1999): 41 – 66; Paul Collier and Jan Willem Gunning, "Explaining African Economic Performance," *Journal of Economic Literature* 37, 1 (1999): 65 – 75; and Collier and Gunning, "Why Has Africa Grown Slowly?" *Journal of Economic Perspectives* 13, 3 (1999): 3 – 22。

在分析拉美独立后的经验时，殖民时代和独立后的帝国财政和贸易负担的作用受到特别关注。各地区对殖民重商主义的承诺程度不同，决定了它们走向独立的不同道路。关于帝国给墨西哥带来的财政和贸易负担的评估，科茨沃思进行了评估：John H. Coatsworth, "Obstacles to Economic Growth in Nineteenth-Century Mexico," *American Historical Review* 83, 1 (1978): 80 – 100。克莱因提供了经验证据，可以在此基础上对财政负担进行详细的估计：Herbert Klein, "La econom ía de la Nueva España, 1680 – 1809: Un análisis a partir de las cajas reales," *Historia Mexicana* 34, 136 (1985): 561 – 609, and Carlos Marichal, *La bancarrota del virreinato. Nueva España y las finanzas del Imperio español, 1780 – 1810* (Mexico City, 1999)。其他有价值的研究包括：Marichal, "Beneficios y costes fiscales del colonialismo: Las remesas americanas a España, 1760 – 1814," *Revista de Historia Económica* 15, 3 (1997): 475 – 505; Marcello Carmagnani, "From Colonial Fiscal Regime to Liberal Financial Order, 1750 – 1912," in Michael D. Bordo and Roberto Cortés Conde, eds., *Transferring Wealth and Power from the Old to the New World. Monetary and Fiscal Institutions in the 17th through the 19th Centuries* (Cambridge, 2001), 284 – 326。 578

尽管近年来相关文献日益增多，但还没有关于独立对新独立共和国宏观经济影响的详细评估。例见：Richard J. and Linda K. Salvucci, "Las consecuencias económicas de la independencia mexicana," Héctor Lindo-Fuentes, "Consecuencias económicas de la independencia en Centroamérica," Alfonso W. Quiroz, "Consecuencias económicas y financieras del proceso de la independencia en el Perú, 1800 - 1850," Mario H. Pastore, "Crisis de la Hacienda pública, regresión institucional y contracción económica: Consecuencias de la independencia en Paraguay, 1810 - 1840," and Samuel Amaral, "Del mercantilismo a la libertad: Las consecuencias económicas de la independencia argentina," all in *La independencia americana: Consecuencias económicas*（详见前引）; Jaime Jaramillo Uribe, Adolfo Meisel, and Miguel Urrutia, "Continuities and Discontinuities in the Fiscal and Monetary Institutions of New Granada, 1783 - 1850," Marcelo de Paiva Abreu and Luiz A. Corrêa do Lago, "Property Rights and Fiscal Systems in Brazil. Colonial Heritage and the Imperial Period"; Roberto Cortés Conde and George T. McCandless, "Argentina: From Colony to Nation. Fiscal and Monetary Experiences from the Eighteenth and Nineteenth Centuries," all in *Transferring Wealth and Power from the Old to the New World*（详见前引）; John H. Coatsworth, "The Decline of the Mexican Economy, 1800 - 60," in Reinhard Liehr, ed., *América Latina en la época de Simón Bolívar. La formación de las economías nacionales y los intereses económicos europeos 1800 - 1850* (Berlin, 1989), 27 - 53; Richard J. Salvucci, "Mexican National Income in the Era of Independence, 1800 - 1840"; Enrique Cárdenas, "A Macroeconomic Interpretation of Nineteenth-Century Mexico," both in *How Latin America Fell Behind*（详见前引）。阿德尔曼探索了独立后的制度变化; Jeremy Adelman, *Republic of Capital. Buenos Aires and the Legal Transformation of the Atlantic World* (Stanford, CA, 1999)。

殖民贸易负担的结束以及随后拉美在全球化初期融入新兴的世界经济，成为近期研究的重点。越来越多的文献为检验其他贸易理论提供了证据，从而得出了各类区域经验。关于拉美融入全球经济的概述，参见威廉姆森的文章以及本书中贝尔托拉和威廉姆森的合著章节: Jeffrey G. Williamson, "Real Wages Inequality and Globalization in Latin America before 1940," *Revista de Historia Económica* 17 (1999): 101 - 42。关于拉美贸易构成的研究，参见: Paul Bairoch and Bouda Etemad, *Structure par produits des exportations du Tiers-Monde 1830 - 1937* (Geneva, 1985)。拉美资本流动的研究，参见:

Irving Stone, *The Global Export of Capital from Great Britain, 1865 - 1914. A Statistical Survey* (London, 1999) （该书扩展了其前期研究）；“British Direct and Portfolio Investment in Latin America before 1914,” *Journal of Economic History* 37, 3 (1977): 690 - 722。

近二十年来出现的越来越多的文献，对依附学派的结论进行了检验和修正，该学派的代表是：Raúl Prebisch, *The Economic Development of Latin America and Its Principal Problems* (New York, 1950); Hans W. Singer, “The Distribution of Gains between Investing and Borrowing Countries,” *American Economic Review. Papers and Proceedings* 11, 2 (1950): 473 - 85; Stanley and Barbara Stein's *The ColonialHeritage of Latin America* (详见前引)。独立后的拉美各国的经验差异很大，这取决于各国家与殖民重商主义的联系，参见：Pedro Fraile, Richard J. Salvucci, and Linda K. Salvucci, “El caso cubano: Exportaciones e independencia”; Marco Palacios, “Las consecuencias económicas de la independencia en Colombia: Sobre los or ígenes del subdesarrollo”; Stephen H. Haber and Herbert S. Klein, “Consecuencias económicas de la independencia brasileña,” in *La independencia americana: Consecuencias económicas* (详见前引)。还可参见：Rafael Dobado and Gustavo Marrero, “Minería, crecimiento y costes de la independencia enMéxico,” *Revista de Historia Económica* 19, 3 (2001): 573 - 611; Paul Gootenberg, *Between Silver and Guano. Commercial Policy and the State in Postindependence Peru* (Princeton, NJ, 1989); Nathaniel H. Leff, “Economic Development in Brazil, 1822 - 1913,” in *How Latin America Fell Behind* (详见前引), 34 - 64; Carlos Newland, “Economic Development and Population Change: Argentina, 1810 - 1870,” in *Latin America and the World Economy Since 1800* (详见前引), 207 - 22; Newland and Javier Ortiz, “The Economic Consequences of Argentine Independence,” *Cuadernos de Economía* 115 (2001): 275 - 90; Newland and Barry Poulson, “Purely Animal: Pastoral Production and Early Argentine Economic Growth 1825 1865,” *Explorations in Economic History* 35, 3 (1998): 325 - 45。 579

最后，应特别提到关于拉美各国贸易条件演变的新证据，因为关于该问题的争议是二战后依附主义学派文献的核心内容。从英国贸易中可以得出的推论参见：Ralph

Davis, *The Industrial Revolution and British Overseas Trade* (Leicester, 1979)。某些国家已有专著倾向于否定旧依附学派的悲观结论，例如：Linda K. and Richard J. Salvucci, "Cuba and the Latin American Terms of Trade: Old Theories, New Evidence," *Journal of Interdisciplinary History* 31, 2 (2000): 197 - 222; Richard J. Salvucci, "Origins and Progress of U. S. -Mexican Trade, 1825 - 1884: 'Hoc opus, hic labor est,' " *Hispanic American Historical Review* 71, 4 (Nov. 1991): 697 - 735; José Antonio Ocampo, *Colombia y la econom ia mundial 1830 - 1910* (Bogotá, 1984); Nathaniel H. Leff, *Underdevelopment and Development in Brazil*, 2 vols. (London, 1982); and Carlos Newland, "Exports and Terms of Trade in Argentina, 1811 - 1870," *Bulletin of Latin American Research* 17, 3
580 (1998): 409 - 16。

索 引

“索引”标注页码为原著页码，即本书正文白边所标的边码。